Börstinghaus/Clar
Mietspiegelrecht

Mietspiegelrecht

MsV (Mietspiegel-VO)
BGB · EGBGB

Kommentar

Bearbeitet von

Prof. Dr. Ulf P. Börstinghaus
Richter am Amtsgericht Dortmund a.D.

und

Dr. Michael Clar
Soziologe

2023

C.H.BECK

Zitiervorschlag:
Börstinghaus/Clar/Börstinghaus BGB § 558 Rn. 14
Börstinghaus/Clar/Clar MsV § 14 Rn. 12

Es haben bearbeitet:

Börstinghaus: Einführung; BGB §§ 558−558d; MsV §§ 1, 3−5, 17−19, 21−22, 24,
EGBGB Art. 229 §§ 50 u. 62, Art. 238 §§ 1−4

Clar: MsV §§ 2, 6−16, 20, 23

www.beck.de

ISBN 978 3 406 74710 6

© 2023 Verlag C. H. Beck oHG
Wilhelmstraße 9, 80801 München

Umschlaggestaltung: Druckerei C. H. Beck, Nördlingen
(Adresse wie Verlag)

Druck und Bindung: Beltz Bad Langensalza GmbH
Am Fliegerhorst 8 99947 Bad Langensalza

Satz: Jung Crossmedia Publishing GmbH
Gewerbestraße 17, 35633 Lahnau

CO₂
neutral

chbeck.de/nachhaltig

Gedruckt auf säurefreiem, alterungsbeständigem Papier
(hergestellt aus chlorfrei gebleichtem Zellstoff)

Vorwort

Über kaum ein Instrument im Mietrecht werden so viele Irrtümer verbreitet, wie über Mietspiegel. Mietspiegel sind ein Kind des jetzt gut 50 Jahre alten Vergleichsmietensystems, das als Folge des Verbots der Änderungskündigung dem Vermieter einen Anspruch auf eine unterhalb der Marktmiete liegende Miete, nämlich die ortsübliche Vergleichsmiete zugestand. Da dies ein unbestimmter Rechtsbegriff war und die ortsübliche Vergleichsmiete am Markt so ja gar nicht vorkam, da es ein über die Jahre immer wieder veränderter Durchschnittswert sein sollte, hat der Gesetzgeber den Mietvertragsparteien ein Instrument an die Hand geben wollen, möglichst ohne gerichtliche Auseinandersetzung eine Einigung zu erzielen. Das war die ursprüngliche Funktion des Mietspiegels. Er war weder als Beweismittel für Gerichtsverfahren gedacht noch sollte er in anderen Rechtsgebieten eine Funktion haben. Das hat zunächst auch gut funktioniert. Gerichtliche Auseinandersetzungen über Mieterhöhungsverlangen waren eher selten. Die Qualität von Mietspiegeln war aber immer schon ganz unterschiedlich. Angefangen von ausgehandelten Metspiegeln bis hin zu empirisch erstellten Mietspiegeln gab es alles. Die örtlichen Anforderungen und Bedürfnisse regelten diese Fragen.

Erst als die Politik Mietspiegeln zusätzliche Funktionen zuordnete, entstand vor allem an ganz wenigen Orten Streit. Die Einführung des qualifizierten Mietspiegels und die erstmalige Begrenzung auch von Weitervermietungsmieten führte dazu, dass über die Qualität von Mietspiegeln intensiv und vor allem medienwirksam gestritten wurde. Auch wenn die Rechtsprechung die aufgetretenen Fragen schon bald wieder gelöst hatte, fühlte der Gesetzgeber sich bemüßigt, für Mietspiegel konkretere Vorgaben zu machen. Erwartungsgemäß hat dies nur bedingt funktioniert. Über die richtigen Methoden zur Mietspiegelerstellung wird wieder heftiger diskutiert als je zuvor. Dabei geht es doch vor allem darum, mittels Mietspiegel Streit zu vermeiden. Aber Mietspiegelerstellung ist inzwischen auch ein Wirtschaftsfaktor, der durch die neue zwingende Erstellungspflicht in Gemeinden mit mehr als 50.000 Einwohnern in Zukunft noch mehr Bedeutung erlangen wird.

Der Gesetzgeber hat durch das Mietspiegelreformgesetz die beiden Vorschriften des BGB über Mietspiegel geändert und mit der Mietspiegelverordnung erstmals einen rechtlichen weiten – Rahmen geschaffen, um Mietspiegelstellern, aber auch den Mietvertragsparteien und vor allem den Gerichten, zu ermöglichen, Mietspiegel rechtssicherer aufzustellen und vor allem auch anzuwenden. Über die neu geschaffenen Auskunftspflichten im EGBGB will man die Datengrundlage verbessern und so zum einen Kosten reduzieren, aber auch die Qualität verbessern.

Die Autoren befassen sich schon seit Jahrzehnten mit Mietspiegeln, und zwar aus ganz unterschiedlichen Standpunkten. Sie haben die Entwicklung die ganze Zeit begleitet. Der Soziologe kennt aus unzähligen Mietspiegelerstellungen die rechtlichen, aber vor allem auch die praktischen Probleme, die bei jeder Mietspiegelerstellung zu lösen sind und in den Arbeitskreisen diskutiert werden. Der Richter hat eine ganz andere Sicht auf Mietspiegel. Er muss in einem Zustimmungsprozess den unbestimmten Rechtsbegriff der ortsüblichen Vergleichsmiete mit Leben ausfüllen und möglichst überzeugende Lösungen bieten. Aus diesem Spannungsfeld ist dieser Kommentar entstanden, der auf unserem Handbuch „Mietspiegel – Erstellung und Anwendung" aufbaut. Wir haben versucht die neuen Regeln praxis-

Vorwort

gerecht aufzuarbeiten und versucht, die schon jetzt absehbaren Streitpunkte heraus-zuarbeiten. Wir wollen unsere Hoffnung nicht aufgeben, dass Mietspiegel wieder Instrumente zur Streitvermeidung werden und nicht die Ursache für Streitigkeiten sind.

Wir freuen uns über eine kritische Begleitung unseres Werkes.

Gelsenkirchen/Hamburg im August 2022
Prof. Dr. Ulf Börstinghaus
Dr. Michael Clar

Inhaltsübersicht

Teil 1. Einführung

Teil 2. Bürgerliches Gesetzbuch

Teil 3. Mietspiegelverordnung

Abschnitt 1. Allgemeine Regelungen

Abschnitt 2. Einfache Mietspiegel

Abschnitt 3. Qualifizierte Mietspiegel

Unterabschnitt 1. Erstellung des qualifizierten Mietspiegels

Inhaltsübersicht

Inhaltsübersicht

Abkürzungsverzeichnis

Abkürzungsverzeichnis

Abkürzungsverzeichnis

Abkürzungsverzeichnis

Abkürzungsverzeichnis

ggf.	gegebenenfalls
gif	Gesellschaft für Immobilienwirtschaftliche Forschung e. V.
GKG	Gerichtskostengesetz (GKG) v. 5.5.2004 (BGBl. I S. 718)
GmbH	Gesellschaft mit beschränkter Haftung
GmbHG	Gesetz betreffend die Gesellschaften mit beschränkter Haftung (GmbHG) idF v. 20.5.1898 (RGBl. S. 846)
GMBl.	Gemeinsames Ministerialblatt
GmSOGB	Gemeinsamer Senat der obersten Gerichtshöfe des Bundes
GoA	Geschäftsführung ohne Auftrag
1. GrundMV	Erste Grundmietenverordnung v. 17.6.1991 (BGBl. I S. 1269)
2. GrundMV	Zweite Grundmietenverordnung v. 27.7.1992 (BGBl. I S. 1416)
grunds.	grundsätzlich
GRUR	Zeitschrift für gewerblichen Rechtsschutz und Urheberrecht
GS	Gedächtnisschrift
GuT	Gewerbemiete und Teileigentum
GVBl.	Gesetz- und Verordnungsblatt
GVG	Gerichtsverfassungsgesetz (GVG) i. d. F. der Bek. v. 9.5.1975 (BGBl. I S. 1077)
GWW	Gemeinnütziges Wohnungswesen
hL	herrschende Lehre
hM	herrschende Meinung
HambGE	Hamburger Grundeigentum
HeizkostenV	Verordnung über die verbrauchsabhängige Abrechnung der Heiz- und Warmwasserkosten (Verordnung über Heizkostenabrechnung – HeizkostenV) idF v. 24.11.2021 (BGBl. I S. 4964)
HGB	Handelsgesetzbuch v. 10.5.1897 (RGBl. S. 219)
HmbGE	Hamburger Grundeigentum
Hrsg.	Herausgeber
hrsgg.	herausgegeben
Hs.	Halbsatz
idF	in der Fassung
idR	in der Regel
iE	im Ergebnis; im Einzelnen
iSd	im Sinne der/des
iSv	im Sinne von
iÜ.	im Übrigen
iVm	in Verbindung mit
iZw	im Zweifel
IFS	Institut für Sachverständigenwesen e. V.
IfS	Institut für Stadtforschung und Strukturpolitik GmbH
IMR	Immobilien- und Mietrecht
ImmoWertV	Immobilienwertermittlungsverordnung
infoM	One-page-Fachinformationen für Mietrecht und Immobilien
insb.	insbesondere
InsO	Insolvenzordnung (InsO) v. 5.10.1994 (BGBl. I S. 2866)
JA	Juristische Arbeitsblätter
JM	juris Die Monatszeitschrift
JMBl.	Justizministerialblatt
JR	Juristische Rundschau
JurBüro	Das juristische Büro

Abkürzungsverzeichnis

Abkürzungsverzeichnis

Abkürzungsverzeichnis

v. . . . . vom; von
VG . . . . Verwaltungsgericht
VGH . . . . Verwaltungsgerichtshof
vgl. . . . . vergleiche
VO . . . . Verordnung
VOB . . . . Verdingungsordnung für Bauleistungen (Teil A und B)
VOBl. . . . . Verordnungsblatt
Vorbem. . . . . Vorbemerkung
VuR . . . . Verbraucher und Recht (Zeitschrift)
VwGO . . . . Verwaltungsgerichtsordnung (VwGO) idF v. 19.3.1991 (BGBl. I
    S. 686)

WährG . . . . Währungsgesetz (a.K. seit 1.1.2002)
WBVG . . . . Gesetz zur Regelung von Verträgen über Wohnraum mit Pflege- und
    Betreuungsleistungen (Wohn- und Betreuungsvertragsgesetz –
    WBVG) v. 29.7.2009 (BGBl. I S. 2319)
WEG . . . . Gesetz über das Wohnungseigentum und das Dauerwohnrecht
    (Wohnungseigentumsgesetz) v. 15.3.1951 (BGBl. I S. 175, ber. S. 209;
    der Fassung der Bekanntmachung vom 12.1.2021 (BGBl. I S. 34)
WFB . . . . Wohnungsförderungsbestimmungen
WGG . . . . Gesetz über die Gemeinnützigkeit im Wohnungswesen v. 29.2.1940
    (RGBl. I S. 437)
WImmoT . . . . Weimarer Immobilienrechtstage (Dokumentation)
WiStG . . . . Gesetz zur weiteren Vereinfachung des Wirtschaftsstrafrechts
    (Wirtschaftsstrafgesetz 1954) idF v. 3.6.1975 (BGBl. I S. 1313)
WKSchG . . . . Zweites Wohnraumkündigungsschutzgesetz v. 18.12.1974 (BGBl. I
    S. 3603)
WM . . . . Wertpapier-Mitteilungen
WMR . . . . Wohnflächen- und Mietwertrichtlinie
WoBauG (I. und II.) Erstes Wohnungsbaugesetz v. 24.4.1950 (BGBl. I S. 83), Zweites
    Wohnungsbaugesetz idF v. 19.8.1994 (BGBl. I S. 2137)
WoBindG . . . . Gesetz zur Sicherung der Zweckbestimmung von Sozialwohnungen
    (Wohnungsbindungsgesetz) idF v. 13.9.2001 (BGBl. I S. 2404)
WoFG . . . . Gesetz über die soziale Wohnraumförderung (Wohnraumförderungs-
    gesetz) v. 13.9.2001 (BGBl. I S. 2376)
WoVermG . . . . Gesetz zur Regelung der Wohnungsvermittlung vom 4.11.1971
    (BGBl. I S. 1745)
WuM . . . . Wohnungswirtschaft und Mietrecht

zB . . . . zum Beispiel
zT . . . . zum Teil
zZt . . . . zuzeit
ZAP . . . . Zeitschrift für die Anwaltspraxis (zit. nach Fach und Seite)
ZAP-Ost . . . . ZAP – Ausgabe Ost – Das Recht der neuen Bundesländer
ZD . . . . Zeitschrift für Datenschutz
ZdWBay . . . . Zeitschrift der Wohnungswirtschaft Bayern
ZfgWBay . . . . Zeitschrift für gemeinnütziges Wohnungswesen in Bayern
ZfIR . . . . Zeitschrift für Immobilienrecht
ZfPW . . . . Zeitschrift für die gesamte Privatrechtswissenschaft
ZGB . . . . Zivilgesetzbuch der Deutschen Demokratischen Republik
Ziff. . . . . Ziffer
ZIP . . . . Zeitschrift für Wirtschaftsrecht und Insolvenzpraxis
zit. . . . . zitiert

Abkürzungsverzeichnis

Literaturverzeichnis

Die in diesem Werk zitierte Literatur wird idR abgekürzt zitiert. Im **ZITIERPORTAL** des Verlags C.H.BECK – zitierportal.beck.de – finden Sie ein vollständiges Verzeichnis der verwendeten Werkabkürzungen, ebenso wie ein vollständiges Abkürzungsverzeichnis und weitere redaktionelle Hinweise des Verlags.

1. Zur Mieterhöhung und insbesondere zur Erstellung und Anwendung von Mietspiegeln

Abramenko	Das Mietspiegelreformgesetz (MsRG), MDR 2022, 65
Aigner/Oberhofer/ Schmidt	Eine neue Methode zur Erstellung eines Mietspiegels am Beispiel der Stadt Regensburg, WuM 1993, 16
Aigner/Oberhofer/ Schmidt	Regressionsmethode versus Tabellenmethode bei der Erstellung von Mietspiegeln, WuM 1993, 10
Alles	Die Ermittlung der ortsüblichen Vergleichsmiete – Neue Ansätze und Methoden, WuM 1988, 241
Artz	Ökomietspiegel – Zukunftsinstrument, WImmoT 2006, 123
Bach	Statistische Probleme bei der Aufstellung von Mietspiegeln, in Statistisches Landesamt der Freien und Hansestadt Hamburg (Hrsg.): Hamburg in Zahlen, Heft 1/1982, Seite 11 ff.
Behr/Hörrmann	Mieterhöhung und abweichende Wohnfläche, DWW 1999, 105
Benda	Ein Mietspiegel für Göttingen?, WuM 1993, 647
Beuermann	Der Mietspiegel Berlin (West) 1998 – ein neues Äpfel-Birnen-Problem, NZM 1998, 598
Beuermann	Mieterhöhung mit dem Mietspiegel 1996, Teil 1: GE 1996, 369; Teil 2: GE 1996, 434
Beuermann	Mieterhöhung mit dem Mietspiegel und Verwertung im Prozess, in „Der Berliner Mietspiegel“, S. 6 ff., 2. Aufl., Berlin 1994
Beuermann	Warum weiterhin Orientierungshilfe?, GE 2003, 1007
Beyer	Die Anpassung des Mietvertrags an erhebliche und unerhebliche Flächenabweichungen, NZM 2010, 417
Beyer	Noch einmal: Falsch vermessen? Anmerkung zu Derleder, Falsch vemessen …, WuM 2010, 202, WuM 2010, 614
Bieber	Vertraglich vereinbarte Wohnfläche als Grundlage für Mieterhöhung, BGHReport 2007, 795
Bieber	Wohnflächenabweichungen bei möblierter Vermietung, GE 2011, 735
Blank	Die ortsübliche Vergleichsmiete als Instrument zur Regulierung der Mietpreise, FS Börstinghaus (2020) S. 9
Blank	Anmerkungen zum Urteil des LG München vom 16.10.1996 – 14 S 22 380/95, WuM 1997, 178
Blank	Die Anpassung älterer Mietspiegel, ZMR 1994, 137
Blank	Energetische Beschaffenheit als Kriterium der ortsüblichen Vergleichsmiete, WuM 2011, 195
Blank	Mietspiegel und Mietdatenbank, PiG 62, 17
Blank	Zuschlag für Schönheitsreparaturen bei unwirksamer Renovierungsklausel in Mietverträgen über preisgebundene Wohnungen, LMK 6/2010 Anm. 1

Literaturverzeichnis

Blinkert/Höfflin . . .	Die Qualität von Mietspiegeln als Modelle des Wohnungsmarktes – Tabelle oder Regression? Ein empirischer Beitrag zur Methodendebatte, WuM 1994, 589
Blümmel	Berliner Mietspiegel, in „Der Berliner Mietspiegel" S. 1 ff.; 2. Aufl., Berlin 1994
Blümmel	Mieterhöhung für preisfreie Wohnungen und Begründung durch den Neubaumietspiegel, GE 1991, 122
Blümmel	Mieterhöhung über den Oberwert des Mietspiegels, GE 1990, 232
Blümmel	Orientierungshilfe als Beweismittel, GE 2003, 1005
Bock/Matuschewski	Tabellen- versus Regressionsmietspiegel, Erfahrungen am Beispiel des Mietspiegels der Landeshauptstadt Kiel, in Killisch/Siedhoff, Dresdner Geographische Beiträge Heft 7 S. 17;
Börstinghaus	Das neue Mietspiegelrecht; NJW 2022, 1841
Börstinghaus	50 Jahre ortsübliche Vergleichsmiete, NZM 2022, 14;
Börstinghaus	Die Reform des Mietspiegelrechts, MietRB 2021, 363;
Börstinghaus	Die Neuregelungen durch das Mietspiegelreformgesetz; ZAP F. 4 S. 1999;
Börstinghaus	Zwischen Vermieterfreiheit und Mieterschutz – Die Rechtsgeschichte des Miethöherechts seit 1917, WuM 2018, 610
Börstinghaus	Das Berliner Mietspiegel-Quiz, NJW 2015, 3200
Börstinghaus	Qualifizierte Mietspiegel: Verbreitung, Standardisierungsnotwendigkeiten und Qualitätsdefizite, WuM 2019, 306
Börstinghaus	Anmerkung zum Urteil des LG Bochum v. 23.12.2005 – 10 S 29/03, DWW 2007, 298
Börstinghaus	Der qualifizierte Mietspiegel, NZM 2000, 1087
Börstinghaus	Die Entwicklng des Mietpreisrechts in Deutschland, PiG 80 (2007) FS Bub, S. 283
Börstinghaus	Mietspiegel als revisible Rechtsnorm, jurisPR-MietR 14/2011 Anm. 1
Börstinghaus	Falsche Wohnfläche im Mieterhöhungsverlangen, BGHReport 2004, 1204
Börstinghaus Flächenabweichungen	Flächenabweichungen in der Wohnraummiete, München 2012
Börstinghaus	Mieterhöhung bei mietvertraglich vereinbarter größerer als tatsächlich vorhandener Wohnfläche, LMK 9/2009 Anm. 1
Börstinghaus	Mietspiegel und Beweislast, NZM 2002, 273
Börstinghaus, U./ Börstinghaus, C. . . .	Qualifizierte Mietspiegel in der Praxis, NZM 2003, 377
Börstinghaus/ Ostermann	Mietspiegel: Neue Impulse durch eine gesetzliche Erstellungspflicht NZM 2021, 825
Börstinghaus	Zivilgericht und Mietspiegelakzeptanz, WuM 1997, 421
Börstinghaus/ Eisenschmid	Arbeitskommentar Neues Mietrecht, 2001.
Brodersen	Verwaltungsgerichtliche Überprüfung kommunaler Mietspiegel, JuS 1997, 279
Brüning	Die verwaltungsgerichtliche Kontrolle qualifizierter Mietspiegel WuM 2003, 303
Brüning	Erstellung von Mietspiegeln im Angesicht der Mietspiegelreform, NZM 2022, 232
Bruns	Qualifizierte Mietspiegel auf dem Prüfstand der Wissenschaftlichkeit, AnwZert MietR 14/2017 Anm. 2

Literaturverzeichnis

Bruns/Paschedag/
Kauermann . . . . . . Anerkannte wissenschaftliche Grundsätze zur Erstellung qualifizierter
Mietspiegel, ZMR 2016, 669

Bub . . . . Flächenabweichungen im Mietrecht, PiG Bd. 88 (2010), 45.

Bub . . . . Gesetzliche Vorgaben für den Mietspiegel, PiG 40, 41

Bub . . . . Mietspiegel – Anforderungen, gesetzliche Regelungen, praktische
Anwendungen aus der Sicht der Rechtsprechung, PiG 49, 157

Bünnemeyer/
Hebecker/Werling . . Zur Abgrenzung von Wohnlagen im qualifizierten Mietspiegel nach
§ 558 d Abs. 1 BGB, ZMR 2016, 96

Bund-Länder-
Arbeitsgruppe „Miet-
rechtsvereinfachung" Bericht zur Neugliederung und Vereinfachung des Mietrechts mit
Textvorschlägen, Köln 1997

Cischinsky/
von Malottki/
Rodenfels/Vaché . . . Stichprobenmethodische Anforderungen an qualifizierte und grund-
sicherungsrelevante Mietspiegel, WuM 2014, 239

Clar . . . . Mietspiegel in Deutschland 1995, WuM 1995, 252

Clar . . . . Tabellen – versus Regressionsmethode bei der Mietspiegelerstellung –
andante?, WuM 1992, 662

Clar . . . . Schlägt dem qualifizierten Mietspiegel die letzte Stunde?, WuM 2013,
233

Cromm/Koch . . . . . Mietspiegel in Deutschland, München 2006

Derleder . . . . Falsch vermessen?, WuM 2010, 202

Dickersbach . . . . . . Mieterhöhung nach Wohnflächenvergrößerung, WuM 2010, 117

Dittert . . . . Wohnfläche, ihre Berechnung und Abweichungen, DMT-Bilanz
(2011) Seite 125

Dröge . . . . Handbuch der Mietpreisbewertung für Wohn- und Gewerberaum,
3. Aufl., 2005

Eisenschmid . . . . . . Miethöherecht der Mietrechtsreform, NZM 2001, 11

Eisenschmid . . . . . . Rechtliche Vorgaben für die Mietspiegelerstellung, PiG 50, 57

Emmerich . . . . Die Anforderungen zur Erstellung und zur Anerkennung von Miet-
preisspiegeln im Widerstreit der Meinungen, in, Emmerich, Gather,
Kehr u. a. Mietpreisermittlung Theorie und Praxis Band 3

Emmerich . . . . Flexibilisierung des Mietzinses bei der Wohn- und Geschäftsraum-
miete, NZM 2001, 690 = PiG 62, 65

Emmerich . . . . Mietspiegel, FWW 1988, 35

Emmert . . . . Qualifizierte Mietspiegel und Mietdatenbanken, Informationsservice
Mietrecht, 2002, Heft 6 Seite 1

Emmert . . . . Ein kommunaler qualifizierter Mietspiegel ist nicht gemeinfrei i. S. d.
Urheberrechts – Im Einzelfall kann auch ein kommunaler qualifizier-
ter Mietspiegel urheberrechtlich geschützt sein, WuM 2011, 276.

Englmann . . . . Anwendung von Mietspiegeln nach neuem Recht; ZMR 2022, 597

Eupen . . . . Mieterhöhung: Berücksichtigung der im Mietvertrag vereinbarten
Wohnfläche, MietRB 2007, 221 und 222

F+B . . . . Mieten in Deutschland 2020 – F+B-Mietspiegelindex, Hamburg,
2020

Fischer . . . . Sachverständige im Spannungsfeld zwischen Mietspiegel und Miet-
prozess, WuM 1996, 604

Flatow . . . . Die höchst zulässige Miete, WuM 2015, 191

Flatow/Knickrehm . . Mietrecht im Spannungsfeld der Interessen – Kosten der Unterkunft
aus sozial- und mietrechtlicher Sicht WuM 2018, 465

Literaturverzeichnis

Frank . . . . Die Mietpreisbremse – Eine Analyse der Rechtsvorschriften zur Begrenzung der Neu- und Wiedervermietungsmieten auf 110% der ortsüblichen Vergleichsmiete, Diss, Marburg 2016

Freund/Hilla/Missal/
Promann/Woeckener   Qualifizierte Mietspiegel: Verbreitung, Standardisierungsnotwendigkeiten und Qualitätsdefizite, WuM 2013, 259

Gaede/Kredler . . . . Regression bei der Erstellung von Mietspiegeln, WuM 1992, 577

Gante . . . . Wohnungswirtschaftliche Markttransparenz durch Mietinformationen mittels Recht und Technik – Eine bodenwirtschaftliche Studie unter besonderer Beachtung der Verhältnisse in Nordrhein-Westfalen, Diss, Bonn 2003

Gärtner . . . . Wirksamkeit mietspiegelbegründeter Mieterhöhungsverlangen bei Kleinwohnungen, WuM 1998, 707

Gather . . . . Bedeutung des Mietspiegels aus der Sicht der Vermieter, PiG 49, 135

Gerth . . . . Die Mietpreisbremse im BGB – eine rechtliche Analyse, Bachelorarbeit an der Hochschule Meißen (FH), Meißen 2020

Gierth . . . . Mietspiegel aus der Wohngeldstatistik? Ein unbrauchbares Verfahren, DWW 1977, 37

Glatter/Killisch . . . . Wohnlagebeurteilung im Rahmen von Mietspiegeln dargestellt am Beispiel von Dresden, in Killisch/Siedhoff, Dresdner Geographische Beiträge Heft 7 Seite 33

Goch . . . . Was muss bei der Erstellung von Mietspiegeln beachtet werden?, WuM 1980, 69

Grundmann . . . . . . Die Mietrechtsreform, NJW 2001, 2497

Gsell . . . . Die gerechte Miete, NZM 2017, 305

Gustorff . . . . Mietpreisbremse und Bestellerprinzip, Diss, Münster 2021

Haase . . . . Der Mietspiegel einer vergleichbaren Nachbargemeinde als Begründungsform eines Mieterhöhungsverlangens nach § 2 Abs. 2 Satz 2 MHG, WuM 1993, 441

Hamm . . . . Die rechtspolitische Leistungsfähigkeit der Regelungen der Miethöhe für nicht preisgebundenen Wohnraum, Diss Bonn 1981

Hartmann . . . . . . Der einfache Mietspiegel – ein wichtiges Instrument!, jM 2019, 356

Hartmann . . . . Der Mietspiegel – ein Überblick über ein wichtiges Instrument zur Mietenregulierung, jM 220, 7

Herrlein . . . . 100 Jahre „Mietpreisbremse" – Entwicklungen in Politik und Recht 1916–2016, NZM 2016, 1

Hinkelmann . . . . . . Die ortsübliche Miete – Zur historischen Entwicklung, Auslegung und prozessualen Handhabung des vergleichsmietenbegriffs, Kiel 1999,

Hintzsche . . . . Mietspiegel aus der Sicht der Kommunen, PiG 49, 149

Honsell . . . . Privatautonomie und Wohnungsmiete, AcP 86, Bd. 186, 115

Horst . . . . Mietrechtsreform 2001, MDR 2001, 721

Horst . . . . Der Mietspiegel als Begründungsmittel einer Mieterhöhung, MDR 2020, 253

Horst . . . . Mietspiegelreform – Praxisfragen zur Mietspiegelpflicht der Gemeinden, MDR 2022, 927

Horst . . . . Mietspiegelreform, MDR 2022, 863

Huber . . . . Die Verwaltungsgerichte und der Mietspiegel, JZ 1996, 893

Huber . . . . Zur Notwendigkeit normkonkretisierender Verwaltungsvorschriften, ZMR 1992, 469

Hummel . . . . Der Streit um den Frankfurter Mietspiegel, WuM 1993, 637

Literaturverzeichnis

Isenmann . . . . Anmerkungen zum Beitrag von Voelskow in ZMR 1992, 326: „Miet-
spiegel", ZMR 1992, 482
Isenmann . . . . Einige Anmerkungen zur Frage, ob Sachverständige (nur) Anwender
von Mietzinsspiegeln sind, WuM 1997, 154
Isenmann . . . . Mietspiegel als Mittel zur Mietzinsanpassung bei Miet-Einfamilien-
häusern?, WuM 1994, 448
Isenmann . . . . Mietspiegel, ZMR 1993, 446
Isenmann . . . . Neuabschluss- und Bestandsmietzins – Auf das Mischungsverhältnis
kommt es an, ZMR 1997, 61
Jenkins . . . . Weg mit den Mietspiegeln!, DW 1994, 198
Johnen . . . . Die Entwicklung des Mietrechtsanpassungsgesetzes, Hamburg 2020
Kauermann/
Thomschke/Braun . . Scheinargumente bei Mietspiegeldebatte – Was definiert „moderne
Mietspiegel"? empirica paper Nr. 236, 2016
Kauermann/
Windmann/Münnich Datenerhebung bei Mietspiegeln: Überblick und Einordnung aus
Sicht der Statistik, https://doi.org/10.1007/s11943-020-00272-x,
veröffentlicht 14.7.2020
Killisch/Siedhoff . . . Grundlegende Aspekte der Mietspiegelerstellung, dargestellt am
Beispiel von Dresden, in Killisch/Siedhoff, Dresdner Geographische
Beiträge Heft 7 Seite 3
Kinne . . . . Die bisherige Rechtsprechung zum Berliner Mietspiegel, in „Der
Berliner Mietspiegel", Seite 29 ff., 2. Aufl., Berlin 1994
Klein/Martin . . . . . Tabellenmethode versus Regressionsmethode bei der Erstellung von
Mietspiegeln – Ein empirischer Vergleich, WuM 1994, 513
Klupp/Schießl . . . . Die Wohnlagenkarte als Vorbereitung auf das Vergleichsmietensystem
in den Neuen Bundesländern, WuM 1996, 258
Knickrehm . . . . Mietspiegel – ein Patentrezept? – Grundsicherungsrecht trifft auf
Mietrecht, jM 2014, 337
Kniep/Gratzel . . . . . Bemerkungen zum so genannten qualifizierten Mietspiegel, WuM
2008, 645 Langenberg, Das Neue Mietrecht: Indexmiete – Staffel-
miete – Mietspiegel – Betriebskosten-Vorauszahlungspflicht, WuM
2001, 523
Kny . . . . Die Alternativen, Eigenschaften und Auswirkungen des Mietspiegels,
Konstanz 1982
Kny . . . . Mietspiegel – Funktionsweise und Leistungsfähigkeit, in Archiv für
Kommunalwissenschaften, 21 Jg., 1982, 2. Halbjahresband, S. 274
Kohnke-Wensing/
Bachmann/Kinne . . Flächen und Mietverträge – Zulässige Berechnungsmethoden |
Minderflächen | Vereinbarungen | Tabellenübersichten, 1. Aufl.,
2008
Kraemer . . . . Mietraumfläche – Auswirkungen auf Mietpreis, Gewährleistung und
Nebenkosten, NZM 1999, 156
Krämer . . . . Pro und Contra die Erstellung von Mietspiegeln mittels Regressions-
analyse, WuM 1992, 172
Kroll . . . . Mietspiegel und Wohnflächendifferenz: Welches Rasterfeld ist ein-
schlägig?, GE 2010, 247
Kunze . . . . Mieterhöhung: Wohnflächenansatz, MietRB 2009, 282
Kunze/Tietzsch . . . . Miethöhe und Mieterhöhung, 2006.
Leutner . . . . Mietspiegel für Städte und Gemeinden in den neuen Bundesländern,
PiG 50, 65
Leutner . . . . Unplausible Mietspiegel – falsche Methode?, Der langfristige Kredit
1993, 621

Literaturverzeichnis

Leutner	Wem nützen Mietspiegel, WuM 1992, 658
Lieberknecht	Kündigungsschutz und Mietpreisbildung auf dem Wohnungsmarkt: eine allokationstheoretische Analyse unter besonderer Berücksichtigung der Kooperation von Verbänden Diss Göttingen 1997
Lützenkirchen	Der Sachverständige als Anwender des Mietspiegels, WuM 1996, 735
Maciejewski	Wohnflächenirrtum in der Mieterhöhung, MM 2004, 373
von Malottki/Berner	Grundsicherungsrelevante Mietspiegel unter Berücksichtigung der Verfügbarkeit – Am Beispiel des Kreises Offenbach, NDV 2010, 349
von Malottki/Krapp/ Vaché	Außergesetzliche Mietpreisdeterminanten im Mietspiegel – Auswirkungen und statistische Behandlung, WuM 2018, 665
Mersson	Einfacher und qualifizierter Mietspiegel im Mieterhöhungsprozess, ZMR 2002, 806
Müglich/ Börstinghaus	Urheberschutz für Mietspiegel und seine mietrechtlichen Auswirkungen, NZM 1998, 353
Neumann	Die Reform des Mietspiegelrechts; AnwBl BE 2021, 186
Niederberger	Mietspiegel – Erstellung, Anwendung, Fortschreibung – 3. Aufl. Mai 1979
Niederberger	Mietspiegel als Instrument zur Ermittlung der ortsüblichen Vergleichsmiete, Köln 1980
Niederberger	Mietspiegel spiegelt nicht alles, GemWW 1978, 12
Niederberger	Normative Anforderungen an die Aufstellung von Mietspiegeln, WuM 1980, 172
Niederberger	Normative Anforderungen an die Erstellung von Mietspiegeln, in Emmerich, Gather, Kehr u. a. Mietpreisermittlung Theorie und Praxis Band 3
Niederberger	Vergleichskriterien für Wohnungen bei Mieterhöhungsverlangen, WuM 1980, 193
Niederberger/ Wullkopf	Die ortsübliche Vergleichsmiete und ihre Ermittlung durch Mietspiegel, 1979
Oberhofer/Schmidt	Das Mietspiegelproblem – eine unendliche Geschichte?, WuM 1993, 585
Oberhofer/Schmidt	Die Berücksichtigung von Miet-Einfamilienhäusern in Mietspiegeln, WuM 1995, 301
Oberhofer/Schmidt	Kriterien der Mietspiegelerstellung, Teilgutachten im Rahmen des Forschungsvorhabens „Auswirkungen mietrechtlicher Regelungen auf die Mietentwicklung und die Wohnungsversorgung" des Bundesministeriums für Raumordnung, Bauwesen und Städtebau, Sinzig, 1996
Oberhofer/Schmidt	Mietspiegel auf dem Prüfstand, WuM 1995, 137
Osmer	Fehlerhafte Mietspiegel und § 5 WiStG, ZMR 1995, 53
Ottmann	Münchner Mietspiegel – das Ende des freifinanzierten Wohnungsbaus?, FWW 1992, 124
Pachowsky	Weg mit den Mietspiegeln, DW 1994, 198
Promann	Die Berücksichtigung des Wohnwertmerkmals Lage in den Mietspiegeln der deutschen Großstädte, Diss, Stuttgart 2012
Riebandt-Korfmacher	Zu den Anforderungen an Mietspiegel als Beweismittel für die ortsübliche Miete, GemWW 1978, 79

Literaturverzeichnis

Riebandt-Korfmacher	Beweiswert des Mietspiegels, GemWW 1980, 472
Rips	Der qualifizierte Mietspiegel: Ein neues Instrument im Mieterhöhungsrecht, WuM 2002, 415
Rips	Thesen zur Rolle und Bedeutung des Mietspiegels, PiG 49, 141
Rips	Vereinfachung und Reformen im Mietrecht – Teil III: Gesetzliche Regelungen über Mietspiegel, WuM 1996, 255
Risse	Die Mietdauer beeinflusst die Miethöhe, Neu- und Altmieten im Mietspiegel, GemWW 1978, 160
Roewer	Der räumliche Geltungsbereich von „Mietspiegeln" gemäß § 2 Abs. 2 MHG, ZMR 1979, 163
Roggenbrodt	So gehen sie mit dem Mietspiegel um, MM 1997, 21
Ronning	Die Bedeutung von Mietspiegeln im deutschen Wohnungsmarkt Statistisches Landesamt Baden-Württemberg: Materialien und Berichte Heft 22 (1999)
Ruchty	Die Stichprobe im kommunalen Bereich – ein Anwendungsbeispiel: Die Erhebung zum Münchener Mietspiegel, in Verband Deutscher Städtestatistiker (Hrsg.): Städtestatistik und Stadtforschung – Leistungen, Aufgaben, Ziele 1979, 83
Rupp	Ortsübliche Miete und Mietspiegel, DWW 1979, 279
Schach	Bedeutung der Orientierungshilfe, GE 2003, 1057
Schach	Qualifizierter Mietspiegel – Vermutungswirkung auf dem Prüfstand, MietRB 2016, 18
Schardt	Das bundesdeutsche Vergleichsmietensystem und der Frankfurter Mietspiegel 2010, Frankfurt/M 2012 (Forum Humangeographie 8)
Schießl	Beeinflussen Mietspiegel das allgemeine Mietenniveau, WuM 1996, 459
Schießl	Mietspiegel auf dem Prüfstand, WuM 1995, 18
Schlittgens/Uhlig	Repräsentativität von Mietspiegeln, WuM 1997, 314
Schmidt	Zur Fortschreibung von qualifizierten Mietspiegeln per Index, WuM 2009, 23
Schmidt/Emmert	Mietspiegel im Entwurf des Mietrechtsreformgesetzes – Neuerungen bei rechtlicher Stellung und räumlichem Anwendungsbereich, WuM 2000, 285
Schopp	Zur Bestimmung der ortsüblichen Vergleichsmiete und der Voraussetzungen des § 5 WiStG
Schuldt	Mietpreisbremse – Eine juristische und ökonomische Untersuchung der Preisregulierung für preisfreien Wohnraum, Diss, Potsdam 2016
Sternel	Mietspiegel und Mietwertgutachten als Beweismittel im Mieterhöhungsprozess, Der Sachverständige 1994 Heft 4, Seite 16
Voigtländer	Zeit für moderne Mietspiegel, IW-Kurzbericht 2016 Nr. 44 vom 29. Juli 2016
Weitemeyer	Die Mieterhöhung nach neuem Recht, NZM 2001, 563 = WuM 2001, 171
Werth	Mustermietspiegel und Mustermietpreisgutachten – Ausweg aus dem Dilemma des sozialen Mietrechts, in Emmerich, Gather, Kehr u. a. Mietpreisermittlung Theorie und Praxis Band 3
Wetekamp	Mietspiegel als gerichtliches Erkenntnismittel, NZM 2003, 184
Wichmann	Mustermietspiegel und Mustermietpreisgutachten, in Emmerich, Gather, Kehr u. a. Mietpreisermittlung Theorie und Praxis Band 3
Zeimes	Die Reform des Mietrechts, Diss. Köln 2000

Literaturverzeichnis

2. Mietrecht allgemein

Bamberger/Roth/
Hav/Posek . . . . Kommentar zum Bürgerlichen Gesetzbuch (BGB), Band 2, 4. Aufl.,
2019

Barthelmess . . . . . . Zweites Wohnraumkündigungsschutzgesetz, Miethöhegesetz,
Kommentar, 5. Aufl., Düsseldorf 1995

BeckOGK . . . . BGB-Mietrecht §§ 535−580a (hrsg. H. Schmidt), 2019

Blank/Börstinghaus Miete − Das gesamte BGB-Mietrecht − Kommentar, 6. Aufl., 2020
Börstinghaus
Miethöhe-HdB. . . . Miethöhe-Handbuch, 2. Aufl. 2013

Bub/Treier
MietR-HdB . . . . . . Handbuch der Geschäfts- und Wohnraummiete, 5. Aufl. 2019

Emmerich/
Sonnenschein . . . . . Miete, Handkommentar, 11. Aufl. Berlin 2013

Erman . . . . Handkommentar zum Bürgerlichen Gesetzbuch in 2 Bänden,
15. Aufl. Münster 2020 (Bearbeiter Mietrecht: Lützenkirchen und
Dickersbach)

Fischer-Dieskau/
Pergande . . . . Wohnungsbaurecht, Kommentar, Loseblatt, Essen

Grüneberg . . . . BGB Kommentar (vormals Palandt), 81. Aufl. 2022

Hannemann/
Wiegner MAH
MietR . . . . Münchener Anwaltshandbuch Wohnraummietrecht, 3. Aufl. 2010.

Herrlein/Knops/
Spiegelberg . . . . . . Mietrecht, 5. Aufl. 2021

Lammel
Wohnraummietrecht Wohnraummietrecht, 3. Aufl. 2007

Lützenkirchen
AnwHdB MietR . . . Anwaltshandbuch Mietrecht, Hrsg Lützenkirchen, 6. Aufl. 2018

Lützenkirchen MietR Mietrecht − Kommentar, 3. Aufl. 2021

MietPrax-AH . . . . . Mietrecht in der Praxis, Loseblattausgabe in 2 Ordnern Stand 12/2021
NL: 104)

MietPrax-AK . . . . . Mietrecht in der Praxis − Arbeitskommetar von Ulf Börstinghaus und
Norbert Eisenschmid, Stand 7/2022, 70. Nachlieferung

MüKoBGe . . . . Band 3 Schuldrecht Besonderer Teil, 8. Auflage, München 2020

Prütting/Wegen/
Weinreich . . . . BGB Kommentar, 16. Aufl. 2021

Schach/Kinne/Bieber
MietProzR . . . . . . Miet- und Mietprozessrecht, 6. Aufl. 2011

Schmidt-Futterer . . . Mietrecht, 15. Aufl. München, 2021

Soergel . . . . Kommentar zum Bürgelichen Gesetzbuch, Band 8, Schuldrecht 6,
13. Aufl. 2007

Staudinger . . . . Kommentar zum Bürgerlichen Gesetzbuch mit Einführungsgesetz
und Nebengesetzen. Mietrecht 1 und Mietrecht 2, erschienen 2021

Sternel MietR . . . . . Mietrecht, 3. Aufl. 1988

Sternel MietR aktuell Mietrecht aktuell, 4. Aufl. 2009

3. Statistik

Bortz . . . . Lehrbuch der Statistik für Sozialwissenschaftler, Springer: Berlin u. a.
1985

Diekmann . . . . Empirische Sozialforschung. Grundlagen, Methoden, Anwendungen.
Rowohlt, 14. Auflage 2021

Literaturverzeichnis

Friedrichs . . . . Methoden empirischer Sozialforschung, Westdeutscher Verlag: Wiesbaden 1990

Gabler/Hoffmeyer-
Zlotnik/Krebs (Hrsg.) Gewichtung in der Umfragepraxis. Springer 1994

Kühnel/Krebs . . . . . Statistik für Sozialwissenschaften. Grundlagen, Methoden, Anwendungen. Rowohlt 8. Auflage 2018

Lienert . . . . Testaufbau und Testanalyse, Beltz: Weinheim, Berlin, Basel 1969

Reuband/Blasius . . . Face-to-face, telefonisch und postalische Befragungen: Ausschöpfungsquoten und Antwortmuster in einer Großstadtstudie, Kölner Zeitschrift für Soziologie und Sozialpsychologie, 1996, Heft 2, 296−318

4. Historie des Mietspiegelrechts

Börstinghaus . . . . . . Die Entwicklung des Mietpreisrechts in Deutschland, FS Bub, 2007, 283

Bub . . . . Die Wohnraummiete als Vergleichsmiete, PiG 10, 177; Zur Geschichte des Wohnraummietrechts

Eisenschmid/Wall . . Betriebskostenkommentar Rn. 1000 ff.

Hinkelmann . . . . . . Die ortsübliche Miete, 1998, S. 15 ff.

Horst . . . . Mietrecht im Spannungsfeld zwischen Eigentumsschutz und Sozialverantwortung, DWW 2008, 298 mit Hinweis auf die Langfassung im Internet

Hügemann . . . . Die Geschichte des öffentlichen und privaten Mietpreisrechts vom Ersten Weltkrieg bis zum Gesetz zur Regelung der Miethöhe von 1974, Frankfurt 1998

Kofner . . . . Die Formation der Deutschen Wohnungspolitik nach dem Zweiten Weltkrieg − Teil 1, DWW 2003, 246; Teil 2, DWW 2003, 284

Kornemann . . . . . . Gesetze, Gesetze … Die amtliche Wohnungspolitik in der Zeit von 1918−1945 in Gesetzen, Verordnungen und Erlassen, in Geschichte des Wohnens, Bd. 4 S. 599

Kühne-Büning/
Plumpe/Hesse . . . . Zwischen Angebot und Nachfrage, zwischen Regulierung und Konjunktur − Die Entwicklung der Wohnungsmärkte in der Bundesrepublik 1949−1989/1990−1998, in Geschichte des Wohnens, Band 5 S. 153 ff.

Petersen . . . . Die Vorgeschichte und die Entstehung des Mieterschutzgesetzes von 1923 nebst der Anordnung für das Verfahren vor dem Mieteinigungsamt und der Beschwerdestelle, Diss. Kiel 1998

Schubert . . . . Vom preußischen Mietrecht zum Mietrecht des BGB, GS Sonnenschein, 2002, 11

Sonnenschein . . . . . Die Geschichte des Wohnraummietrechts, PiG 49, 7

Weiss . . . . Die Entwicklung des Mieterschutzes, Diss. Berlin 1993

Wolter . . . . Mietrechtlicher Bestandsschutz, historische Entwicklung seit 1800 und geltendes Wohnraum-Kündigungsschutzrecht, Habil. 1984.

Teil 1. Einführung

Die bundesdeutsche Geschichte des Miethöherechts und der Mietspiegel

Inhaltsübersicht

A. Einleitung

Die Regelungen über den Mietspiegel, § 558 c, § 558 d BGB befinden sich im Un- **1** terabschnitt Regelungen über die Miethöhe. Dessen Vorschriften sind das vorläufige Endergebnis einer langen Reihe von gesetzlichen Regelungen zum Mietpreisrecht. Das seit dem **Mietrechtsreformgesetz** vom 19. Juli 2001[1] im BGB enthaltene Miethöherecht ist, auch wenn man die Geltung des Gesetzes zur Regelung der Miethöhe[2] hinzurechnet, für ein Zivilgesetz immer noch relativ jung. Es unterlag in seiner kurzen Geschichte ganz unterschiedlichen Einflüssen und wurde mehrmals inhaltlich verändert. Die jeweilige Fassung des Gesetzes, aber auch die jeweiligen Streit- und Diskussionspunkte, sind demgemäß auch ein Spiegelbild der jeweiligen Zeit.[3]

---

[1] BGBl. I 1149.
[2] Vom 18.12.1974 (BGBl. I 3603, 3604).
[3] Sonnenschein PiG 49 (1996), 9; Sonnenschein ZdWBay 1996, 597.

Dabei ging es damals wie auch heute im Wesentlichen um die Frage der Ermittlung der ortsüblichen Vergleichsmiete und das Verfahren zur Durchsetzung des Anspruchs.

2   Die Miete ist der Preis, der auf dem Markt für eine Wohnung gezahlt wird.[4] Dabei ist der Preis abhängig von Angebot und Nachfrage. Während auf anderen Märkten durch diese Abhängigkeit ein ausgeglichenes Verhältnis zwischen Angebot und Nachfrage hergestellt werden kann, fehlt diese Funktion bei der Miethöhe. Die Nachfrage wird anders als bei Konsumgütern bei steigenden Preisen kaum geringer. Die Ausweichmöglichkeiten für die Kunden sind nur beschränkt vorhanden (Wohngemeinschaften, Großfamilien in einer Wohnung). Umgedreht sind auch die Reaktionsmöglichkeiten auf der Angebotsseite sehr viel träger, als bei anderen Konsumgütern. Der **Immobilienmarkt** unterliegt periodischen Schwankungen. Seit über 100 Jahren versuchen unterschiedliche Regierungen durch gesetzliche Regelungen in dies Marktgeschehen einzugreifen.[5] Der Erfolg ist dabei durchaus zweifelhaft.[6]

B. Der gesetzgeberischen Anlass

3   Nach dem Krieg herrschte in Deutschland eine heute kaum noch vorstellbare Wohnungsnot.[7] Der bereits vor dem Krieg bestehende **Wohnungsfehlbestand**[8] war durch die gigantischen kriegsbedingten Zerstörungen noch um ein Vielfaches vergrößert worden.[9] Unter dem Vorzeichen dieses Wohnungsmangels stand deshalb die Mietenpolitik der Nachkriegszeit. Neben der Wohnraumbewirtschaftung und steuerlichen Förderungen[10] war die **Mietpreisbindung** das wesentliche Instrument. Aufgrund des Kontrollratsgesetzes Nr. 18 vom 31.3.1946[11] herrschte bei der Gründung der Bundesrepublik[12] ein vollständiger Mietpreisstopp.[13] Die ersten Maßnahmen nach dem Krieg bezogen sich deshalb auf die schrittweise Aufhebung dieser Mietpreisbindungen für den Wohnungsneubau.[14] Die Mietbindungen bei **Altbauwohnungen** hatten demgegenüber noch viele Jahre Bestand. Die Mietpreisbindungen auf Grund des bereits bis 1945 geltenden Rechts[15] wurden noch längere Zeit beibehalten. Mieterhöhungen waren nur in sehr eingeschränktem

[4]   Koch, Mietpreispolitik in Deutschland, Diss. 2005, S. 7.
[5]   Börstinghaus WuM 2018, 610.
[6]   Herrlein NZM 2016, 1 (8).
[7]   Schriftenreihe „Forschung" des Bundesministers für Raumordnung, Bauwesen und Städtebau, Heft 482: Wohnungspolitik nach dem 2. Weltkrieg (1990), S. 18; nach Derleder FS Blank, 2006, 673 war nach dem Krieg ¼ der Bausubstanz des Reiches zerstört.
[8]   Riesen/Langrock, Kriegsfolgen und Wohnungsbau, in Wandersleb (Hrsg.), Handwörterbuch des Städtebaues, Wohnungs- und Siedlungswesen, Band II, Stuttgart 1959, S. 974.
[9]   Herrlein NZM 2016, 1, (8).
[10] Derleder FS Blank, 2006, 673.
[11] Einen Rückblick auf das Gesetz aus heutiger Sicht gibt Tweer WuM 1997, 162.
[12] Zum Zeitpunkt des Beitritts der DDR am 3.10.1990 war der gesamte dortige Wohnungsbestand immer noch preisgebunden. Diese Preisbindung ging z. T. auf die gleichen reichsrechtlichen Preisvorschriften zurück; siehe hierzu Börstinghaus/Meyer, Die Mietzinserhöhung bei Wohnraummietverträgen in den neuen Bundesländern, Herne, 1995, Rn. 2.
[13] Bärmann PiG 26 (1987), 11 (22) nennt dies „Mietrecht höchster Potenz".
[14] 1. WohnBauG vom 24.4.1950, BGBl. I S. 83.
[15] Siehe hierzu ausführlich: Sonnenschein PiG 49 (1996), 7.

Maße möglich. Erst 10 Jahre nach Kriegsende erlaubte das **1. Bundesmietenge-setz**[16] im Jahre 1955 eine prozentual gestaffelte Mieterhöhung zwischen 10 und 20%. Erst die dritte Regierung Adenauers hatte sich die Überführung der Wohnungswirtschaft in die Marktwirtschaft nach Ende der Wohnungsnot auf die Fahnen geschrieben.[17]

Damals gab es Wohnungen ohne Preisbindung und solche mit Preisbindung. **4** Dies hatte mit der Zeit zu starken Verzerrungen auf dem Wohnungsmarkt geführt, da die Höhe der Miete im Altbaubestand nicht frei vereinbart werden konnte, was die Schere zu den **Neubaumieten** immer größer werden ließ.[18] Ziel des Gesetzgebers war es, die Wohnraumbewirtschaftung zu liberalisieren[19] und den Mietenstopp für Altbauwohnungen aufzuheben. Dazu sollte durch das 2. Wohnungsbaugesetz[20] sowohl eine quantitative wie auch eine qualitative Steigerung des Wohnungsneubaus erreicht werden. Hierfür lieferte das **2. Bundesmietengesetz (2. BMG),** das als Teil des „Gesetzes über den Abbau der Wohnungszwangswirtschaft und über ein soziales Miet- und Wohnrecht (Abbaugesetz)" vom 23.6.1960[21] verkündet worden war, das wichtigste Instrumentarium. Es wurden die zum Teil noch aus der Zeit vor dem 1. Weltkrieg stammenden zwangswirtschaftlichen Bindungen schrittweise aufgehoben. Gemäß § 1 Abs. 1 des 2. BMG wurde zunächst für Wohnraum, der bis zum 20.6.1948 bezugsfertig geworden war, eine generelle Mieterhöhung von 15% gestattet. Daneben erlaubte § 2 des 2. BMG weitere Mieterhöhungen entsprechend einer Tabelle. Schließlich ordnete § 15 des 2. BMG die schrittweise Freigabe der Mietpreise für preisgebundenen Wohnraum für die Zeit vom 1.7.1963 bis 1. Januar 1966 an. In immer mehr „sog. **„weißen Kreisen"** wurde die Marktwirtschaft wieder eingeführt.[22] Die hierfür vorgesehenen Fristen wurden später zum Teil verlängert.[23] Infolgedessen wurde bis Ende 1968 mit Ausnahme von West-Berlin die Mietpreisbindung aufgehoben. Berlin folgte Ende 1972 bzw. Ende 1975. Neben der zeitlichen Staffelung regelte § 17 des 2. BMG auch noch die betragsmäßige Anpassung. Im ersten Jahr nach der Freigabe der Mieten durfte der Vermieter einseitig entsprechend § 23 des 1. BMG statt der preisrechtlich zulässigen Miete nur eine „angemessen erhöhte Miete" verlangen. Eine Miete galt dabei als „angemessen erhöht", wenn sie die Kostenmiete nicht überstieg. Allen gesetzlichen Regelungen, und zwar sowohl der Vorkriegszeit als auch den bis Mitte der sechziger Jahre geltenden Regelungen, war gemein, dass der Vermieter durch einseitige Erklärung, die ggf. an weitere formale Voraussetzungen, wie **Schriftform** oder Begründungspflicht, geknüpft war, die Miete erhöhen konnte.

---

16 Gesetz vom 27.7.1955, BGBl. I 458.
17 Zur Geschichte der Wohnungspolitik seit 1945 siehe Conradi/Zöpel, Wohnen in Deutschland – Not im Luxus, Hamburg 1994, S. 81–129.
18 Siehe hierzu auch „Wohnungspolitik nach dem 2. Weltkrieg", aus der Schriftenreihe Forschung des Bundesministers für Raumordnung, Bauwesen und Städtebau, Band 482, S. 84 ff.
19 Derleder FS Blank, 2006, 673.
20 BGBl. 1956 I 523.
21 BGBl. I 97.
22 Derleder FS Blank, 2006, 673.
23 Schlussterminsänderungsgesetz v. 24.8.1965 (BGBl. I 969).

C. Das 1. Wohnraumkündigungsschutzgesetz

5   Zwischen 1967 und 1968 war somit für den größten Teil des Wohnungsbestandes die Mietpreisbindung entfallen. Dies hatte die Folge, dass damit grundsätzlich die auf weitgehender Vertragsfreiheit beruhenden Regelungen des BGB in Kraft traten. Diese wurde dem besonderen Wirtschaftsgut Wohnung aber nur unzureichend gerecht und deshalb auch als unbefriedigend empfunden.[24] Diese „neue" Rechtslage erlaubte dem Vermieter wieder wie vor Inkrafttreten des BGB zum Zwecke der Mieterhöhung eine **Änderungskündigung** auszusprechen. Aufgrund des zu diesem Zeitpunkt immer noch herrschenden Wohnungsmangels führte diese Rechtslage naturgemäß zu Mieterhöhungen im großen Umfang.[25]

6   Deshalb wurde Anfang der 70er Jahre des letzten Jahrhunderts um den weiteren Weg heftig gerungen.[26] Es war ein großer Streit darüber entbrannt, ob Wohnungen wie jedes andere Wirtschaftsgut behandelt werden sollten und deshalb den marktwirtschaftlichen Kräften überlassen werden sollten, oder ob hier eine Regulierung geboten war. Die sozial-liberale Koalition hat schließlich durch § 1 Abs. 4 des **„Gesetzes über den Kündigungsschutz für Mietverhältnisse über Wohnraum"** vom 25.11.1971[27] die Kündigung zum Zwecke der Mieterhöhung ausdrücklich ausgeschlossen.[28] Aus verfassungsrechtlichen Gründen[29] musste der Gesetzgeber dem Vermieter als Kompensation[30] für das Verbot der Änderungskündigung in § 573 Abs. 1 Satz 2 BGB n. F. ein rechtsstaatliches Verfahren zur Erhöhung der Miete zur Verfügung stellen.[31] Dies Verfahren sollte aber zusätzlich nicht investitionshemmend wirken, da der **Wohnungsbedarf** in der Bundesrepublik nur durch die **private Bautätigkeit** gedeckt werden konnte und kann. Gerade private Bauträger reagieren aber äußerst empfindlich auf formelle und materielle Beschränkungen ihrer Rechtsposition. Auch wenn die Auswirkungen mietrechtlicher Regelungen auf die Mietenentwicklung und die Wohnungsversorgung nur schwer nachzuweisen sind,[32] so kann sicher nicht geleugnet werden, dass neben den Renditeerwartungen auch das durch Gesetzgebung und Rechtsprechung geprägte Gesamtklima zwischen Vermieter und Mieter für die Entscheidung, Mietwohnungsbau zu betreiben oder nicht eine wesentliche Rolle spielt. Dabei kommt dem Miet- und insbes. auch dem Miethöherecht eine große Signalwirkung zu. Um alle

---

[24] Roth WuM 1987, 176 (177).

[25] Sonnenschein PiG 49 (1996), 9 (21); „Wohnungspolitik nach dem 2. Weltkrieg", aus der Schriftenreihe Forschung des Bundesministers für Raumordnung, Bauwesen und Städtebau, Band 482, S. 223 mwN.

[26] Derleder FS Blank, 2006, 673(674); Lammel FS Blank, 2006, 713 (741).

[27] BGBl. I 1839.

[28] Zum 1. WKSchG: Blank FS Börstinghaus, 2020, 9 (10); Barthelmess ZMR 1972, 165 (202); Häusler DWW 1971, 376; Lutz DWW 1971, 383; Schmidt WuM 1971, 193; Schmidt WuM 1972, 1; Schmidt-Futterer NJW 1972, 86; Schopp ZMR 1972, 1; Sternel WuM 1972, 185.

[29] BGH WuM 2018, 771; Börstinghaus, LMK 2018, 412413; BGH NJW 2007, 2546. Herrlein NJW 2017, 711 (716).

[30] Weitemeyer NZM 2000, 313 (315); AKBGB/Derleder Vor MHRG Rn. 1.

[31] BGH NJW 2007, 2546.

[32] Kritisch: Institut für Stadtforschung und Strukturpolitik (IfS), Auswirkungen mietrechtlicher Regelungen auf die Mietenentwicklung und die Wohnungsversorgung, 1996.

diesen Anforderungen zu genügen, wurde das Konstrukt der ortsüblichen Vergleichsmiete in seiner heutigen Form geschaffen.

Der Gesetzgeber ging damals davon aus, dass es sich nur um eine Übergangsregelung handelte. Derleder[33] spricht von einem „Experiment". Die Regelung sollte nämlich ursprünglich nur ca. 2 Jahre gelten und am 31.12.1974 außer Kraft treten.[34] Es sollte abgewartet oder vielleicht auch ausgetestet werden, ob die Eingriffe letztendlich eher schädlich waren.

Neben formalen Voraussetzungen wie die Einhaltung von Jahres-, Überlegungsund Klagefristen, sowie ersten Bestimmungen über das **Begründungserfordernis,** war somit wichtigste Voraussetzung für den Zustimmungsanspruch des Vermieters, dass die verlangte Miete nicht die damals nur so genannte ortsübliche Vergleichsmiete überschritt. Damit stellte das Gesetz auf tatsächlich gezahlte Mieten als Obergrenze ab und nicht auf eine nach Wirtschaftlichkeitsgesichtspunkten zu ermittelnde Kostenmiete. Den Vermietern sollte ein angemessener, marktorientierter Ertrag garantiert werden, während der Mieter vor überhöhten Forderungen geschützt werden sollte.[35] Dies System wurde auch vom BVerfG gebilligt.[36] Die Vergleichsmiete sollte bereits damals nach den fünf noch heute geltenden **Wohnwertmerkmalen „Art, Größe, Beschaffenheit, Ausstattung und Lage"** ermittelt werden. Zu Recht wurde auf die damit verbundenen Schwierigkeiten sofort hingewiesen[37] und vorgeschlagen, dass die Interessenverbände der Vermieter und Mieter unter Mitwirkung der Gemeinden zweckmäßigerweise eine Tabelle erarbeiten sollten, aus der sich die ortsüblichen Vergleichsmieten ergeben sollten.[38]

D. Von der Befristung zum Dauerrecht

Diesen Vorschlag hat der Gesetzgeber in der Folgezeit aufgegriffen. Da das Gesetz nach Ansicht des Gesetzgebers zu einer Beruhigung im Verhältnis zwischen Mietern und Vermietern sowohl hinsichtlich der Mieterhöhungen als auch der Rechtsstreitigkeiten geführt hatte,[39] wurden die Vorschriften über Mieterhöhungen in einem zeitlich nicht befristeten **„Gesetz zur Regelung der Mieterhöhungen",**[40] das Teil des 2. WKSchG war, weiterhin außerhalb des BGB zusammengefasst. Damit wurde auch für das Mietpreisrecht die Abkehr vom Not- und Übergangsrecht zum Dauerrecht vollzogen. Auf Grund der 2-jährigen Erfahrungen mit dem **1. WKSchG** hat der Gesetzgeber bei der Formulierung des Gesetzes vor allem die Anforderungen an die Begründung des Mieterhöhungsverlangens den Bedürfnissen der Praxis angepasst. Gerade das Begründungserfordernis und die damit verbundene Verpflichtung, bestimmte Formalien einzuhalten, erregte in den

---

[33] Derleder FS Blank, 2006, 673 (674).

[34] Nach Rupp DWW 1979, 279 (280) wurde diese Befristung zunächst auch von allen am Wohnungswesen interessierten Parteien ernst genommen, da die Regelung der seinerzeitigen Wirtschaftsauffassung der Marktwirtschaft widersprach.

[35] Sonnenschein PiG 49 (1996), 9 (22).

[36] BVerfG NJW 1974, 1499.

[37] Barthelmess ZMR 1972, 165, 169.

[38] Entsprechende Anträge des Landes Schleswig-Holstein scheiterten aber im Rechtsausschuss des Bundesrates.

[39] So die Gesetzesbegründung BT-Drs. 7/2011, 1.

[40] BGBl. 1974 I 3603.

Fachzeitungen die Gemüter[41], was darin gipfelte, dass man sich darauf versteifte, die Beibringung von Vergleichsmieten sei „entwürdigend" und verletze die „Menschenwürde der Vermieter".[42] Der Gesetzgeber wollte die Parteien zwingen sich zu einigen, ohne dass ein kostenträchtiges Gerichtsverfahren eingeleitet werden muss.[43] Es wird auch heute noch vermutet[44], dass hinter der nicht ganz einfachen Ausgestaltung des Verfahrens das Motiv des Gesetzgebers stand, Mieterhöhungen schon durch die Gestaltung des Verfahrens zu erschweren und Mieter zu schützen. Obwohl das 1. WKSchG nur verlangte, dass der Vermieter sein Erhöhungsverlangen begründete, entsprach es nämlich schnell h. M.,[45] dass er mehrere Vergleichsobjekte[46] angeben musste, anhand derer der Mieter die Ortsüblichkeit der verlangten Miete überprüfen konnte. Um hier die formalen Anforderungen zu verringern und andererseits insbesondere durch Mietspiegel zu größerer Transparenz auf dem Mietemarkt zu kommen, wurden bei der Neuregelung deshalb in § 2 Abs. 2 MHG drei Möglichkeiten der Begründung eingeführt, nämlich die Benennung von drei **Vergleichswohnungen,** die Berufung auf entsprechende Mietspiegelwerte und das vorprozessuale Sachverständigengutachten. Aber auch der Begriff der ortsüblichen Vergleichsmiete erfuhr seine erste und nicht letzte Korrektur. Es wurde ausdrücklich klargestellt, dass nur Mieten für nicht preisgebundenen Wohnraum in die ortsübliche Vergleichsmiete einfließen dürfen.

E. Das Gesetz zur Erhöhung des Angebots an Mietwohnungen

10   Nach Ende der sozial-liberalen Koalition wollte die neue Bundesregierung eine Belebung der Wohnungsbautätigkeit. Zu diesem Zwecke wurde u. a. auch das MHG durch das **„Gesetz zur Erhöhung des Angebots an Mietwohnungen"**[47] geändert.[48] Die Änderungen betrafen zum einen den Begriff der ortsüblichen Vergleichsmiete und zum anderen die Voraussetzungen, unter denen dem Vermieter gegenüber dem Mieter ein Anspruch auf Zustimmung zustand. Der Begriff der **ortsüblichen Vergleichsmiete** erfuhr dahin gehend eine Einschränkung, dass bei der Berechnung der ortsüblichen Vergleichsmiete nur Vereinbarungen der letzten drei Jahre herangezogen werden durften. Da hierdurch ein großer Teil der Bestandsmieten aus dem Begriff ausgeklammert wurde, sollte dies zu einer generellen Anhebung der ortsüblichen Vergleichsmiete führen. Im Gegenzug dazu be-

---

[41]   Oestmann, HKK §§ 535–580 a BGB Rn. 94 beklagt auch heute noch, dass das Gesetz nicht der Herstellung einer Vertragsparität durch den Ausgleich von Informationsasymmetrien diene, sondern der Verhinderung der Vertragsfreiheit schlechthin.

[42]   So Klien NJW 1973, 974 (976).

[43]   Derleder FS Blank, 2006, 673 (675) spricht von „ideologischen Grabenkämpfen" die mit diversen empirischen Untersuchungen damals geführt worden seien.

[44]   Loyal AcP 214, 746, 783.

[45]   Sternel WuM 1972, 185, 186.

[46]   Vereinzelt wurde die Angabe von bis 20 Vergleichsobjekten verlangt, siehe die Gesetzesbegründung BR–Drs. 161/74, 10.

[47]   BGBl. 1982 I 1912.

[48]   Nach Derleder FS Blank, 2006, 673 (675) hat erst dies Gesetz mit seiner „klitzekleinen Änderung" als Folge des „rheinlandpfälzischen Kapitalismus" zu einer politischen Akzeptanz der Regelungen geführt.

schränkte der Gesetzgeber Mieterhöhungen auf 30% in 3 Jahren **(Kappungs-grenze)**. Ferner wurde in § 2 Abs. 5 MHG im Rahmen einer Soll-Vorschrift den Gemeinden eine Verpflichtung zur Aufstellung von Mietspiegeln auferlegt. Im Jahre 1981 gab es einmal den Versuch, ein **Mietspiegelgesetz** zu verabschieden.[49] Danach sollten Gemeinden mit mehr als 100.000 Einwohnern verpflichtet werden, Mietspiegel zu erstellen. Bei kleineren Gemeinden sollte dies auf Antrag der Interessenverbände geschehen. Dem vom Bundestag verabschiedeten Gesetz stimmte der Bundesrat jedoch nicht zu. Das Vermittlungsverfahren konnte wegen der Auflösung des Bundestages nicht zu Ende geführt werden. Es ist deshalb nie Gesetz geworden.

Der Deutsche Bundestag hatte die Bundesregierung bei der Verabschiedung des **11** **Zweiten Wohnraumkündigungsschutzgesetzes** im Oktober 1974 ersucht, „baldmöglichst mit den Ländern und den kommunalen Spitzenverbänden Verhandlungen mit dem Ziel aufzunehmen festzustellen, ob und inwieweit eine vermehrte Aufstellung von Mietspiegeln durch die Gemeinden ermöglicht werden kann und sodann über das Ergebnis der Beratung zu berichten".[50] Daraufhin wurde beim Bundesminister für Raumordnung, Bauwesen und Städtebau ein Arbeitskreis „Mietspiegel" gebildet. Der Arbeitskreis hat auf der Grundlage bereits vorliegender Mietspiegel sowie der bis zu diesem Zeitpunkt gesammelten Erfahrungen rechtlich unverbindliche **Hinweise für die Aufstellung von Mietspiegeln** erarbeitet. Diese wurden erstmals im Jahre 1976[51] veröffentlicht. Im Jahre 1980 wurden diese Hinweise vom Bundesministerium für Raumordnung, Bauwesen und Städtebau in Zusammenarbeit mit dem **„Arbeitskreis Mietspiegel"** vervollständigt und fortgeschrieben.[52] Im Jahr 1997 wurden vom Bundesministerium für Raumordnung, Bauwesen und Städtebau unter wissenschaftlicher Beratung völlig neue Hinweise zur Aufstellung von Mietspiegeln[53] herausgegeben. Diese Hinweise gingen auch erstmals auf die Besonderheiten in den neuen Ländern ein, die durch das Auslaufen des Mietenüberleitungsgesetzes entstanden waren. Auch der Freistaat Sachsen hatte damals in diesem Zusammenhang eine eigene „Arbeitshilfe zur Erstellung von Mietspiegeln in Sachsen" herausgegeben. Auf Grund der Ergänzung des Begriffs der ortsüblichen Vergleichsmiete durch das Mietrechtsänderungsgesetz 2013 hat das damals noch selbständige BMBAU im Jahre 2013 eine Arbeitshilfe für die kommunale Mietspiegelerstellung unter dem Titel „Hinweise zur Integration der energetischen Beschaffenheit und Ausstattung von Wohnraum in Mietspiegeln"[54] veröffentlicht. Die letzten Hinweise zur Erstellung von Mietspiegeln wurden im Sommer 2020 in 3. Auflage online veröffentlicht.[55] Es handelt sich bei diesen Hinweisen aber weder um gesetzliche Regelungen noch um eine Verwaltungsvorschrift. Die Hinweise sollten immer nur nur eine Orientierungshilfe[56] bieten, ohne in irgendeiner Form rechtlich verbindlich zu sein.

---

[49] BT-Drs. 9/745 → Anh. II.
[50] BR-Drs. 7/2629.
[51] → Anh. III 1.
[52] Abgedr. bei Börstinghaus/Clar Mietspiegel Anh. Kap. B II.
[53] → Anh. III 2.
[54] Abgedr. in Schmitt-Futterer/Börstinghaus BGB Anh. §§ 558c–d Rn. 115ff.
[55] Unter bbsr.bund.de abrufbar.
[56] So die Formulierung im Vorwort des Ministers.

F. Das 4. Mietrechtsänderungsgesetz

12   Eine weitere Änderung erfuhr der Begriff der ortsüblichen Vergleichsmiete durch das 4. Mietrechtsänderungsgesetz[57] vom 21.7.1993.[58] Das Gesetz verlängerte den sog. **Betrachtungszeitraum,** also den Zeitraum in dem die zu berücksichtigenden Mietvereinbarungen getroffen werden mussten, auf vier Jahre. Dies sollte damals wie auch bei der letzten Verlängerung auf sechs Jahre in Zeiten starker Nachfrage in Folge starker Wanderungsbewegungen zu einer Absenkung der ortsüblichen Vergleichsmiete führen, da nunmehr auch länger zurückliegende niedrigere Bestandsmieten einbezogen wurden.

G. Das Mietenüberleitungsgesetz

13   In den neuen Bundesländern glich der Rechtszustand zum Zeitpunkt des Beitritts 1990 sehr demjenigen nach Ende des 2. Weltkrieges in den alten Bundesländern. Wie dort war der Wohnungsbestand im Wesentlichen preisgebunden. Wie beim Übergang von der Preisbindung zur – relativen – Preisfreiheit in den 60er Jahren, hat der Gesetzgeber nach dem Beitritt auch für die neuen Länder zunächst betragsmäßig feste Mieterhöhungen und auf Grund des Mietenüberleitungsgesetzes prozentuale Mieterhöhungen zugelassen. Dies hatte seine Ursache vor allem darin, dass die übergangslose Einführung des Vergleichsmietensystems in den neuen Ländern faktisch zu einem **Mietenstopp** geführt hätte.[59] Nachdem diese Übergangsregelungen seit 1998 ausgelaufen sind, gilt auch in den neuen Bundesländern das **Vergleichsmietensystem.** Konsequenterweise hat der Gesetzgeber mit dem In-Kraft-Treten des Mietrechtsreformgesetzes am 1.9.2001 alle Sondervorschriften für Mieterhöhungen in den neuen Bundesländern abgeschafft.

H. Die Änderungen durch das Mietrechtsreformgesetz

14   Zum 1.9.2001 wurde das Mietrecht bekanntlich durch das **Mietrechtsreformgesetz** „reformiert".[60] Das Gesetz brachte kaum wesentliche Änderungen, versuchte aber eine Vereinfachung des Mietrechts zu erreichen.[61] Ziel der Mietrechtsreform war die Vereinfachung des Mietrechts iSv Klarheit, Verständlichkeit und Transparenz. Mieter und Vermieter sollen in die Lage versetzt werden, im Wesentlichen ihre Rechte und Pflichten auch ohne fachliche Hilfe so weit wie möglich

---

[57]   Hierzu Blank WuM 1993, 503 (573); Börstinghaus ZAP F. 4 S. 313; Bub NJW 1993, 2897; Schilling, Neues Mietrecht 1993.

[58]   BGBl. I 1257.

[59]   Mit dieser Begründung hat das BVerfG die Regelungen der GrundMV für verfassungsgemäß erachtet: NJW 1995, 511.

[60]   Artz NJW 2015, 1573; ausführlich zu allen Änderungen und dem Gang des Gesetzgebungsverfahrens: Börstinghaus/Eisenschmid Neues MietR.

[61]   Ob das Ziel, dass Vermieter und Mieter ohne fachlichen Rat ihre Probleme im Wesentlichen selbst lösen können, tatsächlich erreicht wurde, darf bezweifelt werden, Zahlen hierzu bei Börstinghaus NZM 2018 297; kritisch zum Gesetzgebungsverfahren Derleder FS Blank, 2006, 673 (678).

selbst erkennen zu können. Um dies zu erreichen wurde der Aufbau des BGB völlig geändert. Um die besondere Bedeutung des Wohnraummietrechts hervorzuheben, wurde ein eigenes Kapitel **„Mietverhältnisse über Wohnraum"** (§§ 549–577a BGB) geschaffen. Die Vorschriften des früheren MHG wurden in diese neue Unterkapitel übernommen.[62] Es wurde aber nicht das gesamte Miethöherecht in dies Kapitel übernommen. Teilweise wurden Vorschriften ersatzlos aufgehoben, zum Teil systematisch in anderen Gesetzen geregelt oder in andere Kapitel eingestellt. Ferner war der Gesetzgeber der Auffassung, dass lange Vorschriften zu verstehen sind als kurze. Deshalb wurde versucht keine Vorschrift mit mehr als drei Absätzen und diese wiederum mit nicht mehr als drei Sätzen zu versehen. Dadurch wurden besonders lange Vorschriften des alten Rechts, insbesondere der völlig außer Kontrolle geratene § 2 MHG, auf mehrere Vorschriften aufgeteilt.

Der bisher nur umgangssprachlich benutzte Begriff der **„ortsüblichen Ver-** **15** **gleichsmiete"** wurde im Rahmen einer **Legaldefinition** ins Gesetz aufgenommen. Dem Vermieter wurde ein Anspruch auf Zustimmung zu einer Miete eingeräumt, die die ortsübliche Vergleichsmiete nicht überschreitet. In § 558 Abs. 2 BGB wurde dann die Definition aufgenommen, was die ortsübliche Vergleichsmiete denn ist. Diese wird weiterhin auf Grund der fünf bisher schon aufgeführten Wohnwertmerkmale ermittelt. Nur in der Gesetzesbegründung[63] hat der Gesetzgeber damals schon explizit den Wunsch geäußert, dass in der Zukunft auch der energetische Zustand einer Wohnung, das heißt insbesondere die Art der Energieversorgung und die Qualität der Wärmedämmung in die Mietenermittlung mit einfließt.[64] Es wurde aber darauf verzichtet, ein neues **Wohnwertmerkmal** zu schaffen, vielmehr soll der energetische Zustand über die Wohnwertmerkmale „Ausstattung" und „Beschaffenheit" bei der Bildung der Vergleichsmiete berücksichtigt werden.

Die **Definition der ortsüblichen Vergleichsmiete** unterscheidet sich seither **16** in einem Punkt von der bisherigen Definition im Miethöhegesetz. Bisher hieß es, dass es sich um „preisfreien Wohnraum vergleichbarer Art, …" handeln musste. Diese Einschränkung ist in § 558 Abs. 2 Satz 1 BGB entfallen; stattdessen gibt es nun einen Absatz 2 Satz 2. Danach fließt die Miete von Wohnraum, dessen Miethöhe durch Gesetz oder im Zusammenhang mit einer **Förderzusage** festgelegt worden ist, nicht in die ortsübliche Vergleichsmiete ein. Die Formulierung „durch Gesetz oder im Zusammenhang mit einer Förderzusage festgelegt" ermöglicht es, alle öffentlichen Fördertatbestände, die zu Festlegungen der Miethöhe führen, einzubeziehen. Eingeführt wurde als neues Begründungsmittel die Auskunft aus der Mietdatenbank. Die einzige – auch vom DMB mit betriebene – Mietdatenbank MEA in Hannover wurde inzwischen aber vor allem deshalb eingestellt, weil die Sozialgerichte mit ihr die Kosten der Unterkunft nicht ermitteln konnten, eingestellt.

Durch das **Mietrechtsreformgesetz** wurde bei den Mietspiegeln eine Diffe- **17** renzierung zwischen den **einfachen und den qualifizierten Mietspiegeln** eingeführt[65], was der Praxis im Ergebnis wohl mehr –zumindest teilweise größere-

---

[62] Zum Miethöherecht des Mietrechtsreformgesetzes: Börstinghaus NZM 2000, 187; Börstinghaus NZM 2002, 273; Eisenschmid NZM 2001, 11; Hinz NZM 2002, 633; Kunze MDR 2002, 142; Kinne ZMR 2001, 775ff und 868ff; Weitemeyer NZM 2001, 563.

[63] BT-Drs 14/4553 = NZM 2000, 812; abgedruckt auch bei Börstinghaus/Eisenschmid Neues MietR S. 281.

[64] Dazu Artz, Ökomietspiegel – Zukunftsinstrument?, WImmoT 2006, 123.

[65] Zu den Auswirkungen auf die Praxis siehe die empirische Untersuchung von Cromm/Koch, Mietspiegel in Deutschland, München 2006.

Probleme bereitet, als sie löst. Es handelt sich bei beiden Arten von Mietspiegeln um Begründungsmittel eines Mieterhöhungsverlangens. Das ergibt sich daraus, dass in § 558a Abs. 2 Nr. 1 BGB beide Definitionsnormen (§ 558c und § 558d BGB) hinter dem **Begründungsmittel „Mietspiegel"** zitiert werden. Bereits früher gab es diese Differenzierung faktisch schon in den Formen der ausgehandelten Mietspiegel und den Mietspiegeln, die auf einer nach den Grundsätzen der Repräsentativität beruhenden empirischen Datenerhebung erstellt worden waren. Nunmehr hat der Gesetzgeber den qualifizierten Mietspiegel mit weitergehenden Rechtsfolgen ausgestattet. Zum einen muss der Vermieter auf dessen Werte zwingend im Mieterhöhungsverfahren hinweisen, unabhängig davon, welches Begründungsmittel er benutzt hat, und zum anderen haben die Werte eines solchen Mietspiegels im Zustimmungsprozess Vermutungswirkung.

I. Das Mietrechtsänderungsgesetz 2013

18   Im Zuge des immer größere Bedeutung bekommenden Klimaschutzes wurden durch das „Gesetzes über die energetische Modernisierung von vermietetem Wohnraum und über die vereinfachte Durchsetzung von Räumungstiteln (Mietrechtsänderungsgesetz)[66] vom 11.3.2013 auch Vorschriften des Miethöherechts verändert. Das Gesetz hat zu einer **Entkoppelung der Duldungspflicht**[67] von der Mieterhöhung bei Modernisierungsmaßnahmen geführt. Dazu wurde im BGB das Kap. 1a **„Erhaltungs- und Modernisierungsmaßnahmen"** in den §§ 555a–555f BGB neu eingeführt. Dort ist in § 555b BGB nunmehr abschließend sowohl für den Duldungsanspruch wie auch für die Mieterhöhung definiert, was Modernisierungsmaßnahmen sind. Deshalb enthält § 559 Abs. 1 BGB nicht mehr wie früher eine Definition dessen, was eine Modernisierungsmaßnahme ist. Stattdessen wird auf fünf der sieben in § 555b BGB aufgeführten Modernisierungsmaßnahmen Bezug genommen. Der bisher vom Mieter mögliche Einwand der fehlenden wirtschaftlichen Leistungsfähigkeit bereits gegen den Duldungsanspruch wurde so gefasst, dass er nunmehr allenfalls gegen die spätere Mieterhöhung nach § 559 BGB erhoben werden kann. Ferner wurde eine neue **Ausschlussfrist** eingefügt, binnen derer sich der Mieter auf diesen und auch die übrigen Härtegründe berufen muss.[68] Kodifiziert wurde die Rechtsprechung, wonach Erhaltungskosten von vornherein nicht zu den Modernisierungskosten gehören. Ihre Höhe kann durch Schätzung ermittelt werden. Solche formellen Erleichterungen wurden auch für die Modernisierungsmieterhöhung gem. § 559b BGB eingeführt. Hier kann der Vermieter zur Darlegung des bisherigen Zustands bestimmter Baumaterialien auf anerkannte Pauschalwerte Bezug nehmen.

19   Schließlich hat der Gesetzgeber bei der Definition des Begriffs der ortsüblichen Vergleichsmiete in § 558 Abs. 2 BGB, ohne ein neues **Wohnwertmerkmal** einzuführen, klargestellt, dass hierzu auch der energetische Zustand des Hauses zählt.[69] Bei der Definition des Begriffs der ortsüblichen Vergleichsmiete heißt es seither klarstellend nach der Aufzählung der **fünf Wohnwertmerkmalen** „einschließlich

---

[66] BGBl I 434; BT-Drs 17/10485; Börstinghaus/Eisenschmid; Arbeitskommentar Mietrechtsänderungsgesetz, 2013.
[67] Derleder PiG 95 (2013), 1.
[68] Dazu Börstinghaus NZM 2014, 689.
[69] Zur Frage, ob dies schon nach altem Recht so war, auf der einen Seite Börstinghaus NZM 2011, 641 und auf der anderen Seite Blank WuM 2011, 195.

der energetischen Ausstattung und Beschaffenheit". Damit sollte klargestellt werden, dass der energetische Zustand im Rahmen der Wohnwertmerkmale zu berücksichtigen ist. Nach Ansicht der Gesetzesverfasser war dies auch zuvor schon der Fall[70], sollte aber noch einmal klargestellt werden.

Außerdem wurde den Ländern gestattet in Gemeinden, in denen die Versorgung der Bevölkerung mit Mietwohnungen zu angemessenen Bedingungen besonders gefährdet ist, die **Kappungsgrenze** auf 15 % zeitlich befristet herabzusetzen. Die Regelung hatte vor dem Verfassungsgericht Bestand.[71]   **20**

J. Das Gesetz zur Dämpfung des Mietanstiegs auf angespannten Wohnungsmärkten und zur Stärkung des Bestellerprinzips bei der Wohnungsvermittlung (Mietrechtsnovellierungsgesetz – MietNovG)

Bis zum Jahr 2015 betrafen die Mietpreisregelungen des MHG und des BGB nur   **21** Bestandsmieterhöhungen. Allenfalls über die **Ahndungsvorschriften** der § 5 WiStG, § 291 StGB iVm. § 134 BGB konnte auch eine Neuvertragsmiete der Höhe nach teilweise unwirksam sein. Aufgrund der Subjektivierung des Tatbestandes des § 5 WiStG durch den BGH[72] hat die Vorschrift rechtstatsächlich[73] völlig an Bedeutung verloren.[74] Durch das Mietrechtsnovellierungsgesetz vom 21. 4. 2015[75] hat der Gesetzgeber erstmals in der Nachkriegsgeschichte auch eine **Begrenzung der Wiedervermietungsmiete** in den §§ 556d–556g BGB eingeführt.[76] Das Gesetz geht auf mehrere Initiativen zurück. Hinz[77] hatte bereits bei der Anhörung im Rechtsausschuss zum Mietrechtsänderungsgesetz 2013[78] vorgeschlagen, die Länder zu ermächtigen, in bestimmten Regionen zu bestimmen, dass das Entgelt für Neu- oder Weitervermietungsmieten die ortsübliche Vergleichs-

---

[70] So auch Börstinghaus NZM 2011, 641; aA. Blank WuM 2011, 195.
[71] Das BVerfG NZM 2016, 578 = NJW 2016, 2872 hat eine Verfassungsbeschwerde gegen das Urt. des BGH NZM 2016, 82 = NJW 2016, 476 nicht zur Entscheidung angenommen, weil die Begründung nicht den gesetzlichen Anforderungen der §§ 92, 23 Abs. 1 Satz 2, 1. Halbsatz BVerfGG entsprach.
[72] BGH NJW 2004, 1740; NJW 2005, 471; NZM 2006, 291; Langenberg FS Blank, 2006, 291; Oestmann, HKK, § 535–580a BGB Rn 96 begrüßt diese Rechtsprechung, weil damit eine Fehlentwicklung des Rechs beseitigt worden sei. Die Regelungen der §§ 556d ff BGB gab es zum Zeitpunkt seiner Kommentierung aber noch nicht.
[73] Beispielhaft AG Köpenick GE 2014, 1141 mAnm Herlitz jurisPR-MietR 7/2015 Anm. 3.
[74] Nach Weigelt, Die wachsende Stadt als Herausforderung für das Recht (2016), S. 304 kann hier nur eine Gesetzesänderung etwas ändern. S. zB Bundesratsinitiative zur Wiederbelebung des § 5 WiStG: BT-Drs. 17/14360; nach Staudinger/V. Emmerich BGB (2018) § 556d Rn. 11 wäre die Streichung des § 5 WiStG „nur folgerichtig gewesen".
[75] BGBl I, 610.
[76] Börstinghaus NJW 2015, 1553; Schuldt, Mietpreisbremse – Eine juristisch und ökonomische Untersuchung der Preisregulierung für preisfreien Wohnraum, Diss, Potsdam, 2017; Frank, Die Mietpreisbremse, Diss, Marburg, 2016; Gustorff, Mietpreisbremse und Bestellerprinzip, Diss, Münster, 2020.
[77] Hinz NZM 2012, 777, 795.
[78] „Gesetz über die energetische Modernisierung von vermietetem Wohnraum und über die vereinfachte Durchsetzung von Räumungstiteln (Mietrechtsänderungsgesetz – MietRÄndG)", BGBl. I 434.

miete um nicht mehr als 10% übersteigen darf. Diesem Vorschlag ist der Rechtsausschuss im damaligen Gesetzgebungsverfahren nicht gefolgt. Stattdessen hat er nur in § 558 Abs. 3 BGB die Länder ermächtigt, die Kappungsgrenze bei Bestandsmieterhöhungen von 20% auf 15% abzusenken. Erst in der 18. Legislaturperiode wurde dann die Beschränkung der Wiedervermietungsmiete in der vorliegenden Form durch das **„Gesetz zur Dämpfung des Mietanstiegs auf angespannten Wohnungsmärkten und zur Stärkung des Bestellerprinzips bei der Wohnungsvermittlung – Mietrechtsnovellierungsgesetz"**[79] v. 21.4.2015 ins BGB aufgenommen. In den Anwendungsbereich der Vorschrift fallende Wohnungen dürfen danach grds. nicht zu einer höheren Miete als 10% über der ortsüblichen Vergleichsmiete vermietet werden. Ausnahmen gelten für Neubauten und modernisierte Wohnungen. Außerdem darf eine zulässig vereinbarte Vormiete, § 556e Abs. 1 BGB, weiter vereinbart werden. Voraussetzung für diese Begrenzung ist ein örtlich vorliegender angespannter Wohnungsmarkt und die Aufnahme der Gemeinde in eine entsprechende Landesverordnung. Dies darf für maximal 5 Jahre erfolgen und muss spätestens bis Ende 2020 erfolgen. Damit wurde nicht völliges Neuland betreten.[80] Die Regelungen stellen durchaus eine Wiederbelebung der oben dargestellten **preisrechtlichen Beschränkungen**[81] dar, die bereits im 1. Weltkrieg entwickelt wurden und dann in unterschiedlicher Form und für unterschiedlichen Wohnraum immer wieder mal galten und dann wieder aufgehoben wurden.[82] Nach Derleder[83] ist damit erstmals in der Bundesrepublik Deutschland eine neue Phase der Mietbegrenzung eröffnet worden, die teilweise an die **Wohnraumbewirtschaftungsvorschriften** erinnert. Schon früher haben all diese Regelungen die Ursachen des Mietanstiegs nicht behoben, zumal sie die Belastung der Mieter durch **steigende Betriebskosten** unberücksichtigt lässt.[84]

22   Bereits im Gesetzgebungsverfahren waren Zweifel an der Verfassungsmäßigkeit des neuen Instrumentariums geäußert worden[85], die das BVerfG aber inzwischen nicht geteilt hat.[86] Problematischer war die handwerklich nicht immer saubere Umsetzung durch einzelne Landesjustizverwaltungen.[87] Insbesondere der ausdrücklich vom Bundesgesetzgeber als **„Verordnungsbremse"** eingeführte Begründungszwang in § 556 Abs. 2 BGB machte den Ländern Schwierigkeiten.[88] Im Übrigen ist die Anwendung der Regelungen für die Mietvertragsparteien aus den unterschiedlichsten Gründen sehr schwierig.[89]

---

[79] BGBl. 2015 I 610.
[80] So aber Hinz ZMR 2014, 593 (594).
[81] Derleder KJ 2015, 3.
[82] Börstinghaus Miethöhe-HdB, Kap. 1 Rn. 6ff.; Derleder KJ 2015, 5.
[83] Derleder KJ 2015, 5; PiG 99 (2015), 27 (40).
[84] Weigelt, Die wachsende Stadt als Herausforderung für das Recht (2016), S. 302.
[85] Leuschner NJW 2014, 1429; Blankenagel/Schröder/Spoerr NZM 2015, 1; Herlitz ZMR 2014, 262; Schultz ZRP 2014, 37; Derleder WuM 2013, 383; Börstinghaus/Kirchhoff/ Derleder ZRP 2013, 158; Tietzsch WuM 2017, 688; zu den Auswirkungen der EGMR-Rechtsprechung auf die Begrenzung der „Wiedervermietungsmiete" in Deutschland: Börstinghaus/Thiede NZM 2016, 489.
[86] BVerfG NZM 2019, 676.
[87] Zusammenstellung bei Börstinghaus/Thiede NZM 2016, 489; kritisch hierzu ebenso Schuldt NZM 2018, 257.
[88] BGH VIII ZR 130/18, BGHZ 223, 30 = NZM 2019, 584.
[89] Zur den Problemen der Mietpreisbremsen in der Praxis: Börstinghaus NJW 2018, 665.

K. Gesetz zur Ergänzung der Regelungen über die zulässige Miethöhe bei Mietbeginn und zur Anpassung der Regelungen über die Modernisierung der Mietsache (Mietrechtsanpassungsgesetz – MietAnpG)

Bereits im April 2016 hatte das BMJV einen Entwurf für ein 2. Mietrechtsnovel- **23** lierungsgesetz vorgelegt, der aber über das Stadium der versuchten Ressortabstimmung nie hinausgekommen ist.[90] Im Juni 2018 hat den Justizminister den Entwurf eines nun „Gesetzes zur Ergänzung der Regelungen über die zulässige Miethöhe bei Mietbeginn und zur Anpassung der Regelungen über die Modernisierung der Mietsache – Mietrechtsanpassungsgesetz (MietAnpG)" genannten Gesetzes den Medien[91] vorgestellt und erst anschließend in die Ressortabstimmung gegeben, woraufhin am 11. Juli 2018 das BMJV dann den nach der Ressortabstimmung etwas „abgespeckten" Referentenentwurf[92] an die Verbände und Länder zur Anhörung mit vierwöchiger Stellungnahmefrist in den Sommerferien verschickte. Der anschließende Kabinettsentwurf[93] enthielt weitere Einschränkungen der Vorschläge. Am 7. November 2018 führte der Rechtsausschuss des Deutschen Bundestages eine Sachverständigenanhörung durch, in der trotz grundlegend unterschiedlicher Auffassungen zum vorgelegten Reformpaket zumindest dahingehender Konsens unter den **Sachverständigen** bestand, dass die Regelungen möglichst einfach und für die Vertragsparteien handhabbar formuliert werden müssten.[94] Deshalb staunte die Fachwelt nicht schlecht, als zwei Tage vor der zweiten und dritten Lesung des Gesetzentwurfes im Deutschen Bundestag am 29.11.2018[95] der Ausschussbericht mit dem endgültigen Gesetzestext vorlag.[96] Vorgeschlagen wurde nun ein Gesetz, das äußerst kleinteilig bis in die letzte Alternative einzelne Fallgestaltungen regelt. Die Änderungen durch das Mietrechtsanpassungsgesetz vom 18.12.2018[97] betrafen die Beschränkung der Wiedervermietungsmiete für Mietverträge, die ab 1.1.2019 abgeschlossen wurden und die Modernisierungsmieterhöhung.

---

[90] Zur Gesetzgebungsgeschichte siehe Johnen, Die Entwicklung des Mietrechtsanpassungsgesetzes, Hamburg, 2020.

[91] NZM 2018, 487.

[92] NZM 2018, 652.

[93] BT-Drs. 19/4672.

[94] Artz/Börstinghaus NZM 2019, 12 (12). Die Stellungnahmen aller Sachverständigen sind abrufbar unter: https://www.bundestag.de/ausschuesse/a06_Recht/anhoerungen_archiv/stellungnahmen/576148.

[95] Plenarprotokoll 19/68 ab S. 7797 ff.

[96] BT-Drs 19/6143.

[97] BGBl I.2648.

L. Gesetz zur Verlängerung und Verbesserung der Regelungen über die zulässige Miethöhe bei Mietbeginn

24   Die durch das Mietrechtsnovellierungsgesetz vom 21. April 2015[98] eingeführten Regelungen über die zulässige Miethöhe bei Mietbeginn (sogenannte **Mietpreisbremse**) sind nach Meinung der Mehrzahl der Marktbeobachter mehr oder weniger wirkungslos. Es entspricht einhelliger Meinung, dass die sog. „Mietpreisbremse" nicht funktioniert.[99] Dafür gibt es mehrere Gründe. Bereits die Umsetzung durch die Länder war teilweise unprofessionell. Hinzu kommt das faktische Problem, wonach die Mietpreisbremse in zahlreichen Gemeinden gilt, in denen es keinen qualifizierten und teilweise noch nicht einmal einen einfachen Mietspiegel gibt. Die **Begrenzung der Wiedervermietungsmiete** ist deshalb in Gemeinden ohne – qualifizierten – Mietspiegel nicht ansatzweise praktikabel. Die Bundesregierung hat immer wieder[100] darauf hingewiesen, dass „ein Bedürfnis zur Erstellung eines Mietspiegels bestehen dürfte, sobald ernsthaft erwogen wird, die entsprechende Gemeinde als Gebiet mit einem angespannten Wohnungsmarkt auszuweisen." Man hatte in einer ersten Nachschärfung durch das **Mietrechtsanpassungsgesetz** vom 18.12.2018[101] Informationsobliegenheiten für den Vermieter eingeführt, außerdem durften Gemeinden seit 2015 nur für 5 Jahre in eine Mietpreisbegrenzungsverordnung aufgenommen werden. Da der Gesetzgeber zumindest teilweise sein eigenes Gesetz nicht richtig verstanden hatte[102] wurde dieser Fehler über die anzugebende Vormiete durch das „Gesetz zur Verlängerung und Verbesserung der Regelungen über die zulässige Miethöhe bei Mietbeginn" vom 19.3.2020[103] beseitigt und zugleich die Laufzeit der Beschränkung der Wiedervermietungsmiete auf maximal 10 Jahre verlängert.

M. Gesetz zur Verlängerung des Betrachtungszeitraums für die ortsübliche Vergleichsmiete

25   Bis Ende 1982 bildeten alle Mieten, die in der Gemeinde oder in einer vergleichbaren Gemeinde für nicht preisgebundenen Wohnraum vergleichbarer Art, Größe, Ausstattung, Beschaffenheit und Lage an einem bestimmten Stichtag gezahlt wurden, die ortsübliche Vergleichsmiete. Durch die Beschränkung der maßgeblichen Mieten auf die letzten drei oder vier Jahre in der Folgezeit wollte der Gesetzgeber zunächst eine **stärkere Marktorientierung** der Mieten erreichen, da hierdurch insbes. besonders niedrige Bestandsmieten aus der Berechnung herausfallen. Durch das **„Gesetz zur Verlängerung des Betrachtungszeitraums für die**

---

[98]   BGBl. I S. 610, dazu Börstinghaus NJW 2015, 1553; Schuldt, Mietpreisbremse – Eine juristische und ökonomische Untersuchung der Preisregulierung für preisfreien Wohnraum, Diss, Potsdam, 2016.

[99]   Lösungsvorschläge zB von Fielenbach/Moos WuM 2018, 249.

[100]   Zuletzt BT-Drs. 19/4367, 5.

[101]   BGBl I.2648.

[102]   Artz/Börstinghaus NZM 2019, 12.

[103]   BGBl. I, 540.

ortsübliche Vergleichsmiete" vom 21.12.2019[104] wurde der Betrachtungszeitraums zuletzt von vier auf sechs Jahre verlängert. Hierdurch solle der Abstand zur Marktmiete wieder etwas vergrößert werden.

Der neue sechsjährige Betrachtungszeitraum gilt grundsätzlich für alle Miet- **26** erhöhungen, die dem Mieter ab dem 1.1.2020 zugehen. Nach der **Überleitungsvorschrift** in Art. 229 § 50 EGBGB gibt es aber eine längere Übergangsfrist, innerhalb der noch der vierjährige Betrachtungszeitraum gilt. Die jeweilige Länge des Betrachtungszeitraums knüpft an den örtlichen Mietspiegel an. Die Entscheidung welcher **Betrachtungszeitraum** örtlich maßgeblich ist, trifft allein der örtliche Mietspiegelersteller. Gerichte können das nur auf Rechtmäßigkeit überprüfen, also ob die Vorgaben der Überleitungsvorschrift eingehalten wurden, ansonsten besteht ein Ermessen des Mietspiegelerstellers. Die Überleitungsvorschrift und die daraus folgende örtliche Gestaltungsmöglichkeit gilt nicht nur qualifizierte Mietspiegel, sondern auch für einfache Mietspiegel. Der Wortlaut der Norm verlangt nur einen Stichtag, zu dem die ortsübliche Vergleichsmiete ermittelt wurde. Selbst Mietspiegel, die auf keinerlei Daten beruhen, weil sie ausgehandelt wurden, haben einen solchen Stichtag.[105]

Der vierjährige Betrachtungszeitraum des § 558 Abs. 2 BGB a. F. ist dann weiter **27** maßgeblich, wenn in der Gemeinde ein Mietspiegel existiert, der (a) am 31.12.2019 bereits gültig war oder (b) bis zum 1.1.2021 veröffentlicht wurde, wenn der Erhebungsstichtag vor dem 1.3.2020 lag. Ein solcher Mietspiegel gilt von der Veröffentlichung an zunächst für 2 Jahre und darf dann gem. Art. 229 § 50 Abs. 1 Satz 2 EGBGB auch noch einmal für zwei Jahre fortgeschrieben werden.[106] Theoretisch kann deshalb der vierjährige Betrachtungszeitraum in einzelnen Gemeinden noch bis 31.12.2024 gelten.[107] Der im **örtlichen Mietspiegel** zugrunde gelegte Betrachtungszeitraum ist nach Abs. 2 für die ortsübliche Vergleichsmiete in der Gemeinde insgesamt verbindlich. Das gilt sowohl im Zustimmungsverfahren, auch wenn ein anderes Begründungsmittel (z. B. 3 Vergleichswohnungen) verwendet wird, wie auch im gerichtlichen Verfahren zur Feststellung der ortsüblichen Vergleichsmiete ggf. durch einen Sachverständigen. Insbesondere bei einfachen Mietspiegeln in der Gemeinde macht das keinen Sinn.

N. Das Gesetz zur Reform des Mietspiegelrechts (Mietspiegelreformgesetz – MsRG) und die Verordnung über den Inhalt und das Verfahren zur Erstellung und zur Anpassung von Mietspiegeln sowie zur Konkretisierung der Grundsätze für qualifizierte Mietspiegel (Mietspiegelverordnung – MsV)

Erst die Einführung des qualifizierten Mietspiegels vor 20 Jahren durch das **28** Mietrechtsreformgesetz hat eine Diskussion über die Notwendigkeit von Vorgaben für die Mietspiegelstellung beflügelt. Das hing zunächst damit zusammen, dass das

---

[104] BGBl I, 2911.
[105] Zur Kritik an der Vorschrift Börstinghaus NZM 2019, 841.
[106] Krit. dazu Börstinghaus NZM 2019, 841; Klinger/Storm DWW 2020, 4; Horst MDR 2020, 253.
[107] AA Horst MDR 2022, 863 (864) ohne Begründung.

Gesetz den bisher unbekannten **Begriff der „anerkannten wissenschaftlichen Grundsätze der Mietspiegelerstellung"** geschaffen hatte. Der Streit begann schon bei der Frage, was die richtige Wissenschaft ist und setzte sich fort über einen Methodenstreit **(Regression- versus Tabellenmethode).** Diesen Streit[108] hatte es auch schon vorher gegeben.[109] Im Rahmen der Einführung der Mietpreisbremse wurde er aber durch einzelne große kapitalmarktorientierte Wohnungsunternehmen instrumentalisiert, um unliebsame vermeintlich zu niedrige Mietspiegelwerte zu Fall zu bringen.[110] Es wurde dabei allein die Regressionsmethode als modern und die Tabellenmethode als veraltet bezeichnet.[111] In der Praxis sind beide Methoden fast exakt gleich häufig vertreten.[112] Dessen ungeachtet mussten die Gerichte sich mit dem Streit beschäftigen, wobei dies ohne sachverständige Hilfe kaum möglich war. In den knapp 20 Jahren der Existenz des Rechtsinstituts des qualifizierten Mietspiegels wurde bei ca. fünf dieser Mietspiegel über deren Qualität gestritten.[113] Da dies zumindest auf Grund der beiden **BGH-Entscheidungen** zum **Berliner Mietspiegel**[114] und der folgenden **LG Berlin Entscheidung**[115] mit größerem medialen Interesse verbunden war, hatte die Politik das Thema bereits im Koalitionsvertrag 2013[116] aufgegriffen. 2016 hatte das BMJV einen ersten Referentenentwurf für eine „Verordnung über den Inhalt und das Verfahren zur Aufstellung und zur Anpassung von Mietspiegeln sowie zur Konkretisierung der Grundsätze für qualifizierte Mietspiegel" zusammen mit dem Entwurf eines „Gesetzes zur weiteren Novellierung mietrechtlicher Vorschriften" (2. MietNovG) in die interne Abstimmung der Ministerien gegeben. Die Regelungen waren äußerst ausdifferenziert und sehr kompliziert. Ein Einvernehmen konnte damals nicht hergestellt werden, so dass in der 18. Legislaturperiode nichts mehr geschah.[117] Deshalb wurde das Thema in die Koalitionsvereinbarung 2017[118] erneut aufgenommen. Es heißt dort:

---

[108] Nach Bünnemeyer/Hebecker/Werling ZMR 2016, 96 begegnet es „rechtlichen Bedenken, wenn in unterschiedlichen Kommunen verschiedene Verfahren zur Mietspiegelerstellung angewandt werden […]". Das ist nicht nachvollziehbar, da Mietspiegel nicht die Mieten zwischen verschiedenen Gemeinden vergleichbar machen sollen, sondern nur für eine Gemeinde gelten. Deshalb erlaubt § 7 MsV auch beide Methoden zur Datenauswertung.

[109] Bub/Treier MietR-HdB/Schultz Kap. III Rn. 1378; Schmidt/Emmert WuM 2000, 285 (286); Voelskow WuM 1993, 21; ZMR 1992, 326; Aigner/Oberhofer/Schmidt WuM 1993, 10; 1993, 16; Oberhofer/Schmidt WuM 1993, 585; Krämer WuM 1992, 175; Gaede/Kredler WuM 1992, 578; Alles WuM 1988, 241; Isenmann ZMR 1993, 446; Blinkert/Höfflin WuM 1994, 589; Schließl WuM 1995, 18; Clar WuM 1992, 662; Klein/Martin WuM 1994, 513.

[110] Leutner WuM 2019, 128 mit Hinweisen auf Quellen in Fn. 1.

[111] Zur Recht aA Leutner WuM 2019, 128.

[112] Freund, Die Berücksichtigung energetischer Ausstattung und Beschaffenheit in qualifizierten Mietspiegeln, Köln, 2018, S. 198–217. Von den von untersuchten 124 Mietspiegeln waren jeweils exakt 50% nach einer der beiden Methoden erstellt worden.

[113] Sebastian, „Mietspiegelreform mit Pferdefuß", FAZ.NET (aktualisiert 1.10.2020).

[114] BGH NZM 2013, 138 = NJW 2013, 775; NZM 2014, 24 = NJW 2014, 292.

[115] LG Berlin NJW 2015, 3252.

[116] Herunterladbar: https://www.cdu.de/sites/default/files/media/dokumente/koalitions vertrag.pdf

[117] Zur Geschichte auch dieses Verfahren Börstinghaus NZM 2019, 841.

[118] Herunterladbar: https://www.bundesregierung.de/resource/blob/656734/847984/5b8 bc23590d4cb2892b31c987ad672b7/2018-03-14-koalitionsvertrag-data.pdf (ab Zeile 5208).

„Wir werden durch gesetzliche Mindestanforderungen eine standardisierte Gestaltung qualifizierter Mietspiegel sichern. Unser Ziel ist es, eine repräsentative und differenzierte Qualität dieses Instruments zur rechtssicheren und zuverlässigen Abbildung der Vergleichsmiete zu gewährleisten. Wir wollen erreichen, dass die tatsächlichen Marktverhältnisse auf zuverlässiger Datengrundlage differenziert dargestellt werden. Die Ausgestaltung der neuen Vorgaben für qualifizierte Mietspiegel erfolgt so, dass die für die Erstellung und Fortschreibung anfallenden Kosten für die Gemeinden möglichst gering bleiben." Aufgrund dieser Vorgabe gab das BMJV im Februar 2020 einen neuen Entwurf eines Gesetzes zur Reform des Mietspiegelrechtes und einer MietspiegelVO in die interne Abstimmung mit dem BMI, das wegen der **datenschutzrechtlichen Regelungen** und der neuen Zuständigkeit als Bauministerium zu beteiligen war. Auch diesmal war der Widerstand größer. Im Oktober 2020 wurden dann die beiden Entwürfe offiziell veröffentlicht und in die Verbändeanhörung gegeben. Aufgrund der Stellungnahmen aus der Praxis[119] wurde dann ein erheblich abgespeckter Entwurf des Mietspiegelgesetzes und der MietspiegelVO in die parlamentarische Beratung eingebracht.[120] Der mit dem **Mietspiegelreformgesetz** befasste Rechtsausschuss des Deutschen Bundestages hat am 19.5.2021 nach § 70 der Geschäftsordnung des Deutschen Bundestages ein öffentliche Anhörungen von Sachverständigen und Interessenvertretern vorgenommen. Im Anschluss hat der Rechtsausschuss des Deutschen Bundestages noch weitere Änderungen am Entwurf vorgenommen.[121] Aufgenommen wurde in § 558c IV S. 1 BGB erstmals eine Verpflichtung zur Aufstellung von Mietspiegeln für Gemeinden mit mehr als 50.000 Einwohner. Dies gilt nach der Überleitungsvorschrift in Art. 229 § 62 EGBGB für einfache Mietspiegel ab 1.1.2023 und für qualifizierte Mietspiegel ein Jahr später. Begründet[122] hat der Rechtsausschuss die Einführung einer Pflicht zur Erstellung von Mietspiegeln wie der Gesetzgeber 1982 schon damit, dass hierdurch die Verbreitung von Mietspiegeln erhöht werden soll. „Zumindest in Gemeinden mit mehr als 50 000 Einwohnern soll gewährleistet werden, dass Mietspiegel als Orientierungshilfe zur Ermittlung der ortsüblichen Vergleichsmiete stets zur Verfügung stehen." Die bisherige **Sollvorschrift** habe nicht zur flächendeckenden Verbreitung von Mietspiegeln in Groß- und Mittelstädten geführt. Bei Gemeinden mit mehr als 50 000 Einwohnern bestehe ein Bedürfnis für einen Mietspiegel. Dort sei die Erstellung mit vertretbarem Aufwand möglich.

Geblieben ist es bei der **Definition für qualifizierte Mietspiegel.** Sie müssen **29** weiterhin nach den anerkannten wissenschaftlichen Grundsätzen erstellt werden. Neu geregelt wurde die Rechtsfolge von qualifizierten Mietspiegeln. Es wird vermutet, dass die „anerkannten wissenschaftlichen Grundsätze der Mietspiegelerstellung" eingehalten wurden, wenn die Vorschriften der neuen MietspiegelVO eingehalten wurden. Dass die Vorschriften der MietspiegelVO eingehalten wurden, wird wiederum vermutet, wenn die nach Landesrecht zuständige Behörde (idR die Gemeinde) und je ein Interessenvertreter der Vermieter und der Mieter den Mietspiegel als qualifizierten Mietspiegel anerkannt haben.

---

[119] Sämtlich Stellungnahmen zum Referentenentwurf können heruntergeladen werden unter: https://www.bmjv.de/SharedDocs/Gesetzgebungsverfahren/DE/Mietspiegel.html: siehe auch die Stellungnahme aus amtsrichterlicher Sicht: Börstinghaus NZM 2020, 965.
[120] BR-Drs. 766/20 und 22/21.
[121] Beschlussempfehlung BT-Drs. 19/3093 und Bericht BT-Drs. 19/31106.
[122] BT-Drs. 19/31106, 5 ff.

30 Der neue § 558 d Abs. 1 S 2 BGB stellt klar, dass für die Frage, ob ein Mietspiegel nach wissenschaftlichen Grundsätzen erstellt wurde, die MietspiegelVO herangezogen werden kann. Regelt eine solche Rechtsverordnung die Anforderungen, die bei Erstellung qualifizierter Mietspiegel zu beachten sind, und hält ein Mietspiegel diese Anforderungen ein, so wird widerleglich vermutet, dass er im Sinne des Gesetzes nach wissenschaftlichen Grundsätzen erstellt wurde. Dies soll zu mehr **Transparenz** und Sicherheit bei der Rechtsanwendung führen. § 558 d Abs. 1 S. 3 BGB enthält ebenfalls eine neue gesetzliche Vermutung. Damit wollte der Gesetzgeber auf die Rechtsprechung des BGH zu den Voraussetzungen der bisher geltende Vermutungswirkung des § 558 d Abs 3 BGB reagieren. Diese Vermutungswirkung griff erst dann, wenn derjenige, der sich auf die im Mietspiegel **bezeichneten Entgelte** berief, bewiesen hatte, dass der Mietspiegel nach anerkannten wissenschaftlichen Grundsätzen erstellt worden ist. Die Neuregelung dient dazu, dem als **qualifiziert anerkannten Mietspiegel** auch dann noch ein stärkeres Gewicht zu verleihen, wenn dessen Qualifikation im Prozess angegriffen wird. Gestärkt wird die Wirkung des qualifizierten Mietspiegels jedoch dann, wenn sowohl die Gemeinde als auch jeweils ein Interessenvertreter der Vermieter und der Mieter den Mietspiegel als qualifiziert anerkannt haben.

31 Die Qualität des Mietspiegels hängt maßgeblich von der **Qualität der Daten** ab, auf denen er beruht. Die bisherige Praxis bei der Mietspiegelerstellung hat gezeigt, dass die Anzahl der Rückläufe von Befragungen der Eigentümer, Vermieter und Mieter oftmals unbefriedigend ist, da die Teilnahme an der Befragung bislang auf Freiwilligkeit beruhte. Zur Verbesserung der Qualität und der Aussagekraft von Mietspiegeln sowie zur Verbesserung ihrer Akzeptanz bei Vermietern und Mietern hat der Gesetzgeber im EGBGB eine Auskunftspflicht eingeführt. Das Gesetz zur Reform des Mietspiegelrechts **(Mietspiegelreformgesetz – MsRG)** vom 10.8.2021 Mietspiegelreformgesetz wurde am 17.8.2021 verkündet.[123] Die Ermächtigung zum Erlass der MietspiegelVO ist am 18.8.2021 in Kraft getreten, die übrigen Änderungen treten am 1.7.2022 in Kraft. Der Bundesrat hat am 17.9.2021 Verordnung über den Inhalt und das Verfahren zur Erstellung und zur Anpassung von Mietspiegeln sowie zur Konkretisierung der Grundsätze für qualifizierte Mietspiegel **(Mietspiegelverordnung – MsV)** zugestimmt. Die Verordnung wurde am 28.10.2021 ausgefertigt und am 2.11.2021 veröffentlicht.[124] Sie soll es in Zukunft den Mietspiegelerstellern erleichtern, Mietspiegel rechtssicher aufzustellen und Gerichten und Anwälten die Überprüfung erleichtern.

O. Fazit

32 Die Geschichte des Miethöherechts in den letzten gut einhundert Jahren ähnelt in weiten Phasen der Quadratur des Kreises.[125] Selbst in den Zeiten, in denen der Vertragsfreiheit auch im Mietrecht eine etwas größere Bedeutung zukam, hat der Gesetzgeber nach dem Motto: „So viele Beschränkungen wie möglich und so viel Freiheit wie nötig" gehandelt. Das **Miethöherecht** kann, wie einleitend bereits festgestellt, nicht isoliert betrachtet werden, da es unter marktwirtschaftlichen Gesichtspunkten einen nicht unerheblichen Einfluss auf das Wohnungsangebot hat.

---

[123] BGBl 2021 I 3515.
[124] BGBl 2021 I 4779.
[125] Bub NJW 1993, 2897 spricht von „Flickschusterei".

Da das Wohnungsangebot aus den unterschiedlichsten Gründen sehr unterschiedlich war und heute regional auch noch ist, hat die Politik das Miethöherecht als ein ordnungspolitisches Instrument eingesetzt, um Einfluss auf das Wohnungsangebot zu nehmen. Dem Markt wurde dabei eher misstraut, als dass ihm die Lösung der Probleme zugetraut wurde. Mit Ausnahme der Zeiten akuter Wohnungsnot während und nach den Kriegen, in denen Ausnahmeregelungen zur Aufrechterhaltung der öffentlichen Ordnung geboten waren, hat der Gesetzgeber zu Unrecht[126] häufig mehr oder weniger deutlich einer **Mietpreisbindung** das Wort geredet. Hinzu kommen sehr formale Regelungen, die die Durchsetzung der Ansprüche erschweren.

Auch die Aufstellung von Mietspiegeln zeigt in der Praxis immer wieder, dass die **33** Politik dem Markt für Wohnungen keine Chance lässt. In vielen Gemeinden wird über die Mietspiegelaufstellung „Mietspiegelpolitik" betrieben.[127] Es sollen Mieten „festgeschrieben" werden, ohne dass der Markt eine Chance hat, sich zu entwickeln.[128] Kurzfristige oder lokale Probleme[129] führen dann zu neuen gesetzlichen Regelungen, die teilweise zunächst befristet eingeführt werden. Erstaunlich ist dabei eigentlich, mit welcher Überraschung dann Politik und Gesetzgebung immer wieder reagieren, wenn der fehlende Markt auf der anderen Seite zur Konsequenz hat, dass trotz Nachfrage keine neuen Angebote entstehen.

Man sollte sich nicht dem Irrtum hingeben, dass immer mehr Regelungen für **34** jeden Einzelfall tatsächlich zu mehr Rechtssicherheit führen. Neue Regelungen haben bisher immer mehr neue Probleme gebracht als alte Probleme gelöst. Letztendlich hängt die Qualität eines Gesetzes vor allem von seiner Akzeptanz ab. Und diese Akzeptanz hatte das **Vergleichsmietensystem** in den mehr als 50 Jahren seiner Geltung durchaus erreicht.[130] Wenn Kritik geübt wird, betrifft dies einzelne Regelungen aber nicht das System an sich.[131] Die **ortsübliche Vergleichsmiete** wird als Mittel zum Zweck, nämlich einen Ausgleich zwischen dem Interesse des Vermieters an der Rentabilität des Hausbesitzes und dem Interesse des Mieters nicht zur Aufgabe der Wohnung wegen einer unangemessenen Miethöhe, gezwungen zu sein, akzeptiert. Ob das so uneingeschränkt weiter gilt, bleibt aufgrund der Einführung der Begrenzung von Wiedervermietungsmieten und deren Auswirkungen auf das Vermieterverhalten abzuwarten. Das System der ortsüblichen Vergleichsmiete hat nämlich deshalb in der Vergangenheit im Wesentlichen ohne größere Auseinandersetzungen funktioniert, weil Mieter und Vermieter es akzeptiert haben. Dabei

---

[126] Herrlein NZM 2016, 1, 8 weist unter Hinweis auf historische Daten nach, dass die durchschnittliche Mietbelastung zu Beginn des 20. Jahrhunderts bei ca. 15% lag und inzwischen auf ca. 23−60% gestiegen ist.

[127] Dies wird bereits von Eckhoff, „Zur Kontroverse um die ökonomischen Auswirkungen des 2. WoBauG", Zeitschrift für die gesamte Staatswissenschaft, Bd. 137, 62 (70) beklagt. Die Partei DIE LINKE fordert dies auch immer wieder für den jeweiligen Berliner Mietspiegel: GE 2007, 1580; 2008, 223.

[128] V. Emmerich DWW 2000, 143, 145 und NZM 2001, 777 (780) sah deshalb bei Einführung des qualifizierten Mietspiegels „Die Schreckensvision kommunaler Mietpreiskommissare" als nicht mehr fern liegend.

[129] Zum Berliner „Mietspiegel-Quiz Börstinghaus NJW 2015, 3200.

[130] So auch die Begründung zum Mietrechtsreformgesetz BT-Drucks. 14/4553, S. 36; Beyer FS Blank 2006, 57 (60).

[131] So zB Expertenkommission Wohnungspolitik im Abschlussbericht „Wohnungspolitik auf dem Prüfstand" (1995) Rn. 5502.

nahmen die Vermieter die Beschränkung der Erhöhung der Miete im Bestand deshalb hin, weil sie bei der **Neuvermietung** keinerlei Beschränkungen unterfielen und hier noch ein Markt existierte. Hier konnten sie evtl. eine Miete durchsetzen, die dann lange Zeit unverändert blieb. Letzteres war dann letztendlich wiederum im Interesse der Mieter.

Teil 2. Bürgerliches Gesetzbuch

in der Fassung der Bekanntmachung vom 2. Januar 2002
(BGBl. I S. 42, ber. 2909 und 2003 I S. 738)
FNA 400-2
zuletzt geändert durch Art. 4 G v. 15.7.2022 (BGBl. I S. 1146)

(Auszug)

§ 558 Mieterhöhung bis zur ortsüblichen Vergleichsmiete

(1) [1]Der Vermieter kann die Zustimmung zu einer Erhöhung der Miete bis zur ortsüblichen Vergleichsmiete verlangen, wenn die Miete in dem Zeitpunkt, zu dem die Erhöhung eintreten soll, seit 15 Monaten unverändert ist. [2]Das Mieterhöhungsverlangen kann frühestens ein Jahr nach der letzten Mieterhöhung geltend gemacht werden. [3]Erhöhungen nach den §§ 559 bis 560 werden nicht berücksichtigt.

(2) [1]Die ortsübliche Vergleichsmiete wird gebildet aus den üblichen Entgelten, die in der Gemeinde oder einer vergleichbaren Gemeinde für Wohnraum vergleichbarer Art, Größe, Ausstattung, Beschaffenheit und Lage einschließlich der energetischen Ausstattung und Beschaffenheit in den letzten sechs Jahren vereinbart oder, von Erhöhungen nach § 560 abgesehen, geändert worden sind. [2]Ausgenommen ist Wohnraum, bei dem die Miethöhe durch Gesetz oder im Zusammenhang mit einer Förderzusage festgelegt worden ist.

(3) [1]Bei Erhöhungen nach Absatz 1 darf sich die Miete innerhalb von drei Jahren, von Erhöhungen nach den §§ 559 bis 560 abgesehen, nicht um mehr als 20 vom Hundert erhöhen (Kappungsgrenze). [2]Der Prozentsatz nach Satz 1 beträgt 15 vom Hundert, wenn die ausreichende Versorgung der Bevölkerung mit Mietwohnungen zu angemessenen Bedingungen in einer Gemeinde oder einem Teil einer Gemeinde besonders gefährdet ist und diese Gebiete nach Satz 3 bestimmt sind. [3]Die Landesregierungen werden ermächtigt, diese Gebiete durch Rechtsverordnung für die Dauer von jeweils höchstens fünf Jahren zu bestimmen.

(4) [1]Die Kappungsgrenze gilt nicht,
1. wenn eine Verpflichtung des Mieters zur Ausgleichszahlung nach den Vorschriften über den Abbau der Fehlsubventionierung im Wohnungswesen wegen des Wegfalls der öffentlichen Bindung erloschen ist und
2. soweit die Erhöhung den Betrag der zuletzt zu entrichtenden Ausgleichszahlung übersteigt.

[2]Der Vermieter kann vom Mieter frühestens vier Monate vor dem Wegfall der öffentlichen Bindung verlangen, ihm innerhalb eines Monats über die Verpflichtung zur Ausgleichszahlung und über deren Höhe Auskunft zu erteilen. [3]Satz 1 gilt entsprechend, wenn die Verpflichtung des Mieters zur Leistung einer Ausgleichszahlung nach den §§ 34 bis 37 des Wohnraumför-

derungsgesetzes und den hierzu ergangenen landesrechtlichen Vorschriften wegen Wegfalls der Mietbindung erloschen ist.

(5) **Von dem Jahresbetrag, der sich bei einer Erhöhung auf die ortsübliche Vergleichsmiete ergäbe, sind Drittmittel im Sinne des § 559a abzuziehen, im Falle des § 559a Abs. 1 mit 8 Prozent des Zuschusses.**

(6) **Eine zum Nachteil des Mieters abweichende Vereinbarung ist unwirksam.**

Inhaltsübersicht

A. Inhalt der Regelung

Die Vorschrift ist die zentrale Vorschrift des Vergleichsmietensystems. Sie stellt die **1** **Anspruchsgrundlage** dar, während die übrigen Vorschriften der §§ 558a–558d BGB lediglich Hilfsnormen oder Definitionen enthalten. Die Vorschrift enthält nur einen Anspruch des Vermieters auf Zustimmung zu einer Mieterhöhung bei bestehenden Mietverträgen. Sie gibt selbst bei sinkenden Mieten dem Mieter keinen Anspruch auf Mietsenkung.[1] Abs. 2 hat jedoch Bedeutung als Definitionsnorm auch bei der erstmaligen Begründung eines Mietverhältnisses. Das ist vor allem in Gemeinden mit angespanntem Wohnungsmarkt der Fall. Dort darf die Neuvertragsmiete die ortsübliche Vergleichsmiete idR um maximal 10% übersteigen, wenn die Gemeinde in eine Verordnung gem. § 556d Abs. 2 BGB aufgenommen wurde. Ferner spielt die ortsübliche Vergleichsmiete im Fall der Scheidung von Eheleuten gem. § 1568a Abs. 5 BGB[2] eine Rolle, wenn die Vertragsmiete festgelegt werden muss.

I. Der Zustimmungsanspruch nach Abs. 1

Abs. 1 S. 1 enthält die Anspruchsgrundlage nach der dem Vermieter gegenüber **2** dem Mieter ein Anspruch auf Zustimmung zu einer Mieterhöhung zusteht. Zwischen den Parteien muss ein **Mietvertrag** bestehen. Das ergibt sich aus der Stellung der Vorschrift im 5. Titel des 8. Abschnitts des 2. Buchs des BGB. Ein Vertrag, durch den sich jemand verpflichtet, den Gebrauch einer Sache gegen Entrichtung eines Entgelts zu gewähren, kann sich rechtlich als Mietvertrag im Sinne § 535 BGB darstellen. Dies gilt auch dann, wenn das vereinbarte Entgelt sehr niedrig ist, denn die Miete braucht dem Mietwert der Sache nicht zu entsprechen, Vielmehr stellt auch ein weit unter der Marktmiete liegendes Entgelt für den Gebrauch einer Sache eine Miete dar.[3] Bei einer nahezu unentgeltlichen Überlassung von Wohnraum zu Wohnzwecken kann die Differenzierung, ob die Parteien einen Mietvertrag, einen Leihvertrag oder ein schuldrechtliches Nutzungsverhältnis sui generis gem. § 241 BGB abschließen oder nur ein bloßes Gefälligkeitsgeschäft vornehmen wollten, im Einzelfall schwierig sein. Zur Abgrenzung der verschiedenen rechtlichen Möglichkeiten ist nach Anlass und Zweck der **Gebrauchsüberlassung** und gegebenenfalls sonstigen erkennbar zutage getretenen Interessen der Parteien zu unterscheiden.[4] Dabei kann auch das nachträgliche Verhalten der Vertragsparteien zu berücksichtigen sein. Auch wenn es für die Qualifizierung als Mietvertrag nicht darauf ankommt, welche Art von Gegenleistung der Mieter zu erbringen hat, setzt die Anwendung der §§ 558 ff BGB voraus, dass die Gegenleistung in Geld zu leisten ist, da nichtmonetäre Gegenleistungen nicht nach § 558 BGB erhöht werden können.[5]

---

[1] AG Erlangen DWW 1999, 185; rechtspolitische Bedenken dagegen von Weitemeyer NZM 2000, 313 (316); Heinz GuT 2006, 111 (115).
[2] Götz/Brudermüller FS Derleder, 2015, 119; Götz/Brudermüller in Götz/Brudermüller/Giers, Die Wohnung in der familienrechtlichen Praxis, 2. Aufl., Rn. 329ff; Blank WuM 2009, 555; Götz/Brudermüller FamRZ 2009, 1261; Götz/Brudermüller NJW 2010, 5.
[3] BGH NZM 2017, 729.
[4] BGH NZM 2017, 729.
[5] Lehmann-Richter FS Börstinghaus, 2020, 305 (317): Bei hybriden Gegenleistungen muss ggf. eine Umrechnung des nicht-monetären Mietanteils in eine fiktive Geldmiete erfolgen.

3   Voraussetzung für den Zustimmungsanspruch ist:
- die Einhaltung der 15-Monatsfrist
- die Einhaltung der Jahressperrfrist
- das Nichtüberschreiten der ortsüblichen Vergleichsmiete
- die Einhaltung der Kappungsgrenze
- die Geltendmachung in einem formal ordnungsgemäßen Verfahren.

Der **zentrale Begriff** der Vorschrift ist der der **ortsüblichen Vergleichsmiete.** Er wird in Abs. 1 als Tatbestandsmerkmal gebraucht und in Abs. 2 definiert.

II. Der Begriff der ortsüblichen Vergleichsmiete in Abs. 2

4   Die Vorschrift enthält die gesetzliche **Definition** der ortsüblichen Vergleichsmiete. Diese wird aus den Neuvertrags- und Bestandsmieten in der Regel der letzten 6 Jahre aus vergleichbaren Wohnungen nach den **fünf Wohnwertmerkmalen** ermittelt. Bereits in der Gesetzesbegründung zum Mietrechtsreformgesetz 2001[6] hat der Gesetzgeber den Wunsch geäußert, dass auch der energetische Zustand einer Wohnung, dh insbes. die Art der Energieversorgung und die Qualität der Wärmedämmung, in die Mietenermittlung mit einfließt. Durch die Mietrechtsänderung 2013 wurde in Abs. 2 klargestellt, dass die energetische Beschaffenheit oder Ausstattung bei der Ermittlung der ortsüblichen Vergleichsmiete mit zu berücksichtigen sind. Es wurde aber darauf verzichtet, ein neues Wohnwertmerkmal zu schaffen.

III. Die ordentliche Kappungsgrenze in Abs. 3

5   In Abs. 3 ist die Kappungsgrenze definiert. Die Kappungsgrenze beschränkt die Mietsteigerungen **grds. auf 20 % in drei Jahren.** Durch die Mietrechtsänderung 2013 wurde den Bundesländern aber die Möglichkeit eröffnet in Gemeinden, in denen eine ausreichende Versorgung der Bevölkerung mit Mietwohnungen zu angemessenen Bedingungen besonders gefährdet ist, die **Kappungsgrenze auf 15 % herabzusetzen.** Von dieser Möglichkeit haben einige Bundesländer sehr extensiv Gebrauch gemacht.

IV. Die Kappungsgrenze im Sonderfall in Abs. 4

6   Abs. 4 enthält die Kappungsgrenze in Sonderfällen. Danach ist die Kappungsgrenze nach **Ende der Preisbindung** dann nicht anzuwenden, wenn eine Verpflichtung des Mieters zur Ausgleichszahlung nach den Vorschriften über den Abbau der Fehlsubventionierung im Wohnungswesen wegen des Wegfalls der öffentlichen Bindung erloschen ist, soweit die Erhöhung den Betrag, der zuletzt zu entrichtenden **Ausgleichszahlung** nicht übersteigt. Zahlreiche Bundesländer haben inzwischen die Erhebung der **Fehlbelegungsabgabe** abgeschafft. Auf Grund einer Änderung der Vorschrift durch das Wohnraumförderungsgesetz (WoFG) v. 13.9.2001[7] gilt Abs. 4 S. 1 entsprechend, wenn die Verpflichtung zur Leistung einer Ausgleichszahlung nach den §§ 34–37 WoFG und den hierzu ergangenen landesrechtlichen Vorschriften wegen Wegfalls der Mietbindung erloschen ist. Dies gilt unmittelbar nur für seit dem 1.1.2002 nach neuem Recht neu geförderte Wohnungen. Für die nach altem Recht geförderten Wohnungen gilt grds. das AFWoG weiter. Die Länder haben aber die Möglichkeit gem. § 15 AFWoG auf die Vorschriften des neuen WoFG um-

---

[6]   BT-Drs. 14/4553 = NZM 2000, 812.
[7]   BGBl. I 2376.

zustellen. Für das Mietrecht ist es egal, ob der Mieter eine Fehlbelegungsabgabe nach dem AFWoG oder eine Ausgleichszahlung nach dem WoFG zahlen muss. Wenn die Zahlungspflicht wegen Auslaufens der Preisbindung entfallen ist, dann steht dem Mieter ein bisher für Wohnkosten aufgewandter Betrag zur Verfügung, der es rechtfertigen soll, die Kappungsgrenze nach oben zu überschreiten.

V. Die Kürzungsbeträge nach Abs. 5

Nach Abs. 5 sind vom Jahresbetrag der ortsüblichen Vergleichsmiete die **Kür-** **7** **zungsbeträge** nach § 559a BGB abzuziehen. Die Vorschrift hat dann Bedeutung, wenn in der Vergangenheit geförderte **Modernisierungen** iSd § 559 BGB durchgeführt wurden. Die konkrete Mieterhöhung auf die ortsübliche Vergleichsmiete muss damit in keinem Zusammenhang stehen.

VI. Unwirksame Vereinbarungen nach Abs. 5

In Abs. 6 ist überflüssigerweise die schon in § 557 Abs. 4 BGB enthaltene Rege- **8** lung wiederholt worden, wonach **für den Mieter nachteilige Abweichungen** von den Regelungen der Abs. 1–5 unwirksam sind. Der Gesetzgeber hat den Satz allein im Bereich des Miethöherechts sage und schreibe elfmal ins Gesetz aufgenommen, obwohl allein die Regelung in § 557 Abs. 4 BGB ausreichend gewesen wäre. Er hat seine eigene Gesetzessystematik insofern nicht verstanden.

Bei der nachfolgenden Kommentierung wird nur auf den für die Erstellung und **9** Anwendung von Mietspiegeln bedeutsamen Begriff der ortsüblichen Vergleichsmiete eingegangen. Wegen der anderen Tatbestandsvoraussetzungen wird auf andere Kommentierungen[8] verwiesen.

B. Die ortsübliche Vergleichsmiete

I. Allgemeines und Begriffe

Der **Begriff der ortsüblichen Vergleichsmiete** ist durchaus schillernd.[9] Maß- **10** geblich ist nur seine Legaldefinition in § 558 Abs. 2 BGB. Häufig werden aber auch fälschlicherweise[10] andere Begriffe wie zB „Marktmiete", „Wohnwertmiete" oder „Unternehmensmiete" mit dem Begriff gleichgesetzt. **Marktmiete**[11] ist derjenige Preis, der bei einer Neuvermietung auf Grund der herrschenden Angebots- und Nachfragesituation ohne Anwendung der §§ 556d–556g BGB erzielt werden kann.[12] Dieser Begriff unterscheidet sich vom Begriff der ortsüblichen Vergleichs-

---

8 ZB Schmidt-Futterer/Börstinghaus BGB § 558 Rn. 1 ff.
9 Stelter GE 2009, 921 spricht von einem „Kunstprodukt"; Blank ZMR 2013, 170; Staudinger/V. Emmerich BGB § 558 Rn. 22 spricht von einem „theoretischen Konstrukt" dessen Berechnung Theorie und Praxis „mit einer Fülle ungelöster Probleme konfrontiert".
10 So zB die FDP-Fraktion im Deutschen Bundestag in ihrem Antrag „Authentische Vergleichsmieten durch jahresaktuelle Mietspiegel" BT-Drs 19/15264: „Die Vergleichsmiete hat die Funktion, ein Verhandeln von Mietern und Vermietern auf Augenhöhe zu ermöglichen und für diesen Zweck bestmöglich die realen Marktmieten darstellen."
11 Blank FS Börstinghaus, 2020, 9 (11).
12 BGH NZM 1998, 196 (197); Lindner-Figura/Oprée/Stellmann Geschäftsraummiete-HdB/Bartholomäi Kap. 10 Rn. 19; Dröge/Gebele/Zehnter Mietpreisbewertung-HdB S. 107; Sternel MietR Kap. III Rn. 573; Rupp DWW 1979, 279.

miete[13], aber auch vom Begriff der ortsüblichen Marktmiete. Schon 1997 hat der BGH[14] festgestellt, dass mit Marktmiete und ortsüblicher Vergleichsmiete „zwei verschiedene Begriffe miteinander vermengt werden: Die ortsübliche Miete setze sich aus einem ausgewogenen Verhältnis von neu vereinbarten Mieten und sogenannten Alt- oder Bestandsmieten zusammen; hingegen werde unter Marktmiete der Mietzins verstanden, der im Falle einer Neuvermietung unter Berücksichtigung der von Angebot und Nachfrage geprägten Marktverhältnisse zu erzielen sei." Der Gesetzgeber wollte nämlich bereits bei Einführung des Vergleichsmietensystems Anfang der siebziger Jahre des letzten Jahrhunderts Mieterhöhungen in bestehenden Mietverhältnissen auf die ortsüblichen Entgelte für vergleichbare Wohnungen in der Gemeinde begrenzen.[15] Dem Vermieter sollte gerade kein Anspruch auf die Miete eingeräumt werden, die er für den Fall der Neuvermietung erzielen könnte. Dann hätte der Gesetzgeber das System der Änderungskündigung bestehen lassen können und hätte nicht das komplizierte Erhöhungsverfahren nach §§ 558ff. BGB einführen müssen.[16] Daran hat sich nach der Mietrechtsreform aus dem Jahre 2001 nichts geändert. Der Vermieter kann aber die **ortsübliche Markt- oder Neuvertragsmiete** gem. § 546a Abs. 1 Alt. 2 BGB verlangen, wenn der Mieter ihm die Mietsache nach Beendigung des Mietverhältnisses **vorenthält**.[17]

11   Auch der Begriff der **Wohnwertmiete** beschreibt etwas Anderes. Damit ist eine am aktuellen individuellen Wohnwert einer Wohnung orientierte Mietfestsetzung gemeint, wodurch eine gleiche Miete für gleichwertige Wohnungen erreicht werden soll.[18] Ähnlich sind auch die Begriffe der **Unternehmens**- oder auch **Zielmiete** zu verstehen. Beide Begriffe werden immer häufiger in der genossenschaftlich organisierten Wohnungswirtschaft benutzt, um betriebsintern Mietfestlegungen vorzunehmen. Sie haben mit dem Vergleichsmietensystem nichts zu tun.

12   Bedeutsam ist noch der Begriff der **Kostenmiete.** Sie bemisst sich nach der Höhe der Aufwendungen für die Errichtung und die Bewirtschaftung eines Gebäudes. Sie spielt im geförderten Wohnungsbau eine Rolle.[19]

13   Der Begriff der ortsüblichen Vergleichsmiete ist von diesen Definitionen aber unbedingt zu unterscheiden. Bei dem Begriff der ortsüblichen Vergleichsmiete handelt es sich um einen **unbestimmten Rechtsbegriff.**[20] Gemeint sind damit gem. § 558 Abs. 2 BGB die üblichen Entgelte, die in der Gemeinde für Wohnraum vergleichbarer Art, Größe, Ausstattung, Beschaffenheit und Lage einschließlich der energetischen Ausstattung und Beschaffenheit in den letzten sechs Jahren vereinbart oder geändert worden sind, soweit es sich nicht um Wohnraum handelt, bei dem die Miethöhe durch Gesetz oder im Zusammenhang mit einer Förderzusage festgelegt worden ist. Gebildet wird die ortsübliche Vergleichsmiete aus dem Durch-

---

[13] Bünnemeyer/Hebecker/Werling ZMR 2016, 96 (97); fraglich deshalb BFH NZM 2021, 581, der die Marktmiete mittels Mietspiegel ermitteln will. Der Mietspiegel weist aber die ortsübliche Vergleichsmiete aus.

[14] BGH NZM 1998, 196 (197).

[15] BVerfGE 14, 248.

[16] Börstinghaus FS Eisenschmid, 2016, 15, Beilage zu WuM 2016, Heft 7.

[17] BGH NZM 2017, 189; mAnm Röck NZM 2017, 188; Artz NZM 2017, 281; Fleindl NZM 2017, 282.

[18] Wild MM 1998, 279; Kofner WuM 1997, 355.

[19] Blank FS Börstinghaus, 2020, 9 (11).

[20] Staudinger/V. Emmerich BGB § 558 Rn. 22.

schnitt aller Mieten[21] für vergleichbaren Wohnraum, die zum **Zeitpunkt des Zugangs**[22] des Erhöhungsverlangens gezahlt werden. Dabei ist die ortsübliche Vergleichsmiete nach dem eindeutigen Wortlaut heute eine **marktorientierte**[23] **modifizierte Durchschnittsmiete.**[24] Unter einer Durchschnittsmiete[25] wird dabei derjenige Mietpreis bezeichnet, der für die Gesamtheit der bestehenden Mietverhältnisse unabhängig von ihrem Zustandekommen gezahlt wird.[26] Modifiziert ist diese Durchschnittsmiete deshalb, weil auf Grund der in den Jahren 1982, 1993 und 2020 eingeführten Beschränkungen, Bestandsmieten zunächst nur noch aus den letzten vier Jahren und zurzeit aus den letzten sechs Jahren berücksichtigt werden dürfen. Es handelt sich um eine empirisch-normative Größe.[27]

Die ortsübliche Vergleichsmiete ist idR aber keine punktgenaue Einzelmiete,[28] **14** sondern ein **repräsentativer Querschnitt** der üblichen Entgelte in der Gemeinde.[29] Der BGH spricht von einer **„Bandbreite".**[30] Insofern ist der Begriff der ortsüblichen Vergleichsmiete etwas irreführend.[31] Maßgeblich ist die Definition in § 558 Abs. 2 BGB. Danach wird die ortsübliche Vergleichsmiete gebildet aus den üblichen Entgelten[32], die in der Gemeinde in den letzten sechs Jahren vereinbart

[21] Zur Berechnung BGH NJW 2012, 1351 = NZM 2012, 339; Börstinghaus WuM 2012, 244; DS 2012, 183; Blank LMK 5/2012 Anm. 3; ZMR 2013, 170; Muth ZMR 2012, 530; Bühler ZMR 2012, 531.
[22] BGH GE 2021, 935; BGH WuM 2021, 442; BGH NZM 2017, 321 mAnm Fleindl NZM 2017, 325; BGH NZM 2006, 101; BayObLG WuM 1992, 677; LG Berlin GE 2010, 61; AG Berlin-Mitte WuM 2020, 358.
[23] Bünnemeyer/Hebecker/Werling ZMR 2016, 96 (97); Herlitz/Saxinger HdB sozialer Wohnungsbau und Mietrecht/Herlitz, Kap 4 Rn. 342.
[24] BGH NJW 2005, 2074; **aA** Thomma WuM 2005, 496 (497); Bub/Treier MietR-HdB/Schultz Kap. III Rn. 1342.
[25] Gegen den Begriff in diesem Zusammenhang Bub/Treier MietR-HdB/Schultz Kap. III Rn. 1341, es handele sich gerade nicht um einen statistischen Durchschnittswert.
[26] Rupp DWW 1979, 279.
[27] Blank ZMR 2013, 170.
[28] BGH NZM 2019, 469 = NJW 2019, 3142; BGH DS 2019, 199; BGH NZM 2019, 250; BGH NJW 2010, 149; BGH NJW 2005, 2621; BGH NZM 2005, 498 = NJW 2005, 2074; LG Dortmund NZM 2006, 134; LG Berlin GE 2003, 1023; AG Dortmund NZM 2005, 258; WuM 2003, 627; Kossmann/Meyer-Abich Wohnraummiete-HdB § 148 Rn. 1; Sternel MietR Kap. III Rn. 560; Busz, Die Äquivalenz im freifinanzierten Wohnraummietrecht, 2002, 144; für die ortsübliche Nutzungsentschädigung nach § 5 Abs. 1 S. 2 NutzEV ebenso BGH I WuM 2010, 38, BGH WuM 2012, 568 = NZM 2012, 833.
[29] BayObLG NJW 1981, 1219; NJW-RR 1993, 202; NZM 2000, 488 (489); LG München I WuM 2002, 547; 2000, 361, NJWE-MietR 1997, 123 mkritAnm Blank WuM 1997, 178, die VB gegen das Urteil wurden nicht zur Entscheidung angenommen BVerfG WuM 1997, 202; LG Frankfurt a. M. NJW-RR 1991, 14; LG Lübeck WuM 1989, 306; Thomma WuM 2005, 496 (497); Kunze/Tietzsch Miethöhe Teil II Rn. 241; KSB MietR/Schach BGB § 558 Rn. 10.
[30] BGH NZM 2019, 469 = NJW 2019, 3142; BGH DS 2019, 199; BGH NZM 2019, 250; BGH NJW 2005, 2621 = NZM 2005, 660; VII ZR 30/09, NJW 2010, 149; Börstinghaus WuM 2010, 218; Mätschke WuM 2010, 247.
[31] Bünnemeyer/Hebecker/Werling ZMR 2016, 96 (97) sprechen von einem „Korridor von Mieten" ohne dass sie erläutern worin sich ihr neuer Begriff von der üblichen Terminologie unterscheidet.
[32] Nach Bub/Treier MietR-HdB/Schultz Kap. III Rn. 1346 zwingt das Merkmal der „Üblichkeit" nicht dazu die ortsübliche Vergleichsmiete als Durchschnittsmiete zu verstehen.

oder geändert worden sind. Das Gesetz gebraucht also ausdrücklich den Plural.[33] Daraus folgt, dass das Gesetz selbst davon ausgeht, dass es durchaus unterschiedliche Entgelte, die für eine vergleichbare Wohnung gezahlt werden, geben kann. Die Streuung der Mietpreise erklärt[34] sich aus vielerlei Gründen. Auch nach Ansicht des BGH kann die **ortsübliche Einzelvergleichsmiete** regelmäßig ihrer Höhe nach **nicht mit mathematischer Genauigkeit** gleichsam punktgenau ermittelt werden.[35] Ermittelbar sind nur empirische, aus einer Beobachtung des Marktes und seiner Entwicklungen abzuleitende Annäherungswerte. Außerdem hängt das Ergebnis vor allem bei der Erstellung eines Mietspiegels maßgeblich von der Qualität der Stichprobe ab, da auch dort keine Vollerhebung durchgeführt wird. Da die Stichprobe aber von der Grundgesamtheit abweichen kann, können auch sog. Stichprobenfehler vorliegen, die einen Einfluss auf das Ergebnis haben.[36] Deshalb stellt das Gesetz mit dem Begriff der ortsüblichen Vergleichsmiete nicht auf einen punktuellen Wert innerhalb des Mietenspektrums ab, sondern auf eine **durch die Streubreite der üblichen Mietentgelte bestimmte Rahmengröße**[37], deren exakte wissenschaftliche Feststellung durchaus schwierig ist.[38] Richtig ist, dass sich dieser Rahmen (Streubreite) um einen Mittelwert herum gruppiert.[39] Die Mehrzahl der üblichen Entgelte bildet den Rahmen, der nicht überschritten werden darf. Ob dann das obere Ende des Rahmens oder ein anderer Wert die Einzelvergleichsmiete für die Wohnung darstellt, hängt von der Größe der Bandbreite ab. Bei einer **kleinen Streubreite** stellt der obere Eckwert (= höchste Wert) die ortsübliche Vergleichsmiete dar.[40] Nach Ansicht des BGH ist eine Streubreite von 0,24 EUR/m² eine kleine Streubreite. Der Vermieter kann selbst dann eine Mieterhöhung verlangen, wenn die **Ausgangsmiete bereits innerhalb der Bandbreite** lag, wenn die verlangte Miete am unteren Ende der Bandbreite der ortsüblichen Vergleichsmieten sich befindet.[41] Zweifelhaft ist unter empirischen Gesichtspunkten allenfalls, ob auch Bagatellmieterhöhungen um wenige Cent möglich sind.[42] Anders ist es bei einer **größeren Streubreite** aus.[43] Die Tatsache, dass für Wohnungen mit gleichen Eigenschaften unterschiedliche Mieten gezahlt

---

[33] Darauf weist ausdrücklich Staudinger/V. Emmerich BGB § 558 Rn. 22 hin.
[34] So damals schon die Fortschreibung der Hinweise zur Erstellung von Mietspiegeln 1980 unter Bemerkung B V. 6; zu dem deshalb erforderlichen Konfidenzintervall LG München I WuM 2000, 361.
[35] BGH NZM 2017, 321 mAnm Fleindl; BGH WuM 2010, 38; BGH NZM 2012, 833.
[36] Bedenken gegen die Verwendung des Oberwertes eine solchen auf Messungenauigkeiten beruhenden Bandbreite hat Milger 92 (2012), 189, 201.
[37] BGH NJW 2005, 2074; Blank ZMR 2013, 170; Thomma WuM 2005, 496.
[38] LG Berlin GE 2016, 1152.
[39] LG Dortmund NZM 2006, 134; LG Lübeck WuM 1989, 306; AG Dortmund NZM 2005, 258, WuM 2003, 627.
[40] BGH WuM 2009, 746; Börstinghaus LMK 12/2009 Anm. 2; WuM 2010, 218; DS 2010, 70; Mätschke WuM 2010, 247; BGH NJW 2005, 2621; LG Berlin NZM 1999, 412; LG München NJWE-MietR 1997, 123 mkritAnm Blank WuM 1997, 178, die VB gegen das Urteil wurden nicht zur Entscheidung angenommen: BVerfG WuM 1997, 202; dieser Oberwert ist zB auch bei der Fehlbelegungsabgabe im Beschränkungsverfahren maßgeblich VG Stuttgart WuM 1996, 482.
[41] BGH NJW 2005, 2621; Bub/Treier MietR–HdB/Schultz Kap. III Rn. 1055.
[42] AG Besigheim WuM 2009, 690; AG Braunschweig WuM 1991, 118; zweifelnd auch AG Dortmund WuM 2003, 627.
[43] BGH NZM 2019, 469 = NJW 2019, 3142; BGH DS 2019, 199 (ca. 2,50 €).

werden, rechtfertigt nach Ansicht des BGH keine andere Beurteilung. Dies zeige vielmehr, dass es gerade nicht gerechtfertigt sei, den oberen Wert einer breiten Marktstreuung als die Einzelvergleichsmiete anzusehen. Denn eine solche Marktstreuung beruhe nicht auf den gesetzlichen Qualitätsmerkmalen, an denen die ortsübliche Vergleichsmiete nach § 558 Abs. 2 Satz 1 BGB zu messen ist. Der VIII. Senat[44] formuliert hierzu: Es erscheint nicht sachgerecht, dass eine solcherart auffällige Marktstreuung allein dem Vermieter zu Gute kommen sollte. Dies führe nämlich dazu, dass der Vermieter im Rahmen des Mieterhöhungsverfahrens jeweils das höchste Entgelt fordern könnte, das zu zahlen sich einer der Mieter der vom Sachverständigen herangezogenen Vergleichswohnungen bereitgefunden hat; eine derartige „Spitzenmiete" repräsentiere jedoch nicht die ortsübliche Vergleichsmiete. Zudem liefe dies der gesetzlichen Regelung des § 558 Abs. 2 Satz 1 BGB zuwider, wonach für die Ermittlung der ortsüblichen Vergleichsmiete eine angemessene Mischung aus innerhalb des maßgeblichen Betrachtungszeitraums vereinbarten Neuvertragsmieten und geänderten Bestandsmieten zugrunde zu legen ist. Denn zumindest in Zeiten angespannter Wohnungsmärkte und steigender Mieten würde jede andere Auffassung regelmäßig dazu führen, dass sich erhöhte Bestandsmieten im Rahmen des Vergleichsmietenverfahrens letztlich nicht auswirken, weil es dem Vermieter gestattet würde, Zustimmung zu einer Erhöhung der Miete bis zum oberen Wert der Marktstreuung, der regelmäßig durch die höchste Neuvertragsmiete repräsentiert würde, zu verlangen. In einem solchen Fall kommt es auf die Verteilung der Mieten innerhalb der Streubreite an. Ist sie einigermaßen gleichmäßig, dann entspricht die **ortsübliche Einzelvergleichsmiete** als Punktwert dem arithmetischen Mittel innerhalb der Streubreite. Gibt es aber keine gleichmäßige Verteilung, sondern eine Häufung um bestimmte Werte herum, dann soll die ortsübliche Vergleichsmiete als eine Art Modalwert[45] gebildet werden, nämlich einer Bandbreite um diesen häufigsten Wert herum. Der Oberwert dieser kleinen Bandbreite stellt dann die ortsübliche Vergleichsmiete darf. Gibt es innerhalb einer größeren Streubreite mehrere Häufungen, dann gibt es unter statistischen Gesichtspunkten keinen Modalwert. Der BGH[46] gibt aber vor, dass dies Verfahren sich anbiete, bei „einer auffälligen Häufung der Vergleichsmieten um einen kleinen Wert herum". Nach hier vertretener Auffassung wird man dann wohl sagen müssen, dass es keine Modalwert gibt und deshalb das arithmetische Mittel heranzuziehen ist.[47]

Dieses Begriffsverständnis wird gestützt durch eine **teleologische Auslegung.** **15** § 558 Abs. 1 BGB soll dem Vermieter als Ausgleich für das **Verbot der Änderungskündigung** eine Anpassung an die allgemeine Mietentwicklung ermöglichen.[48] Dabei soll sich die ortsübliche Vergleichsmiete an den auf dem Markt regelmäßig erzielbaren Mieten orientieren.[49] Auch wenn durch die Ermittlung aus den erzielbaren Mieten der letzten sechs Jahre bei tendenziell steigenden Mieten ein Abstand zur aktuellen Marktmiete erreicht wird. Dies gesetzgeberische Ziel, wonach der Vermieter durchaus berechtigt sein soll, an die obere Grenze der natürlichen Streubreite der erzielbaren Mieten bei einem Mieterhöhungsverlangen zu

---

[44] BGH NZM 2019, 469 = NJW 2019, 3142.
[45] Beim Modalwert handelt es sich um den häufigsten Wert, der ermittelt wurde.
[46] BGH NZM 2019, 469 = NJW 2019, 3142; BGH DS 2019, 199.
[47] Börstinghaus DS 2019, 177.
[48] BGH NZM 2019, 142; BGH NJW 2007, 2546.
[49] BT-Drs. 8/2610, 6.

gehen[50], kommt iÜ in § 558a Abs. 4 S. 1 BGB hinreichend deutlich zum Ausdruck. Danach genügt ein Mieterhöhungsverlangen den gesetzlichen Vorgaben, wenn die vom Vermieter verlangte Miete „innerhalb der **Spanne** liegt", wenn der Mietspiegel eben solche enthält. Richtig ist zwar, dass die Vorschrift nicht zwingend verlangt, dass ein Mietspiegel Spannen ausweist, da die Vorschrift aber davon ausgeht, dass es solche Spannen gibt, ergibt sich aus der Vorschrift sehr wohl, dass auch der Gesetzgeber davon ausgeht, dass die ortsübliche Vergleichsmiete kein punktgenauer Wert[51] ist, sondern eben eine Spanne.

16   Diese Auslegung entspricht auch **verfassungsrechtlichen Vorgaben.** Das BVerfG hat in mehreren Entscheidungen[52] noch zum Miethöherecht des MHG ausgeführt, dass dem Vermieter auf Grund des MHG eine am örtlichen Markt orientierte Miete zusteht. Das MHG sollte ebenso wie heute die §§ 558–560 BGB nur die Ausnutzung von Mangellagen auf dem Wohnungsmarkt verhindern und Preisspitzen abschneiden. Bereits in der ersten grundlegenden Entscheidung hat das BVerfG auf Grund der damaligen Entscheidungspraxis der Amts- und Landgerichte darauf hingewiesen, dass die Gerichte nur zu überprüfen hätten, ob die vom Vermieter geforderte Mieterhöhung sich „im **Rahmen** der ortsüblichen Vergleichsmieten hält."[53] Diese Auffassung wird auch durch zwei Rechtsentscheide des BayObLG geteilt. Das BayObLG hatte sich in seiner Entscheidung v. 19.3.1981[54] der Auffassung des BVerfG angeschlossen, wonach die ortsübliche Vergleichsmiete ein objektiver Maßstab[55] ist, der einen **repräsentativen Querschnitt der üblichen Entgelte** darstellen soll; danach ist der Anspruch auf Zustimmung zu einer Mieterhöhung dann begründet, wenn die verlangte Miete das üblicherweise gezahlte Entgelt für vergleichbare Wohnungen nicht übersteigt. Auch wenn hier in den Entscheidungsgründen ausdrücklich im Singular von Entgelt die Rede ist, so ergibt sich deutlich aus dem Gebrauch des Wortes Querschnitt, dass eben kein punktgenauer Durchschnittswert[56] gemeint ist. Später hat das BayObLG[57] diese Auffassung noch einmal bestätigt, indem es feststellte, dass die ortsübliche Vergleichsmiete ein repräsentativer Querschnitt der maßgeblichen Mieten ist. Der BGH hat sich dieser Auffassung inzwischen angeschlossen.[58] Die ortsübliche Vergleichsmiete ist iÜ auch **keine statische Größe,** weil sich das Mietenniveau durch Neuabschlüsse und Erhöhungsvereinbarungen laufend ändert.

17   Für die Tatsache, dass die ortsübliche Vergleichsmiete immer eine **Bandbreite** ist, spricht auch, dass für ein und dieselbe Wohnung in der Praxis durchaus unter-

[50] BGH NJW 2010, 149; BGH NJW 2005, 2074; Bub/Treier MietR-HdB/Schultz Kap. III Rn. 1338; krit. Bühler NZM 2011, 729.
[51] BGH NZM 2019, 469 = NJW 2019, 3142; BGH DS 2019, 199; **aA** für das übliche Nutzungsentgelt gem. § 20 SchuldRAnpG: BGH NZM 2012, 833 aber unter Hinweis auf die etwas unterschiedliche Formulierung im SchuldRAnpG und § 558 Abs. 2 BGB.
[52] BVerfGE 37, 132; 53, 352.
[53] BVerfGE 37, 132 (146).
[54] BayObLG NJW 1981, 1219.
[55] So auch BGH NZM 2013, 610; Börstinghaus jurisPR-MietR 17/2013 Anm. 2; Börstinghaus LMK 2013, 350130; Börstinghaus DS 2013, 299; Schach GE 2013, 1102; Krapf jurisPR-MietR 23/2013 Anm. 2.
[56] BGH NZM 2019, 469 = NJW 2019, 3142; BGH DS 2019, 199.
[57] BayObLG NJW-RR 1993, 202.
[58] BGH NJW 2010, 149; BGH NJW 2005, 2074.

schiedliche Mieten gezahlt werden. Diese Streuung der Mietpreise erklärt[59] sich sowohl aus der Unschärfe des Preisbildungsmechanismus am Wohnungsmarkt, die zu unterschiedlichen Mieten für nahezu identische Wohnungen führen kann[60] als auch aus der Tatsache, dass entsprechend der gesetzlichen Vorgabe Mietvereinbarungen und -änderungen einfließen, die zu unterschiedlichen Zeitpunkten innerhalb des Sechsjahreszeitraums zustande gekommen sind. Dies muss zwangsläufig zu einer Schwankungsbreite führen. Schließlich sprechen auch erhebungstechnische Gründe[61] gegen die Annahme, dass die ortsübliche Vergleichsmiete ein centgenauer Wert[62] ist, sondern vielmehr eine Bandbreite von Werten. Es gibt bei jeder empirischen Datenerhebung **Messfehler**.[63] Das bedeutet, dass auch bei einem Regressionsmietspiegel dem Vermieter einen Anspruch auf Zustimmung bis zum Rand des oberen Konfidenzintervalls zusteht. Auch nach Ansicht des BGH kann die ortsübliche Einzelvergleichsmiete regelmäßig ihrer Höhe nach nicht mit mathematischer Genauigkeit gleichsam punktgenau ermittelt werden.[64] Erzielbar seien nur empirische, aus einer Beobachtung des Marktes und seiner Entwicklungen abzuleitende **Annäherungswerte.** Außerdem hängt das Ergebnis maßgeblich von der Qualität der Stichprobe ab, da keine Vollerhebung durchgeführt wird. Da die Stichprobe aber von der Grundgesamtheit abweichen kann, können auch sog. **Stichprobenfehler** vorliegen, die einen Einfluss auf das Ergebnis haben.[65] Der Unterschied zeigt sich in folgendem

Beispiel: In einer Gemeinde gibt es 20 nach den Vorgaben des § 558 Abs. 2 BGB vergleichbare Wohnungen. Alle Mietverhältnisse wurden in den letzten sechs Jahren neu vereinbart und zwar bei zehn Wohnungen mit 5 EUR/m² und bei zehn Wohnungen mit 6 EUR/m².

Bei einer Streubreite von 1,– EUR/m² liegt der Fall wohl an der **Grenze zwischen einer kleinen und großen Streubreite.** Da es keine besondere Häufung um einen einzigen Wert gibt, müsste man nach Ansicht des BGH, wenn man von einer großen Streubreite ausgeht, entweder von 5,– EUR/m² als kleinster Häufung oder von 5,50 EUR/m² als arithmetischem Mittel bei gleichmäßiger Verteilung ausgehen, bei einer kleinen Streubreite von 6,– EUR/m² als oberer Grenzwert. Das Beispiel zeigt die Bedeutung der Einteilung in große und kleine Streubreite

---

59 So die Fortschreibung der Hinweise zur Erstellung von Mietspiegeln 1980 unter Bemerkung B V. 6; zu dem deshalb erforderlichen Konfidenzintervall LG München I WuM 2000, 361.

60 Nach Streich WuM 1997, 93 streuen die Ergebnisse des Aushandelns zwischen Vermieter und Mieter bzgl. der gleichen Wohnung um ca. 20%; zu den Ursachen der Streuung auch Bühler NZM 2011, 729.

61 Milger PiG 92 (2012), 189 (202).

62 Deshalb ist die Urteilsberichtigung des KG NZM 2009, 544 sehr zweifelhaft. Dort hatte der Senat die ortsübliche Vergleichsmiete bis auf die dritte Stelle hinter dem Komma errechnet und dann kaufmännisch gerundet; zust. zu der Entscheidung jedoch Schach GE 2009, 1011.

63 Milger PiG 92 (2012), 189 (201) hatte unter Berufung auf Bühler NZM 2011, 729, bereits früh ihre „persönliche Auffassung" geäußert, wonach der BGH sich mit der auf Messfehlern beruhenden Streubreite noch nicht beschäftigt habe. Es spreche viel dafür, dass in diesem Fall der Vermieter nicht bis zur oberen Grenze der Streubreite die Zustimmung verlangen dürfe, da sonst das Risiko der Messungenauigkeit einseitig zu Lasten des Mieters gehe.

64 BGH NZM 2019, 469 = NJW 2019, 3142; BGH DS 2019, 199; BGH NZM 2017, 321 mAnm Fleindl; BGH WuM 2010, 38; BGH NZM 2012, 833.

65 Dröge/Gebele/Zehnter Mietpreisbewertung-HdB S. 229.

und die daraus dann noch folgernde unterschiedliche Beurteilung. Erst muss die Streubreite qualifiziert werden und dann bei einer großen Streubreite die Frage, ob diese gleichmäßig oder ungleichmäßig ist. Nach der hier vertretenen Auffassung liegt – noch – eine kleine Streubreite vor. Der Vermieter kann deshalb gem. § 558 Abs. 1 BGB eine Zustimmung bis 6 EUR/m^2 verlangen.[66]

II. Die Wohnwertmerkmale

18   **1. Allgemeines.** Für die Mietpreisbildung und die Ermittlung der Vergleichsmiete sind nach § 558 Abs. 2 BGB nur die dort aufgeführten **fünf Wohnwertmerkmale** maßgeblich. Dabei ist anerkannt, dass in der Praxis diese Merkmale teilweise gar keinen Einfluss auf die Mietpreisbildung haben oder dass andere Faktoren eine viel größere Bedeutung haben.[67] Dies gilt zB für den **Lagefaktor,** der nach einigen Untersuchungen teilweise keine signifikante Bedeutung haben soll, nach anderen soll ihm aber eine überragende Bedeutung zukommen oder auch die Qualität der Wohnung, da zB für schlechtere Wohnungen im Einzelfall eine höhere Miete gezahlt wird als für bessere Wohnungen. Hingegen kommt einem subjektiven Merkmal wie der Wohndauer häufig eine besonders große Bedeutung zu, obwohl es nach den gesetzlichen Vorgaben gar nicht berücksichtigt werden darf.[68] Grundsätzlich kann man eine Wohnung mit unendlich vielen Merkmalen beschreiben, der Gesetzgeber hat aber angeordnet, dass nur die fünf näher bezeichneten Wohnwertmerkmale herangezogen werden dürfen.[69]

19   Nach der Begriffsbestimmung in § 2 Abs. 1 MsV sind Wohnwertrelevante die in § 558 Abs. 2 S 1 BGB genannten Merkmale **Art, Größe, Ausstattung, Beschaffenheit und Lage** einer Wohnung, soweit sie für die Mietpreisbildung relevant sind oder im Erstellungsstadium des Mietspiegels relevant sein können. Demgegenüber sind außergesetzliche Merkmale gem. § 2 Abs. 2 MsV Merkmale in Bezug auf die Wohnung oder das Mietverhältnis, die in § 558 Abs. 2 S 1 BGB nicht genannt sind, aber dennoch für die Mietpreisbildung relevant sind oder im Erstellungsstadium des Mietspiegels relevant sein können.

20   Das Gesetz verlangt in § 558 Abs. 1 BGB die Feststellung der Miete für denjenigen Wohnraum, der mit der konkreten Vertragswohnung, deren Miete erhöht werden soll, **vergleichbar** ist. Dabei ist ein großzügiger Maßstab anzulegen.[70] Vergleichbar sind die Wohnungen, die nach Lage, Ausstattung, Größe, Beschaffenheit und Art in wesentlichen Punkten übereinstimmen.[71] Es genügt eine **überwiegende Übereinstimmung** bzgl. aller fünf Merkmale,[72] eine annähernde ist ebenso wenig erforderlich[73] wie eine vollständige Identität.[74] Der Mieter muss lediglich in

---

[66]   So auch unter Annahme einer kleinen Streubreite auch BGH NJW 2010, 149 = NZM 2010, 122; BGH NJW 2005, 2621; Blank ZMR 2013, 170 (173).

[67]   So schon Goch WuM 1980, 69.

[68]   Bub/Treier MietR-HdB/Schultz Kap. III Rn. 1418; falsch deshalb AG Berlin-Charlottenburg BeckRS 2015, 06288.

[69]   Milger PiG 92 (2012), 189 (202).

[70]   BVerfGE 53, 352, 359; BVerfG NJW-RR 1993, 1485; BGH NJW 2019, 3142 = NZM 2019, 469; BGH DS 2019, 199.

[71]   AG Mainz WuM 1972, 197.

[72]   BGH NZM 2014, 747; AG Köln WuM 1988, 60.

[73]   OLG Hamburg MDR 1974, 585.

[74]   BGH NJW 2019, 3142 = NZM 2019, 469; BGH DS 2019, 199.

die Lage versetzt werden, der Berechtigung des Mieterhöhungsverlangens nachzugehen und die begehrte Mieterhöhung zumindest ansatzweise nachzuvollziehen.[75] Dazu müssen vor allem die unterschiedlichen Wohnungsteilmärkte voneinander abgegrenzt werden. Deshalb ist hinsichtlich der Größe der Wohnung die Vergleichbarkeit nicht nach der reinen Quadratmeterzahl zu ermitteln,[76] sondern danach, ob es sich um einen ganz anderen Wohnungsmarkt handelt, wie es zB bei Apartmentwohnungen und großen Altbauwohnungen[77] oder bei nur halb so großen Wohnungen der Fall ist. Ob Dachgeschosswohnungen, in der sämtliche Zimmer Schrägen aufweisen, mit einer Wohnung ohne Schrägen vergleichbar[78] sind oder nicht[79] ist in der Rspr. umstritten. Zur Feststellung der ortsüblichen Vergleichsmiete für Mehr-Zimmer-Wohnungen dürfen die Mieten von 1-Zimmer-Wohnungen ebenso wenig herangezogen werden, wie die von Wohnungen, deren Wohnfläche, die der zu beurteilenden Wohnung um mehr als 50 % übersteigen.[80] Auch die Mieten von **Einfamilienhäusern** sind mit denen von Wohnungen im Geschossbau nicht vergleichbar.[81] Im Übrigen müssen die Wohnungen aber eben nur „vergleichbar" und nicht identisch sein. Gibt es keine wirklich vergleichbaren Wohnungen führt dies nicht dazu, dass keine ortsübliche Vergleichsmiete ermittelt werden kann und damit dem Vermieter die Mieterhöhungsmöglichkeit nach § 558 BGB dauerhaft verwehrt ist.[82] Es muss dann versucht werden mittels vorhandener Daten und Zu- und Abschlägen die ortsübliche Vergleichsmiete ggf. durch Schätzung zu ermitteln.[83]

Vertragliche Vereinbarungen über Wohnwertmerkmale sind zumindest zu **21** Lasten des Mieters unzulässig.[84] Bereits der Wortlaut des § 558 Abs. 2 BGB spricht dagegen. Der Gesetzgeber hat dem Vermieter in Abs. 1 einen durchsetzbaren Anspruch auf Zustimmung zu einer Miete, die die ortsübliche Vergleichsmiete nicht überschreitet, eingeräumt. Diese wird in Abs. 2 gesetzlich definiert. Abs. 6 verbietet

---

[75] BGH NJW 2019, 3142 = NZM 2019, 469; BGH DS 2019, 199; BGH NJW 2008, 848; BGH NZM 2010, 576; BGH NJW-RR 2014, 1357 Rn. 1.

[76] BVerfG NJW 1980, 1617; Börstinghaus Flächenabweichungen Rn. 651.

[77] LG Berlin ZMR 1995, 77; LG Heidelberg WuM 1982, 214; Gärtner WuM 1998, 707.

[78] Dafür LG Hannover WuM 1992, 255.

[79] AG Wolfenbüttel WuM 1986, 343.

[80] LG Berlin ZMR 1995, 77; LG Potsdam GE 2003, 393.

[81] LG Berlin GE 2002, 1197; LG Hagen WuM 1997, 331; LG Köln WuM 1976, 129; LG Gera WuM 2002, 497; LG Hamburg WuM 2002, 698; AG Spandau MM 1997, 242; AG Schwelm WuM 1995, 592; Börstinghaus NZM 2009, 115; Oberhofer WuM 1995, 301; Staudinger/V. Emmerich BGB § 558 Rn. 31; aA BGH NZM 2009, 27; LG Hamburg ZMR 2003, 491; AG Hamburg-Blankenese/LG Hamburg ZMR 2003, 492; LG Mönchengladbach NZM 1998, 301; AG Hamburg-Blankenese HbGE 1988, 281 (283); Kniep NZM 2000, 166; Kniep/Spieth GE 2000, 110; Isenmann WuM 1994, 448.

[82] BGH NZM 2014, 349.

[83] AG Straubing WuM 1985, 326; AG Hamburg-Blankenese ZMR 2003, 492; 1998, 568; Staudinger/V. Emmerich BGB § 558 Rn. 42.

[84] BGH NZM 2019, 142; BGH NJW 2019, 2464 = NZM 2019, 536; BGH NZM 2016, 42 = NJW 2016, 239; BGH NZM 2019, 334; LG München I ZMR 2017, 401; Börstinghaus WuM 2017, 549; Börstinghaus NZM 2013, 1; Börstinghaus/Clar NZM 2014, 889; Staudinger/V. Emmerich BGB § 558 Rn. 37; Erman/Dickersbach BGB § 558 Rn. 26a; Lützenkirchen MietR/Dickersbach BGB § 558 Rn. 129 jeweils unter Aufgabe der aA aus der Vorauflage; aber immer noch aA bei Lützenkirchen MietR/Dickersbach BGB § 558 Rn. 98 („Basis … ist die zwischen den Parteien vereinbarte Wohnfläche").

anschließend zusätzlich alle Vereinbarungen zu Lasten des Mieters. Allein daraus ergibt sich schon deutlich, dass **lediglich die objektiven Gegebenheiten** maßgeblich sein sollen.[85] Auch die Systematik des Miethöherechts und die historische Auslegung sprechen gegen die Zulässigkeit von Vereinbarungen über Wohnwertmerkmale.[86] Der Anspruch auf die ortsübliche Vergleichsmiete ist als Ausgleich für das Verbot der Änderungskündigung geschaffen worden.[87] Der Vermieter sollte trotz des Verbots eine am tatsächlichen Marktgeschehen orientierte Gegenleistung bekommen, die aber der Höhe nach nicht die Marktmiete erreichte. Nur bei der Staffelmiete wurde den Vertragsparteien eine gewisse Vertragsfreiheit eingeräumt. Aber auch dort sind zB schwer durchschaubare prozentuale Steigerungen der Miete unzulässig. Die Möglichkeit, von den tatsächlichen Gegebenheiten abweichende Beschaffenheitsvereinbarungen zu treffen, würde für den Mieter unabhängig, ob dies individual- oder formularvertraglich geschieht, völlig intransparent sein, da für beide Mietvertragsparteien nicht erkennbar ist, wie sich die Miete in den verschiedenen Wohnungsteilmärkten entwickeln wird. Der **Einfluss der einzelnen Wohnwertmerkmale** auf die ortsübliche Vergleichsmiete kann sich über die Jahre durchaus verändern. Die ortsübliche Vergleichsmiete ist **ausschließlich nach den objektiven Gegebenheiten** zum Zeitpunkt des Zugangs der jeweiligen Mieterhöhung zu ermitteln.[88]

22   **2. Die einzelnen Wohnwertmerkmale.** Was unter den einzelnen Wohnwertmerkmalen genau zu verstehen ist wird an folgenden Stellen kommentiert:
- Art → MsV § 17
- Größe → MsV § 18
- Beschaffenheit → MsV § 18
- Ausstattung → MsV § 18
- Lage → MsV § 19

23   **3. Unerhebliche Wohnwertmerkmale.** Die Aufzählung für die Feststellung der Vergleichbarkeit von Wohnraum zu berücksichtigenden Wohnwertmerkmale in § 558 Abs. 2 BGB ist **abschließend.** Obwohl anerkanntermaßen diese Aufzählung nicht vollständig ist, ist es rechtlich unzulässig, weitere Merkmale zu berücksichtigen, zB die Wohndauer.[89] Insbesondere alle Merkmale, die mit der **Person des Mieters** zu tun haben, sind unerheblich.[90] Hierzu zählen selbstverständlich alle in Art. 3 GG aufgezählten sowie alle weiteren persönlichen Unterscheidungsmerkmale von Menschen wie Geschlecht, Nationalität, Alter, Religion, Hautfarbe usw. Auch ein Zuschlag für „randständige" Personen, die den Wohnraum „deutlich mehr strapazieren" ist unzulässig.[91] In Extremfällen kann ein Mieterhöhungsverlangen in einem Mehrfamilienhaus, das nur an türkische und arabische Mieter gerichtet ist, einen Verstoß gegen das AGG darstellen und sogar Entschädigungsansprüche

---

[85] So ausdrücklich BGH NJW 2013, 775.

[86] BGH NZM 2016, 42 = NJW 2016, 239 mAnm Börstinghaus jurisPR-BGHZivilR 2/2016 Anm. 1; Börstinghaus LMK 2016, 375498; Beyer jurisPR-MietR 1/2016 Anm. 1.

[87] BGH NZM 2019, 142; BGH NJW 2007, 2546.

[88] BGH GE 2021, 935; BGH WuM 2021, 442; BGH NZM 2017, 321 mAnm Fleindl NZM 2017, 325; BGH NZM 2006, 101; BayObLG WuM 1992, 677; LG Berlin GE 2010, 61; AG Berlin-Mitte WuM 2020, 358.

[89] **AA** AG Berlin-Charlottenburg BeckRS 2015, 06288.

[90] LG Hamburg WuM 2016, 434.

[91] LG Hamburg WuM 2016, 434.

auslösen.[92] Auch der Beruf des Mieters ist ein unzulässiger subjektiver Faktor. Deshalb gibt es weder für Studenten[93] noch für Beamte einen Sondermarkt. Auch die Art und Weise, wie die Menschen zusammenleben, also als verheiratetes Paar, als nichteheliche Lebensgemeinschaft oder als Wohngemeinschaft[94] darf bei der Feststellung der ortsüblichen Vergleichsmiete keine Rolle spielen. Das Gleiche gilt für die Nähe zur Arbeitsstelle und zur Schule der Kinder.[95]

Ebenso wenig darf nach der **Person des Vermieters** differenziert werden, obwohl dies für die Miethöhe durchaus eine große Bedeutung haben kann.[96] Ein Privatvermieter, der uU mit dem Mieter im gleichen Haus lebt, wird eher die Auseinandersetzung um eine Mieterhöhung mit einem Mieter, der ihm ggf. persönlich gut bekannt ist und den er täglich im Treppenhaus trifft, scheuen und die Miete längere Zeit nicht anpassen. Demgegenüber wird eine professionelle Wohnungsverwaltung uU bei der Durchsetzung der Mieterhöhungen weniger Zurückhaltung üben. Auf der anderen Seite können auch gewerbliche Vermieter, insbes. Genossenschaften oder kommunale Wohnungsbauunternehmen aus sozialpolitischen und unternehmerischen Gründen niedrigere Mieten vereinbaren. Umso länger ein Mietverhältnis unter diesen unterschiedlichen Vermietern dauert, umso größer wird der Unterschied zwischen diesen Mieten werden.[97] Trotzdem handelt es sich um den gleichen Wohnungsteilmarkt, so dass diese Unterscheidung nicht zu einer Differenzierung bei der Ermittlung der ortsüblichen Vergleichsmiete führen darf. Eine Unterscheidung danach, ob das Angebots- oder Kontrahierungsverhalten bestimmter Vermieter sich am Markt orientiert oder nicht[98] ist nicht zulässig. Es würde sich um ein unzulässiges subjektives Merkmal handeln. Es gibt auch keine objektive Grenze. Der örtliche Wohnungsmarkt wird von diesen Vermietern genauso beeinflusst wie vom gewerblichen Vermieter, der den Preis bis zum letzten ausreizt. Dem Phänomen kann nur durch den Ausweis von Mietpreisspannen begegnet werden.

4. Die Vergleichbarkeit. Das Gesetz verlangt in § 558 Abs. 1 BGB die Feststellung der Miete für denjenigen Wohnraum, der mit der konkreten Vertragswohnung, deren Miete erhöht werden soll, **vergleichbar** ist. Vergleichbar sind die Wohnungen, die nach Lage, Ausstattung, Alter usw. **in wesentlichen Punkten** übereinstimmen.[99] Es genügt eine überwiegende Übereinstimmung, eine annähernde ist nicht erforderlich.[100] Es müssen alle 5 gesetzlichen Kriterien vergleichbar sein.[101] Hinsichtlich der Größe der Wohnung wird dies aber nicht verlangt[102], solange es sich nicht um einen ganz anderen Wohnungsmarkt handelt, wie z. B. bei Appartementwoh-

24

25

---

[92] AG Tempelhof-Kreuzberg WuM 2015, 73.
[93] LG Aachen MDR 1983, 492; AG Dortmund NJW-RR 1991, 1228.
[94] OLG Hamm WuM 1983, 108.
[95] Dröge/Gebele/Zehnter Mietpreisbewertung-HdB S. 242.
[96] BGH WuM 2010, 38; s. auch die Darstellung des neuen Verbraucherpreisindex in WuM 6/2019, 343.
[97] Nach BGH NZM 2017, 521 Rn. 41 soll es sich aufdrängen, dass viele Vermieter in bestehenden Verträgen die Mieterhöhungsmöglichkeiten nicht ausschöpfen.
[98] So aber Voelskow GE 1997, 586 (588); Osmer ZMR 1995, 53 (57).
[99] AG Mainz WuM 1972, 197; Barthelmess, Wohnraumkündigungsschutzgesetz, 5. Auflage, MHG § 2 Rn 37 und Rn 112.
[100] OLG Hamburg MDR 1974, 585.
[101] AG Köln WuM 1988, 60.
[102] BVerfG NJW 1980, 1617.

nungen und großen Altbauwohnungen[103] oder bei nur halb so großen Wohnungen der Fall ist. Ob Dachgeschoßwohnungen, in der sämtliche Zimmer Schrägen haben, mit einer Wohnung ohne Schrägen vergleichbar[104] sind oder nicht[105] ist in der Rechtsprechung umstritten. Zur Feststellung der ortsüblichen Vergleichsmiete für Mehr-Zimmer-Wohnungen dürfen die Mieten von Ein-Zimmer-Wohnungen ebenso wenig herangezogen werden, wie die von Wohnungen, deren Wohnfläche, die der zu beurteilenden Wohnung um mehr als 50% übersteigen.[106] Im Übrigen müssen die Wohnungen nur „vergleichbar" und nicht identisch sein.

26 **5. Gewichtung der Wohnwertmerkmale.** Die einzelnen Wohnwertmerkmale werden vom Gesetzgeber **gleichberechtigt nebeneinander** aufgezählt. Es wäre aber falsch, daraus zu schließen, dass die Merkmale einen völlig gleichen Einfluss auf die Miethöhe haben. Es dürfte aber auch kaum möglich sein, generell eine in ganz Deutschland gleichermaßen geltende Gewichtung vorzunehmen, obwohl dies in der Literatur durchaus gemacht wird:

Wohnwert-merkmal	Prozentuale Anteile der einzelnen Wohnwertmerkmale am Gesamtwohnwert			
	Sternel[107]	Dröge[108]	Sprengnetter[109]	Isenmann[110]
Art	10%	5,0%	10,0%	20%
Beschaffenheit	10%	10,0%	10,0%	
Größe	12%	10,0%	30,0%	30%
Lage	28%	25,0%	25,0%	40%
Ausstattung	40%	50,0%	25,0%	10%

27 Es kommt hierbei sehr stark sowohl auf die örtlichen Gegebenheiten[111] wie auch auf die Besonderheiten der Vertragswohnung an.[112] In der Regel kommt der Ausstattung[113] und der Größe[114] der Wohnung die größte Bedeutung zu. Letztendlich handelt es sich aber um eine normative Frage. Auch die Behauptung, die Wohnung

---

[103] LG Berlin ZMR 1995, 77; LG Heidelberg WuM 1982, 214.
[104] Dafür LG Hannover WuM 1992, 255.
[105] AG Wolfenbüttel WuM 1986, 343.
[106] LG Berlin ZMR 1995, 77.
[107] Sternel MietR Kap. IV Rn. 165a.
[108] Dröge/Gebele/Zehnter Mietpreisbewertung-HdB S. 242.
[109] Sprengnetter, Handbuch zur Ermittlung von Grundstückswerten, 1994, Teil 14, Nr. 5.2.5.1.
[110] Isenmann DWW 1994, 179.
[111] Sternel MietR Kap. IV Rn. 165a.
[112] Nach Promann, Die Berücksichtigung des Wohnwertmerkmals Lage in den Mietspiegeln der deutschen Großstädte, 2012, besteht eine Abhängigkeit zwischen der Bedeutung der Lage und der Größe. Bei kleinen Wohnungen ist die Bedeutung geringer.
[113] BVerfG NJW 2018, 1451 Rn. 115 „der Ausstattung einer Wohnung oder eines Gebäudes [kommt in Mietspiegeln] maßgebliche ertragswertrelevante Bedeutung zu".
[114] Nach Behr/Hörrmann DWW 1999, 105 (107) soll auf die Größe ein Anteil von 40−60% entfallen; ähnlich Walterscheid NZM 1998, 990; HWE MietR-HdB/Emmert § 12 Rn. 185.

liege in einer bevorzugten Wohngegend führt nicht zu einer höheren Gewichtung des Lagemerkmals.[115]

III. Die maßgebliche Miete

Aus § 558 Abs. 2 BGB ergibt sich, dass nicht alle in einer Gemeinde gezahlten   **28** Mieten in die ortsübliche Vergleichsmiete einfließen. Das Gesetz unterscheidet in sachlicher, in zeitlicher und räumlicher Hinsicht. Es müssen folgende drei Voraussetzungen gegeben sein, damit eine aktuell geschuldete Miete bei der Berechnung der ortsüblichen Vergleichsmiete berücksichtigt werden darf:

1. Es muss sich um Mieten handeln, die in den letzten sechs Jahren verändert wurden **(Zeitkomponente)** zum Übergangsrecht siehe unten.
2. Dabei muss es sich um Wohnraum handeln, bei dem die Miethöhe weder durch Gesetz oder im Zusammenhang mit einer Förderzusage festgelegt worden ist **(sachliche Komponente).**
3. Schließlich müssen die Mieten in der Gemeinde oder einer vergleichbaren Gemeinde vereinbart worden sein **(räumliche Komponente).**

1. Die Zeitkomponente. Nach dem Wortlaut des Gesetzes wird die **orts-**   **29** **übliche Vergleichsmiete** aus allen Entgelten gebildet, die in den letzten sechs Jahren vereinbart oder, von Erhöhungen nach § 560 BGB abgesehen, geändert worden sind. Seit 1983 sind sog. Altmieten nicht mehr relevant.[116] Daraus folgt, dass folgende Mieten unter dem zeitlichen Gesichtspunkt zu erfassen sind:

a) Neuvertragsmieten. Damit sind die Mieten von Mietverhältnissen ge-   **30** meint, die erst in den letzten sechs Jahren neu vereinbart worden sind und deren Miete in diesen sechs Jahren, von **Erhöhungen** nach § 560 BGB abgesehen, nicht erhöht worden sind. Eine Neuvertragsmiete liegt deshalb auch bei einer bis zu sechs Jahre alten aber nie veränderten Miete vor.[117] Entscheidend ist nicht das Datum des Vertragsschlusses, sondern das Datum der ersten Fälligkeit der erhöhten Miete.[118]

b) Bestandsmieten. Demgegenüber wird für die Mieten, die in den letzten   **31** sechs Jahren geändert wurden, der Begriff der „**Bestandsmieten**"[119] gebraucht. Wann das Mietverhältnis begründet wurde, ist dabei unerheblich, so dass hierunter auch Mietverhältnisse fallen, die zwar in den letzten sechs Jahren erst neu vereinbart worden sind, deren Miete aber bis zum Stichtag mindestens einmal, mit Ausnahme der Erhöhung nach § 560 BGB, geändert worden ist. In die ortsübliche Vergleichsmiete fließen diese Mieten aber nur einmal ein, auch wenn im konkreten Mietverhaltnis sowohl die Neuvertragsmiete in den Sechsjahreszeitraum fällt, wie auch ein oder zwei Mieterhöhungen. Maßgeblich ist nämlich nur die zum Erhebungsstichtag gezahlte Miete. Folgende Mieterhöhungen sind maßgeblich:

- auf Grund einer Mieterhöhung nach § 558 BGB,

---

[115] AG Dortmund WuM 2012, 103.

[116] Nach Gsell NZM 2017, 305 sind auch diese Mieten marktrelevant.

[117] Dröge/Gebele/Zehnter Mietpreisbewertung-HdB S. 105 will deshalb von „zeitbezogener Neumiete" sprechen.

[118] **AA** Bub/Treier MietR-HdB/Schultz Kap. III Rn. 1363, Datum des Vertragsschlusses maßgeblich.

[119] Dröge/Gebele/Zehnter Mietpreisbewertung-HdB S. 106 kritisieren diesen Begriff. Ihrer Meinung nach sei richtigerweise von einer geänderten oder angepassten Miete zu sprechen und nicht von Bestands- oder Altmieten, S. 105.

- nach einer Modernisierung gem. § 559 BGB,
- auf Grund von Staffelmietvereinbarungen gem. § 557a BGB,
- auf Grund von Indexvereinbarungen gem. § 557b BGB,
- auf Grund von Mietabänderungsvereinbarungen gem. § 557 Abs. 1 BGB.

Maßgeblich ist, dass innerhalb des Sechsjahreszeitraums die Mietänderung fällig wurde. Deshalb muss nicht zwischen Mietabänderungsvereinbarungen gem. § 557 Abs. 1 BGB und Zustimmungsverfahren gem. § 558 BGB unterschieden werden.[120] Das ist auch erhebungstechnisch kaum möglich. Dort kann und wird nur danach gefragt, ob die Miete innerhalb eines näher bezeichneten Zeitraums neu vereinbart oder erhöht wurde.

32   Auch die Mieten von Wohnungen, in denen nur **Mieterhöhungen nach § 559 BGB** in den letzten sechs Jahren vor Zugang des Mieterhöhungsverlangens erfolgten, sind zur Ermittlung der ortsüblichen Vergleichsmiete heranzuziehen. Der Wortlaut des § 558 Abs. 2 BGB ist insofern völlig eindeutig. Soweit früher vereinzelt für solche Mieterhöhungen vertreten[121] wurde, dass diese bei „strenger Auslegung des § 558 Abs. 2 BGB" nicht berücksichtigt werden dürfen, da sie kostenorientierte, nicht nach Angebot und Nachfrage zustande gekommene Preise ermöglichen, ist dieser Einwand in doppelter Hinsicht falsch. Zum einen ist der Wortlaut des § 558 Abs. 2 BGB bereits eindeutig. Dort werden expressis verbis nur Mieterhöhungen wegen Betriebskostensteigerungen nach § 560 BGB ausgenommen. Zum anderen ist zwar richtig, dass der Vermieter bei Mieterhöhungen nach § 559 BGB nicht der Zustimmung des Mieters bedarf, letztendlich bestimmt aber auch hier der Markt, ob der Vermieter die Mieterhöhung durchsetzen kann. Unabhängig von der Tatsache, dass zumindest die Mieterhöhung nach § 559 BGB nach oben wie eine Neuvertragsmiete durch § 5 WiStG begrenzt wird, wird der Vermieter auch solch einseitige Mieterhöhungen nicht durchsetzen können, wenn am Markt für vergleichbare Wohnungen erheblich niedrigere Mieten gezahlt werden. Hier wird der Mieter sich ausrechnen, ob ein Umzug auf Dauer wirtschaftlicher ist. Ihm steht auch bei Zeitmietverträgen oder Mietverträgen mit Kündigungsausschluss ein Sonderkündigungsrecht gem. § 561 BGB zu.

33   Auch **Staffelmieten** sind bei der Ermittlung der ortsüblichen Vergleichsmiete zu berücksichtigen. Auch sie sind übliche Entgelte, die die Mietvertragsparteien vertraglich vereinbart haben. Sie sind mit der jeweils letzten innerhalb des Sechsjahreszeitraums liegenden Staffel zu berücksichtigen.[122] Dies entspricht auch dem **Willen des historischen Gesetzgebers.**[123] Dies ist nicht ganz unproblematisch, da die jeweilige Miethöhe zT außerhalb des Sechsjahreszeitraums vereinbart wurde auch wenn sie innerhalb des Sechsjahreszeitraums wirksam wurde. Da Staffelmieten jetzt nicht auf eine Laufzeit von zehn Jahren mehr begrenzt sind, können so Vereinbarungen die Miethöhe beeinflussen, die teilweise so heute nicht mehr getroffen worden wären. Letztendlich kann der Mieter aber gem. § 557a Abs. 3 BGB spätestens nach sechs Jahren kündigen, so dass über diese Möglichkeit sichergestellt ist, dass zumindest nicht zu hohe Mieten in die Vergleichsmietenermittlung einfließen, da zu vermuten ist, dass

---

[120] So aber Bub/Treier MietR-HdB/Schultz Kap. III Rn. 1363.
[121] Derleder WuM 1983, 221 (222).
[122] Keller, Zivilrechtliche Mietpreiskontrolle, 1996, 137 (138) mwN; MüKoBGB/Artz § 558 Rn. 18; Emmerich/Sonnenschein/Emmerich BGB § 558 Rn. 14; Bub/Treier MietR-HdB/Schultz Kap. III Rn. 1369; Sternel MietR Kap. III Rn. 571 unter Aufgabe der früheren Auffassung in ZMR 1983, 73 (76); **aA** Derleder WuM 1983, 221 (222).
[123] BT-Drs. 9/2079.

der Mieter bei zu hohen Mieten das Mietverhältnis gekündigt hätte. Weit hinter der Marktentwicklung zurückgebliebene Staffelmieten sind aber für den Vermieter bei einem zugleich wirksam vereinbarten Zeitmietvertrag nicht kündbar. Da dies mengenmäßig aber keine große Anzahl darstellt, kann dies hingenommen werden.

Entsprechend dem eindeutigen Wortlaut des Gesetzes sind jedoch **Mieterhö-** 34 **hungen wegen Betriebskostensteigerungen** gem. § 560 BGB nicht zu berücksichtigen. Damit sind zunächst Anhebungen der Betriebskostenpauschalen und der Betriebskostenvorauszahlungen gemeint. Über die Überleitungsvorschrift in Art. 229 § 3 Abs. 4 EGBGB fallen hierunter aber auch die Umlage von Betriebskostensteigerungen bei alten (Teil-)Inklusivmieten mit Erhöhungsvorbehalt.

Bis Ende 1982 bildeten **alle Mieten,** die in der Gemeinde oder in einer ver- 35 gleichbaren Gemeinde für nicht preisgebundenen Wohnraum vergleichbarer Art, Größe, Ausstattung, Beschaffenheit und Lage an einem bestimmten Stichtag gezahlt wurden, die ortsübliche Vergleichsmiete. Durch die Beschränkung der maßgeblichen Mieten zunächst auf die letzten drei oder vier Jahre wollte der Gesetzgeber zunächst eine stärkere **Marktorientierung** der Mieten erreichen, da hierdurch insbes. besonders niedrige Bestandsmieten aus der Berechnung herausfallen. Man darf aber nicht übersehen, dass auch unveränderte Mieten, die vor Beginn des Sechsjahreszeitraums vereinbart wurden, marktrelevant sind.[124] Trotzdem dürfen sie nach dem eindeutigen Gesetzeswortlaut nicht berücksichtigt werden. Durch die aktuelle Verlängerung des Betrachtungszeitraums auf sechs Jahre, solle der Abstand wieder etwas vergrößert werden. Nicht übersehen werden darf aber, dass jetzt auch aktuelle Mieten in die Erhebung fallen, die vor 5 oder 6 Jahren wegen einer Modernisierungsmaßnahme erhöht worden sind.

Die **Sechsjahresfrist** berechnet sich im konkreten Erhöhungsverfahren vom 36 Zugang des Mieterhöhungsverlangens[125] an sechs Jahre rückwärts. Dabei kommt es auf die vor sechs Jahren bereits geschuldete Miete an. Alle Mieterhöhungen, deren Wirkungszeitpunkte gem. § 558b Abs. 1 BGB in die Sechsjahresfrist fallen, sind also zu berücksichtigen. Dies gilt auch dann, wenn der Mieter zunächst seine Zustimmung nicht erteilt hat und später erst dazu verurteilt wurde. Der Zeitpunkt des Erhöhungsverlangens ist genauso unerheblich wie das Datum der Zustimmung. Anderenfalls müssten die Vertragsparteien zukünftige Mieterhöhungen und Neuabschlüsse zwischen Zugang des Verlangens und Wirksamwerden berücksichtigen, was gar nicht möglich ist.[126]

In die Datenerhebung fließt **jede Wohnung nur einmal** ein. Zwar ist es theo- 37 retisch möglich, dass innerhalb des Sechsjahreszeitraums die Miete für eine Wohnung sich viermal geändert hat, so zB, wenn der Mieter vor genau sechs Jahren neu eingezogen ist (Neuvertragsmiete) und die Miete dann jeweils alle 15 Monate erhöht wurde, jedoch ist der Wortlaut hier bereits eindeutig. Die ortsübliche Vergleichsmiete soll die zu einem bestimmten Zeitpunkt gezahlten Entgelte widerspiegeln. Das Gesetz grenzt jedoch diese Gesamtmenge aller Mieten dadurch ein, dass weitere Bedingung für die Berücksichtigung eben ist, dass die Miete entweder in den letzten sechs Jahren neu vereinbart oder erhöht wurde. Dementsprechend kommt es nur auf die **aktuelle Miete** an, der am Stichtag, zu dem die ortsübliche

---

[124] Gsell NZM 2017, 305.

[125] BGH NZM 2021, 655; BGH NZM 2021, 650; NZM 2006, 101; BayObLG NJW-RR 1993, 302; Voelskow ZMR 1992, 328.

[126] MüKoBGB/Artz § 558 Rn. 19; Bub/Treier MietR-HdB/Schultz Kap. III Rn. 1362 spricht von „nicht praktikabel und zumutbar".

Vergleichsmiete festgestellt werden soll, geschuldet wird.[127] Falsch ist deshalb auch aus den in den letzten sechs Jahren für eine Wohnung gezahlten Mieten eine Durchschnittsmiete zu bilden, unabhängig davon, ob eine Mieterhöhung oder Neuvermietung stattgefunden hat.[128]

38   Der sechsjährige Betrachtungszeitraum gilt grundsätzlich für alle Mieterhöhungen, die dem Mieter ab dem 1.1.2020 zugehen. Nach der **Überleitungsvorschrift** in Art. 229 § 50 EGBGB gibt es aber eine längere Übergangsfrist, innerhalb der noch der **vierjährige Betrachtungszeitraum** gilt. Die jeweilige Länge des Betrachtungszeitraums knüpft daran an, ob dem örtlichen Mietspiegel zulässigerweise noch der vierjährige Stichtag zugrunde liegen durfte. Das kann theoretisch noch bis zum 3.12.2024 der Fall sein[128a] (→ Art. 229 § 50 EGBGB Rn. 11). Bei der Mietspiegelerstellung ist jetzt immer vom sechsjährigen Betrachtungszeitraum auszugehen. Lediglich bei der Fortschreibung alter Mietspiegel, die zulässigerweise noch den vierjährigen Betrachtungszeitraum verwenden durften, darf auch bei der Fortschreibung dieser Betrachtungszeitraum verwendet werden.

39   **2. Die sachliche Komponente.** Es dürfen nur Mieten von Wohnungen erfasst werden, bei denen die Miethöhe durch Gesetz oder im Zusammenhang mit einer Förderzusage festgelegt worden ist (§ 558 Abs. 2 Satz 2 BGB). Es ist also nicht der gesamte Wohnraum in der Gemeinde mietspiegelrelevant. Einzelheiten unter → Rn 41.

40   **3. Die räumliche Komponente.** Zur Feststellung der ortsüblichen Vergleichsmiete müssen grds. alle Mieten aus der Gemeinde, die die oben dargestellten sachlichen und zeitlichen Voraussetzungen erfüllen, herangezogen werden.[129] Unter dem Begriff Gemeinde ist die **politische Gemeinde** gemeint.[130] Die Abgrenzung erfolgt dabei aus verwaltungstechnischen Gründen und nicht aus wohnungsmarktspezifischen Überlegungen.[131] Zur Frage, wann eine Gemeinde mit einer anderen vergleichbar ist. Unzulässig ist die Ermittlung einer ortsüblichen Vergleichsmiete nur für einen Teil der Gemeinde[132], aber auch die Ermittlung der ortsüblichen Vergleichsmiete für das Kreisgebiet. Zwar gestattet § 558c BGB ausdrücklich die Aufstellung von Mietspiegeln für Teile einer Gemeinde oder für mehrere Gemeinden, dies bedeutet aber nicht, dass es auch eine ortsübliche Vergleichsmiete nur für Gemeindeteile oder mehrere Gemeinden gibt. Unzulässig ist es deshalb Wohnungen aus bestimmten, zB den äußeren, Stadtteilen einer Gemeinde unberücksichtigt zu lassen.[133]

---

[127]   So auch die Hinweise zur Aufstellung von Mietspiegeln 2002 abgedr. bei Börstinghaus Miethöhe-HdB S. 764.

[128]   So früher der Mietspiegel für die Gemeinde Hamminkeln 2002.

[128a]   AA ohne Begründung Horst MDR 2022, 863 (864).

[129]   BGH NZM 2013, 610; BGH NZM 2013, 612; LG Hamburg WuM 1995, 543.

[130]   LG Marburg BeckRS 2014, 12908; Lammel WohnraumMietR BGB § 558 Rn. 61; Börstinghaus/Clar NZM 2014, 889; Börstinghaus WuM 2014, 591; Bub/Treier MietR-HdB/Schultz Kap. III Rn. 1370; Staudinger/V. Emmerich BGB § 558 Rn. 57.

[131]   Lammel WohnraumMietR BGB § 558 Rn. 61; Oberhofer/Schmidt, Kriterien der Mietspiegelherstellung, S. 11.

[132]   BGH NZM 2013, 610; BGH NZM 2013, 612.

[133]   LG Marburg BeckRS 2014, 12908.

IV. Der maßgebliche Wohnraum

1. Allgemeines. Für die Ermittlung der ortsüblichen Vergleichsmiete sind **41** **nicht alle Mietverhältnisse** maßgeblich. Insofern besteht eine wechselseitige Abhängigkeit. Für bestimmten Wohnraum hat der Vermieter keinen Anspruch auf Zustimmung zu einer Mieterhöhung. Das bedeutet umgekehrt, dass die für solchen Wohnraum gezahlten Mieten nicht zur Ermittlung der ortsüblichen Vergleichsmiete herangezogen werden dürfen. Soweit der BGH[134] es für formell zulässig erachtet hat, dass der Vermieter auch im preisfreien Wohnungsbau Vergleichswohnungen gem. § 558a BGB benennt, für die eine preisgebundene Miete gezahlt wird, betrifft dies nicht die hier allein interessierende materielle Frage.

Daraus folgt, dass für folgende Miet- bzw. Nutzungsverhältnisse auf jeden Fall **42** unberücksichtigt bleiben müssen:

- vom Eigentümer selbst genutzte Wohnungen. Hier fehlt bereits ein Mietvertrag,
- Wohnraum der zum vorübergehenden Gebrauch vermietet wurde,
- Möblierter Wohnraum in der Wohnung des Vermieters,
- Studenten- und Jugendwohnheime,
- alle Formen von Gewerberaummietverhältnissen.

Nach § 558 Abs. 2 S. 2 BGB sind die Mieten solcher Wohnungen ausgenom- **43** men, bei denen die Miethöhe **durch Gesetz oder im Zusammenhang mit einer Förderzusage** festgelegt worden ist. Damit fließen folgende Mieten nicht in die ortsübliche Vergleichsmiete ein:

2. Preisgebundener Wohnraum. Mieten von Wohnraum, der mit **Mitteln** **44** **aus öffentlichen Haushalten** gefördert wurde. Dies gilt für Sozialwohnungen gem. §§ 1 ff. WoBindG[135]. Dazu zählen folgende beide Gruppen:

- **erster Förderweg:** Wohnungen für die nach dem 31.12.1956 nach den §§ 24 ff. II. WoBauG[136] öffentliche Mittel bewilligt wurden,
- **zweiter Förderweg:** Wohnungen, die nach §§ 88–88c II. WoBauG[137] durch Aufwendungsdarlehen und Aufwendungszuschüsse gefördert wurden, und Wohnungen, die mit Sanierungs- und Entwicklungsfördermitteln nach § 45 Abs. 5 Städtebauförderungsgesetz gefördert wurden.
  Außerdem gehören
- mit **Wohnungsfürsorgemitteln** geförderte Neubauwohnungen gem. §§ 87a, 111 II. WoBauG[138]
- mit **Aufwendungshilfen** geförderte Neubauwohnungen iSd §§ 88–88c II. WoBauG

nicht zum maßgeblichen Wohnraum. Für diese Wohnungen gilt keine am Markt nach den Grundsätzen von Angebot und Nachfrage gebildete Miete, sondern die sog. Kostenmiete. Dies wird zwar inzwischen durch die Erhebung der Fehlbelegungsabgabe relativiert durch die für bestimmte Einkommensgruppen mittelbar auch die ortsübliche Vergleichsmiete Bedeutung hat, da die Höhe der Ausgleichs-

---

[134] BGH NZM 2020, 459.
[135] Auf Grund der Föderalismusreform ist die ausschließliche Gesetzgebungskompetenz für das Recht der Wohnraumförderung ab 1.9.2006 auf die Länder übergegangen. Gem. Art. 125a GG gelten die früheren Bundesgesetze weiter, bis die Länder eigene Regelungen erlassen haben. Das ist bisher sehr unterschiedlich geschehen.
[136] Die Vorschrift ist seit 1.1.2002 durch das WoFG aufgehoben.
[137] Gem. § 48 WoFG gilt die Vorschrift weiter.
[138] Gem. § 48 WoFG gilt die Vorschrift weiter.

abgabe zumindest im Herabsetzungsverfahren die Obergrenze darstellt, dies ändert aber nichts an der Tatsache, dass es sich bei der Miete für diesen Wohnraum nicht um Miete für preisfreien Wohnraum handelt.

- nach den diversen **Landeswohnraumförderungsgesetzen** geförderte Wohnungen.[139] Deren Vorschriften sind an die Stelle des WoBindG, II. WoBauG, der NMV und der II. BV getreten und Beschränken auf unterschiedliche Weise die Miethöhe. Selbst wenn die ehemalige Kostenmiete nach den entsprechenden Landesgesetzen nach den Vorschriften der §§ 558 ff. BGB erhöht werden kann, wird die Mieterhöhung durchweg in irgendeiner Form beschränkt.

45   3. Dritter Förderweg. Die Mieten für **Wohnungen des früheren sog. dritten Förderweges** dürfen bei der Ermittlung der ortsüblichen Vergleichsmiete ebenfalls nicht herangezogen werden.[140] Hierbei handelt es sich um eine vereinbarte oder einkommensorientierte Förderung nach den §§ 88 d u. 88 e II. WoBauG. Dabei wird der Bauherr gem. § 88 e Abs. 2 II. WoBauG[141] verpflichtet, für den geförderten Wohnraum während einer bestimmten Dauer keine höhere als die festgelegte Miete zu verlangen. Anders als die Wohnungen des ersten und des zweiten Förderweges sind die Mieten dieser Wohnungen schon am Markt orientiert, wenn sich auch die Miete nicht, wie bei den nicht preisgebundenen Wohnungen, durch Angebot und Nachfrage bestimmen. Vielmehr werden die Basismieten gem. § 88 e II. WoBauG von den Ländern in Anlehnung an die ortsübliche Vergleichsmiete festgelegt. Es handelt sich um geförderten Wohnraum, dessen Miete sich an der **ortsüblichen Vergleichsmiete** orientieren soll. Nach der Neuregelung des Begriffs der ortsüblichen Vergleichsmiete in § 558 Abs. 2 BGB steht fest, dass neben den Mieten des „klassischen" ersten und zweiten Förderweges auch die Mieten des dritten Förderweges unberücksichtigt bleiben, da die Mieten dort üblicherweise im Rahmen einer Förderzusage unterhalb der Marktmiete festgelegt werden. Zwingend ist dieser Ausgangspunkt aber nicht. Es gibt durchaus Regionen, in denen diese Mieten über denen des freien Marktes liegen. Aber auch in diesem Fall darf eine solche Miete nicht zur Ermittlung der ortsüblichen Vergleichsmiete herangezogen werden. Eine andere Frage ist, ob die Mieten für solche Wohnungen nach den §§ 558 ff. BGB erhöht werden dürfen. Dies ist zu bejahen.[142] Dabei sind aber die Beschränkungen aus dem Fördervertrag oder -bescheid zu beachten. Etwas anders soll bei sog. EOF-Wohnungen[143] gelten. Hier soll die Miethöhe nur am Anfang beschränkt sein, danach sollen Mieterhöhungen nach § 558 ff. BGB möglich sein.[144]

46   4. Sonstige Mietbeschränkungen. Die Formulierung „durch Gesetz oder im Zusammenhang mit einer Förderzusage festgelegt" ermöglicht es, **alle öffentlichen Fördertatbestände,** die zu Festlegungen der Miethöhe führen, einzubeziehen. Damit fallen auch alle Mieten heraus, die nach einer Modernisierungsmaß-

---

[139]   Zu den unterschiedlichen Landesregelungen Schmidt-Futterer/Börstinghaus BGB Vor § 557–557b Rn. 26.

[140]   LG Frankfurt/Oder WuM 2012, 319; Sternel MietR Kap. IV Rn. 75; aber Bedenken bei Sternel MietR Kap. IV Rn. 161.

[141]   Das II. WoBauG ist seit 1.1.2002 aufgehoben. Gem. § 48 WoFG gelten einige Vorschriften weiter.

[142]   AG Hamburg WuM 2001, 558.

[143]   Einkommensorientierte Förderung.

[144]   AG München ZMR 2018, 230, 232.

nahme durch Vertrag oder Sanierungssatzung gedeckt werden, der Vermieter also nicht den vollen Erhöhungsspielraum des § 559 BGB ausnutzen darf.

5. Modernisierte Wohnungen. Demgegenüber sind die Wohnungen, deren 47 Modernisierung durch die **KfW-Programme** gefördert wurde, bei der Ermittlung der ortsüblichen Vergleichsmiete mit heranzuziehen, da damit keine Begrenzung der Mieten verbunden ist.[145]

6. Werkwohnungen. Bei **Werkwohnungen** muss differenziert werden, zwi- 48 schen Werkdienstwohnungen und Werkmietwohnungen. Bei einer Werkdienstwohnung sind die Überlassung der Wohnung einerseits und die Verpflichtung des Arbeitnehmers zum Bezug der Wohnung andererseits unmittelbare Bestandteile des Arbeitsvertrages. Gem. § 576b BGB gelten hier die Vorschriften des Mietrechts jedoch dann, wenn der zur Dienstleistung Verpflichtete den Wohnraum ganz oder überwiegend mit Einrichtungsgegenständen ausgestattet hat oder der zur Dienstleistung Verpflichtete in dem Wohnraum mit seiner Familie einen eigenen Hausstand führt. Da die Überlassung einer Werkdienstwohnung als Bestandteil einer arbeitsvertraglichen Vereinbarung auch bei Vorliegen einer gesonderten Vertragsvereinbarung ein selbständiges Mietverhältnis ausschließt, gelten die §§ 557–561 BGB weder unmittelbar noch entsprechend.[146] Ein Mieterhöhungsverlangen nach § 558 BGB kann selbst in dem Fall, dass der Dienstvertrag eines in einer Werkdienstwohnung lebenden Hausmeisters gekündigt wird, nicht gestellt werden.[147] Das Nutzungsentgelt einer ehemaligen **Hausmeisterwohnung** richtet sich, wenn der Dienstvertrag gekündigt wurde, nach dem Teil der früheren Tätigkeitsvergütung, der für die Überlassung der früheren Werkdienstwohnung angerechnet wurde.[148] Nur wenn der Anteil nicht festgelegt ist oder sich nicht mehr bestimmen lässt, kann der Vermieter das Nutzungsentgelt nach den §§ 315, 316 BGB bestimmen. Obergrenze ist dabei die ortsübliche Vergleichsmiete für Werkdienstwohnungen.[149]

7. Werkmietwohnungen. Bei **Werkmietwohnungen** handelt es sich gem. 49 § 576 BGB um Wohnraum, der mit Rücksicht auf das Bestehen eines Dienstverhältnisses vermietet wurde. Auf diese Mietverträge sind grds. die §§ 557–561 BGB anzuwenden.[150] Auch bei an Bundesbedienstete vermieteten Bundesmietwohnungen gelten grds. die Vorschriften des BGB. Die ggf. mitbestimmungsrechtlichen Sonderregelungen betreffen nur interne Fragen des Dienstrechts und haben auf das Mietverhältnis keinen Einfluss.[151] Soweit die Verwaltungsvorschriften der Bundesrepublik Deutschland, die verwaltungsintern für die Vermietung bundeseigener Wohnungen ua an Bundesbedienstete als obere Grenze für ein Mieterhöhungsverlangen die untere Grenze der ortsüblichen Vergleichsmiete vorsehen, soll es sich nicht um eine Vereinbarung iSd § 557 Abs. 3 Hs. 2 BGB handeln.[152] Jedoch ist die Bundesrepublik Deutschland als Vermieterin in einem Wohnraummietverhältnis

---

[145] So ausdrücklich die Hinweise zur Aufstellung von Mietspiegeln 2002, abgedr. → Anh. III 3.

[146] BAG WuM 1993, 353.

[147] Sternel MietR Kap. IV Rn. 269; Emmerich/Sonnenschein/Haug BGB § 576b Rn. 5.

[148] LG Hamburg WuM 1991, 550.

[149] LG Hamburg WuM 1991, 550; Sternel MietR Kap. IV Rn. 269.

[150] LG Mannheim WuM 1990, 220, AG Düsseldorf WuM 1987, 264.

[151] KG WuM 1987, 183.

[152] BayObLG NZM 1999, 215; **aA** Grau WuM 1983, 112 (113); Sternel MietR Kap. III Rn. 545.

über eine solche Wohnung, die sie im Rahmen der Wohnungsfürsorge an einen Bundesbediensteten vermietet hat, nach dem **Grundsatz der Gleichbehandlung** regelmäßig auch gegenüber dem Mieter an diese Grenze gebunden.[153] Nach Beendigung des Arbeitsverhältnisses findet auch keine automatische Mieterhöhung für die zu günstiger Miete überlassene Werkmietwohnung statt.[154] Strittig ist, ob der Vermieter in diesem Fall gem. §§ 315, 316 BGB einseitig die Miete bis zur ortsüblichen Vergleichsmiete erhöhen kann.[155] Wenn der Wert der bisherigen Gegenleistung vertraglich nicht feststeht, dann muss der Vermieter eine Mieterhöhung gem. §§ 558, 558a BGB vornehmen. Hierfür gilt auch die Kappungsgrenze.[156] Für eine einseitige Leistungsbestimmung fehlt es an einer Rechtsgrundlage.

50   **Werkmietwohnungen** stellen eine eigene „Art" von Wohnraum iSd § 558 Abs. 2 BGB dar. Subjektive Wohnwertmerkmale, wie die Person des Vermieters, sind keine zulässige Differenzierung iRd § 558 Abs. 2 BGB.[157] Wenn aber solche Wohnungen schon nicht als eigene „Art" von Wohnraum anzuerkennen sind, dann fehlt es aber zumindest sehr häufig an der Üblichkeit der Mietpreisabrede. Bei diesen Mietverhältnissen fließen häufig andere Gesichtspunkte in die Miethöhe hinein, insbes. eine Fürsorgepflicht des Arbeitgebers aber auch steuerrechtliche Motive und ggf. auch Überlegungen der Mitarbeitermotivation und Versuche, Mitarbeiterkontinuität zu erreichen. Unter Umständen ergibt sich sogar aus dem Arbeitsvertrag die Verpflichtung, auch bei zukünftigen Mieterhöhungen den Abstand zur ortsüblichen Vergleichsmiete beizubehalten. Da aber nach den Vorstellungen des Gesetzgebers die Vergleichbarkeit der Entgelte nur nach objektiven Gesichtspunkten stattfinden soll und bei Werkmietwohnungen subjektive Gesichtspunkte zumindest ebenso stark die Miete beeinflussen, ist dieser Wohnungsbestand wegen seiner marktuntypischen Preisbildung in die Ermittlung der ortsüblichen Vergleichsmiete nicht mit einzubeziehen.

51   **8. Vertragliche Mietbeschränkungen.** Ohne Einschränkungen sind Neuvertragsmieten zu berücksichtigen, bei denen die Mietvertragsparteien eine **feste Miete** entweder ausdrücklich oder auf Grund der gesetzlichen Vermutung des § 557 Abs. 3 BGB vereinbart haben. Ein solcher Ausschluss kann sich ggf. aus dem Abschluss eines Zeitmietvertrages ergeben. Diese Wohnungen fallen sehr wohl in den Anwendungsbereich der §§ 557–561 BGB. Allenfalls auf Grund der vertraglichen Abrede kann eine Mieterhöhung ausgeschlossen sein. Dies ist aber nicht anders zu beurteilen, als wenn der Vermieter zwar zu einer Mieterhöhung berechtigt wäre, aber keine Mieterhöhung durchführt. Auch wenn der Vermieter mit dem Mieter eine unter den **ortsüblichen Mieten** liegende Miete vereinbart, dann hat er einzelvertraglich keinen Anspruch auf eine höhere Miete, auch wenn er rechtlich ggf. eine höhere Miete hätte vereinbaren dürfen. Schließlich ergibt sich dies auch daraus, dass nach der Rspr. der Anspruch des Vermieters bei Mietverträgen mit Verlängerungsklausel nur für die Zeit der ersten Befristung ausgeschlossen ist, in der

---

[153] BayObLG NZM 1999, 215.

[154] LG Berlin GE 2009, 1190; LG Mannheim WuM 1990, 220; AG Passau WuM 1989, 578; Pitz-Paal GE 2009, 1230.

[155] Dafür LG Mannheim WuM 1990, 220; **aA** LG Berlin GE 2009, 1190; nach LG Hamburg WuM 1991, 550 richtet sich die Höhe der Miete/Nutzungsentschädigung nach dem Wert der früheren Tätigkeit.

[156] LG Berlin GE 2009, 1190.

[157] ZB OLG Karlsruhe NJW 1982, 890 für den Status als gemeinnütziges Wohnungsunternehmen.

Verlängerungszeit kann die Miete erhöht werden.[158] Wenn Wohnungen mit einer sog. **Festmiete** nicht in den Anwendungsbereich der §§ 557–561 BGB fallen würden, dann könnte deren Miete auch nicht nach Ablauf der ersten Befristung erhöht werden. Somit gehören auch Zeitmietverträge und Mietverträge, bei denen die Parteien das Mieterhöhungsrecht ausdrücklich oder mittelbar ausgeschlossen haben, zum maßgeblichen Wohnungsbestand.[159]

Auch alle anderen vertraglichen Preisbindungen, zB im Zusammenhang mit **52** Fördermitteln oder mit vertraglichen Belegungsrechten, fallen vom Wortlaut nicht hierunter. Die allgemeine **Kappungsgrenze** in § 558 Abs. 3 BGB ist ebenfalls keine solche Festlegung[160] und zwar unabhängig davon, ob sie regional auf 15% herabgesetzt wurde oder bei 20% liegt. Soweit in der Gemeinde aufgrund einer entsprechenden Landesverordnung die **Neuvertragsmieten** gem. § 556d Abs. 1 BGB iVm § 556g Abs. 1 BGB auf maximal 10% über der ortsüblichen Vergleichsmiete **gedeckelt** sind, ist dies ebenfalls keine Preisbindung, die dazu führt, dass diese Neuvertragsmieten nicht in die Ermittlung der ortsüblichen Vergleichsmiete einfließen dürfen. Es handelt sich weiter um Mieten im preisfreien Wohnungsbau. Die §§ 556d ff. BGB legen die Miete nicht der Höhe nach fest.

9. Gemeinnütziger Wohnungsbau. Auch die Mieten **ehemals gemeinnüt- 53 ziger Wohnungsbaugenossenschaften** sind genauso zu erfassen, wie die anderer Vermieter.[161] Allein die aus § 1 GenG ergebende Verpflichtung der Genossenschaft, ihre Mitglieder zu fördern, reicht für die Ausklammerung nicht aus. Daraus ergibt sich nämlich absolut nicht, dass eine Marktmiete von der Genossenschaft nicht verlangt werden darf oder verlangt wird. Auch die Genossenschaften müssen kostendeckend arbeiten. Nach Wegfall der Gemeinnützigkeitsbindung ist auch eine Bindung an die II. BV nicht mehr zwingend vorgeschrieben. Auch bei den Genossenschaften besteht durchaus die Tendenz zu einer Wohnwertmiete, die letztendlich zu einer marktgerechten Miete führt.[162]

10. ehemals preisgebundener Wohnungsbau. Auch die **Miete ehemals 54 preisgebundener Wohnungen,** die erstmals den Vorschriften der §§ 557–561 BGB unterfallen, fließen in die ortsübliche Vergleichsmiete ein, wenn die Miete in den letzten sechs Jahren mindestens einmal nach den Vorschriften des BGB erhöht wurde. Nach Ende der Preisbindung gilt die ehemalige Kostenmiete als preisfreie Miete fort.[163] Insofern gelten von diesem Zeitpunkt keine Unterschiede mehr. Maßgeblich sind deshalb nur die aktuellen Mieten, die in den letzten sechs Jahren geändert oder neu vereinbart worden sind. Erhöhungen der **Kostenmiete,** auch wenn sie in den letzten sechs Jahren erfolgten, haben hier[164] aber außer Betracht zu

---

158 OLG Karlsruhe NJW-RR 1996, 329; OLG Zweibrücken WuM 1981, 273; OLG Hamm NJW 1983, 829.
159 Sternel MietR Kap. III Rn. 571.
160 LG Berlin WuM 1991, 119; MüKoBGB/Artz § 558 Rn. 35 „dass eine ehemals geltende Bindung über die Kappungsgrenze mittelbar Einfluss auf den Mietpreis nimmt, ist unbeachtlich.".
161 LG Hamburg WuM 1996, 45 (46).
162 So auch LG Hamburg WuM 1996, 45 (46); krit. Osmer ZMR 1995, 53.
163 BGH NJW 2012, 145 = NZM 2012, 80; BGH NZM 2010, 736 = NJW 2011, 145.
164 So auch MüKoBGB/Artz § 558 Rn. 35; Both WuM 1998, 703 (705); DWW 1999, 137 (141); anders bei der Berechnung der Jahressperrfrist oder der Kappungsgrenze BVerfG WuM 1986, 101; OLG Hamm NJW-RR 1995, 1293.

bleiben, da es sich gerade um eine Miete handelt, die durch Gesetz festgelegt worden ist. Selbst Mieterhöhungen während der Preisbindung, die den Mieterhöhungen der §§ 559, 560 BGB bzw. den Vorgängervorschriften entsprachen, ändern daran nach dem eindeutigen Wortlaut des Gesetzes nichts.

55   Die grds. andere **Berechnung der preisgebundenen Miete** verliert also nicht von heute auf morgen ihre Bedeutung, sie wirkt eben noch einige Zeit nach. Dies hängt rechtlich auch mit der Kappungsgrenze zusammen, weil die Vermieter eine ggf. sehr niedrige Miete gar nicht in einem Schritt bis auf die ortsübliche Vergleichsmiete erhöhen dürfen,[165] wohnungswirtschaftlich hängt dies aber auch an der Struktur der Vermieter. Insbesondere genossenschaftlich organisierte Wohnungsbauunternehmen, aber auch solche, die sich im Besitz einer Gemeinde befinden, erstreben nicht unbedingt die Erzielung der am Markt maximal erzielbaren Miete, da sie mit dem Unternehmen auch Sozial- und Wohnungspolitik betreiben wollen. Deshalb wird argumentiert, dass Sinn und Zweck des Vergleichsmietensystems, dem Vermieter eine marktorientierte Mieterhöhung zu ermöglichen, gegen die Berücksichtigung solcher Mieten sprechen. Nach dem eindeutigen Wortlaut des Gesetzes ist ein Ausschlusstatbestand aber nicht gegeben. Dass diese Mieten ggf. wegen der Kappungsgrenze nicht in einem Schritt bis zur aktuellen ortsüblichen Vergleichsmiete erhöht werden können, steht ihrer Einbeziehung nicht entgegen.[166] Dies ist keine Preisbindung iSd § 558 Abs. 2 BGB, sondern gerade eine Schranke des preisfreien Wohnungsbaus.

56   Der Wortlaut der § 558 Abs. 2 BGB ist insofern eindeutig. Die Frage der Einbeziehung von Wohnraum in die Ermittlung der ortsüblichen Vergleichsmiete hat nur nach den **objektiven Wohnwertmerkmalen** zu erfolgen.[167] Die ortsübliche Vergleichsmiete ist eben keine punktgenaue Miete[168], sondern eine Spanne von verschiedenen Entgelten. Soweit die sonstigen zeitlichen, räumlichen und sachlichen Voraussetzungen gegeben sind, gehören auch die Mieten ehemaliger Sozialwohnungen und sonstiger subventionierter Mietverhältnisse zur ortsüblichen Vergleichsmiete. Die Person des Vermieters und die Art der Finanzierung sind keine zulässigen Differenzierungskriterien. Auch über das Merkmal der Üblichkeit lassen sie sich nicht ausgrenzen. Wenn für einen Teil des ansonsten völlig vergleichbaren Wohnungsbestandes eben eine niedrigere Miete ortsüblicher ist als für einen anderen Teil, dann sind diese niedrigeren Mieten nicht weniger üblich oder gar unüblich.

57   **11. Sanierungssatzungen.** Eine weitere Beschränkung der Miete kann sich im Zusammenhang mit der **großflächigen Sanierung** von ganzen Straßenzügen oder Stadtteilen ergeben. Gem. § 136 BauGB sind städtebauliche Sanierungsmaßnahmen solche Maßnahmen, durch die ein Gebiet zur Behebung städtebaulicher Missstände wesentlich verbessert oder umgestaltet wird. Ob solche Missstände vorliegen, richtet sich nach § 136 Abs. 3 BauGB. Solche Sanierungen können durch eine Sanierungs-

---

[165] Nach IfS, Auswirkungen mietrechtlicher Regelungen, 1996, 210 spielt die Kappungsgrenze „anders als vielfach vermutet keine wesentliche Rolle dafür, dass niedrige Mieten, die" „nach oben wollen", „nicht" „nach oben können". Bedeutung soll die Kappungsgrenze aber doch für den Sonderfall der ehemaligen Sozialwohnungen haben.
[166] MüKoBGB/Artz § 558 Rn. 35.
[167] BGH NZM 2020, 534 = NJW 2020, 1947; BGH NZM 2019, 142; BGHZ 208, 18 = NZM 2016, 42 = NJW 2016, 239.
[168] BGH NZM 2019, 469 = NJW 2019, 3142; BGH DS 2019, 199.

satzung gem. § 142 BauGB geregelt werden.[169] Durch solche **Sanierungssatzungen** können auch Beschränkungen der nach der Sanierung zu zahlenden Mieten erfolgen.[170] In förmlich festgelegten Sanierungsgebieten kann der Schutz der angestammten Wohnbevölkerung in ihrer bestehenden Sozialstruktur durch die besonderen sanierungsrechtlichen Genehmigungstatbestände erreicht werden, soweit dies dem Schutzzweck der Sanierungssatzung entspricht. Da die Kosten von Modernisierungsmaßnahmen gem. § 559 BGB auf die Miete umgelegt werden können, steht öffentlich-rechtlich die Frage im Vordergrund, wie der Umfang der Baumaßnahmen so gesteuert werden kann, dass sie keine Mietsteigerungen über dem gebietsspezifischen Niveau zur Folge haben, die tendenziell zu einem Auswechseln der Bevölkerung und damit der Sozialstruktur führen.[171] Den Gemeinden wird hier von der verwaltungsrechtlichen Rspr.[172] ein weiter Gestaltungsspielraum eingeräumt. Soweit die Gemeinde im Sanierungskonzept festgehalten hat, dass in den betroffenen Sanierungsgebieten eine einseitige Bevölkerungsentwicklung durch Verdrängung einkommensschwacher Gruppen vermieden werden soll, ist es nicht zu beanstanden, wenn die Gemeinde das ihr zur Verfügung stehende sanierungsrechtliche Instrumentarium in den förmlich festgelegten Sanierungsgebieten dazu einsetzt, eine **gebietstypische Höchstmiete** festzulegen.[173] Diese Höchstmieten orientieren sich häufig an den Werten eines örtlichen Mietspiegels, teilweise werden aber auch gebietsspezifische Mietobergrenzen festgelegt. Dies kann sogar innerhalb einer Stadt differieren.[174] Für die Durchsetzung solcher Mietobergrenzen ist aber erforderlich, dass diese **Obergrenzen in der Sanierungsgenehmigung** selbst angegeben werden; dies erfordert ua der Grundsatz der Rechtsklarheit.[175]

Diese Mieten sind iSd § 558 Abs. 2 S. 2 BGB **durch Gesetz festgelegt**. Zu den **58** Gesetzen iSd Vorschrift gehören nämlich neben den Bundes- und Landesgesetzen auch Rechtsverordnungen des Bundes und der Länder sowie **Gemeindesatzungen**. Selbst wenn man hier die Beschränkung noch nicht in der Satzung sieht, sondern erst in der unter dem Vorbehalt einer bestimmten Miethöhe erteilten Sanierungsgenehmigung, so spricht doch der Sinn und Zweck des § 558 Abs. 2 S. 2 BGB gegen eine Berücksichtigung dieser Mieten. Diese Mieten haben sich nicht am Markt gebildet. Sie werden aus Gründen des Gemeinwohls im Rahmen der Stadtsanierung festgelegt. Sie sollen ausschließlich die Mieten in einem bestimmten Bezirk beschränken und deshalb keinen Einfluss auf die Mieten in nicht betroffenen Gebieten haben. Äußerst hilfsweise wird man die **Lage** in einem Sanierungsgebiet als besondere Lagekategorie zu erfassen haben. Entscheidend ist aber, dass die Miete für die konkrete Wohnung von der Satzung erfasst wird. Das setzt in diesem Fall nach § 558 Abs. 2 S. 2 BGB nicht nur die Lage in dem Sanierungsgebiet voraus, sondern auch, dass die konkrete Wohnung saniert wird und diesbezüglich eine Förderzusage erteilt wurde.

Maßgeblich ist jeweils **die letzte Mieterhöhung.** Aus der Formulierung „worden **59** ist" ergibt sich, dass es auf den Zeitpunkt der letzten Festsetzung der Mieterhöhung ankommt und nicht auf den Zeitpunkt der Datenerhebung. Bedeutung hat

---

169 Wild MM 1996, 283.
170 Ausf. Partsch GE 1997, 146; 1998, 348.
171 May DÖV 1994, 862 (866); Henke Schriften zum öffentlichen Recht, Bd. 496, 1985, 140 (141).
172 ZB OVG Berlin GE 1996, 417.
173 OVG Berlin GE 1996, 417 (418).
174 S. zB die tabellarische Zusammenstellung von Wild MM 1996, 284; GE 1998, 348.
175 VG Berlin GE 1997, 191.

dies bei der Frage, ob **ehemalige Kostenmieten** zur Ermittlung der ortsüblichen Vergleichsmiete mit herangezogen werden dürfen. In dem Zeitpunkt, in dem die Sozialbindung entfällt, gilt die ehemalige Kostenmiete als preisfreie Miete. Trotzdem ist die konkrete Miethöhe, wenn der Vermieter sie anschließend nicht mindestens einmal erhöht hat durch Gesetz festgelegt worden. Aus der Tatsache, dass der Vermieter sie anschließend nicht erhöht hat, kann nicht gefolgert werden, dass durch das Unterlassen der Vermieter zum Ausdruck gebracht hat, dass die Miete eben gerade der ortsüblichen Miete entspricht. Das Gesetz verlangt ausdrücklich, dass eine Neuvermietung oder Erhöhung im Bestand stattgefunden hat.[176]

60   Zusammenfassend ergibt sich, dass folgende Wohnungsbestände bei der Vergleichsmietenermittlung entweder zu erfassen sind, sicher nicht zu erfassen sind oder nur auf Grund einer besonderen örtlichen Situation zu erfassen sind.

Mietspiegelrelevanz des jeweiligen Wohnungsbestandes soweit in den letzten 6 Jahren neu vereinbart oder geändert		
grds. mietspiegelrelevant	nicht mietspiegel-relevant	sollte im Allgemeinen in Mietspiegeln nicht erfasst werden, ggf. aber als eigener Teilmarkt möglich
1	**2**	**3**
alle Wohnungen, die nicht in Spalte 2 oder 3 erwähnt sind, insbesondere auch: – Genossenschaftswohnungen – Neuvertragsmieten ehemaliger gemeinnütziger Wohnungsbauunternehmen – Mit Zeitmietverträgen vermietete Wohnungen – Mietverträge mit Wohngemeinschaften[177] – ehemalige Sozialwohnungen, wenn nach Ende der Preisbindung mindestens einmal die Miete nach §§ 557 ff BGB erhöht wurde ohne gedeckelt worden zu sein	vom Eigentümer genutzte Wohnungen	Wohnungen in Ein- und Zweifamilienhäusern
	im ersten und zweiten Förderweg geförderte Wohnungen	an Verwandte vermietete Wohnungen
	im dritten Förderweg geförderte Wohnungen	Wohnungen in Gebieten mit Sanierungssatzung, soweit dort Höchstmieten vorgesehen sind.
	Wohnraum der zum vorübergehenden Gebrauch vermietet wurde	Wohnungen ohne eigene Küche oder eigenen Eingang
	Möblierter Wohnraum in der Wohnung des Vermieters	Appartementwohnungen oder Kleinwohnungen unter 40 m^2
	Studenten- und Jugendwohnheime auch alle sonstigen Heime mit Betreuungsleistung	Werkmietwohnungen
	Untermietverhältnisse	
	Werkdienstwohnungen	

---

[176] So auch die eindeutige Formulierung in den Hinweisen zur Aufstellung von Mietspiegeln 2002, abgedr. → Anh. III 3.

[177] AA Oberhofer/Schmidt, Kriterien der Mietspiegelerstellung, S. 13.

Mietspiegelrelevanz des jeweiligen Wohnungsbestandes		
soweit in den letzten 6 Jahren neu vereinbart oder geändert		
grds. mietspiegelrelevant	nicht mietspiegel-relevant	sollte im Allgemeinen in Mietspiegeln nicht erfasst werden, ggf. aber als eigener Teilmarkt möglich
1	**2**	**3**
soweit bei diesen Wohnungen die Miete in den letzten 6 Jahren neu vereinbart oder geändert wurde auf Grund • Mieterhöhung nach § 558 BGB • Modernisierungsmieterhöhung gem. § 559 BGB • von Staffelmietvereinbarungen • von Indexmietvereinbarungen • von Mietabänderungsvereinbarungen	alle Formen von Gewerberaummietverhältnissen incl. der Mischmietverhältnisse	Ehemalige Sozialwohnungen, wenn im Sechsjahreszeitraum nur Mieterhöhungen nach den Vorschriften für preisgebundenen Wohnraum stattgefunden haben.

V. Die Mietstruktur

Die Vermietung bzw. das Bewohnen einer Wohnung verursacht verschiedene 61 Kosten
- Kosten, die mit der Errichtung oder dem Erwerb des Gebäudes in Verbindung stehen, insbesondere Finanzierungskosten und die Verzinsung des Eigenkapitals;
- Kosten, die den bloße Existenz des Gebäudes verursacht werden;
- z. B. Grundsteuer, Haftpflichtversicherung, gebündelte Gebäudeversicherung, Straßenreinigungskosten;
- Kosten, die durch die Nutzung selbst verursacht werden:
- z. B. Wasserverbrauch, Heizung, Mullabfuhr, Allgemeinstrom.

Das BGB geht davon aus, dass der Mieter einen Betrag an den Vermieter zahlt 62 und dass damit alle Kosten abgedeckt sind. Das entspricht heute nicht mehr der Vertragswirklichkeit. Deshalb gestattet § 556 Abs. 1 BGB, dass die Parteien vereinbaren können, dass der Mieter die Betriebskosten entsprechend den Vorschriften der **Betriebskostenverordnung** trägt und hierauf entweder pauschale Zahlungen oder abrechenbare Vorschüsse leistet. Für die Heizkosten gelten in der Mehrzahl der Fälle die zwingenden Vorschriften der Heizkostenverordnung.

Daraus folgen, vereinfacht gesagt, vier Grundformen:

		Kalte Betriebskosten	
		In der Miete enthalten	**In der Miete nicht enthalten**
Heizkosten	**In der Miete Enthalten**	Bruttowarmmiete	Nettowarmmiete
	In der Miete nicht enthalten	Bruttokaltmiete	Nettokaltmiete

63   Daneben sind noch diverse Mischformen möglich, die in der Regel als **Teilinklusivmiete** bezeichnet werden. Damit werden solche Mietstrukturen bezeichnet, bei denen nicht alle gem. § 2 BetrkVO umlegbaren, aber im Hause tatsächlich anfallenden Betriebskostenpositionen auf den Mieter umgelegt werden. Außerdem gibt es Mietverträge, bei denen der Mieter auf alle oder nur einzelne Betriebskostenpositionen gem. § 560 Abs. 1 BGB nicht abrechenbare Pauschalen zahlt.

64   Für die Mietspiegelerstellung problematisch ist dies deshalb, weil es verbindliche und **einheitliche Regelungen** nicht gibt. Grundsätzlich kommt es jeweils auf die Regelungen im Mietvertrag an.

65   Grafisch stellen sich die unterschiedlichen Mietzinsstrukturen wie folgt dar:

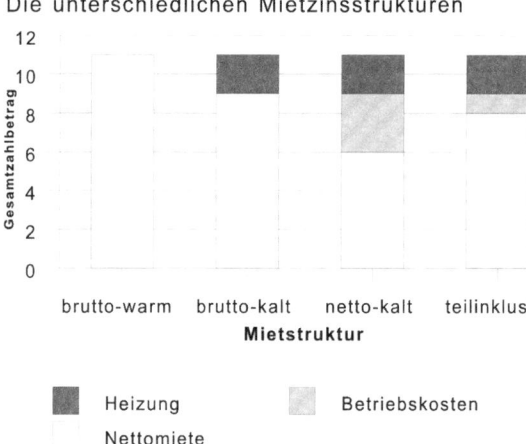

66   Für die Mietspiegelerstellung hat diese starke Differenzierung in doppelter Hinsicht Bedeutung:

1. Der Aufsteller eines Mietspiegels muss sich entscheiden, welche Mietstruktur er in seinem Mietspiegel ausweisen will.
2. Bei der Ermittlung der ortsüblichen Mieten muss auf eine Vergleichbarkeit geachtet werden

Es gibt keinerlei gesetzliche Vorgaben darüber, welche Mietzinsstruktur ein 67 Mietspiegel aufweisen muss. Es werden heute aber nur noch Mietspiegel erstellt, die Nettomieten ausweisen. Diese sind auch auf **Brutto- oder Teilinklusivmietverhältnisse** anwendbar. Es ist nämlich für das konkrete Mieterhöhungsverfahren grundsätzlich unerheblich, welche Mietstruktur im Mietspiegel ausgewiesen wird und welche Mietstruktur die Parteien rechtsgeschäftlich vereinbart haben. Auch bei einer Teilinklusivmiete kann der Vermieter sein Mieterhöhungsverlangen mit einem Nettomieten ausweisenden Mietspiegel begründen.[178] Dies setzt nur eine Umrechnung voraus. Solche Umrechnungen sind nicht nur verhältnismäßig aufwendig, sie bergen auch immer die Gefahr, dass Fehler vorkommen Auch dies spricht dafür, in einem Mietspiegel möglichst die Mietstruktur auszuweisen, die in der Gemeinde die Regel ist. Das ist heute durchweg die Nettokaltmiete.

Heizkosten sind nach der **HeizkostenVO** zwingend[179] verbrauchsabhängig ab- 68 zurechnen, so dass die wenigen Ausnahmenfälle, in denen die HeizkostenVO gem. deren § 11 nicht gilt, durch Zuschläge zu den Werten des Mietspiegels im späteren Mieterhöhungsverfahren geregelt werden müssen.

Um die Mieten überhaupt vergleichen zu können, muss die Datenerhebung die 69 **Mietzinsstruktur** erfragt werden. Es muss also nicht nur der Gesamtzahlbetrag, den der Mieter an den Vermieter leistet, erfragt werden, es muss auch ermittelt werden, welche Betriebskosten mietvertraglich tatsächlich umgelegt werden und welche Betriebskosten im Haus tatsächlich anfallen. Soweit letzteres mit bezahlbarem Aufwand nicht ermittelt werden kann, müssen insofern Pauschalbeträge ermittelt werden, die dann von Brutto- oder Teilinklusivmieten abgezogen werden müssen.

Das bedeutet für einen Mietspiegel, der als Mietstruktur **Nettomieten** ausweist, 70 dass reine Nettomieten ohne Umrechnung übernommen werden können. Dabei ist es unerheblich, ob über die Betriebskosten abgerechnet wird oder ob hierfür eine nicht abzurechnende Pauschale erhoben wird. Bei **Bruttomieten** aber auch bei **Teilinklusivmieten** muss zunächst ermittelt werden, welche Betriebskosten in dem Gebäude überhaupt anfallen. Das ist für Positionen wie Grundsteuer, Straßenreinigung, Wasser pp in der Regel völlig unproblematisch, da diese Betriebskosten in allen Gebäuden anfallen. Diese Kosten sind auf die monatlich pro Quadratmeter gezahlten Beträge umzurechnen und von der Bruttomiete immer und von der Teilinklusivmiete dann, wenn die betreffende Kostenart nicht als umlegbar vereinbart wurde.

Sehr unterschiedlich ist es aber mit Kosten für 71

- Aufzug
- Gartenpflege
- Hausmeister
- Hausreinigung
- Antenne

Wenn feststeht, dass diese Kosten für das konkrete Gebäude anfallen, dann sind 72 die pro Quadratmeter monatlich anteilig gezahlten Betriebskosten von der **Bruttomiete** immer und von der Teilinklusivmiete dann, wenn diese Betriebskostenart nicht als gesondert umlegbar vereinbart ist, abzuziehen.

---

[178] BGH NZM 2010, 436; Börstinghaus jurisPR-MietR 7/2010 Anm. 4; Lützenkirchen MietRB 2010, 98; OLG Stuttgart NJW 1983, 2329; OLG Hamm DWW 1993, 39; AG Dortmund DWW 1989, 367.

[179] BGH NZM 2006, 652; Thomma WuM 2006, 658; Schach GE 2006, 1071; Ludley DWW 2006, 418; Schmidt ZMR 2007, 15.

73 Wenn die konkret pro Gebäude gezahlten Beträgen nicht ermittelt werden können, z. B. bei einer Mieterbefragung, dann müssen Schätzwerte abgezogen werden. Diese **Schätzwerte** werden aus den Angaben für die Wohnungen ermittelt, für die die entsprechenden Betriebskosten der Höhe nach bekannt sind. Möglich ist es auch, solche Daten bei den wohnungswirtschaftlichen Verbänden zu erfragen. Insbesondere dann, wenn diese Verbände am Arbeitskreis Mietspiegel teilnehmen, können deren Kenntnisse in die Mietspiegelerstellung mit einfließen. So können auch große Wohnungsunternehmen mit ihren EDV-Anlagen solche **Durchschnittswerte** verhältnismäßig leicht ermitteln. Der Deutsche Mieterbund gibt inzwischen nicht nur auf Bundesebene, sondern vielfach auch auf regionaler Ebene Betriebskostenspiegel heraus, die ähnlich wie solche Sammlungen von den Vermieterverbänden als Schätzgrundlage herangezogen werden können.

74 Wichtig ist, dass nicht Äpfel mit Birnen verglichen werden, also dass die Mietzinsstrukturen nach der Umrechnung gleich sind. Wichtig ist, dass bei der Datenerhebung die richtigen Daten erfragt werden und ggf. die Befragten auf die sachlichen Unterschiede ausdrücklich hingewiesen werden. Soweit Betriebskosten in der Miete -teilweise- enthalten sind, müssen natürlich auch die im Haus anfallenden konkreten Kosten erfragt und auf den Quadratmeter umgelegt werden, um diese aus der **Inklusiv- oder Teilinklusivmiete** heraus rechnen zu können.

75 Teilweise werden in Mietspiegeln auch **Durchschnittswerte** für die Betriebskosten, die in der Gemeinde regelmäßig anfallen ausgewiesen. Prinzipiell erleichtert dies die Umrechnung von Netto- in Teilinklusivmieten. In der Praxis ist das aber nicht unproblematisch, weil von den Gerichten z. T. verlangt wird, mit den konkreten im Haus, in dem die Wohnung liegt, deren Miete erhöht werden soll, anfallenden Betriebskosten die Umrechnung vorzunehmen.[180]

76 Es bietet sich deshalb an, im textlichen Teil des Mietspiegels einen Hinweis dahingehend aufzunehmen, dass die ausgewiesenen Mieten Nettokaltmieten sind und dass die Mieter durch eine wirksame Mietvertragsklausel die Durchführung der Schönheitsreparaturen übernommen haben. Formulierungsvorschlag:

> *Bei den in der Mietpreisübersicht ausgewiesenen Mieten handelt es sich um Nettokalt-*
> *mieten. Soweit der Mieter nicht für alle im Haus konkret anfallenden folgenden Betriebs-*
> *kosten Vorauszahlungen leistet, ist ein Zuschlag zu den ausgewiesenen Werten in Höhe*
> *der im Haus konkret anfallenden Kosten pro Monat / Quadratmeter zulässig:*
> - *Grundsteuer,*
> - *Sach- und Haftpflichtversicherung,*
> - *Kosten der Wasserversorgung einschließlich Entwässerung,*
> - *Heizungs- und Warmwasserkosten,*
> - *Aufzug,*
> - *Straßenreinigung,*
> - *Müllabfuhr,*
> - *Schornsteinreinigung,*
> - *Hausreinigung,*
> - *Gartenpflege,*
> - *Allgemeinbeleuchtung,*

---

[180] BGH NZM 2006, 101; BGH WuM 2006, 569; KG GE 2005, 180, 182; **aA** LG Berlin GE 2005, 1251, GE 1999, 378, 1999, 983; AG Charlottenburg GE 2005, 807; Kinne/Schach/ Bieber MietProzR/Schach BGB § 558 Rn. 39.

- *Hauswart*
- *maschinelle Wascheinrichtungen,*
- *Gemeinschaftsantenne,*
- *Verteileranlage für ein Breitbandkabel.*

Neben der zusätzlichen Zahlung von Betriebskosten stellt noch eine weitere 77 Leistung der Mieter eine Gegenleistung für die Gebrauchsüberlassung dar, nämlich die Übernahme der Schönheitsreparaturen und die Kostentragungspflicht bezüglich der Kleinreparaturen.

Muss der Vermieter die **Schönheitsreparaturen** entsprechend der gesetzlichen 78 Regelungen in § 535 Abs. 1 S. 2, 538 BGB selbst durchführen, weil die Abwälzung entweder von Anfang nicht vorgesehen war oder die beabsichtigte Abwälzung auf Grund der Rechtsprechung des BGH unwirksam ist, so darf zumindest im preisfreien Wohnungsbau der Vermieter deswegen keinen Zuschlag zur ortsüblichen Vergleichsmiete hinzurechnen.[181] Der BGH[182] hat jedoch eine theoretisch Möglichkeit offen gelassen, wann die **Nichtabwälzung** der Schönheitsreparaturen zu einer höheren Miete führen darf, als bei Mietverhältnissen, bei denen die Schönheitsreparaturen wirksam auf den Mieter abgewälzt wurden. Danach soll eine Mieterhöhung unter Berücksichtigung der Nichtabwälzung der Schönheitsreparaturen nach Ansicht des Senats dann möglich sein, wenn sich am Markt hierfür ein höherer Preis als bei Mietverträgen mit Abwälzung entwickelt hat. Das ist jedoch wohl eher unwahrscheinlich, weil dies voraussetzt, dass die Vermieter mit wirksamer **Schönheitsreparaturklausel** in Zukunft eine niedrigere Miete verlangen als die anderen. Auch der umgekehrte Fall, dass einzelne Vermieter, wie z.B. in der Region Hannover, eine höhere ortsübliche Vergleichsmiete bei Nichtabwälzung der Schönheitsreparaturen vereinbaren, dürfte regelmäßig noch nicht ausreichen. Einer Datenerhebung hierzu bedarf es wohl nicht, es sei denn die Fachleute im Arbeitskreis Mietspiegel haben für den örtlichen Wohnungsmarkt ganz ausnahmsweise entsprechende Daten. Wenn, dann dürfte auch allenfalls die von Anfang an unterlassene Abwälzung der Schönheitsreparaturen in Betracht kommen, weil die äußerst schwierige Prüfung, ob einer erfolgte Abwälzung den strengen Anforderungen der Rechtsprechung genügt, was auch vom Zustand der Wohnung bei Übergabe abhängt[183], im Rahmen einer Mietspiegelerstellung gar nicht möglich ist.

Das Gleiche gilt für Kostentragungspflicht hinsichtlich der **Kleinreparaturen**. 79 Auch solche Klauseln sind wegen der strengen Klauselkontrolle häufig unwirksam. Das hat jedoch keinen Einfluss auf die ortsübliche Vergleichsmiete. Der Vermieter darf keinen Zuschlag zur ortsüblichen Vergleichsmiete nehmen, wenn die im konkreten Vertrag getroffene Regelung von der, die der ortsüblichen Vergleichsmiete des Mietspiegels entsprich, abweicht.[184]

---

[181] BGH NZM 2008, 641 = NJW 2008, 2840; Lehmann-Richter, MietRB 2008, 225; Niebling, ZMR 2008, 881; Häublein ZMR 2009, 1; Wüstefeld jurisPR-MietR 21/2008 Anm. 3; BGH, WuM 2008, 487; BGH NJW 2009, 1410 = NZM 2009, 313; BGH NJW 2012, 145 = NZM 2012, 80; Börstinghaus LMK 1/2012 Anm. 2.
[182] BGH NZM 2008, 641 = NJW 2008, 2840.
[183] BGHZ 204, 302 = NJW 2015, 1594 = NZM 2015, 374.
[184] BGH, WuM 2008, 487; LG Dortmund NZM 2007, 245; AG Dortmund WuM 2006, 39, WuM 2004, 718, WuM 2003, 627.

VI. Die Üblichkeit der Miete

80   Nach der ausdrücklichen Formulierung in § 558 Abs. 2 BGB bilden nur die **üblichen** Entgelte die ortsübliche Vergleichsmiete. Es handelt sich bei dem Merkmal der „Üblichkeit" um eine weitere selbständige Tatbestandsvoraussetzung.[185] Der Begriff der Üblichkeit ist ein unbestimmter Rechtsbegriff.[186] Bereits die Expertenkommission Wohnungspolitik[187] hat 1994 auf die Schwierigkeiten bei der Anwendung dieses Begriffs hingewiesen. Nachdem der maßgebliche Wohnraum ermittelt und die Vergleichbarkeit der Wohnungen nach den fünf Wohnwertmerkmalen festgestellt wurde, muss noch festgestellt werden, dass die Miete auch üblich ist. „Üblich" sind Mieten, die für vergleichbare Wohnungen (= Wohnungen mit den im Gesetz genannten Merkmalen) in der Gemeinde bei bestehenden Mietverhältnissen **unter gewöhnlichen Umständen** tatsächlich und üblicherweise gezahlt werden.[188] Aus den bereinigten Rohdaten muss die ortsübliche Vergleichsmiete ermittelt werden. Außer Betracht zu bleiben haben grds. solche Mieten, die wegen ungewöhnlicher oder persönlicher Verhältnisse unüblich niedrig oder hoch sind, sowie Mieten, die nicht im gewöhnlichen Geschäftsverkehr zustande gekommen sind. Hierüber besteht kein wesentlicher Streit.[189] Die weitere Interpretation des Begriffes der „Üblichkeit" und seine praktische Anwendung sind höchst umstritten.[190] Es ist nämlich nicht alles, was am Markt für vergleichbare Wohnungen tatsächlich gezahlt wird, ohne weiteres „üblich" iSd § 558 Abs. 2 S. 1 BGB. Gerade dann, wenn das Spektrum der am Markt für vergleichbaren Wohnraum vorgefundenen Mieten sehr weit auseinandergeht, hat eine Eingrenzung des relevanten „Mittelfelds" der Vergleichsmieten stattzufinden.[191] Bei der Ermittlung der Üblichkeit handelt es sich um eine **normative Tätigkeit.** Nicht alle Daten, die erhoben werden, sind letztendlich auch „üblich".[192] Anderenfalls würde nämlich die höchste ermittelte Miete auch noch die ortsübliche Vergleichsmiete darstellen, so dass der Vermieter eine Mieterhöhung bis zur höchsten gezahlten Miete in der Gemeinde vornehmen könnte, die der BGH **„Spitzenmiete"**[193] nennt.[194] Sowohl eine historische Auslegung wie auch eine teleologische Auslegung sprechen gegen dies Ergebnis. Auch der Wortlaut des Gesetzes spricht für eine andere Lösung. Es soll eine Miete gebildet werden, die sich aus verschiedenen Werten der letzten sechs Jahre zusammensetzt. Gerade die Berücksichtigung der älteren Mietwerte sollte zu einem Abstand zur Marktmiete führen. Die Üblichkeit der Miete ist aber immer nur für vergleichbaren Wohnraum zu ermitteln.[195]

---

[185] BGH NJW 2012, 1351; Börstinghaus WuM 2012, 244; DS 2012, 183; Börstinghaus/Clar NZM 2014, 889; Blank LMK 5/2012 Anm. 3; Muth ZMR 2012, 530; Bühler ZMR 2012, 531.

[186] BGH NJW 2012, 1351.

[187] BT-Drs. 13/159, 120.

[188] BayObLG NJW 1981, 1219.

[189] BT-Drs. 7/5160, 4 Nr. 6.1 Abs. 1 S. 2; BayObLG NJW 1981, 1219 mwN.

[190] Börstinghaus/Clar NZM 2014, 889.

[191] LG Kiel WuM 2014, 208.

[192] BGH NJW 2012, 1351.

[193] BGH NJW 2012, 1351.

[194] Ähnlich, aber wohl noch weiter einschränkend, Milger PiG 92 (2012), 189 (202).

[195] **AA** wohl Staudinger/V. Emmerich BGB § 558 Rn. 30, der unter dem Begriff der Üblichkeit auch Sondermärkte zB für Misch- oder Untermietverhältnisse sowie für möblierten Wohnraum (Rn. 51), Heim oder Hotelmieten eliminieren will.

1. Diskriminierungsmieten. Einig ist man sich, dass theoretisch alle Mieten, 81 die maßgeblich durch andere als die fünf Wohnwertfaktoren bestimmt wurden, zu eliminieren sind. Im Sprachgebrauch der siebziger Jahre des letzten Jahrhunderts[196] hatte sich hierfür der Begriff der sog. **„Diskriminierungsmieten"** gebildet. Damit sind Mieten gemeint, die zT von besonderen Mietergruppen, wie Ausländern, Wohngemeinschaften, Studenten oder Soldaten verlangt werden. Diese Mieten dürfen nicht berücksichtigt werden. Dies ergibt sich daraus, dass die ortsübliche Vergleichsmiete bestimmt werden soll, bei diesen Mieten aber subjektive Merkmale und Eigenschaften der Mieter eine entscheidende Rolle spielen.

2. Extremwertbereinigung. Ob auch die restlichen Mieten alle herangezogen 82 werden dürfen, hängt von der Qualität der Daten ab. Nicht alle diese Mieten erfüllen das Merkmal der „Üblichkeit". Erörtert wird, ob es darüber hinaus weitere Mieten gibt, die zu eliminieren sind. Diese werden üblicherweise als **„Ausreißermieten"**[197] bezeichnet, teilweise wird auch richtigerweise von Extremwertbereinigungen gesprochen.[198] § 12 Abs. 2 MsV[199] definiert in § 12 Abs. 1 S. 2 Ausreißermieten als „besonders geringe oder besonders hohe Mieten, die unter Berücksichtigung der wohnwertrelevanten Eigenschaften der Wohnung mit der weit überwiegenden Zahl der übrigen Mietwerte unvereinbar erscheinen." Normativ ist dies „Bereinigung" schwer einzuordnen, da immer im Einzelfall entschieden werden muss, ob diese „Extremwerte" tatsächlich ein Marktgeschehen widerspiegeln oder ob es hier aus den unterschiedlichsten Gründen einer Mietvertragspartei gelungen ist, eine völlig außerhalb des gängigen Preisspektrums liegende Miete zu vereinbaren. Nur im letzten Fall würde durch die Berücksichtigung dieser Werte eine Verzerrung eintreten. Eine Miete ist nämlich nicht deshalb schon unüblich und deshalb nicht zu berücksichtigen, weil sie besonders niedrig oder hoch ist. Man muss sich bewusst sein, dass **jede Extremwertbereinigung großen Einfluss** auf die Höhe der ortsüblichen Vergleichsmiete hat, dies gilt insbes. bei Tabellenfeldern mit geringer Feldbesetzung. Extremen Einzelfällen, die hinsichtlich der vereinbarten Miethöhe nicht repräsentativ sind, würde über eine Durchschnittsbetrachtung eine Marktbedeutung zugemessen, die ihnen in der – mit dem Kriterium der Ortsüblichkeit abzubildenden – flächendeckenden Realität nicht zukommt.[200] Da heute aber sowohl bei der Mietspiegelerstellung als auch bei Sachverständigengutachten[201] die ortsübliche Vergleichsmiete als Spanne, idR eine ⅔-Spanne, verstanden wird, werden Extremwerte auf diese Weise schon eliminiert, auch wenn ein ganz geringer Einfluss auf die Spanne noch übrigbleibt. Das gilt insbes. dann, wenn als Mittelwert im Mietspiegel der **Median aus allen Daten** vor Bildung der Spanne ausgewiesen wird. Gegenüber dem **arithmetischen Mittel** hat der Median den Vorteil, dass er robust gegenüber

---

[196] ZB noch in der Fortschreibung der Hinweise zur Aufstellung von Mietspiegeln aus dem Jahre 1980 unter A III 2 abgedr. bei Börstinghaus/Clar Mietspiegel Anh. B II.

[197] Insofern ist die Terminologie von Schick GE 2008, 1065 falsch, da es ihm um die Weite der Spanne geht und nicht das, was üblicherweise bisher unter dem Begriff Ausreißermieten verstanden wurde; auch Paschke GE 2012, 1072 (1076) versteht unter dem Begriff etwas anderes (Wohnungen, die auf Grund von Besonderheiten nicht vom Mietspiegel erfasst werden).

[198] So beim früheren Berliner Mietspiegel GE 2008, 1286.

[199] → MsV § 12.

[200] BGH WuM 2010, 38.

[201] Ausdrücklich gefordert von BGH NJW 2012, 1351.

etwaigen Extremwerten ist. Ob in einem bestimmten Mietspiegelfeld der maximale Mietwert die übrigen Werte um 2% oder um 150% übersteigt, hat auf den (empirischen) Median keinen Einfluss. Die Frage ist eher, ob erst die Extremwertbereinigung durchgeführt wird und dann der Median ermittelt wird oder umgekehrt. Auf jeden Fall kann die Frage, ob ein solcher Extremfall vorliegt, nicht ohne Berücksichtigung der Besonderheiten des jeweiligen Marktes beantwortet werden.[202] § 12 Abs. 2 S 1 MsV verlangt keine zwingend durchzuführende Eliminierung der Ausreißermieten. Es ist eine Kann-Vorschrift. Eine evtl. durchgeführte Bereinigung einschließlich des gewählten Verfahrens muss aber in der Dokumentation beschrieben werden, § 12 Abs. 3 MsV.

83   **Ursachen** für solche Ausreißer können sein:

• Der Mietvereinbarung können Umstände zu Grunde liegen, die mit den üblichen Marktverhältnissen nichts zu tun haben.[203] So kann zwischen Verwandten eine besonders niedrige Miete vereinbart worden sein, weil damit eine Art Unterhaltszahlung erfolgt oder weil sonst familiäre Gesichtspunkte im Vordergrund stehen. Man bezeichnet dies als sog. **„Gefälligkeitsmieten".**

• Auch arbeitsrechtliche Beziehungen können eine Rolle spielen, zB weil durch die Vereinbarung einer besonders niedrigen Miete ein verdecktes Entgelt an den Mitarbeiter, zB den Geschäftsführer einer GmbH, erfolgen soll.

84   Der Gesetzgeber hat den Mietspiegelerstellern zur Ermittlung der genauen Ursachen einer besonderen Extremwertabweichung in Art. 238 § 2 Abs. 2 Ziff. 1 f) EGBGB einen besonderen **Auskunftsanspruch** gegen Vermieter und Mieter über das Vorliegen besonderer Umstände, die zu einer Ermäßigung der Miethöhe geführt haben, insbesondere Verwandtschaft zwischen Vermieter und Mieter, ein zwischen Vermieter und Mieter bestehendes Beschäftigungsverhältnis oder die Übernahme besonderer Pflichten durch den Mieter, eingeräumt (→ EGBGB Art. 238 § 2 Rn. 18).

85   Nach oben hin beruhten Ausreißer früher sehr häufig auf **preisrechtlich nicht zulässigen Mieten.** Bei einer Datenerhebung kann idR nicht zwischen preisrechtlich zulässigen und preisrechtlich unzulässigen Mieten unterschieden werden. Bei der Datenerhebung wurden deshalb auch Mieten erhoben, die gegen § 5 WiStG verstießen. Gerade die Eliminierung solcher mietpreisrechtswidriger Mieten ist in der Praxis unmöglich. Auf Grund der restriktiven Rspr. des BGH[204] zu § 5 WiStG sind Mietpreisüberhöhungen nach § 5 WiStG zurzeit aber kaum denkbar. Dafür kann es in **Gemeinden mit angespanntem Wohnungsmarkt,** in denen die §§ 556d–556g BGB gelten, preiswidrige Neuvermietungsmieten geben. Das muss den Mietvertragsparteien gar nicht bewusst sein, da sie die genaue Höhe der ortsüblichen Vergleichsmiete gar nicht kennen. Trotzdem kann eine mehr als 10% über der ortsüblichen Vergleichsmiete liegende Miete teilweise unwirksam sein, muss es aber wegen der vielen Ausnahmen nicht. Eine Rüge des Mieters gem. § 556g BGB ist hierfür gar nicht erforderlich.[205] Soweit § 556g Abs. 1a BGB dem Vermieter un-

---

[202] BGH WuM 2010, 38.

[203] Für die ortsübliche Nutzungsentschädigung nach § 5 Abs. 1 S. 2 NutzEV ebenso BGH WuM 2010, 38.

[204] BGH NJW 2005, 2156; BGH NJW 2004, 1740.

[205] Lützenkirchen MietR/Abramenko BGB § 556g Rn. 63; falsch daher die Gesetzesbegründung BT-Drs. 19/4672, 27: „Der Mieter kann demnach ab der nach wie vor erforderlichen Rüge gemäß § 556g Absatz 2 BGB die Zahlung nicht geschuldeter Miete verweigern […]."

tersagt, sich auf Ausnahmen zur Begrenzung der Wiedervermietungsmiete **zu berufen,** wenn er seiner **vorvertraglichen Informationsobliegenheit** nicht nachgekommen ist, handelt es sich **nicht um eine mietpreiswidrige Miete.** Die Abrede ist wirksam, der konkrete Vermieter soll nur diesem Mieter gegenüber „bestraft" werden, da er eine Obliegenheitsverletzung begangen hat. Mietpreiswidrige Neuvertragsmieten dürfen nicht als Vergleichsmaßstab herangezogen werden.[206] Nichtige Rechtsgeschäfte können und dürfen nicht Maßstab für andere Rechtsgeschäfte sein.[207] Dies gilt unabhängig davon, ob der Vermieter sein Erhöhungsverlangen mit den Werten eines Mietspiegels begründet hat oder mit drei Vergleichswohnungen.[208] Theoretisch müssen die **nichtigen Mietvereinbarungen** alle eliminiert bzw. auf den zulässigen Wert reduziert werden. In der Praxis einer Massendatenerhebung ist es so gut wie unmöglich, eine solche Überprüfung vorzunehmen. In der Vergangenheit wurde bei der Mietspiegelerstellung mit pauschalierten Abzügen diesem Phänomen bzgl. § 5 WiStG zu begegnen versucht.[209] Das ist auch heute in Gemeinden mit **„Mietpreisbremse"** denkbar. Die prozentualen Werte um die der Datenbestand bereinigt wird, dürfen jedoch nicht willkürlich sein.[210] Sie müssen auf praktischen Erfahrungen oder einer eigenen Stichprobe beruhen. Zur Eliminierung der **Verstöße** gegen § 5 WiStG hatten sich deshalb verschiedene Pauschalierungsverfahren herausgebildet. Zum Teil wurden von allen Daten am oberen Rand der Spanne 2% und am unteren Rand 1% der Daten gekappt.[211] Damit soll der Tatsache Rechnung getragen werden, dass es erhebungstechnisch nicht möglich war, unzulässig überhöhte Mieten gem. § 5 WiStG vor der Datenauswertung auszusondern. Am unteren Rand der Spanne erfolgte die geringere Kappung, um Gefälligkeitsmieten auszusondern. Die unterschiedliche Gewichtung der beiden Gruppen rechtfertigte sich nach Ansicht des LG Hamburg[212] daraus, dass die sog. **Gefälligkeitsmieten** nicht unter „Null" sinken können, während die unzulässig überhöhten Mieten – auch wenn es sich nur um wenige handelt – das allgemeine Mietenniveau erheblich anheben. Diese Rechtsprechung stammt aber noch aus der Zeit, als es das Rechtsinstitut des qualifizierten Mietspiegels nicht gab. Ob diese Vorgehensweise den anerkannten wissenschaftlichen Grundsätzen iSd § 558d BGB entspricht, erscheint zumindest fraglich. Ob solche pauschalen Abzüge auch unter Geltung der Mietpreisbremse überhaupt realistisch

---

[206] LG Heidelberg ZMR 1976, 334; Staudinger/V. Emmerich BGB § 558 Rn. 30; ausf. Bohnert, Ordnungswidrige Mietpreiserhöhung, 1996, 76.

[207] AG Dortmund NJW-RR., 1991, 1228; Bohnert, Ordnungswidrige Mietpreisüberhöhung, 1996, 77.

[208] AG Lüdenscheid WuM 1996, 772; **aA** LG Berlin NZM 1998, 232 (233).

[209] LG Hamburg WuM 1996, 44 (45).

[210] Nach Kauermann/Windmann, „Mietspiegel heute – zwischen Realität und statistischen Möglichkeiten", stellt die Eliminierung besonders hoher Mieten in Tabellenmietspiegeln „keine statistisch fundierte Methodik" dar. Die Extremwertbereinigung bleibe bei solchen Mietspiegeln „problematisch". Dieses Verständnis beruht auf deren rein empirischen Ansatz, während die ortsübliche Vergleichsmiete richtigerweise ein empirisch-normativer Begriff ist, weshalb solche rechtliche Vorüberlegungen sehr wohl zwingend erforderlich sind.

[211] Beim Berliner Mietspiegel wurde früher ein Vertrauensintervall von 95% gebildet: je 2,5% der erfassten Daten wurden am oberen und unteren Rand nicht berücksichtigt. Im Mietspiegel 2009 wurde dies auf jeweils 1,25% reduziert: GE 2008, 1286; gegen all diese Berechnungsmethoden: Voelskow GE 1997, 586 (589).

[212] LG Hamburg WuM 1996, 44 (45).

sind, muss vor Ort empirisch untersucht werden. Vereinzelt wird zur Eliminierung von sog. Ausreißermieten auch der Art vorgenommen, dass alle Mieten die 20% ober- und unterhalb des arithmetischen Mittels der erhobenen Daten liegen, eliminiert werden. Der BGH[213] hat dies Verfahren als eine Möglichkeit gebilligt. Zu beachten ist aber, dass zumindest eine Mietpreisüberhöhung gem. § 5 WiStG nicht bereits dann vorliegt, wenn die Miete 20% über der **ortsüblichen Vergleichsmiete** liegt, sondern dass dies zusätzlich „durch Ausnutzung eines geringen Angebots" geschehen sein muss.[214] Deshalb lag und liegt in den aller seltensten Fälle eine Mietpreisüberhöhung vor. Im Übrigen besteht bei diesem Verfahren durchaus die Gefahr eines Zirkelschlusses. Die **Wesentlichkeitsgrenze** des § 5 WiStG beginnt nämlich frühestens 20% oberhalb der ortsüblichen Vergleichsmiete. Ist diese eine Bandbreite, liegt die Grenze 20% oberhalb des Oberwertes der Bandbreite. Bereits die Bandbreite und erst recht ihr Oberwert kann oberhalb des arithmetischen Mittelwertes liegen. Es werden hier also Mieten eliminiert, die preisrechtlich noch zulässig sind. Die Definition von Ausreißermieten als solche die 20% über oder unter dem Mittelwert liegen ist deshalb mE zu eng.[215] Der BGH hat diese Vorgehensweise nicht als allein richtig dargestellt, er hat es nur gebilligt, aber zugleich auch den Tatrichtern einen nicht unerheblichen Beurteilungsspielraum eingeräumt.[216] Entscheidend ist die Feststellung, ob es in der Gemeinde überhaupt ein geringes Angebot an Wohnungen gibt und ob es Verfahren gem. § 5 WiStG gegeben hat. Zum Teil werden aber auch andere anerkannte Verfahren zur Ermittlung der Standardabweichung angewandt. Dabei muss dann wertend festgelegt werden, ab welcher „Prüfgröße" von einem Extremwert auszugehen ist. Für Gemeinden mit **Mietpreisbremse** müssen noch statistische Verfahren entwickelt werden, da es zahlreiche Ausnahmen gibt. Die bisher vorliegenden – teilweise von Verbänden in Auftrag gegebenen Untersuchungen[217] berücksichtigen diese Ausnahmen nicht und sind für den hiesigen Zweck ungeeignet.

86   **3. Die Ermittlung der Üblichkeit.** Nachdem die sog. Ausreißer am oberen und unteren Rand eliminiert wurden, bleibt eine Verteilung der ermittelten Mieten übrig. Das Gesetz verlangt nun, dass nur die **ortsüblichen** Mieten Vergleichsmaßstab sein sollen. Nicht alles, was tatsächlich vorkommt, ist auch üblich. Selbst nach Eliminierung der sog. Ausreißermieten muss noch eine Beschränkung vorgenommen werden. **Üblich bedeutet** nach dem allgemeinen Sprachgebrauch, dass die „große Mehrheit"[218] der Mieten innerhalb der Spanne liegt. Daraus folgt, dass erheblich mehr als 50% der Fälle erfasst werden. „**Üblich**" ist vom Sprachgebrauch mehr als „mehrheitlich". Was gerade die Hälfte tut, kann kaum als üblich bezeichnet werden. Denn das, was 40% tun, ist ja fast genauso üblich. Auf der anderen Seite bedeutet üblich auch nicht, dass alle es tun müssen. Daraus folgt, dass üblich das ist, was mehr als 60% tun, wobei es aber auch nicht 90% sein müssen.

87   An dieser Stelle muss man differenzieren. Hier geht es um die „Üblichkeit" der ortsüblichen (Einzel-)Vergleichsmiete. Die ortsübliche Vergleichsmiete ist idR aber

---

213 BGH NJW 2012, 1351.
214 Ausf. Börstinghaus Miethöhe-HdB Kap. 4 Rn. 12 ff.
215 So auch Stelter/Finger DS 2013, 95.
216 BGH NJW 2012, 1351.
217 ZB von Bodelschwingh WImmoT 2016, 43.
218 BGH NJW 2012, 1351.

keine punktgenaue Einzelmiete,[219] sondern ein **repräsentativer Querschnitt** der üblichen Entgelte in der Gemeinde.[220] Der BGH spricht von einer „**Bandbreite**".[221] Insofern ist der Begriff der ortsüblichen Vergleichsmiete etwas irreführend.[222] Maßgeblich ist die Definition in § 558 Abs. 2 BGB. Danach wird die ortsübliche Vergleichsmiete gebildet aus den üblichen Entgelten[223], die in der Gemeinde in den letzten sechs Jahren vereinbart oder geändert worden sind. Das Gesetz gebraucht also ausdrücklich den Plural.[224] Daraus folgt, dass das Gesetz selbst davon ausgeht, dass es durchaus unterschiedliche Entgelte, die für eine vergleichbare Wohnung gezahlt werden, geben kann. Die Streuung der Mietpreise erklärt[225] sich aus vielerlei Gründen. Auch nach Ansicht des BGH kann die **ortsübliche Einzelvergleichsmiete** regelmäßig ihrer Höhe nach **nicht mit mathematischer Genauigkeit** gleichsam punktgenau ermittelt werden.[226] Ermittelbar sind nur empirische, aus einer Beobachtung des Marktes und seiner Entwicklungen abzuleitende Annäherungswerte. Außerdem hängt das Ergebnis vor allem bei der Erstellung eines Mietspiegels maßgeblich von der Qualität der Stichprobe ab, da auch dort keine Vollerhebung durchgeführt wird. Da die Stichprobe aber von der Grundgesamtheit abweichen kann, können auch sog. Stichprobenfehler vorliegen, die einen Einfluss auf das Ergebnis haben.[227] Deshalb stellt das Gesetz mit dem Begriff der ortsüblichen Vergleichsmiete nicht auf einen punktuellen Wert innerhalb des Mietenspektrums ab, sondern auf eine **durch die Streubreite der üblichen**

---

[219] BGH NZM 2019, 469 = NJW 2019, 3142; BGH DS 2019, 199; BGH NZM 2019, 250; BGH NJW 2010, 149; BGH NJW 2005, 2621; BGH NZM 2005, 498 = NJW 2005, 2074; LG Dortmund NZM 2006, 134; LG Berlin GE 2003, 1023; AG Dortmund NZM 2005, 258; WuM 2003, 627; Kossmann/Meyer-Abich Wohnraummiete-HdB § 148 Rn. 4; Sternel MietR Teil III Rn. 560; Busz, Die Äquivalenz im freifinanzierten Wohnraummietrecht, 2002, 144; für die ortsübliche Nutzungsentschädigung nach § 5 Abs. 1 S. 2 NutzEV ebenso BGH WuM 2010, 38; BGH WuM 2012, 568 = NZM 2012, 833.

[220] BayObLG NJW 1981, 1219; NJW-RR 1993, 202; NZM 2000, 488 (489); LG München I WuM 2002, 547; 2000, 361, NJWE-MietR 1997, 123 mkritAnm Blank WuM 1997, 178, die VB gegen das Urteil wurden nicht zur Entscheidung angenommen BVerfG WuM 1997, 202; LG Frankfurt a. M. NJW-RR 1991, 14; LG Lübeck WuM 1989, 306; Thomma WuM 2005, 496 (497); Kunze/Tietzsch Miethöhe Teil II Rn. 241; KSB MietProzR/ Schach BGB § 558 Rn. 10.

[221] BGH NZM 2019, 469 = NJW 2019, 3142; BGH DS 2019, 199; BGH NZM 2019, 250; BGH NJW 2005, 2621 = NZM 2005, 660, BGH NJW 2010, 149; Börstinghaus WuM 2010, 218; Mätschke WuM 2010, 247.

[222] Bünnemeyer/Hebecker/Werling ZMR 2016, 96 (97) sprechen von einem „Korridor von Mieten" ohne dass sie erläutern, worin sich ihr neuer Begriff von der üblichen Terminologie unterscheidet.

[223] Nach Bub/Treier MietR-HdB/Schultz Kap. III Rn. 1346 zwingt das Merkmal der „Üblichkeit" nicht dazu die ortsübliche Vergleichsmiete als Durchschnittsmiete zu verstehen.

[224] Darauf weist ausdrücklich Staudinger/V. Emmerich BGB § 558 Rn. 22 hin.

[225] zu dem deshalb erforderlichen Konfidenzintervall LG München I WuM 2000, 361.

[226] BGH NZM 2017, 321 mAnm Fleindl; BGH WuM 2010, 38; BGH NZM 2012, 833.

[227] Bedenken gegen die Verwendung des Oberwertes einer solchen auf Messungenauigkeiten beruhenden Bandbreite bei Milger PiG 92 (2012), 189, 201. Der VIII. Senat hat diese ihre Bedenken inzwischen aufgegriffen: BGH NZM 2019, 469 = NJW 2019, 3142; BGH DS 2019, 199.

Mietentgelte bestimmte Rahmengröße[228], deren exakte wissenschaftliche Feststellung durchaus schwierig ist.[229] Richtig ist, dass sich dieser Rahmen (Streubreite) um einen Mittelwert herum gruppiert.[230] Die Mehrzahl der üblichen Entgelte bildet den Rahmen, der nicht überschritten werden darf.

88   Soweit in einem **Mietspiegelfeld eine Spanne** ausgewiesen wird, stellt diese idR etwas Anderes dar. Die Spanne innerhalb eines Mietspiegelfeldes ist im Grunde wiederum der äußere Rahmen von vielen Einzelbandbreiten. Bei einem Tabellenmietspiegel werden innerhalb eines Mietspiegelfeldes durchaus verschiedene Wohnungsbestände zusammengefasst, auch wenn man sich bemüht, möglichst kleine Unterschiede auszuweisen. Theoretisch könnte man zB jedes der fünf Wohnwertmerkmale in zehn oder sogar noch mehr Differenzierungen aufteilen. Dies würde zu 5^{10}, also 9.765.625, Mietspiegelfeldern führen. Selbst wenn man das Merkmal „Art" außer Acht lassen würde, blieben noch 4^{10}, also 1.048.576, Mietspiegelfelder übrig. Eine Differenzierung in zehn verschiedene Klassen ist dabei noch nicht einmal übertrieben differenziert. Selbst bei einer Unterteilung jedes der **fünf Wohnwertmerkmale** in fünf Klassen blieben 5^5 (3.125) Wohnungsteilmärkte übrig. Die Anzahl der Tabellenfelder macht schnell deutlich, dass eine solche Differenzierung gar nicht möglich ist. So viele Wohnungen sind bei einer Datenerhebung kaum ermittelbar, wenn man davon ausgeht, dass einem Mietspiegelfeld um die 20−30 Daten zu Grunde liegen sollen (→ MsV § 11 Rn. 6), um aussagefähige Daten zu erhalten. Also müssen aus diesem Grund bereits mehrere dieser Wohnungsteilmärkte in einem Mietspiegelfeld zusammengefasst werden, so dass maximal vielleicht 48 Tabellenfelder entstehen, wobei es durchaus Mietspiegel gibt, die erheblich weniger Felder aufweisen. Das bedeutet, dass ein Mietspiegelfeld dann jeweils ungefähr 130 der Bandbreiten ausweist, die der Mietspiegel mit einer 5er Differenzierung bei fünf Wohnwertmerkmalen ausweisen würde. Daraus folgt dann aber zwingend, dass der Vermieter bei einem Tabellenmietspiegel nicht in jedem Fall einen Anspruch auf die **Obergrenze der Spanne** des Mietspiegelfeldes hat. Ohne weitere Begründung wird hier überwiegend nur der Mittelwert der Mietspiegel-Spanne zuerkannt.[231] Bei einem Regressionsmietspiegel kann der Vermieter aber die volle Spanne nach oben ausnutzen.[232] Die Spanne dort gibt die natürliche Streubreite wieder.

89   Die MsV beschäftigt sich in § 15 Abs. 3 MsV nur mit der Mietspiegelspanne und nicht der Bandbreite der ortsübliche Einzelvergleichsmiete. Danach haben zur Bildung der Spanne „in der Regel je 1/6 bis 1/8 der nach Ausreißerbereinigung in einem Tabellenfeld verbliebenen Mieten am oberen und unteren Rand der größengeordneten Mieten" unberücksichtigt zu bleiben (→ MsV § 15 Rn. 13). Dabei kann berücksichtigt werden, wie stark die Streuung der Mieten insgesamt oder im jeweiligen Tabellenfeld ist. Dies Vorgehensweise soll die gesetzliche Vorgabe, dass

---

[228] BGH NJW 2005, 2074; Blank ZMR 2013, 170; Thomma WuM 2005, 496.

[229] LG Berlin GE 2016, 1152.

[230] LG Dortmund NZM 2006, 134; LG Lübeck WuM 1989, 306; AG Dortmund NZM 2005, 258, WuM 2003, 627.

[231] LG Dortmund WuM 2005, 723, ZMR 2002, 918; LG Berlin GE 2005, 1251; AG Brandenburg WuM 2007, 268; AG Dortmund WuM 2005, 254.

[232] LG München I NZM 2003, 974; diesen Unterschied sieht Thomma WuM 2005, 496 nicht, weshalb seine Kritik an BGH NJW 2005, 2074 auch fehl geht.

der Mietspiegel die „üblichen Entgelte" wiedergeben soll, erfüllt werden. Damit bleiben **ca. 2/3 bis 3/4 aller Daten** übrig.[233]

Dies Verfahren wurde in der Vergangenheit mit der Begründung abgelehnt, dass **90** hierdurch vor allem die Neuvertragsmieten nahezu vollständig aus der **berücksichtigungsfähigen Datenmenge** ausgeschlossen würden.[234] Vorgeschlagen wurde, jeweils im Einzelfall zu prüfen werden, ob die 1/6-Regelung nicht zu hoch sei, weil dadurch auch Mieten ausgesondert werden, die durchaus noch als ortsüblich angesehen werden.[235] Zumindest bei idR steigenden Mieten soll die Kappung des oberen 1/6tels deshalb problematisch sein. Es wird aber auch vertreten,[236] dass die 2/3-Spanne erheblich zu weit gegriffen sei.

Richtig ist an dieser Kritik war und ist, dass die sog. 2/3-Spanne **kein zwingen-** **91** **des Dogma** ist. § 15 Abs. 3 MsV hat dieser Kritik insofern teilweise Rechnung getragen, als zumindest durch Verwendung einer 3/4-Spanne die Ränder auf beiden Seiten stärker berücksichtigt werden. Zulässig ist auch mit einer variablen Spanne zu arbeiten, die je nach Mietspiegelfeld unterschiedlich groß ist.[237] Die 2/3-Spanne ist aber am untersten Rand dessen, was die Üblichkeit beschreiben kann. Eine noch weitere Einschränkung würde die unterschiedlichen Mietpreisentwicklungen nicht ausreichend widerspiegeln. Bei sich normal entwickelnden Mieten ist die Spanne von 2/3 aber wohl noch ausreichend. Zu beachten ist nämlich, dass die Neuvertragsmieten im Rahmen der Angabe eines **arithmetischen Mittels** durchaus berücksichtigt werden und damit sehr wohl zur Mietenentwicklung beitragen.[238] Im Median werden sie dafür idR fast gar nicht berücksichtigt, da dort nur entsprechend der Anzahl der Mieten nicht nach ihrer Höhe der Mittelwert ermittelt wird. Eine Bandbreite von Zwei-Dritteln entspricht iÜ auch im Bereich anderer Definitionen dem **Begriff der Üblichkeit.** So hat der BGH[239] bei der Duldungspflicht des Mieters bzgl. Modernisierungsmaßnahmen gem. § 554 BGB aF entschieden, dass die Höhe der Miete dann keine Berücksichtigung finden darf, wenn der Standard der Wohnung nach der Modernisierungsarbeit dem Standard von ca. 2/3 der Wohnungen entspreche. Dies ist auch nach der Mietrechtsänderung von 2013 mit dem „üblichen Standard" iSd § 559 Abs. 4 BGB gemeint, gegen dessen Schaffung der Mieter keine Härtegründe gegenüber der Mieterhöhung erheben kann.

---

[233] Dafür auch BGH NJW 2012, 1351 − NZM 2012, 339, Börstinghaus WuM 2012, 244; DS 2012, 183; Blank LMK 5/2012 Anm. 3; Muth ZMR 2012, 530; Bühler ZMR 2012, 531.

[234] Bub/Treier MietR-HdB/Schultz Kap. III Rn. 1379; Huber ZMR 1992, 476; Voelskow ZMR 1992, 327; WuM 1993, 21; GE 1997, 586 (589); Bub PiG 40 (1993), 41 (52); krit. Stelter/Finger DS 2013, 95; nach BGH NZM 2017, 521 dränge es sich auf, dass Neuvertragsmieten höher seien.

[235] Voelskow WuM 1993, 21.

[236] Dröge/Gebele/Zehnter Mietpreisbewertung-HdB S. 211.

[237] Früher wurde in Berliner Mietspiegeln mit Spannen zwischen 2/3−4/5 gearbeitet, im Mietspiegel 2009 wurde eine Spannbreite von 2/3−3/4 zugrunde gelegt; inzwischen ist man in Berlin auch zu einer einheitlichen Spanne von 3/4 übergegangen, die aber politisch äußerst umstritten ist, zumal auch Zuschläge entfallen sind.

[238] LG Hamburg WuM 1996, 45 (46); Keller, Zivilrechtliche Mietpreiskontrolle, 1996, 128.

[239] BGH NJW 1992, 1386.

92   Üblich iSd § 558 Abs. 2 BGB sind dann alle Entgelte innerhalb einer so ermittelten Bandbreite. Die **ortsübliche Vergleichsmiete** ist eben keine punktgenaue Einzelmiete.[240] Ortsüblich sind mithin alle Entgelte,
- die in den Sechsjahreszeitraum fallen,
- in der Gemeinde oder einer vergleichbaren Gemeinde gezahlt werden,
- nach den gesetzlichen fünf Wohnwertmerkmalen eine vergleichbare Wohnung betreffen und
- innerhalb eines die Mehrheit dieser Entgelte umfassenden Rahmens liegen.

93   Neben der rechtlichen Vorgabe, die ortsübliche Vergleichsmiete als eine Spanne auszuweisen, da sie eben ein Rahmen der üblichen Entgelte ist, erfordern auch die Regeln der **empirischen Sozialforschung** die Darstellung der ortsüblichen Vergleichsmiete als Spanne. Dabei ist es unerheblich, ob bei einem Mietspiegel die Datenauswertung nach der Tabellen- oder Regressionsmethode erfolgte. Auch bei der **Regressionsmethode** ist, um den vermeintlich centgenau ermittelten Wert ein Konfidenzintervall zu legen. Dem Vermieter steht dann ein Anspruch auf Zustimmung bis zum Rand des oberen Konfidenzintervalls zu. Mit Spanne ist dabei die konkrete ortsübliche Vergleichsmiete für eine Wohnung gemeint. Diese Spanne hat dann natürlich einen Oberwert, der auch Cent genau[241] feststeht. Ob dann das obere Ende des Rahmens oder ein anderer Wert die Einzelvergleichsmiete für die Wohnung darstellt, hängt von der Größe der Bandbreite ab. Bei einer **kleinen Streubreite** stellt der obere Eckwert (= höchste Wert) die ortsübliche Vergleichsmiete dar.[242] Anders ist es bei einer **größeren Streubreite** aus.[243]

VII. Das Mischungsverhältnis

94   Ein bisher in der Vergangenheit vor allem in der mietrechtlichen Literatur[244] diskutierte Frage ist, in welchem Verhältnis Neuvertragsmieten und veränderte Bestandsmieten in die Datenerhebung einzufließen haben.[245] In welchem Verhältnis **Neuvermietungen** und Bestandsmietenänderungen bei der Ermittlung der ortsüblichen Vergleichsmiete zu berücksichtigen sind, ist in § 558 Abs. 2 Satz 1 BGB

---

[240] So auch BGH NJW 2010, 149; LG München WuM 2002, 547; Kossmann/Meyer-Abich Wohnraummiete-HdB § 148 Rn. 4; Sternel MietR Kap. III Rn. 560; Busz, Die Äquivalenz im freifinanzierten Wohnraummietrecht, 2002, 144.

[241] Ob das aber wirklich ein bis auf die dritte Stelle hinter dem Komma exakt feststehender Wert ist, ist sehr zweifelhaft, **aA** KG NZM 2009, 544.

[242] BGH WuM 2009, 746; Börstinghaus LMK 12/2009 Anm. 2; WuM 2010, 218; DS 2010, 70; Mätschke WuM 2010, 247; BGH NJW 2005, 2621; LG Berlin NZM 1999, 412; LG München NJWE-MietR 1997, 123 mkritAnm Blank WuM 1997, 178, die VB gegen das Urteil wurden nicht zur Entscheidung angenommen: BVerfG WuM 1997, 202; dieser Oberwert ist zB auch bei der Fehlbelegungsabgabe im Beschränkungsverfahren maßgeblich VG Stuttgart WuM 1996, 482.

[243] BGH NZM 2019, 469 = NJW 2019, 3142; BGH DS 2019, 199.

[244] Isenmann ZMR 1997, 61; Voelskow ZMR 1992, 327; Osmer ZMR 1995, 53 (56); Busz, Die Äquivalenz im freifinanzierten Wohnraummietrecht, 2002, 140; Walterscheid RDM-IfS 1994, Heft 1, 11, Streich RDM-IfS 1993, Heft 6, 3; Dröge/Gebele/Zehnter Mietpreisbewertung-HdB S. 212 ff.; Bub/Treier MietR-HdB/Schultz Kap. III Rn. 1216, 1349 ff.; HWE MietR-HdB/Emmert § 12 Rn. 178.

[245] Nach Bub/Treier MietR-HdB/Schultz Kap. III Rn. 1350 ist die Frage bis heute „ungeklärt".

nicht ausdrücklich geregelt.[246] Der BGH weist nur immer wieder daraufhin, dass es „ausgewogen" sein müsse.[247] Er[248] spricht davon, dass ein angemessenes Verhältnis „jedenfalls dann nicht mehr vorliege, wenn der Tatrichter Bestandsmietenänderungen nicht oder nur in einem vernachlässigbar geringen Umfang in die Bewertung einzieht". Die Berücksichtigung nur von Neuvermietungen macht ein Sachverständigengutachten unverwertbar. Das gilt selbst dann, wenn es nach Auffassung des Sachverständigen in der Gemeinde „wegen des Einwohnerschwundes" keine Bestandsmietenerhöhungen gegeben habe. Da zumindest bisher vor Inkrafttreten der §§ 556d ff. BGB idR die jüngsten Neuvertragsmieten die höchsten Werte aufwiesen, kommt dieser Frage schon eine erhebliche Bedeutung zu. Es handelt sich um eine **normative Frage**[249], die ggf. vom Gericht und nicht vom Sachverständigen beantwortet werden muss. Vertreten werden dabei grds. drei Auffassungen:

- Die Mietvereinbarungen aus jedem Erhebungsjahr sind gleichrangig zu berücksichtigen, also je 1/6 der Werte aus jedem Jahr[250];
- Die Mietvereinbarungen aus jedem Erhebungsjahren in dem Mischungsverhältnis zu berücksichtigen, das der repräsentativen Häufigkeit ihres Vorkommens auf dem Wohnungsmarkt entspricht[251];
- Bestands- und Neubaumieten sind gleichrangig zu berücksichtigen.[252]

Streng genommen geht es bei dieser Diskussion um zwei verschiedene Differen- **95** zierungsmerkmale[253] und dementsprechend um zwei verschiedene Mischungsverhältnisse. Zum einen geht es um die Berücksichtigung der zeitlichen Komponente (Sechs-Jahreszeitraum) und zum anderen um die Berücksichtigung des Verhältnisses zwischen Neu- und Bestandsmieten. Letztendlich geht es also um 12 verschiedene Gruppen.

Beispiel: Geht dem Mieter das Erhöhungsverlangen am 1.1.2022 zu, dann wird die ortsübliche Vergleichsmiete aus den geänderten Bestandsmieten und den Neuvertragsmieten aus der Zeit vom 1.1.2016 bis 31.12.2021 ermittelt.

	2021	2020	2019	2018	2017	2016
Geänderte Bestandsmieten						
Neuvertragsmieten						

---

[246] BGH NZM 2012, 339.

[247] BGH NZM 1998, 196; BGH NZM 2012, 339; BGH NZM 2019, 469; BGH DS 2019, 199.

[248] BGH NZM 2019, 469; BGH DS 2019, 199.

[249] Bub/Treier MietR-HdB/Schultz Kap. III Rn. 1352.

[250] Köhler, Neues Mietrecht, 63 Schwirley, Bewertung von Mieten, 341 „aus Praktikabilitätsgründen", der aber iÜ die Ausführungen des Verf. seitenweise ziemlich wortgetreu, zumindest aber sinngemäß wiederholt.

[251] BayObLG NJW 1981, 1219, LG Frankfurt a. M. WuM 1991, 595, LG Berlin WuM 1991, 119; iE wohl auch Isenmann ZMR 1997, 61; Lammel WohnraumMietR BGB § 558 Rn. 60; Isenmann/Roth/Walterscheid, IfS: Leitfaden für die Erstellung von Gutachten zur Ermittlung von Wohnraummieten, S. 22; Dröge/Gebele/Zehnter Mietpreisbewertung-HdB S. 220f.; HWE MietR-HdB/Emmert § 12 Rn. 178.

[252] Voelskow ZMR 1992, 326 (327); Osmer ZMR 1995, 53.

[253] Das wird mE nicht deutlich genug unterschieden von Kofner Zeitschrift für Wirtschaftspolitik, 1996, 397 (403) Fn. 13, der darin, die „Mieten eines jeden Jahres mit einem Gewicht von eine Viertel (sic. heute dann Sechstel) zu berücksichtigen", grds. einen Vorteil sieht, aber selbst gegen die künstliche Festlegung Bedenken äußert.

Die Tabelle ist somit **zweidimensional.** Es geht also sowohl um die Verteilung auf die verschiedenen Jahre wie auch innerhalb der jeweiligen Jahrgangsgruppen um die Verteilung auf die beiden Arten der Mietfestsetzung.

96   Bis zum Jahr 1982 bildeten alle Mieten, die zum Erhebungsstichtag für vergleichbare Wohnungen gezahlt wurden, die ortsübliche Vergleichsmiete. Seit diesem Zeitpunkt hat der Gesetzgeber die Menge durch Einführung einer zeitlichen Grenze von zunächst drei Jahren, später vier und jetzt sechs Jahren, in denen die Miete neu festgesetzt oder verändert worden sein muss, eingeschränkt. Jede Miete kann aber nur einmal erfasst werden, selbst wenn sie innerhalb der sechs Jahre neu vereinbart und dann auch noch mindestens einmal erhöht wurde. Umstritten ist seither, ob aus allen Zeiträumen gleich viele Wohnungen auszuwerten sind, also je 25 % der Wohnungen aus einem Jahrgang stammen müssen. Der BGH[254] hat einmal formuliert, dass es ein **„ausgewogenes Verhältnis"** sein soll. Das bedeutet aber nicht, dass die Quote der veränderten Bestandsmieten und Neuvertragsmieten, die entsprechende dem Methodenbericht des einschlägigen Mietspiegels diesem zugrunde liegt, auch bei der Ermittlung der ortsüblichen Vergleichsmiete durch den Sachverständigen du das Gericht zwingend verwendet werden muss.[255] Ein **angemessenes Verhältnis** wurde vom BGH erst dann verneint, wenn eine der beiden Gruppen gar nicht oder nur in einem vernachlässigbar geringen Umfang in die Ermittlung einbezogen wurden.[256] Hat der Sachverständige beide Gruppen zu gleichen Teilen (50/50) berücksichtigt, liegt kein Missverhältnis vor, wenn im örtlichen Mietspiegel die Neuvertragsmieten nur mit 44 % eingeflossen ist.[257]

97   In der mietrechtlichen Literatur[258] wird insbes. das Verhältnis der Neuvertragsmieten zu den Bestandsmieten strittig diskutiert. Dabei werden hierzu verschiedene Mischungsverhältnisse diskutiert:

Mischungsverhältnis in Prozent zwischen		Vertreter dieser Auffassung mit Fundstelle
Bestands-mieten	**Neuvertrags-mieten**	
50	**50**	Bub/Treier MietR-HdB/Schultz Kap. III A Rn. 1354; Voelskow ZMR 1992, 326 (327); GE 1997, 586 (588); MüKoBGB/Voelskow, 3. Aufl., MHG § 2 Rn. 7;[259] Streich „Auf die Mischung kommt es an", RDM-IfS 1993, Heft 6, 3.

---

[254] BGH NZM 1998, 196 (197); so auch LG Berlin WuM 1991, 119; GE 2002, 1061.

[255] BGH WuM 2021, 442.

[256] BGH NJW 2019, 3142; BGH DS 2019, 199.

[257] BGH WuM 2021, 442.

[258] Nach LG Berlin GE 2002, 1061 gibt es für das Verhältnis Neuvertrags- zu Bestandsmieten keinen festen Verteilungsschlüssel.

[259] Soweit Isenmann ZMR 1997, 61; und Walterscheid, Typische Fehler in einem Sachverständigengutachten zur Ermittlung der ortsüblichen Vergleichsmiete, 18, behaupten, Voelskow verlange eine Verteilung von 25 % Bestandsmieten und 75 % Neuvertragsmieten, kann ich dies den Ausführen Voelskows nicht entnehmen. Er spricht von gleichrangiger Berücksichtigung. Die Frage, inwieweit je ⅙ der Mieten am oberen und unteren Rand gekappt werden, hat mit dem hier interessierenden Mischungsverhältnis nichts zu tun.

Mischungsverhältnis in Prozent zwischen		Vertreter dieser Auffassung mit Fundstelle
Bestands- mieten	Neuvertrags- mieten	
60	40	Isenmann ZMR 1996, 61.
67	33	Walterscheid „Die Auswahl der Vergleichs- mieten – ein oft übersehenes Problem", RDM-IfS 1994, Heft 1, 11; Typische Feh- ler in einem Sachverständigengutachten zur Ermittlung der ortsüblichen Vergleichs- miete, Walterscheid RDM-IfS 1994, Heft 1, 18.
Verhältnis nach dem repräsentativen Verhältnis des Vorkommens[260]		Isenmann/Roth/Walterscheid, Leitfaden für die Erstellung von Gutachten zur Er- mittlung von Wohnungsmieten, 22, 23; letztendlich auch Isenmann ZMR 1997, 61, der dies nur pauschaliert. Dröge/Gebele/Zehnter Mietpreisbewer- tung-HdB S. 220. Busz, Die Äquivalenz im freifinanzierten Wohnraummietrecht, 2002, 144. Lammel WohnraumMietR BGB § 558 Rn. 60. LG Frankfurt a. M. WuM 1991, 595, LG München WuM 1992, 27, LG Berlin GE 2002, 1061.

Richtig ist die Übernahme nach dem **repräsentativen Verhältnis** des Vorkom- **98** mens.[261] Die ortsübliche Vergleichsmiete soll das widerspiegeln, was am Markt ge- schehen ist. Allein die Tatsache, dass der Gesetzgeber die beiden Möglichkeiten, wie Mietpreisvereinbarungen zustande kommen, nämlich entweder durch Neuab- schluss oder durch Erhöhung im Bestand, sprachlich gleichberechtigt nebeneinan- der aufgezählt hat, bedeutet nicht, dass diese beiden Alternativen vom Gesetzgeber auch quantitativ gleichberechtigt nebeneinandergestellt werden. Um den empiri- schen Teil der Datenerhebung nur so wenig wie notwendig zu korrigieren, er- scheint es richtig, das Verhältnis bei beiden Erhebungsmerkmalen möglichst nah an der Realität zu orientieren. Das bedeutet, dass sowohl die Verteilung auf die ver- schiedenen Jahre als auch die verschiedenen Formen der Mietpreisvereinbarung entsprechend dem tatsächlichen Vorkommen zu erfolgen hat. Entscheidend sind die **tatsächlichen Verhältnisse.** Wenn also nur wenige Neuvermietungen statt- gefunden haben, dann üben diese auch nur einen dementsprechend geringen Ein- fluss auf die ortsübliche Vergleichsmiete aus.

---

[260] Im Mietspiegel für München 1994 wurden nach dem Gutachten (Alles/Guder, Teil A „Er- hebung und Berechnung Nettomiete" Punkt 7, Tab. II, 1 b, S. 24) zB die Bestandsmieten mit 55,8 % und die Neuvertragsmieten mit 44,2 % berücksichtigt.

[261] LG Frankfurt a. M. WuM 1991, 595; LG München WuM 1992, 27; Dröge/Gebele/Zehn- ter Mietpreisbewertung-HdB S. 220; Lammel WohnraumMietR BGB § 558 Rn. 60.

99   Die konkreten Konsequenzen sollen anhand folgender praktischer Überlegungen einmal dargestellt werden. Dazu ist zunächst das **richtige Mischungsverhältnis** sowohl was die Verteilung auf die verschiedenen Jahrgangsgruppen wie auch die Verteilung auf Neuvertrags- und veränderte Bestandsmieten herzustellen.[262] Ziel soll es dabei sein, eine prozentuale Verteilung der zu beurteilenden Daten auf die verschiedenen Felder der obigen Matrix entsprechend dem zuvor anhand der örtlichen Verhältnisse festgelegten Verteilung zu erhalten. Das ist umso leichter, umso größer die Datenmengen sind und naturgemäß umso schwieriger umso kleiner die Menge der erhobenen Datenmenge für den entsprechenden Wohnungsteilmarkt ist. Es bietet sich an, von dem Feld mit den meisten Daten auszugehen und die Daten in den übrigen Feldern so zu vervielfachen, bis das prozentuale Verhältnis ungefähr stimmt.

Beispiel:[263] Folgende Daten sollen für vergleichbare Wohnungen ermittelt worden sein:

	2021	2020	2019	2018	2017	2016
Geänderte Bestandsmieten	5,70 € 5,90 €	5,30 € 5,50 €	5,10 € 5,30 €	5 € 5,20 €	5 € 5,20 €	4,50 €
Neuvertragsmieten	7 € 7,50 €	5,90 € 6,70 €	5,57 € 5,80 € 6,00 € 6,20 €	5,50 € 5,75 € 5,80 € 6,00 €	5 € 5,50 € 5,70 €	5 €

Für die Jahre 2019 und 2018 liegen jeweils 4 Daten für die Neuvertragsmieten vor. Das soll der Referenzwert sein. Diese 4 Werte sollen in der Gemeinde ca. 8,33 % (= 100/12 Felder) der Gesamtmenge ausmachen. Bei einem unterstellten gleichen Verhältnis zwischen Neuvertrags- und Bestandsmieten müssen also die anderen Felder was die Anzahl der dort enthaltenen Daten angeht entsprechend angehoben werden.[264] Das bedeutet, die **Anzahl der Neuvertragsmieten** für die Jahre 2020/2021 und die Bestandsmieten in den Jahren 2021–2017 müssen verdoppelt werden. Soweit hier 2 Werte vorhanden sind, kann man diese beiden Werte jeweils noch einmal in Ansatz bringen. Schwieriger ist es mit dem Neuvertragsmieten im Jahr 2017. Hier gibt es 3 Werte, die auf 4 angehoben werden müssen. Vertretbar erscheint es das arithmetische Mittel hinzuzufügen, also 5,40 €. Für das Jahr 2016 sind die Werte zu vervierfachen. Das bedeutet, man hat folgende gewichtete Daten zur Ermittlung der Üblichkeit sortiert nach Jahr:

2016	Neu	5,00 €	2019	Neu	5,57 €
2016	Neu	5,00 €	2019	Neu	5,80 €
2016	Neu	5,00 €	2019	Neu	6,00 €
2016	Neu	5,00 €	2019	Neu	6,20 €
2016	Bestand	4,50 €	2019	Bestand	5,10 €
2016	Bestand	4,50 €	2019	Bestand	5,10 €
2016	Bestand	4,50 €	2019	Bestand	5,30 €
2016	Bestand	4,50 €	2019	Bestand	5,30 €
2017	Neu	5,00 €	2020	Bestand	5,30 €
2017	Neu	5,40 €	2020	Bestand	5,30 €

---

[262] So auch Bühler ZMR 2012, 531 (534).
[263] Zum alten Betrachtungszeitraum: Börstinghaus WuM 2012, 244.
[264] So auch Bühler ZMR 2012, 531 (534).

2017	Neu	5,50 €	2020	Bestand	5,50 €
2017	Neu	5,70 €	2020	Bestand	5,50 €
2017	Bestand	5,00 €	2020	Neu	5,90 €
2017	Bestand	5,20 €	2020	Neu	5,90 €
2017	Bestand	5,00 €	2020	Neu	6,70 €
2017	Bestand	5,20 €	2020	Neu	6,70 €
2018	Bestand	5,00 €	2021	Neu	7,00 €
2018	Bestand	5,20 €	2021	Neu	7,00 €
2018	Bestand	5,20 €	2021	Neu	7,50 €
2018	Bestand	5,00 €	2021	Neu	7,50 €
2018	Neu	5,50 €	2021	Bestand	5,70 €
2018	Neu	5,75 €	2021	Bestand	5,70 €
2018	Neu	5,80 €	2021	Bestand	5,90 €
2018	Neu	6,00 €	2021	Bestand	5,90 €

Wenn man dies jetzt nach der Höhe der Quadratmetermiete sortiert, ergibt sich folgende Datenreihe:

2016	Bestand	4,50 €	2017	Neu	5,50 €
2016	Bestand	4,50 €	2018	Neu	5,50 €
2016	Bestand	4,50 €	2020	Bestand	5,50 €
2016	Bestand	4,50 €	2020	Bestand	5,50 €
2016	Neu	5,00 €	2019	Neu	5,57 €
2016	Neu	5,00 €	2017	Neu	5,70 €
2016	Neu	5,00 €	2021	Bestand	5,70 €
2016	Neu	5,00 €	2021	Bestand	5,70 €
2017	Neu	5,00 €	2018	Neu	5,75 €
2017	Bestand	5,00 €	2018	Neu	5,80 €
2017	Bestand	5,00 €	2019	Neu	5,80 €
2018	Bestand	5,00 €	2020	Neu	5,90 €
2018	Bestand	5,00 €	2020	Neu	5,90 €
2019	Bestand	5,10 €	2021	Bestand	5,90 €
2019	Bestand	5,10 €	2021	Bestand	5,90 €
2017	Bestand	5,20 €	2018	Neu	6,00 €
2017	Bestand	5,20 €	2019	Neu	6,00 €
2018	Bestand	5,20 €	2019	Neu	6,20 €
2018	Bestand	5,20 €	2020	Neu	6,70 €
2019	Bestand	5,30 €	2020	Neu	6,70 €
2019	Bestand	5,30 €	2021	Neu	7,00 €
2020	Bestand	5,30 €	2021	Neu	7,00 €

2020	Bestand	5,30 €	2021	Neu	7,50 €
2017	Neu	5,40 €	2021	Neu	7,50 €

100   Und hier zeigt sich die Bedeutung des Mischungsverhältnisses. Durch die Gewichtung verändert sich das jeweils zu eliminierende Sechstel am oberen und unteren Ende. Hier sind ca. 8 Werte oben und unten zu streichen (1/6 von 48 Werten). Das sind die grau unterlegten Felder. Die ortsübliche Vergleichsmiete beträgt hier also 5,00 € bis 6,00 €. Das **arithmetische Mittel** beträgt 5,56 € und der Median 5,40 €. Beide Werte sind über alle Daten und nicht nur die 2/3-Spanne zu ermitteln.

Zum Vergleich: Ohne **Anpassung des Mischungsverhältnisses** hätte man bei den 27 Werten, die die Datenerhebung im obigen Beispiel ergeben hatte, zwar ebenfalls einen unteren Wert von 4,50 € und einen oberen Wert von 7,50 € erhalten, bei einer Reduzierung auf die mittlere 2/3 Spanne hätte die ortsübliche Vergleichsmiete aber eine Spanne von 5,– € bis 6,10 € umfasst. Das arithmetische Mittel hätte 5,66 € und der Median sogar 5,57 € betragen.

101   Wenn man sich also die tatsächlichen Auswirkungen so vor Augen führt, stellt man fest, dass der Streit über das richtige Verhältnis der Neu- und der Bestandsmieten zwar nicht bedeutungslos ist, aber zumindest bei sich ständig verändernden Mieten im Frage, in welchem Verhältnis die Mieten aus den einzelnen Jahren zu berücksichtigen sind, eine mindestens ebenso große Bedeutung zukommt. Es handelt sich immer noch um einen Streit, der bis 1982 von großer Bedeutung war, durch die **Gesetzesänderung** aber in seinen Auswirkungen erheblich entschärft wurde. Bis zur gesetzlichen Neuregelung im Jahre 1982 flossen alle Bestandsmieten, die in einer Gemeinde gezahlt wurden, in die ortsübliche Vergleichsmiete mit ein. Seither ist dieser Umfang in zweifacher Hinsicht jedoch eingeschränkt. Zum einen werden nur Mieten berücksichtigt die geändert oder neu vereinbart wurden, und zum anderen muss dies in den letzten sechs Jahren geschehen sein. Der Streit wird noch weiter entschärft, wenn man den Begriff der ortsüblichen Vergleichsmiete nicht als Durchschnittswert, sondern als **Rahmengröße** versteht. Deshalb sind die Mieten entsprechend ihrem tatsächlichen repräsentativ ermittelten Bestand an den jeweiligen Jahrgangsgruppen wie auch im Verhältnis der Neuvertrags- und Bestandsmieten zueinander zu berücksichtigen. Wenn die Datenerhebung also ergeben hat, dass in einem der mietspiegelrelevanten Jahre des Sechsjahreszeitraumes mehr Neuvermietungen zB auf Grund von überproportionalen Baufertigstellungen oder Umzügen stattgefunden haben, dann muss dies ebenso berücksichtigt werden wie die Tatsache, dass in einem Jahr zB wegen des Auslaufens von Sozialbindungen erheblich mehr Mieterhöhungen im Bestand stattgefunden haben. Entscheidend sind dabei ausschließlich die regionalen Besonderheiten vor Ort. Diese können erheblich schwanken. So lag die durchschnittliche **Umzugsquote** im Jahr 2017 bundesweit bei etwa 8,8 Prozent.[265] Sie schwankt aber allein schon zwischen den verschiedenen Bundesländern. Besonders wenig umgezogen sind die Mieter in Berlin und Hamburg. Hier zogen im Jahr 2017 nur etwa 5,9% bzw. 7,4% der Bewohner um. Niedrig war die Quote auch in Berlin, München und Frankfurt. Sie betrug dort 5,9% (Berlin) beziehungsweise 6,7% (München) oder 6,8% (Frankfurt). Im Gegensatz dazu betrug die Quote in Münster und Nürnberg 10,6%. Das bedeutet, dass das **Verhältnis der Neuvertrags- zu den Bestandsmieten** un-

---

[265]   Zahlen nach https://de.statista.com.

gefähr diesem Wert entsprechen sollte. Der BGH[266] hatte die von einem Sachverständigen angenommene Fluktuationsrate von durchschnittlich 7,5% kritisiert, weil der Sachverständige diesen Wert nicht anhand örtlicher Zahlen begründet hatte. Bei einer bundesweiten Umzugsquote von ca.,8% bedeutet dies, dass zumindest rechnerisch in den sechs Jahren fast 52% Neuvertragsmieten (6 × 8,8) angefallen sind. Falsch wäre es jetzt aber die Quote für die Bestandsmieten durch einfache Subtraktion zu ermitteln. Damit errechnet man zwar die zum Stichtag gezahlten Bestandsmieten, hat aber nicht berücksichtigt, dass hierin auch die nicht in den sechs Jahren veränderten Bestandsmieten enthalten sind. In dynamischen Wohnungsmärkten wird wahrscheinlich in sechs Jahren fast jede Miete einmal verändert worden sein, wohingegen in Regionen mit hohem Leerstand die Vermieter im Zweifel dankbar sind, die Wohnung vermietet zu haben und von Mieterhöhungen eher Abstand nehmen, um den Mieter nicht zu verlieren. Das bedeutet, dass in solchen Regionen kaum veränderte Bestandsmieten vorhanden sind. Die Folge ist dann, dass die ortsübliche Vergleichsmiete hier ganz überwiegend aus den Neuvertragsmieten gebildet wird. Das Mischungsverhältnis muss also den örtlichen Gegebenheiten angepasst werden.[267] Im Normalfall eines funktionierenden aber nicht überhitzten Wohnungsmarktes dürfte die Verteilung auf Neuvertrags- und Bestandsmieten aber mit ca. 50:50 nicht zu kritisieren sein.[268] Mangels konkreter Daten aber auch aus Praktikabilitätsgründen ist das so ermittelte Mischungsverhältnis auf alle Wohnungsteilmärkte einheitlich anzuwenden.[269] Eine differenzierte Ermittlung für die verschiedenen Wohnungsbestände ist nicht erforderlich.

Letztendlich besteht **bei der Gewichtung ein Ermessen** desjenigen, der die 102 ortsübliche Vergleichsmiete zu ermitteln hat, also beim Mietspiegelaufsteller. Die Ermessensausübung hat sich nach den örtlichen Gegebenheiten zu richten.[270] Es kann nämlich durchaus regionale Unterschiede geben. So ist wesentlicher Maßstab für die Beurteilung, in welchem Verhältnis Bestands- und Neuvertragsmieten die ortsübliche Vergleichsmiete beeinflussen, die Frage, wie hoch die Fluktuation im Wohnungsbestand und wie hoch die Neubautätigkeit ist. Gerade die Fluktuation differiert zwischen kleineren und größeren Gemeinden beträchtlich. In kleineren Gemeinden ist idR[271] die Wohnungsmarktsituation weniger angespannt, was auch die Mobilität der Mieter weniger einschränkt.[272] Weiter hängt die Fluktuation auch vom Baualter und dem Vermieter ab. So wurde festgestellt,[273] dass die Fluktuation tendenziell mit abnehmendem Baualter der Wohnung zunimmt. Das bedeutet, dass die Entscheidung über das **Mischungsverhältnis** auch von der Struktur des örtlichen Wohnungsbestandes beeinflusst werden kann. Einflussfaktoren sind ferner das Alter der Mieter, da auch hier gilt, dass die Mobilität mit zunehmendem Alter

---

[266] BGH NJW 2012, 1351.

[267] Staudinger/V. Emmerich BGB § 558 Rn. 37.

[268] Nach Bub/Treier MietR-HdB/Schultz Kap. III Rn. 1360 ist diese Verteilung „praktikabel".

[269] Dröge/Gebele/Zehnter Mietpreisbewertung-HdB S. 221.

[270] LG München WuM 1992, 27; Staudinger/V. Emmerich BGB § 558 Rn. 37; Kofner Zeitschrift für Wirtschaftspolitik, 1996, 397 (403) Fn. 13.

[271] Ausnahmen mögen für den Einzugsbereich sehr großer Großstädte gelten.

[272] IfS, Auswirkungen mietrechtlicher Regelungen, 1996, 34; **aA** Isenmann ZMR 1997, 61 (62).

[273] IfS, Auswirkungen mietrechtlicher Regelungen, 1996, 33.

abnimmt. Schließlich haben auch die Wohnfläche[274] und die Sozialstruktur und das Einkommen der Mieter Einfluss auf die Verweildauer. Und zuletzt beeinflusst auch die Person des Vermieters die Verweildauer in einer Wohnung. Die geringste Fluktuation haben städtische oder öffentliche Wohnungsunternehmen.[275] Das bedeutet, dass das Mischungsverhältnis selbst innerhalb einer Gemeinde nicht einheitlich zu sein braucht, sondern von Teilmarkt zu Teilmarkt unterschiedlich sein kann.

103   Die Gerichte können dies nur auf **Ermessensfehlgebrauch** und **Willkür**[276] überprüfen. Soweit diesbezüglich versucht wurde nachzuweisen, dass Neuvertragsmieten und Bestandsmieten zwingend gleichrangig berücksichtigt werden müssen und hierzu sogar auf die BVerfG-Rechtsprechung hingewiesen wird,[277] ist dieser Auffassung entgegenzuhalten, dass eine solche gleichwertige Berücksichtigung auch nicht der Abbildfunktion gerecht wird, die der ortsüblichen Vergleichsmiete und einem Mietspiegel zukommt. Wenn der Gesetzgeber bei der Neufassung des § 2 MHG 1993 durch das 4. Mietrechtsänderungsgesetz den berücksichtigungsfähigen Zeitraum von damals drei auf dann sechs Jahre festgelegt hat, dann bedeutet dies auch, dass der Gesetzgeber die Mieten, soweit sie sich verändert haben oder neu vereinbart wurden, in der ortsüblichen Vergleichsmiete wiederfinden wollte.

104   Die Befürchtung, dass es anderenfalls zu einem Mietpreisstopp[278] kommen könnte, war zumindest in der Vergangenheit faktisch unbegründet. Eine Untersuchung[279] in mehreren deutschen Städten hatte ergeben, dass Mietspiegel, die ja idR eine Gewichtung bereits vorgenommen haben, tendenziell **keine verzerrende Wirkung auf** örtliche Mietwohnungsmärkte ausüben, obwohl in Städten ohne Mietspiegel die Mieten unter Berufung auf drei Vergleichswohnungen sicher marktnäher erhöht werden könnten. Sowohl das damalige Mietenniveau als auch der Mietpreisanstieg der vergangenen Jahre ließen keine nennenswerten Unterschiede zwischen Städten mit und ohne Mietspiegel erkennen. Etwas Anderes kann jetzt aber in Gemeinden passieren, in denen die §§ 556d–556g BGB gelten. Da hier die Neuvertragsmieten zumindest idR auf 10% über der ortsüblichen Vergleichsmiete gedeckelt werden, die ortsübliche Vergleichsmiete zudem meist auch nicht der aktuelle Wert sein wird, da nur alte Wert zur Verfügung stehen und es bisher vor allem die Neuvertragsmieten waren, die zu einem Anstieg der ortsüblichen Vergleichsmiete geführt haben, wird hier in Zukunft ein faktischer Mietenstopp eintreten. Hier wird man in Zukunft sehr genau beobachten müssen, ob die Eigentumsgarantie des Art. 14 GG noch gewährleistet ist. Auch wenn das BVerfG[280] entschieden hat, dass der Vermieter keinen Anspruch auf die höchstmögliche Miete hat, darf der Gesetzgeber die Mieterhöhungen im Bestand nicht grenzenlos von der Marktmiete abkoppeln. Ob dazu wirklich erst der Eintritt von Verlusten durch die Vermietung erforderlich ist, ist fraglich. Dies hängt bekanntlich stark von dem

---

[274]   Die höchste Fluktuation ist dabei bei Kleinwohnungen, da diese häufig „Einsteigerwohnungen" sind, wohingegen die Verweildauer bei Wohnungen über 90 m² die längste ist (Quelle: IfS, Auswirkungen mietrechtlicher Regelungen, 1996, 33).

[275]   IfS, Auswirkungen mietrechtlicher Regelungen, 1996, 34; **aA** Isenmann ZMR 1997, 61 (62).

[276]   Huber ZMR 1992, 475.

[277]   BVerfG WuM 1992, 48, NJW 1992, 1377.

[278]   So Voelskow ZMR 1992, 327; **aA** LG Hamburg WuM 1996, 45 (47).

[279]   Schießl WuM 1996, 459.

[280]   BVerfG WuM 1987, 7.

Herstellungs- oder Erwerbskosten ab. Bereits 1974 hatte der Gesetzgeber[281] bei der **Einführung des Vergleichsmietensystems** ausdrücklich darauf hingewiesen, dass die Marktorientierung der ortsüblichen Vergleichsmiete erforderlich sei, um die „Aufrechterhaltung der Wirtschaftlichkeit des Hausbesitzes" sicherzustellen. Diese Überlegungen sind deshalb auch bei der Gewichtung von erhöhten Bestands- und Neuvertragsmieten zu berücksichtigen.

Die vom Gesetz vorgesehene Reduzierung auf die üblichen Mieten verbunden **105** mit einer Bereinigung um sog. Ausreißermieten kann dazu führen, dass die Mieten bestimmten im Prinzip vergleichbarer Wohnungen zwar bei der **Datenerhebung** noch erfasst werden, diese Werte aber letztendlich keinerlei Einfluss auf die ortsübliche Vergleichsmiete haben. Das ist dann der Fall, wenn bestimmte Wohnungen zwar grundsätzlich noch zu den vergleichbaren Wohnungen gehören, aber auf Grund bestimmter Umstände (.z.B. wegen besonderer Lagevorteile oder einer besseren Ausstattung) für diese Wohnungen eine über- oder unterdurchschnittliche Miete gezahlt werden. Wenn man diese Wohnungen prinzipiell noch für vergleichbar mit den übrigen Wohnungen in diesem Mietspiegelfeld hält, dann sind im Ergebnis für diese Wohnungen nie Mieterhöhungen möglich. Diese Mieten fallen bereits bei der Bearbeitung der Daten heraus, so dass sich bei der Mietspiegelerstellung die Frage stellt, ob der Mietspiegel tatsächlich für diesen Wohnungsbestand anwendbar ist. Das ist eine normative Frage. So oder so ist der Mietspiegel aber nach den anerkannten wissenschaftlichen Grundsätzen erstellt.

Letztendlich bedeutet dies aber, dass im Mietspiegel **„Mietspannen"**, zumin- **106** dest in Mietspiegeln, die nach der Tabellenmethode erstellt wurden, in jedem Datenfeld anzugeben sind. Dies wird häufig durch Angabe
- des unteren und oberen Wertes der Spanne
- des Mittelwertes und der üblichen Abweichung nach oben und unten
- des oberen und unteren Wertes der Spanne und des Mittelwertes

geschehen. Damit endet dann aber auch die Mietspiegelerstellung. Alles andere ist Mietspiegelanwendung.

§558a Form und Begründung der Mieterhöhung

(1) **Das Mieterhöhungsverlangen nach § 558 ist dem Mieter in Textform zu erklären und zu begründen.**

(2) **Zur Begründung kann insbesondere Bezug genommen werden auf**
1. **einen Mietspiegel (§§ 558c, 558d),**
2. **eine Auskunft aus einer Mietdatenbank (§ 558e),**
3. **ein mit Gründen versehenes Gutachten eines öffentlich bestellten und vereidigten Sachverständigen,**
4. **entsprechende Entgelte für einzelne vergleichbare Wohnungen; hierbei genügt die Benennung von drei Wohnungen.**

(3) **Enthält ein qualifizierter Mietspiegel (§ 558d Abs. 1), bei dem die Vorschrift des § 558d Abs. 2 eingehalten ist, Angaben für die Wohnung, so hat der Vermieter in seinem Mieterhöhungsverlangen diese Angaben auch dann mitzuteilen, wenn er die Mieterhöhung auf ein anderes Begründungsmittel nach Absatz 2 stützt.**

---

[281] BT-Drs. 7/2011, 1 (7f.).

(4) ¹Bei der Bezugnahme auf einen Mietspiegel, der Spannen enthält, reicht es aus, wenn die verlangte Miete innerhalb der Spanne liegt. ²Ist in dem Zeitpunkt, in dem der Vermieter seine Erklärung abgibt, kein Mietspiegel vorhanden, bei dem § 558c Abs. 3 oder § 558d Abs. 2 eingehalten ist, so kann auch ein anderer, insbesondere ein veralteter Mietspiegel oder ein Mietspiegel einer vergleichbaren Gemeinde verwendet werden.

(5) Eine zum Nachteil des Mieters abweichende Vereinbarung ist unwirksam.

Inhaltsübersicht

A. Inhalt der Regelung

1   Die Vorschrift enthält die **Formalien**[1] für das Mieterhöhungsverlangen zur Durchsetzung des Anspruchs des Vermieters gem. § 558 Abs. 1 BGB. Neben den materiellen Voraussetzungen, Einhaltung der Jahressperrfrist und Nichtüberschreiten der Kappungsgrenze und der ortsüblichen Vergleichsmiete, setzt der Zustimmungsanspruch des Vermieters gegenüber dem Mieter in formeller Hinsicht noch voraus, dass der Vermieter seinen Anspruch in einem **ordnungsgemäßen Erhöhungsverlangen** geltend macht. § 558a Abs. 1 BGB verlangt vom Vermieter die Geltendmachung zumindest in Textform und die Begründung des Anspruchs. Eine formell unwirksame Mieterhöhung löst unabhängig davon, ob materiellrechtlich der Anspruch besteht oder nicht, regelmäßig keine Rechtsfolgen aus.[2] Nach geänderter Ansicht des BGH stellt das Mieterhöhungsverlangen **keine besondere Sachentscheidungsvoraussetzung** einer Zustimmungsklage mehr dar.[3] Das ordnungsgemäße Erhöhungsverlangen lässt den Anspruch auf Zustim-

---

[1] BGH NZM 2020, 322; Börstinghaus jurisPR-MietR 20/2011 Anm. 1; zumindest ungenau BGH NZM 2011, 743 (Verwendung des falschen Mietspiegels als inhaltlicher Fehler).

[2] BGH NZM 2005, 735; Artz ZMR 2006, 165.

[3] BGH NZM 2020, 534 mAnm. Börstinghaus NZM 2020, 541; Börstinghaus LMK 2020, 430371; Happ DWW 2020, 219.

mung entstehen. Der Mieter soll die Informationen bekommen, die er benötigt, damit er die Berechtigung des geltend gemachten Anspruchs überprüfen kann. Er wird gezwungen, sich in überschaubarer Zeit darüber klar zu werden, ob er die verlangte Zustimmung ganz, teilweise oder gar nicht erteilt und der Vermieter muss sich dann kurzfristig entscheiden, ob er seinen Anspruch weiterverfolgt. Hier liegt die **originäre Bedeutung** von Mietspiegeln. Um die formalen Anforderungen an ein Mieterhöhungsverlangen zu verringern und andererseits insbesondere durch Mietspiegel zu größerer Transparenz auf dem Mietemarkt zu kommen, hat der Gesetzgeber schon 1974 die Bezugnahme auf einen Mietspiegel zugelassen.[4]

B. Der Begründungszwang

Gem. § 558a Abs. 1 BGB muss das Erhöhungsverlangen vom Vermieter **be-** **gründet** werden. Nach den Vorstellungen des Gesetzgebers soll der Begründungszwang die Möglichkeit zu einer außergerichtlichen Einigung bei einem Mieterhöhungsverlangen fördern und die Vermeidung überflüssiger Zustimmungsklagen bewirken.[5] Die Begründung soll dem Mieter konkrete Hinweise auf die sachliche Berechtigung des Erhöhungsverlangens geben, damit er während der Überlegungsfrist die Berechtigung der Mieterhöhung überprüfen und sich darüber schlüssig werden kann, ob er dem Mieterhöhungsverlangen zustimmt oder nicht.[6] Das Erhöhungsverlangen muss in formeller Hinsicht Angaben über diejenigen Tatsachen enthalten, aus denen der Vermieter die Berechtigung der geforderten Mieterhöhung herleitet, und zwar in dem Umfang, wie der Mieter solche Angaben benötigt, um der Berechtigung des Erhöhungsverlangens nachgehen und diese zumindest ansatzweise überprüfen zu können.[7] Außerdem ist der Begründungszwang vom Gesetzgeber eingeführt worden, um im Rahmen der Verhandlungen über das Mieterhöhungsverlangen die Rechtssicherheit im Verhältnis zwischen Vermieter und Mieter zu erhöhen.[8] Diesem **Gesetzeszweck** muss bei der Auslegung des § 558a Abs. 1 BGB und der Festlegung der Anforderungen an eine Begründung ausreichend Rechnung getragen werden. Das Begründungserfordernis darf nicht **zum Selbstzweck verkommen,** in dem ihm eine inhaltsleere Bedeutung zugemessen wird.[9] Die Begründung muss immer dem Ziel dienen, den Anspruch des Vermieters, soweit er materiell begründet ist, möglichst ohne gerichtliche Auseinandersetzung durchzusetzen.[10] Deshalb muss der Vermieter überprüfbare Tatsachen mitteilen.[11] Der BGH[12] spricht von der Angabe „konkreter Hinweise auf die sachliche Berechtigung des Erhöhungsverlangens". Die Angaben im Zustimmungsverlangen

---

4 BGBl. 1974 I 3603.
5 Zur Befriedungsfunktion der Begründung von Vergleichsmietenerhöhungen: Sternel FS Börstinghaus, 2020, 410.
6 BGH NZM 2019, 852; BGH NZM 2019, 813; BGH NZM 2019, 469; BGH NZM 2018, 1011; BGH NZM 2014, 236; BGH NZM 2008, 164; BGH NZM 2006, 864.
7 BGH NZM 2021, 299; BGH NZM 2019, 852.
8 KG WuM 1984, 101.
9 Börstinghaus NZM 2009, 681; so jetzt auch LG Zwickau GE 2012, 830.
10 BGH NZM 2019, 852; BGH NZM 2019, 469; BGH NJW-RR 2004, 947; BGH NZM 2006, 101; BGH WuM 2006, 569; BGH NZM 2008, 164.
11 AG Leonberg WuM 2016, 669.
12 BGH NZM 2019, 852.

sollen nach ständiger Rechtsprechung nicht dazu dienen, bereits den Nachweis der ortsüblichen Vergleichsmiete zu führen. Sie sollen vielmehr den Mieter lediglich in die Lage versetzen, das Erhöhungsverlangen zumindest ansatzweise nachzuvollziehen und gegebenenfalls mittels weiterer Nachforschungen die Vergleichbarkeit der Wohnungen zu überprüfen.[13] Hieran fehlt es etwa, wenn der Vermieter das Erhöhungsverlangen mit Tatsachen begründet, die eine Mieterhöhung nach § 558 Abs. 1 BGB schon auf den ersten Blick nicht zu tragen vermögen, weil durch deren Mitteilung deutlich wird, dass der Vermieter von falschen Voraussetzungen ausgeht oder das Erhöhungsverlangen in wesentlichen Punkten unvollständig, unverständlich oder widersprüchlich erscheint.[14] Eine derartige Begründung steht einer fehlenden Begründung gleich, weil durch sie das Ziel des Begründungserfordernisses ebenso wenig erreicht werden kann wie im Falle des vollständigen Verzichtes auf eine Begründung. Nicht ausreichend ist auch der Hinweis auf bloße Erfahrungssätze. Diese sind eben keine Tatsachen.[15] Zusammenfassen kann man diesen Spagat wie folgt: Auf der einen Seite so wenig Formalien wie möglich und auf der anderen Seite so viele Formalien wie nötig.[16]

3   Dies entspricht auch der **Entscheidungspraxis des BVerfG,**[17] das in zahlreichen Entscheidungen[18] sich mit den formalen Anforderungen an ein Mieterhöhungsverlangen beschäftigt hat, nachdem die Instanzgerichte teilweise so strenge Anforderungen an die Begründung stellten, dass jedes Mieterhöhungsverfahren von vornherein zum Scheitern verurteilt war.[19] Das BVerfG hat diese Gesetzesanwendung der Instanzgerichte für verfassungswidrig erklärt und ständig gefordert, durch eine **verfassungskonforme Auslegung** des Gesetzes die praktische Durchsetzbarkeit der Erhöhungsansprüche zu gewährleisten. Eine Handhabung der Verfahrensregeln, die praktisch zu einem Mietenstopp führe und dem gesetzlichen Anspruch auf die üblichen Entgelte in der Gemeinde beseitige, verletzt das **Grundrecht des Vermieters** aus Art. 14 Abs. 1 S. 1 GG.[20] Von Seiten des BVerfG[21] wurde dabei die Vermutung geäußert, dass viele Mietrichter iE ausgesprochen mieterfreundlich sind, was zu einem kleinen Teil darauf beruhe, dass ein Teil der Rspr. vom Gedanken getragen zu sein scheint, dass die Vermieterseite idR ohnehin mit unlauteren Mitteln arbeite und zum größeren Teil auf arbeitsökonomische Erwägungen zurückzuführen sei. Die Formalien ermöglichten es dem Instanzrichter

---

[13] BGH NZM 2021, 299; BGH NZM 2020, 459; BGH NJW 2018, 2792; BGH NJW-RR 2012, 710; BGH NJW-RR 2014, 1357; BVerfG NJW-RR 1993, 1485, 1486; BayObLG NJW-RR 1992, 455, 457; OLG Hamm NJW-RR 1991, 209.

[14] BGH NZM 2019, 852; BGH NJW 2019, 3515.

[15] Börstinghaus NZM 2009, 115; **aA** BGH NZM 2009, 27.

[16] Börstinghaus NZM 2009, 681.

[17] BVerfG NJW 1974, 1499; 1979, 31 mzustAnm. Sydow ZMR 1978, 363; BVerfG NJW 1980, 1617, WuM 1982, 146 mablAnm. v. Schönebeck NJW 1987, 313; Katlein ZMR 1986, 273; Schultz DWW 1989, 390; BVerfG NJW 1989, 969, NJW-RR 1993, 1485, NJW 1994, 717.

[18] Zur Rspr. des BVerfG zum MHG s. Meincke WuM 1994, 581; Sonnenschein NJW 1993, 161 (164 ff.); Rollecke NJW 1992, 1649.

[19] Loyal AcP 214, 746 (783) meint, dass sich darin die „augenscheinlich ursprünglichen Motive für die komplizierte Regelung" nämlich „Mieterhöhungen schon durch die Gestaltung des Verfahrens zu erschweren" widerspiegele.

[20] BVerfG NJW 1980, 1617.

[21] So der damalige Berichterstatter des BVerfG für Mietsachen Henschel NJW 1989, 937 (939).

zu Lasten des Vermieters „kurzen Prozess" zu machen, indem formale Anforderungen besonders streng gehandhabt würden um so möglichst rasch zu einer dem Mieter günstigen Entscheidung zu kommen ohne mühselig auf die zT sehr komplizierten Sachfragen eingehen zu müssen. Richtig ist an dieser Kritik, dass **Formalien nicht zum Selbstzweck verkommen** dürfen. Die Auslegung gerade von Formvorschriften muss sich am **Sinn und Zweck** orientieren, weil sich die Einhaltung einer Form nur aus ihrem Zweck her erklären lässt. Darüber hinaus zeigt die Auffassung, dass bis hin zum BVerfG Vorurteile über die mit mietrechtlichen Fragen befassten Instanzrichter[22] weit stärker verbreitet sind als in anderen Rechtsgebieten.[23] Der VIII. Zivilsenat hat in zahlreichen Entscheidungen inzwischen eine **Auflockerungsrechtsprechung**[24] entwickelt, die die formalen Anforderungen an ein Erhöhungsverlangen inzwischen fast bis zur **Bedeutungs- auf jeden Fall aber Konturenlosigkeit** herabgesetzt hat.[25] Zum Teil ist der Senat dabei aber über das Ziel hinausgeschossen, weil damit der Sinn und Zweck des Erhöhungsverlangens als vorgerichtliches Instrument zur Einigung und damit Streitvermeidung konterkariert wird. Das was nach den Anforderungen des BGH jetzt noch an **Minimalangaben**[26] erforderlich ist, wird der Funktion des Erhöhungsverlangens nur noch eingeschränkt gerecht.

Die **Begründung** muss im Mieterhöhungsverlangen selbst erfolgen. Fehlt dem **4** Mieterhöhungsverlangen eine Begründung, dann ist es insgesamt unwirksam. Der Mangel der fehlenden Begründung kann jedoch durch **Nachholung** des fehlenden oder unwirksamen Teils geheilt werden. § 558b Abs. 3 BGB erlaubt zwar ein Nachschieben von fehlenden Teilen grds. nur während eines Prozesses,[27] jedoch macht es keinen Sinn, den Vermieter erst zu zwingen, nach einem formell fehlerhaften Erhöhungsverlangen erst eine Zustimmungsklage zu erheben, um dann im Prozess nachbessern zu können. Wenn also das Nachbessern sogar im Prozess möglich ist, dann muss dies erst recht vorprozessual möglich sein. Soweit früher mit der Einheitlichkeit der Urkunde argumentiert wurde, ist auch dies Argument gegen ein Nachschieben entfallen, da das Mieterhöhungsverlangen gerade nicht mehr in Schriftform erfolgen muss. Die Textform beinhaltet auch in dieser Hinsicht eine Lockerung. In diesem Fall läuft die Überlegungsfrist entsprechend § 558b Abs. 3 S. 2 BGB aber nach Zugang der Begründung neu. Auch der Wirkungszeitpunkt ist entsprechend neu zu berechnen.

Um den **Zweck des Begründungserfordernisses,** eine möglichst vorprozes- **5** suale Erledigung des Erhöhungsverlangens, zu erreichen[28], muss der Vermieter dem Mieter **Tatsachen**[29] und keine rechtlichen Wertungen, Schlussfolgerungen oder Wünsche mitteilen. Nur auf der Basis von Tatsachen lässt sich die Berechtigung

---

[22] Besonders extrem die Richterschelte von Henschel NJW 1989, 937.

[23] Börstinghaus WuM-Beilage 1998, Heft 12, S. 3; zu Vorurteilen ggü. der Rspr. des BGH in Mietsachen s. Börstinghaus NZM 2008, 225; Streyl NZM 2008, 236.

[24] Börstinghaus NZM 2009, 681.

[25] ZB BGH NZM 2011, 117; nach Schach GE 2016, 1242 hat der VIII. Senat die Anforderungen „bis auf null herabgesetzt".

[26] BGH NJW 2016, 2565; BGH NJW 2016, 1385; BGH NZM 2014, 747.

[27] Hinz NZM 2002, 633.

[28] Zur Befriedungsfunktion der Begründung von Vergleichsmietenerhöhungen: Sternel FS Börstinghaus, 2020, 410.

[29] BGH NJW 2003, 963; BGH WuM 2003, 149; BGH NZM 2006, 101; BGH WuM 2006, 569; AG Leonberg WuM 2016, 669.

von Ansprüchen überprüfen. Also muss der Vermieter dem Mieter im Erhöhungsverlangen die Tatsachen liefern, die der Mieter benötigt, um zumindest **ansatzweise die Berechtigung des Zustimmungsverlangens** zu überprüfen.[30] Dieser Ansatz ist sehr weit. Er bedeutet nämlich, dass sich der Begründungszwang zunächst auf **alle vier Tatbestandsvoraussetzungen** des § 558 Abs. 1 BGB bezieht, also auf die Einhaltung der 15-Monatsfrist, die Beachtung der Jahressperrfrist, die Einhaltung der Kappungsgrenze und die Nichtüberschreitung der ortsüblichen Vergleichsmiete unter Einbeziehung der Drittmittel.[31] Soweit in § 558a Abs. 2 BGB fünf Begründungsmittel exemplarisch aufgezählt sind, beziehen diese sich nur auf die Nichtüberschreitung der ortsüblichen Vergleichsmiete. Aus diesem Satz kann nicht geschlossen werden, dass die Einhaltung der anderen drei Tatbestandsmerkmale grds. nicht begründet werden muss. Insofern ist § 558a Abs. 1 BGB eindeutig, der davon spricht, dass das „Mieterhöhungsverlangen nach § 558" begründet werden muss. Hierfür spricht zunächst auch der **Zweck der Vorschrift.** Das schriftliche, mit einer Begründung versehene Erhöhungsverlangen des Vermieters iSv § 558a BGB ist eine einseitige empfangsbedürftige Willenserklärung (Antrag iSd § 145 BGB), die auf den Abschluss eines Änderungsvertrags (§ 311 Abs. 1 BGB) gerichtet ist.[32] Es dient dazu, dem Mieter die Nachprüfung zu ermöglichen, ob die verlangte Mieterhöhung gerechtfertigt ist. Er soll anhand der mitgeteilten Daten überlegen und entscheiden können, ob er dem Erhöhungsverlangen zustimmen will oder nicht.[33] Auf der anderen Seite soll das Begründungserfordernis auch keine überflüssige Formalie sein, so dass sich das Begründungserfordernis nur auf solche Informationen beziehen kann, die der Mieter selbst nicht hat. Die Begründung muss deshalb umso ausführlicher sein, je weniger Information der Mieter selbst hat.

6   Einer Begründung bedarf immer die Nichtüberschreitung der ortsüblichen Vergleichsmiete. Der Gesetzgeber hat hierzu **fünf Begründungsmöglichkeiten** exemplarisch aufgezählt, nämlich die Bezugnahme auf
– einen einfachen oder qualifizierten Mietspiegel,
– die Auskunft aus einer Mietdatenbank,
– ein Sachverständigengutachten oder
– mindestens drei Vergleichswohnungen.

7   Diese **Aufzählung ist nicht abschließend.**[34] Zugelassen sind alle Begründungsmöglichkeiten, wenn sie nur geeignet sind, dem Mieter die für seine Entschließung erforderliche Information zu geben.[35] Das Gesetz erwähnt den Mietspiegel an erster Stelle[36], weil die Darlegung der ortsüblichen Vergleichsmiete unter Angabe von Vergleichswohnungen alle Beteiligten vor beträchtliche Schwierigkeiten stellt. Nach Vorstellung des Gesetzgebers sollte die Begründung des Erhöhungsverlangens durch Hinweis auf Vergleichsobjekte deshalb die Ausnahme blei-

---

[30] BGH NZM 2021, 299; BGH NZM 2020, 459; BGH NJW 2018, 2792; BGH NJW-RR 2012, 710; BGH NJW-RR 2014, 1357; BVerfG NJW-RR 1993, 1485, 1486; BayObLG NJW-RR 1992, 455, 457; OLG Hamm RE v. 11.10.1990 NJW-RR 1991, 209.
[31] BGH NZM 2004, 380; BayObLG NZM 2000, 488 (489).
[32] BGH NZM 2018, 279; BayObLG NJW 1982, 1292.
[33] BayObLG NZM 2000, 488 (489), NJW-RR 1988, 721 mAnm Schultz ZMR 1989, 336.
[34] BVerfG NJW 1980, 1617; Kinne GE 2008, 1034.
[35] BT-Drs. 7/2011, 10.
[36] Nach der Begründung des Mietspiegelreformgesetzes (BR-Drs 22/21, 7) sind Mietspiegel in der Praxis das wichtigste Darstellungsinstrument für die ortsübliche Vergleichsmiete.

ben.[37] Soweit im Referentenentwurf für ein Mietspiegelreformgesetz[38] sogar vorgesehen war, dies Begründungsmittel zumindest in Gemeinden mit qualifiziertem Mietspiegel zu verbieten, ist dies nach Hinweis auf die verfassungsrechtlichen Bedenken nicht weiterverfolgt worden. Der Vermieter hat die freie Wahl, welches Begründungsmittel er wählt, das gilt auch in Gemeinden mit qualifiziertem Mietspiegel.[39]

Die **Aussagekraft** der fünf gesetzlich vorgesehenen Begründungsmittel ist dabei **8** äußerst **unterschiedlich,** wobei selbst bei Verwendung des gleichen Begründungsmittels noch erhebliche Unterschiede auftauchen können. Nicht jeder Mietspiegel gibt die ortsübliche Vergleichsmiete juristisch richtig wieder, nicht jeder Sachverständige legt seinen Ausführungen den richtigen Begriff der ortsüblichen Vergleichsmiete[40] zu Grunde und nur selten wird für die drei oder mehr ausgewählten Vergleichswohnungen wirklich die Miete gezahlt, die der ortsüblichen Vergleichsmiete entspricht. Ein qualifizierter Mietspiegel wird die ortsübliche Vergleichsmiete mit einer sehr viel höheren Wahrscheinlichkeit juristisch richtig wiedergeben als drei willkürlich ausgewählte Vergleichswohnungen. Trotzdem führt die richtige Bezugnahme auf eines der fünf gesetzlich vorgesehenen Begründungsmittel in aller Regel dazu, dass das Mieterhöhungsverlangen, zumindest was das Begründungserfordernis angeht, formal ordnungsgemäß ist. Der **Zweck des Begründungserfordernisses** besteht nämlich nur darin, dem Mieter die Möglichkeit der Information und Nachprüfung zu geben, damit er sich anhand der ihm mitgeteilten Daten schlüssig werden kann, ob er zustimmen will oder nicht.[41]

Bezüglich der **Auswirkungen von Begründungsfehlern** und -mängeln muss **9** danach differenziert werden, ob bereits die Ausgangstatsachen vom Vermieter falsch angegeben wurden oder ob nur das Ergebnis der Begründung, also die Höhe der ortsüblichen Vergleichsmiete, falsch ist. Die falsche Begründung muss vom Gewicht her einer fehlenden Begründung gleich stehen.[42] Gibt der Vermieter falsche Ausgangstatsachen an, also zB ein falsches Baujahr, eine falsche Ausstattung der Wohnung oder eine nicht nur unerhebliche (idR > 10%)[43] falsche Größe, dann führt dies idR dazu, dass das Mieterhöhungsverlangen formal unwirksam ist.[44] Ein solches Zustimmungsverlangen löst keinen Zustimmungsanspruch aus. Etwas anderes gilt dann, wenn der Mieter aber den Fehler leicht erkennen kann.[45] Stellt sich heraus, dass die Ausgangstatsachen richtig sind, dass aber zB für die drei Vergleichswohnungen, was die Regel sein dürfte, eine höhere Miete als die ortsübliche Vergleichs

---

[37] Vogel JZ 1975, 73 (77).
[38] Dazu Börstinghaus NZM 2020, 965.
[39] LG Berlin GE 2016, 1383.
[40] So im Fall der BGH NJW 2012, 1351; Börstinghaus WuM 2012, 244; Blank LMK 5/2012 Anm. 3; Blank ZMR 2013, 170 (173).
[41] BVerfG NJW 1974, 1499; 1979, 31; 1980, 1617 mAnm Niederberger WuM 1980, 193; Emmerich JuS 1980, 755.
[42] BGH NZM 2019, 852; Herrlein/Knops/Spiegelberg/Ormanschick MietR § 558a Rn. 44.
[43] LG Mannheim NZM 2003, 393; offengelassen von BGH NZM 2004, 699.
[44] Offengelassen von BGH NZM 2004, 699 (entweder formell unwirksam oder Anpassung nach § 313 BGB); BGH NZM 2020, 322 (Vertragsanpassung nach § 313 BGB, wenn die Mieterhöhung im Ergebnis 10% über der maximal möglichen Erhöhung liegt); nach AG Hamburg-Wandsbek ZMR 2010, 47 ist die Zustimmungserklärung gem. § 123 BGB aber anfechtbar.
[45] LG Berlin GE 2004, 483, Angabe einer Netto- statt der Bruttomiete.

miete gezahlt wird, dann ist das Erhöhungsverlangen, so liegt nur inhaltlicher Fehler vor, so dass das Erhöhungsverlangen formell in Ordnung aber materiell nur einen Zustimmungsanspruch bis zur ortsüblichen Vergleichsmiete begründet.[46] Ebenso sind Fehler zu Gunsten des Mieters unerheblich. So führt die Angabe einer zu kleinen Wohnungsgröße nicht zur Unwirksamkeit des Erhöhungsverlangens.[47] Die Verwendung eines **unzulässigen Begründungsmittels** ist ein formeller Mangel.[48] Die Unterscheidung zwischen formellen und materiellen Mängel hat aber nach neuester Rechtsprechung des BGH[49] zumindest für die Tenorierung des Urteils keine Bedeutung mehr. Die Klage ist auch bei formell mangelhaftem Mieterhöhungsverlangen unbegründet. Bei schuldhafter, also zumindest fahrlässiger, **Täuschung des Mieters** im Mieterhöhungsverlangen kann eine Haftung des Vermieters gem. §§ 241 Abs. 2, 280, 311 BGB in Betracht kommen.[50]

10   Der Vermieter hat ein **Besichtigungsrecht** hinsichtlich der Wohnung, um die Tatsachen, die für die Ermittlung der maßgeblichen Wohnwertmerkmale von Bedeutung sind, zu ermitteln. Der Vermieter muss sich nicht auf Angaben des Mieters insoweit verweisen lassen.[51]

C. Die Begründung mit einem Mietspiegel

11   Nachfolgend soll an dieser Stelle nur auf die Begründung eines Mieterhöhungsverlangens mit einem Mietspiegel eingegangen werden.

I. Allgemeines

12   Als erstes Begründungsmittel zählt das Gesetz die Mietspiegel auf. Dies kann ein einfacher oder auch ein qualifizierter Mietspiegel sein. Was ein einfacher und ein qualifizierter Mietspiegel ist, hat der Gesetzgeber in den beiden **Definitionsnormen** §§ 558 c u. 558 d BGB geregelt.

13   Auch in den Gemeinden, in denen es einen gültigen Mietspiegel gibt oder in denen Gemeinden sogar verpflichtet sind, einen Mietspiegel gem. § 558 c Abs. 4 S. 2 BGB aufzustellen, ist der Vermieter nicht verpflichtet, sich im Mieterhöhungsverlangen auf diesen zu berufen.[52] Allenfalls dann, wenn es sich um einen **qualifizierten Mietspiegel** handelt, besteht gem. Abs. 3 eine **Hinweispflicht**. Da es sich bei der Begründung mit Mietspiegelwerten um einen einfachen Weg handelt, machen die Vermieter idR von der Möglichkeit der Begründung des Erhöhungsverlangens mit einem Mietspiegel Gebrauch.[53]

---

[46] BVerfG NJW 1974, 1499; 1979, 31; 1980, 1617 mAnm Niederberger WuM 1980, 193; Emmerich JuS 1980, 755; OLG Hamm NJW-RR 1991, 209; LG Berlin GE 1999, 378; AG Dortmund NZM 1999, 415.

[47] AG Pinneberg ZMR 2004, 122.

[48] BGH NZM 2019, 852 (20 Jahre alter Mietspiegel); LG Stuttgart NZM 2010, 161 mAnm Börstinghaus jurisPR-MietR 2/2010 Anm. 1; **aA** BGH NZM 2011, 743 (Verwendung vorletzter Mietspiegel).

[49] BGH NZM 2020, 534.

[50] AG Hamburg-Wandsbeck ZMR 2010, 47 (Angabe falschen Baujahres); Herrlein/Knops/ Spiegelberg/Ormanschick MietR § 558 a Rn. 47.

[51] AG München ZMR 2021, 51; BeckOKMietR/Gras BGB § 535Rn. 4201.

[52] **AA** LG Stuttgart NJW 1974, 1252.

[53] Leutner WuM 1992, 658.

II. Die Bezugnahme auf den Mietspiegel im konkreten Erhöhungsverfahren

1. Bezugnahme und Beifügung. Der Vermieter muss grds. den Mietspiegel **14** dem Mieterhöhungsverlangen **nicht beifügen,** wenn der Mietspiegel, mit dem das Erhöhungsverlangen begründet wurde, öffentlich kostenlos zugänglich ist.[54] Seit 1.7.2022 ist in § 558c Abs. 4 S 2 BGB sowohl für einfache wie auch für qualifizierte Mietspiegel zwingend vorgeschrieben, dass sie veröffentlicht werden müssen. Eine Veröffentlichung liegt aber nur dann vor, wenn jedermann **kostenlos Zugriff** darauf hat. Die Gesetzesbegründung spricht davon, dass die Veröffentlichung sicherstellen soll, dass die Mietspiegel Vermietern und Mietern zugänglich sind. Zugänglich sind zwar auch kostenpflichtige Zugänge, aber Sinn und Zweck der Zugänglichmachung ist nur die kostenlose zur Verfügung Stellung sein. Das ergibt sich auch aus § 5 S. 1 MsV (→ MsV § 5 Rn. 7) für einfache Mietspiegel, und aus § 21 Abs. 1 S. 1 MsV (→ MsV § 21 Rn. 5) für qualifizierte Mietspiegel, wonach eine Veröffentlichung eines Mietspiegels inkl. der Dokumentation kostenlos im Internet zu erfolgen hat. Nur für eine zusätzliche Ausgabe in gedruckter Form kann ein Entgelt verlangt werden. Zwingend ist also die kostenlose Zugänglichmachung im Internet. Das muss nur eine Leseversion sein. Schon der Ausdruck des Dokuments kann kostenpflichtig sein. Der Vermieter muss den Mieter nicht darüber informieren, wo der Mietspiegel erhältlich ist.[55] Die alte Diskussion, ob der Mietspiegel **immer dann beigefügt** werden muss, wenn er nicht allgemein kostenlos zugänglich ist, hat sich damit erledigt. Auch ein **qualifizierter Mietspiegel** muss im Rahmen der alternativen Begründung gem. § 558a Abs. 3 BGB nicht zwingend beigefügt werden, wenn er öffentlich zugänglich ist. Aus § 558a Abs. 3 BGB ergibt sich nichts anderes.[56] Der Vermieter muss nur die Angaben des qualifizierten Mietspiegels mitteilen. Diese Angaben müssen aber aussagekräftig sein, also die Spanne beinhalten und die Tatsachen, die für die Spanneneinordnung wesentlich sind.

2. Anwendung des Mietspiegels im Einzelfall. Damit ein Mietspiegel **15** einem konkreten Mieterhöhungsverlangen zu Grunde gelegt werden kann, muss er im Einzelfall anwendbar sein.

Dazu muss er zunächst **zeitlich anwendbar** sein. Beim einfachen Mietspiegel **16** ist der Mietspiegel **ab Vollendung der Erstellung** bzw. der letzten notwendigen Anerkennung in der Welt und kann als Begründungsmittel verwandt werden. Es ist nicht erforderlich, dass der Mietspiegel bereits gedruckt ist.[57] Veröffentlichung und Drucklegung sind auch nach Inkrafttretens der Veröffentlichungspflicht keine Wirksamkeitsvoraussetzung. Es genügt, dass der Mietspiegel erstellt ist. Ein Mietspiegel, der noch nicht veröffentlicht oder erhältlich ist, muss aber zwingend vom Vermieter dem Mieter mit dem Erhöhungsverlangen zur Verfügung gestellt werden. Beim qualifizierten Mietspiegel ist die Anerkennung durch das zuständige Organ Voraussetzung für die Wirksamkeit. Erst ab diesem Augenblick darf der Mietspiegel als Begründungsmittel verwandt werden.

---

[54] BGH NZM 2021, 926; BGH NJW 2010, 225; BGH NZM 2009, 429; BGH NJW 2008, 573.
[55] BGH WuM 2010, 693, für Mietspiegel, der gegen Schutzgebühr erhältlich ist.
[56] **AA** LG Berlin MM 2007, 74.
[57] LG Essen NJW-RR 1996, 1416 entgegen AG Gelsenkirchen WuM 1995, 542.

17   Das Gesetz enthält unmittelbar keine Regelungen darüber, wie lange ein Miet-spiegel ein zulässiges Begründungsmittel darstellt. Der Gesetzgeber geht in § 558 c Abs. 3, § 558 d Abs. 2 BGB nur von einem **Aktualisierungserfordernis** alle zwei Jahre aus.[58] Soweit § 558 a Abs. 4 Satz 2 BGB zur Begründung eines Mieterhö-hungsverlangens grundsätzlich auch die Bezugnahme auf einen veralteten Mietspie-gel gestattet, wenn bei Abgabe des Mieterhöhungsverlangens des Vermieters kein aktueller Mietspiegel in der Gemeinde vorhanden ist, bedeutet nicht, dass das Alter des Mietspiegels bedeutungslos wäre.[59] Selbst wenn in Mietspiegeln häufig im Textteil Laufzeiten vorgegeben werden, kann der Vermieter grundsätzlich auch noch nach Ablauf der Laufzeit sein Erhöhungsverlangen mit diesem Mietspiegel be-gründen. Daraus folgt zunächst, dass ein Mietspiegel dann keine Wirkung mehr hat und nicht mehr als Begründungsmittel benutzt werden kann, wenn zum Zeitpunkt des Zugangs des Erhöhungsverlangens ein neuer Mietspiegel erstellt worden ist.[60] Dabei ist es unerheblich, ob der neue Mietspiegel erst wenige Tage gilt[61] oder schon länger. Dies gilt aber nicht schrankenlos. Denn § 558 a Abs. 4 Satz 2 BGB, soll nur sicherstellen, dass die formelle Wirksamkeit eines sachlich berechtigten Erhöhungs-verlangens nicht allein von den in § 558 c Abs. 3, § 558 d Abs. 2 BGB genannten Fristen abhängt. Hierdurch wird das grundsätzliche Aktualisierungserfordernis nicht außer Kraft gesetzt. Für die formelle Wirksamkeit des Erhöhungsverlangens kommt es deshalb auch bei einem veralteten Mietspiegel darauf an, ob diesem (noch) ein in § 558 a Abs. 1 BGB vorausgesetzter Informationsgehalt zukommt.[62] Das ist bei einem zum Zeitpunkt des Erhöhungsverlangens fast 20 Jahre alten Miet-spiegel nicht mehr der Fall.[63] Die **Wohnwertmerkmale** des § 558 Abs. 2 BGB unterliegen typischerweise mit fortschreitender Zeit einem Wandel. Die Lageein-ordnung kann sich ändern und die Bedeutung von Ausstattungen und Beschaffen-heiten von Wohnungen ändern sich mit der Zeit. Entsprechende Veränderungen können bei der Ermittlung der ortsüblichen Vergleichsmiete anhand eines alten nicht aktualisierten Mietspiegels naturgemäß keine Berücksichtigung finden. Abso-lute Grenzen dürften schwer zu ziehen sein. Eine Beschränkung auf die Verwen-dung des vorangegangenen Mietspiegels enthält das Gesetz gerade nicht. Es wird auf die Entwicklung der Mieten vor Ort, das Datum der letzten Aktualisierung und die sonstige Entwicklung in der Gemeinde ankommen. Bedeutsam ist die Frage nach Verlängerung des Betrachtungszeitraums von vier auf sechs Jahre. Hier werden ältere Mietspiegel regelmäßig von einen anderen Begriff der **ortsüblichen Vergleichsmiete** ausgehen. Die Überleitungsvorschrift in Art. 229 § 50 EGBGB hilft da nicht weiter. Bei der letzten Verlängerung des Betrachtungszeitraums von drei auf vier Jahre durch das 4. Mietrechtsänderungsgesetz erlaubte die Überlei-tungsvorschrift ausdrücklich die Verwendung von Mietspiegeln, die ohne Berück-sichtigung der Verlängerung des Betrachtungszeitraums erstellt worden waren, als

---

[58] BGH NZM 2019, 852.
[59] BGH NZM 2019, 852.
[60] AG Stuttgart WuM 2018, 775; AG Leipzig WuM 2016, 292; **aA** BGH NZM 2011, 743; Börstinghaus jurisPR-MietR 20/2011 Anm. 1; LG Berlin GE 2017, 1558; Bub/Treier MietR-HdB/Schultz Kap. III Rn. 1245.
[61] AG Stuttgart WuM 2018, 775 (zumindest, wenn sich die Struktur des Mietspiegels sehr weitgehend geändert hat).
[62] BGH NZM 2019, 852.
[63] BGH NZM 2019, 852.

veraltete Mietspiegel. An einer solchen Norm fehlt es diesmal. Sie dürfen deshalb nicht benutzt werden.

Die Verwendung des falschen Mietspiegels stellt **einen formellen Mangel** 18 dar.[64] § 558a BGB enthält die Formalien für das Erhöhungsverlangen. Die materiellen Voraussetzungen für den Erhöhungsanspruch stehen in § 558 BGB. Was ein Mietspiegel ist, wird wiederum in den Hilfsvorschriften § 558c BGB und § 558d BGB definiert. Der BGH[65] folgt dieser Systematik anscheinend nicht. Der Verweis auf einen Mietspiegel in § 558a Abs. 2 BGB bezieht sich nach Sinn und Zweck immer auf den aktuellen Mietspiegel und nicht auf einen veralteten Mietspiegel. Auch das ist eigentlich systemimmanent, wird von Gesetzgeber aber in § 558a Abs. 2 BGB noch einmal klargestellt. Hierbei handelt es sich um eine Ausnahmevorschrift, die eben nur ausnahmsweise die Verwendung alter Mietspiegel gestattet. Das bedeutet dann im Umkehrschluss, dass immer dann, wenn die Voraussetzungen des § 558a Abs. 4 S. 2 BGB nicht vorliegen, die Verwendung solch **veralteter Mietspiegel** nicht zulässig ist. Dass es sich um einen formellen Fehler handelt, zeigt letztendlich auch noch ein Blick auf die Heilungsvorschrift in § 558b Abs. 3 S. 1 BGB. Dort hat der Gesetzgeber ausdrücklich geregelt, dass der Vermieter bei einem Erhöhungsverlangen, dass die Voraussetzungen des § 558a Abs. 2 BGB nicht erfüllt, während des Zustimmungsklageverfahrens ein neues Erhöhungsverlangen stellen oder den Fehler heilen kann. Da der BGH aber inzwischen ein ordnungsgemäßes Mieterhöhungsverlangen nicht mehr als besondere Sachentscheidungsvoraussetzung ansieht[66], ist eine Klage nicht mehr als unzulässig abzuweisen.

Außerdem muss der Mietspiegel **örtlich anwendbar** sein, dh die Wohnung 19 muss in der Gemeinde liegen, für die der Mietspiegel erstellt wurde. Soweit der Mietspiegel bestimmte Ortsteile ausdrücklich ausnimmt, kann er dort auch nicht als Mietspiegel einer vergleichbaren Gemeinde angewandt werden.

Der Mietspiegel muss **sachlich anwendbar** sein, dh er muss Daten für die konkrete Wohnung enthalten.[67] Dazu ist erforderlich, dass bei der Mietspiegelerstellung auch wirklich Daten des entsprechenden Wohnungsteilmarktes erhoben wurden. Da die Daten für einen Mietspiegel nie als Vollerhebung, sondern immer als Stichprobe erhoben werden, muss die konkrete Vertragswohnung die Möglichkeit gehabt haben, in diese Stichprobe zu kommen.[68] Wenn die Stichprobe zB nur aus Wohnungen in Mehrfamilienhäusern gezogen wurde, dann kann mit einem solchen Mietspiegel keine Mieterhöhung für ein **Einfamilien-**[69] oder **Zweifami-**

---

[64] LG Stuttgart NZM 2010, 161 mAnm Börstinghaus jurisPR-MietR 2/2010 Anm. 1; AG Leipzig WuM 2016, 292; **aA** NZM 2011, 743.

[65] BGH NZM 2011, 743.

[66] BGH NZM 2020, 534.

[67] LG Frankfurt/Oder WuM 2012, 319, Wohnung des 3. Förderweges; LG Frankfurt a. M. NZM 2012, 342, Mieterhöhung für einheitlich vermietetes Dreifamilienhaus mit drei Wohnungen aus Geschosswohnungsbau, mAnm Pfeilschifter jurisPR-MietR 13/2012 Anm. 3.

[68] LG Frankfurt/Oder WuM 2012, 319.

[69] LG Krefeld NZM 2008, 480 mAnm Blank MietRB 2008, 261; Wüstefeld WuM 2008, 544; LG Berlin GE 2002, 1197; LG Hagen WuM 1997, 331; LG Hamburg WuM 2002, 698; LG Köln WuM 1976, 129; LG Gera WuM 2002, 497; AG Schwelm WuM 1995, 546; MüKo-BGB/Artz § 558a Rn. 17; Staudinger/V. Emmerich BGB § 558 Rn. 31 und § 558a Rn. 33; Emmerich/Sonnenschein/Emmerich BGB § 558a Rn. 13; Lammel WohnraumMietR BGB § 558a Rn. 27; Bub PiG 40 (1993), 41 (49); Börstinghaus NZM 2009, 115; NZM

lienhaus[70] oder **Reihenhaus**[71] oder eine **Doppelhaushälfte**[72] begründet werden[73]. Soweit der BGH[74] ein Zustimmungsverlangen für ein Einfamilienhaus für wirksam erachtet hat, das mit den Werten eines Mietspiegels für Geschosswohnungen begründet wurde, da es einen Erfahrungssatz gebe, nachdem die Mieten für Einfamilienhäuser höher seien, ist dem nicht zu folgen.[75] Bei dem sog. Erfahrungssatz handelt es sich um keine Tatsache, die nach der Rspr. des BGH[76] der Vermieter im Mieterhöhungsverlangen vortragen muss. Es handelt sich um ein **„Bauchgefühl".**[77] Soll der Mietspiegel nach seinem Textteil „sinngemäß für vermietete Einfamilienhäuser" gelten, so ist ein Zuschlag für Einfamilienhäuser unzulässig, auch wenn dies in Nachbargemeinden üblich ist.[78] Ebenso wenig kann mit einem Mietspiegel für Wohnraummietverhältnisse regelmäßig eine Mieterhöhung für ein Mischmietverhältnis[79] begründet werden[80], selbst wenn der Vertrag insgesamt als Wohnraummietvertrag einzuordnen ist.[81] Allenfalls bei ganz untergeordneter gewerblicher Nutzung kann ausnahmsweise etwas anderes gelten. Auch für Räume, die bauordnungsrechtlich als „zum dauernden Aufenthalt für Menschen ungeeignet" eingestuft wurden, scheidet eine Anwendung des Mietspiegels aus;[82] dies gilt

---

2016, 581; **aA** BGH NZM 2009, 27; LG Berlin GE 2016, 655; AG Hamburg-Blankenese ZMR 2009, 767, Wohnung in Gebäude mit zusätzlich einer Gewerbeeinheit, außerdem stand im maßgeblichen Mietspiegel „Wohnhäuser mit geringerer Wohnungsanzahl haben idR höhere Mieten …"; AG Hamburg-Blankenese/LG Hamburg ZMR 2003, 492; AG Hamburg Blankenese HbGE 1988, 281 (283); Kniep NZM 2000, 166; Kniep/Spieth GE 2000, 110; zumindest wenn der Oberwert des Mietspiegelfeldes nicht überschritten wird: LG Hamburg ZMR 2003, 491; Bub/Treier MietR-HdB/Schultz Kap. III Rn. 1197.

[70] LG Berlin GE 2002, 1197.

[71] LG Potsdam GE 2003, 393; **aA** BGH NZM 2016, 580 mablAnm Börstinghaus NZM 2016, 581; LG Berlin GE 2015, 453 obwohl der Mietspiegel ausdrücklich den Zusatz enthielt, dass er nicht für „Ein- und Zweifamilienhäuser und Reihenhäuser" gilt.

[72] LG Berlin GE 2012, 1378.

[73] Dabei ist es unerheblich, ob die verlangte Miete innerhalb der Spanne für Geschosswohnungen liegt, so aber Erman/Dickersbach BGB § 558a Rn. 11. Das ist ein Zirkelschluss.

[74] BGH NZM 2009, 27; BGH NZM 2016, 580 mablAnm Börstinghaus NZM 2016, 581; LG Berlin GE 2015, 453 sogar für den Fall, dass der Mietspiegel die Anwendbarkeit explizit ausschließt.

[75] Staudinger/V. Emmerich BGB § 558 Rn. 31 mahnt zur Vorsicht ggü. solchen naheliegenden oder plausiblen Erfahrungssätzen; nach Ansicht von Sternel MietR Kap. IV Rn. 198 ist die Auffassung des BGH „problematisch"; möglich sei aber eine „Rahmenvereinbarung" der Parteien iSd § 557 BGB über die Anwendung des Mietspiegels für Geschosswohnungen auf Einfamilienhäusern.

[76] BGH NZM 2008, 164; BGH NZM 2006, 101; BGH WuM 2006, 569.

[77] Börstinghaus NZM 2009, 115; abl. hinsichtlich dieses Begriffs Beyer jurisPR-MietR 18/2016 Anm. 2.

[78] AG Aachen WuM 2015, 164.

[79] Zum Begriff BGH NJW 2014, 2864; Lehmann-Richter MietRB 2011, 84.

[80] LG Berlin GE 1996, 1181.

[81] BGH NJW 2014, 2864; kritisch zu der „Alles oder Nichts" Einordnung solcher Mischmietverhältnisse Streyl FS Börstinghaus, 2020, 423.

[82] LG Frankfurt a. M. NZM 2012, 342 mAnm Pfeilschifter jurisPR-MietR 13/2012 Anm. 3; LG Berlin MM 1997, 75; zur Frage, wie die Flächen für solche Räume zu ermitteln sind BGH NJW 2010, 1064.

zumindest, wenn dieser Teil nicht unerheblich ist.[83] Das Gleiche gilt, wenn bei der Datenerhebung nicht ausreichend Daten für eine bestimmte Kategorie erhoben werden konnten. Deshalb kann eine Mieterhöhung für **Großwohnungen** nicht mit einem Mietspiegel begründet werden, der nur Daten für Wohnungen bis 120 m² [84] oder 160 m² [85] enthält, wobei es unerheblich, ob diese Daten erst gar nicht erhoben wurden oder ob der Datenerhebung für die Wohnung keine ausreichende Anzahl von Einzeldaten ermittelt werden konnte. Das Gleiche gilt im umgekehrten Fall, in dem die Wohnung kleiner ist, als die kleinste im Mietspiegel ausgewiesene Wohnung.[86] Selbst kleine Überschreitungen der Grenzen führen zur Nichtanwendbarkeit des betreffenden Mietspiegels.[87] Weist der Mietspiegel keine Daten für Wohnungen ohne Heizung aus, ist seine Anwendung auf diesen Wohnungsbestand ebenfalls ausgeschlossen.[88] Wenn die Wohnung in zwei Gebäudeteilen liegt, die zu unterschiedlichen Zeitpunkten errichtet wurden, dann kann die ortsübliche Vergleichsmiete weder als Mittelwert der beiden einschlägigen Mietspiegelfelder[89] noch aus dem **Mietspiegelfeld** der Baualtersklasse, in die die größere der beiden Teile der Wohnung fällt[90], ermittelt werden. Es handelt sich um nicht vergleichbare Wohnungen eines anderen Wohnungsteilmarkts. Selbstverständlich kann ein Mietspiegel auch nicht als Begründungsmittel dienen für eine Wohnung der jüngsten Baujahre, für die es an ausreichenden Daten fehlt.[91] In diesem Fällen kann auch nicht einfach ein – im Mietspiegel nicht vorgesehener – Zuschlag von 10 % zur letzten Baualtersklasse hinzugerechnet werden.[92]

Problematisch kann die Verwendung von Mietspiegeln für mehrere Gemeinden, **21** zB Mietspiegel für ein Kreisgebiet sein. Der Vermieter hat nach § 558 Abs. 1 BGB einen Anspruch auf Zustimmung zu einer Mieterhöhung bis zur ortsüblichen Vergleichsmiete. Die ortsübliche Vergleichsmiete selbst wird in § 558 Abs. 2 BGB ua definiert als das Entgelt, das **in der Gemeinde** oder einer vergleichbaren Gemeinde gezahlt wird. Die ortsübliche Vergleichsmiete ist also immer gemeindebezogen zu ermitteln. Wenn ein Mietspiegel nun undifferenziert Mieten für mehrere Gemeinden oder nur für **Gemeindeteile** enthält, so entspricht dies nicht dem ortsüblichen Vergleichsmietenbegriff des § 558 Abs. 2 BGB. Erforderlich ist also bei Mietspiegeln für mehrere Gemeinden, dass diese die ortsübliche Vergleichsmiete für jede Gemeinde getrennt ausweisen.[93] Bei Mietspiegeln für Gemeindeteile muss sichergestellt werden, dass damit zumindest ein Wohnwertmerkmal (zB das der Lage) vollständig erfasst wird.

---

[83] LG Frankfurt a. M. NZM 2012, 342, 34 m² von ca. 313 m², mAnm Pfeilschifter jurisPR-MietR 13/2012 Anm. 3.
[84] LG Frankfurt a. M. ZMR 2011, 953; 4; LG Köln WuM 1994, 333f.; mAnm Walterscheid WuM 1994, 334; diff. insofern aber Fleindl ZMR 2014, 268 (269).
[85] AG München WuM 2016, 177.
[86] AG Hamburg-Altona ZMR 2003, 502; Gärtner WuM 1998, 707; **aA** AG Köln WuM 1998, 726.
[87] AG München WuM 2016, 177.
[88] AG Köln WuM 2007, 409; **aA** BGH NZM 2020, 534.
[89] AG Frankfurt a. M. WuM 2013, 423.
[90] LG Berlin MM 12/2013, 28.
[91] AG Frankfurt a. M. DWW 1991, 54.
[92] **AA** AG Bochum DWW 1989, 171.
[93] Deshalb wird der Mietspiegel für die Metropolregion Hannover regelmäßig auch in 27 Ausgaben für jede einzelne Gemeinde veröffentlicht.

22   Ist der Mietspiegel zwar grds. sachlich und örtlich anwendbar, dann muss er auch **für die konkrete Wohnung Daten enthalten.** Enthält der Mietspiegel für die konkrete Wohnung ein leeres Rasterfeld, so ist er als Begründungsmittel für ein Mieterhöhungsverfahren nicht anwendbar,[94] insbes. dürfen die Werte nicht durch **Interpolation, Extrapolation oder** Analogieschluss ermittelt werden.[95] Es ist Aufgabe des Mietspiegelerstellers, den Anwendungsbereich des Mietspiegels festzulegen.[96] Der Mietspiegelersteller ist zunächst der einzige, der weiß, welche Daten er überhaupt ermittelt hat und welche Schlüsse aus diesen Daten gezogen werden können. Wenn er zu dem Ergebnis gekommen ist, dass für eine bestimmte Merkmalskombination eine Aussage auf Grund der vorliegenden Daten nicht gemacht werden kann, dann kann nicht der Anwender hergehen und die Anwendbarkeit durch Rechenoperationen herstellen. Der Mietspiegel soll vereinfacht gesagt dem Mieter erklären, wie sich die Mieten am Markt in den letzten vier Jahren entwickelt haben. Das kann man feststellen aber nicht aus der Entwicklung anderer **Teilmärkte** errechnen. Eine Interpolation ist selbst dann unzulässig, wenn sie im Fördervertrag vorgesehen ist, da diese allenfalls eine zusätzliche Begrenzung der Mieterhöhungsmöglichkeit schaffen will.[97] Etwas anderes gilt auch nicht für ausgehandelte Mietspiegel. Selbst wenn hier keine Daten erhoben worden sein sollten, dann beruht die Anwendbarkeit eines solchen Mietspiegels zumindest auf der Einigung zwischen den beteiligten Verbänden. Wenn diese sich aber nicht in der Lage sahen, zu einem gemeinsamen Ergebnis für einen Teilmarkt zu kommen, dann kann diese fehlende Einigung ebenfalls nicht errechnet werden. Ein entsprechendes Mieterhöhungsverlangen, das auf benachbarte unzutreffende Felder hinweist ist formell unwirksam.[98]

23   Nach § 558a Abs. 4 BGB genügt es bei einem Mietspiegel, der Spannen enthält, wenn die verlangte Miete **innerhalb der Spanne** liegt. Damit soll berücksichtigt werden, dass die Einordnung einer Wohnung in den Mietspiegel eine Wertungsfrage ist, die so oder auch anders beantwortet werden kann. Bei einer anderen Wertung soll das Erhöhungsverlangen aber wirksam bleiben. Die andere Bewertung hat dann allenfalls Auswirkungen auf die Begründetheit des Anspruchs. Die Regelung gilt aber nur für die Mietspannen in einem Mietspiegel mit Spanne für die einzelnen Wohnwertmerkmalen (zB Altersklasse 1960–1970, oder Größe 40–80 m²). Diese Daten müssen, soweit es darauf ankommt, ggf. exakt angegeben werden.[99] Deshalb ist ein Erhöhungsverlangen, welches mit einem Mietspiegel begründet wird, der Spannen ausweist, formell unwirksam, wenn weder dem Erhöhungsverlangen der Mietspiegel nicht beigefügt wurde noch die Spanne im Erhöhungsverlangen angegeben ist.[100]

---

[94] LG Berlin GE 2008, 1492.

[95] LG Berlin GE 2005, 675; 2004, 545, WuM 1990, 158; LG Köln WuM 1994, 333; LG Hamburg NJW-RR 1993, 82, WuM 1982, 21; AG Bonn WuM 1999, 465; Sternel MietR Kap. IV Rn. 206; Emmerich/Sonnenschein/Emmerich BGB § 558a Rn. 13; Staudinger/ V. Emmerich BGB § 558a Rn. 32.

[96] Börstinghaus NZM 2009, 115 zur Anwendung von Mietspiegeln für Mehrfamilienhäuser auf Einfamilienhäuser.

[97] LG Berlin GE 2004, 545.

[98] LG Berlin GE 2008, 1492.

[99] Lammel WohnraumMietR BGB § 558a Rn. 51.

[100] LG Berlin GE 2017, 1558; LG Nürnberg-Fürth WuM 2015, 160.

Die bloße Beifügung eines Mietspiegels oder schlichte Bezugnahme reicht als Be- 24
gründung für ein Mieterhöhungsverlangen idR nicht aus. Das Mieterhöhungsverlangen muss erkennen lassen, **wie der Vermieter die Wohnung in den Mietspiegel eingruppiert** hat.[101] Das Gesetz verlangt vom Vermieter, dass er seinen
Anspruch begründet. Eine Begründung ist die Darlegung von Argumenten, die den
Schluss auf die Behauptung rechtfertigt. Eine Begründung ist nicht gegeben, wenn
sich der zu Überzeugende, also der Mieter, die Argumente erst selbst, wenn auch aus
einer begrenzten Menge, heraussuchen muss. Der Vermieter muss deshalb in seinem
Erhöhungsverlangen konkret angeben, warum sich aus dem Mietspiegel ergibt, dass
er mit seinem Erhöhungsverlangen die ortsübliche Miete nicht übersteigt. Dazu gehört die Angabe, wie die Wohnung in den Mietspiegel einzugruppieren ist.[102] Begründet der Vermieter das Erhöhungsverlangen ausschließlich mit einem Mietspiegel, vertritt aber zugleich die Ansicht, der (qualifizierte) Mietspiegel sei nicht
wirksam, so ist strittig ob das Erhöhungsverlangen widersprüchlich und damit unwirksam[103] oder doch formal wirksam[104] ist. Je nach Gliederung des Mietspiegels
müssen die entsprechenden **Tatsachen**[105] vorgetragen werden, die eine eindeutige
Zuordnung zulassen und dem Mieter ggf. auch eine Überprüfung ermöglichen.[106]
Wenn der Vermieter die Wohnung wegen behaupteter Modernisierungsmaßnahmen in eine jüngere Baualtersklasse eingruppiert hat, muss er das begründen, anderenfalls ist das Erhöhungsverlangen formell unwirksam.[107] Ob als Begründung die
bloße Angabe des maßgeblichen Mietspiegelfeldes ausreicht, hängt von der konkreten Ausgestaltung des örtlichen Mietspiegels ab. Enthält der Mietspiegel ein Raster
von Feldern, in denen für Wohnungen einer bestimmten Kategorie jeweils eine bestimmte Mietspanne ausgewiesen ist, so ist im Erhöhungsverlangen nur die genaue
Angabe des nach Auffassung des Vermieters für die Wohnung einschlägigen Mietspiegelfeldes erforderlich, um den Mieter auch auf die im Mietspiegel für die Wohnung vorgesehene Spanne hinzuweisen.[108] Ein Mieterhöhungsverlangen, in dem sowohl die Bezeichnung des Mietspiegelfeldes als auch die vom Vermieter bei der
Einordnung zugrunde gelegten Ausstattungsmerkmale fehlen, ist unwirksam.[109]
Das gilt entsprechend für einen **Regressionsmietspiegel.** Auch dort muss nicht
zwingend die einschlägige Mietpreisspanne oder die Tatsache, dass der herangezogene Mietspiegel Spannen enthält, vom Vermieter angegebene werden.[110] Es ist

---

[101] LG Berlin MM 2007, 74; GE 2005, 675; LG Köln WuM 1994, 691; LG München WuM
1993, 67; AG Köln WuM 2014, 301; AG Trier WuM 2004, 343; AG Greifswald ZMR
2002, 347, Dietrich NJW 2012, 567; **aA** wohl LG Berlin GE 2017, 1558.
[102] LG Stuttgart WuM 2016, 361; LG Berlin GE 2005, 675; 2005, 307; AG Leonberg WuM
2016, 669 (670), Angabe des Baualters erforderlich; Dietrich NJW 2012, 567.
[103] AG Köpenick WuM 2016, 296 mablAnm Beuermann GE 2016, 624; AG Berlin Neukölln
BeckRS 2016, 10025.
[104] LG Berlin GE 2016, 975 mAnm Beuermann GE 2016, 945.
[105] BGH WuM 2008, 228; BGH WuM 2009, 293; BGH WuM 2010, 502; AG Leonberg
WuM 2016, 669.
[106] LG Stuttgart WuM 2016, 361; LG Berlin GE 2005, 307; AG Trier WuM 2004, 343; AG
Greifswald ZMR 2002, 352.
[107] AG Köln WuM 2013, 697.
[108] BGH NJW 2008, 573 unter Aufgabe der strengeren Rechtsprechung aus BGH NJW 2004,
1379.
[109] AG Leonberg WuM 2016, 669; LG Hannover WuM 2013, 362.
[110] BGH NZM 2021, 926.

auch hier, wie beim Tabellenmietspiegel, bei dem der Vermieter die Zeilen- und Spaltenbezeichnung angegeben hat, dem Mieter zuzumuten, den zugänglichen Mietspiegel zur Überprüfung des Erhöhungsbegehrens heranzuziehen.

25　　Soweit bestimmte Mietspiegelfelder mit Spannen umschrieben sind, zB Baujahr 1961–1970, genügt es, wenn dargelegt wird, dass die Wohnung innerhalb dieser Spanne errichtet wurde. Verlangt die Einordnung in eine bestimmte Spanne aber, dass aus einer Liste von mehreren Merkmalen, zB einer Ausstattungsliste, drei bis fünf Merkmale gegeben sein müssen, damit die Wohnung in das entsprechende Mietspiegelfeld eingeordnet werden kann, dann müssen die Merkmale, die nach Ansicht des Vermieters bei der Vertragswohnung gegeben sind, exakt bezeichnet werden, damit der Mieter dies überprüfen kann und später der Vermieter diese nicht auswechselt. Deshalb genügt die Angabe „3–5 **Sonderausstattungsmerkmale** liegen vor", nicht aus. Verwendet der Mietspiegel unbestimmte, auslegungsbedürftige Rechtsbegriffe, so soll der Vermieter verpflichtet sein, unter Benennung aller relevanten Kriterien das Vorliegen einzelner Merkmale begründen.[111] Führt der Mietspiegel einzelne Merkmale auf, wann eine Wohnung als modernisiert gilt und im Mietspiegel entsprechend einzuordnen ist, so muss der Vermieter konkret die Merkmale aufführen, die erfüllt sind, um die Wohnung als modernisiert iSd Mietspiegels gelten zu lassen.[112] Kriterium ist dabei immer, ob der Mieter als Empfänger der Erklärung aus dem Mieterhöhungsverlangen eindeutig ermitteln kann, auf Grund welcher Behauptungen der Vermieter die Wohnung wie in den Mietspiegel einordnet. Das Gleiche gilt, wenn der Vermieter die Wohnung in eine jüngere **Baualtersklasse** wegen einer Modernisierung einordnet.[113] Es gilt ein ähnlicher Maßstab wie bei der Beurteilung des Tatsachenvortrags im gerichtlichen Verfahren. Behauptungen ins Blaue. Leerformeln[114] oder unsubstantiierte Tatsachenbehauptungen, die prozessual zu einem Ausforschungsbeweis führen würden, reichen nicht aus. Ein solches Mieterhöhungsverlangen ist nicht ordnungsgemäß begründet und deshalb unwirksam.

26　　Die **Richtigkeit der Angaben** ist keine Zulässigkeitsvoraussetzung.[115] Hier hat der BGH seine Rspr. geändert. Nach der ersten Entscheidung des BGH[116] zu dieser Frage sollte ein ordnungsgemäßes wirksames Mieterhöhungsverlangen nur dann vorliegen, wenn der Vermieter **unter zutreffender Einordnung der Wohnung** des Mieters in die entsprechende Kategorie des Mietspiegels die dort vorgesehene Mietspanne richtig nennt und die erhöhte Miete angibt. Später hat der Senat von diesen Anforderungen immer mehr Abstand genommen. Erforderlich solle jetzt für ein wirksames Mieterhöhungsverlangen nur noch sein, dass im Erhöhungsverlangen die genaue Angabe des – **nach Auffassung des Vermieters** – für die Wohnung einschlägigen Mietspiegelfeldes erfolgt.[117] Und zuletzt hat der BGH[118] auch ein Mieterhöhungsverlangen für formell wirksam angesehen, bei dem der Vermie-

---

[111] LG Stuttgart WuM 2016, 361 (363); LG Hannover WuM 2013, 362.
[112] AG Weimar WuM 2003, 567.
[113] AG Köln ZM 2017, 748.
[114] AG Köln ZMR 2017, 748.
[115] BGH NZM 2021, 926; BGH NZM 2020, 322; ebenso BGH NJW 2009, 283 für die Abgrenzung zwischen formellen und materiellen Fehlern bei der Betriebskostenabrechnung.
[116] BGH NJW 2004, 1379.
[117] BGH NJW 2008, 573; Dietrich NJW 2012, 567; Schach GE 2008, 154; Kunze MietRB 2008, 98; Reschke WuM 2008, 228.
[118] BGH WuM 2009, 239.

ter für den Mieter nicht erkennbar die Wohnung in das falsche Mietspiegelfeld eingeordnet hat. Das ist nur bedingt richtig. Man muss nämlich bei der Beurteilung der Fehler differenzieren:[119] Das Erhöhungsverlangen muss in formeller Hinsicht Angaben über diejenigen Tatsachen enthalten, aus denen der Vermieter die Berechtigung der geforderten Mieterhöhung herleitet, und zwar in dem Umfang, wie der Mieter solche Angaben benötigt, um der Berechtigung des Erhöhungsverlangens nachgehen und diese zumindest ansatzweise überprüfen zu können.[120] (1) Hieran fehlt es etwa, wenn der Vermieter das Erhöhungsverlangen mit Tatsachen begründet, die eine Mieterhöhung nach § 558 Abs. 1 BGB schon auf den ersten Blick nicht zu tragen vermögen, weil durch deren Mitteilung deutlich wird, dass der Vermieter von falschen Voraussetzungen ausgeht oder das Erhöhungsverlangen in wesentlichen Punkten unvollständig, unverständlich oder widersprüchlich erscheint.[121] Eine derartige Begründung steht einer fehlenden Begründung gleich, weil durch sie das Ziel des Begründungserfordernisses ebenso wenig erreicht werden kann wie im Falle des vollständigen Verzichtes auf eine Begründung. (2) Hat der Vermieter die Tatsachen alle richtig mitgeteilt und dann die falschen Rückschlüsse gezogen, in dem er die Wohnung in das falsche Feld einsortiert hat, dann ist das Erhöhungsverlangen formell wirksam.[122] Hierzu zählt auch der Fall, dass der Vermieter unzulässiger Weise einen Zuschlag wegen unwirksamer Abwälzung der Schönheitsreparaturpflicht auf den Mieter verlangt.[123] (3) Das gilt auch dann, wenn der Vermieter zwar falsche Tatsachen mitgeteilt hat, die der Mieter aber selbst überprüfen kann, zB eine falsche Ausstattung.[124] (4) Hat der Vermieter demgegenüber aber falsche Tatsachen mitgeteilt die der Mieter nicht überprüfen kann, zB ein falsches Baujahr, dann ist das Mieterhöhungsverlangen formell unwirksam.[125] Das gilt auch für den Fall, dass der Vermieter ausdrücklich keine konkreten Tatsachen benennt, die Wohnung aber in ein bestimmtes Mietspiegelrasterfeld eingruppiert[126] und hierdurch konkludent behauptet, die eine solche Eingruppierung rechtfertigenden Tatsachen lägen bei der Wohnung vor.[127]

Ein unter Berufung auf den Mietspiegel[128] begründetes Mieterhöhungsverlangen ist nur insoweit unwirksam als der Vermieter ohne Begründung die **27**

---

[119] Börstinghaus NZM 2009, 681.

[120] BGH NZM 2021, 299; BGH NZM 2020, 459; BGH NJW 2018, 2792, BGH NJW-RR 2012, 710; BGH NJW-RR 2014, 1357; BVerfG NJW-RR 1993, 1485, 1486; BayObLG NJW-RR 1992, 455, 457; OLG Hamm RE v. 11.10.1990 NJW-RR 1991, 209.

[121] BGH NZM 2019, 852; Staudinger/V. Emmerich § 558a BGB Rn. 19; MüKoBGB/Artz § 558a BGB Rn. 15.

[122] LG Berlin GE 2005, 1063; GE 1997, 369; GE 1990, 1257; ZMR 1990, 20; MM 1991, 127; LG Mönchengladbach WuM 1992, 196, wenn Mietspiegel beigefügt und Feld markiert; AG Hamburg NJWE-MietR 1996, 268; AG Charlottenburg GE 1997, 369; **aA** LG Berlin ZMR 1998, 347; AG Berlin Schöneberg GE 1991, 193.

[123] AG München ZMR 2018, 230, 231; AG Schöneberg GE 2009, 523.

[124] Ähnlich BGH NZM 2020, 459 für Begründung mit drei Vergleichswohnungen aus einem anderen Mietpreissystem.

[125] BGH NJW 2004, 1379; LG Berlin GE 2007, 1635; **aA** nun aber BGH WuM 2009, 239.

[126] BGH NJW 2008, 573; Reschke WuM 2008, 228.

[127] BGH NJW 2008, 573 (Tabellenmietspiegel); BGH NZM 2021, 926 (Regressionsmietspiegel).

[128] Zu Mieterhöhungen über den Oberwert von Mietspiegelfeldern und den verschiedenen Ausnahmefällen Maciejewski MM 1997, 55.

Obergrenze der Spanne überschreitet; iÜ ist es aber wirksam.[129] Soweit bei Vorhandensein von bestimmten Sondermerkmalen diese Obergrenze des Mietspiegelfeldes überschritten werden darf, muss dies aber auf jeden Fall im Mieterhöhungsverlangen begründet werden.[130] Durch die Begründung sollen dem Mieter **konkrete Hinweise** auf die sachliche Berechtigung des Erhöhungsverlangens gegeben werden, damit er während der Überlegungsfrist die Berechtigung der Mieterhöhung überprüfen und sich entscheiden kann, ob er zustimmt oder nicht.[131] Der Vermieter muss deshalb die Spanne angeben. Die Frage, ob die verlangte Mieterhöhung vom Mietspiegel gedeckt wird, ist eine Frage der materiellen Berechtigung des Mieterhöhungsverlangens.[132] Der Vermieter ist an die vorgegebenen Altersklassen eines Mietspiegels gebunden, er darf nicht wegen Modernisierung eine Höherstufung vornehmen.[133]

28   **3. Mietspiegel einer vergleichbaren Gemeinde**[134]. § 558a Abs. 4 S. 2 BGB gestattet die Verwendung von Mietspiegeln aus vergleichbaren Gemeinden, wenn zum Zeitpunkt der Mieterhöhungserklärung in der eigenen Gemeinde kein Mietspiegel existiert der fristgerecht aktualisiert wurde.[135] Diese Formulierung ist sprachlich missglückt.[136] Der Vermieter darf nämlich auch dann einen Mietspiegel einer vergleichbaren Gemeinde benutzen, wenn in seiner Gemeinde gar kein Mietspiegel existiert oder der Mietspiegel für seine Gemeinde anders als der für die Nachbargemeinde für seine konkrete Wohnung keine Daten enthält.[137] Der Vermieter hat aber **kein Wahlrecht,** ob er den örtlichen Mietspiegel oder den einer vergleichbaren Gemeinde zur Begründung heranzieht.[138] Zulässig ist die Verwertung eines Mietspiegels einer anderen Gemeinde nur dann, wenn in der eigenen Gemeinde für die konkrete Wohnung kein aktueller Mietspiegel vorhanden ist und wenn die Gemeinden vergleichbar sind.[139] Es darf auch nicht auf den qualifizierten Mietspiegel einer Nachbargemeinde zurückgegriffen werden, wenn in der eigenen Gemeinde ein einfacher Mietspiegel existiert.[140]

29   Der Mietspiegel einer anderen Gemeinde ist gemäß § 558a Abs. 4 Satz 2 BGB nur dann ein taugliches Mittel zur Begründung des Mieterhöhungsverlangens,

---

[129] BGH NJW 2004, 1379; OLG Karlsruhe WuM 1984, 21; LG Berlin GE 1997, 141; AG Tiergarten GE 1997, 1231; Emmerich/Sonnenschein/*Emmerich* BGB § 558a Rn. 16; **aA** LG Berlin ZMR 1990, 20, MM 1996, 292, GE 1996, 1181; LG Hamburg NJW-RR 1993, 82.

[130] LG Berlin MM 1996, 292, GE 1996, 1181.

[131] BGH NJW 2003, 963; BGH WuM 1982, 324; BVerfGE 53, 352 (358).

[132] BGH NJW 2004, 1379.

[133] LG Dortmund WuM 1992, 28.

[134] BGH NZM 2010, 665; *Börstinghaus* jurisPR-MietR 17/2010 Anm. 3.

[135] BGH NJW 2010, 2946; nach LG Stuttgart NZM 2010, 161 soll ein Mieterhöhungsverlangen formell unwirksam sein, wenn es nach Veröffentlichung eines neuen qualifizierten Mietspiegels mit altem qualifizierten Mietspiegel begründet wird.

[136] So auch Lammel WohnraumMietR BGB § 558a Rn. 54.

[137] Staudinger/*V. Emmerich* BGB § 558a Rn. 47; Lammel WohnraumMietR BGB § 558a Rn. 55; Bub/Treier MietR-HdB/*Schultz* Kap. III Rn. 1248; MüKoBGB/*Artz* § 558a Rn. 20; Sternel MietR Kap. IV Rn. 228.

[138] AG Ludwigsburg WuM 2014, 30.

[139] BGH NJW 2010, 2946.

[140] AG Ludwigsburg WuM 2014, 30.

wenn es sich um den Mietspiegel einer **vergleichbaren Gemeinde** handelt.[141] Dies Vergleichbarkeit muss objektiv bestehen.[142] Jede andere Auslegung würde dazu führen, dass der Vermieter sein Mieterhöhungsverlangen auch mit dem Mietspiegel einer nicht vergleichbaren Gemeinde begründen könnte, solange die fehlende Vergleichbarkeit nicht „offensichtlich" ist.[143] Für eine dahingehende Absenkung der ohnehin nicht hohen Anforderungen an die Begründung eines Mieterhöhungsverlangens besteht kein Anlass. Begründen, warum eine in der näheren Umgebung liegende Gemeinde vergleichbar bzw. eine andere Gemeinde nicht vergleichbar[144] ist, muss der Vermieter dies aber im Erhöhungsverlangen nicht. Vielmehr ist der Mieter, wenn er an solchen Einzelheiten interessiert ist, ebenso wie bei der Angabe von Vergleichswohnungen gehalten, eigene Erkundigungen anzustellen. Eine Ausnahme ist nur dann gerechtfertigt, wenn die Vergleichbarkeit offensichtlich fehlt oder wenn die Mietspiegel mehrerer Nachbargemeinden in Betracht kommen könnten.[145]

Ungeschriebenes Tatbestandsmerkmal ist, dass die vergleichbaren Gemeinden **30** **Nachbargemeinden** sind.[146] Umstritten ist, ob die Gemeinden aneinandergrenzen müssen. Begründet wird diese Forderung damit, dass nur dann von einem vergleichbaren Wohnungsmarkt ausgegangen werden kann.[147] Die Rspr. hat dem Merkmal weniger einengend verstanden.[148] Richtigerweise kann es auf die Frage, ob die Gemeindegebiete tatsächlich an irgendeiner Stelle aneinander grenzen, nicht ankommen. Entscheidend ist die Vergleichbarkeit.[149] Im Rahmen des **Gemeindevergleichs** kommt aber der regionalen Lage durchaus eine große Bedeutung zu. Das Mietniveau unterscheidet sich regional nicht unerheblich. Deshalb ist eine Gemeinde in Norddeutschland kaum mit einer solchen in Süddeutschland zu vergleichen. Es muss sich also um Gemeinden aus der gleichen Region handeln, wobei eine gemeinsame Gemeindegrenze nicht zwingend erforderlich ist. Die Tatsache, dass zwei Gemeinden beide an eine Großstadt angrenzen und sich dies auch bei den Grundstückspreisen niederschlägt, rechtfertigt noch keine Annahme einer Vergleichbarkeit.[150] Die Entwicklung der Grundstückspreise lässt keine verlässlichen Rückschlüsse auf die ortsübliche Vergleichsmiete zu. Je weiter die Gemeinden voneinander entfernt liegen, desto eher dürfte eine Vergleichbarkeit zu verneinen sein. Grundsätzlich können aus der Gebäude-, Wohnungs- und Mietenerhebung (GWZ) **Daten zur regionalen Mietenstruktur** entnommen werden. Die letzten

---

[141] BGH NZM 2019, 813; Börstinghaus NZM 2019, 815.

[142] Börstinghaus NZM 2019, 815.

[143] So eben noch die von BGH ausdrücklich abgelehnte Rspr. des Rechtsentscheid des OLG Stuttgart NJW 1982, 945 (946).

[144] LG Itzehoe ZMR 2012, 556; **aA** AG Leonberg WuM 2016, 628.

[145] LG Düsseldorf WuM 2006, 100; BeckRS 2007, 04435; AG Ahrensburg GE 2012, 133.

[146] Sternel MietR Kap. IV Rn. 228; Haase WuM 1993, 441 (442); Staudinger/V. Emmerich BGB § 558a Rn. 49; **aA** Bub/Treier MietR-HdB/Schultz Kap. III Rn. 1246, der aus der Formulierung der vergleichbaren Gemeinde herzuleiten meint, dass nach dem Wortlaut von einer Nachbarschaft nichts auszugehen sei. Aber auch er meint, dass von einer Vergleichbarkeit bei Nachbargemeinden eher auszugehen ist.

[147] Staudinger/V. Emmerich BGB § 558a Rn. 49.

[148] LG Itzehoe ZMR 2012, 556; AG Darmstadt WuM 1988, 129.

[149] BGH NJW 2010, 2946; LG Itzehoe ZMR 2012, 556; AG Ludwigsburg WuM 2017, 327 mAnm Mummenhoff jurisPR-MietR 24/2017 Anm. 2.

[150] BGH NZM 2019, 813.

veröffentlichten Daten betreffen den Zensus aus dem Jahre 2011. Neue Daten sind aufgrund des Gebäude- und Wohnungszählung 2021 zu erwarten. Ein Hilfsmittel kann ferner die Einstufung der Gemeinden in die neun Kreistypen entsprechend den Definitionen der Zentralität und Verdichtung der Bundesforschungsanstalt für Landeskunde und Raumordnung (BfLR) sein. Danach erfolgt die Einteilung in folgende Regionen:
- mit großen Verdichtungsräumen, Kernstädte,
- mit großen Verdichtungsräumen, hochverdichtete Kreise,
- mit großen Verdichtungsräumen, verdichtete Kreise,
- mit großen Verdichtungsräumen, ländliche Kreise,
- mit Verdichtungsansätzen, Kernstädte,
- mit Verdichtungsansätzen, verdichtete Kreise,
- mit Verdichtungsansätzen, ländliche Kreise,
- verdichtete Kreise in ländlich geprägten Regionen,
- ländliche Kreise in ländlich geprägten Regionen.

31   Für Gemeinden in denen es einen Mietspiegel gibt, der aber für die konkrete Wohnung keine Angaben enthält oder deren Mietspiegel veraltet ist, kann die Vergleichbarkeit der Gemeinden auch mittels eines **Vergleichs der bisherigen Mietspiegel** stattfinden. Dabei ist darauf zu achten, dass möglichst die Werte für eine Referenzwohnung zu einem einheitlichen Zeitpunkt verglichen werden.[151]

32   Die Vergleichbarkeit der Gemeinden richtet sich außerdem nach[152]:
- der wirtschaftlichen, kulturellen und sozialen Infrastruktur
- dem Grad der Industrialisierung
- der verkehrstechnischen Erschließung
- der Anbindung an Versorgungszentren.

Die Beurteilung der Frage, ob eine **Vergleichbarkeit zweier Gemeinden** gegeben ist oder nicht, hat aufgrund einer Gesamtbetrachtung aller Kriterien des jeweiligen Einzelfalls und deren anschließender Gewichtung und Abwägung zu erfolgen.[153]Ein **Teilvergleich** mit einzelnen Stadt- oder Ortsteilen ist dabei unzulässig.[154] Die Einteilung zweier Gemeinden in die gleiche Mietenstufe durch das AFWoG genügt ebenso wenig[155] wie Hinweise auf den Mietspiegel einer Nachbargemeinde auf der Internetseite der Gemeinde.[156] Eine Hochschulstadt mit ca. 68.000 Einwohnern ist ebenso wenig mit einer Kleinstadt von 8.500 Einwohnern vergleichbar[157] wie ein Ort mit 4.500 Einwohner mit einer benachbarten Großstadt mit 500.000 Einwohnern[158] oder ein Oberzentrum mit 125.000 Einwohnern mit einer Kleinstadt ohne diese Funktion mit 15.000 Einwohnern.[159] Die verkehrs-

---

[151] Einen solchen Vergleich für 420 Mietspiegelorte mit mehr als 20.000 Einwohner enthält die Broschüre der Fa. F+B „Mieten in Deutschland – Der F+B Mietspiegelindex 2020".

[152] AG Fürstenfeldbruck NZM 2014, 352; AG Ahaus WuM 1990, 519; Gutekunst BayGWW 1975, 23; Roewer/Hüsken ZMR 1979, 163.

[153] BGH NZM 2019, 813; Börstinghaus NZM 2019, 815.

[154] BGH NJW 2014, 1173; LG Heidelberg WuM 2012, 205 mAnm Börstinghaus jurisPR-MietR 5/2012 Anm. 2; LG Darmstadt WuM 1996, 559; Staudinger/V. Emmerich BGB § 558a Rn. 50.

[155] LG Darmstadt WuM 1996, 559.

[156] AG Fürstenfeldbruck NZM 2014, 352.

[157] AG Aschaffenburg WuM 2013, 673.

[158] BGH NJW 2014, 1173.

[159] BGH NZM 2019, 813.

technische Anbindung ist sowohl was den öffentlichen Personennahverkehr mit U-und S-BahnAnschluss[160] wie auch den Autobahnanschluss angeht zu berücksichtigen.[161] Rechnerische Anpassungen z.B. durch Zu- und Abschläge sind unzulässig.[162] Die Gemeinden müssen vergleichbar sein, eine rechnerisch herzustellende Vergleichbarkeit reicht nicht aus. Ein weiteres Kriterium, welches gegen die Vergleichbarkeit von Gemeinden spricht, ist der Umstand, dass eine Gemeinde in eine Landesverordnung gem. § 556d Abs. 2 BGB aufgenommen wurde, so dass dort die Neuvertragsmieten beschränkt werden, und die andere Gemeinde nicht.[163]

In der **Rspr.** wurden bisher folgende Gemeinden für vergleichbar bzw. nicht **33** vergleichbar gehalten:

Auf folgende Gemeinde	wurde der Miet-spiegel der Gemeinde	ange-wandt oder nicht	Gericht Fundstelle	Bemerkung
Ahaus	Bocholt	Nein	AG Ahaus WuM 1988, 66; 1990, 519	
Ahrensburg	Norderstedt	Nein	AG Ahrensburg GE 2012, 133[164]	Es müsse schon begründet werden, warum nicht der Mietspiegel von Hamburg angewandt wird.
Backnang	Schorndorf	Ja	BGH VIII ZR 99/09, NJW 2010, 2946	
Bad Krozingen	Freiburg	Ja	AG Freiburg NZM 2002, 819	
Baltmanns-weiler	Esslingen	Nein	AG Esslingen 27.11.2014 – 5 C 813/13	
Berlin	Hamburg	Ja	LG Berlin MM 1992, 21	für die Zeit vor Erstellung des Berliner Mietspiegels
Bochum	Essen/ Hattingen	Ja	AG Bochum DWW 1989, 171	Bochum hat seit einigen Jahren einen eigenen Mietspiegel

---

[160] BGH NZM 2019, 813.
[161] AG Fürstenfeldbruck NZM 2014, 352.
[162] BGH NJW 2014, 1173; AG Ludwigsburg WuM 2017, 327 mAnm Mummenhoff, jurisPR-MietR 24/2017 Anm. 2.
[163] LG Flensburg Beschlüsse vom 23.5.2018 und 12.7.2018 im Verfahren 1 S 1/18 (juris) mAnm Börstinghaus jurisPR-MietR 23/2018 Anm. 3.
[164] MkritAnm Schach GE 2012, 105.

Auf folgende Gemeinde	wurde der Miet-spiegel der Gemeinde	ange-wandt oder nicht	Gericht Fundstelle	Bemerkung
Boostedt	Neu-münster	Ja	LG Kiel NJW-RR 1992, 339	wenn der Mietspiegel auch ländliche Rand-gemeinden erfasst
Burscheid	Leverkusen	Ja		Der Hauptausschuss der Stadt Burscheid hat die Übernahme des Leverkusener Miet-spiegels mit einem Ab-zug von 0,15 EUR/m² für den „internen Dienstgebrauch" be-schlossen.[165]
Dormagen	Leverkusen	Ja	LG Düsseldorf 16.12.1990 – 24 S 419/90	Das Gericht hat dem Mietspiegel für Dor-magen den Beweis-wert aberkannt und ein SV-Gutachten ein-geholt, das der Gut-achter dann in Anleh-nung an die Werte des Mietspiegels für Lever-kusen erstellt hat.
Duisburg	Wesel	Ja	LG Duisburg WuM 1991, 502	
Erlangen	Nürnberg	Ja	LG Nürnberg-Fürth WuM 1988, 279	Die Stadt Erlangen hat seit 1996 einen eige-nen Mietspiegel.
Eppelheim	Heidelberg	Nein	LG Heidelberg WuM 2012, 205	Es reicht nicht aus, dass Eppelheim mit dem Heidelberger Stadtteil Wieblingen vergleich-bar ist.
Essen	Gladbeck	Ja	LG Essen WuM 1991, 120	

---

[165] Http://behoerdenlotse.burscheid.de/Dienstleistungdetail.aspx?dlid=3180.

Auf folgende Gemeinde	wurde der Mietspiegel der Gemeinde	angewandt oder nicht	Gericht Fundstelle	Bemerkung
Flensburg	Kiel	Nein	LG Flensburg Beschlüsse vom 23.5.2018 und 12.7.2018 – 1 S 1/18 (juris)[166]	
Gerlingen	Stuttgart	Nein	AG Ludwigsburg WuM 2017, 640[167]; 2017, 327[168]	
Hersbruck	Lauf an de Pegnitz	Nein	AG Hersbruck Urt. v. 15.9.2020 – 1 C 513/20	
Griesheim	Darmstadt	Nein	AG Darmstadt ZMR 2018, 597	
Hilden	Solingen	Ja	LG Düsseldorf WuM 1986, 323	
Hilden	Langenfeld	Ja	AG Langenfeld WuM 1992, 378	
Inden	Düren	Nein	AG Jülich WuM 1985, 363	
Kaarst	Neuss	Ja	AG Neuss WuM 1993, 684	
Kall	Mechernich	Ja	AG Schleiden und LG Aachen WuM 1997, 379	
Karlsfeld	München	Nein	LG München II WuM 1986, 259	

---

[166] Börstinghaus jurisPR–MietR 23/2018 Anm. 3.
[167] Börstinghaus jurisPR–MietR 7/2018 Anm. 1.
[168] Mummenhoff jurisPR–MietR 24/2017 Anm. 2.

Auf folgende Gemeinde	wurde der Mietspiegel der Gemeinde	angewandt oder nicht	Gericht Fundstelle	Bemerkung
Karlsruhe	Mannheim	Nein	AG Karlsruhe WuM 2012, 146	Zumindest wenn dies nicht im Erhöhungsverlangen begründet wurde.
Klein-Kummerfeld	Neumünster	Nein	AG Bad Segeberg WuM 1993, 619	
		Ja	AG Bad Segeberg WuM 1994, 485	
Blütenstadt Leichlingen	Leverkusen	Ja		Der Mietspiegel von Leverkusen wird „wegen der Vergleichbarkeit des Wohnungsmarktes" für das Städtegebiet Leichlingen übernommen (s. Bek. des Bürgermeisters im Amtsblatt von Leichlingen Nr. 16/2011 v. 12.7.2011).
Leinfelden-Echterdingen	Stuttgart	Ja	LG Stuttgart NJW-RR 1993, 279	Mit einem Abzug von 5%.
Lienen	Lengerich	Nein	AG Tecklenburg WuM 1984, 283	
Leopoldshöhe	Bielefeld	Nein	AG Lemgo WuM 1985, 363	
Lohmar	Siegburg	Nein	AG Siegburg WuM 1985, 362	
Mainaschaff	Aschaffenburg	Nein	AG Aschaffenburg WuM 2013, 673	

Auf folgende Gemeinde	wurde der Mietspiegel der Gemeinde	angewandt oder nicht	Gericht Fundstelle	Bemerkung
Meerbusch-Strump	Düsseldorf	Nein	AG Neuss ZMR 2006, 447, rkr. nach Beschluss des LG Düsseldorf WuM 2006, 100	da die Stadt Meerbusch keine geschlossene Gemeinde sei und die ländlichen Gebiete nicht mit Düsseldorf vergleichbar sind
Michendorf	Potsdam	Ja	AG Potsdam GE 2012, 1047	Für den Ortsteil Wilhelmshorst
		Nein	LG Potsdam WuM 2014, 211 = ZMR 2014, 797	Für den Ortsteil Wildenbruch
Mühlheim am Main	Offenbach am Main	Nein	LG Darmstadt WuM 1996, 559	
Niederkassel	Köln	Ja	AG Siegburg WuM 1992, 628	
Niederzier-Ellen	Düren	Nein	AG Jülich WuM 1985, 363	
Ostfildern	Esslingen	Ja	AG Esslingen WuM 2015, 161	Aber nicht als Begründungsmittel sondern als Schätzungsgrundlage im Prozess
Pinneberg	Norderstedt	Ja	LG Itzehoe ZMR 2012, 556	
Puchheim	Germering	Nein	AG Fürstenfeldbruck NZM 2014, 352	
Ratingen	Düsseldorf	Ja	AG Ratingen WuM 1993, 455	mit Abschlag von 7,5%
Rednitzhembach	Schwabach	Ja	LG Nürnberg-Fürth WuM 2015, 675	Mit Abschlag von 10%

Auf folgende Gemeinde	wurde der Miet-spiegel der Gemeinde	ange-wandt oder nicht	Gericht Fundstelle	Bemerkung
Remseck	Ludwigs-burg	Nein	AG Ludwigs-burg WuM 2014, 30	Keine Anwendung des qualifizierten Miet-spiegels Ludwigsburg 2011, da für Remseck einfacher Mietspiegel fort gilt
Rückersdorf	Nürnberg	Nein	BGH VIII ZR 413/12, NJW 2014, 1173	Auch nicht mit Abschlag von 30%
Schönefeld	Berlin	Ja	LG Potsdam WuM 2004, 671	
Siegburg	Köln	Ja	AG Siegburg WuM 1992, 628	
		Nein	AG Siegburg WuM 1995, 398	
Stein	Fürth	Nein	BGH NJW 2019, 3515[169]	
Taunusstein	Limburg	Nein	LG Limburg WuM 1987, 29	benutzt worden war eine Mietpreis-übersicht des Finanz-amtes
Telgte	Warendorf	Ja	AG Warendorf WuM 1993, 455	
Münster		Nein	AG Warendorf WuM 1993, 455; 1988, 66	
Tettnang	Ravensburg	Ja	LG Ravensburg ZMR 1990, 19	
Troisdorf	Köln	Ja	AG Siegburg WuM 1992, 628	

---

[169] Ebenso schon in den Vorinstanzen AG Fürth Urt. v. 27.3.2017 – 340 C 357/14; LG Nürn-berg-Fürth Urt. v. 3.7.2018 – 7 S 2965/17.

Auf folgende Gemeinde	wurde der Mietspiegel der Gemeinde	angewandt oder nicht	Gericht Fundstelle	Bemerkung
Wassenberg	Heinsberg	Nein	AG Heinsberg WuM 2008, 689	
Wedel	Hamburg	Nein	AG Pinneberg 10.10.2003 – 66 C 242/03	
Wegberg	Erkelenz	Ja	LG Mönchengladbach WuM 1993, 197	
Weil der Stadt	Leonberg	Nein	AG Leonberg WuM 2016, 628	
Wuppertal	Düsseldorf	Nein	AG Wuppertal 12.11.1996 – 92 C 360/92	

4. Zuschläge zu den Mietspiegelwerten. Begründet ein Vermieter sein **34** Mieterhöhungsverlangen mit einem Mietspiegel, dann ist er grds. an dessen Struktur und Werte gebunden. Es ist nur in sehr eingeschränktem Maße zulässig, zu diesen Werten des Mietspiegels Zuschläge hinzuzurechnen. Sieht der Mietspiegel solche Zu- und/oder Abschläge bspw. für besonders große oder kleine Wohnungen, Isolierfenster, Aufzug, Garten und dergleichen vor, dann sind sie selbstverständlich zulässig. Ebenfalls zulässig sind Zuschläge für zusätzliche tatsächliche Leistungen des Vermieters, die üblicherweise honoriert werden. Hierzu zählt z.B. die Überlassung einer Garage, eines (Tiefgaragen-)Stellplatzes[170], eines Carports, eines Mansardenzimmers sowie von Möblierungsgegenständen oder die Gartennutzung.[171] Auch eine über den üblichen vertragsgemäßen Gebrauch hinausgehende und deshalb gesondert erlaubte Gebrauchsmöglichkeit wie z.B. die Untervermietung[172] oder die teilgewerbliche Nutzung, können im Einzelfall einen Zuschlag zu den Mietspiegelwerten rechtfertigen.[173] Unzulässig sind auf jeden Fall **Zuschläge für bestimmte Teilmärkte,** also Wohnungen, die von bestimmten Bevölkerungsgruppen angemietet werden, wie zB Studenten,[174] Ausländern,[175] Stationierungskräften[176] oder Wohngemeinschaften.[177] Solche subjektiven Merkmale sollen nach

---

[170] Str. ist, ob ein Parkplatz zu berücksichtigen ist, wenn dafür ein gesondertes Entgelt zu zahlen ist, verneinend: AG Münster WuM 2018, 651; AG Wedding MM 9/2018 S. 30; MM 6/2018 S. 30; bejahend: AG Neukölln MM 2019, Nr. 6 S. 30; AG Schöneberg 6E 2018, 719.

[171] Börstinghaus WuM 2017, 549.

[172] Dazu Caspers ZAP F. 4, S. 1757.

[173] Börstinghaus WuM 2017, 549.

[174] AG Dortmund NJW-RR 1991, 1128.

[175] OLG Stuttgart NJW 1982, 1160.

[176] OLG Hamm NJW 1983, 947.

[177] OLG Hamm NJW 1983, 1622.

dem eindeutigen Wortlaut des § 558 Abs. 2 BGB gerade keinen Einfluss auf die Höhe der ortsüblichen Vergleichsmiete haben. Ob Zuschläge zu einem **qualifizierten Mietspiegel** möglich sind, ist zweifelhaft.[178] Nicht möglich sind sie dann, wenn die Frage, wegen der jetzt ein Zuschlag zum Mietspiegelwert hinzugerechnet werden soll, Gegenstand der Datenerhebung war und sich dort kein signifikanter Unterschied zu Wohnungen ohne dieses Merkmal ergeben hat.[179] Ebenso wenig darf ein Zuschlag verlangt werden, wenn das Merkmal, zB das besonders gute Lage, bereits bei der Mietspiegeleinordnung berücksichtigt wurde.[180]

35   Zulässig sind jedoch Zuschläge, die erst eine Vergleichbarkeit der Werte herstellen sollen. Dabei ist zu unterscheiden zwischen **nutzerbezogenen Zuschlägen,** da dem konkreten Mieter eine über das übliche hinausgehende Nutzung gestattet wurde (Untervermietung, teilgewerbliche Nutzung), den **leistungsbezogenen Zuschlägen** für Zusatzleistungen des Vermieters (Möblierung) und **kostenbezogenen Zuschlägen** (Schönheitsreparaturen, Kleinreparaturen).[181] Die ersten beiden sind grds. zur Herstellung der Vergleichbarkeit zulässig. Die kostenbezogenen Zuschläge können zwar bei der Vereinbarung der Miete gesondert ausgewiesen werden, sind aber bei einer Mieterhöhung idR nicht zu berücksichtigen, es sei denn der Markt differenziert tatsächlich danach. Im Einzelnen bedeutet das folgendes:

36   **a) Fehlende Übernahme von Schönheitsreparaturen.** Nachdem der BGH in großem Umfang formularvertragliche Schönheitsreparaturklauseln für unwirksam erklärt hatte, tauchte die Frage auf, ob die fehlende Abwälzung der Schönheitsreparaturen zu einem Zuschlag zur ortsüblichen Vergleichsmiete berechtigt. Der BGH[182] hat einen solchen Zuschlag abgelehnt. Sowohl der **Wortlaut** des § 558 BGB wie auch **Sinn und Zweck** der Regelung sähen einen solchen Zuschlag nicht vor. Nach dem Regelungskonzept des Gesetzgebers würden die Marktverhältnisse den Maßstab für die Berechtigung einer Mieterhöhung bilden. Ein Zuschlag zur ortsüblichen Vergleichsmiete wegen der vom Vermieter vorzunehmenden Schönheitsreparaturen orientiere sich dagegen an den **Kosten** für die Vornahme der Schönheitsreparaturen. Auch der **Entgeltcharakter**[183] der Schönheitsreparaturen rechtfertige keine andere Betrachtung. Der Fall sei auch nicht mit dem der Teilinklusivmiete (→ Rn. 55) vergleichbar, da die Umlage der Betriebskosten in § 556 BGB ausdrücklich vorgesehen sei. Man muss zwei Fragen trennen: **a)** Gibt es überhaupt zwei verschiedene **Teilmärkte**[184], also renovierte und unrenovierte Wohnungen? Wenn ja, dann sind hierfür auch unterschiedliche ortsübliche Vergleichsmieten zu ermitteln.[185] **b)** In diesem Fall kann auch bei einer Bestandsmietenerhöhung ein Zuschlag zur ortsüblichen Vergleichsmiete hinzugerechnet werden, wenn der konkrete Mieter – anders als die übrigen Mieter, deren Miete in

---

[178] Zweifelnd AG Dortmund WuM 2003, 627 (628); dafür LG Frankfurt a. M. NZM 2003, 974.

[179] AG Dortmund WuM 2012, 103.

[180] Bub/Treier MietR-HdB/Schultz Kap. III Rn. 1253.

[181] So die Differenzierung von Sternel MietR Kap. IV Rn. 183.

[182] BGHZ 177, 186 = NJW 2008, 2840; BGH WuM 2008, 487; BGH NJW 2009, 1410; Staudinger/V. Emmerich BGB § 558 Rn. 21; Lehmann-Richter BGHReport 2008, 1001; Blümmel GE 2008, 1086; Niebling ZMR 2008, 881; Häublein ZMR 2009, 1.

[183] BGH NJW 2006, 3778; BGH NJW 1988, 2790.

[184] BGHZ 204, 302 = NJW 2015, 1594 Rn. 28.

[185] Artz NZM 2015, 801.

die Ermittlung der ortsüblichen Vergleichsmiete eingeflossen ist – keine Schönheitsreparaturen schuldet. Einen solchen Zuschlag hat der BGH für den Fall bejaht, wenn sich für Wohnungen mit und ohne Abwälzung der Schönheitsreparaturen am Markt tatsächlich **unterschiedliche Preise** entwickelt haben. Das ist aber kaum zu erwarten, weil dann die Vermieter mit einer wirksamen Abwälzung der Schönheitsreparaturen eine niedrigere Miete verlangen müssten. Verlangt der Vermieter im Mieterhöhungsverlangen einen solchen Zuschlag ist das Erhöhungsverlangen formell in Ordnung und allenfalls materiell (teil)unwirksam.[186] Es ist aber zulässig, dass der Mieter nur von den Mietern die Zustimmung zu einer Mieterhöhung bis zur ortsüblichen Vergleichsmiete (ohne einen Zuschlag) verlangt, die zuvor einer angebotenen Vertragsänderung mit einer wirksamen Schönheitsreparaturklausel nicht zugestimmt haben.[187] Unschädlich ist es im Übrigen, wenn der Vermieter im Mietvertrag die geschuldete Mietzahlung aufschlüsselt, z. B. in einen Anteil für vom Vermieter durchzuführende Schönheitsreparaturen[188] und die Grundmiete. Es handelt sich um die Offenlegung der Preiskalkulation, aber letztendlich um eine einheitliche Grundmiete. Die Klausel ist auch nicht unwirksam, weil es sich um eine Preishauptabrede handelt.[189] Der ausgewiesene Betrag darf nur nicht als Zuschlag bei einer Mieterhöhung auf die ortsüblichen Vergleichsmiete angesetzt werden. Er ist Teil der Nettomiete.[190] Eine andere Frage ist die, ob der als vertragsgemäß vereinbarte unrenovierte Zustand[191] einer Wohnung bei der Ermittlung der ortsüblichen Vergleichsmiete der Wohnung zu berücksichtigen ist (→ BGB § 558 Rn. 79). Das ist zu bejahen, da Ausstattung und Beschaffenheit der Wohnung Wohnwertmerkmale gem. § 558 Abs. 2 BGB sind.

b) Fehlende Übernahme der Kosten von Kleinreparaturen. Der Vermie- 37
ter darf auch keinen Zuschlag zur ortsüblichen Vergleichsmiete hinzurechnen, wenn er im Mietvertrag die Kostentragung für **Kleinreparaturen nicht wirksam auf den Mieter abgewälzt** hat. Ebenso ist auch kein Abschlag vorzunehmen, wenn die Abwälzung erfolgt ist.[192] Ähnlich wie bei den unwirksamen Schönheitsreparaturklauseln hat der BGH[193] einen solchen Zuschlag abgelehnt, weil das Gesetz ihn nicht vorsehe und einem solchen Zuschlag auch Sinn und Zweck der §§ 558 ff. BGB entgegenstünden. Das ist iE richtig. Das Problem kann iÜ nur dann auftauchen, wenn im Mietspiegel festgehalten ist, dass in der Gemeinde neben der ausgewiesenen Grundmiete vom Mieter auch die Kosten der Kleinreparaturen übernommen werden.[194] Dabei ist schon fraglich, ob diese Feststellung im Miet-

---

[186]   AG Schöneberg GE 2009, 523

[187]   AG Tempelhof-Kreuzberg GE 2009, 1051; AG Schöneberg GE 2009, 1195.

[188]   BGH NZM 2017, 594 mit krit. Bespr. v. Fervers FS Börstinghaus, 2020, 89; OLG Frankfurt a. M. NZM 2001, 418; AG Stuttgart WuM 2016, 626; AG Schöneberg GE 2009, 981.

[189]   BGH NZM 2017, 594; Börstinghaus NZM 2017, 594, 595; Börstinghaus NZM 2018, 529, 536; Börstinghaus NZM 2019, 225, 233.

[190]   AG Stuttgart WuM 2016, 626.

[191]   BGH NZM 2020, 710; BGH NZM 2020, 704 dazu Artz NZM 2020, 769; Börstinghaus LMK 2020, 432127; Kappus NJW 2020, 3522.

[192]   LG Berlin GE 2009, 654.

[193]   BGH WuM 2008, 487; ebenso Staudinger/V. Emmerich BGB § 558 Rn. 21.

[194]   Dafür LG München NZM 2002, 945; dagegen LG Dortmund WuM 2006, 570; AG Dortmund WuM 2004, 718; 2006, 39 mAnm Börstinghaus WuM 2006, 187; AG Frankfurt a. M. WuM 2006, 204; Sternel MietR Kap. IV Rn. 187; Kinne GE 2006, 1388 (1394); zweifelnd noch AG Dortmund WuM 2003, 627.

spiegel Bedeutung hat, da sie regelmäßig nicht auf empirischen Feststellungen beruhen kann. Die Überprüfung von Kleinreparaturklauseln ist äußerst komplex und im Rahmen einer Datenerhebung für einen Mietspiegel gar nicht zu bewerkstelligen. Bei der Beurteilung der wirtschaftlichen Bedeutung der Kleinreparaturklausel muss des Weiteren berücksichtigt werden, dass die Abwälzung auf den Mieter sowohl hinsichtlich der einzelnen Reparatur wie auch hinsichtlich der Jahresleistung begrenzt ist. Die Inanspruchnahme ist nur sehr selten möglich und wird noch seltener praktiziert. Ein **messbarer Wert** ist hier anders als bei der Abwälzung der Schönheitsreparaturen kaum feststellbar. Wenn man eine solche Abwälzung für zulässig erachtet, dann sind zumindest die Werte des öffentlich geförderten Wohnungsbaus nicht heranzuziehen.[195] Ein solcher Zuschlag führt zu einer unzulässigen **Vermischung der unterschiedlichen Mietpreissysteme.**[196] Wenn man einen solchen Zuschlag entgegen der hier vertretenen Auffassung und der Meinung des BGH zulässt, dann muss der Vermieter diesen Zuschlag auf jeden Fall im Mieterhöhungsverlangen nachvollziehbar begründen.[197]

38   **c) Inklusivmieten.** Ähnlich wie die Frage der Übernahme der Schönheitsreparaturen ist auch die Situation bei unterschiedlichen Mietstrukturen. Der Mieter zahlt für eine Wohnung[198] letztendlich einen bestimmten Betrag. Ob dieser Betrag sich zusammensetzt aus einer Grund- oder Nettomiete und Nebenkostenvorauszahlung oder ob eine (Teil-)Inklusivmiete oder die Zahlung einer **Betriebskostenpauschale**[199] geschuldet wird, ist für die Feststellung der Gegenleistung des Mieters unerheblich. Entweder bleiben die Betriebskosten bei der Vertragsmiete und der ortsüblichen Vergleichsmiete jeweils unberücksichtigt oder sie müssen auf beiden Seiten mit berücksichtigt werden. Seit der Mietrechtsreform 2001 können Betriebskostensteigerungen bei solchen Brutto- oder Teilinklusivmieten nur über eine **Mieterhöhung** gem. § 558 BGB weitergegeben werden.[200] In einem solchen Mieterhöhungsverfahren muss deshalb sichergestellt sein, dass die Vertragsmiete und die Vergleichsmiete **die gleiche Mietstruktur** aufweisen, da anderenfalls die Vergleichsmaßstäbe nicht stimmen. Mietspiegel weisen fast ausschließlich eine Nettomiete, also die Grundmiete, aus. Solange der Vermieter mit diesen Werten eine Nettomiete erhöhen will, tauchen keine Probleme auf. Wenn jedoch in der konkreten Vertragsmiete die Betriebskosten ganz oder teilweise enthalten sind[201], muss eine Umrechnung erfolgen.[202] Soll auf der Grundlage eines Netto-Mietspiegels ein solches Entgelt bis zur ortsüblichen Vergleichsmiete erhöht werden, so kann die ortsübliche Vergleichsmiete iSd § 558 Abs. 2 BGB in der Weise festgestellt werden, dass zu den Werten des Nettomietspiegels ein Zuschlag in Höhe der tatsächlich auf

---

[195] AG Dortmund WuM 2003, 627.
[196] BGH WuM 2008, 487; AG Dortmund WuM 2004, 718.
[197] LG Hamburg ZMR 2003, 491.
[198] Neuerdings werden Modelle erörtert, bei denen in der Miete neben der Grundmiete, den Betriebs- und Heizkosten auch die Nutzung von Internet, Telefon und Kabel-TV enthalten ist (sog. Flatratemiete), dazu Saxinger NZM 2018, 849; Boyko, Die Wohnungswirtschaft 2017, 68.
[199] LG Berlin GE 2016, 728.
[200] BGH NJW 2004, 1380.
[201] Das ist auch der Fall, wenn die Abwälzung der Betriebskosten wegen Unklarheit der Vereinbarung unwirksam ist: LG Berlin GE 2015, 387.
[202] Nach AG Tiergarten GE 1998, 1217 ist die Umrechnung aber dann nicht erforderlich, wenn die verlangte Bruttomiete unter dem Nettowert des Mietspiegels liegt.

die Wohnung entfallenden Betriebskosten, soweit sie den Rahmen des Üblichen nicht überschreiten, hinzugerechnet wird.[203] Durch diese Berechnung wird erst die Vergleichbarkeit hergestellt, so dass es sich nicht um einen unzulässigen Zuschlag handelt.

Der **Zuschlag zu den Werten des Netto-Mietspiegels** ist der Art zu berech- **39** nen, dass die konkreten auf die Wohnung entfallenden Betriebskosten ermittelt werden soweit sie nicht Betriebskostenarten betreffen, für die der Mieter gesonderte Vorauszahlungen oder eine Pauschale zahlt. Dies gilt auch, wenn das Erhöhungsverlangen mit einem Sachverständigengutachten[204] oder mit Vergleichswohnungen[205] begründet wurde. Hinsichtlich der Heizkosten muss man differenzieren: Grundsätzlich ist die Vereinbarung einer **Warmmiete** wegen Verstoßes gegen § 2 HeizKV unwirksam.[206] Dabei kommt es nach Ansicht des BGH nicht darauf an, dass eine Mietvertragspartei die verbrauchsabhängige Abrechnung verlangt hat.[207] Das hat zur Folge, dass der Vermieter nur einen Zustimmungsanspruch auf die ortsübliche (Brutto-)Kalt-Vergleichsmiete hat.[208] Hinzu kommen Vorauszahlungen für die Heizkosten. Verlangt der Vermieter vom Mieter die Zustimmung zur Erhöhung einer vereinbarten Bruttowarmmiete bis zur ortsüblichen Vergleichsmiete, hat der Umstand, dass die Warmmietenvereinbarung gem. § 2 HeizKV nicht anzuwenden ist, nicht die Unwirksamkeit des Mieterhöhungsverlangens – und damit auch nicht die Unzulässigkeit der Zustimmungsklage – zur Folge.[209] Im Mieterhöhungsverlangen sind die in der **Bruttowarmmiete** enthaltenen Heizkosten herauszurechnen. Im Rahmen der formellen Wirksamkeit genügt es dabei, diese im Mieterhöhungsverlangen anzugeben. Der Mieter wird hierdurch in die Lage versetzt, dieses nachzuvollziehen.[210] Etwas anderes gilt nur dann, wenn der HeizKV ausnahmsweise keine Anwendung findet.

Bei der Ermittlung des Zuschlags werden die anteiligen Betriebskosten pro Jahr **40** auf den m²/Monat umgerechnet und dieser Wert dann zu den m²-Mieten des Mietspiegels hinzugerechnet.

Beispiel: Der Mieter zahlt für seine 80 m² große Wohnung in einem insgesamt 500 m²-Wohnfläche großen Mehrfamilienhaus 560 EUR Miete. Zusätzlich hat er nach dem Mietvertrag Nebenkostenvorauszahlungen zu leisten für die Heizung, das Wasser, die Entwässerung, Flurlicht und die Haftpflichtversicherung.

---

[203] BGH WuM 2006, 39; OLG Stuttgart NJW 1983, 2329; OLG Hamm NJW-RR 1993, 398; KG NZM 1998, 68; LG Rottweil NZM 1998, 432; LG Mannheim WuM 1991, 594; LG Stade WuM 1988, 279; LG Karlsruhe DWW 1988, 116; WuM 1985, 328; AG Dortmund DWW 1989, 367; AG Kamen DWW 1987, 164; Bamberger/Roth/Schüller BGB § 558a Rn. 15; Hannemann NZM 1998, 612; **aA** Beuermann NZM 1998, 598; GE 1999, 352.

[204] AG Schöneberg GE 2008, 1265.

[205] LG Berlin GE 2014, 191.

[206] BGH NZM 2006, 652; LG Berlin GE 2015, 1405; Saxinger NZM 2018, 849 (850); Thomma WuM 2006, 658; Schach GE 2006, 1071; Ludley DWW 2006, 418; Schmidt ZMR 2007, 15.

[207] So auch Beuermann GE 2015, 1333; Lammel HeizKV § 2 Rn. 13.

[208] LG Berlin GE 2016, 867.

[209] BGH NZM 2006, 652; LG Berlin GE 2015, 1405; 2016, 867; Beuermann GE 2015, 1333; Thomma WuM 2006, 658; Schach GE 2006, 1071; Ludley DWW 2006, 418; Schmidt ZMR 2007, 15.

[210] BGH NZM 2006, 652; LG Berlin GE 2016, 867; 2015, 1405.

Der **Zuschlag zur Nettomietwerttabelle des Mietspiegels** errechnet sich dann wie folgt:

Betriebskostenanteil in der Miete: folgende Kosten fallen im Haus im Jahr an:

Grundsteuer	500 EUR
Gebündelte Gebäudeversicherung	700 EUR
Straßenreinigung	300 EUR
Müllabfuhr	250 EUR
Summe	1.750 EUR

1.750 EUR : 500 m^2	3,50 EUR
3,50 EUR : 12 Monate	0,29 EUR

Beträgt die ortsübliche Nettovergleichsmiete nach dem Mietspiegel 4 EUR/m^2, dann ist zu diesem Wert von 4 EUR der Betriebskostenanteil von 0,29 EUR wieder hinzuzurechnen um die ortsübliche Teilinklusivmiete zu ermitteln.

41 Maßgeblich sind die Betriebskosten die zum **Zeitpunkt der Abgabe des Mieterhöhungsverlangens** festgestellt werden können,[211] nicht die zum Zeitpunkt der letzten Mieterhöhung oder zum Wirkungszeitpunkt der Mieterhöhung oder gar zum Abschluss des Mietvertrages vom Vermieter tatsächlich gezahlt werden.[212] Auch die ortsüblichen[213] oder durchschnittlichen[214] Kosten sind nicht maßgeblich. Der auf die Wohnung entfallende Betriebskostenanteil, den der Vermieter zur schlüssigen Darlegung seines Anspruchs auf Zustimmung zur Erhöhung der Bruttokaltmiete im Mieterhöhungsverlangen anzugeben hat, ergibt sich aus der Betriebskostenaufstellung für den dem Mieterhöhungsverlangen vorangegangenen Abrechnungszeitraum, soweit diese bereits vorliegt.[215] Die Betriebskostenaufstellung muss dem Erhöhungsverlangen aber nicht beigefügt werden.[216] Es genügt, wenn der Vermieter im Mieterhöhungsverlangen lediglich den konkreten Betriebskostenanteil angibt, ohne diesen weiter zu erläutern.[217] Im Rahmen der formellen Begründetheit genügt die bloße Angabe der Betriebskosten. Ob diese richtig sind,

---

[211] BGH NZM 2010, 436; BGH NJW 2008, 848; BGH NZM 2006, 101; BGH WuM 2006, 569; KG GE 2005, 180; BayObLG WuM 1992, 677; LG Berlin GE 2016, 728; 2010, 61; 2004, 626 LG Rottweil NZM 1998, 432; AG Hamburg ZMR 2005, 54; AG Charlottenburg GE 2005, 743; AG Schöneberg GE 2007, 153; 2005, 1129; AG Tiergarten GE 2005, 1135; Hannemann NZM 1998, 612 (613), KG GE 2005, 180 mzustAnm Both WuM 2005, 379; **aA** LG Berlin GE 2005, 1251; Beuermann NZM 1998, 598.

[212] AG Schöneberg GE 2005, 1129; diff. AG Tiergarten GE 2005, 1135, im Mieterhöhungsverlangen sollen Durchschnittswerte reichen, im Zustimmungsprozess aber konkrete Betriebskosten.

[213] **AA** Langenberg/Zehelein BetrKostR C Rn. 44 der anmerkt, dass die Rspr. des BGH und die hier vertretene Auffassung den „historischen Hintergrund" nicht berücksichtige; iE ähnlich: Sternel MietR Kap. III Rn. 642; Kossmann/Meyer-Abich Wohnraummiete-HdB § 148 Rn. 8.

[214] AG Schöneberg GE 2013, 880.

[215] BGH WuM 2008, 689; BGH NZM 2006, 101; BGH GE 2008, 580; LG Berlin GE 2009, 716.

[216] AG Schöneberg GE 2008, 1499.

[217] BGH NZM 2006, 101; BGH WuM 2010, 161; BGH GE 2008, 580; Schach GE 2008, 160; Schubert-Breloh GE 2008, 580.

ist eine Frage der materiellen Begründetheit.[218] Der Mangel kann aber im Prozess geheilt werden. Im Streitfall muss der Vermieter die Höhe der Betriebskosten genauso wie in jedem **Betriebskostenprozess** darlegen und beweisen.[219] Auch ansonsten gelten hier die gleichen Voraussetzungen wie im Betriebskostenprozess. Ob im Mietspiegel, in der Orientierungshilfe, der Mietspiegeldokumentation oder einem örtlichen Heiz- oder Betriebskostenspiegel pauschale Betriebskosten ausgewiesen sind, ist unerheblich.[220] Der Vermieter hat auch **kein Wahlrecht** zwischen den verschiedenen Zeitpunkten oder Begründungsmöglichkeiten, da er sonst das jeweils für ihn günstigste wahlen könnte. Da die Betriebskosten zu einem bestimmten Stichtag, nämlich dem zum Zeitpunkt der Abgabe des Mieterhöhungsverlangens von Bedeutung sind, kommt es auch nicht darauf an, ob die Betriebskosten gestiegen sind. Es findet kein Vergleich zwischen zwei Stichtagen statt. Dass nur die Betriebskosten zum Zeitpunkt der Abgabe des Mieterhöhungsverlangens maßgeblich sein können ergibt sich aus der **Gesetzessystematik.** Alle Zeitpunkte die für den Vermieter in der Zukunft liegen scheiden bereits deshalb aus, weil er die Betriebskosten zu diesen Zeitpunkten gar nicht kennt und deshalb bei seiner Berechnung auch gar nicht einbeziehen kann. Deshalb kann weder der Zeitpunkt des Zugangs des Mieterhöhungsverlangens noch dessen Wirkungszeitpunkt maßgeblich sein. Aber auch Zeitpunkte in der Vergangenheit scheiden aus. Der Vermieter hat einen Anspruch auf Zustimmung zu einer Mieterhöhung bis zur **ortsüblichen Brutto- oder Teilinklusivvergleichsmiete** zum Zeitpunkt des Zugangs des Mieterhöhungsverlangens. Dieser Wert wird bestimmt durch die Nettovergleichsmiete und die Vorauszahlungen, die die Mieter für die zu diesem Zeitpunkt anfallenden Betriebskosten zu zahlen haben. Das ist der Wert, der zurzeit in der Gemeinde für vergleichbaren Wohnraum inklusive der Betriebskosten gezahlt wird. Dass auf diese Weise selbst dann eine Mieterhöhung gem. § 558 BGB tatsächlich möglich ist, obwohl uU die Nettovergleichsmiete gar nicht gestiegen ist[221], nur weil die Betriebskosten gestiegen sind, ist systemimmanent und hat den Mietrechtsreformgesetzgeber veranlasst, § 4 MHG abzuschaffen.

Angaben zur Höhe der in der Brutto- oder Teilinklusivmiete enthaltenen Betriebskosten gehören dabei nicht zwingend zu der nach § 558a BGB erforderlichen (formellen) **Begründung des Mieterhöhungsverlangens,** die dem Mieter die Möglichkeit geben soll, die sachliche Berechtigung des Mieterhöhungsverlangens zu überprüfen und auf diese Weise überflüssige Prozesse zu vermeiden.[222] Solcher Angaben bedarf es dann nicht, wenn auch die begehrte erhöhte (Teilinklusiv-) Miete die anhand reiner Nettomieten ermittelte ortsübliche Vergleichsmiete nicht übersteigt. Einer Herausrechnung des etwa in der Grundmiete enthaltenen Betriebskostenanteils bedarf es vielmehr nur dann, wenn eine begehrte erhöhte Teilinklusivmiete höher liegt als die in dem Mieterhöhungsschreiben genannte, auf rei-   **42**

---

[218] BGH NZM 2006, 101; BGH NZM 2006, 864; LG Berlin GE 2014, 190 (191).

[219] AG Schöneberg GE 2013, 880 (881).

[220] BGH NZM 2006, 101; BGH WuM 2006, 569; KG GE 2005, 180 (182); **aA** LG Berlin GE 2005, 1251; 1999, 378; 1999, 983; AG Charlottenburg GE 2005, 807; KSB MietProzR/ Schach BGB § 558 Rn. 39.

[221] AG Hamburg ZMR 2005, 54; **aA** Küttner Info-M 2005, 21, der zu Unrecht hierin eine Besserstellung ggü. der Vereinbarung einer Nettomiete sieht.

[222] BGH NZM 2021, 299; BGH NZM 2020, 459; BGH NJW 2018, 2792; BGH NJW-RR 2012, 710; BGH NJW-RR 2014, 1357; BVerfG NJW-RR 1993, 1485, 1486; BayObLG NJW-RR 1992, 455, 457; OLG Hamm RE v. 11.10.1990 NJW-RR 1991, 209.

nen Nettomieten basierende ortsübliche Vergleichsmiete.[223] Eine Heilung kann aber im Zustimmungsprozess durch Angabe der maßgeblichen Werte erfolgen.[224] Unzutreffende Angaben zu einer Betriebskostenpauschale sollen keinen formellen Fehler darstellen.[225]

43   **d) Teilgewerbliche Nutzung.** Die Miete für Wohnraum und für Gewerberaum unterscheidet sich. Bei der gewerblichen Miete ist maßgeblicher Bemessungsfaktor für die Miethöhe, die **Ertragsmöglichkeit,** also die Tatsache, welchen Umsatz und/oder Gewinn der Mieter unter Ausnutzung der überlassenen Flächen erzielen kann. Soweit dem Mieter bei der Vermietung von Wohnräumen auch gestattet wurde, in den Wohnräumen einer gewerblichen oder selbständigen Tätigkeit nachzugehen, so ist dies, wenn es sich nicht im Rahmen des vertragsgemäßen Gebrauchs hält, wie zB ein Arbeitszimmer, eine Leistung des Vermieters, die je nach Vereinbarung gesondert zu vergüten sein kann. Sofern der Mietspiegel von der reinen Wohnraumüberlassung ausgeht, ist es deshalb zulässig, für die Gestattung der teilgewerblichen Nutzung einen Zuschlag zu den Mietspiegelwerten hinzuzurechnen.[226] Für die Höhe des Zuschlags kann § 26 Abs. 2 NMV allenfalls einen ersten Anhaltspunkt geben. Danach darf in den Fällen, in denen durch die **teilgewerbliche Nutzung** eine erhöhte Abnutzung möglich ist, ein Zuschlag bis zu **50%** der auf die teilgewerbliche genutzte Fläche entfallenden Miete **als Zuschlag** hinzugerechnet werden. Die genaue Höhe dürfte sich nach dem Grad der Abnutzung richten.[227] Es kann aber nicht ohne weiteres davon ausgegangen werden, dass der Zuschlag gem. § 26 NMV dem Wert der gewerblichen Nutzungsmöglichkeit auf dem freien Wohnungsmarkt entspricht.[228] Denn die iRd § 26 NMV getroffene Bemessung soll dem Umstand Rechnung tragen, dass die Räume der Preisbindung unterliegen. Dagegen entwickeln sich die Teilgewerbezuschläge für preisfreien Wohnraum allein nach den Regeln von Angebot und Nachfrage. Für die Nutzung eines Zimmers als „Permanent make up Studio" wurde ein Zuschlag von 10% zum Mittelwert des Mietspiegels zugesprochen.[229] Ein gesondert vereinbarter Gewerbezuschlag soll bei einer entsprechenden Klausel unabhängig von der Grundmiete erhöht werden können.[230] Das ist dann nicht richtig, wenn es sich um einen einheitlichen Wohnraummietvertrag handelt.[231] Dann sind solche **Klauseln** gem. § 557a Abs. 4 BGB unwirksam. Es kommt iÜ nicht darauf an, ob der Mieter die ihm gestattete teilgewerbliche Nutzung der Räume tatsächlich ausübt oder nicht.[232] Die Miete ist für die Gebrauchsüberlassung zu zahlen und den Umfang der möglichen Nutzung. Ob diese Nutzung tatsächlich ausgeübt wird liegt im Entscheidungs- und Einflussbereich des Mieters und hat auf die Miete keinen Einfluss.[233] Der Gewerbezuschlag entfällt ohne Änderungsvereinbarung mit dem Vermieter nicht einmal bei

---

[223] BGH NZM 2021, 299.
[224] BGH NZM 2010, 436.
[225] LG Berlin GE 2016, 728 (729).
[226] LG Berlin GE 1995, 1209, ZMR 1998, 165; AG Hamburg-Wandsbek ZMR 2009, 377.
[227] AG Hamburg-Wandsbek ZMR 2009, 377; Kinne GE 2006, 1388.
[228] LG Berlin GE 1998, 1213 (1214).
[229] AG Hamburg-Wandsbek ZMR 2009, 377.
[230] BayObLG WuM 1986, 205; KG GE 2006, 322; Kinne GE 2006, 1388 (1390).
[231] Blank WuM 2014, 641 (648).
[232] LG Berlin ZMR 1998, 165 (166), GE 1996, 321; GE 1992, 441; AG Berlin-Mitte NZM 2003, 312; **aA** wohl AG Tiergarten GE 1988, 1007.
[233] OLG Brandenburg WuM 2007, 14; Kinne GE 2006, 1388.

Aufgabe der gewerblichen Nutzung. Wenn die teilgewerbliche Nutzung aber tatsächlich nicht möglich ist, dann kann die Miete unter den Voraussetzungen des § 536 BGB um den Teilgewerbzuschlag gemindert sein.[234] Hat der Vermieter dem Mieter nachträglich aus Treu und Glauben eine gewerbliche Tätigkeit in der Wohnung zu gestatten[235] hat er keinen Anspruch auf Zahlung eines Zuschlags. Eine Analogie zu § 553 Abs. 2 BGB scheidet aus.[236]

Wie alle anderen Zuschläge auch, kann der Vermieter den **Zuschlag** für eine   **44** teilgewerbliche Nutzung **nicht isoliert erhöhen.** Miethöherechtlich handelt es sich um eine einheitliche Miete, die der Mieter schuldet.[237] Ein Teilgewerbezuschlag kann nur unter den Voraussetzungen des § 558 BGB erhöht werden.[238] Daraus folgt, dass im Erhöhungsverfahren nach § 558 BGB im Rahmen der Ermittlung der ortsüblichen Vergleichsmittel zu den Werten des Mietspiegels ein Teilgewerbzuschlag hinzugerechnet werden muss, weil anderenfalls eine dem Vermieter aus dem Eigentumsrecht zustehende Erhöhungsmöglichkeit nicht ausgeübt werden könnte.

e) Untervermietung. Ähnlich wie der Zuschlag für eine teilgewerbliche Nut-   **45** zung der Wohnung ist auch der Untermietzuschlag[239] einzuordnen. Nach § 540 Abs. 1 BGB ist der Mieter grds. ohne ausdrückliche Erlaubnis des Vermieters nicht berechtigt, den Gebrauch der gemieteten Sache einem Dritten zu überlassen. § 553 Abs. 1 BGB gibt jedoch dem Mieter von Wohnraum gegenüber seinem Vermieter einen Anspruch auf Genehmigung der Gebrauchsüberlassung an einen Dritten[240], wenn beim Mieter nach Mietvertragsabschluss ein berechtigtes Interesse entstanden ist.[241] Gem. § 553 Abs. 2 BGB kann der Vermieter seine Zustimmung zur Untervermietung ggf. von einer **angemessenen Erhöhung der Miete** abhängig machen. § 553 Abs. 2 BGB stellt weder eine Anspruchsgrundlage zur Mieterhöhung für den Vermieter dar (→ BGB § 553 Rn. 17) noch folgt daraus, dass sich die Miete bei Erteilung der Erlaubnis automatisch erhöht.[242] Wann einem Vermieter die Erteilung der Zustimmung zur Untervermietung nur gegen eine angemessene Erhöhung der Miete zuzumuten ist, ist gesetzlich nicht näher geregelt.[243] Ein solches Erhöhungsverlangen ist aber nur dann berechtigt, wenn dem Vermieter ohne die Erhöhung die **Erteilung der Erlaubnis** nicht zuzumuten ist.[244] Nur in diesen Fällen kann der Vermieter seine Zustimmung von einer Mietanhebung abhängig machen. Ebenso wenig wie der Mieter in diesen Fällen einen Anspruch auf die Untermieterlaubnis hat, genauso wenig hat der Vermieter einen Anspruch auf die Zustimmung zur Mieterhöhung. Es handelt sich in diesem Fall um eine Mietabänderungsvereinbarung iSd § 557 Abs. 1 BGB. Die Formvorschrift des § 558a Abs. 1 BGB gilt deshalb nicht. Der Vermieter kann aber über sein Erhöhungsver-

---

[234] LG Berlin/AG Mitte MM 2004, 44.
[235] BGH NJW 2009, 3157.
[236] Schmid MietRB 2009, 366 (367).
[237] Blank WuM 2014, 641 (648); **aA** BayObLG WuM 1986, 205.
[238] LG Berlin GE 1995, 1133; GE 1995, 1201.
[239] Börstinghaus GE 1996, 88; Kunze/Tietzsch Miethöhe Teil II Rn. 29 ff.
[240] Keine Dritten sind Ehegatten (BGH NJW 2013, 2507) und Kinder jedoch Geschwister und in der Regel die Eltern.
[241] Hierzu beispielhaft BGH NZM 2018, 325; Kappus NZM 2018, 331.
[242] Staudinger/V. Emmerich BGB § 553 Rn. 15.
[243] AG Hamburg ZMR 2018, 53.
[244] LG Berlin MM 2004, 46; Proppe ZMR 2008, 802.

langen auch nicht seine allgemeine Erhöhungsabsicht durchsetzen, sondern nur die Erhöhung verlangen, die durch die Untervermietung gerechtfertigt ist.[245]

46   Rechtsdogmatisch handelt es sich beim „Untermietzuschlag" nicht um einen neben der Miete geschuldeten „Zuschlag", sondern um eine Vertragsanpassung wegen eines erweiterten Mietgebrauchs (→BGB § 553 Rn. 17).[246] Durch die Erlaubnis wird der Umfang des Gebrauchsrechts des Mieters erweitert; als Gegenleistung hierfür muss der Mieter in bestimmten Fällen in eine Erhöhung der Miete einwilligen.[247] Haben die Parteien wirksam eine Änderung der Miete wegen der erlaubten Untervermietung vereinbart, so ist von da an eine **isolierte Erhöhung des „Untermietzuschlags"** nicht möglich. Der „Untermietzuschlag" wird Bestandteil der einheitlichen Miete. Es bedarf eines einheitlichen Mieterhöhungsverlangens nach § 558a BGB.[248] Etwas anderes soll nur dann gelten,[249] wenn der Vermieter sich im Vertrag ausdrücklich die Erhöhung des Zuschlags vorbehalten hat. In diesem Fall soll eine wirksame Vereinbarung vorliegen, was wegen § 557 Abs. 4 BGB iVm § 558 Abs. 6 BGB zweifelhaft ist, da es sich um eine für den Mieter nachteilige Vereinbarung handelt und die Vorschriften auch auf diesen Teil des Mietvertrages wegen der Einheitlichkeit des Mietverhältnisses anwendbar ist. Haben die Parteien aus Anlass einer Untervermietung eine Mieterhöhung vereinbart, dann ist eine uneingeschränkte Mietabänderungsvereinbarung zustande gekommen. Es handelt sich deshalb grds. nicht um einen „Zuschlag", der nach Beendigung der Untervermietung wieder in Wegfall gerät.[250] Nur wenn die Mietvertragsparteien die Abänderungsvereinbarung unter der auflösenden Bedingung des Bestehens eines Untermietverhältnisses geschlossen haben, dann gilt nach Beendigung des Untermietverhältnisses wieder die ursprüngliche Miete. Eine solche Bedingung kann sich natürlich auch aus den Umständen ergeben oder konkludent erklärt werden. Es kann aber nicht angenommen werden, dass beide Parteien stets eine solche Bedingung gewollt hätten.[251]

47   Hinsichtlich der erstmalig geltend gemachten **Höhe des Zuschlags** spricht § 553 Abs. 2 BGB von einer „angemessenen" Erhöhung der Miete. Für den preisgebundenen Wohnungsbau beinhaltet § 26 Abs. 3 NMV eine Sondervorschrift. Danach ist ein Zuschlag für eine Person i. H. v. 2,50 EUR/mtl und für zwei oder mehr Personen i. H. v. 5 EUR/mtl angemessen sein. Die Regelung kann aber auf den preisfreien Wohnungsbau nicht übertragen werden (→BGB § 553 Rn. 20). Die Höhe des Untermietzuschlages im freifinanzierten Wohnungsbau hängt mit seiner Funktion zusammen.[252] Die Mieterhöhung aus Anlass der Untervermietung soll die **Belastungen ausgleichen,** die durch die Aufnahme des Dritten dem Vermieter entstehen. Hierzu können gehören höhere Betriebskosten wie zB Kalt- und Warmwasserkosten, ggf. auch die Müllgebühren, wenn diese zB nach Müllgewicht oder anderen verbrauchsabhängigen Beitragsschlüsseln berechnet werden. Insofern besteht ein Anspruch des Vermieters, soweit nicht bereits mietvertraglich ein entsprechender verbrauchsabhängiger Abrechnungsschlüssel vereinbart worden ist,

---

[245]   Sternel MietR Kap. II Rn. 257.

[246]   Caspers ZAP F. 4, S. 1757, 1765.

[247]   AG Hamburg ZMR 2018, 53.

[248]   LG Berlin MM 1991, 363; LG Berlin GE 1995, 1209 für den „Gewerbezuschlag".

[249]   BayObLG NJW-RR 1986, 892.

[250]   AG Kiel WuM 1985, 262; Kinne GE 2006, 1388 (1391); **aA** Sternel MietR Kap. II Rn. 260.

[251]   So aber Sternel MietR Kap. II Rn. 260.

[252]   Proppe ZMR 2008, 802.

dass der Mieter einer Anpassung des Abrechnungsschlüssels zustimmt.[253] Erhöht sich aber durch die Aufnahme des Untermieters nicht die Zahl der in der Wohnung lebenden Personen, weil zB der Untermieter als Ersatz für einen bisher in der Wohnung lebenden Mieter in die Wohnung einzieht, dann bedeutet dies gerade keine zusätzliche Belastung des Vermieters und rechtfertigt weder eine Anpassung bei den Betriebskosten noch eine allgemeine Mieterhöhung[254] Etwas anders kann dann gelten, wenn tatsächlich einzelne Zimmer untervermietet werden und der Mieter hierfür ein Entgelt erhält. In diesem Fall soll es angemessen sein ca. 20% der erzielten Untermiete[255] oder Festbeträge von 5,– EUR bis 30,– EUR pro aufzunehmende Person[256] als Zuschlag anzusetzen (→ BGB § 553 Rn. 19f).

Bei einer späteren Mieterhöhung kann zu den Werten des Mietspiegels beim Vorliegen einer Untermieterlaubnis, die den Vermieter zu einer angemessenen Erhöhung der Miete berechtigte, ein angemessener Zuschlag hinzugerechnet werden. Hierzu wird teilweise auf Vorschriften für den öffentlich geförderten Wohnungsbau, insbes. § 26 Abs. 3 NMV verwiesen. Nach dieser Vorschrift darf der Vermieter einen Untermietzuschlag von 2,50 EUR monatlich erheben, wenn der untervermietete Wohnungsteil von einer Person und von 5 EUR, wenn der untervermietete Wohnungsteil von zwei und mehr Personen benutzt wird. Diese Sätze sind für den freifinanzierten Wohnungsbau jedoch völlig unrealistisch.[257] Richtigerweise wird man im freifinanzierten Wohnungsbau eine Mieterhöhung bis zur Höhe der ortsüblichen Vergleichsmiete für Wohnungen mit Untermieterlaubnis zulassen müssen.[258] Wird ein Partner einer eheähnlichen Gemeinschaft in die Wohnung aufgenommen, dann dürfte eine Mieterhöhung idR ausscheiden, da die Miete für Wohnraum, der an Ehegatten vermietet wird oder derjenige für Wohnraum, der an eheähnliche Gemeinschaften vermietet wird gleich hoch ist.[259] Wenn der Mieter aber durch die Untermiete Einnahmen erzielt, dann ist es gerechtfertigt, dass der Vermieter hieran beteiligt wird, also einen Anteil in der Größenordnung von ¼–⅓ der Untermiete erhält.

f) Möblierungszuschlag. Während der Untermiet- und Gewerbezuschlag dafür gezahlt werden, dass der Vermieter dem Mieter rechtlich mehr gestattet, als üblicherweise vom vertragsgemäßen Gebrauch der Mietsache abgedeckt wird, kann es auch vorkommen, dass der Vermieter dem Mieter auch **sachlich mehr Gebrauchsmöglichkeiten** einräumt. Soweit dies zu einer Erweiterung der räumlichen Gebrauchsüberlassung führt, zB die Überlassung eines zusätzlichen Raumes, eines Kellers oder eines Stellplatzes ist dies offensichtlich. Aber auch innerhalb der Räume, kann der Vermieter dem Mieter mehr als üblich zur Verfügung stellen. Hierzu zählt insbes. eine Möblierung der Räumlichkeiten. Zur Frage, ob es sich bei möbliertem Wohnraum nicht um einen ganz anderen Wohnungsteilmarkt handelt → BGB § 558 Rn. 53a. Für die Möblierung muss üblicherweise auch ein Entgelt gezahlt werden, da der Mieter die Anschaffung von Möbeln ganz oder teilweise erspart und auf der anderen Seite die Gegenstände durchaus einen nicht unerheb-

[253] **AA** Kinne GE 2006, 1388 (1391).
[254] AG Hamburg ZMR 2018, 53; LG Berlin MM 2004, 46; Proppe ZMR 2008, 802.
[255] LG Berlin (18. ZK) GE 2016, 1093; **aA** LG Berlin (66. ZK) GE 2019, 126.
[256] LG Berlin (66. ZK) GE 2019, 126.
[257] Börstinghaus GE 1996, 88.
[258] Staudinger/V. Emmerich BGB § 558a Rn. 43; MüKoBGB/Artz § 558a Rn. 21.
[259] AG Trier WuM 1992, 239.

lichen Wert haben können, den sie viel schneller verlieren, als die Räumlichkeiten an sich. Wenn nicht für möblierten Wohnraum ein ganz anderer Wohnungsteilmarkt vorliegt, für den eine eigene ortsübliche Vergleichsmiete existiert, kann der Vermieter für die Überlassung der Möblierung ebenfalls einen Zuschlag verlangen, der ebenso wie die anderen Zuschläge, Mietbestandteil wird.[260]

50   Umstritten ist die **Berechnung eines Möblierungszuschlags.** Da der Möblierungszuschlag den Wert der Gebrauchsmöglichkeit für den Mieter widerspiegeln soll, ist nach ganz überwiegender Meinung vom **Zeitwert** der überlassenen Möbel auszugehen. Zeitwert ist dabei der Nutzungswert für den Mieter[261], der dem Wiederbeschaffungswert entspricht.[262] Diese Größe muss dann für den Vermieter verzinst werden. Außerdem ist dem Umstand Rechnung zu tragen, dass die Gegenstände durch die Benutzung regelmäßig wertloser werden. Es muss also eine angemessene Abschreibung berücksichtigt werden. Umstritten ist dabei, mit welcher **Abschreibung** und welcher **Verzinsung** im Einzelfall zu rechnen ist. In der bisherigen Rspr. wurden dabei folgende Werte eingesetzt:

Vertreter dieser Auffassung	Berechnungsmethode	monatlicher Zuschlag in EUR bei Zeitwert von		
		5.000	**2.500**	**1.500**
LG Mannheim WuM 1987, 362; LG Berlin GE 1996, 929	11% des Zeitwertes analog § 559 BGB	45,83	22,92	13,75
LG Stuttgart WuM 1991, 600	jährliche Abschreibung von 10%, Verzinsung 7,5%	72,92	36,46	21,88
KG GE 1980, 863; LG Berlin GE 2003, 954	2% monatlich	100,00	50,00	30,00
Sternel MietR, 3. Aufl. 1988, Kap. III Rn. 39 Fn. 29	jährliche Abschreibung von 15%, Verzinsung höchstens 12%	112,50	56,25	33,75
LG Köln ZMR 1975, 367	jährliche Abschreibung von 30%, Verzinsung 10%	166,67	83,33	50,00
LG Mannheim WuM 1977, 147	Abschreibung und Verzinsung von je 15%	125,00	62,50	37,50
LG Berlin WuM 1993, 185	1% des Verkehrswertes monatlich	50,00	25,00	12,50
AG Köln WuM 1999, 237	Verzinsung und Abschreibung von zusammen 20% (bei antiquarischen Möbeln)	83,33	41,67	25,00

---

[260] Börstinghaus WImmoT 2017, 119, 136 = WuM 2017, 549.
[261] LG Berlin GE 2003, 954; 1987, 577; AG Köln WuM 1998, 692.
[262] OLG Düsseldorf NJW-RR 1992, 426; **aA** LG Köln WuM 1980, 180, idR 30% des Neuwertes.

Ferner wurde vertreten[263], einen Zuschlag von 25% auf die Miete vorzunehmen. Zur Ermittlung der ortsüblichen Marktmiete iSd § 21 Abs. 2 EStG sind diese Verfahren alle ungeeignet.[264] Hier kommt es auf den am Markt erzielbaren Modernisierungszuschlag an.

Die Entscheidung hängt vom Einzelfall ab. Dafür sind maßgebliche Kriterien zunächst die **Lebensdauer des Gegenstandes** und vor allem auch das allgemeine **Zinsniveau** zum Zeitpunkt der Vermietung. Falsch ist es deshalb den Möblierungszuschlag an die Höhe der Miete zu knüpfen,[265] weil dieser mit dem Gebrauchswert der Möbel nichts zu tun hat. Auch die Anwendung des § 559 BGB bzw. vormals § 3 MHG ist nicht sachgerecht, da dieser mit der Möglichkeit die Miete um 11% der Modernisierungskosten zu erhöhen auf langlebigere Investitionen abstellt, als es die Möblierung einer Wohnung üblicherweise darstellt. Soweit zT auch entsprechend betriebswirtschaftlichen Vorstellungen vertreten wird, dass der Möblierungszuschlag entsprechend dem abnehmenden Wert der Möbel entsprechend **degressiv** zu berechnen sei, was zur Folge hat, dass der Möblierungszuschlag sich in regelmäßigen Abständen ändert, entspricht dies zwar den wirtschaftlichen Verhältnissen, ist aber mietrechtlich nicht möglich und vor allem auch nicht praktikabel. Bei der Berechnung des Möblierungszuschlags kann deshalb neben der marktüblichen Verzinsung nur eine an der Restnutzungsdauer orientierte lineare Abschreibung in Betracht kommen.[266] Erforderlich ist aber ein substantiierter Vortrag dazu, welche Möbelstücke seit wann und mit welchem Zeitwert vorhanden sind.[267]

g) Zu- oder Abschläge wegen des Alters des Mietspiegels. Dem Vermieter 52 steht gegenüber dem Mieter ein Anspruch auf Zustimmung zu einer Mieterhöhung bis zur Höhe der ortsüblichen Vergleichsmiete zum **Zeitpunkt des Zugangs des Mieterhöhungsverlangens** zu.[268] Da die ortsübliche Vergleichsmiete nicht statisch, sondern **dynamisch** ist, können Mietspiegel systemimmanent die ortsübliche Vergleichsmiete zum maßgeblichen Stichtag nicht angeben, da sie auf einer Datenerhebung zu einem anderen in der Vergangenheit liegenden Stichtag beruhen. Dies rechtfertigt sich daraus, dass Mietspiegel vom Gesetzgeber als Begründungsmittel vorgesehen wurden und im Rahmen einer Verfahrensvereinfachung auch eine **gewisse Pauschalierung** hinnehmbar ist. Mietspiegel sollen und dürfen verfassungsrechtlich aber nicht zu einem **Mietenstopp** während ihrer Laufzeit führen. Soweit deshalb Mietspiegel auch zur Ermittlung der ortsüblichen Vergleichsmiete in einem Zustimmungsverfahren herangezogen werden, ist es zulässig, Veränderungen der ortsüblichen Vergleichsmiete, die seit der Datenerhebung eingetreten sind als Zu-[269] oder auch Abschlag[270] zu berücksichtigen. Dazu kann im Einzelfall ggf. auf einen

---

263 OLG Frankfurt a. M. ZMR 1978, 286.

264 BFH DWW 2018, 352.

265 AG Köln WuM 1998, 692; **aA** OLG Frankfurt a. M. ZMR 1978, 286.

266 Dröge/Gebele/Zehnter Mietpreisbewertung-HdB, S. 666 ff.

267 LG Hamburg WuM 2016, 434.

268 BGH NZM 2017, 321 (325) mAnm Fleindl; BGH NZM 2006, 101; BayObLG NJW-RR 1993, 202; LG Berlin GE 2010, 61; AG Berlin-Mitte WuM 2020, 358; Sternel MietR Kap. IV Rn. 226; Voelskow ZMR 1992, 326 (328) mAnm Isenmann ZMR 1992, 482.

269 BGH WuM 2017, 208; OLG Hamm NJW-RR 1997, 142; OLG Stuttgart NJW-RR 1994, 334 mAnm Blank ZMR 1994, 137; LG Koblenz WuM 1998, 692; LG Berlin GE 1996, 1547; LG Hamburg WuM 1996, 45; LG München WuM 1992, 25; **aA** LG Frankfurt a. M. WuM 1992, 629.

270 LG Berlin WuM 2018, 209.

neuen Mietspiegel zurückgegriffen werden, dessen Erhebungsstichtag nahe am Zeitpunkt des Zugangs des Erhöhungsverlangens lag (→BGB §558b Rn. 67). Maßgeblich ist, dass es in einer Gemeinde für vergleichbaren Wohnraum zu einem bestimmten Stichtag der Höhe nach nur eine ortsübliche Vergleichsmiete gibt. Eine sachliche Rechtfertigung für eine unterschiedliche Bemessung der Miethöhe gibt es für die Fälle, dass das ortsübliche Preisniveau auf Grund eines neueren Mietspiegels, eines älteren Mietspiegels oder einem Sachverständigengutachten festgestellt wird, nicht. Die Wahl des Begründungsmittels durch den Vermieter und des Erkenntnismittels durch das Gericht wird idR nicht von rechtlichen Erwägungen, sondern von den vorhandenen Möglichkeiten bestimmt. Zwar sind Einschränkungen auf Grund von zeitlichen Verzögerungen, die sich durch materiell-rechtliche Vorschriften ergeben in Kauf zu nehmen, die Verweigerung einer feststellbaren **Stichtagsdifferenz** würde jedoch iE dazu führen, dass der Vermieter durch eine formale, nicht an der materiellen Rechtslage orientierten Anwendung von § 558a BGB gehindert würde, die gesetzlich zulässige Miete gerichtlich durchzusetzen. Hierin sind eine verfassungswidrige Änderung des materiellen Rechts mit Hilfe verfahrensrechtlicher Vorschriften sowie eine Verletzung des Anspruchs auf einen effektiven Rechtsschutz zu sehen.[271] Zur Berechnung der Stichtagsdifferenz →BGB § 558b Rn. 124.

53   Die grundsätzliche Frage, ob eine Stichtagsdifferenz generell zulässig und im Einzelfall notwendig ist, ist von der Frage zu unterscheiden, ob der Vermieter im **Mieterhöhungsverlangen** eine solche **Stichtagsdifferenz** als Zuschlag zu den Mietspiegelwerten ansetzen darf. Diese Frage ist zu verneinen.[272] Das Mieterhöhungsverlangen darf der Vermieter unter Bezugnahme auf einen Mietspiegel, eine Auskunft aus einer Mietdatenbank, ein Sachverständigengutachten oder drei Vergleichswohnungen begründen. Er hat die Wahl hinsichtlich des Begründungsmittels, muss aber das Begründungsmittel so akzeptieren, wie es ist. Die Begründungsmittel haben ihre jeweilige Überzeugungskraft aus unterschiedlichen Gründen. Beim Mietspiegel stammt die Überzeugungskraft daher, dass nur bestimmte Mietspiegelaufsteller einen Mietspiegel aufstellen können und aus der **Autorität dieser Verbände** eine gewisse Richtigkeitsgewähr hergeleitet wird, die zumindest im vorprozessualen Bereich ausreicht. Der Vermieter darf deshalb zu den Werten eines Mietspiegels im einseitigen Erhöhungsverlangen keine Stichtagsdifferenz berücksichtigen.[273] Problematisch ist dies aber nur, wenn der Vermieter den Oberwert des maßgeblichen Mietspiegelfeldes überschreitet, anderenfalls ist das Erhöhungsverlangen bereits gem. § 558a Abs. 4 S. 1 BGB formell wirksam. Verlangt der Vermieter mehr als den Mietspiegeloberwert, dann ist das Mieterhöhungsverlangen nicht ganz unwirksam. Bis zur Höhe des Oberwertes des in Betracht kommenden Rasterfeldes des Mietenspiegels ist das Erhöhungsverlangen teilweise formell wirksam.[274]

---

[271] OLG Hamm NJW-RR 1997, 142.
[272] Börstinghaus jurisPR-BGHZivilR 8/2017 Anm. 2; **aA** Bub/Treier MietR-HdB/Schultz Kap. III Rn. 1251; Fleindl NZM 2017, 325.
[273] OLG Stuttgart NJW 1982, 945; OLG Hamburg NJW 1983, 1803 (1805); LG München WuM 1998, 726; Staudinger/V. Emmerich BGB § 558a Rn. 45; Sternel MietR Kap. IV Rn. 212; MüKoBGB/Artz § 558a Rn. 22; **aA** Bub/Treier MietR-HdB/Schultz Kap. III Rn. 1251; Fleindl NZM 2017, 325.
[274] BGH NJW 2004, 1379; OLG Hamburg NJW 1983, 1803 (1805); **aA** noch LG München WuM 1998, 726, wonach das Mieterhöhungsverlangen insgesamt unwirksam ist.

§ 558b Zustimmung zur Mieterhöhung

(1) Soweit der Mieter der Mieterhöhung zustimmt, schuldet er die erhöhte Miete mit Beginn des dritten Kalendermonats nach dem Zugang des Erhöhungsverlangens.

(2) [1]Soweit der Mieter der Mieterhöhung nicht bis zum Ablauf des zweiten Kalendermonats nach dem Zugang des Verlangens zustimmt, kann der Vermieter auf Erteilung der Zustimmung klagen. [2]Die Klage muss innerhalb von drei Monaten erhoben werden.

(3) [1]Ist der Klage ein Erhöhungsverlangen vorausgegangen, das den Anforderungen des § 558a nicht entspricht, so kann es der Vermieter im Rechtsstreit nachholen oder die Mängel des Erhöhungsverlangens beheben. [2]Dem Mieter steht auch in diesem Fall die Zustimmungsfrist nach Absatz 2 Satz 1 zu.

(4) Eine zum Nachteil des Mieters abweichende Vereinbarung ist unwirksam.

Inhaltsübersicht

A. Inhalt der Regelung

§ 558b BGB enthält die **Rechtsfolgen eines Mieterhöhungsverlangens** und **1** zwar danach unterschieden, ob der Mieter zustimmt oder nicht. Hat er zugestimmt, dann ändert sich gem. Abs. 1 die Miete, hat er nicht zugestimmt, dann steht dem Vermieter der Klageweg gem. Abs. 2 offen. In Abs. 3 ist die Möglichkeit der nachträglichen Heilung geregelt.

Wenn der Mieter innerhalb der **Überlegungsfrist** nicht oder nicht vollständig **2** der Mieterhöhung zugestimmt hat, dann kann der Vermieter gem. § 558b Abs. 2 BGB auf Zustimmung klagen. Nachfolgend soll es nur um die Verwendung von Mietspiegel gehen. Diese können ggf. auch im gerichtlichen Verfahren eine Rolle spielen.

B. Die gerichtliche Entscheidungsfindung

I. Allgemeines

3   Für das **gerichtliche Zustimmungsverfahren** gelten zivilprozessual keine besonderen Regeln. Es gibt weder in der ZPO besondere Verfahrensregeln für die Zustimmungsklage noch ist eines der prozessualen Spezialverfahren, wie zB das Urkundsverfahren auf das Zustimmungsverfahren anwendbar. Da das Amtsgericht aber gem. § 23 Nr. 2a GVG für Zustimmungsklagen nach § 558 BGB sachlich ausschließlich zuständig ist, gelten die Vorschriften der §§ 495–510b ZPO, die spezielle Verfahrensvorschriften für das amtsgerichtliche Verfahren enthalten. Bei der Klage auf Zustimmung zu einer Mieterhöhung auf die ortsübliche Vergleichsmiete gem. § 558b BGB handelt es sich um eine Streitigkeit zwischen Vermieter und Mieter wegen Überlassung oder Benutzung von Räumen, weswegen eine Verlegung eines Termins zwischen dem 1.7. und 31.8. gem. § 227 Abs. 3 Satz 2 Ziff. 2 ZPO ausscheidet.[1]

4   Es handelt sich bei der Zustimmungsklage um eine allgemeine Leistungsklage auf **Abgabe einer Willenserklärung.** Das Gericht kann nach Eingang der Klage und Einzahlung des Gerichtskostenvorschusses grds. einen **frühen ersten Termin** gem. § 275 ZPO oder das schriftliche Vorverfahren gem. § 276 ZPO anordnen. Für Verfahren bis zu einem Streitwert von 600 EUR kann es gem. § 495a ZPO das **Verfahren nach freiem Ermessen** gestalten. Es muss in diesem Fall nur dann eine mündliche Verhandlung durchführen, wenn eine Partei dies ausdrücklich beantragt hat. Ferner kann das Urteil bei dieser Verfahrensweise gem. § 495a ZPO ohne Tatbestand abgefasst werden und die Entscheidungsgründe können ins Protokoll diktiert werden, § 313a ZPO. Der Streitwert, nach dem sich entscheidet, ob diese Verfahrensweise zulässig ist oder nicht, ist nicht der Gebührenstreitwert, sondern der Zuständigkeits- oder **Rechtsmittelstreitwert.**[2]

II. Beweisaufnahme

5   **1. Allgemeines.** Das Schwergewicht der richterlichen Tätigkeit bei zulässigen Mieterhöhungsklagen liegt in der **Feststellung der materiellen Voraussetzungen des § 558 BGB** und dabei insbesondere bei der Ermittlung der ortsüblichen Vergleichsmiete. Hier ist das Gericht bei der Beurteilung der Begründetheit eines Mieterhöhungsverlangens **nicht an die formellen Begründungsmittel des § 558a Abs. 2 BGB gebunden.**[3] Im Zustimmungsprozess gelten die allgemeinen Beweisregeln der ZPO. Das Gericht kann sich deshalb aller in der ZPO vorgesehenen Beweismittel zur Ermittlung der ortsüblichen Vergleichsmiete bedienen, damit

---

[1] Wiese NZM 2018, 961, 972; Baumbach/Lauterbach/Albers/Hartmann ZPO § 227 Rn. 41.
[2] LG Mainz WuM 2012, 507; LG Berlin GE 2008, 59; LG Hildesheim WuM 1996, 716; AG Reutlingen WuM 2016, 189; AG Dortmund NZM 2002, 949; BKKSZ Mietprozess/Kinne Kap. 4 Rn. 68; Zöller/Herget ZPO § 495a Rn. 5; Musielak/Voit/Wittschier ZPO § 495a Rn. 4.
[3] BGH NJW 2013, 2963; BGH NZM 2013, 612; LG Berlin MM 1992, 171; LG Bochum WuM 1991, 700; AG Frankfurt WuM 2002, 54; AG Bochum DWW 1989, 171; Staudinger/V. Emmerich BGB § 558b Rn. 30; Kunze/Tietzsch Miethöhe Teil III Rn. 251; falsch deshalb AG Kandel WuM 2012, 102; ungenau BGH NZM 2013, 138, der meint, der Vermieter sei nicht auf die Begründungsmittel „beschränkt".

es dann am Ende im Rahmen der freien Beweiswürdigung gem. § 286 ZPO entscheiden kann, ob die verlangte Miete die ortsübliche Vergleichsmiete übersteigt oder nicht. Etwas anderes gilt lediglich für einen qualifizierten Mietspiegel, dem gem. § 558d Abs. 3 BGB im Zustimmungsprozess eine Vermutungswirkung zukommt.[4] Wegen der Bedeutung dieser Vorschrift → § 558d Rn. 52.

Im Zustimmungsprozess muss die ortsübliche Vergleichsmiete zum Stichtag des **6** Zugangs des Erhöhungsverlangens festgestellt werden.[5] Anschließend müssen die **Wohnwertmerkmale der konkreten Vertragswohnung** festgestellt werden, damit dann ein Vergleich mit den zuvor ermittelten ortsüblichen Mieten stattfinden kann. Hier muss das Gericht den unbestimmten Rechtsbegriff der ortsüblichen Vergleichsmiete anwenden. Dies erfordert eine wertende Betrachtung. Ein Mietspiegel kann hier nicht herangezogen werden. Soweit es für den Mietspiegel Einordnungs- oder Orientierungshilfen gibt, sind diese für die Gerichte zwar nicht bindend[6], die Gerichte können diese Hilfen aber im Rahmen **der Schätzung gem. § 287 ZPO** anwenden.[7] Die Vorschrift stellt an das Maß der Überzeugungsbildung des erkennenden Richters geringere Anforderungen als die Vorschrift des § 286 ZPO.[8] Im Rahmen des § 286 ZPO muss der Richter zwar auch keine absolute oder unumstößliche Gewissheit von der Richtigkeit der Tatsache haben, erforderlich ist ein „für das praktische Leben brauchbarer Grad der Gewissheit, der Zweifeln Schweigen gebietet, ohne sie völlig auszuschließen".[9] Nach § 287 ZPO ist der Richter demgegenüber ermächtigt, sich mit einer mehr oder minder hohen – mindestens aber überwiegenden – Wahrscheinlichkeit zu begnügen.[10] Hinsichtlich der genauen Höhe der ortsüblichen Vergleichsmiete steht ihm ein Ermessen zu, wobei in Kauf genommen wird, dass das Ergebnis unter Umständen mit der Wirklichkeit nicht übereinstimmt.[11] Die Gerichte haben alles zu unternehmen, ein Kosten auslösendes Sachverständigengutachten zu vermeiden.[12]

Das Gericht hat nur über **strittige Tatsachen** Beweis zu erheben. Das bedeutet, **7** dass der Kläger eine Tatsache behaupten und der Beklagte diese wirksam bestreiten muss, damit es überhaupt zu einer Beweisaufnahme kommen kann. Jede Behauptung in einem Gerichtsverfahren muss ausreichend substantiiert sein. Behauptet der Vermieter, die von ihm verlangte Miete überschreite nicht die ortsübliche Vergleichsmiete, so ist dies eine **konkrete Tatsachenbehauptung**, die auch ausreichend substantiiert ist.[13] Bestreitet der Mieter die Höhe der ortsüblichen Vergleichsmiete nicht oder gilt der Vortrag des Klägers wegen der Säumnis des Beklagten gem. § 331 Abs. 1 ZPO als zugestanden, dann ist die Höhe der ortsüblichen Vergleichsmiete unstreitig.[14] Fraglich ist, was zu gelten hat, wenn das Gericht die Unrichtigkeit des Klägervortrags erkennt, insbes. wenn es unter Anwendung des örtlichen qualifi-

---

[4] BGH NZM 2013, 138; Clar WuM 2013, 233.
[5] BGH NJW-RR 2021, 1017.
[6] Sternel DS 1994 Heft 4, 17; **aA** AG Wedding GE 2003, 1084, Beweismittel.
[7] BGH NZM 2005, 498; Thomma WuM 2005, 496.
[8] BGH NJW 2020, 236.
[9] BGH NJW 2014, 71; BGH NJW 2003, 1116; BGH NJW 1989, 2948; BGH NJW 1994, 801; BGH NJW 2008, 2845; BGHZ 53, 245, 256; BGH VersR 1977, 721.
[10] BGH NJW 2020, 236; BGH NJW 2008, 1381; BGH NJW 1972, 1515.
[11] BGH NJW 2020, 236; BGH NJW 2013, 525; BGH NJW 1964, 589.
[12] KG WuM 2009, 407, NZM 2009, 544.
[13] BVerfG NJW-RR 1993, 1485.
[14] Diff. Blank ZMR 2013, 170 (174).

zierten Mietspiegels zu einer anderen ortsüblichen Vergleichsmiete kommt. Soweit es sich um offenkundige Tatsachen[15] gem. § 291 ZPO handelt wird vertreten, dass das Gericht diese auch bei einer Säumnisentscheidung berücksichtigen darf.[16] Tritt der Vermieter Beweis für seine Behauptung durch Einholung eines Sachverständigengutachtens an, so handelt es sich auch nicht um einen unzulässigen **Ausforschungsbeweis.**[17] Der Vermieter hat durch die Bezeichnung der Wohnung und die Angabe des Begründungsmittels im Mieterhöhungsverlangen ausreichend Tatsachen vorgetragen, die dem Sachverständigen eine Ermittlung der ortsüblichen Vergleichsmiete ermöglichen. Ein Sachverständiger kann also ohne weiteres beurteilen, welches Entgelt für andere vergleichbare Wohnungen gezahlt wird.[18] Hat der Vermieter sein Erhöhungsverlangen ordnungsgemäß begründet, dann kann es gar nicht mehr darum gehen, dass der Vermieter sich die für die Vergleichbarkeit der Wohnungen erforderlichen Tatsachen erst durch die Beweisaufnahme verschaffen will. Erforderlich ist aber, dass er in der Klagebegründung die objektiven Tatsachen, die die Wohnwertmerkmale ausmachen vorgetragen hat, also die Größe der Wohnung, die Ausstattung, die Beschaffenheit, die Lage und schließlich die Art der Wohnung. Der Vermieter ist für die Behauptung der richtigen Wohnungsgröße beweispflichtig[19], wobei einfaches Bestreiten des Mieters nicht ausreicht.[20] Es bedarf eines Beweisantritts des Vermieters, da ein Gutachten von Amts wegen regelmäßig ausscheidet.[21]

8   Die ZPO sieht als **Beweismittel das Sachverständigengutachten,** die Inaugenscheinnahme, die Parteivernehmung, den Urkundenbeweis und schließlich die Zeugenvernehmung vor. Das Gericht kann ohne Antrag gem. § 144 ZPO die Inaugenscheinnahme und das Sachverständigengutachten von Amts wegen ebenso anordnen wie die Vorlage von Urkunden, die übrigen Beweismittel setzen einen entsprechenden Beweisantritt der beweisbelasteten Partei voraus. Die ortsübliche Vergleichsmiete darf im Prozess nur auf der Grundlage von Erkenntnisquellen bestimmt werden, die die tatsächlich und üblicherweise gezahlten Mieten für vergleichbare Wohnungen in einer für die freie tatrichterliche Überzeugungsbildung gem. § 286 ZPO hinreichenden Weise ermittelt haben.[22] Hat der Mieter die Höhe der vom Vermieter seinem Zustimmungsverlangen zugrunde gelegten ortsüblichen Vergleichsmiete bestritten, muss das Gericht sich seine richterliche Überzeugung durch Erhebung des vom beweisbelasteten Vermieter angebotenen tauglichen Beweismittels verschaffen, sofern nicht eine Schätzung nach § 287 Abs. 2 ZPO möglich ist. Einer solchen Beweisaufnahme steht nicht entgegen, dass der Mieter sich darauf beruft, die ortsübliche Vergleichsmiete sei auf der Grundlage eines Mietspiegels zu bestimmen, dessen Eigenschaft als qualifizierter Mietspiegel im Sinne des

---

[15] Der BGH NZM 2013, 138 spricht von einem qualifizierten Mietspiegel in einem anderen Zusammenhang von „offenkundigen Tatsachen".

[16] Prütting/Gehrlein/Czub ZPO § 331 Rn. 14 unter Hinweis auf BGH NJW 1979, 2089.

[17] BVerfG NJW-RR 1993, 1485; LG Wuppertal WuM 1985, 325; Kossmann/Meyer-Abich Wohnraummiete-HdB § 152 Rn. 20; **aA** wohl Sternel MietR Kap. III Rn. 209.

[18] BVerfG NJW-RR 1993, 1485.

[19] BGH NZM 2019, 334.

[20] BGH NZM 2017, 435.

[21] BGH NZM 2019, 334.

[22] BGH NZM 2021, 88; BGH NJW 2013, 775; BGH NJW 2014, 292; BGH NJW 2017, 2679; BGH NJW 2019, 3142.

§ 558 d Abs. 1 BGB im Prozess ausreichend bestritten worden ist.[23] Dabei kommt für die **Ermittlung der ortsüblichen Vergleichsmiete** und der Wohnungsgröße von den prozessualen Beweismitteln vor allem das Sachverständigengutachten in Betracht. Die ortsübliche Vergleichsmiete wird ausschließlich bestimmt durch die Mieten für andere Wohnungen, so dass die Inaugenscheinnahme oder der Zeugenbeweis allenfalls zur Ermittlung von Tatsachen, die die Vertragswohnung betreffen, dienen können. Die Frage, welche Mieten für andere Wohnungen in einer Gemeinde in den letzten sechs Jahren vereinbart wurden, kann dadurch nicht geklärt werden.[24]

2. Die Verwendung von Mietspiegeln im Zustimmungsprozess. Gibt es **9** in der Gemeinde einen **Mietspiegel**, so ist zu unterscheiden: Handelt es sich um einen einfachen oder einen qualifizierten Mietspiegel? Gemeinsam ist beiden Arten von Mietspiegeln, dass sie keine förmlichen Beweismittel nach der ZPO sind.[25] Gibt es in der Gemeinde jedoch einen qualifizierten Mietspiegel, so spricht gem. § 558 d Abs. 3 BGB eine **widerlegbare Vermutung** dafür, dass die in ihm angegebenen Werte die ortsübliche Vergleichsmiete wiedergeben.[26] Die Einholung eines Sachverständigengutachtens wird in Gemeinden mit qualifiziertem Mietspiegel regelmäßig ausscheiden.[27] Aber allein die Existenz eines qualifizierten Mietspiegels entbindet das Gericht nicht, sich mit dessen Zustandekommen intensiv zu beschäftigen, wenn eine Partei entsprechende Einwände erhebt.[28] Derjenige, der sich die **Vermutungswirkung** beruft, muss die Vermutungsgrundlagen, also die Einhaltung der anerkannten wissenschaftlichen Grundsätze, darlegen und beweisen.[29] Dafür sprechen ab 1.7.2022 wiederum zwei Vermutungen, nämlich zum einen wird widerleglich vermutet, dass ein Mietspiegel nach den wissenschaftlichen Grundsätze der Mietspiegelerstellung erstellt worden ist, wenn er den Anforderungen der MsV entspricht und zum anderen wird die Einhaltung der Grundsätze wiederum widerleglich vermutet, wenn er von der nach Landesrecht zuständigen Behörde und jeweils einem Interessenverband der Vermieter und Mieter als qualifiziert anerkannt worden ist. Wegen der Voraussetzungen und der Rechtsfolgen → § 558 d Rn. 9.

3. Der einfache Mietspiegel. Einfache Mietspiegel sind **kein förmliches Be- 10 weismittel** nach den Vorschriften der ZPO.[30] In der Vergangenheit wurden Mietspiegel auch ohne das Rechtsinstitut der qualifizierten Mietspiegel von den Gerichten zur Ermittlung der ortsüblichen Vergleichsmiete herangezogen (Tabelle → Rn. 21). Es wurden verschiedene dogmatische Ansätze vertreten, wie die Werte eines solchen einfachen Mietspiegels im Zustimmungsprozess verwandt werden können und zwar

---

[23] BGH NZM 2021, 88.
[24] LG Bonn WuM 1994, 692.
[25] Rips WuM 2002, 415 (419); LG Halle JMBl. LSA 2001, 286; **aA** HWE MietR–HdB/ Emmert § 12 Rn. 80.
[26] BGH NZM 2013, 138; Börstinghaus/Clar NZM 2014, 889.
[27] LG Berlin GE 2012, 271; LG Hamburg WuM 2005, 726.
[28] BGH NZM 2013, 138; Börstinghaus/Clar NZM 2014, 889.
[29] BGH NZM 2013, 138.
[30] KG NJW-RR 1992, 80; LG Halle JMBl. ST 2001, 286; Rips WuM 2002, 415 (419); MüKoBGB/Artz § 558 c Rn. 5.

- als ein antizipiertes Sachverständigengutachten,[31]
- als ein normkonkretisierender Verwaltungsakt,[32]
- als eine Übersicht, die die in ihr ausgewiesenen Zahlen allgemeinkundig macht,[33] so dass sie im Wege des Freibeweises[34] in den Prozess eingeführt werden können,
- als ein Parteigutachten,[35]
- als eine amtliche Auskunft,[36]
- iRd § 287 ZPO,[37]
- oder schlicht als ein in der ZPO[38] nicht vorgesehenes Beweismittel eigener Art.[39]

11 Die Frage, ob ein Mietspiegel im Prozess zur Ermittlung der ortsüblichen Vergleichsmiete herangezogen wird oder nicht hängt von der systematischen Bewertung des **Begriffs der ortsüblichen Vergleichsmiete** ab. Da es sich bei der ortsüblichen Vergleichsmiete um eine „modifizierte Durchschnittsmiete" handelt, bedarf es zur Feststellung dieses Wertes einer **empirischen Datenerhebung,** die umso genauer ist, umso größer aber vor allem auch repräsentativer die zu Grunde liegende Datenerhebung ist. Wenn einem Mietspiegel eine solchen Ansprüchen genügende Datenerhebung zu Grunde liegt, dann ist der Mietspiegel einem üblichen Sachverständigengutachten deutlich überlegen.[40] Zur Ermittlung der ortsüblichen Vergleichsmiete mittels Sachverständigengutachten wäre grds. eine Datenerhebung auf Grund einer repräsentativen Stichprobe notwendig. Diesen Anforderungen genügen die Sachverständigengutachten allenfalls in extremen Aus-

---

[31] Ausdrücklich für einfache Mietspiegel nach der Mietrechtsreform Lammel Wohnraum-MietR BGB § 558d Rn. 37; zum alten Recht OLG Frankfurt a. M. NJW-RR 1994, 1233; KG GE 1994, 991 (995); LG Frankfurt a. M. NJW-RR 1991, 1417; AG Dresden NZM 2000, 460; AG Lüdenscheid WuM 1996, 772; AG Frankfurt WuM 1993, 621; 1992, 626; AG Schönberg MM 1992, 210; **aA** für OWi-Verfahren: Bohnert, Ordnungswidrige Mietpreisüberhöhung, 1996, 73, da die §§ 72f. StPO einen konkreten Sachverständigen, der sein Gutachten in der Hauptverhandlung vorträgt, verlangen.

[32] Huber ZMR 1992, 469 im Anschluss an Niederberger WuM 1980, 172; **aA** Hinkelmann, Die ortsübliche Miete, 1999, 128.

[33] KG NJW-RR 1992, 80; LG Berlin GE 1996, 1486; MM 1994, 66; LG Düsseldorf WuM 1990, 393; Winter WuM 1977, 85.

[34] LG Duisburg WuM 2005, 460; LG Arnsberg WuM 1992, 443; LG Hamburg WuM 1978, 134; HmbGE 1981, 591; LG Bochum ZMR 1993, 284; Sternel MietR Kap. IV Rn. 222; Sternel PiG 10 (1982), 127 (140); Hinkelmann, Die ortsübliche Miete, 1999, 131; es soll sich aber nicht um offenkundige Tatsachen iSd § 291 ZPO handeln: MüKoBGB/Artz § 558c Rn. 5.

[35] AG Dresden NZM 2000, 460; MüKoBGB/Artz § 558c Rn. 5; Voelskow ZMR 1992, 327; Staudinger/V. Emmerich BGB § 558c Rn. 6; V. Emmerich GE 1988, 434; **aA** für OWi-Verfahren Bohnert, Ordnungswidrige Mietpreisüberhöhung, 1996, 73.

[36] LG München I WuM 1992, 25.

[37] Börstinghaus NZM 2002, 273.

[38] Nach Bohnert, Ordnungswidrige Mietpreisüberhöhung, 1996, 73, ist der Mietspiegel im OWi-Verfahren ein Beweismittel „gemischter Natur", zusammengesetzt aus Elementen des Urkunds- und des Augenscheinbeweises.

[39] LG Lübeck WuM 2001, 82; LG Landau ZMR 1985, 129; LG Essen WuM 1991, 120; LG Hamburg WuM 1991, 49; LG Landshut WuM 1990, 223; LG Bonn WuM 1982, 18; LG Berlin WuM 1996, 102; LG Wiesbaden WuM 1996, 420; AG Norderstedt WuM 1990, 356; AG Charlottenburg WuM 1992, 138; Hinkelmann, Die ortsübliche Miete, 1999, 132.

[40] LG Lübeck WuM 2001, 82; AG Charlottenburg GE 2015, 457 (459).

nahmefällen. Deshalb ist der Mietspiegel den übrigen Beweismitteln überlegen. Soweit dies in der Praxis verneint wird, beruht das auf einem anderen Verständnis vom Begriff der ortsüblichen Vergleichsmiete als einer „marktorientierten Miete".[41] Ihr liegt die Überzeugung zu Grunde, dass ein allgemein aufgestellter Mietspiegel dem Einzelfall, insbes. der Marktentwicklung seit seiner Erstellung, nicht ausreichend gerecht wird. Dazwischen gibt es eine Reihe vermittelnder Ansichten.[42] Ein Rechtsentscheid zu dieser Frage konnte nicht ergehen, da es sich bei der Ermittlung der ortsüblichen Vergleichsmiete um eine Frage der Tatsachenfeststellung handelt.[43] Auch wenn der Mietspiegel generell zur Ermittlung der ortsüblichen Vergleichsmiete im Prozess in Betracht kommt, kann seine Verwendung im Einzelfall aber ausgeschlossen sein, zB bei besonderen **Adresslagen**.[44]

Da der **einfache Mietspiegel**[45] weder ein zivilprozessuales Beweismittel[46] darstellt noch ihm eine Vermutungswirkung beigemessen werden darf, können seine Werte im Rahmen der freien Beweiswürdigung iRd § 287 Abs. 2 ZPO herangezogen werden.[47] Die Vorschrift stellt an das Maß der Überzeugungsbildung des erkennenden Richters geringere Anforderungen als die Vorschrift des § 286 ZPO. Nach § 287 ZPO ist der Richter ermächtigt, sich mit einer mehr oder minder hohen – mindestens aber überwiegenden – Wahrscheinlichkeit zu begnügen.[48] Das Gericht hat in Verfahren, bei denen die Ermittlung der Tatsachen, die zur Feststellung der Höhe von strittigen Forderungen, notwendig sind aber mit Schwierigkeiten verbunden sind, ein großes Ermessen, wie es diese Feststellungen trifft. Das Gericht entscheidet dabei unter Würdigung aller Umstände nach freier Überzeugung. In diesem Rahmen ist die Verwendung einfacher Mietspiegel weiterhin zulässig.[49] Das Gericht ist aber nicht verpflichtet, seine Überzeugungsbildung auf solche aussagekräftigen Indizien eines Mietspiegels zu stützen und von der Erhebung des von der beweisbelasteten Partei zum Nachweis der Haupttatsache angebotenen Beweismittels abzusehen.[50] Auch ein sog. „Sternchenfeld" eines qualifizierten Mietspiegels kann einem Sachverständigengutachten überlegen sein.[51]

Das hat nichts mit einer Vermutungswirkung zu tun, sondern ist ein Indiz. **13** Einem einfachen Mietspiegel kann deshalb nur eine **Indizwirkung** zukom-

12

---

[41] OLG Stuttgart NJW 1981, 2365, für § 5 WiStG; OLG Stuttgart NJW-RR 1994, 334; LG Berlin GE 1990, 1209; 1991, 1151; 1992, 213; AG Schöneberg GE 1993, 209; AG Charlottenburg GE 1992, 43.
[42] LG Bochum NJW-RR 1991, 1039; LG Berlin GE 1993, 49; 1993, 585.
[43] KG NZM 1998, 188, Ermittlung der Nettomiete aus Bruttomietspiegel; KG GE 1994, 991, OWi-Verfahren nach § 5 WiStG; KG NJW 1992, 80; OLG Hamm WuM 1984, 238.
[44] AG Hamburg-Blankenese ZMR 1998, 568.
[45] Hierzu zählt auch der von der Gemeinde als qualifiziert bezeichnete Mietspiegel, der aber dies aber nach Ansicht des Gerichts nicht ist: LG Bochum DWW 2007, 298.
[46] Bub/Treier MietR-HdB/Schultz Kap. III Rn. 1376 Börstinghaus/Clar NZM 2014, 889.
[47] BGH NZM 2021, 88; BGH NZM 2010, 665; KG NZM 2009, 544; LG Nürnberg-Fürth WuM 2015, 675; LG Bochum DWW 2007, 298 mAnm Börstinghaus; LG Duisburg WuM 2005, 460; AG Dortmund WuM 2003, 35 mzustAnm Beuermann GE 2003, 233; LG Berlin GE 2003, 1020; MüKoBGB/Artz § 558c Rn. 5; krit. Abramenko MietRB 2016, 94.
[48] BGH NJW 2020, 236.
[49] Für Mietspiegel Dresden: BGH NZM 2019, 250; Für Mietspiegel Berlin: BGH NZM 2021, 88; BGH NZM 2020, 534; BGH NZM 2020, 551.
[50] BGH NZM 2021, 88.
[51] LG Berlin GE 2015, 127.

men.[52] Wie bei der Vermutungswirkung des qualifizierten Mietspiegels auch, bezieht sich die Indizwirkung aber auch nur darauf, dass die ortsübliche Einzelvergleichsmiete innerhalb der maßgeblichen Mietspiegelspanne liegt.[53] Ob einem einfachen Mietspiegel eine Indizwirkung zukommt oder nicht, hängt von den Umständen des Einzelfalls ab. Für alle Mietspiegel kann dies wegen der sehr unterschiedlichen Qualität einfacher Mietspiegel nicht pauschal behauptet werden.[54] Der BGH differenzierte an dieser Stelle früher nicht. Seiner Meinung nach liege es eher fern anzunehmen, die Interessenvertreter der Vermieter und der Mieter würden einen Mietspiegel erstellen oder billigen, der den Interessen ihrer jeweiligen Mitglieder widerspricht, weil er die ortsübliche Vergleichsmiete, die tatsächlichen Verhältnisse ignorierend, unzutreffend abbildet. Inzwischen hat der BGH dies zumindest etwas relativiert, wenn er formuliert, dass die Werte eines einfachen Mietspiegels vom Tatrichter bei der Überzeugungsbildung „(mit)berücksichtigt" werden dürfen.[55] Im Falle eines einfachen Mietspiegels stelle sich für die Tatsacheninstanz jeweils die Frage, ob diesem tatsächlich eine mögliche Indizwirkung hinsichtlich der richtigen Wiedergabe der ortsüblichen Vergleichsmiete durch die dort angegebenen Entgelte Bedeutung zukommt.[56] So kann die Indizwirkung erschüttert sein, wenn zwischen dem Stichtag der Mietspiegelerstellung und dem Zugang des Erhöhungsverlangens eine erhebliche Mietenentwicklung stattgefunden hat. In diesem Fall können die Gerichte einen Stichtagszuschlag zu den Mietspiegelwerten hinzurechnen (→ Rn. 27). Einer Orientierungshilfe[57] zur Einordnung der konkreten Wohnung in eine Mietspiegelspanne kommt keine Indizwirkung zu.[58] Der Indizienbeweis ermöglicht nämlich einen vollen Beweis iSd § 286 ZPO, die Orientierungshilfe stellt nur eine Schätzungsgrundlage dar.[59]

14 In der Regel streiten die Parteien über die konkrete Einordnung einer Wohnung in einen solchen Mietspiegel und ggf. auch über die Frage, ob bestimmte Ausstattungsmerkmale vorliegen; die Werte des Mietspiegels an sich sind häufig zwischen den Parteien gar nicht im Streit. Dies gilt insbesondere auch dann, wenn die Parteien ausschließlich über die richtige Einordnung innerhalb der Spanne streiten.[60] Ob die von einem einfachen Mietspiegel ausgehende Indizwirkung im Einzelfall zum Nachweis der Ortsüblichkeit der verlangten Miete ausreicht, hängt davon ab, welche Einwendungen der Mieter gegen den Erkenntniswert des Mietspiegels erhebt. Von der Systematik her ist der Indizienbeweis ein indirekter Beweis. Es wird

---

[52] BGH NZM 2019, 250; Börstinghaus LMK 2019, 415378; BGH WuM 2017, 208; BGH NZM 2013, 138; BGH NZM 2010, 665; LG Nürnberg–Fürth WuM 2015, 675; Börstinghaus/Clar NZM 2014, 889; Bub/Treier MietR-HdB/Schultz Kap. III Rn. 1376, ggf. auch nur „grobe Orientierungsmöglichkeit".

[53] BGH NZM 2021, 88.

[54] Ähnlich krit. Bub/Treier MietR-HdB/Schultz Kap. III Rn. 1380.

[55] BGH NZM 2017, 321 mAnm Fleindl NZM 2017, 325.

[56] BGHZ 197, 366 = NZM 2013, 610; BGH NZM 2013, 138; BGH NZM 2010, 665; LG Berlin WuM 2016, 670; 2018, 209.

[57] Äußerst kritisch zur Qualität von Orientierungshilfen Staudinger/V. Emmerich BGB § 558 Rn. 28: Es treffe nicht zu, dass sie von Fachleuten aufgestellte Erfahrungssätze seien, sie würden den im besten Fall von Fachleiten frei geschätzt und im schlimmsten Fall nach dem Prinzip „do ut des" ausgehandelt.

[58] BGH NZM 2021, 88.

[59] BGH NZM 2021, 88.

[60] BGH NZM 2021, 88.

aus tatbestandsfremden (Hilfs-)Tatsachen der Schluss auf das Vorliegen der Haupt-tatsache gezogen. Nach der grundlegenden Entscheidung des BGH[61] ist der **Indizi-enbeweis** geführt, wenn andere Schlüsse aus den Indiztatsachen ernstlich nicht in Betracht kommen. Die **Darlegungs- und Beweislast** für das Vorliegen der Hilfs-tatsache richtet sich danach, wer den Hauptbeweis zu erbringen hat. Das ist in Verfahren der vorliegenden Art immer der Vermieter. Trotzdem verlangt der VIII. Senat, dass der Mieter substantiierte Einwände gegen den Mietspiegel erhebt.[62] Die Anforderungen daran sind nach der Rspr. sogar sehr hoch. So soll der Mieter etwa substantiiert vortragen, den Verfassern des Mietspiegels habe es an der erforder-lichen Sachkunde gefehlt oder sie hätten sich von sachfremden Erwägungen leiten lassen oder der Mietspiegel beruhe auf unrichtigem oder nicht repräsentativem Da-tenmaterial. Da das alles Tatsachen sind, die der Mieter nicht kennt, reicht hier durchaus ein **Bestreiten mit Nichtwissen.**[63] Der Vermieter muss dann solche Tat-sachen zu dem Mietspiegel vortragen, die es rechtfertigen aus seinen Werten auf die Haupttatsache, nämlich die ortsübliche Vergleichsmiete, zu schließen.

Gegen die Verwendung von Mietspiegeln im Prozess bestehen auch **keine ver-fassungsrechtlichen Bedenken.**[64] Dies ergibt sich daraus, dass der Gesetzgeber be-reits mit der Novelle 1982 nicht nur eine verstärkt marktorientierte Anpassung, son-dern ganz wesentlich auch das Ziel verfolgt hat, die Verwendung von Mietspiegeln zu verstärken. Er sah diese nicht nur als die beste Möglichkeit zur vorprozessualen Be-gründung des Erhöhungsverlangens an; er hat vielmehr zusätzlich herausgestellt, sie seien das beste Mittel zum „Nachweis" der ortsüblichen Vergleichsmiete.[65] Der Mietrechtsreformgesetzgeber hat dies noch verstärken wollen indem er qualifizierte Mietspiegel geschaffen hat. Eine Abwertung einfacher Mietspiegel sollte damit nicht verbunden sein. Es entspricht daher dem Willen des Gesetzgebers, wenn die herr-schende Rechtspraxis die Ortsüblichkeit des geforderten Mietzinses nach Möglich-keit unter Verwendung ordnungsgemäß aufgestellter Mietspiegel ermittelt. Auch wenn Mietspiegel nicht ausdrücklich in der ZPO als Beweismittel vorgesehen sind, verstößt die Berücksichtigung ihrer Werte nicht gegen das Grundrecht des Vermie-ters aus Art. 14 Abs. 1 S. 1 GG. Die Verwendung von Mietspiegeln im gerichtlichen Erkenntnisverfahren liegt nämlich auch im Interesse des Vermieters. Sie garantiert nicht nur eine rasche Entscheidung, sie erleichtert dem Vermieter vielmehr zugleich in ganz erheblichem Maße die ihm obliegende prozessuale Darlegungslast. Ihr Vor-zug besteht aber vor allem darin, dass ordnungsgemäß aufgestellte Mietspiegel idR auf einer erheblich breiteren Tatsachenbasis beruhen, als sie ein gerichtlich bestellter Sachverständiger mit einem Kosten- und Zeitaufwand ermitteln könnte, der zum Streitwert des gerichtlichen Verfahrens in einem angemessenen Verhältnis stünde. Ihre Verwendung vermeidet daher die Entstehung von **Rechtsverfolgungskosten,** die im Falle eines Teilunterliegens den erstrittenen Erhöhungsbetrag leicht erheblich schmälern oder sogar vollständig aufzehren können. Solche Kosten sollen die In-stanzgerichte im Interesse der Parteien vermeiden.[66] Die Hinzuziehung eines Sach-verständigen ist deshalb nur dann erforderlich, wenn für die Entscheidung Erfah-

15

---

[61] BGH NJW 1970, 946.
[62] BGH NZM 2010, 665; inzidenter auch BGH NZM 2019, 250.
[63] Börstinghaus/Clar NZM 2014, 889.
[64] BVerfG NJW 1992, 1377 mAnm Schopp ZMR 1993, 284; BVerfG WuM 1991, 523.
[65] BT-Drs. 9/2079, 8.
[66] BVerfG NJW 1992, 1377; BGH NJW 2005, 2310; Kossmann/Meyer-Abich Wohnraum-miete-HdB § 155 Rn. 35.

rungssätze oder Spezialkenntnisse benötigt werden. Dies ist bei der Einordnung einer Wohnung in den Mietspiegel idR nicht der Fall[67], jedoch ist es auch nicht zu beanstanden, wenn das Gericht hierzu ein Gutachten einholt.[68] Da eine solches Bewertungsgutachten im Zweifel auch günstiger ist, als ein Gutachten zur Feststellung der Qualifikation eines Mietspiegels iSd § 558d BGB, ist es auch nicht zu beanstanden, wenn das Gericht die Einordnung eines Mietspiegels als qualifizierten Mietspiegel dahinstehen lässt und den Mietspiegel als einfachen Mietspiegel verwertet, aber zu Spanneneinordnung ein Gutachten einholt.[69]

16   Die Entscheidung, ob im konkreten Einzelfall ein Mietspiegel vom Gericht zur Ermittlung der ortsüblichen Vergleichsmiete herangezogen wird, hängt vor allem von der **Qualität des Mietspiegels** ab.[70] Nur ordnungsgemäß erstellte Mietspiegel können zur Ermittlung der ortsüblichen Vergleichsmiete herangezogen werden.[71] Dabei bezieht sich ordnungsgemäß nicht nur auf die Formalien des Aufstellungsverfahrens nach der MietspiegelVO, sondern vor allem auf die Frage, ob die Werte „richtig" sind. Der Tatrichter muss im Rahmen der ihm obliegenden freien Beweiswürdigung feststellen und bewerten, ob das Zahlenmaterial hinsichtlich der Datengewinnung und -auswertung vollständig ermittelt und dargestellt wurde.[72] Obwohl für das Mieterhöhungsverlangen die verschiedenen Mietspiegelarten gleich behandelt werden, sind nur empirisch auf Grund einer Datenerhebung erstellte Mietspiegel jedem Sachverständigengutachten überlegen, wo hingegen ausgehandelte Mietspiegel keine Erkenntnisquelle sein können.[73]

17   Zweifel an der gerichtlichen Verwertbarkeit von Mietspiegel können sich auch aus der benutzten Auswertungsmethode[74] ergeben. Mietspiegel, die mittels der **Regressionsanalyse**[75] erstellt worden sind, sind von den Gerichten entweder wegen genereller Zweifel an der Geeignetheit dieser Methode[76] oder auf Grund methodischer Fehler im Einzelfall nicht zur Ermittlung der ortsüblichen Vergleichsmiete herangezogen worden.[77] Die Regressionsmethode ist ein anerkanntes statistisches Verfahren. Auch die § 7 MsV lässt ausdrücklich die Erstellung von Mietspiegeln nach der Regressionsmethode zu. Die Regressionsmethode basiert auf einem komplexen mathematischen Modell. Dies Modell setzt einige bedeutsame Annahmen voraus. Entsprechen diese Annahmen nicht der Realität, dann spiegelt ein Regres-

---

[67] LG Dortmund WuM 2003, 297.
[68] BGH NZM 2021, 88.
[69] BGH NZM 2021, 88.
[70] BGH NZM 2013, 138; Clar WuM 2013, 233; LG Lübeck WuM 2001, 82; 1995, 189; LG Bochum NJW-RR 1991, 1039; Sternel MietR Kap. IV Rn. 216.
[71] VerfGH Berlin NZM 1998, 183.
[72] BVerwG NJW 1996, 2046 (2047); VerfGH Berlin NZM 1998, 183.
[73] AG Frankfurt NJW-RR 1989, 12; Börstinghaus WuM 1997, 421.
[74] zur Frage, was für welche Methode spricht: Leutner WuM 2019, 128.
[75] → MsV § 7 Rn. 4.
[76] LG München WuM 2002, 547.
[77] ZB mit ausführlicher Begründung LG München WuM 2002, 547; 1996, 709 mabl Anm Blank WuM 1977, 178; die gegen das Urteil eingelegte Verfassungsbeschwerde wurde nicht zur Entscheidung angenommen: BVerfG WuM 1997, 202; nach Krämer WuM 1992, 172 (174), soll jeder per Regressionsanalyse erstellte Mietspiegel bis zum Beweis des Gegenteils als statistisch unzulässig angesehen werden – in „Prämissen und Handlungsempfehlungen zur Reform des Mietspiegelrechts – Gutachterstudie –" S. 15 empfiehlt er „Regressionsmietspiegel nur dann zuzulassen, wenn der Ersteller nachweislich etwas von Regressionsanalyse versteht"; zweifelhaft AG Charlottenburg WuM 2015, 361.

sionsmietspiegel die Realität nur verfälscht wider und ist zumindest als **Beweismittel im Prozess** unbrauchbar. Die Festlegung der Annahmen bedeutet auch schon eine Wertentscheidung. Deshalb bergen Regressionsmietspiegel ein sehr viel höheres Risiko in sich, von den Gerichten nicht anerkannt zu werden als Tabellenmietspiegel,[78] die die ermittelten Daten nur zusammenfassend darstellen. Mit einem Regressionsmietspiegel kann die ortsübliche Vergleichsmiete für Wohnraum errechnet werden, den es uU in der Gemeinde gar nicht gibt. Auch wenn das Ausmaß der Auseinandersetzung in der mietrechtlichen Lit.[79] und R spr [80] etwas anderes vermuten lässt, so sind Regressionsmietspiegel in der Bundesrepublik zurzeit immer noch die Ausnahme darstellen. Nur eine sehr kleine Zahl von Mietspiegeln wurde nach diesem Verfahren erstellt, wobei bei weiteren Mietspiegeln auch Mischformen zwischen Tabellenmethode und Regressionsmethode verwandt werden. Die geringe Zahl wird aber dadurch relativiert, dass gerade die Mietspiegel von Millionenstädten wie München und Frankfurt nach der Regressionsmethode erstellt wurden und dort vor Gericht unterschiedlich Bestand hatten. Die Arbeitshilfe zur Erstellung von Mietspiegeln in Sachsen empfiehlt auf Grund der unkomplizierten Handhabung und der großen Zuverlässigkeit ausdrücklich die Aufstellung von Mietspiegeln nach der Tabellenmethode.

Keine Frage der Geeignetheit eines Mietspiegels zur Ermittlung der ortsüblichen **18** Vergleichsmiete im Prozess ist die Frage, ob an der Mietspiegelerstellung „alle Interessengruppen in ausreichender Weise beteiligt" waren.[81] Dies ist uU von Bedeutung für die Frage, ob das Mieterhöhungsverlangen mit einem solchen Mietspiegel begründet werden darf,[82] hat aber keine Bedeutung für die Frage, ob in einem Mietspiegel die sog. ortsübliche Vergleichsmiete richtig wiedergegeben wird. Wie in der Politik auch, bedeutet **der kleinste gemeinsame Nenner** zwischen den an der Mietspiegelerstellung beteiligten Verbänden nicht unbedingt, dass dieser Wert richtig ist. Es ist nur der Wert, der konsensfähig war. Die Tatsache, dass ein bestimmter Wert die Zustimmung aller an der Mietspiegelerstellung beteiligten Verbände gefunden hat, rechtfertigt auch keinen Anscheinsbeweis für die Richtigkeit dieses Wertes. Das BVerwG[83] hat gerade mit der Begründung, dass es Aufgabe der Zivilgerichte ist, die Richtigkeit der Daten des Mietspiegels zu überprüfen, eine **verwaltungsgerichtliche Klage** gegen einen kommunalen Mietspiegel nach

---

[78] Börstinghaus/Clar Mietspiegel Rn. 384, 650.

[79] Voelskow WuM 1993, 21; ZMR 1992, 326; Aigner/Oberhofer/Schmidt WuM 1993, 10; 1993, 16; Oberhofer/Schmidt WuM 1995, 137; 1993, 585; Oberhofer/Schmidt, Kriterien der Mietspiegelerstellung, Teilgutachten im Rahmen des Forschungsvorhabens „Auswirkungen mietrechtlicher Regelungen auf die Mietentwicklung und die Wohnungsversorgung", 1996; Krämer WuM 1992, 175; Gaede/Kredler WuM 1992, 578; Alles WuM 1988, 241; Isenmann ZMR 1993, 446; Blinkert/Höfflin WuM 1994, 589; Schießl WuM 1995, 18; Clar WuM 1992, 662; Klein/Martin WuM 1994, 513.

[80] OLG Karlsruhe NJW 1997, 3388; LG München WuM 2002, 547; 1996, 709 mabl Anm Blank WuM 1997, 178; LG Frankfurt a. M. NJW–RR 1993, 277; LG München NJW-RR 1993, 1427; LG Kiel HmbGE 1994, 235; LG Freiburg NJWE-MietR 1996, 51.

[81] So aber LG Darmstadt WuM 1997, 442 mAnm Börstinghaus WuM 1997, 421; AG Bergheim WuM 1998, 36.

[82] OLG Hamm NJW-RR 1991, 209.

[83] BVerwG NJW 1996, 2046 mAnm von Storr ZMR 1996, 453; die gegen das Urteil eingelegte Verfassungsbeschwerde wurde nicht zur Entscheidung angenommen: 1 BvR 701/96; Huber JZ 1996, 893; Brodersen JuS 1997, 279; Schönlau DVP 1996, 172; Vahle DVP 1997, 37.

altem Recht für unzulässig erklärt. Dann dürfen sich die Zivilgerichte aber dieser Aufgabe auch nicht entziehen.[84] Die Aufgabe des Mietspiegels als Begründungsmittel und die Ermittlung der ortsüblichen Vergleichsmiete im Prozess sind unterschiedlich und stellen jeweils ganz andere Anforderung an einen Mietspiegel. Als **Begründungsmittel** muss der Mietspiegel vor allem befrieden. Aber wenn es denn zum Prozess kommt, dann haben beide Vertragsparteien ein Recht darauf, dass sich das Gericht mit dem Tatbestandsmerkmal der ortsüblichen Vergleichsmiete gem. § 558 Abs. 2 BGB beschäftigt und versucht, diesen Wert, so schwierig das im Einzelfall ist, möglichst exakt festzustellen. Dazu gehört es auch, die Qualität eines Mietspiegels zu überprüfen. Hat sich das Gericht von der Qualität der Daten und der ermessensfehlerfreien Datenauswertung überzeugt, dann kann es sein Urteil bei der Feststellung der ortsüblichen Vergleichsmiete als Obergrenze des dem Vermieter zustehenden Zustimmungsanspruch, auf diesen Mietspiegel stützen.

19   Um zu überprüfen, wie die Werte des Mietspiegels zustande gekommen sind, ist auch bei einfachen Mietspiegeln eine **Dokumentation**[85] der Mietspiegelerstellung wichtig. Sie ist jetzt gem. § 4 MsV auch für einfache Mietspiegel vorgeschrieben. Nach den Vorstellungen des Verordnungsgebers[86] soll anhand der Dokumentation zumindest grob nachvollzogen werden können, auf welche Weise und auf welchen Grundlagen die im Mietspiegel ausgewiesenen Werte ermittelt wurden. Hierzu sollen Angaben dazu gehören, welche Daten oder sonstigen tatsächlichen Grundlagen in welchem Umfang verwendet wurden. Der Verordnungsgeber stellte sich auch vor, dass der Weg von der Auswertung zur Darstellung der ortsüblichen Vergleichsmiete im Mietspiegel erläutert wird. Das soll die Verwendung **einfacher Mietspiegel als Schätzgrundlage** verbessern.[87] Genauso wie die Veröffentlichung eines Mietspiegels entsprechend der Vorgabe in § 558c Abs. 4 S 2 BGB keine Wirksamkeitsvoraussetzung für einen einfachen Mietspiegel ist[88], ist auch die Dokumentation keine Wirksamkeitsvoraussetzung für einen Mietspiegel. Ist aber eine Dokumentation nicht erfolgt, scheidet eine Verwendung eines einfachen Mietspiegels im Prozess als Indiz aus. Das Gericht darf sein Urteil nur auf Werte stützen, die feststehen oder auf Grund ihrer nachvollziehbaren Ermittlungsmethode mit hoher Wahrscheinlichkeit feststehen. Wenn das Gericht sich davon nicht überzeugen kann, dann ist der Mietspiegel auch nicht verwertbar. Eine Dokumentation ist auch deshalb erforderlich, weil das Gericht insbes. die Datenqualität überprüfen können muss. Nicht die Menge der Daten ist entscheidend, sondern vor allem deren Qualität.

20   Damit kommen hier insbes. veraltete qualifizierte Mietspiegel in Betracht, denen also wegen Ablaufs der Zwei-Jahresfrist keine gesetzliche **Vermutungswirkung** mehr zukommt[89] oder vermeintlich qualifizierte Mietspiegel, denen die Qualifikation abgesprochen wird.[90] Das ergibt sich jetzt auch aus § 6 Abs. 2 S. 2 MsV. Ver-

---

[84] BGH NJW 2013, 775; BGH NJW 2014, 292; LG Bochum DWW 2007, 298; dafür jetzt auch LG Berlin GE 2012, 271 unter Aufgabe seiner gegenteiligen Auffassung LG Berlin GE 2004, 1296.

[85] Börstinghaus WuM 1997, 421.

[86] BR–Drs. 766/20, 22.

[87] BR–Drs. 766/20, 22.

[88] BR–Drs. 22/21, 24.

[89] Langenberg WuM 2001, 523 (525); Lammel WohnraumMietR BGB § 558d Rn. 37.

[90] BGH NZM 2019, 250; LG Berlin WuM 2018, 502; NZM 2017, 332; GE 2017, 535; GE 2017, 53; WuM 2016, 676; WuM 2016, 670; GE 2016, 1152; WuM 2015, 504; GE 2014,

wendet werden können aber auch einfache Mietspiegel, die auf einer Datenerhebung beruhen ohne dass die ganz strengen Regeln der Repräsentativität eingehalten wurden oder bei denen ggf. Mängel in der Datenauswertung eine Qualifizierung verhindert haben. Maßstab ist die Alternative, die sich dem Gericht stellt. Wenn es nämlich den Mietspiegel nicht heranzieht, dann muss es ein Sachverständigengutachten über die ortsübliche Vergleichsmiete einholen.

Bei der **Verwendung von Mietspiegeln** wird **in der Praxis** teilweise noch un- 21
terschieden, ob es sich um ein Zustimmungsverfahren nach § 558 BGB, einen
Rückzahlungsanspruch wegen vermeintlich überzahlter Miete gem. § 5 WiStG
oder um ein Bußgeldverfahren[91] auf Grund eines Verfahrens nach § 5 WiStG handelt. Im Einzelnen:

Mietspiegel		Mietspiegel verwertbar im Verfahren nach					
		§ 558 BGB		§ 5 WiStG Rückforderung		§ 5 WiStG Bußgeldverfahren	
Ort	Jahr	Ja	Nein	ja	nein	ja	nein
Aachen	1990	LG Aachen WuM 1991, 120					
Aachen	2015	LG Aachen GE 2017, 177					
Berlin	1988	LG Berlin WuM 1989, 397	AG Wedding GE 1989, 947				KG WuM 1992, 140
Berlin	1990	LG Berlin WuM 1990, 119; LG Berlin MM 1992, 352; GE 1992, 296; LG Berlin MM 1992, 282; GE 1991, 1149; AG Neukölln MM 1991, 66	LG Berlin GE 1990, 1209; AG Schöneberg GE 1993, 209; AG Tiergarten MM 1992, 176; AG Charlottenburg GE 1992, 43; nur bedingt verwertbar LG Berlin GE 1991, 1151	LG Berlin GE 1996, 1486			KG WuM 1992, 140; KG GE 1994, 991

1338; AG Mitte GE 2016, 593; AG Lichtenberg WuM 2016, 293; AG Charlottenburg WuM 2015, 500; BeckRS 2015, 06289 mAnm Herlitz jurisPR-MietR 13/2015 Anm. 3.

[91] KG GE 1994, 991; Bohnert, Ordnungswidrige Mietpreisüberhöhung, 1996, 73; Schopp ZMR 1993, 284.

Mietspiegel		Mietspiegel verwertbar im Verfahren nach					
		§ 558 BGB		§ 5 WiStG Rück-forderung		§ 5 WiStG Buß-geldverfahren	
Ort	Jahr	Ja	Nein	ja	nein	ja	nein
Berlin	1992	LG Berlin GE 1993, 749; WuM 1996, 102		VerfGH Berlin NZM 1998, 183; LG Berlin MM 1994, 66; MM 1995, 67; GE 1996, 1486; WuM 1996, 102; GE 1995, 813; AG Schöne-berg MM 1993, 291			
Berlin	1992	LG Berlin GE 1993, 749; WuM 1996, 102		VerfGH Berlin NZM 1998, 183; LG Berlin MM 1994, 66; MM 1995, 67; GE 1996, 1486; WuM 1996, 102; GE 1995, 813; AG Schöne-berg MM 1993, 291			
Berlin	1994	LG Berlin MM 1996, 78; GE 1995, 565; GE 1994, 1055; GE 1996, 1110		VerfGH Berlin NZM 1998, 183; LG Berlin MM 1996, 78; MM 1995, 67; GE 1996, 1486; MM 1998, 81; GE 1998,	LG Berlin NJWE-MietR 1996, 98		

Mietspiegel		Mietspiegel verwertbar im Verfahren nach					
		§558 BGB		§5 WiStG Rück-forderung		§5 WiStG Buß-geldverfahren	
Ort	Jahr	Ja	Nein	ja	nein	ja	nein
				42; WuM 1996, 101			
		LG Berlin GE 1997, 187, WuM 1997, 51, zumindest für Altbau-wohnun-gen					
Berlin	1996	LG Berlin GE 1996, 1110; GE 1997, 747		VerfGH Berlin GE 2005, 423; LG Berlin MM 1997, 407; MM 1998, 81; WuM 1998, 421; GE 1998, 1341; NZM 1998, 1000	LG Ber-lin GE 2000, 1107, bei durch Qualität und Lage besonde-ren Ob-jekten		
Berlin	1998	LG Berlin GE 2000, 283; AG Tiergarten GE 1998, 1217; AG Charlot-tenburg GE 1999, 841		VerfGH Berlin GE 2005, 423			
Berlin	2000	LG Berlin GE 2002, 261; MM 2001, 151	AG Tier-garten GE 2001, 1200, bei über-höhtem Möblie-rungszu-schlag für Sonder-merkmale		LG Ber-lin GE 2002, 261, bei sanierten Woh-nungen		

Mietspiegel		Mietspiegel verwertbar im Verfahren nach					
		§ 558 BGB		§ 5 WiStG Rück-forderung		§ 5 WiStG Buß-geldverfahren	
Ort	Jahr	Ja	Nein	ja	nein	ja	nein
Berlin	2005	LG Berlin GE 2008, 733					
Berlin	2007	KG NZM 2009, 544[92]					
Berlin	2009		LG Berlin 17.7.2015 – 63 S 220/13[93]				
Berlin	2011		AG Char-lottenburg GE 2014, 325[94]; AG Charlot-tenburg GE 2014, 1458				
Berlin	2013	AG Char-lottenburg WuM 2015, 361	LG Berlin BeckRS 2015, 11344[95]; LG Berlin WuM 2015, 504[96]; AG Charlot-tenburg WuM 2015, 500[97]; AG Charlot-tenburg BeckRS 2015, 06289[98]				

[92] Das gilt für die Mietspiegelfelder, die nicht Teil des qualifizierten Mietspiegels sind, weil sie auf lediglich 15–29 Mietedaten basieren.
[93] Dem Mietspiegel Berlin 2009 hat die Kammer die Qualifikation abgesprochen und ihn auch nicht als einfachen Mietspiegel verwendet.
[94] Der Mietspiegel 2011 ist qualifizierter Mietspiegel.
[95] Der Mietspiegel 2013 soll qualifiziert iSd § 558d BGB sein.
[96] Das Gericht hat offengelassen, ob der Mietspiegel 2013 als qualifiziert zu bewerten ist, zumindest könne er als einfacher Mietspiegel im Prozess verwendet werden.
[97] MAnm Börstinghaus jurisPR-MietR 14/2015 Anm. 1.
[98] MAnm Herlitz jurisPR-MietR 13/2015 Anm. 3.

Mietspiegel		Mietspiegel verwertbar im Verfahren nach					
		§ 558 BGB		§ 5 WiStG Rückforderung		§ 5 WiStG Bußgeldverfahren	
Ort	Jahr	Ja	Nein	ja	nein	ja	nein
Berlin	2015	LG Berlin WuM 2016, 670; AG Charlottenburg GE 2016, 331[99]	LG Berlin Urt. v. 1.3.2019 – 63 S 230/16				
Berlin	2017	LG Berlin WuM 2018, 209					
Bielefeld	1981	LG Bielefeld WuM 1983, 24					
Bochum	1989	LG Bochum WuM 1991, 700					
Bochum	1996[100]			LG Bochum NZM 1999, 1001			
Bonn	1992	LG Bonn WuM 1994, 692					
Braunschweig	2018	LG Braunschweig Urt. v. 24.11.2020 – 6 S 307/19					
Bremerhaven	1991	LG Bremen WuM 1992, 626; AG Bremerhaven WuM 1992, 28					

---

[99] Die Gerichte haben offengelassen, ob der Mietspiegel 2015 als qualifiziert zu bewerten ist, zumindest könne er als einfacher Mietspiegel im Prozess verwendet werden.
[100] Aus dem veröffentlichten Teil des Urteils ist das genaue Datum des Mietspiegels nicht ersichtlich.

Mietspiegel		Mietspiegel verwertbar im Verfahren nach					
		§ 558 BGB		§ 5 WiStG Rück-forderung		§ 5 WiStG Buß-geldverfahren	
Ort	Jahr	Ja	Nein	ja	nein	ja	nein
Datteln	1990	AG Reck-linghausen WuM 1992, 443					
Dorma-gen	1989		LG Düssel-dorf 16.12. 1990 – 24 S 419/90				
Dort-mund	1990	LG Dort-mund WuM 1991, 559; AG Dort-mund WuM 1992, 624		AG Dort-mund NJW-RR 1991, 1228; LG Dortmund WuM 1997, 332			
Dort-mund	1992					OLG Hamm NJWE-MietR 1996, 97	
Dort-mund	1994	AG Dort-mund NJW-RR 1995, 971					
Dort-mund	1995	AG Dort-mund BeckRS 1995, 10897		AG Dort-mund WuM 1997, 440; LG Dort-mund WM 1998, 489			
Dort-mund	1996	AG Dort-mund 30.9. 1997 – 125 C 8196/97					
Dort-mund	1998	AG Dort-mund NZM 2001, 584					

Mietspiegel		Mietspiegel verwertbar im Verfahren nach					
		§ 558 BGB		§ 5 WiStG Rück-forderung		§ 5 WiStG Buß-geldverfahren	
Ort	Jahr	Ja	Nein	ja	nein	ja	nein
Dort-mund	2000	LG Dort-mund ZMR 2002, 918; AG Dort-mund WuM 2003, 35					
Dort-mund	2002	AG Dort-mund WuM 2003, 35; WuM 2004, 718					
Dort-mund	2004	LG Dort-mund NZM 2006, 134; AG Dort-mund NZM 2005, 258					
Dreieich	1995			LG Darm-stadt WuM 1997, 442; AG Langen WuM 1997, 442			
Dresden	2015	BGH VIII ZR 245/ 17, NZM 2019, 250					
Dresden	1999	AG Dres-den NZM 2000, 460					
Düssel-dorf		LG Düssel-dorf WuM 1990, 393					
Elsdorf	1994			AG Berg-heim WuM 1998, 36			

Mietspiegel		Mietspiegel verwertbar im Verfahren nach					
		§ 558 BGB		§ 5 WiStG Rück-forderung		§ 5 WiStG Buß-geldverfahren	
Ort	Jahr	Ja	Nein	ja	nein	ja	nein
Frank-furt/M.	1987	LG Frank-furt a. M. WuM 1989, 148; NJW-RR 1991, 1417	AG Frank-furt NJW-RR 1989, 12				
Frank-furt/M.	1990	LG Frank-furt a. M. WuM 1991, 595; 1992, 694; AG Frank-furt WuM 1992, 626		LG Frank-furt a. M. NJW-RR 1995, 462		AG Frankfurt WuM 1993, 621; 1992, 626	OLG Frankfurt a. M. WuM 1994, 436
Frank-furt/M.	1992			LG Frank-furt a. M. WuM 1998, 168 (169)		AG Frankfurt WuM 1993, 621	
Frank-furt/M.	2000	AG Frank-furt WuM 2002, 54					
Freiburg	1994	LG Frei-burg NJWE-MietR 1996, 51					OLG Karls-ruhe NJW 1997, 3388, wegen Miet-wucher § 291 StGB
Freiburg	1996						OLG Karls-ruhe WuM 1997, 500, wegen Miet-wucher § 291 StGB

Mietspiegel		Mietspiegel verwertbar im Verfahren nach					
		§ 558 BGB		§ 5 WiStG Rück-forderung		§ 5 WiStG Buß-geldverfahren	
Ort	Jahr	Ja	Nein	ja	nein	ja	nein
Gelsen-kirchen	1997	AG Gelsen-kirchen-Buer NZM 1998, 509					
Germe-ring	1994	LG Mün-chen II WuM 1995, 45					
Germe-ring	1997		LG Mün-chen II WuM 1998, 726				
Germe-ring	2000	LG Mün-chen II WuM 2003, 97					
Glad-beck	1989	LG Essen WuM 1991, 120					
Hagen	1985	AG Hagen WuM 1989, 579					
Haltern	2016	WuM 2019, 382					
Hanau	1989 – 1993			LG Hanau WuM 1996, 773			
Ham-burg	1986	BVerfG NJW 1992, 1377; LG Hamburg BeckRS 1-990, 07737					
Ham-burg	1989	LG Ham-burg WuM 1990, 31; 1990, 441; 1991, 49; 1991, 699					

Mietspiegel		Mietspiegel verwertbar im Verfahren nach					
		§ 558 BGB		§ 5 WiStG Rück-forderung		§ 5 WiStG Buß-geldverfahren	
Ort	Jahr	Ja	Nein	ja	nein	ja	nein
Ham-burg	1993	LG Ham-burg WuM 1996, 45; 1996, 543					
Ham-burg	1995			LG Ham-burg WuM 1998, 490; ZMR 1998, 499			
Ham-burg	1997	AG Ham-burg ZMR 1999, 33					
Ham-burg	1999	LG Ham-burg ZMR 2001, 896					
Heidel-berg	1999 [101]			LG Hei-delberg WuM 2001, 346			
Hoch-sauer-landkreis	1991	LG Arns-berg WuM 1992, 443 = WuM 1992, 625					
Hoch-sauer-land-/ Märki-scher Kreis/ Stadt Schwerte	1995	AG Lüden-scheid WuM 1996, 772					
Köln	1988	LG Köln WuM 1992, 256					
Köln	2000 [102]		AG Köln WuM 2001, 515				

---

[101] Aus dem veröffentlichten Teil des Urteils ist das genaue Datum des Mietspiegels nicht er-sichtlich.

[102] Aus dem veröffentlichten Teil des Urteils ist das genaue Datum des Mietspiegels nicht er-sichtlich.

Mietspiegel		Mietspiegel verwertbar im Verfahren nach						
		§ 558 BGB		§ 5 WiStG Rück-forderung		§ 5 WiStG Buß-geldverfahren	
Ort	Jahr	Ja	Nein	ja	nein	ja	nein
Landshut	1982	LG Lands-hut WuM 1990, 223					
Lübeck	1993	LG Lübeck WuM 1995, 189					
Lübeck	1997	LG Lübeck WuM 2001, 82; 23.11. 1999 – 14 S 96/99					
Lübeck	1999	LG Lübeck WuM 2001, 82					
Lüchow-Dannen-berg	1995 /96	AG Dan-nenberg 5.8.1997 – 1 C 134/97					
Mün-chen	1999		LG Mün-chen WuM 2002, 547				
Mün-chen	1994		LG Mün-chen WuM 1996, 709; 1996, 773				
Mün-chen	1991	LG Mün-chen WuM 1992, 25	LG Mün-chen NJW-RR 1993, 1427; WuM 1993, 451				
Mün-chen	1990	LG Mün-chen WuM 1992, 25	LG Mün-chen NJW-RR 1993, 1427; WuM 1993, 451				

Mietspiegel		Mietspiegel verwertbar im Verfahren nach					
		§ 558 BGB		§ 5 WiStG Rück-forderung		§ 5 WiStG Buß-geldverfahren	
Ort	Jahr	Ja	Nein	ja	nein	ja	nein
Mün-chen	1989	LG Mün-chen WuM 1992, 25; AG Mün-chen WuM 1991, 277					
Neuss	1990	LG Düssel-dorf WuM 1996, 421					
Norder-stedt	1989	AG Nor-derstedt WuM 1990, 356					
Osna-brück	1990	AG Osna-brück WuM 1992, 138					
Reut-lingen	2013	BGH VIII ZR 295/15, NZM 2017, 321[103]					
Schorn-dorf	2002	BGH VIII ZR 99/09, NJW 2010, 2946					
Stuttgart	1981			LG Stutt-gart WuM 1990, 357			
Troisdorf	1995	AG Sieg-burg WuM 1996, 152					
Voerde	2004	LG Duis-burg WuM 2005, 460					
Wesel	1990	LG Duis-burg WuM 1991, 501					

---

[103] Ggf. mit Stichtagszuschlag wegen der erheblichen Mietsteigerung von ca. 12% in 19 Monaten bis zum Stichtag des Mietspiegels Reutlingen 2015; Anm. Fleindl NZM 2017, 325.

Mietspiegel		Mietspiegel verwertbar im Verfahren nach					
		§558 BGB		§5 WiStG Rück-forderung		§5 WiStG Buß-geldverfahren	
Ort	Jahr	Ja	Nein	ja	nein	ja	nein
Wies-baden	1991	LG Wies-baden WuM 1996, 420					

4. Der qualifizierte Mietspiegel. Auch der qualifizierte Mietspiegel ist im **22** Prozess kein förmliches Beweismittel. Es gelten zunächst die gleichen Grundsätze wie für einfache Mietspiegel. Einem solchen Mietspiegel kommt zusätzlich noch eine Vermutungswirkung zu, dass er die ortsübliche Vergleichsmiete richtig wiedergibt. Wegen der Einzelheiten → §558d Rn. 52.

5. Die Einzelvergleichsmiete. Wenn denn ein Mietspiegel benutzt wird, **23** taucht immer wieder die Frage auf, ob in einem Prozess ohne weitere Angaben einer Partei der **jeweilige Mittelwert**[104] oder der untere[105] oder obere[106] Wert einer Mietspiegelspanne maßgeblich ist. Für das Mieterhöhungsverlangen hat der Gesetzgeber in §558a Abs. 4 S. 1 BGB ausdrücklich eine Regelung getroffen. Danach genügt es, wenn die verlangte Miete innerhalb der entsprechenden Mietspiegelspanne liegt. Dabei geht es aber nur um die formelle Seite des Erhöhungsverlangens. Hier geht es aber um die Tatsachenermittlung im Zustimmungsprozess, nämlich. die Ermittlung der richtigen Einzelvergleichsmiete innerhalb der Mietspiegelspanne. Es geht nicht um die Ermittlung eines Mittelwerts innerhalb der konkreten Bandbreite.[107] Steht nämlich die **Bandbreite,** zB an Hand eines Sachverständigengutachtens fest, muss die Rechtsfrage entschieden werden, ob es sich um eine große oder kleine Streubreite handelt und dementsprechend der Vermieter den Oberwert der Bandbreite verlangen kann[108] oder einen zu ermittelnden Wert um den Modalwert herum[109] (→ §558 Rn. 88). Das liegt aber daran, dass die ortsübliche Einzelvergleichsmiete **kein Punktwert, sondern immer eine Bandbreite** ist und der Vermieter eine Miete verlangen darf, die die ortsübliche Vergleichsmiete nicht übersteigt.

---

[104] BGH NZM 2019, 250; LG Dortmund WuM 2012, 469 mAnm Börstinghaus; WuM 2012, 547; WuM 2010, 633; NZM 2006, 134; ZMR 2002, 918; LG Halle JMBl. ST 2001, 286; LG Berlin NZM 1998, 1000; MM 1995, 67; GE 1994, 1055; GE 1993, 749; GE 1991, 1149; GE 1991, 1151; GE 1991, 49; LG Wiesbaden WuM 1992, 256; AG Lübeck WuM 2018, 111; AG Brandenburg WuM 2007, 268; AG Dortmund WuM 2012, 103; WuM 2004, 718 (719); NZM 2005, 258 (259); WuM 2005, 254; AG Gelsenkirchen-Buer NZM 1998, 509; AG Tempelhof-Kreuzberg GE 1997, 1345; MM 1993, 327.

[105] AG Köln (218) WuM 1996, 421.

[106] LG Berlin GE 1990, 495; GE 1989, 1231; GE 1989, 473; LG Lübeck WuM 1989, 306; für Rückforderungsprozess §5 WiStG: LG Berlin NZM 1999, 412; GE 1998, 1341; LG Dortmund WuM 1998, 489; AG Charlottenburg GE 2004, 52, für qualifizierten Mietspiegel; AG Dortmund WuM 1997, 440; AG Tiergarten MM 1989, Nr. 7/8 S. 23.

[107] Börstinghaus WuM 2012, 244; Bühler NZM 2011, 729.

[108] BGH NZM 2010, 122; Börstinghaus WuM 2010, 218; DS 2010, 70; Mätschke WuM 2010, 247; BGH NZM 2005, 660.

[109] BGH NZM 2019, 469; BGH DS 2019, 199.

24   Davon ist aber die **Mietspiegelspanne** zu unterscheiden, da innerhalb einer Mietspiegelspanne unzählige Bandbreiten zusammengefasst werden.[110] Die Feststellung der Einzelvergleichsmiete kann sich schon deshalb nicht am höchsten Wert der Mietspiegelspanne orientieren, da sonst die Angabe von Mietspannen in einem Mietspiegel jegliche Funktion verlieren würde.[111] Die Einzelvergleichsmiete ist ggf. gem. § 287 Abs. 2 ZPO innerhalb der Mietspiegelspanne zu schätzen. Im gerichtlichen Verfahren muss zunächst die maßgebliche Bandbreite[112] (→ Rn. 25) und dann deren Oberwert festgestellt werden.[113] Und darin ist der Unterschied zwischen einem auf die konkrete Wohnung bezogenen Sachverständigengutachten und der dort ermittelten **Bandbreite** und der in einem Mietspiegel ausgewiesenen **Spanne** zu sehen.[114] In einem Mietspiegelfeld werden nämlich durchaus unterschiedliche Wohnungsbestände zusammengefasst. Das Gesetz geht von fünf Wohnwertmerkmalen aus. Wenn man diese nur je fünfmal differenziert (was ja durchaus auch schon eine Beschränkung sein könnte) kommt man auf 5^5 Felder (= 3.125) in einem Mietspiegel. Mietspiegel weisen üblicherweise 24–48, aber fast nie mehr als 100 Felder aus. Das zeigt, dass in einem Mietspiegelfeld verschiedene der 3.125 Bandbreiten zusammengefasst werden. Die Feststellung der Einzelvergleichsmiete kann sich nicht am höchsten Wert der Mietspiegelspanne orientieren, da sonst die Angabe von Mietspannen in einem Mietspiegel jegliche Funktion verlieren würde.[115] Es ist deshalb zulässig im Rahmen der Ermittlung der konkreten Einzelvergleichsmiete gem. § 287 ZPO vom **Median des Mietspiegelfeldes** auszugehen.[116] Im gerichtlichen Verfahren kann dann anhand des Sachvortrags bei der Schätzung bewertet werden, ob das Baualter der Wohnung an den Anfang oder das Ende der Baualtersklasse fällt, ob bei Lage- oder Ausstattungskriterien gerade das erforderliche Minimum erreicht wird oder die nächste Stufe gerade verpasst wird.[117] Jede Partei muss bei Einordnung in Mietspiegel die für sie günstigen Tatsachen darlegen und beweisen.[118]

25   Bei der Ermittlung der ortsüblichen Vergleichsmiete mittels Mietspiegel im Prozess ist in einem **ersten Schritt** auf der Grundlage der Vergleichskriterien des § 558 Abs. 2 BGB die einschlägige Mietpreisspanne festzustellen. In einem **zweiten Schritt** ist ausgehend vom **Mittelwert** der Spanne anhand zusätzlicher qualitativ einzelfallbezogener, den individuellen Wohnwert bestimmender Faktoren die konkrete ortsübliche Vergleichsmiete im Sinne einer Einzelvergleichsmiete zu ermitteln. Dabei kann auf eine dem Mietspiegel beigefügte Orientierungshilfe Bezug

---

[110] AG Lübeck WuM 2018, 111; gegen die Differenzierung zwischen Bandbreite und Spanne Blank ZMR 2013, 170 (171).

[111] BGH NJW 2011, 2284; BGH NJW 2005, 2074; Thomma WuM 2005, 496.

[112] BGH NZM 2019, 469; BGH DS 2019, 199.

[113] BGH NZM 2019, 250.

[114] Börstinghaus WuM 2012, 244 mit Erwiderung Bühler ZMR 2012, 531.

[115] BGH NJW 2005, 2074; BGH NJW 2011, 2284.

[116] BGH NZM 2019, 250; BGH NJW 2012, 1351; BGH NZM 2021, 88 (zumindest ist das der dort zugesprochene Wert); Börstinghaus WuM 2012, 244; DS 2012, 183; Schach GE 2012, 517; Blank LMK 5/2012 Anm. 3; ZMR 2013, 170; Muth ZMR 2012, 530; Bühler ZMR 2012, 531; NZM 2011, 729; LG Dortmund WuM 2012, 469 mAnm Börstinghaus WuM 2012, 547; AG Aachen WuM 2015, 164 (165).

[117] Ähnlich AG Lübeck WuM 2018, 111.

[118] LG Berlin ZMR 2010, 37; AG München BeckRS 2012, 06820.

genommen werden.[119] Modernisierungsmaßnahmen dürfen bei der Spannenein-ordnung bei einem qualifizierten Mietspiegel berücksichtigt werden, auch wenn dieser keinen Modernisierungszuschlag vorsieht.[120]

Das Gericht muss die ortsübliche Vergleichsmiete zum **Tag des Zugangs des** **26** **Mieterhöhungsverlangens** feststellen.[121] Der Mietspiegel ist im Gegensatz zur dynamischen ortsüblichen Vergleichsmiete aber statisch, dh er spiegelt die orts-übliche Vergleichsmiete zu einem in der Vergangenheit liegenden Erhebungsstich-tag wider. Bei einer nicht nur unerheblichen Mietentwicklung ist deshalb ein Miet-spiegel schnell veraltet und gibt nicht mehr den richtigen Wert wieder. Lag ungefähr zum Zeitpunkt des Zugangs des Mieterhöhungsverlangens[122] der **Erhe-bungsstichtag des nächsten Mietspiegels,** so kann das Gericht in einem an-schließenden Erhöhungsverlangen oder auch im Verfahren auf Rückzahlung über-zahlter Miete wegen Verstoßes gegen die „Mietpreisbremse"[123] zur Ermittlung der maßgeblichen ortsüblichen Vergleichsmiete auch auf diesen neuen Mietspiegel zu-rückgreifen[124], ggf. mit einem Abschlag.[125] Es geht im Zustimmungsverfahren darum, die ortsübliche Vergleichsmiete möglichst Tag genau festzustellen und nicht darum festzustellen, ob der Vermieter nach der Begründung des Mieterhöhungs-verlangens einen Anspruch auf Zustimmung hatte. Auch ein Sachverständiger müsste die ortsübliche Vergleichsmiete zum Zeitpunkt des Zugangs feststellen. Die Verwendung der Daten des alten Mietspiegels, der zu einem weit in der Vergangen-heit liegenden Zeitpunkt errichtet wurde, führt faktisch zu einem Mietpreisstopp und ist rechtlich nicht begründbar. Auf der anderen Seite ist der Vermieter nicht verpflichtet, im Zustimmungsprozess im Klageverfahren sein Mieterhöhungsver-langen an den neuen Mietspiegel anzupassen.[126] Bei steigenden Mieten verlangt der Vermieter in diesem Fall zu wenig, bei fallenden Mieten zu viel. Auf die Wirk-samkeit des Erhöhungsverlangens, das mit einem damals gültigen Mietspiegel be-

---

[119] BGH NZM 2019, 250.

[120] LG Nürnberg-Fürth WuM 2020, 29.

[121] BGH NZM 2021, 655; BGH NZM 2021, 650; BGH WuM 2017, 208; BGH NZM 2010, 436; BGH NJW 2008, 848; BGH NZM 2006, 101; BGH WuM 2006, 569; KG GE 2005, 180; BayObLG WuM 1992, 677; LG Berlin GE 2015, 126; GE 2010, 61; GE 2004, 626 LG Rottweil NZM 1998, 432; AG Hamburg ZMR 2005, 54; AG Charlottenburg GE 2005, 743; AG Schöneberg GE 2007, 153; 2005, 1129; AG Tiergarten GE 2005, 1135.

[122] Unerheblich ist, dass der Erhebungsstichtag des neuen Mietspiegels ca. 150 Tage näher am maßgeblichen Stichtag liegt als der Erhebungsstichtag des zum Zugangszeitpunkts gültigen Mietspiegels: LG Berlin GE 2014, 254.

[123] LG Berlin GE 2021, 632.

[124] LG Aachen GE 2017, 177; LG Berlin WuM 2018, 209; GE 2016, 1152; GE 2015, 126; GE 2010, 61; GE 2008, 1057; GE 2008, 334; GE 2006, 391; GE 2005, 1433; GE 2004, 483; GE 2003, 1022; LG Reutlingen Urt. v. 4.12.2015 – 1 S 50/15 (juris); AG Charlottenburg GE 2019, 1640; GE 2016, 331; GE 2004, 52; AG Esslingen WuM 2015, 161 (163); AG Gelsenkirchen ZMR 2009, 129; AG Gelsenkirchen-Buer NZM 1998, 509; AG Dort-mund NJW-RR 1995, 971, WuM 2003, 35; AG Frankfurt DWW 1993, 44; KSB Miet-ProzR/Schach BGB § 558a Rn. 6; **dagegen** KG WuM 2009, 748; GE 2007, 1629; LG Berlin GE 2004, 352, sogar bei qualifiziertem Mietspiegel; LG Hamburg WuM 1990, 310; LG Köln WuM 1992, 20; AG Dresden 4.5.2015 – 141 C 6572/12; AG Pankow/Weißen-see MM 2007, 371; AG Aachen WuM 1995, 656; AG Berlin-Schöneberg GE 1990, 663; Elzer/Riecke/Elzer BGB § 558a Rn. 8.

[125] LG Berlin WuM 2018, 209.

[126] LG Berlin GE 2008, 1057; 2004, 626; **aA** AG Lichtenberg GE 2003, 1497.

gründet wurde, hat dies aber keine Auswirkungen. Liegt zwar ein neuer Mietspiegel vor, beruht dieser aber auf einer **Indexfortschreibung** und nicht auf einer neuen Datenerhebung, dann ist dieser Mietspiegel zur Ermittlung der ortsüblichen Vergleichsmiete nicht heranzuziehen.[127] Dies Verfahren ist im Rahmen der **Mietspiegelfortschreibung** zwar zulässig, besagt aber über die Richtigkeit der Daten überhaupt nichts. Die Fortschreibung erfolgt mittels des Lebenshaltungskostenindex. Ob dieser für die Entwicklung der Mieten generell oder in der konkreten Stadt aussagekräftig ist, kann bezweifelt werden. Neben der Nivellierung mit den Preisen anderer Wirtschaftsgüter und denen anderer Regionen kommt auch noch hinzu, dass selbst in den einzelnen Wohnungsteilmärkten in einer Gemeinde unterschiedliche Mietpreisentwicklungen stattfinden. Deshalb ist ein so fortgeschriebener neuer Mietspiegel auch keine bessere Erkenntnisquelle.

27   **6. Die Stichtagsdifferenz.** Gibt es keine neue Datenerhebung für einen neuen Mietspiegel zum Zeitpunkt des Zugangs des Mieterhöhungsverlangens, muss das Gericht im Rahmen der tatrichterlichen Überzeugungsbildung entscheiden, ob es zu den Werten des Mietspiegels eine sog. **Stichtagsdifferenz** hinzurechnet[128] oder davon abzieht[129]. Im Mieterhöhungsrechtsstreit kann das Gericht nämlich Veränderungen der ortsüblichen Vergleichsmiete, die seit der Datenerhebung und dem Zugang des Mieterhöhungsverlangens eingetreten sind, als Zu- oder auch Abschlag zu dem für die Wohnung zutreffenden Mietspiegelwert berücksichtigen.[130] Der Gesetzgeber wollte mit der Möglichkeit, Mietspiegel als Begründungsmittel einzusetzen, das Verfahren erleichtern und objektivieren. Das hatte eine gewisse Pauschalierung zur Folge. Soweit das Gesetz für einfache und qualifizierte Mietspiegel bestimmte Aktualisierungszyklen vorschreibt, bedeutet dies nicht, dass die Miete für diese Zeiträume „festgeschrieben" werden sollte.[131] Mietspiegel sollten dies nach den Gesetzesmaterialien[132] auch nicht und dürfen dies verfassungsrechtlich auch nicht, da dies anderenfalls zu einem **Mietenstopp** während ihrer Laufzeit führen würde. Maßgeblich ist, dass es in einer Gemeinde für vergleichbaren Wohnraum zu einem bestimmten Stichtag der Höhe nach nur „eine" ortsübliche Vergleichsmiete gibt. Eine sachliche Rechtfertigung für eine unterschiedliche Bemessung der Miethöhe gibt es für die Fälle, dass das ortsübliche Preisniveau auf Grund eines neueren Mietspiegels, eines älteren Mietspiegels oder einem Sachverständigengutachten festgestellt wird, nicht. Die Wahl des Begründungsmittels durch den Vermieter und des Erkenntnismittels durch das Gericht wird idR nicht von rechtlichen Erwägungen, sondern von den vorhandenen Möglichkeiten bestimmt. Zwar sind Einschränkungen auf Grund von zeitlichen Verzögerungen, die sich durch mate-

---

[127] AG Dortmund WuM 2004, 718 (719), NZM 2005, 258 (259), WuM 2005, 254 (256).

[128] BGH NZM 2017, 321; Börstinghaus jurisPR-BGHZivilR 8/2017 Anm. 2; Fleindl NZM 2017, 325.

[129] LG Berlin WuM 2018, 209; AG Berlin-Mitte WuM 2020, 358.

[130] OLG Hamm NJW-RR 1997, 142; OLG Stuttgart NJW-RR 1994, 334 mAnm Blank ZMR 1994, 137; LG Lübeck WuM 2001, 82; LG Berlin GE 1996, 1547; LG Hamburg ZMR 2000, 538, WuM 1996, 45; LG München WuM 1992, 25; Kossmann/Meyer-Abich Wohnraummiete-HdB § 155 Rn. 32; AG Mönchengladbach-Rheydt WuM 2016, 299; **aA** LG Frankfurt a.M. WuM 1992, 629, NJW-RR 1995, 462; LG Frankenthal WuM 1991, 597; AG Münster WuM 1993, 66; AG Köln WuM 1995, 115; AG Schöneberg GE 1994, 819; abl. LG Berlin GE 2002, 192.

[131] BGH NZM 2017, 321 mAnm Fleindl NZM 2017, 325.

[132] BT-Drs. 7/5160, 5f.

riell-rechtliche Vorschriften ergeben, in Kauf zu nehmen, die Verweigerung einer feststellbaren Stichtagsdifferenz würde jedoch iE dazu führen, dass der Vermieter durch eine formale, nicht an der materiellen Rechtslage orientierten Anwendung von § 558 BGB gehindert würde, die gesetzlich zulässige Miete gerichtlich durchzusetzen. Hierin liegen eine verfassungswidrige Änderung des materiellen Rechts mit Hilfe verfahrensrechtlicher Vorschriften sowie eine Verletzung des Anspruchs auf einen effektiven Rechtsschutz, der sich aus der Eigentumsgarantie ergibt, vor.[133] Für die Berücksichtigung einer solchen **Stichtagsdifferenz** ist es unerheblich, ob es sich um einen einfachen oder einen qualifizierten Mietspiegel[134] handelt. Auswirkungen hat dies allenfalls wegen der Vermutungswirkung des § 558d BGB auf die Darlegungs- und Beweislast für die Mietsteigerung nach dem Erhebungsstichtag. Das Gericht muss gem. § 287 ZPO die Höhe der ortsüblichen Vergleichsmiete zum Zeitpunkt des Zugangs des Erhöhungsverlangens ermitteln. Es ist dabei nicht auf das im Erhöhungsverlangen des Vermieters genannte Begründungsmittel iSd § 558a Abs. 2 BGB beschränkt. Existiert ein ordnungsgemäßer Mietspiegel, der Angaben für die in Rede stehende Wohnung enthält, darf dieser vom Tatrichter als Indiz (mit)berücksichtigt werden.[135] Um den Schluss von der Hilfstatsache **(Mietspiegelwert)** auf die Haupttatsache ziehen zu können, muss das Gericht sich im Rahmen der richterlichen Überzeugungsbildung gerade auch mit der Frage beschäftigen, ob eine mögliche Indizwirkung wegen zwischenzeitlich erfolgter Mietsteigerungen entfällt. Die Tatsache, dass der Gesetzgeber in § 558c Abs. 3 BGB vorgesehen hat, dass Mietspiegel alle 2 Jahre fortgeschrieben werden sollen, lässt nämlich nicht den Schluss zu, dass zumindest innerhalb dieser Zweijahresfrist eine Veränderung der ortsüblichen Miete nicht berücksichtigt werden darf.[136] Die Zweijahresfrist in § 558c Abs. 3 BGB betrifft ausschließlich die Verpflichtung der Mietspiegelaufsteller, das Begründungsmittel regelmäßig zu aktualisieren. Eine inhaltliche Veränderung des Begriffs der **ortsüblichen Vergleichsmiete** erfolgt durch diese Vorschrift aber nicht. Dies ergibt sich nicht nur aus dem Wortlaut, sondern auch aus dem systematischen Zusammenhang. Die Voraussetzungen des Erhöhungsanspruchs ergeben sich aus §§ 558, 558a BGB. Die Vorschrift des § 558c Abs. 3 BGB enthält verfahrensrechtliche Vorschriften, die die Mietspiegelerstellung betreffen. Eine **Stichtagsdifferenz** kommt aber praktisch nur dann in Betracht, wenn überhaupt Veränderungen der ortsüblichen Vergleichsmiete, die ja kein punktgenauer Wert ist und immer eine gewisse Spanne umfasst, messbar ist. Dies ist 4 Monate nach Erstellung eines Mietspiegels idR nicht der Fall. Letztendlich hängt die Länge des Zeitraums vor allem davon ab, wie sich die Mieten entwickeln. Die Erhöhung muss nachhaltig und nicht nur vorübergehend und nicht nur ganz unwesentlich sein.[137] Bei stagnierenden Mieten können die Zeiträume länger sein als bei steigenden oder fallenden Mieten. Bei einem Zeitraum von einem Jahr und mehr ist aber idR eine Veränderung messbar, so dass ab diesem Zeitraum das Gericht im Rahmen der Tatsachenfeststellung gem. § 286 ZPO sich auch mit der Frage zu be-

---

[133] OLG Hamm NJW-RR 1997, 142.
[134] Gegen „Zeitzuschlag" bei qualifiziertem Mietspiegel Bub/Treier MietR-HdB/Schultz Kap. III Rn. 1368.
[135] BGH NZM 2017, 321 mAnm Fleindl NZM 2017, 325.
[136] BGH NZM 2017, 321 mAnm Fleindl NZM 2017, 325.
[137] LG Berlin NZM 2019, 818 (Steigerung von 3,35% p. a.); LG Hamburg ZMR 2000, 538; LG Osnabrück Beschl. v. 20.3.2018 – 1 S 380/17 (juris); LG Nürnberg-Fürth WuM 2020, 29 (10% nicht ausreichend).

schäftigen hat, ob eine Stichtagsdifferenz zu berücksichtigen ist. Es kommt auf die
Veränderungen am Markt an. Strittig ist, ob eine Stichtagsdifferenz auch bei einem
qualifizierten Mietspiegel zulässig ist.

28   Die Stichtagsdifferenz ist aber nicht nur zugunsten des Vermieters als Zuschlag zu
den Mietspiegelwerten zu berücksichtigen, sondern **auch als Abschlag** von den
Mietspiegelwerten. Dies kann zB auf der negativen Veränderung der Wohnlageneinordnung beruhen[138] oder auf teilweise sinkenden Mieten für bestimmte Wohnungsteilmärkte. Die Stichtagsdifferenz soll Veränderungen der ortsüblichen Vergleichsmiete zwischen zwei Stichtagen ausgleichen. Solche Veränderungen können
nicht nur in eine Richtung gehen. Hat der Vermieter also ein Mieterhöhungsverlangen mit einem älteren Mietspiegel begründet, dann ist es theoretisch möglich,
dass das Gericht vom Wert des konkreten Mietspiegelfeldes einen Abschlag abzieht,
weil die Mieten gefallen sind. In der Praxis ist dies aber nur schwer umsetzbar, da
Mieten häufig nicht auf breiter Front gleichmäßig fallen, sondern nur in einzelnen
Segmenten und für einzelne Wohnungsteilmärkte. Deshalb ist die Feststellung eines
prozentualen Abschlags ohne aufwendige Beweiserhebung kaum vorstellbar.

29   Schwierig ist die **Feststellung der Stichtagsdifferenz.** Nach dem Rechtsentscheid des OLG Stuttgart[139] sollte die Ermittlung mittels Indexzahlen unzulässig
sein.[140] Dem kann nicht gefolgt werden. Wenn schon die ortsübliche Vergleichsmiete im Rahmen der §§ 286, 287 ZPO durch das Gericht mittels eines Mietspiegels festgestellt werden kann und dabei im Rahmen einer Schätzung auch die
Spanneneinordnung möglich ist[141], dann spricht nichts dagegen, einen solchen
Mietspiegel im Einzelfall durch die Verwendung eines möglich zeit- und ortsnahen
Index fortzuschreiben. Hiergegen spricht umso weniger, als diese Methode seit
1997 bereit für die Fortschreibung von Mietspiegeln in den Hinweisen zur Aufstellung von Mietspiegeln 2002 (→ Anhang III 3) vorgesehen waren. § 22 MsV setzt
dies ebenfalls als selbstverständlich sogar für qualifizierte Mietspiegel voraus (→ MsV
§ 22 Rn. 4). Wenn aber schon der ganze Mietspiegel mittels Index fortgeschrieben
werden kann, dann muss dies für einen einzelnen Wert innerhalb der längeren Fortschreibungsfrist von zwei Jahren erst recht gelten.[142]

30   Entscheidend ist nicht so sehr die grundsätzliche Frage, ob Index oder nicht, sondern vielmehr die Frage nach der konkreten Geeignetheit eines Index. Das Gericht
kann nämlich die ortsübliche Vergleichsmiete durch Addition einer Stichtagsdifferenz mit dem Mietspiegelwert dann nicht feststellen, wenn zur Berechnung dieses
Zeitdifferenzzuschlags hinreichendes statistisches Material, das ggf. von einem Sachverständigen selbst ermittelt worden wäre, nicht zur Verfügung steht.[143] Der **Bun-
desmietenindex** des statischen Bundesamtes ist für sich genommen **untauglich.**
Er weist eine Bruttokaltmiete aus, so dass die dort ermittelten Veränderungen auch
die Veränderungen der Betriebskosten erfassen. Denknotwendig wären also die
Steigerungen der kalten Betriebskosten herauszunehmen. Ein Zuschlag auf Grund
statistischer Erhebungen auf Landesebene zu dem vom gerichtlichen Sachverständigen ermittelten Mietspiegelwert für die vermietete Wohnung ist zum Beweis der
ortsüblichen Vergleichsmiete im Zustimmungsprozess zur Mieterhöhung untaug-

---

[138]   AG Berlin-Mitte WuM 2020, 358.
[139]   OLG Stuttgart NJW-RR 1994, 334.
[140]   Krit. Blank ZMR 1994, 137.
[141]   BGH NJW 2005, 2074.
[142]   So auch Sternel MietR Kap. IV Rn. 226.
[143]   AG Aachen WuM 1995, 656.

lich.[144] Zulässig ist es aber auch die Werte zwischen zwei Mietspiegeln linear zu interpolieren.[145] Denn auch dem neuen Mietspiegel kommt eine Indizwirkung für die Höhe der ortsüblichen Vergleichsmiete für die Zeit seines Geltungszeitraums zu. Weist der neue Mietspiegel für die maßgebliche Einzelvergleichsmiete eine signifikante Veränderung aus, lässt dies einen Rückschluss auf die Mietsteigerungsrate seit der vorangegangenen Erhebung zu.[146] Mangels anderer Erkenntnis ist es zulässig, von einer linearen Mietentwicklung auszugehen. Bedenken gegen die Methode bestehen aber, wenn zwischen den beiden Stichtagen, zwischen den interpoliert wird, ein längerer Zeitraum liegt und die Mietenentwicklung sehr unterschiedlich verlief.

§ 558c Mietspiegel; Verordnungsermächtigung

(1) **Ein Mietspiegel ist eine Übersicht über die ortsübliche Vergleichsmiete, soweit die Übersicht von der nach Landesrecht zuständigen Behörde oder von Interessenvertretern der Vermieter und der Mieter gemeinsam erstellt oder anerkannt worden ist.**

(2) **Mietspiegel können für das Gebiet einer Gemeinde oder mehrerer Gemeinden oder für Teile von Gemeinden erstellt werden.**

(3) **Mietspiegel sollen im Abstand von zwei Jahren der Marktentwicklung nach angepasst werden.**

(4) **¹Die Landesrecht zuständigen Behörden sollen Mietspiegel erstellen, wenn hierfür ein Bedürfnis besteht und dies mit einem vertretbaren Aufwand möglich ist. ²Für Gemeinden mit mehr als 50.000 Einwohnern sind Mietspiegel zu erstellen. ³Die Mietspiegel und ihre Änderungen sind zu veröffentlichen.**

(5) **Die Bundesregierung wird ermächtigt, durch Rechtsverordnung mit Zustimmung des Bundesrates Vorschriften zu erlassen über den näheren Inhalt von Mietspiegeln und das Verfahren zu deren Erstellung und Anpassung einschließlich Dokumentation und Veröffentlichung.**

Inhaltsübersicht

---

144 LG Köln WuM 1995, 114.
145 BGH WuM 2017, 208; LG Berlin GE 2018, 1396; WuM 1996, 102; LG Lübeck WuM 2001, 82; AG Mönchengladbach-Rheydt WuM 2016, 299; **aA** LG Hamburg ZMR 2000, 538; offen gelassen Sternel MietR Kap. IV Rn. 226.
146 BGH WuM 2017, 208.

A. Inhalt der Regelung

I. Allgemeines

1   Bei den §§ 558 c, 558 d BGB handelt es sich um **Definitions- und Ergänzungsvorschriften** zu den Mieterhöhungsvorschriften der §§ 558–558 b BGB. Während § 558 BGB die Anspruchsgrundlage für das gesetzgestützte Erhöhungsverfahren im preisfreien Wohnungsbau enthält, gibt § 558 a BGB die formalen Voraussetzungen für ein solches Verfahen vor. Soweit dort als Begründungsmittel ua Mietspiegel angesprochen werden, enthalten die §§ 558 c, § 558 d BGB die Definition, die Tatbestandsvoraussetzungen und die Rechtsfolge für Mietspiegel.

2   Durch die Einführung von Mietspiegeln hat der Gesetzgeber 1974 auf Kritik am 1. Wohnraumkündigungsschutzgesetz reagiert, das diese Art der Begründung noch nicht vorsah. Es wurde damals die Auffassung vertreten, dass der Gesetzgeber mit der Schaffung des Begriffs der ortsüblichen Vergleichsmiete die Gerichte vor eine „nahezu unlösbare Aufgabe" gestellt hatte.[1] Es wurde vermutet, dass sich die „Vorschrift zu einer Quelle immerwährender Streitigkeiten entwickeln"[2] würde. Ferner wurden ernstliche Bedenken gegen die Ermittelbarkeit der ortsüblichen Entgelte geäußert.[3] Schnell wurde festgestellt, dass der Begriff der ortsüblichen Vergleichsmiete „objektiver, empirischer Natur ist"[4] und sich deshalb durch örtlich repräsentative, soziologisch-statistische Umfragen ermitteln lasse.[5] Mit dem 2. Wohnraumkündigungsschutzgesetz hat der Gesetzgeber darauf reagiert und Mietspiegel als Begründungsmittel im MHG vorgesehen.

3   Durch das **Mietrechtsreformgesetz**[6] von 2001 wurden diese Vorschriften ins BGB übernommen und teilweise auch verändert, wobei insbes. an bestimmte

---

[1]   Löwe NJW 1972, 2017 (2020).
[2]   Löwe NJW 1972, 2017 (2020).
[3]   Roquette ZMR 1972, 138; Klein NJW 1973, 974 (975).
[4]   Höfel WuM 1973, 152 (153); aA Huber ZMR 1992, 469 (474) für den der Begriff nicht pri
       mär empirisch, sondern normativ ist; zu der Diskussion Börstinghaus/Clar NZM 2014, 889;
       Blank ZMR 2013, 170.
[5]   LG Mannheim ZMR 1973, 157 (158); Sydow wi 1996, 263.
[6]   V. 19.6.2001 (BGBl. I 1142).

Mietspiegel besondere Rechtsfolgen geknüpft wurden. In §558a Abs. 2 Nr. 1 BGB werden beiden Paragraphen (§§558c u. 558d BGB) hinter dem Begründungsmittel Mietspiegel zitiert. Daraus ergibt sich bereits, dass der einfache und der qualifizierte Mietspiegel keine gänzlich verschiedenen Begründungsmittel sind, sondern letztendlich **zwei Ausprägungen von Mietspiegeln.** Das gab es faktisch schon früher in den Formen der ausgehandelten Mietspiegel und den Mietspiegeln, die auf einer nach den Grundsätzen der Repräsentativität beruhenden empirischen Datenerhebung erstellt wurden.

Bei einigen wenigen Mietspiegeln[7] haben Gerichte die Qualifikation in Frage **4** gestellt. Deshalb sah die Politik die Notwendigkeit, Änderungen an den Regeln vorzunehmen und vor allem über eine MsV verbindliche Vorgaben zur Erstellung von Mietspiegeln zu machen (zur Geschichte des Mietspiegelreformgesetzes und der Msv → Teil 1 Rn. 2).

II. Bedeutung von Mietspiegeln

1. Allgemeines. Die Erstellung von Mietspiegeln ist auch ein **Wirtschaftsfak-** **5** **tor.** Ein ganzer Wirtschaftszweig an Forschungsinstituten und Beratungsfirmen hat sich auf die Erstellung von Mietspiegeln für Gemeinden und andere Mietspiegelersteller spezialisiert und konkurriert in regelmäßigen Abständen in den jeweiligen Ausschreibungsverfahren der Gemeinden. Deshalb erfolgt die Auftragsvergabe regelmäßig an den günstigsten Anbieter, im Einzelfall zur Folge haben kann, dass die Standards immer weiter sinken. Es müssen ab Juli 2022 aber die Vorgaben der MietspiegelVO[8] eingehalten werden. Dabei sind die Vorgabe für einfache Mietspiegel äußerst gering, während die Vorgaben für qualifizierte Mietspiegel schon konkreter sind. Darüber hinaus ist es **Aufgabe der Justiz,** die Einhaltung von **Mindeststandards** einzufordern.

Mietspiegel nutzen sowohl Vermietern wie auch Mietern.[9] Sie haben heute aber **6** auch eine weit über die reine Begründungsfunktion im Mieterhöhungsverfahren hinausgehende Bedeutung.[10] Sie verbessern die **Transparenz auf den Woh-** **nungsmärkten.**[11] Sie haben den Vorteil der Objektivität[12] in einem Markt, der stark von Vorurteilen auf Grund fehlender Transparenz gekennzeichnet ist. Sie dienen Mietern als Orientierung, um die ortsübliche Miete einschätzen zu können. Sie haben Einfluss auf die Neuvertragsmieten, und zwar nicht nur in Gemeinden mit angespannten Wohnungsmärkten, in denen gem. §§556d−556g BGB die Neuvertragsmiete begrenzt ist. Außerdem helfen sie unangemessene Mieterhöhungen abzuwehren. Mietspiegel versachlichen die Diskussion über die Miethöhe und sind in Massenverfahren, wie sie Mieterhöhung häufig sind, heute kaum wegzudenken. In Großstädten werden ca. ⅔ aller Mieterhöhungsverlangen mit Mietspiegelwerten

---

7 Nach Sebastian, „Mietspiegelreform mit Pferdefuß", FAZ.NET (aktualisiert 1.10.2020) waren es fünf.
8 BGBl 2021 I, 4779.
9 Leutner WuM 1992, 658.
10 Zum Nutzen und Missbrauch von Mietspiegeln im Vergleichsmietensystem: Lörler NJ 2012, 7.
11 Auer/Hilla, „Der qualifizierte Mietspiegel: Bedeutung, Verbreitung und Ausgestaltung" in: Woeckener (Hrsg.) Beiträge zur Reform des qualifizierten Mietspiegels, S. 25 (37).
12 Aigner/Oberhofer/Schmidt WuM 1993, 10f.

begründet.[13] Sie ersparen Vermietern vor allem auch Kosten,[14] die ansonsten uU bei der Beschaffung der Daten über die ortsübliche Vergleichsmiete anfallen würden.

7   Auch das BVerfG hat insofern die **Bedeutung von Mietspiegeln** mehrfach ausdrücklich betont.[15] Nach Ansicht des BVerfG liegt die Verwendung von Mietspiegeln im gerichtlichen Erkenntnisverfahren auch im Interesse der Vermieter. Sie garantiert nicht nur eine rasche Entscheidung, sie erleichtert dem Vermieter vielmehr zugleich in ganz erheblichem Maße die ihm obliegende prozessuale Darlegungslast. Ihr Vorzug besteht aber vor allem darin, dass ordnungsgemäß aufgestellte Mietspiegel idR auf einer erheblich breiteren Tatsachenbasis beruhen, als sie ein gerichtlich bestellter Sachverständiger mit einem Kosten- und Zeitaufwand ermitteln könnte, der zum Streitwert des gerichtlichen Verfahrens in einem angemessenen Verhältnis steht.[16] Ihre Verwendung vermeidet daher die Entstehung von Rechtsverfolgungskosten, die im Falle eines Teilunterliegens den erstrittenen Erhöhungsbetrag leicht erheblich schmälern oder sogar vollständig aufzehren kann.[17]

8   Über diese originäre Aufgabe im Mieterhöhungsverfahren im weitesten Sinn hinaus, haben Mietspiegel aber inzwischen auch **weitere Funktionen.** Im Rahmen von familienrechtlichen **Unterhaltsverfahren** ist es häufig erforderlich, den Wohnwert einer Wohnung zu ermitteln.[18] Dabei ist idR von der objektiven Marktmiete auszugehen.[19] Dies spielt sowohl bei der **Berechnung von Sachleistungen**[20] eine Rolle, also wenn ein Ehepartner dem anderen Unterkunft gewährt, wie auch bei der Berechnung der Nutzungsentschädigung, die derjenige Ehegatte zu zahlen hat, der in der in gemeinschaftlichem Eigentum stehenden ehelichen Wohnung verblieben ist.[21] Auch hierfür werden die Daten aus Mietspiegeln angewandt. Bei der im Rahmen der Vollstreckung aus dem Unterhaltstitel vorzunehmenden Ermittlung des **pfändbaren Teils des Arbeitseinkommens** gem. § 850d Abs. 2 ZPO ist bei den Kosten der Unterkunft ebenfalls auf das sich aus dem Mietspiegel sich ergebende Mietpreisniveau abzustellen.[22] Soweit ein Ehegatte nach der Scheidung gem. § 1568a Abs. 4 BGB Anspruch auf Abschluss eines Mietvertrages hat, ist ebenfalls die ortsübliche Vergleichsmiete durch Verwendung des Mietspiegels zu ermitteln. Zur Ausfüllung der Tatbestandsmerkmale der § 5 WiStG und § 291 StGB bedienen sich die Gerichte eines Mietspiegels,[23] auch wenn dies wegen des im **Bußgeldverfahren** geltenden Amtsermittlungsgrundsatzes[24] nicht unwiderspro-

---

[13] Leutner WuM 1992, 658.

[14] Aigner/Oberhofer/Schmidt WuM 1993, 10f.

[15] ZB BVerfG NJW 1992, 1377.

[16] Nach BGHNZM 2021, 88 ist das zwar ein von den Gerichten zu beachtendes Argument, aber nicht zwingend.

[17] BVerfG NJW 1992, 1377; BGH NJW 2005, 2074.

[18] Hierzu ausführlich: Götz/Brudermüller in Götz/Brudermüller/Giers, Die Wohnung in der familienrechtlichen Praxis, 2. Aufl., Rn. 475ff.

[19] BGH NZM 2007, 616; Gerhardt FamRZ 1993, 1139.

[20] BGH NJW 1989, 2809.

[21] OLG Bamberg FamRZ 1987, 703.

[22] BGH NJW-RR 2018, 1272; BGH WuM 2009, 540; BGHZ 156, 30.

[23] LG Frankfurt a. M. ZMR 1995, 75, für ein zivilrechtliches Verfahren auf Rückzahlung von vermeintlich überzahlter Miete.

[24] OLG Frankfurt a. M. WuM 1994, 436; KG WuM 1992, 140; Baumgärtel/Laumen/Prütting Beweislast-HdB/BörstinghausBGB § 535 Rn. 44; nach Rips WuM 2002, 415 (419) sei das „selbstverständlich".

chen geblieben ist.[25] Diesen Zweifeln folgen zT auch die Zivilgerichte bei Verfahren auf Rückzahlung wegen vermeintlich überzahlter Miete gem. § 812 BGB iVm § 134 BGB, § 5 WiStG.[26] Auch für Rückforderungsansprüche gem. § 556g BGB werden Mietspiegel in Zukunft eine zentrale Bedeutung spielen. Die übliche Miete iSd § 79 Abs. 2 S. 2 BewG wird von den Finanzgerichten ebenso anhand von Mietspiegeln ermittelt[27] wie ein eventueller geldwerter Vorteil einer Wohnungsüberlassung[28] oder Einkünfte nach § 21 Abs. 1 S. 2 EStG aus Vermietung und Verpachtung.[29] Auch im öffentlichen Recht wird zur Ermittlung von Tatbestands merkmalen des besonderen Verwaltungsrechts immer häufiger auf die Daten von Mietspiegeln zurückgegriffen. Dies gilt zB für Wohngeldentscheidungen, Urteilen zur **Fehlbelegungsabgabe**[30], Entscheidungen zu Ausgleichszahlungen wegen **Zweckentfremdung**[31] und zum Sozialhilferecht[32]. Sogar im Disziplinarrecht haben Mietspiegel eine Bedeutung, da das Gericht einem Verurteilten in einem auf Entfernung aus dem Dienst oder auf Aberkennung des Ruhegehalts lautenden Urteil einen Unterhaltsbetrag bewilligen kann. Dabei ist die ortsübliche Miete, die für eine dem angemessenen Wohnbedarf entsprechende Wohnung zu zahlen wäre, Maßstab.[33]

Eine besondere Bedeutung haben Mietspiegel bei der Ermittlung der Angemes-   **9** senheit der **Kosten der Unterkunft im Rahmen von Arbeitslosengeld II-Leistungen.**[34] Solche Leistungen werden gem. § 22 Abs. 1 S. 1 SGB II in Höhe der tatsächlichen Aufwendungen erbracht, soweit diese angemessen sind.[35] Bei dem Begriff der **„Angemessenheit"** handelt es sich um einen unbestimmten Rechtsbegriff.[36] Zur Festlegung der abstrakt angemessenen Leistungen für die Unterkunft sind zunächst die angemessene Wohnungsgröße und der maßgebliche örtliche Vergleichsraum zu ermitteln. Anschließend ist die **Mietobergrenze** einer angemessenen Miete zu ermitteln. Nach § 22c SGB II sollen zur Bestimmung der angemessenen Aufwendungen für Unterkunft und Heizung die Kreise und kreisfreien Städte Satzungen erlassen und dabei insbes. Mietspiegel, qualifizierte Mietspiegel[37] und Mietdatenbanken berücksichtigen. Auszugehen ist dabei nach stRspr des BSG von einem **einfachen, im unteren Marktsegment liegenden Standard;** die Wohnung muss hinsichtlich ihrer Ausstattung, Lage und Bausubstanz ein-

---

25   ZB Isenmann ZMR 1993, 446.
26   LG Berlin NJWE-MietR 1996, 98.
27   BFH BeckRS 2003, 25002967.
28   BFH NZM 2006, 148.
29   BFH DB 2016, 2157 – DWW 2016, 313; FG Hamburg BeckRS 2012, 96544.
30   BVerwG NJW 1999, 735, WuM 1997, 275; OVG Münster WuM 2001, 499; 1996, 49; ZMR 1996, 288; VG Berlin GE 1996, 1255.
31   VG Berlin GE 1996, 993.
32   OVG Lüneburg WuM 1996, 355.
33   BVerwG NVwZ 1988, 158.
34   Ausführlich dazu Knieckrehm/Flatow WuM 2018, 465.
35   Rips/Gautzsch, Hartz IV – Unterkunftskosten und Heizkosten, 2009; Gautzsch Sozialrecht aktuell 2011, 137; NZM 2011, 497; Knickrehm JM 2014, 337; Manger GE 2006, 1432; Goch WuM 2006, 599; Rips WuM 2005, 632.
36   BSGE 97, 231; BSG BeckRS 2012, 67075; SozR 4-4200 § 22 Nr. 27; BSG SozR 4-4200 § 22 Nr. 42.
37   Für Stuttgart zB LSG Baden-Württemberg BeckRS 2016, 73476 mAnm Theesfeld jurisPR-MietR 3/2017 Anm. 6; für Dessau-Roßlau SG Dessau-Roßlau 3. Kammer Urt. v. 14. 12. 2018 – S 3 AS 1773/15 mAnm Theesfeld jurisPR-MietR 24/2019 Anm. 6.

fachen und grundlegenden Bedürfnissen entsprechen.[38] Die Festlegung der Mietobergrenze sollte nach der Rspr. des BSG, bevor der Gesetzgeber den neuen § 22c SGB II geschaffen hatte, auf der Grundlage eines **schlüssigen Konzepts** die Festlegung der Mietobergrenze erfolgen.[39] Dies Konzept erfordert nach der Rspr. des BSG, dass eine repräsentative Datenerhebung stattfinden muss. Dabei ist es zulässig auf die Daten, die zur Erstellung eines qualifizierten Mietspiegels erhoben wurden, zurückzugreifen.[40] Bei der Datenauswertung müssen mathematisch-statistische Grundsätze eingehalten werden und Angaben über die gezogenen Schlüsse erfolgen.[41] Nach der Rspr. des BSG[42] kann iÜ davon ausgegangen werden, dass es in ausreichendem Maße Wohnungen zu einem abstrakt angemessenen Quadratmeterpreis im örtlichen Vergleichsraum gibt, wenn ein qualifizierter Mietspiegel, der in einem wissenschaftlich gesicherten Verfahren aufgestellt wurde, entsprechende Durchschnittswerte ausweist oder wenn dem Mietspiegel Aussagen zur Häufigkeit von Wohnungen mit dem angemessenen Quadratmeterpreis entnommen werden können.

10   **2. Verbreitung von Mietspiegeln.** Es gibt heute in allen deutschen Großstädten mit mehr als 500.000 Einwohnern Mietspiegel mit Ausnahme von Bremen.[43] In Gemeinden mit Einwohnerzahlen zwischen 100.000 und 500.000 haben 89% einen Mietspiegel. Unter den 81 Kommunen mit mehr als 100.000 Einwohner gibt es in 11 Städten keinen Mietspiegel, nämlich in Bremen, Göttingen, Gütersloh, Hildesheim, Ingolstadt, Kassel, Magdeburg, Saarbrücken, Salzgitter, Wolfsburg und Würzburg.[44] Aber selbst in den übrigen **Großstädten** sind nicht alle Mietspiegel qualifiziert iSd § 558d BGB. Die Zahlen darüber, wieviel Mietspiegel es in Deutschland gibt, sind sehr unterschiedlich. Nach dem F&B Mietspiegelindex soll es ca. 573 Mietspiegel in Gemeinden mit mehr als 10.000 Einwohnern geben[45], davon 378 in Gemeinden mit mehr als 20.000 Einwohnern. Nach einer Untersuchung des Instituts für Volkswirtschaftslehre und Recht der Universität Stuttgart hat es zum Stichtag 31.2.2012 in den deutschen Gemeinden mit mehr als 10.000 Einwohnern 94 Mietspiegel gegeben, die als qualifiziert deklariert wurden.[46] 5 Jahre später sollen es bereits 124 qualifizierte Mietspiegel gewesen sein.[47] Das entspricht ca. 8% der 1553 Städte mit mehr als 10.000 Einwohnern. Nach An-

---

[38] BSGE 97, 231 = SozR 4-4200 § 22 Nr. 3 jeweils Rn. 20.

[39] Zu den Voraussetzungen für ein solches schlüssiges Konzept siehe BT-Drs. 19/26918, 27.

[40] BSG NZM 2014, 361 (363).

[41] Vgl. zum schlüssigen Konzept iE BSGE 104, 192; BSG SozR 4-4200 § 22 Nr. 27.

[42] BSG SGb 2012, 361 mAnm Winter SGb 2012, 366; zur aktuellen Rspr. zu den Kosten der Unterkunft Wiemer NZS 2012, 9.

[43] Aus der Begr. der Bremer Mietpreisbremsenverordnung erfährt man, dass es sehr wohl einen von der Fa. empirica im Rahmen der jährlichen Sozialberichterstattung der Arbeitnehmerkammer Bremen erstellten „Pseudo-Mietspiegel" gibt, um Anhaltspunkte für die Mietentwicklung in der Stadtgemeinde Bremen zu erhalten.

[44] BT-Drs. 19/15613.

[45] F&B Mietspiegelindex 2018, 3.

[46] Freund/Hilla/Missal/Promann/Woeckener WuM 2013, 259 (260).

[47] Freund, Die Berücksichtigung energetischer Ausstattung und Beschaffenheit in qualifizierten Mietspiegeln, 2018, S. 23f; Auer/Hilla, „Der qualifizierte Mietspiegel: Bedeutung, Verbreitung und Ausgestaltung" in: Woeckener (Hrsg.) Beiträge zur Reform des qualifizierten Mietspiegels, S. 25 (39).

gabe des Bundesinstituts für Bau-, Stadt- und Raumforschung (BBSR)[48] gab es mit Stichtag Januar 2019 in 998 Kommunen Mietspiegel, von denen wiederum 161 als qualifiziert geführt werden. Auch nach Angabe der Bundesregierung können ca. 1000 Gemeinden auf einen Mietspiegel zurückgreifen, teilweise allerdings nur auf modifizierte Nachbarmietspiegel oder auf Landkreisebene erstellte Spiegel.[49] Da Mietspiegel vor allem in den größeren Gemeinden existieren, führt das zu dem Ergebnis, dass es zwar in den weitaus meisten Gemeinden keinen Mietspiegel gibt, aber für ca. 60% der Wohnungen in Deutschland ein Mietspiegel existiert.

B. Die rechtliche Qualifikation von Mietspiegeln

I. Rechtsgrundlagen der Mietspiegelerstellung

Die rechtlichen Vorgaben zur Mietspiegelerstellung befinden sich außer in den **11** §§ 558c und 558d BGB noch in der Verordnung über den Inhalt und das Verfahren zur Erstellung und zur Anpassung von Mietspiegeln sowie zur Konkretisierung der Grundsätze für qualifizierte Mietspiegel (**Mietspiegelverordnung – MsV**) vom 28.10.2021[50] sowie in Art. 238 § 1–4 EGBGB. Während die §§ 558c, d BGB Hilfsnormen für das **Mieterhöhungsverfahren** sind, sind die MsV und Art 238 EGBGB wiederum technische Hilfsnormen für die Mietspiegelerstellung. Sie wenden sich vor allem an den jeweiligen Mietspiegelersteller aber auch mit den Auskunftspflichten an Dritte. Dabei sind die Vorgaben für einfache Mietspiegel nur sehr gering. Für diese Mietspiegel gelten nur die §§ 1–5 MsV, während für qualifizierte Mietspiegel die §§ 1–2 und 6–23 MsV gelten. Art 238 EGBGB gilt zwar theoretisch für beide Arten von Mietspiegeln, jedoch wird eine Datenerhebung, bei der bei Dritten so aufwändig Daten abgefragt werden, wohl nur bei qualifizierten Mietspiegeln stattfinden.

Von 1974 bis 2021 gab es auch keine Vorschriften über die Mietspiegelerstel- **12** lung, obwohl schon in § 2 Abs. 5 MHG aF und seit 2001 in § 558c Abs. 5 BGB eine Ermächtigungsgrundlage für den Erlass einer solchen Verordnung existierte. Solange es keine **qualifizierten Mietspiegel** gab, war eine solche Verordnung auch völlig überflüssig. Die Diskussion über die Notwendigkeit hat erst mit Einführung des qualifizierten Mietspiegels und dem neuen Begriff der „anerkannten wissenschaftlichen Grundsätze" begonnen. Seither haben die unterschiedlichsten Wissenschaften ihre Grundsätze für die Erstellung eines aus ihrer Sicht richtigen Mietspiegels veröffentlicht. In der Folgezeit wurde in 20 Jahren der Existenz des Rechtsinstituts des qualifizierten Mietspiegels bei fünf dieser Mietspiegel über deren Qualität gestritten.[51] Aufgrund des medialen Interesses insbesondere in Berlin zum dortigen Mietspiegel hat der Gesetzgeber sich bemüßigt gefühlt das Problem anzugehen. Das Gesetz zur Reform des Mietspiegelrechts (**Mietspiegelreformgesetz – MsRG**) vom 10.8.2021 Mietspiegelreformgesetz wurde am 17.8.2021

---

[48] http://www.bbsr.bund.de/BBSR/DE/WohnenImmobilien/Immobilienmarktbeobachtung/ProjekteFachbeitraege/Mietspiegel/Mietspiegel.html (abgefragt 1/2019).

[49] Antwort der Bundesregierung auf Kleine Anfrage der FDP-Fraktion (BT-Drs. 19/15209): BT-Drs. 19/15613.

[50] BGBl 2021 I 4779.

[51] Sebastian, „Mietspiegelreform mit Pferdefuß", FAZ.NET (aktualisiert 1.10.2020).

verkündet.[52] Die Ermächtigung zum Erlass der MietspiegelVO ist am 18.8.2021 in Kraft getreten, die übrigen Änderungen treten am 1.7.2022 in Kraft. Der Bundesrat hat am 17.9.2021 Verordnung über den Inhalt und das Verfahren zur Erstellung und zur Anpassung von Mietspiegeln sowie zur Konkretisierung der Grundsätze für qualifizierte Mietspiegel (Mietspiegelverordnung – MsV) zugestimmt. Die Verordnung wurde am 28.10.2021 ausgefertigt und am 2.11.2021 veröffentlicht.[53]

13   Vor Inkrafttreten der MsV gab es lediglich **Hinweise zur Aufstellung von Mietspiegeln.** Diese beruhten auf einem Beschluss des Deutschen Bundestages im Zusammenhang mit der Verabschiedung des Zweiten Wohnraumkündigungsschutzgesetzes im Oktober 1974. Danach wurde die Bundesregierung ersucht, „baldmöglichst mit den Ländern und den kommunalen Spitzenverbänden Verhandlungen mit dem Ziel aufzunehmen festzustellen, ob und inwieweit eine vermehrte Aufstellung von Mietspiegeln durch die Gemeinden ermöglicht werden kann und sodann über das Ergebnis der Beratung zu berichten".[54] Daraufhin wurde beim Bundesminister für Raumordnung, Bauwesen und Städtebau **ein Arbeitskreis „Mietspiegel"** gebildet. Der Arbeitskreis hat auf der Grundlage bereits vorliegender Mietspiegel sowie der bis zu diesem Zeitpunkt gesammelten Erfahrungen rechtlich unverbindliche **Hinweise für die Aufstellung von Mietspiegeln** erarbeitet. Diese wurden erstmals im Jahre 1976 (→ Anhang III 1) veröffentlicht, im Jahre 1980 wurden sie vervollständigt und fortgeschrieben und im Jahr 1997 völlig neu erstellt. Auf Grund der Ergänzung durch das Mietrechtsänderungsgesetz 2013 hat das damalige BMBAU im Jahre 2013 eine Arbeitshilfe für die kommunale Mietspiegelerstellung unter dem Titel „Hinweise zur Integration der energetischen Beschaffenheit und Ausstattung von Wohnraum in Mietspiegeln" veröffentlicht. Die letzten **Hinweise zur Erstellung von Mietspiegeln** wurden im Sommer 2020 in 3. Auflage veröffentlicht.[55] Die Hinweise sollten jeweils nur eine Orientierungshilfe bieten, ohne in irgendeiner Form rechtlich verbindlich zu sein.

II. Die Verpflichtung zur Aufstellung von Mietspiegel

14   Eine (unlimitierte) Pflicht zur Mietspiegelerstellung gab es bis 30.6.2022 nicht, nur eine **Sollvorschrift** in § 558c Abs. 4 BGB. Es gibt heute in allen deutschen Großstädten mit mehr als 500.000 Einwohnern Mietspiegel mit Ausnahme von Bremen.[56] In Gemeinden mit Einwohnerzahlen zwischen 100.000 und 500.000 haben 89% einen Mietspiegel. Unter den 81 Kommunen mit mehr als 100.000 Einwohner gibt es in 11 Städten keinen Mietspiegel, nämlich in Bremen, Göttingen, Gütersloh, Hildesheim, Ingolstadt, Kassel, Magdeburg, Saarbrücken, Salzgitter, Wolfsburg und Würzburg.[57] Qualifiziert iSd § 558d BGB sind wiederum noch nicht einmal alle **Großstadtmietspiegel.** Die Zahlen darüber, wieviel Mietspiegel es in Deutschland

---

[52] BGBl 2021 I 3515.
[53] BGBl 2021 I 4779.
[54] BR-Drs. 7/2629.
[55] Unter bbsr.bund.de abrufbar.
[56] Aus der Begr. der Bremer Mietpreisbremsenverordnung erfährt man, dass es sehr wohl einen von der Fa. empirica im Rahmen der jährlichen Sozialberichterstattung der Arbeitnehmerkammer Bremen erstellten „Pseudo-Mietspiegel" gibt, um Anhaltspunkte für die Mietentwicklung in der Stadtgemeinde Bremen zu erhalten.
[57] BT-Drs. 19/15613.

überhaupt gibt, sind sehr unterschiedlich. Nach dem F&B Mietspiegelindex 2020 soll es in den 1599 Gemeinden[58] in Deutschland mit mehr als 10.000 Einwohnern ca. 603 Mietspiegel geben[59] (= 37%), davon 420 in Gemeinden mit mehr als 20.000 Einwohnern (= 59,8%). Bei 223 Mietspiegeln soll es sich um qualifizierte Mietspiegel gem. § 558d BGB handeln; d. h. sie sind in den letzten zwei Jahren neu aufgestellt oder fortgeschrieben worden und wollen nach anerkannten wissenschaftlichen Grundsätzen erarbeitet worden sein. Nach einer Untersuchung des Instituts für Volkswirtschaftslehre und Recht der Universität Stuttgart hat es zum Stichtag 31. 2. 2012 in den deutschen Gemeinden mit mehr als 10.000 Einwohnern 94 Mietspiegel gegeben, die als qualifiziert deklariert wurden.[60] 5 Jahre später sollen es bereits 124 qualifizierte Mietspiegel gewesen sein.[61] Nach Angabe des Bundesinstituts für Bau-, Stadt- und Raumforschung (BBSR) [62] gab es mit Stichtag Januar 2019 in 998 Kommunen Mietspiegel, von denen wiederum 161 angaben, qualifiziert zu sein. Auch nach Angabe der Bundesregierung können ca. 1000 Gemeinden auf einen Mietspiegel zurückgreifen, teilweise allerdings nur auf **modifizierte Nachbarmietspiegel**[63] oder auf Landkreisebene erstellte Spiegel.[64] Am 31.12.2019 gab es insgesamt in Deutschland 10.799 Gemeinden.[65] Nach dem F&B Mietspiegelindex 2020[66] hat sich der Verbreitungsgrad von Mietspiegeln seit Mitte der 1970er Jahre deutlich erhöht. Im Jahr 2020 soll es in 85% der Gemeinden zwischen 50.000 und 100.000 Einwohnern, in 90% der Gemeinden zwischen 100.000 und 500.000 und in 93% der Gemeinden ab 500.000 Einwohnern einen Mietspiegel geben. Da Mietspiegel also vor allem in den größeren Gemeinden existieren, führt das zu dem Ergebnis, dass es zwar in den weitaus meisten Gemeinden keinen Mietspiegel gibt, aber für ca. 60% der Wohnungen in Deutschland ein Mietspiegel existiert.

1982 hat der Gesetzgeber durch das **„Gesetz zur Erhöhung des Angebots an 15 Mietwohnungen"**[67] in § 2 V MHG Gemeinden im Rahmen einer Sollvorschrift verpflichtet, „soweit hierfür ein Bedürfnis besteht und dies mit einem für sie vertretbaren Aufwand möglich ist, Mietspiegel" zu erstellen. In der Begründung[68] heißt es nur kurz, dass die neue Vorschrift gewährleisten soll, „daß in Zukunft in verstärktem Maße aktualisierte Mietspiegel zur Verfügung stehen." Es müsse aber auch berücksichtigt werden, „daß die Aufstellung mit erheblichem Kostenaufwand verbunden

---

[58] Angaben nach https://de.statista.com/statistik/daten/studie/1254/umfrage/anzahl-der-gemeinden-in-deutschland-nach-gemeindegroessenklassen/

[59] F&B Mietspiegelindex 2020, 3.

[60] Freund/Hilla/Missal/Promann/Woeckener WuM 2013, 259 (260).

[61] Freund, Die Berücksichtigung energetischer Ausstattung und Beschaffenheit in qualifizierten Mietspiegeln, Köln, 2018, S. 23f; Auer/Hilla, „Der qualifizierte Mietspiegel: Bedeutung, Verbreitung und Ausgestaltung" in: Woeckener (Hrsg.) Beiträge zur Reform des qualifizierten Mietspiegels, S. 25 (39).

[62] http://www.bbsr.bund.de/BBSR/DE/WohnenImmobilien/Immobilienmarktbeobachtung/ProjekteFachbeitraege/Mietspiegel/Mietspiegel.html (abgefragt 1/2019).

[63] Was insbesondere nach der Entscheidung des BGH NZM 2019, 813; dazu Börstinghaus NZM 2019, 815, häufig nicht mehr zulässig sein dürfte.

[64] Antwort der Bundesregierung auf Kleine Anfrage der FDP-Fraktion (BT-Drs. 19/15209): BT-Drs. 19/15613.

[65] Angaben nach https://de.statista.com/statistik/daten/studie/1254/umfrage/anzahl-der-gemeinden-in-deutschland-nach-gemeindegroessenklassen/

[66] S. 3.

[67] BGBl. 1982 I 1912.

[68] BT-Drs. 9/2079, 17.

ist und daß ein Bedürfnis hierfür in den einzelnen Gemeinden recht unterschiedlich sein kann." Deshalb habe man die „Regelung als Sollvorschrift gefaßt." Soweit damals eine Ermächtigungsgrundlage für den Erlass einer MietspiegelVO geschaffen wurde hat die jeweilige Bundesregierung bis 2021 hiervon keinen Gebrauch gemacht.

16   Bis 30.6.2022 gab es also nur eine **Soll-Vorschrift.** Die nach Landesrecht zuständigen Behörden, in der Regel die Gemeinden, sollen bei entsprechendem Bedürfnis einen Mietspiegel aufstellen und dies mit einem vertretbaren Aufwand möglich ist. Das gilt auch für Gemeinden, die in eine Landesverordnung gem. § 556f Abs. 2 BGB aufgenommen wurde.[69] Es darf aber nicht übersehen werden, dass öffentlich-rechtlich auch eine Soll-Vorschrift eine grundsätzliche Verpflichtung zur Mietspiegelerstellung beinhaltet. Bei Vorliegen der **Tatbestandsmerkmale** einer auch einer Soll- Vorschrift hat regelmäßig die angeordnete Rechtsfolge einzutreten. Nur in atypischen Ausnahmefällen kann ausnahmsweise davon abgesehen werden.[70] Umgedreht muss die Rechtsfolge eintreten, wenn kein Ausnahmefall vorliegt.[71] Ob eine Ausnahmefall vorliegt, ist gerichtlich voll überprüfbar ist.[72] Da der Gesetzgeber in § 558c Abs. 4 S. 1 BGB auf Tatbestandsseite unbestimmte Rechtsbegriffe in die Vorschrift aufgenommen (bestehendes Bedürfnis und vertretbarer Aufwand), die auslegungsbedürftig sind und es der nach Landesrecht zuständigen Behörde ermöglichen, etwa unter Hinweis auf interne Strukturen und Verwaltungsabläufe von der Mietspiegelerstellung abzusehen, spricht manches dafür, dass insbesondere die Frage, ob die Mietspiegelerstellung mit vertretbarem Aufwand möglich ist, gerichtlich nur eingeschränkt überprüfbar ist.[73] Dabei trifft jedoch die Gemeinde die Darlegungslast.

17   Nach Ende der sozial-liberalen Koalition wurde in § 2 Abs. 5 MHG im Rahmen einer Soll-Vorschrift erstmals den Gemeinden eine Regel-Verpflichtung zur Aufstellung von Mietspiegeln auferlegt. Im Jahre 1981 gab es einmal den Versuch, ein **Mietspiegelgesetz** zu verabschieden.[74] Danach sollten Gemeinden mit mehr als 100.000 Einwohnern verpflichtet werden, Mietspiegel zu erstellen. Bei kleineren Gemeinden sollte dies auf Antrag der Interessenverbände geschehen. Dem vom Bundestag verabschiedeten Gesetz stimmte der Bundesrat jedoch nicht zu. Das Vermittlungsverfahren konnte wegen der Auflösung des Bundestages nicht zu Ende geführt werden. Es ist deshalb nie Gesetz geworden.

18   Die Einführung der Beschränkung der Wiedervermietungsmiete **(„Mietpreisbremse")** auf der einen Seite und die durch **das „Berliner Mietspiegelquiz**[75]**"** ausgelöste BGH-Rechtsprechung[76] zu den Anforderungen an einen qualifizierten

---

[69] Zu den damit verbundenen Bedenken schon die Gesetzesbegründung BT-Drs. 18/3121, 29; Verfassungsrechtliche Bedenken auch bei Schuldt, Mietpreisbremse S. 248; auf verfassungsrechtliche Probleme weist auch Blank WuM 2014, 641 (646) hin; nach Weigelt Herausforderung S. 292 soll die Aufnahme einer Gemeinde ohne qualifizierten Mietspiegel in eine VO kaum möglich sein.

[70] Börstinghaus/Ostermann NZM 2021, 825.

[71] Siehe nur Kopp/Ramsauer, VwVfG, 15. Auflage (2014), § 40 Rn. 64; Wolff/Bachof/Stober/Kluth, Verwaltungsrecht I, 12. Auflage (2007), § 31 Rn. 41.

[72] Kopp/Schenke, VwGO, 25. Auflage (2019), § 114 Rn. 21.

[73] Börstinghaus/Ostermann NZM 2021, 825.

[74] BT-Drs. 9/745; → Anh. II.

[75] So der Begriff bei Börstinghaus NJW 2015, 3200.

[76] BGH NZM 2013, 138; NZM 2014, 24.

Mietspiegel und die hier geltende Darlegungs- und Beweislast haben eine Diskussion über die Frage angefacht, wie Mietspiegel rechtssicher zu erstellen sind. In diesem Rahmen wurde auch immer wieder die Forderung erhoben, Gemeinden zur Mietspiegelerstellung zu verpflichten, zumindest dann, wenn ihre Gemeinde in eine MietpreisbegrenzungsVO gem. § 556d Abs. 2 BGB aufgenommen wurde. Seit 2016 gab es deshalb verschiedene Entwürfe zu einer Novellierung des Mietspiegelrechts. Ende 2020 wurde schließlich unter Berücksichtigung der Stellungnahmen aus der Praxis[77] ein erheblich abgespeckter Entwurf des Mietspiegelgesetzes und der MietspiegelVO in die parlamentarische Beratung eingebracht.[78] Der nur mit dem Mietspiegelreformgesetz befasste Rechtsausschuss des Deutschen Bundestages hat am 19.5.2021 nach § 70 der Geschäftsordnung des Deutschen Bundestages eine öffentliche Anhörungen von Sachverständigen und Interessenvertretern vorgenommen. Im Anschluss hat der Rechtsausschuss des Deutschen Bundestages noch weitere Änderungen am Entwurf vorgenommen.[79] Aufgenommen wurde danach in § 558c Abs. 4 S. 2 BGB erstmals eine unlimitierte Verpflichtung zur Aufstellung von Mietspiegeln für Gemeinden mit mehr als 50.000 Einwohnern (**Muss-Vorschrift**). Dies gilt nach der Überleitungsvorschrift in Art. 229 § 62 EGBGB für einfache Mietspiegel ab 1.1.2023 und für qualifizierte Mietspiegel ein Jahr später.

Begründet[80] hat der Rechtsausschuss die Einführung einer Pflicht zur Erstellung **19** von Mietspiegeln wie der Gesetzgeber 1982 schon damit, dass hierdurch die Verbreitung von Mietspiegeln erhöht werden soll. „Zumindest in Gemeinden mit mehr als 50 000 Einwohnern soll gewährleistet werden, dass Mietspiegel als Orientierungshilfe zur Ermittlung der ortsüblichen Vergleichsmiete stets zur Verfügung stehen." Die bisherige Sollvorschrift habe nicht zur flächendeckenden **Verbreitung** von Mietspiegeln in Groß- und Mittelstädten geführt. Bei Gemeinden mit mehr als 50 000 Einwohnern bestehe ein Bedürfnis für einen Mietspiegel. Dort sei die Erstellung mit vertretbarem Aufwand möglich. Nach Ansicht des Ausschusses könne die Gemeinde auch einen **qualifizierten Mietspiegel** „erlassen".[81] Das kommt der von Emmerich[82] schon bei Schaffung des Instruments des qualifizierten Mietspiegels befürchteten „Schreckensvision kommunaler Mietpreiskommissare" sehr nahe.

Die Verpflichtung zur Erstellung von Mietspiegeln stellt objektiv eine Verschär- **20** fung der Pflicht, verglichen mit der vorher nur bestehenden Soll-Vorschrift dar.[83] Das beginnt schon damit, dass die Verpflichtung ausschließlich von der konkreten Einwohnerzahl abhängig ist und nicht von weiteren unbestimmten Rechtsbegriffen wie bei der Soll-Vorschrift. Die Pflicht zur Mietspiegelerstellung stellt aber kein subjektives Rechts dar, wonach jeder Mieter/Vermieter von der Gemeinde die Erstellung eines Mietspiegels verlangen kann.[84] Nach der **Schutznormtheorie** enthält ein Rechtssatz ein subjektives öffentliches Recht, wenn er nicht nur im öf-

77 Sämtlich Stellungnahmen zum Referentenentwurf können heruntergeladen werden unter: https://www.bmjv.de/SharedDocs/Gesetzgebungsverfahren/DE/Mietspiegel.html: siehe auch die Stellungnahme aus amtsrichterlicher Sicht: Börstinghaus NZM 2020, 965.
78 BR-Drs. 766/20 und 22/21.
79 Beschlussempfehlung BT-Drs. 19/3093 und Bericht BT-Drs. 19/31106.
80 BT-Drs. 19/31106, 5ff.
81 BT-Drs. 19/31106, 6.
82 DWW 2000, 143 (145).
83 Börstinghaus/Ostermann NZM 2021, 825.
84 Börstinghaus/Ostermann NZM 2021, 825; so auch § 2 MietSpZustGE HE; aA Horst MDR 2022, 927 Rn. 10.

fentlichen Interesse erlassen wurde, sondern – zumindest auch – dem Schutz der Interessen Einzelner zu dienen bestimmt ist.[85] Bereits der Wortlaut der Norm spricht dagegen. § 558c Abs. 4 S. 2 BGB nennt keinen bestimmbaren und abgrenzbaren Personenkreis, der berechtigt ist. Da nach der Rechtsprechung der Verwaltungsgerichte Mietspiegel selbst keine subjektiv-öffentlichen Rechte des Vermieters tangieren[86], scheidet ein subjektives Recht aus. Die Verpflichtung ist aber keinesfalls wirkungslos. Gemeinden gegenüber können die objektiv-rechtlichen Verpflichtungen im Wege der Kommunalaufsicht durchgesetzt werden. Ganz allgemein können die nach Landesrecht zuständigen Behörden im Wege der vorhandenen, üblichen Instrumentarien (insb. **Kontroll- und Weisungsrechte**) zur Einhaltung ihrer öffentlich-rechtlichen Verpflichtungen nach § 558c Abs. 4 BGB angehalten werden.[87]

21   Die Ermittlung der maßgeblichen Einwohnerzahl hat nach der auch für andere kommunalrechtliche Fragen entwickelten Weise[88] zu erfolgen. Entscheidend ist, dass die maßgebliche Einwohnerzahl an drei aufeinanderfolgenden Stichtagen mehr als 50.000 Einwohner beträgt. **Stichtag** ist jährlich der 30.6. und 31.12. Die Einwohnerzahl wird vom zuständigen Landesstatistikamt ermittelt. Der Gesetzgeber hat insofern in zulässiger Weise typisierend angenommen, dass in derartigen Gemeinden ein entsprechendes Bedürfnis zur Mietspiegelerstellung besteht und der Aufwand dafür vertretbar ist.[89]

III. Rechtliche Qualifikation eines Mietspiegels

22   Die Aufstellung von Mietspiegeln ist eine Aufgabe der **öffentlichen Daseinsvorsorge.**[90] § 558c Abs. 3–5, § 558d Abs. 2 BGB gehören ebenso dem öffentlichen Recht an wie Art. 238 EGBGB, da alleiniges Zuordnungsobjekt der Regelung ein Träger der öffentlichen Gewalt ist. Die Rechtsnatur von Mietspiegeln ist immer noch nicht abschließend geklärt.[91] Ein Mietspiegel ist nämlich weder ein **Verwaltungsakt**[92] noch eine **Allgemeinverfügung.** Ein Mietspiegel ist auch keine **normkonkretisierende Verwaltungsvorschrift**[93] oder sonst eine Rechtsnorm.[94] Das gilt sowohl für den einfachen wie auch für den qualifizierten Mietspiegel.

---

[85] So die ghM in Rechtsprechung und Schrifttum, s. mzN nur Schoch/Schneider/Wahl, VwGO, Vor § 42 Rn. 94ff. (40. Lfg. Feb. 2021).

[86] BVerwG NJW 1996, 2046 (2047).

[87] Börstinghaus/Ostermann NZM 2021, 825.

[88] ZB § 4 GO NRW.

[89] Vgl. auch BT-Drs. 19/31106, 5.

[90] BT-Drs. 19/26918, 7; LG Berlin GE 2004, 1296; VGH München ZMR 1994, 81 (83).

[91] VerfGH Berlin NZM 2013, 674; BGH NZM 2011, 511; Staudinger/V. Emmerich BGB § 558c Rn. 6, BGB § 558d Rn. 9; MüKoBGB/Artz § 558c Rn. 3.

[92] BVerwG NJW 1996, 2046 mAnm Storr ZMR 1996, 453; und Schönlau DVP 1996, 172; die gegen das Urteil eingelegte Verfassungsbeschwerde wurde nicht angenommen: 1 BvR 701/96; Huber JZ 1996, 893; Vahle DVP 1997, 37; Brodersen JuS 1997, 279; VG Gelsenkirchen NZM 1999, 381.

[93] BVerwG NJW 1996, 2046; mAnm Storr ZMR 1996, 453; und Schönlau DVP 1996, 172; die gegen das Urt. eingelegte Verfassungsbeschwerde wurde nicht angenommen: 1 BvR 701/96; Huber JZ 1996, 893; Vahle DVP 1997, 37; Brodersen JuS 1997, 279; VGH München ZMR 1994, 81 (84); aA Huber ZMR 1992, 469.

[94] VerfGH Berlin NZM 2013, 674 (675); Bünnemeyer/Hebecker/Werling ZMR 2016, 96 (97).

Der einfache Mietspiegel stellt lediglich eine **statistisch aufbereitete Samm-** 23
lung von Vergleichsmieten dar, wobei durchaus auch normative Entscheidungen getroffen sein können. Der Mietspiegel enthält dabei auch Elemente eines Sachverständigengutachtens in Gestalt der Bewertung von Tatsachen. Er weist ebenso Ähnlichkeiten mit einer amtlichen Auskunft in Form einer Zusammenfassung von Einzeltatsachen (Erfassung eines statistischen Durchschnittswertes) auf. In seiner generellen Anwendbarkeit auf viele Einzelfälle nach abstrakten Tatbestandsmerkmalen gleicht er auch einer Verwaltungsvorschrift, obwohl §§ 558c, 558d BGB die Aufstellung eines örtlichen Mietspiegels nicht zwingend der nach Landesrecht zuständigen Behörde vorbehalten. Anders als bei normkonkretisierenden Verwaltungsvorschriften (zB TA-Luft, TA-Lärm) dient der einfache Mietspiegel nicht einer wertenden, eben normkonkretisierenden Ausfüllung unbestimmter Rechtsbegriffe. Behördliche Äußerungen ohne Bindungswirkung – namentlich Gutachten, antizipierte Gutachten oder schlichte Auskünfte – treffen weder eine Regelung noch begründen sie ein feststellungsfähiges Rechtsverhältnis. Auch amtliche Auskünfte, deren Inhalt in einer gutachtlichen Äußerung besteht, binden die Gerichte rechtlich nicht, sondern werden ohne förmliches Beweisverfahren im Wege des Freibeweises verwertet. Die große **praktische Bedeutung** eines kommunalen Mietspiegels und ein ihm von den Zivilgerichten beigemessener **hoher Beweiswert** ändern daran nichts. Es ist allein Aufgabe der Zivilgerichte, die **materielle Richtigkeit eines Mietspiegels** zu überprüfen. Ob die ortsüblichen Vergleichsmieten richtig ermittelt wurden, ist keine dem öffentlichen Recht zuzuordnende Frage. Das BGB enthält keine öffentlich-rechtlichen Mietpreisvorschriften. Es regelt in Ergänzung des privaten Mietrechts die zivilrechtliche Befugnis des Vermieters zur Mieterhöhung. Die in Richtung auf die Ermittlung der ortsüblichen Vergleichsmiete an einen kommunalen Mietspiegel zu stellenden Anforderungen ergeben sich allein aus dessen zivilrechtlicher Zweckbestimmung und Funktion. Die ortsübliche Vergleichsmiete ist ausschließlich für das Rechtsverhältnis zwischen Vermieter und Mieter von Bedeutung. Die Aufstellung und Veröffentlichung eines örtlichen Mietspiegels durch eine nach Landesrecht zuständige Behörde ist zwar eine der öffentlichen Verwaltung zugewiesene Aufgabe. Bei ihrer Wahrnehmung handelt es sich jedoch lediglich um eine schlicht verwaltende Tätigkeit ohne bindende Außenwirkung. Die positiven oder negativen Einflüsse eines einfachen Mietspiegels auf die Durchsetzbarkeit privater Mieterhöhungsansprüche verleihen ihm selbst noch keinen regelnden Charakter. Von Rechts wegen stellt er vielmehr nur ein formelles Begründungsmittel für Mieterhöhungsverlangen der Vermieter dar. Dies ist seine einzige ihm vom Gesetz beigelegte Funktion. Die Leistungsklage einzelner Vermieter gegen einen kommunalen Mietspiegel iSd § 558c BGB ist ebenso unzulässig,[95] wie die Klage auf Beteiligung an der Mietspiegelerstellung.[96] Zum qualifizierten Mietspiegel → § 558d Rn. 8.

---

[95] BVerwG NJW 1996, 2046 mAnm Storr ZMR 1996, 453; und Schönlau DVP 1996, 172; die gegen das Urt. eingelegte Verfassungsbeschwerde wurde nicht angenommen: 1 BvR 701/96; Huber JZ 1996, 893; Vahle DVP 1997, 37; Brodersen JuS 1997, 279; VGH München ZMR 1994, 81.

[96] VG Gelsenkirchen NZM 1999, 381.

C. Gemeinsame Voraussetzungen für einfache und qualifizierte Mietspiegel

I. Allgemeines

24   Auch für den qualifizierten Mietspiegel gelten zunächst die Voraussetzungen des § 558c BGB. Jeder Mietspiegel muss also eine Übersicht über die ortsübliche Vergleichsmiete iSd § 558 Abs. 2 BGB sein. **Beide Arten von Mietspiegeln** können für das Gebiet einer Gemeinde oder für mehrere Gemeinden gemeinsam oder für Teile von Gemeinden erstellt werden, § 558c Abs. 2 BGB. Aufgestellt werden können die Mietspiegel von der Gemeinde, von den Interessenvertretern der Vermieter und Mieter gemeinsam oder von einem Interessenverband oder einem Dritten, wenn er von der nach Landesrecht zuständigen Behörde oder dem bzw. den Interessenverbänden anerkannt wird.

25   Tabelle zu den **Tatbestandsvoraussetzungen** einfacher und qualifizierter Mietspiegel:

	Übersicht über die ortsübliche Vergleichsmiete			
	Mietspiegel-ersteller	**Mietspiegel-anerkennung**	**Geltungs-bereich**	**Veröffent-lichung des Mietspiegels**
Voraussetzungen für jeden Mietspiegel	nach Landes-recht zuständige Behörde	durch einen oder mehrere Interes-senverbände	Gemeinde	Mietspiegel und ihre Änderungen müssen veröffent-licht werden. Eine bestimmte Art der Veröffentlichung ist nicht vor-geschrieben.
	Je ein Interes-senverband der Mieter und Vermieter	durch nach Landesrecht zuständige Behörde	Teile einer Gemeinde	
	Ein Interessen-verband	durch nach Landesrecht zuständige Be-hörde oder den anderen Interes-senverband	mehrere Gemeinden	
	Dritter	durch nach Landesrecht zuständige Be-hörde oder jeweils einen Interessen-verband der Mieter und Ver-mieter		
		Anpassung des Mietspiegels Sollen im Abstand von zwei Jahren der Marktentwicklung angepasst werden		

	Erstellung nach den wissenschaftlichen Grundsätzen	Anerkennung des Mietspiegels als qualifiziert	Laufzeit und Anpassung des Mietspiegels
Zusätzliche Voraussetzungen für einen qualifizierten Mietspiegel	Wird vermutet, wenn die Anforderungen der MietspiegelVO eigehalten wurden.	durch die nach Landesrecht zuständige Behörde und durch je einen Interessenverband der Mieter und Vermieter	spätestens nach zwei Jahren Anpassung an Marktentwicklung. Maßgeblicher Zeitpunkt für die Anpassung der Stichtag, zu dem die Daten für den Mietspiegel erhoben wurden
			nach vier Jahren Neuerstellung spätestens nach drei Jahren Anpassung an Marktentwicklung. Maßgeblicher Zeitpunkt für die Neuerstellung ist der Stichtag, zu dem die Daten für den Mietspiegel erhoben wurden.

II. Die Mietspiegelaufsteller

1. Allgemeines. Nach der **Legaldefinition** eines Mietspiegels in § 558c Abs. 1 **26** BGB ist ein Mietspiegel[97]:

- eine Übersicht über die ortsüblichen Vergleichsmieten
- die erstellt wurde
- von der die nach Landesrecht zuständige Behörde oder
- von den Interessenvertretern der Vermieter und Mieter gemeinsam oder
- von einem Interessenverband der Vermieter oder Mieter allein und vom jeweils anderen Verband oder der die nach Landesrecht zuständige Behörde anerkannt wurde
- von einem Dritten und von beiden Verbänden oder der die nach Landesrecht zuständige Behörde anerkannt wurde.

Alle Mietpreisübersichten oder Mietwerttabellen, die nicht diese Voraussetzun- **27** gen erfüllen, sind keine Mietspiegel iSd Gesetzes. Deshalb sind auch die **folgenden Übersichten keine Mietspiegel** und können weder zur Begründung eines Erhöhungsverlangens noch im Prozess oder zu anderen Zwecken der Feststellung der ortsüblichen Vergleichsmiete herangezogen werden:

- der „VDM-Preisspiegel für Wohn- und Anlageimmobilien",
- der „RDM-Immobilienpreisspiegel",
- der „ivd-Preisspiegel",
- Mietpreisübersichten der Finanzämter,[98]

---

[97] Zum Mietspiegel und seiner Erstellung sa Cromm/Koch, Mietspiegel in Deutschland: Entwicklung der Mietpreispolitik, Einstellungen und Umsetzungen der Städte und Amtsgerichte unter besonderer Berücksichtigung des qualifizierten Mietspiegels – eine empirische Studie, Diss München 2006; Kny, Die alternativen Eigenschaften und Auswirkungen des Mietspiegels, 1982; Promann, Die Berücksichtigung des Wohnwertmerkmals Lage in den Mietspiegeln der deutschen Großstädte, 2012.

[98] LG Aurich WuM 1990, 222; aA AG Büdingen WuM 1989, 81.

- Mietübersicht des Staatsbauamtes,[99]
- Mietenindex der Statistikämter,
- ein von einem Vermieter-Verband erstellter Mietspiegel.[100]

28   All diese Übersichten erfüllen einen Zweck, aber eben nicht den, die ortsübliche Vergleichsmiete auszuweisen. In den Preisübersichten der Maklerverbände werden **Neuvertragsmieten** ausgewiesen, die zudem nicht repräsentativ erhoben werden und nach Opportunität veröffentlicht werden. Der **Mietenindex** beinhaltet weder eine zeitliche Beschränkung der erfassten Mieten noch stimmt seine Mietstruktur. Er weist Bruttokaltmieten aus. Die Übersichten der Finanz- und Staatsbauämter erfüllen ebenfalls andere Aufgaben und orientieren sich an Tatbestandsvoraussetzungen des öffentlichen Rechts. Allen Übersichten aber ist gemeinsam, dass die jeweiligen Ersteller vom Gesetzgeber nicht als Mietspiegelersteller, zumindest, solange ihre Übersichten nicht von beiden Interessenverbänden anerkannt wurden, vorgesehen sind.

29   Das Gesetz bietet verschiedene Möglichkeiten an, von wem ein Mietspiegel erstellt werden kann. Diese Möglichkeiten stehen gleichberechtigt nebeneinander. Es fehlt an einer **Kollisionsnorm.** Das Gesetz erklärt alternativ die die nach Landesrecht zuständige Behörde oder die Interessenvertreter der Vermieter und der Mieter gemeinsam für zuständig und lässt bei einseitiger Aufstellung durch eine Interessengruppe auch die Anerkennung durch die andere genügen. Was in den Fällen zu geschehen hat, in denen die die nach Landesrecht zuständige Behörde und die Interessenvertreter jeweils gemeinsam zwei widerstreitende Mietspiegel erstellen, ist nicht geregelt.[101] Nach dem Wortlaut des Gesetzes sind beide Mietspiegel wirksam. Einen Vorrang eines gemeindlichen Mietspiegels vor anderen Mietspiegeln gibt es nicht. Das Gleiche gilt auch für das Verhältnis von qualifizierten Mietspiegeln zu einfachen Mietspiegeln. Theoretisch denkbar ist der Fall, dass die die nach Landesrecht zuständige Behörde einen qualifizierten Mietspiegel erstellt und anerkennt und jeweils ein Interessenverband der Vermieter und Mieter einen eigenen einfachen Mietspiegel erstellen. In diesem Fall kann der Vermieter zwar sein Erhöhungsverlangen auf den einfachen Verbändemietspiegel stützen, er muss aber im Erhöhungsverlangen auf den qualifizierten Mietspiegel gem. § 558a Abs. 3 BGB hinweisen.

30   **2. Die die nach Landesrecht zuständige Behörde als Mietspiegelersteller.** Die für die Erstellung oder Anerkennung von Mietspiegeln zuständige Behörde bestimmt sich nach Landesrecht. Die bis Juni 2022 vorgesehene Gemeindezuständigkeit ist vor der Föderalismusreform 2006[102] geschaffen worden. Seit der Föderalismusreform dürfen jedoch gemäß Art. 84 Abs. 1 S 7 GG den Gemeinden und Gemeindeverbänden keine Aufgaben mehr durch Bundesgesetz übertragen werden. Zwar besteht die bisherige Regelung nach Artikel 125a Absatz 1 GG fort. Die Bundesregierung war sich aber nicht sicher, ob sich die Änderungen durch das Mietspiegelreformgesetz noch in den Grenzen diesen verfassungsrechtlichen Grenzen bewegen.[103] Deshalb hat man die genaue Zuständigkeitsbestimmung auf die Länder übertragen. Die Frage der Zuständigkeit für die Erstellung ist aber zu tren-

---

[99]   AG Friedberg WuM 1986, 322.
[100] LG Verden NdsRpfl 1993, 363.
[101] Zu einem solchen Fall: Börstinghaus NZM 1999, 113.
[102] BGBl I 2034.
[103] BT-Drs. 19/26918, 17.

nen von der Frage, für welche örtlichen Einheiten Mietspiegel zu erstellen sind. Nach § 558c Abs. 2 BGB gilt hier weiter der Gemeindebegriff. Damit ist die **politische Gemeinde** gemeint.[104] Die Abgrenzung erfolgt dabei aus verwaltungstechnischen Gründen und nicht aus wohnungsmarktspezifischen Überlegungen.[105] Der Gesetzeswortlaut ist diesbezüglich eindeutig. Es genügt, wenn der Auftrag zur Erstellung des Mietspiegels von der nach Landesrecht zuständige Behörde stammt. Die Erstellung selbst kann dann auch von einem wissenschaftlichen Institut vorgenommen werden. Möglich ist auch die Mitwirkung von Interessenverbänden. Ein Widerspruch dieser Verbände ist aber unerheblich.[106]

Mietspiegel können auch für **mehrere Gemeinden,** zB auch für einen Land- **31** kreis, oder für **Teile einer Gemeinde** aufgestellt werden dürfen. Die Möglichkeit, Mietspiegel für Gemeindeteile zu erstellen, ist und bleibt sicher die Ausnahme. Sinn macht dies nur bei sehr unterschiedlichen Gemeindestrukturen, also zB Gemeindeteilen, die an eine Großstadt grenzen und großen ländlich geprägten Gemeindeteilen. Besonderheiten sind allenfalls über die Lageklasse zu erfassen. Eine größere Bedeutung dürften Mietspiegel für mehrere Gemeinden bekommen. So sind bei der vor allem wegen der Arbeitslosengeld II-Leistungen erfolgten Erstellung des Mietspiegels für die Region Hannover am Ende für jede der ca. 21 Gemeinden eigene Mietspiegel veröffentlicht worden. Zu beachten ist hierbei jedoch, dass der Begriff der ortsüblichen Vergleichsmiete immer gemeindebezogen ist und deshalb sowohl ein Mietspiegel für mehrere Gemeinden die ortsübliche Vergleichsmiete für jede Gemeinde und Mietspiegel für einen Teil der Gemeinde die ortsübliche Vergleichsmiete für die ganze Gemeinde[107] ausweisen muss.

Die **Erstellung** eines Mietspiegels ist ein faktischer Vorgang. Der Mietspiegel **32** stellt eine statistisch aufbereitete Sammlung von Vergleichsmieten dar. Deshalb ist es grds. nicht erforderlich, dass ein von der der nach Landesrecht zuständigen Behörde, idR der Gemeinde, erstellter einfacher Mietspiegel vom Kommunalparlament verabschiedet wird.[108] Ein **Ratsbeschluss** ist nicht Wirksamkeitsvoraussetzung für die Erstellung eines Mietspiegels.[109] Davon zu unterscheiden ist die Anerkennung eines Mietspiegels als qualifiziertem Mietspiegel iSd § 558d Abs. 1 BGB. Dies ist ein Rechtssetzungsakt, für den ein Ratsbeschluss erforderlich ist.[110]

Erstellt ist der Mietspiegel dann, wenn das mit der Erstellung des Mietspiegels be- **33** auftragte Gremium die Daten ermittelt hat und Einigkeit darüber erzielt hat, welche Mieten üblich sind und welche Gruppen als vergleichbare Wohnungen ausgewiesen werden sollen. Ferner muss Einigkeit über den Textteil des Mietspiegels bestehen. Dass die Erstellung ein rein **tatsächlicher Vorgang** ist, ergibt sich auch aus dem Vergleich mit der anderen Möglichkeit, wie ein Mietspiegel entstehen kann, nämlich der Anerkennung. Anders als die Erstellung ist die Anerkennung ein **rechtlicher Vorgang,** der in der Abgabe einer Willenserklärung besteht. Der Unterschied rechtfertigt sich dadurch, dass die Anerkennung zwingend die Erstellung eines Mietspiegels

---

[104] LG Marburg BeckRS 2014, 12908; AG Bayreuth WuM 1993, 454; AG Augsburg WuM 1990, 221.
[105] Aigner/Oberhofer/Schmidt WuM 1993, 10 (11).
[106] AG Recklinghausen WuM 1992, 443 für Mietspiegel der Stadt Datteln 1990.
[107] BGH NZM 2013, 612; BGH NZM 2013, 610.
[108] LG Essen NJW-RR 1996, 1416; AG Gelsenkirchen-Buer NZM 1998, 509.
[109] MüKoBGB/Artz § 558d Rn. 3.
[110] AG Dortmund WuM 2003, 35; Rips WuM 2002, 415 (418); Lammel WohnraumMietR BGB § 558d Rn. 20; MüKoBGB/Artz § 558d Rn. 3.

voraussetzt. Nur ein von anderen bereits erstellter Mietspiegel kann anerkannt werden. Da die Erstellung eines Mietspiegels bereits mit Wertungen verbunden ist, zB welche Art der Datenerhebung durchgeführt wird, welche statistische Methode der Datenauswertung angewandt wird, wie die übliche Miete ermittelt wird, welche Ausreißermieten[111] eliminiert werden, wie die Daten präsentiert werden, hat der Ersteller eines Mietspiegels bereits während dieser tatsächlichen Tätigkeit eine Einflussmöglichkeit auf die Werte. Deshalb bedarf es hier keiner späteren Willenserklärung mehr, da dieser Wille sich während des Erstellungsverfahrens dauernd manifestiert.

34 Wird der Mietspiegel von der der nach Landesrecht zuständigen Behörde, idR der Gemeinde, erstellt, dann reicht es aus, wenn der Mietspiegel, bestehend aus der Mietpreisübersicht und den textlichen Erläuterungen, von dem beauftragten Amt vorgelegt wird, ohne dass es sich ersichtlich um einen Entwurf handelt. Ist ein **Arbeitskreis Mietspiegel** von der der nach Landesrecht zuständigen Behörde, idR der Gemeinde, eingesetzt worden, dann ist der Mietspiegel erstellt, wenn in einer Sitzung dieses Arbeitskreises der Mietspiegel verabschiedet wurde, also mit Mehrheit der vorgelegte Entwurf akzeptiert wurde. Ein von beiden Interessenverbänden aufgestellter Mietspiegel ist erstellt iSd Gesetzes, wenn über die Mietpreisübersicht und den Textteil Einigkeit erzielt wurde.[112] Dies gilt selbst dann, wenn der Mietspiegel unter Mitwirkung der der nach Landesrecht zuständigen Behörde, idR der Gemeinde, erstellt wurde,[113] da es sich letztendlich auch in diesem Fall um einen Mietspiegel der Interessenverbände handelt. Zu beachten ist dabei allenfalls, dass es sich bei den Interessenverbänden idR um juristische Personen (eingetragene Vereine oder deren Untergliederungen handelt) und diese auch bei der Mietspiegelerstellung durch vertretungsberechtigte Organe handeln müssen.[114]

34a **Tabelle der nach Landesrecht zuständigen Behörden für die Mietspiegelerstellung:**

Bundesland	Zuständige Behörde	Fundstelle
Bayern	§ 21 Zuständige Behörden nach oder auf Grund §§ 558c, 558d des BGB sowie Art. 238 des EGBGB sind die Gemeinden.	Zuständigkeitsverordnung (ZustV) vom 16. Juni 2015 idF vom 31.5.2022 GVBl 2015, 184
Bremen	§ 1 Für die Stadtgemeinde Bremen ist die Senatorin für Klimaschutz, Umwelt, Mobilität, Stadtentwicklung und Wohnungsbau und für die Stadtgemeinde Bremerhaven der Magistrat zuständige	Bekanntmachung über die zuständigen Behörden gemäß §§ 558c Absatz 4 und 558d Absatz 1 BGB (Zuständigkeiten Mietspiegel) vom 26. April 2022 Brem.ABl. 2022, 241

---

[111] Nach § 12 Abs. 2 MsV „können" die Daten um Ausreißermieten bereinigt werden.
[112] LG Essen NJW-RR 1996, 1416; AG Gelsenkirchen-Buer NZM 1998, 509.
[113] LG Essen NJW-RR 1996, 1416.
[114] AG Dortmund WuM 2003, 35.

Bundesland	Zuständige Behörde	Fundstelle
	Behörde im Sinne der §§ 558 c Absatz 4 und 558 d Absatz 2 des BGB.	
Hessen	§ 1 Die Gemeinden sind zuständig für die Erstellung oder Anerkennung sowie die Anpassung und Veröffentlichung von Mietspiegeln nach § 558 c des Bürgerlichen Gesetzbuchs und von qualifizierten Mietspiegeln nach § 558 d des Bürgerlichen Gesetzbuchs. Die Gemeinden nehmen die Aufgabe als Selbstverwaltungsangelegenheit wahr. Aufsichtsbehörde ist das für Wohnungswesen zuständige Ministerium § 2 Kommt eine Gemeinde der gesetzlichen Verpflichtung nach § 558 c Abs. 4 Satz 2 des Bürgerlichen Gesetzbuchs nicht oder nicht ordnungsgemäß nach, so stellt die Aufsichtsbehörde nach § 1 Satz 3 den Rechtsverstoß fest. Für weitere Maßnahmen ist die Kommunalaufsicht zuständig.	Gesetz über die Zuständigkeit für die Erstellung und Anerkennung von Mietspiegeln vom 22. Februar 2022 GVBl. 2022, 122
Nordrhein-Westfalen	§ 1 Die Gemeinden sind zuständig für die Erstellung oder Anerkennung sowie die Anpassung, Dokumentation und Veröffentlichung von Mietspiegeln nach den §§ 558 c und 558 d des Bürgerlichen Gesetzbuches. Die Gemeinden nehmen die Aufgabe als Selbstverwaltungsangelegenheit wahr.	Verordnung über die Zuständigkeit für die Erstellung und Anerkennung von Mietspiegeln im Land Nordrhein-Westfalen (Mietspiegel-Zuständigkeits-Verordnung – MsZVO) vom 26. April 2022 GV. NRW. 2022, 723

Bundesland	Zuständige Behörde	Fundstelle
Rheinland-Pfalz	§ 1 Zuständige Behörde nach § 558 c Abs. 1, Abs. 4 Satz 1 und § 558 d Abs. 1 des Bürgerlichen Gesetzbuches ist die Ortsgemeinde, verbandsfreie Gemeinde, große kreisangehörige Stadt sowie kreisfreie Stadt. Diese nehmen die Aufgabe als Auftragsangelegenheit wahr.	Landesverordnung über die Zuständigkeit für die Erstellung von Mietspiegeln und Anerkennung von qualifizierten Mietspiegeln vom 29. Juni 2022 GVBl. 2022, 247
Schleswig-Holstein	§ 1 Die Aufgabe der Erstellung von Mietspiegeln nach §§ 558 c und 558 d des Bürgerlichen Gesetzbuchs fällt in die Zuständigkeit der Gemeinden, die diese Aufgabe als Selbstverwaltungsaufgabe wahrnehmen.	Gesetz zur Bestimmung der Zuständigkeit für die Erstellung von Mietspiegeln (Mietspiegelzuständigkeitsgesetz – MspZustG) vom 6. Juli 2022 GVOBl. 2022, 703

35   **3. Mietspiegel von Interessenverbänden.** Das Gesetz unterscheidet dabei **zwei Alternativen.** Entweder wird der Mietspiegel von den Interessenvertretern der Vermieter und Mieter gemeinsam aufgestellt oder er wird von den Interessenvertretern der Vermieter oder Mieter allein aufgestellt und vom jeweils anderen Verband oder der der nach Landesrecht zuständigen Behörde, idR der Gemeinde, anerkannt. Dabei kann sich die Anerkennung auch nur auf einzelne Teile des Mietspiegels beziehen. Nicht möglich ist die Mietspiegelaufstellung durch nur einen Verband, zB den örtlichen Vermieterverein[115] Auch Übersichten von anderen (interessierten) Verbänden genügen nicht. Es müssen beide Interessenverbände damit einverstanden sein, also die Mietpreisübersicht zumindest teilweise anerkennen.[116] Kartellrechtliche Bedenken[117] gegen die Mitwirkung der Interessenverbände bei der Aufstellung von Mietspiegeln bestehen nicht.

36   Anerkannt ist ein von einem **Interessenverband oder von einem Dritten** erstellter Mietspiegel dann, wenn der andere Interessenverband oder bei Mietspiegeln, die von Dritten erstellt wurden, auch von beiden Interessenverbänden oder der der nach Landesrecht zuständigen Behörde, idR der Gemeinde, seine Zustimmung erteilt hat. Dies ist eine Willenserklärung, die von einem **vertretungsberechtigten Organ** abgegeben werden muss. Eine Form ist dafür nicht vorgeschrieben.

---

[115] LG Verden NdsRpfl 1993, 363; AG Aachen WuM 1991, 277.

[116] AG Aachen WuM 1991, 277.

[117] So V. Emmerich „Die Anforderungen zur Erstellung und zur Anerkennung von Mietspiegeln im Widerstreit der Meinungen" in Emmerich ua, Mietpreisermittlung, 1980, 46.

Es ist nicht die Zustimmung aller Interessenverbände auf jeder Seite erforder- **37** lich. Dies gilt auch dann, wenn auf einer Seite mehrere Verbände, ggf. unterschiedlicher Größe vorhanden sind. Es genügt die **Zustimmung je eines Interessenverbandes.**[118] Aus dem Wortlaut des §558c Abs.1 BGB ergibt sich weder, dass alle Interessenverbände oder eine irgendwie geartete Mehrheit einem Mietspiegel zustimmen muss. Auch nach Sinn und Zweck des §558c Abs.1 BGB ist nicht mindestens die Zustimmung der jeweils größten Gruppe der Interessenvertreter erforderlich. Da der Mietspiegel zum einen den Vermieter hindern soll, voreilige und willkürliche Erhöhungen geltend zu machen und zum anderen den Mieter in die Lage versetzen soll, die Mieterhöhung zu überprüfen, genügt es, wenn der Mietspiegel auf Grund eines Zusammenwirkens von Interessenverbänden zustande gekommen ist. Dies rechtfertigt allein die Annahme, dass er eine unverfälschte Übersicht über die in der Gemeinde üblicherweise gezahlten Entgelte enthält. Lediglich in den Fällen, in denen begründeter Anlass zur Annahme besteht, dass ein Verband von der Gegenseite beeinflusst ist, können Zweifel an der Objektivität gerechtfertigt sein. Schließlich würde eine andere Auslegung einem Verband die Möglichkeit geben, entgegen der Absicht des Gesetzgebers, in möglichst vielen Gemeinden einen Mietspiegel zu haben, die Erstellung zu verhindern.

Der Begriff **„Interessenverband"** setzt dabei vom Wortlaut bereits voraus, dass **38** es sich um den **Zusammenschluss von mindestens zwei Mitgliedern** handeln muss. Ein örtlicher Großvermieter, zB in den neuen Ländern, die städtische Wohnungsbaugenossenschaft, ist kein Interessenverband. Ein solcher Großvermieter kann zwar am Arbeitskreis Mietspiegel teilnehmen, er kann aber keinen Mietspiegel erstellen oder anerkennen. Der Interessenverband muss auf der anderen Seite auch nicht alle Vermieter oder Mieter vertreten. So ist durchaus denkbar und möglich, dass der Verband der freien Wohnungsunternehmen mit dem Mieterbund einen Mietspiegel erstellt. Entscheidend ist, dass durch die Struktur des Verbandes nicht nur **Singularinteressen eines Vermieters** vertreten werden, sondern die Interessen einer bestimmten Art von Vermietern. Es muss sich um den für die Gemeinde örtlich zuständigen Verband handeln. Ist der Verband nicht auf Ortsebene organisiert, dann kann auch der überörtliche Verband für die Gemeinde einen Mietspiegel erstellen.

4. Mietspiegelerstellung durch Dritte. Schließlich ist es grds. auch möglich, **39** dass **Dritte Mietspiegel erstellen** (lassen).[119] Voraussetzung für eine Anerkennung als Begründungsmittel ist in diesem Fall aber, dass dieser durch Dritte erstellte Mietspiegel von den Interessenverbänden der Mieter und Vermieter oder der der nach Landesrecht zuständigen Behörde, idR der Gemeinde, **anerkannt** wird. So ist es in Zeiten leerer Kassen durchaus denkbar, dass ein großes Wohnungsunternehmen einen Mietspiegel erstellen lässt. Die Wohnungswirtschaft gehört zu den größten Nutznießern von Mietspiegeln. Sie kann für einen großen Bestand sehr einfach die Mieten erhöhen. Die Kosten für die Erstellung eines Mietspiegels sind pro Wohnung bei einem großen Wohnungsunternehmen im Vergleich mit einem Sachverständigengutachten äußerst gering. Die Begründung des Erhöhungsverlangens mit-

---

[118] OLG Hamm NJW-RR 1991, 209; LG Berlin WuM 2016, 670; AG Bitterfeld-Wolfen WuM 2013, 45.
[119] AA Lammel WohnraumMietR BGB §558c Rn.13.

tels dreier Vergleichswohnungen ist idR prozessträchtiger und ebenfalls mit einem Kostenrisiko verbunden.

III. Datenschutz und Auskunftspflicht

40   Die Aufstellung von Mietspiegel kann **datenschutzrechtliche Gesichtspunkte** berühren.[120] Das ist immer dann der Fall, wenn der Mietspiegelstellung eine Datenerhebung zu Grunde liegt. Immer dann, wenn kommunale Stellen zum Zwecke der Statistik Datenerhebungen durchführen oder veranlassen, müssen die Vorschriften der Datenschutzgesetze und vor allem der Landesstatistikgesetze eingehalten werden. Die Datenerhebung und deren Analyse in einem Mietspiegel stellt grds. eine kommunale Statistik dar.[121] Die **Landesstatistikgesetze** verlangen idR, dass Kommunalstatistiken nur auf Grund einer gesetzlichen Grundlage, also idR einer Satzung, erstellt werden dürfen. Diese Satzung muss dann die Erhebungsmerkmale, die Hilfsmerkmale,[122] die Art und Weise der Erhebung, den Berichtszeitpunkt (= Mietspiegelstichtag) und den Kreis der zu Befragenden (Mieter und/oder Vermieter enthalten). Ferner ist in einer solchen Satzung zu bestimmen, ob die Erhebung mit oder ohne Auskunftspflicht erfolgen soll. Die Landesstatistikgesetze der Länder beinhalten hierzu unterschiedliche Regelungen. Vielfach müssen eigene **Statistikstellen** eingerichtet werden, die räumlich und organisatorisch von den anderen Verwaltungsstellen zu trennen sind. Beim **Statistikrecht** handelt es sich um **besonderes Datenschutzrecht,** das den allgemeinen datenschutzrechtlichen Regelungen vorgeht.[123] Ein Anspruch auf Herausgabe der Daten besteht nicht nach dem Informationsfreiheitsrecht und im Übrigen dann nicht, wenn die Daten nicht mehr vorhanden sind.[124]

41   Der Gesetzgeber hat im Mietspiegelreformgesetz vom 16.8.2021[125] in Art. 238 § 1–4 EGBGB ausdrücklich Regelungen zur Datenverarbeitung und Auskunftspflichten für qualifizierte Mietspiegel aufgenommen (dazu EGBGB Art 238).

IV. Die Veröffentlichung des Mietspiegels

42   Die **Veröffentlichung eines Mietspiegels** ist seit 1.7.2022 zwingend vorgeschrieben. Insofern hat sich die Rechtslage durch das Mietspiegelreformgesetz geändert, da es vorher nur eine Sollvorschrift gab (zu Soll-Vorschriften → Rn. 16. Die Vorschrift des § 558c Abs. 4 S 2 gilt sowohl für einfache wie auch qualifizierte Mietspiegel. Beide müssen zwingend veröffentlicht werden. Das entsprach schon bisher der gängigen Praxis, weil der Mietspiegel ohne Veröffentlichung seine Funktion nicht erfüllen kann. Ein Mietspiegel braucht, um seiner Befriedungsfunktion

---

[120]   Zu den Auswirkungen der Einführung der Datenschutz-GrundVO auf Mietverhältnisse: Eisenschmid NZM 2019, 313; Eisenschmid FS Börstinghaus, 2020, 63; Eisenschmid PiG 109 (2019) S. 147; Storm DWW 2018, 204; Will WuM 2017, 502.

[121]   VG München ZD 2019, 47, teilweise abgeändert durch BayVGH NZM 2019, 862 = NJW 2020, 85.

[122]   Hilfsmerkmale sind Angaben, die der technischen Durchführung der Statistik dienen.

[123]   VG München ZD 2019, 47, teilweise abgeändert durch BayVGH NZM 2019, 862.

[124]   VG München ZD 2019, 47, teilweise abgeändert durch BayVGH NZM 2019, 862 = NJW 2020, 85.

[125]   BGBl. I 3515.

gerecht werden zu können, Akzeptanz. Akzeptiert werden aber keine unbekannten Geheimdaten. Der Mietspiegel lebt davon, dass die Mehrheit der Marktteilnehmer sich auf ihn beruft bzw. auf Grund seiner Werte die Zustimmung erteilt.

An die Veröffentlichung werden weiterhin keine besonderen Voraussetzungen **43** geknüpft, insbesondere ist kein rechtsförmliches Veröffentlichungsverfahren wie bei einer Rechtsnorm erforderlich.[126] Diese Veröffentlichungspflicht beinhaltet weder für einen einfachen oder qualifizierten Mietspiegel **eine Wirksamkeitsvoraussetzung.** Sie ist nur eine Voraussetzung für die **Befriedungsfunktion** von Mietspiegeln. Sie ist eine gesetzgeberische Vorgabe, um den Erfolg eines Mietspiegels zu sichern. Das bedeutet, dass ein Mietspiegel nicht erst für den Zeitraum nach der Veröffentlichung anwendbar wird. Auch für Zeiträume vor der Veröffentlichung kann der Mietspiegel als Erkenntnisquelle verwendet werden. Relevant wird diese Frage, wenn der im Mietspiegel bestimmte Stichtag, zu dem die ortsübliche Vergleichsmiete ermittelt wurde, vor dem Zugang eines Mieterhöhungsverlangens liegt, der Mietspiegel selbst aber erst später veröffentlicht wird.[127]

Der einfache Mietspiegel ist gem. § 5 S. 1 MsV inkl. der Dokumentation **kos-** **44** **tenfrei** im Internet zu veröffentlichen (→ MsV § 5 Rn. 7). Nur für eine zusätzliche Ausgabe in gedruckter Form kann ein Entgelt verlangt werden. Zwingend ist also die kostenlose Zugänglichmachung im Internet. Das muss nur eine Leseversion sein. Schon der **Ausdruck des Dokuments** kann kostenpflichtig sein. Dabei darf aber nicht vergessen werden, dass der Mietspiegel nicht nur aus der Mietwerttabelle besteht, sondern auch aus den textlichen Erläuterungen, die ebenfalls veröffentlicht werden müssen.

V. Dokumentation der Mietspiegelerstellung

Erstmals ist jetzt in § 4 MsV (→ MsV § 4 Rn. 2) eine **Dokumentation der** **45** **Mietspiegelerstellung** auch für einfache Mietspiegel vorgeschrieben. Danach sind bei einem einfachen Mietspiegel zumindest in Grundzügen die Erstellung und Anpassung eines einfachen Mietspiegels und die dafür verwendeten tatsächlichen Grundlagen entweder im Mietspiegel oder in einer gesonderten Dokumentation anzuzeigen und zu erläutern. Nach § 5 MsV muss ein einfacher Mietspiegel und seine Dokumentation kostenfrei im Internet veröffentlicht werden.

VI. Urheberschutz für Mietspiegel

Der Mietspiegel kann **Urheberschutz** genießen.[128] Voraussetzung hierfür ist **46** zunächst, dass der Mietspiegel ein urheberrechtlich geschütztes Werk ist. Dafür ist

---

[126] BT-Drs. 19/26918, 18; Müglich/Börstinghaus NZM 1998, 353.

[127] BT-Drs. 19/26918, 18; LG Aachen GE 2017, 177; LG Berlin WuM 2018, 209; GE 2016, 1152; GE 2015, 126; GE 2010, 61; GE 2008, 1057; GE 2008, 334; GE 2006, 391; GE 2005, 1433; GE 2004, 483; GE 2003, 1022; AG Charlottenburg GE 2019, 1640; GE 2016, 331; GE 2004, 52; AG Esslingen WuM 2015, 161 (163); AG Gelsenkirchen ZMR 2009, 129; AG Gelsenkirchen-Buer NZM 1998, 509; AG Dortmund NJW-RR 1995, 971; WuM 2003, 35; AG Frankfurt DWW 1993, 44.

[128] LG Stuttgart BeckRS 2010, 18900; rkr., da Berufung zurückgewiesen, OLG Stuttgart GRUR-RR 2010, 369; und NZB zurückgewiesen BGH 7.7.2011 – I ZR 149/10 (unveröff.); Müglich/Börstinghaus NZM 1998, 353; Emmert DMT-Bilanz 2011, 668; aA Staudinger/V. Emmerich BGB § 558a Rn. 40 „Annahme liegt fern" und „Streit darf nicht auf dem Rücken der Mieter ausgetragen werden".

erforderlich, dass der Mietspiegel eine individuelle geistige Schöpfung darstellt.[129] Dafür kommt es sowohl auf die von der Gedankenformung und -führung geprägten sprachlichen Gestaltung wie auch die Art der Sammlung, Auswahl, Einteilung und Anordnung des dargebotenen Stoffs an. An die Individualität von Tabellen und Zeichnungen als Darstellungen sind dabei keine hohen Anforderungen zu stellen. Es reicht aus, dass eine individuelle Geistestätigkeit in dem dargestellten Gedanken zum Ausdruck kommt. Allein die Tatsache, dass wesentliche Teile eines Mietspiegels wegen der gesetzlichen Funktion vorgegeben sind und die „Hinweise zur Erstellung von Mietspiegeln" weitere Vorgaben machen, steht der Einordnung als eigene geistige Schöpfung nicht entgegen. Hierbei kommt es aber durchaus auf die Umstände des Einzelfalls an. Nicht alle Mietspiegel werden diese **„Werkqualität"** erreichen.

47   Es handele sich zwar um ein **„amtliches Werk"** iSd § 5 UrhG, dies ist jedoch nicht „gemeinfrei" iSd Vorschrift.[130] Bei einem Mietspiegel einer nach Landesrecht zuständigen Behörde handelt sich zwar um amtliches Werk, dieses ist jedoch nicht gemeinfrei. Für die Beurteilung als amtliches Werk kommt es auf die rechtliche Einordnung eines qualifizierten Mietspiegels und die Frage, ob es einen öffentlich-rechtlichen Rechtsschutz gegen Mietspiegel gibt, nicht an. Gemeinfrei sind gem. § 5 Abs. 1 UrhG nur Gesetze, Verordnungen, amtliche Erlasse oder andere amtliche Bekanntmachungen. Unter letztere fallen alle Rechtsnormen und regelnde Äußerungen einer Stelle, die mit der Erfüllung öffentlicher, hoheitlicher Aufgaben betraut ist. Ein Mietspiegel ist weder ein Gesetz noch eine Verordnung. Er ist auch kein amtlicher Erlass und keine amtliche Bekanntmachung. Letzter ist nur dann gemeinfrei, wenn sie ebenso wie die sonst in der Vorschrift aufgezählten Werke eine normative oder einzelfallbezogene rechtliche Regelung enthält. Rein informatorische Äußerungen eines Amtes fallen nicht darunter. Eine **Gemeinfreiheit** scheidet aus, weil es sich bei einem Mietspiegel nicht um eine Rechtsnorm oder regelnde Äußerung der nach Landesrecht zuständigen Behörde handelt. Gemeinfreiheit gem. § 5 Abs. 2 UrhG kommt mangels eines spezifischen Verbreitungs- oder Veröffentlichungsinteresses nicht in Betracht. Allein die Tatsache, dass ein qualifizierter Mietspiegel gem. § 558a Abs. 2 BGB zwingend dem Mieterhöhungsverlangen beizufügen ist, wenn er nicht kostenlos erhältlich ist, führt nicht zu einem Regelungscharakter des Mietspiegels. Die Rechtsfolge resultiert nicht aus dem Mietspiegel, sondern aus dem Gesetz. Das Gleiche gilt für die Vermutungswirkung gem. § 558d Abs. 3 BGB. Diese dient nur der Verfahrensvereinfachung und hat keine regelnde Funktion.

D. Der einfache Mietspiegel

I. Die Erstellung

48   Gem. § 3 MsV ist die Erstellung und Anpassung eines einfachen Mietspiegels ist an kein Verfahren gebunden. Die MsV schreibt lediglich vor, dass die Erstellung und Anpassung eines einfachen Mietspiegels und die dafür verwendeten tatsächlichen Grundlagen in Grundzügen im Mietspiegel oder in einer gesonderten **Do-**

---

[129] Börstinghaus/Müglich NZM 1998, 353.
[130] Zu der gleichen Problematik bei Bodenrichtwert-Sammlungen BGH GRUR 2007, 137; gegen Urheberschutz für Mietspiegel deshalb Kniep/Gratzel WuM 2008, 645 (646).

kumentation anzuzeigen und zu erläutern sind (wegen der Einzelheiten → MsV § 4 Rn. 2).

II. Die Kündigung

Ein Mietspiegel kann nicht von einem **Interessenverband gekündigt** oder 49 sonst einseitig beendet werden.[131] Nach dem Gesetz ist nur die Mitwirkung bei der Erstellung erforderlich, eine Fortgeltung der Zustimmung oder eine sonstige Identifizierung mit den dokumentierten Daten ist nicht vorgeschrieben Dies rechtfertigt sich daraus, dass der Gesetzgeber durch die personellen Voraussetzungen an die Mietspiegelersteller mittelbar Einfluss auf die Qualität und Akzeptanz des Mietspiegels nehmen wollte. Dafür genügt aber die gemeinsame Erstellung oder die Anerkennung zu Beginn der Mietspiegellaufzeit. Der einmal in die Welt gesetzte Mietspiegel kann deshalb als gesetzliches Begründungsmittel gem. § 558a Abs. 2 BGB verwandt werden.

III. Fortschreibung einfacher Mietspiegel

Mietspiegel geben die Marktverhältnisse zu einem bestimmten Zeitpunkt wie- 50 der. Mietspiegel sind **statisch,** die ortsübliche Vergleichsmiete ist **dynamisch.** Sie veralten umso schneller, je schneller das allgemeine Mietenniveau sich verändert. Das ist regional äußerst verschieden. Nach der Sollvorschrift des § 558c Abs. 3 BGB sollen einfache Mietspiegel im Abstand von nunmehr drei Jahren **der Marktentwicklung angepasst** werden. Die Verlängerung des Bindungszeitraums für Mietspiegel von zwei auf drei Jahre sollte nach den Vorstellungen des Gesetzgebers[132] dazu führen, dass die für die Anpassung eines Mietspiegels erforderlichen Kosten sinken. Dies sollte evtl. bestehende Hürden für die Entscheidung, ob Mietspiegel insbesondere für kleinere Gemeinden erstellt werden, abbauen. Die Sollvorschrift soll gewährleisten, dass der Mietspiegel tatsächlich ein Spiegel der tatsächlichen Gegebenheiten ist. Das Gesetz unterscheidet selbst zwischen der (Erst-)Erstellung oder auch Neuaufstellung und der Anpassung von Mietspiegeln. Wenn der Gesetzgeber davon ausgegangen wäre, dass ein Mietspiegel nach drei Jahren immer veraltet ist und deshalb immer ein neuer Mietspiegel aufgestellt werden muss, dann hätte es sich angeboten, eine feste Laufzeit für Mietspiegel vorzuschreiben. Das hat der Gesetzgeber aber nicht getan. Vielmehr hat er weiterhin als **Sollvorschrift** angeordnet, dass der Mietspiegel nach zwei Jahren der Marktentwicklung angepasst werden soll. Das bedeutet, dass eine solche Anpassung ein Minus zur Aufstellung eines Mietspiegels ist.

Die Notwendigkeit der Fortschreibung hängt von den **tatsächlichen Markt-** 51 **gegebenheiten** ab. Nicht weil der Mietspiegel drei Jahre alt ist muss er fortgeschrieben werden, sondern weil die tatsächlichen Verhältnisse sich geändert haben. Hier hat der Gesetzgeber **eine Vermutung** aufgestellt, dass die Marktverhältnisse sich in drei Jahren verändert haben. Je nach Marktgeschehen kann aber der Zeitraum zu lang, aber auch zu kurz sein. In Gemeinden mit einem sich stark verändernden Mietniveau kann es im Einzelfall angebracht sein, den Mietspiegel in kürzerem Abstand an die Marktentwicklung anzupassen beziehungsweise neu

---

[131] AA Haase WuM 1993, 441 (443).
[132] BR-Drs. 766/20, 18.

zu erstellen.[133] Die Marktentwicklung kann grds. in beide Richtungen stattfinden. Neben der Situation allgemein steigender oder auch fallender Mieten gibt es auch Situationen, in denen sich die Mieten in einzelnen Teilmärkten unterschiedlich entwickeln, zB im Bereich der teuren Neubauwohnungen fallen aber bei großen preiswerteren Altbauwohnungen noch steigen. Solch differenziertes Marktgeschehen kann aber idR nur durch eine Datenerhebung festgestellt werden.

52   Beim **einfachen Mietspiegel** schreibt das Gesetz weder die **Form der Fortschreibung** vor, noch begrenzt es die Anzahl der möglichen Mietspiegelfortschreibungen. Letztendlich wird die Entscheidung, wie und wie oft die Fortschreibung erfolgt, davon abhängen, wie sich das Mietenniveau verändert hat. Bei größeren Veränderungen dürfte eine Neuaufstellung sinnvoll sein, ansonsten kommt die Fortschreibung in Betracht.

53   Unzulässig ist die **Fortschreibung des Mietspiegels durch den Vermieter** im konkreten Mieterhöhungsverlangen. Der Vermieter darf also wegen des Alters eines Mietspiegels keinen Zuschlag zu den Werten des Mietspiegels hinzurechnen.[134] Dies würde dem Sinn und Zweck einer Begründung des Mieterhöhungsverlangens widersprechen, wonach möglichst objektive Informationen dem Mieter zur Verfügung gestellt werden sollen und nicht die Einschätzung des Vermieters. Auch ein Sachverständigengutachten, das auf einem Mietspiegel aufbaut, ist kein fortgeschriebener Mietspiegel.[135]

§ 558d Qualifizierter Mietspiegel

(1) ¹Ein qualifizierter Mietspiegel ist ein Mietspiegel, der nach anerkannten wissenschaftlichen Grundsätzen erstellt und der nach Landesrecht zuständigen Behörde oder von Interessenvertretern der Vermieter und der Mieter anerkannt worden ist. ²Entspricht ein Mietspiegel den Anforderungen, die eine nach § 558c Absatz 5 erlassene Rechtsverordnung an qualifizierte Mietspiegel richtet, wird vermutet, dass er nach anerkannten wissenschaftlichen Grundsätzen erstellt wurde. ³Haben die nach Landesrecht zuständige Behörde und Interessenvertreter der Vermieter und der Mieter den Mietspiegel als qualifizierten Mietspiegel anerkannt, so wird vermutet, dass der Mietspiegel anerkannten wissenschaftlichen Grundsätzen entspricht.

(2) ¹Der qualifizierte Mietspiegel ist im Abstand von zwei Jahren der Marktentwicklung anzupassen. ²Dabei kann eine Stichprobe oder die Entwicklung des vom Statistischen Bundesamt ermittelten Preisindexes für die Lebenshaltung aller privaten Haushalte in Deutschland zugrunde gelegt werden. ³Nach vier Jahren ist der qualifizierte Mietspiegel neu zu erstellen. ⁴Maßgeblicher Zeitpunkt für die Anpassung nach Satz 1 und für die Neuerstellung nach Satz 3 ist der Stichtag, zu dem die Daten für den Mietspiegel erhoben wurden. ⁵Satz 4 gilt entsprechend für die Veröffentlichung des Mietspiegels.

---

[133]   BR-Drs. 766/20, 18.
[134]   OLG Stuttgart NJW 1982, 945; OLG Hamburg NJW 1983, 1803 (1805); LG München WuM 1998, 726.
[135]   OLG Frankfurt a. M. WuM 1985, 216.

(3) **Ist die Vorschrift des Absatzes 2 eingehalten, so wird vermutet, dass die im qualifizierten Mietspiegel bezeichneten Entgelte die ortsübliche Vergleichsmiete wiedergeben.**

Inhaltsübersicht

A. Inhalt der Regelung

Die Vorschrift enthält die besonderen Anforderungen für einen qualifizierten **1** Mietspiegel und die Rechtsfolgen beim Vorliegen dieser Voraussetzungen in einem Zustimmungsprozess gem. § 558b BGB. Der Mietspiegel ist vom Gesetzgeber 1974 durch das 2. WKSchG[1] als Begründungsmittel für das **Zustimmungsverlangen** des Vermieters eingeführt worden. Die Praxis hat dann in der Folgezeit Mietspiegeln auch als quasi Beweismittel im Zustimmungsprozess eine besondere Bedeutung beigemessen. Das galt für Mietspiegel, denen eine empirische Datenerhebung zugrunde lag.

Auch das BVerfG hat insofern die **Bedeutung von Mietspiegeln** mehrfach **2** ausdrücklich betont.[2] Nach Ansicht des BVerfG liegt die Verwendung von Mietspiegeln im gerichtlichen Erkenntnisverfahren auch im Interesse der Vermieter. Sie garantiert nicht nur eine rasche Entscheidung, sie erleichtert dem Vermieter vielmehr zugleich in ganz erheblichem Maße die ihm obliegende prozessuale Darlegungslast. Ihr Vorzug besteht aber vor allem darin, dass ordnungsgemäß aufgestellte Mietspiegel i. d. R. auf einer erheblich breiteren Tatsachenbasis beruhen, als sie ein gerichtlich bestellter Sachverständiger mit einem Kosten- und Zeitaufwand ermitteln könnte, der zum Streitwert des gerichtlichen Verfahrens in einem angemesse-

---

[1] BGBl. 1974 I 3603.
[2] ZB BVerfG NJW 1992, 1377.

nen Verhältnis steht. Ihre Verwendung vermeidet daher die Entstehung von Rechtsverfolgungskosten, die im Falle eines Teilunterliegens den erstrittenen Erhöhungsbetrag leicht erheblich schmälern oder sogar vollständig aufzehren kann.[3]

3   Diese faktischen Gegebenheiten hat der Gesetzgeber dann mit dem Mietrechtsreformgesetz aufgegriffen und den qualifizierten Mietspiegel definiert und mit besonderen Rechtsfolgen ausgestattet. Durch das **Mietrechtsreformgesetz**[4] von 2001 wurde deshalb an bestimmte Mietspiegel besondere Rechtsfolgen geknüpft. Damit wurde die Praxis, die ortsübliche Vergleichsmiete im Prozess anhand eines Mietspiegels zu ermitteln, kodifiziert. Diese Mietspiegel wurden als „qualifiziert" bezeichnet und in einem eigenen Paragrafen geregelt. In § 558a Abs. 2 Nr. 1 BGB werden beide Paragraphen (§§ 558c u. 558d BGB) hinter dem Begründungsmittel Mietspiegel zitiert. Daraus ergibt sich bereits, dass der einfache und der qualifizierte Mietspiegel keine gänzlich verschiedenen Begründungsmittel sind, sondern letztendlich **zwei Ausprägungen von Mietspiegeln.** Das gab es faktisch schon früher in den Formen der ausgehandelten Mietspiegel und den Mietspiegeln, die auf einer nach den Grundsätzen der Repräsentativität beruhenden empirischen Datenerhebung erstellt wurden.

4   Das bedeutet, dass alle Voraussetzungen, die ein einfacher Mietspiegel gem. § 558c BGB erfüllen muss, auch von einem qualifizierten Mietspiegel erfüllt werden müssen. Zusätzlich muss er nach den anerkannten wissenschaftlichen Grundsätzen der Mietspiegelerstellung aufgestellt worden sein.

5   Bei einigen wenigen Mietspiegeln[5] haben Gerichte die Qualifikation in Frage gestellt. Deshalb sah die Politik die Notwendigkeit, Änderungen an den Regeln vorzunehmen und vor allem über eine MietspiegelVO verbindliche Vorgaben zur Erstellung von Mietspiegeln zu machen. Das BMJV wollte insbesondere das Kriterium der „Anerkennung" der wissenschaftlichen Grundsätze streichen, weil es diese anerkannten wissenschaftlichen Grundsätzen nicht gäbe. Es sollten nur noch wissenschaftliche Grundsätze eingehalten werden. Der Rechtsausschuss des Deutschen Bundestages hat sich aber für die Beibehaltung des Begriffs ausgesprochen, da anderenfalls die Gefahr bestünde, dass mit der Streichung des Begriffs eine Herabsetzung an die Anforderungen verbunden sein sollte. Ergänzt wurde auch der Vermutungsregel, um auf die Rechtsprechung des BGH zur Beweislast zur Vermutungsgrundlage zu reagieren und es Mietern einfacher zu machen, sich auf einen qualifizierten Mietspiegel zu berufen.

B. Die rechtliche Bedeutung von qualifizierten Mietspiegeln

6   Auch die Aufstellung von qualifizierten Mietspiegeln ist eine Aufgabe der **öffentlichen Daseinsvorsorge.**[6] § 558d Abs. 2 BGB gehört ebenso dem öffentlichen Recht an wie Art. 238 EGBGB, da alleiniges Zuordnungsobjekt der Regelung ein Träger der öffentlichen Gewalt ist. Auch ein qualifizierter Mietspiegel ist

[3] BVerfG NJW 1992, 1377; auch BGH NJW 2005, 2074.
[4] BGBl. I 1142.
[5] Nach Sebastian, „Mietspiegelreform mit Pferdefuß", FAZ.NET (aktualisiert 1.10.2020) waren es fünf.
[6] BT-Drs. 19/26918 S. 7; LG Berlin GE 2004, 1296; VGH München ZMR 1994, 81 (83).

weder ein **Verwaltungsakt**[7], eine **Allgemeinverfügung** noch eine **normkonkretisierende Verwaltungsvorschrift**[8] oder sonstige Rechtsnorm.[9]

Er unterliegt auch keiner **verwaltungsgerichtlichen Kontrolle.**[10] Auch ein 7 qualifizierter Mietspiegel begründet kein konkretes Rechtsverhältnis, da er nur abstrakt-generelle Angaben enthält.[11] Die Rechtskraft einer Entscheidung erstreckt sich auch nicht auf die am Verfahren nicht beteiligten Mieter. Die Anerkennung durch die nach Landesrecht zuständige Behörde stellt keine hoheitliche Maßnahme dar, da sie gleichberechtigt neben der Anerkennung durch die Interessenverbände steht.[12] Da die Verwaltungsgerichte inzwischen durchweg eine Klage gegen einen qualifizierten Mietspiegel als unzulässig abweisen[13], haben die Zivilgerichte begonnen die sachliche Überprüfung qualifizierter Mietspiegel vorzunehmen.[14] Dies kann aber nicht in einer isolierten Klage erfolgen[15], sondern geschieht inzidenter in einem Zustimmungsprozess.[16] Nach Ansicht des BGH[17] unterliegt außerdem die Auslegung eines Mietspiegels der uneingeschränkten revisionsrechtlichen Nachprüfung.

---

[7] BVerwG NJW 1996, 2046 mAnm Storr ZMR 1996, 453; und Schönlau DVP 1996, 172; die gegen das Urteil eingelegte Verfassungsbeschwerde wurde nicht angenommen: 1 BvR 701/96; Huber JZ 1996, 893; Vahle DVP 1997, 37; Brodersen JuS 1997, 279; VG München NJW-Spezial 2021, 323; VG Gelsenkirchen NZM 1999, 381.

[8] BVerwG NJW 1996, 2046; mAnm Storr ZMR 1996, 453; und Schönlau DVP 1996, 172; die gegen das Urt. eingelegte Verfassungsbeschwerde wurde nicht angenommen: 1 BvR 701/96; Huber JZ 1996, 893; Vahle DVP 1997, 37; Brodersen JuS 1997, 279; VGH München ZMR 1994, 81 (84); **aA** Huber ZMR 1992, 469.

[9] VerfGH Berlin NZM 2013, 674 (675); Bünnemeyer/Hebecker/Werling ZMR 2016, 96 (97).

[10] OVG Münster NZM 2006, 906, Vorinstanz: VG Minden ZMR 2004, 226; LG Berlin GE 2012, 271; Brüning NZM 2022, 263; Brüning NZM 2003, 921; MüKoBGB/Artz §558d Rn. 3; Kunze/Tietzsch Miethöhe Teil II Rn. 262 Fn. 3; HWE MietR-HdB/Emmert §12 Rn. 113; offen gelassen von Blank PiG 62 (2002), 17 (30).

[11] OVG Münster NZM 2006, 906 mAnm Börstinghaus WuM 2007, 9; Vorinstanz: VG Minden NZM 2004, 178 und zuvor Zwischenbescheid des VG Minden MM 2003, 91.

[12] VG München NJW-Spezial 2021, 323; Brünig NZM 2003, 921, 926.

[13] VG München NJW-Spezial 2021, 323; Berufung nicht zugelassen: VG München BeckRS 2022, 2005.

[14] LG Bochum DWW 2007, 298 mAnm Börstinghaus; AG Mainz BeckRS 2014, 13372 mAnm Börstinghaus jurisPR-MietR 18/2013 Anm. 4; AG Mainz BeckRS 2013, 11862.

[15] Der Bundesrat hat in seiner Stellungnahme zum Mietspiegelreformgesetz (BT-Drs. 19/26918 Anl. 3 die Bundesregierung gebeten zu prüfen, ob eine gesetzliche Regelung geschaffen werden könne, wonach qualifizierte Mietspiegel „generell mit allgemeiner Wirkung gerichtlich überprüft werden könne." In der Gegenäußerung der Bundesregierung (BT-Drs. 19/26918 Anl. 4) hat diese erklärt, das geprüft zu haben, aber das in das bestehende System der Normenkontrollverfahren nicht passen würde und die Rechtssicherheit von Mietspiegeln nicht entscheidend stärken würde.

[16] BGH NJW 2013, 775; BGH NJW 2014, 292; AG Mainz BeckRS 2013, 11862; Blümmel GE 2013, 151; Börstinghaus LMK 2/2013 Anm. 3; Börstinghaus jurisPR-BGHZivilR 4/2013 Anm. 4; Börstinghaus jurisPR-BGHZivilR 2/2014 Anm. 2; Clar WuM 2013, 233; Theesfeld jurisPR-MietR 2/2014 Anm. 2.

[17] BGH NJW 2011, 2284. Auf Grund dieser Entscheidung hat das LG Berlin in GE 2012, 271 seine Rspr. zur verwaltungsgerichtlichen Kontrolle von qualifizierten Mietspiegeln aufgegeben.

C. Die allgemeinen Anforderungen an einen qualifizierten Mietspiegel

8   Der qualifizierte Mietspiegel muss zunächst die gleichen Voraussetzungen erfüllen, wie ein einfacher Mietspiegel (→ § 558c Rn 24). Auch der qualifizierte Mietspiegel muss eine Übersicht über die ortsübliche Vergleichsmiete iSd § 558 Abs. 2 BGB enthalten. Er kann für das Gebiet einer Gemeinde oder für mehrere Gemeinden gemeinsam oder für Teile von Gemeinden erstellt werden. Auch wenn qualifizierte Mietspiegel von der Gemeinde, von den Interessenvertretern der Vermieter und Mieter gemeinsam oder von einem Interessenverband oder einem Dritten theoretisch aufgestellt werden können, wenn er von der nach Landesrecht zuständigen Behörde oder dem bzw. den Interessenverbänden anerkannt wird, so dürfte in der Praxis die **Gemeinde** als nach Landesrecht zuständige Behörde so gut wie ausschließlich als Mietspiegelersteller vorkommen (→ § 558c Rn. 30). Die Erstellung von qualifizierten Mietspiegeln ist teuer. Interessenverbände werden diesen Aufwand in der Regel nicht betreiben, zumal Gemeinden mit mehr als 50.000 Einwohnern ab 1.1.2023 einfache und ab 1.1.2024 ggf. einen qualifizierten Mietspiegel aufstellen müssen.

D. Die zusätzlichen Anforderungen an einen qualifizierten Mietspiegel

I. Die wissenschaftlichen Grundsätze

9   **1. Allgemeines.** Auch der qualifizierte Mietspiegel ist zunächst eine **Übersicht über die ortsübliche Vergleichsmiete,** soweit sie von der nach Landesrecht zuständigen Behörde oder von Interessenvertretern der Vermieter und der Mieter gemeinsam erstellt oder anerkannt ist. Dies ergibt sich aus der Bestimmung des § 558c BGB, der uneingeschränkt auch für den qualifizierten Mietspiegel gilt. § 558d Abs. 1 BGB bestimmt darüber hinaus zusätzlich, dass ein qualifizierter Mietspiegel nur dann vorliegt, wenn er nach anerkannten wissenschaftlichen Methoden erstellt wird, die gewährleisten, dass er ein **realistisches Abbild** des Wohnungsmarktes liefert. Die Bezeichnung als qualifizierter Mietspiegel reicht nicht aus.[18] Realistischerweise wird man aber wohl feststellen müssen, dass die ortsübliche Vergleichsmiete für eine konkrete Wohnung selbst mit maximalem Aufwand niemals wissenschaftlich so exakt ermittelt werden kann, dass das Ergebnis so eindeutig ist, dass bei einer zweiten unabhängigen Feststellung centgenau der gleiche Betrag herauskommt. Da gilt iÜ aber auch für **Sachverständigengutachten,** die auch nur ein Näherungswert ermitteln, bei dem Fehler nicht auszuschließen sind.[19]

10   **2. Der Begriff der wissenschaftlichen Grundsätze.** Das Gesetz geht nach wie vor wie selbstverständlich davon aus, dass es tatsächlich **anerkannte wissenschaftliche Grundsätze der Mietspiegelerstellung** gibt. Das ist mindestens

---

[18] BGH NZM 2013, 138.
[19] LG Berlin GE 2016, 1152; Bruns/Paschedag/Kauermann ZMR 2016, 669 (679) sprechen davon, dass die Ermittlung der ortsüblichen Vergleichsmiete nach wissenschaftlichen Grundsätzen „schwierig" ist.

zweifelhaft[20], weshalb das BMJV den Begriff eigentlich abschaffen wollte. Der Rechtsausschuss des Deutschen Bundestages hat sich aber dagegen ausgesprochen, weil er befürchtete, dass dies als Signal für die Absenkung der Anforderungen verstanden werden könnte.

Der **Begriff der anerkannten wissenschaftlichen Grundsätze** bedarf der   **11** **Auslegung.** Der Gesetzgeber selbst definiert ihn nicht.[21] In keiner Wissenschaft wird gelehrt, wie Mietspiegel zu erstellen sind.[22] Für den Bereich der anerkannten Regeln der Technik hat der BGH[23] entschieden, dass nicht die Einhaltung von DIN-Normen maßgeblich ist. Vergleichbare Normen gibt es im Bereich der Mietspiegelerstellung auch nicht. Entscheidend ist, dass sich **eine Regel auf Grund der wissenschaftlichen Erkenntnis als richtig und unanfechtbar erweist** und von der überwiegenden Zahl der Anwender als richtig anerkannt wird.[24] Die Hinweise zur Erstellung von Mietspiegeln 2002[25] enthielten keine Regeln, deren Nichteinhaltung zur Disqualifizierung des Mietspiegels führen. Die Hinweise enthielten den Minimalkonsens der beteiligten Institute und folgten teilweise politischen Vorgaben. Rechtlich sind sie völlig unerheblich.[26]

Dabei taucht zunächst die Frage auf, welche **die richtige Wissenschaft ist,** auf   **12** deren Erkenntnismöglichkeiten abzustellen ist. Die Bund-Länder-Arbeitsgemeinschaft „Mietrechtsvereinfachung"[27] stellt in ihrer Begründung ausschließlich auf die „statistische Wissenschaft" ab. Auch der Referentenentwurf[28] spricht ausschließlich von den anerkannten statistischen Methoden So deutlich ist dann aber die Begründung des Kabinettsentwurfs nicht mehr. Sie spricht nur noch von der „wissenschaftlichen Erstellung" und „anerkannten wissenschaftlichen Methoden". In der weiteren Begründung wird auf die Methode der Erstellung eingegangen (Primärdatenerhebung) und darauf hingewiesen, dass es mehrere von „der Wissenschaft" anerkannte Methoden gäbe (Tabellen- oder Regressionsmethode). Das legt die Vermutung nahe, dass auch hier nur an die Statistik als Wissenschaft gedacht

---

[20] Börstinghaus/Börstinghaus NZM 2003, 377 (381); Sternel ZMR 2001, 937 (941); V. Emmerich JuS 2000, 1051 (1053); und Bruns/Paschedag/Kauermann ZMR 2016, 669 (672) bezweifeln, dass es solche Grundsätze gibt; zweifelnd auch MüKoBGB/Artz § 558d Rn. 2; kein Verständnis für diese Auffassung haben unter Hinweis auf § 15 ImmoWertV Stelter/Finger DS 2013, 95.

[21] Bruns/Paschedag/Kauermann ZMR 2016, 669 (672) halten die Formulierung im Gesetz für „mutig".

[22] Bruns/Paschedag/Kauermann ZMR 2016, 669 (672).

[23] BGH GE 1998, 1085 (1086).

[24] So auch Lammel WohnraumMietR BGB § 558d Rn. 13 unter Bezugnahmen auf RGSt 44, 76; **aA** wohl Bruns/Paschedag/Kauermann ZMR 2016, 669 (671), ausreichend jede Methode, die einen weiten Verbreitungsgrad hat, wobei Fortschritten der Wissenschaft nicht der Weg versperrt werden dürften.

[25] Abgedr. bei Börstinghaus Miethöhe-HdB S. 764.

[26] Nach Woeckener, „Der qualifizierte Mietspiegel: Eine Erfolgsgeschichte mit Reformbedarf" in: Woeckener (Hrsg.) Beiträge zur Reform des qualifizierten Mietspiegels, S. 9 wird eine höhere Rechtssicherheit von qualifizierten Mietspiegeln nur durch eine Konkretisierung der Mindestanforderungen an die anerkannten wissenschaftlichen Grundsätze zu erreichen sein.

[27] Bund-Länder-Arbeitsgruppe Mietrechtsvereinfachung, Bericht zur Neugliederung und Vereinfachung des Mietrechts, 1996, 135.

[28] NZM 2000, 415; abgedr. auch bei Börstinghaus/Eisenschmid S. 336.

wurde.[29] Die **„Hinweise zur Erstellung von Mietspiegeln Stand 2002"**[30] legen das Gesetz gleich so aus, dass sie von den „anerkannten wissenschaftlichen Grundsätzen der Statistik" sprechen. Haas[31] spricht zum einen zwar von der „jeweiligen" juristischen Methode, was den Schluss zulassen könnte, dass er von mehreren betroffenen Wissenschaften ausgeht, anschließend spricht er aber nur von statistischen Arbeiten, so dass sich seine Formulierung wohl ausschließlich auf verschiedene statistische Methoden bezieht.

13   Das ist aber zu eng. Die Ermittlung der ortsüblichen Vergleichsmiete ist **keine ausschließlich empirische Tätigkeit.** Der Mietspiegel soll als Ergebnis die ortsübliche Vergleichsmiete widerspiegeln. Der Begriff der ortsüblichen Vergleichsmiete ist ein unbestimmter Rechtsbegriff der das Ergebnis zahlreicher normativer Entscheidungen ist (→ BGB § 558 Rn. 42 ff.).[32] Diese Entscheidungen müssen nicht nur bei der Einordnung der konkreten Wohnung in einem Mietspiegel getroffen werden, sondern bereits bei der jeder Mietspiegelerstellung vorangehenden Datenerhebung. Welche Mieten sollen in der Gemeinde überhaupt ermittelt werden, wie werden sie gewichtet, welche Mieten werden ausgeschlossen? All dies sind keine Fragen der Statistik, sondern juristische Fragestellungen. Ein nach den anerkannten wissenschaftlichen Grundsätzen der Statistik richtig erstellter Mietspiegel kann ohne weiteres **nach juristischen Kategorien falsch** sein.[33] Deshalb müssen zumindest auch die anerkannten wissenschaftlichen Grundsätze der Rechtswissenschaft beachtet werden.[34] Teilweise wird auch gefordert, dass weitere relevante Wissenschaften wie Geographie, die (Stadt-)Soziologie und die Immobilienökonomie zu beachten seien.[35]

14   Eine überwiegende Anerkennung der Anwender von Mietspiegeln liegt nur für einen kleinen Bereich der Probleme im Zusammenhang mit der Mietspiegelerstellung vor. Weite Bereiche sind umstritten[36] und werden regional sehr unterschiedlich gehandhabt. Die **überwiegende Anerkennung muss aber bundesweit vorliegen** und nicht nur regional. Anderenfalls könnte ein völlig aus der Reihe fallender Mietspiegel als nach den anerkannten wissenschaftlichen Grundsätzen erstellt angesehen werden, nur weil in der Gemeinde ggf. auf Grund der Meinungsführerschaft weniger vermeintlicher Fachleute eine Auffassung als richtig gilt, die ansonsten überwiegend abgelehnt wird.

15   Diesen Schwierigkeiten ist das **Mietspiegelreformgesetz** jetzt dadurch begegnet, dass es die Ermächtigungsgrundlage für den Erlass einer MietspiegelVO erwei-

---

[29] Blank PiG 62 (2002), 17 (26).

[30] Abgedr. bei Börstinghaus Miethöhe-HdB S. 764.

[31] Haas Neues MietR BGB § 558d Rn. 3, der Verfasser war Mitglied der Bund-Länder-Arbeitsgemeinschaft „Mietrechtsvereinfachung".

[32] Hinkelmann, Die ortsübliche Miete, 1999, 120; Börstinghaus/Clar NZM 2014, 889; Blank ZMR 2013, 170; Weitemeyer NZM 2000, 313 (315); Haber NZM 2001, 305 (308); Emmerich PiG 40 (1993), 23; Voelskow WuM 1993, 21.

[33] Blank PiG 62 (2002), 17 (27) deshalb ist auch ein qualifizierter Mietspiegel rechtlich voll überprüfbar; aA Clar WuM 2013, 233.

[34] Elzer/Riecke/Elzer BGB § 558d Rn. 3.

[35] Bünnemeyer/Hebecker/Werling ZMR 2016, 96 (97) Fn. 19; zust. auch Bruns/Paschedag/Kauermann ZMR 2016, 669, die selbst die Rechtswissenschaft, die Immobilienwirtschaft und die Immobilienfinanzierung repräsentieren.

[36] Nach Ansicht von Blank PiG 62 (2002), 17 (28) müssen die Fragen vom Gesetzgeber beantwortet werden.

tert hat und in der MietspiegelVO Grundsätze formuliert hat, die die anerkannten wissenschaftlichen Grundsätze für eine Mietspiegelerstellung wiedergeben sollen. Wie schwierig das ist, zeigte sich im Gesetzgebungsverfahren. Der erste Entwurf einer Mietspiegelverordnung aus dem Jahr 2016 war sehr technisch und legte sich an vielen Punkten auch fest, während dann die folgenden Entwürfe und letztendlich auch die geltende Verordnung immer weniger konkret und dafür flexibler wurden.

Das für qualifizierte Mietspiegel bestehende Erfordernis der Erstellung nach **16** anerkannten wissenschaftlichen Grundsätzen betrifft gem. § 6 Abs. 1 MsV alle Phasen der Mietspiegelerstellung.

II. Die Mindestvoraussetzungen

Auch die Mietspiegelverordnung gibt nur **Mindeststandards** vor, die eingehal- **17** ten werden müssen, damit man von der Einhaltung der wissenschaftlichen Grundsätze sprechen kann.[37] Für die Einhaltung der wissenschaftlichen Grundsätze ist mindestens erforderlich:
– der Mietspiegel muss vom richtigen Begriff der ortsüblichen Vergleichsmiete ausgehen → § 558 Rn. 10,
– die Daten müssen auf einer **repräsentativen Datenerhebung**[38] beruhen → MsV § 8 Rn. 10,
– es muss eine **wissenschaftliche Auswertungsmethode** gewählt worden sein → MsV § 13; → MsV § 14,
– die Einhaltung der drei zuvor genannten Voraussetzungen muss in einer öffentlich zugänglichen **Dokumentation** niedergelegt sein → MsV § 21.

Die MsV enthält für alle diese Punkte in den §§ 7–21 Vorgaben. Soweit ein **18** Mietspiegel eine dieser Mindestanforderungen nicht erfüllt, handelt es sich gem. § 6 Abs. 2 S 2 MsV um einen einfachen Mietspiegel. Möglich ist, dass ein Mietspiegel **in Teilen** nach wissenschaftlichen Grundsätzen erstellt ist und insofern **als qualifiziert gilt,** und in anderen Teilen nicht.[39] § 8 Abs. 3 S. 3 MsV sieht das ausdrücklich so vor. Das kann insbes. der Fall sein, wenn die Feldbesetzung in einzelnen Tabellenfeldern nicht den wissenschaftlichen Grundsätzen genügt.[40] Dabei macht es durchaus Sinn auch Werte bei Feldern, denen nur ca. 20–30 Datensätze zu Grunde liegen anzugeben, da dies immer noch besser ist, als das Feld leer zu lassen, jedoch handelt es sich bei diesen Feldern dann nicht um einen qualifizierten Mietspiegel.[41] Im Mietspiegel muss dies ausreichend deutlich gekennzeichnet sein. Die Daten solche Felder können ggf. als Schätzungsgrundlage gem. § 287 Abs. 1 ZPO verwandt werden[42] Die Vorschrift stellt an das Maß der Überzeugungsbildung des

---

[37] Sternel ZMR 2001, 937 (941).
[38] Bedenken gegen die übliche Forderung nach Repräsentativität der Daten äußern Ulbricht DS 2012, 197; Stelter/Finger DS 2013, 95.
[39] KG GE 2010, 60; 2009, 1044; LG Hamburg ZMR 2014, 646; LG Berlin GE 2013, 359; AG Mitte GE 2014, 1013; Bub/Treier MietR-HdB/Schultz Kap. III Rn. 1383; Paschke GE 2012, 1072 (1074); **aA** Ulbricht DS 2012, 197.
[40] **AA** Ulbricht DS 2012, 197 (198).
[41] **AA** Ulbricht DS 2012, 197 (198).
[42] KG GE 2010, 60; 2009, 1044; LG Hamburg ZMR 2014, 646, als einfacher Mietspiegel; LG Berlin GE 2013, 359; AG Mitte GE 2014, 1013; Paschke GE 2012, 1072 (1074).

erkennenden Richters geringere Anforderungen als die Vorschrift des § 286 ZPO.[43] Im Rahmen des § 286 ZPO muss der Richter zwar auch keine absolute oder unumstößliche Gewissheit von der Richtigkeit der Tatsache haben, erforderlich ist ein „für das praktische Leben brauchbarer Grad der Gewissheit, der Zweifeln Schweigen gebietet, ohne sie völlig auszuschließen".[44] Nach § 287 ZPO ist der Richter demgegenüber ermächtigt, sich mit einer mehr oder minder hohen – mindestens aber überwiegenden – Wahrscheinlichkeit zu begnügen.[45] Hinsichtlich der genauen Höhe der ortsüblichen Vergleichsmiete steht ihm ein Ermessen zu, wobei in Kauf genommen wird, dass das Ergebnis unter Umständen mit der Wirklichkeit nicht übereinstimmt.[46]

19   **1. Der richtige Begriff der ortsüblichen Vergleichsmiete.** Der Mietspiegel muss sich dabei an der **Legaldefinition** in § 558 Abs. 2 BGB orientieren, → § 558 Rn. 4.[47] Weder dürfen subjektive Wohnwertmerkmale einfließen noch darf ein von den örtlichen Verhältnissen abweichendes Mischungsverhältnis zwischen Neuvertrags- und Bestandsmieten gewählt werden. Netto- und Bruttomieten müssen getrennt ermittelt werden oder es muss eine Umrechnung erfolgen. Sonderausstattungen der Wohnungen, die auf die Miethöhe Einfluss haben (Garten, Möblierung usw.), müssen ermittelt und ihr Einfluss isoliert werden. Die MsV enthält in den §§ 17–19 Vorschriften, die sich mit einzelnen Wohnwertmerkmalen des § 558 Abs. 2 BGB befassen.

20   Die Einhaltung der wissenschaftlichen Grundsätze bezieht sich auf den gesamten Mietspiegel also auch auf eine zum Mietspiegel gehörenden **Lagekarte** oder ein **Straßenverzeichnis.** Auch diese müssen nach wissenschaftlichen Grundsätzen erstellt werden.[48]

21   **2. Datenerhebung.** Die Qualität eines Mietspiegels hängt zunächst ganz wesentlich von den Daten ab, auf denen er beruht, dann aber auch von der Qualität der Datenauswertung. Für einen qualifizierten Mietspiegel ist immer eine Primärdatenerhebung[49] erforderlich. → MsV § 8 Abs. 1 Rn. 7 Das sind Daten, die ausschließlich zum Zweck der Mietspiegelerstellung erhoben wurden.[50] Die Verwendung von Sekundärdaten entspricht nicht den wissenschaftlichen Grundsätzen.

22   Für die Erstellung eines qualifizierten Mietspiegels ist gem. § 8 Abs. 1 S. 2 MsV **keine Vollerhebung** erforderlich, da deren Kosten viel zu hoch wären. Die Daten der der Primärdatenerhebung zugrundeliegenden Stichprobe müssen jedoch gem. §§ 8 Abs. 1 S 3, 9 Abs. 1 MsV repräsentativ sein.[51] Die MsV definiert, wann eine Stichprobe als repräsentativ gilt (→ MsV § 8).

---

[43] BGH NJW 2020, 236.

[44] BGH NJW 2014, 71; BGH NJW 2003, 1116; BGH NJW 1989, 2948; BGH NJW 1994, 801; BGH NJW 2008, 2845.

[45] BGH NJW 2020, 236; BGH NJW 2008, 1381; BGH NJW 1972, 1515.

[46] BGH NJW 2020, 236; BGH NJW 2013, 525; BGH NJW 1964, 589.

[47] Rips WuM 2002, 415 (417).

[48] Sa Börstinghaus/Clar NZM 2014, 889; Bünnemeyer/Hebecker/Werling ZMR 2016, 96.

[49] Kniep/Gratzel WuM 2008, 645 (646); Rips WuM 2002, 415 (417).

[50] Zum Anspruch auf Herausgabe der Daten: VG München ZD 2019, 47, teilweise abgeändert durch BayVGH NZM 2019, 862 = NJW 2020, 85.

[51] BGH NJW 2012, 1351, für die Daten eines gerichtlichen Sachverständigengutachtens zur Ermittlung der ortsüblichen Vergleichsmiete; LG Bochum DWW 2007, 298 mAnm Börs-

Bei der **Erhebungsmethode** sind die jeweiligen Mietspiegelersteller frei. Das **23** gilt sowohl für den Adressaten der Erhebung – Mieter- oder Vermieterbefragung[52] – als auch für die Befragungsart – Telefoninterview, schriftliche oder persönliche Befragung. Allein unter dem Gesichtspunkt der Beachtung der wissenschaftlichen Grundsätze sind alle diese Erhebungsformen zulässig. Jede hat Vor- und Nachteile gegenüber einer anderen, wobei häufig das Kostenargument ausschlaggebend sein wird.

Die Bruttostichprobe kann gem. § 9 MsV entweder als einfache Zufallsstich- **24** probe, bei der jede Wohnung die gleiche Wahrscheinlichkeit hat, oder als geschichtete Zufallsstichproben gezogen zu werden (→ MsV § 9 Rn. 7). Allein die **Qualität und der Umfang der Bruttostichprobe** sind für die Repräsentativität des Ergebnisses der Datenerhebung aber nicht allein ausschlaggebend. Zunächst ist die Höhe der Antwortrate entscheidend. Das ist die Nettostichprobe. Für die Repräsentativität sind die Größe der Ergebnisstichprobe und ihr Verhältnis zur **Bruttostichprobe** entscheidend.[53] Die Rücklaufquote und die Bereinigung der Nettostichprobe sind zu dokumentieren. In der Dokumentation ist gem. § 10 Abs. 2 MsV darzulegen, in welchem Umfang und aus welchen Gründen die Rückläufer bereinigt wurden, ohne dass die genauen Umstände jedes Einzelfalles mitzuteilen sind. Um den Ansprüchen der Repräsentativität zu genügen, dürfen die Abweichungen zwischen Bruttostichprobe und **Ergebnisstichprobe** nicht zu groß sein. Und genau hier fängt die **juristische Aufgabe** an festzustellen, welche **Abweichung** nach den wissenschaftlichen Grundsätzen noch hingenommen werden kann.[54] In der Vergangenheit wurde eine Ergebnisstichprobe von 60%–70% gefordert.[55] Heute ist man froh, wenn man nur einen Bruchteil davon erreicht. Nach der MsV (→ MsV § 11) muss die bereinigte Nettostichprobe eine „ausreichende Datenmenge enthalten". Bei Tabellenanalysen ist hierfür im Regelfall eine Belegung von mindestens 30

Wohnungen pro Tabellenfeld erforderlich. Daraus lässt sich dann im Umkehrschluss auch die Mindestgröße der Stichprobe errechnen: Bei einem Mietspiegel mit 40 Tabellenfeldern und einer minimalen Feldbesetzung von 30 Wohnungen je Mietspiegelfeld ist eine Ergebnisstichprobe von mindestens 1.200 Wohnungen erforderlich. Bei einer Ausschöpfungsquote von 50% und einer Sicherheitsreserve, muss die Bruttostichprobe bei ca. 3.000–5.000 Wohnungen liegen (Zahlen aus den Hinweisen zur Aufstellung von Mietspiegeln 2002[56]. Bei einer geschichteten Stichprobe kann ein geringerer Stichprobenumfang genügen.

Bei einem Regressionsmietspiegel soll die bereinigte Nettostichprobe Woh- **25** nungen in einer Anzahl enthalten, die wenigstens ein Prozent der Wohnungen im Geltungsbereich des Mietspiegels entspricht. Unterschreitet die nach Satz 1 erforderliche Anzahl an Wohnungen 500, so bedarf es in der Regel eines Stichprobenumfangs von **mindestens 500 Wohnungen.** Übersteigt die nach Satz 1 erforderliche Anzahl an Wohnungen 3.000, so genügt ein Stichprobenumfang von

---

tinghaus; Rips WuM 2002, 415 (419); Bedenken gegen den Begriff der Repräsentativität aus bewertungspraktischer Sicht äußern Stelter/Finger DS 2013, 95.

52 BGH NZM 2010, 122.

53 äußerst krit. Cischinsky/von Malottki/Rodenfels/Vaché WuM 2014, 239 (247).

54 Dies halten Cischinsky/von Malottki/Rodenfels/Vaché WuM 2014, 239 (247) für „unsinnig".

55 Krit. Cischinsky/von Malottki/Rodenfels/Vaché WuM 2014, 239 (247).

56 Abgedr. bei Börstinghaus Miethöhe-HdB S. 764.

3.000 Wohnungen. Der Verordnungsgeber hofft durch die in Art. 238 EGBGB (→ EGBGB Art 238 § 2 Rn. 3) aufgenommen Auskunftspflichten, das Problem der geringen Rückläufer entschärft zu haben.

26   **3. Die Datenauswertung.** Die erhobenen Daten muss ausgewertet und aufbereitet werden, damit sie als Mietspiegel Verwendung finden können (→ MsV § 12 Rn. 3). Über die **statistische Methode**[57] zur Erstellung eines Mietspiegels wurde in der Vergangenheit äußerst **kontrovers diskutiert.**[58] In den letzten Jahren war die Diskussion vor allem durch einzelne große kapitalmarktorientierte Wohnungsunternehmen und einzelne Betriebswirtschaftler und Mietspiegelersteller wieder neu entfacht worden[59] Es wird dabei allein die Regressionsmethode als modern und die Tabellenmethode als veraltet bezeichnet.[60] Wie die Verteilung der beiden Methoden auf die existierenden Mietspiegel genau ist, ist strittig. Während das Bundesinstituts für Bau-, Stadt- und Raumforschung (BBSR) nach seinen Erhebungen davon ausgeht, das von den 161 qualifizierten Mietspiegeln Anfang 2019 insgesamt ca. 22% nach der Regressionsmethode erstellt worden sind, wobei die Quote bei Gemeinden mit mehr als 100.000 Einwohnern auf ca. 43,7% ansteigt, kommt der gif-Mietspiegelreport[61] bei der Untersuchung von 44 qualifizierten Mietspiegeln zu dem Ergebnis, dass 24, also 55%, nach der **Regressionsmethode** erstellt wurden. Hinzu sollen noch ca. 9 Mietspiegel nach der Hybridmethode kommen. Nach der Untersuchung von Freund[62] soll sich bei der Methodenwahl keine Präferenz abzeichnen. Von den untersuchten 124 Mietspiegeln waren jeweils exakt 50% nach einer der beiden Methoden erstellt worden. Die **Tabellenmethode** ist deshalb nach wie vor wohl trotz aller Angriffe auch heute noch die **Standardmethode.** Mietspiegel, die nach der Tabellenmethode erstellt wurden können auch in der gerichtlichen Entscheidungsfindung berücksichtigt werden, selbst wenn sie nicht qualifiziert iSd § 558d BGB sind.[63] Vor allem in den Gemeinden, in denen die Mietspiegel nach der **Regressionsmethode** aufgestellt worden waren, mussten sich auch die Gerichte mit diesem Statistikerstreit befassen.[64] Wäh-

---

[57] Nach Bünnemeyer/Hebecker/Werling ZMR 2016, 96 begegnet es „rechtlichen Bedenken, wenn in unterschiedlichen Kommunen verschiedene Verfahren zur Mietspiegelerstellung angewandt werden […]". Das ist nicht nachvollziehbar, da Mietspiegel nicht die Mieten zwischen verschiedenen Gemeinden vergleichbar machen sollen, sondern nur für eine Gemeinde gelten. Deshalb erlaubt § 7 MsV auch beide Methoden zur Datenauswertung.

[58] Bub/Treier MietR-HdB/Schultz Kap. III Rn. 1378; Schmidt/Emmert WuM 2000, 285 (286); Voelskow WuM 1993, 21; ZMR 1992, 326; Aigner/Oberhofer/Schmidt WuM 1993, 10; 1993, 16; Oberhofer/Schmidt WuM 1993, 585; Krämer WuM 1992, 175; Gaede/Kredler WuM 1992, 578; Alles WuM 1988, 241; Isenmann ZMR 1993, 446; Blinkert/Höfflin WuM 1994, 589; Schließl WuM 1995, 18; Clar WuM 1992, 662; Klein/Martin WuM 1994, 513.

[59] Leutner WuM 2019, 128 mit Hinweisen auf Quellen in Fn. 1.

[60] Zur Recht **aA** Leutner WuM 2019, 128.

[61] Herunterladbar unter: https://mieterinido.files.wordpress.com/2019/02/mietspiegelreport-2019-final.pdf.

[62] Freund, Die Berücksichtigung energetischer Ausstattung und Beschaffenheit in qualifizierten Mietspiegeln, Köln, 2018, S. 198–217.

[63] BGH NZM 2019, 250.

[64] LG München WuM 2002, 547; NJWE-MietR 1997, 123 mkritAnm Blank WuM 1997, 178: die VB gegen das Urteil wurden nicht zur Entscheidung angenommen BVerfG WuM 1997, 202; LG Frankfurt a. M. NJW-RR 1993, 277; LG München NJW-RR 1993, 1427;

rend die eine Seite sich fragt, ob Mietspiegel neben der seit Jahrzehnten angewandten Tabellenmethode auch nach der Regressionsmethode erstellt werden können, vertritt die andere Seite die Auffassung, der Tabellenmietspiegel sei nicht mehr „State of the Art". Soweit wiederum von anderer Seite Vorbehalte[65] gegen den Beweiswert von Mietspiegeln bestehen, die nach der Regressionsmethode erstellt worden sind, richten sich diese aber nicht grds. gegen die Methode als solche, sondern gegen die Umsetzung im konkreten Fall.[66] Sowohl die Tabellen- wie auch die Regressionsmethode sind gleichberechtigte anerkannte **Methoden der Statistik.**[67] Beide Methoden zur Erstellung von Mietspiegeln basieren auf Modellen, die einen Schluss von Stichprobendaten auf die Gesamtheit aller Daten ermöglichen soll. Trotz aller Bemühungen interessierter Kreise[67a] hat der Verordnungsgeber in **§ 7 Abs. 1 MsV** ausdrücklich festgelegt, dass **beide Methoden** oder auch eine Kombination der Methoden bei der Erstellung qualifizierter Mietspiegel **zulässig** sind.

4. Darstellung. Gem. § 15 MsV ist in einem Tabellenmietspiegel die ortsübliche 27 Vergleichsmiete in den Tabellenfeldern durch einen **Mittelwert** und eine um diesen gebildete **Spanne** darzustellen. Die ortsübliche Vergleichsmiete soll im Einzelfall innerhalb der Spanne durch Zu- und Abschläge vom Mittelwert bestimmt werden. Unter Mittelwert versteht die Verordnung nach § 15 Abs. 2 MsV sowohl das arithmetische Mittel wie auch den Median. Beide Mittelwerte werden aus allen Mieten eines Tabellenfeldes, also vor der Spannenbildung durch Streichung von regelmäßig 1/6 am oberen und Rand des Feldes, sowie nach einer eventuell erfolgten Bereinigung um Ausreißermieten gebildet. Dieser Mittelwert soll die ortsübliche Vergleichsmiete für eine Wohnung wiedergeben, die im Vergleich zu anderen Wohnungen des gleichen Tabellenfeldes als durchschnittlich zu bewerten ist.

Für die nach § 15 Abs. 1 MsV vorgeschriebene Spannenbildung sieht § 15 Abs. 3 28 MsV vor, dass zu deren Ermittlung **in der Regel je ein Sechstel** bis ein Achtel in einem Tabellenfeld verbliebenen Mietdaten am oberen und am unteren Ende der größengeordneten Mieten unberücksichtigt bleiben. Bei der Bildung der Spanne kann berücksichtigt werden, wie stark die Streuung der Mieten insgesamt oder im jeweiligen Tabellenfeld ist. Zusätzlich können Zu- und Abschläge ausgehend vom Mittelwert des Tabellenfeldes wegen wohnwertrelevanter gesetzlicher Merkmale angesetzt werden.

Demgegenüber erfolgt bei der **Regressionsmethode** eine Verknüpfung zwi- 29 schen den Daten aller Rasterfelder mittels einer Regressionsfunktion, so dass es zu keinen Leerfeldern und auch zu keinen Mietsprüngen kommt. Nach § 14 MsV sind bei einem Regressionsmietspiegel wohnwertrelevante gesetzliche Merkmale daraufhin zu untersuchen, ob sie einen statistisch signifikanten Einfluss auf den Mietpreis haben mit dem Ziel, den Zusammenhang zwischen der Miethöhe und der ge-

---

LG Kiel HmbGE 1994, 235; LG Freiburg NJWE-MietR 1996, 51; OLG Karlsruhe NJW 1997, 3388.

[65] Nach Krämer WuM 1992, 172, 174 soll jeder per Regressionsmethode erstellte Mietspiegel bis zum Beweis des Gegenteils als statistisch unzulässig anzusehen sein; in „Prämissen und Handlungsempfehlungen zur Reform des Mietspiegelrechts – Gutachterstudie" S. 15 empfiehlt er „Regressionsmietspiegel nur dann zuzulassen, wenn der Ersteller nachweislich etwas von Regressionsanalyse versteht".

[66] LG Bochum DWW 2007, 298 mAnm Börstinghaus.

[67] So auch die Begr. für das Mietrechtsreformgesetz BR-Drs. 439/00; Leutner WuM 2019, 128; Rips WuM 2002, 415 (417); Bub PiG 40 (1993), 41 (54).

[67a] Dazu Börstinghaus NJW 2022, 1841 Rn. 5.

setzlichen wohnwertrelevanten Merkmale möglichst gut zu beschreiben. Außergesetzliche Merkmale können insbesondere zur Wahl des Regressionsmodells und bei der Bemessung von Spannen nach § 16 Absatz 3 herangezogen werden. Regressionsmietspiegel untersuchen also simultan die statistischen Beziehungen zwischen allen erhobenen Daten. Regressionsmietspiegel ermöglichen es deshalb, im Grunde für jede Art von Wohnung die Miete zu ermitteln. Es werden auch Differenzierungen vorgenommen, die es so gar nicht am Markt gibt. Und hier setzt im Wesentlichen auch die Kritik an, da der Mietspiegel ggf. dann nicht widerspiegelt, was am Markt ist, sondern wie es sein würde, wenn es wäre.[68] Andere[69] bezweifeln, dass ein Regressionsmietspiegel noch hinreichend Raum für eine Einzelfallbewertung lässt. Die Tabellenmethode erfordert statistisch viel weniger mathematische Berechnungen, erlaubt aber auch nur eine sehr grobe Einteilung, während die Regressionsmethode vor allem **erhebliche Vorüberlegungen** erfordert. Hierzu müssen erhebliche Modellannahmen aufgestellt werden, die der Wirklichkeit nicht immer entsprechen müssen. Deshalb hängt die Qualität eines Mietspiegels, der nach der Regressionsmethode erstellt wurde, maßgeblich von der Richtigkeit dieser Modellannahmen ab.[70] Die Entscheidung, ob ein solcher Mietspiegel den wissenschaftlichen Grundsätzen entspricht, kann immer nur für den Einzelfall getroffen werden. Eine Verallgemeinerung oder generelle Methodenkritik verbietet sich hier in jede Richtung.[71] Streitträchtiger und problematischer waren in der Vergangenheit aber Regressionsmietspiegel.

30   Bei einem Regressionsmietspiegel soll gem. § 16 Abs. 1 MsV die ortsübliche Vergleichsmiete als Punktwert oder klassifiziert in **Tabellenform** gegebenenfalls mit Zu- und Abschlägen ausgewiesen werden. Erforderlich ist, dass im qualifizierten Mietspiegel genau darzustellen ist, wie die durch Regression festgestellten wohnwertrelevanten gesetzlichen Merkmale definiert werden und welchen Einfluss das jeweilige Merkmal auf die Miethöhe hat. Auch bei einem Regressionsmietspiegel kann die Schwankungsbreite der ermittelten **ortsüblichen Vergleichsmiete** durch Spannen berücksichtigt werden. Bei der Bildung von Spannen soll dargestellt werden, inwieweit die durch Befragung erhobenen Mieten von den auf Basis der Regressionsanalyse errechneten Mieten nach oben oder unten abweichen. Auch hier kann, wie beim Tabellenmietspiegel, am oberen und unteren Ende je ein Sechstel bis ein Achtel der Werte nicht berücksichtigt werden.

---

[68] Dahin zielt auch die Kritik von Dröge/Gebele/Zehnter Mietpreisbewertung-HdB S. 267.

[69] Sternel DS 1994 Heft 4, 20.

[70] Kauermann/Windmann, Mietspiegel heute – zwischen Realität und statistischen Möglichkeiten, 2016, 5, die Autoren vermuten, dass die weit stärkere Verbreitung von Tabellenmietspiegeln in der Praxis an der vermeintlich fehlenden statistischen Expertise in Unternehmen und Kommunen liege. Richtig dürfte sein, dass Regressionsmietspiegel schlicht fehleranfälliger sind und deshalb das Risiko Rechtsnachteile zu erleiden, die Entscheider veranlasst den „sichereren Weg" zu gehen.

[71] Nach Lammel WohnraumMietR BGB § 558d Rn. 14, soll ein Regressionsmietspiegel wegen des immer noch herrschenden Streits über diese Methode nicht nach (anerkannten) wissenschaftlichen Grundsätzen aufgestellt worden sein; grundlegende Bedenken gegen die Methode hat auch das LG München WuM 2002, 547; zweifelnd auch weiterhin Blank PiG 62 (2002), 17 (26, 27); nach Leutner WuM 2019, 128 sind beide Methoden gleichwertig; nach Schmidt/Emmert WuM 2000, 285 sollen beide Methoden durch die Begr. des Mietrechtsreformgesetzes jetzt anerkannt sein. Das entspricht heute auch der Formulierung in § 1 Abs. 1 MsV.

Hinzu kommen in letzter Zeit immer mehr **Hybridmietspiegel.** Dabei han- 31
delt es sich um eine Mischform, bei der zB bei einem Tabellenmietspiegel die Zu-
und Abschläge nach der Regressionsmethode ermittelt werden. Diese sind nach § 7
Abs. 1 MsV zulässig. Für sie gelten die §§ 11 bis 16 MsV nur insoweit, als sie die jeweils angewandte Methode betreffen.

III. Die Dokumentation

Für einen qualifizierten Mietspiegel ist eine Dokumentation zwingend erforder- 32
lich. Die anerkannten wissenschaftlichen Grundsätze der Mietspiegelerstellung verlangen die Offenlegung aller Schritte der Mietspiegelerstellung.[72] Zu den wissenschaftlichen Grundsätzen gehört der **Anspruch auf Zuverlässigkeit.** Zur
Zuverlässigkeit wissenschaftlicher Arbeit gehört, dass bei einer Wiederholung dieselben Ergebnisse herauskommen müssen. Dazu muss aber bekannt sein, was überhaupt genau gemessen wurde und wie die Auswertung erfolgte.[73] Dementsprechend verlangt die MsV an den verschiedensten Stellen (→ MsV § 8 Abs. 4; → MsV
§, 9 Abs. 4; → MsV § 10 Abs. 2; → MsV § 11 Abs. 4; → MsV § 12 Abs. 3; → MsV
§ 13 Abs. 3; → MsV § 14 Abs. 2; → MsV § 15 Abs. 5; → MsV § 16 Abs. 4; → MsV
§ 19 Abs. 5; → MsV § 23 Abs. 3) eine entsprechende Dokumentation, dessen was
bei der Mietspiegelerstellung genau gemacht wurde, Nach § 20 MsV soll die Dokumentation ermöglichen, die im qualifizierten Mietspiegel angegebenen Werte in
ihrer Herleitung nachzuvollziehen; nicht erforderlich ist dabei eine Dokumentation, die eine vollständige Nachberechnung der Ergebnisse ermöglicht (→ MsV
§ 20). In der Dokumentation ist in allgemeiner Form darzustellen, welche der personenbezogenen Daten, die ursprünglich für andere Zwecke erhoben wurden, der
Mietspiegelersteller von öffentlichen und nichtöffentlichen Stellen erhalten hat und
wozu diese Daten benötigt und verwendet wurden. Auch das BSG[74] verlangt für
die Verwertbarkeit qualifizierter Mietspiegel im Rahmen der Ermittlung der Kosten der Unterkunft Werte, die sich nicht aus dem Mietspiegel, sondern nur aus der
Dokumentation ergeben.

Die Dokumentation ist vom **Textteil des Mietspiegels** zu unterscheiden.[75] Die 33
textlichen Erläuterungen gehören zum Mietspiegel selbst.[76] Angaben, die für die
Anwendung des qualifizierten Mietspiegels notwendig sind, einschließlich des
Stichtags, zu dem die Daten für den Mietspiegel erhoben wurden, sind gem. § 20
Abs. 1 MsV bereits in den Mietspiegel aufzunehmen. Die Dokumentation hingegen soll dem fachlich versierten Anwender wie auch dem Gericht die Möglichkeit geben, alle Schritte der Mietspiegelerstellung nachzuvollziehen, um über-

---

[72] Auer/Hilla, „Der qualifizierte Mietspiegel: Bedeutung, Verbreitung und Ausgestaltung" in:
Woeckener (Hrsg.) Beiträge zur Reform des qualifizierten Mietspiegels, S. 25 (42); Haber
NZM 2001, 305 (308).

[73] Rips WuM 2002, 415 (419).

[74] BSG SGb 2012, 361 mAnm Winter SGb 2012, 366.

[75] Missal, „Bestandsaufnahme, Probleme und Reform der Mietspiegeldokumentation" in:
Woeckener (Hrsg.) Beiträge zur Reform des qualifizierten Mietspiegels, S. 154 (164).

[76] Cromm/Koch, Mietspiegel in Deutschland, 2006, 158 sehen es aus Gründen der Vertrau-
ens- und Glaubwürdigkeit wegen der besonderen Rechte und Pflichten, die sich aus einem
qualifizierten Mietspiegel ergeben, für erforderlich an, dass dem Mietspiegel eine Kurzfas-
sung der Dokumentation sowie der Hinweis auf vollständige Dokumentation beigefügt
wird.

prüfen zu können, ob die wissenschaftlichen Grundsätze eingehalten wurden und ob der Mietspiegel im konkreten Fall anwendbar ist.[77] In der Dokumentation sollten die Datengrundlage, ggf. die Datenerhebung und das Verfahren der Datenauswertung dargestellt werden. Mängel der Dokumentation sprechen gegen die Qualifikation des Mietspiegels.[78]

34 Die Dokumentation muss **Angaben zu folgenden Punkten** enthalten[79] (→ MsV § 20):

- **Stichtag,** zu dem die Datenfür den Mietspiegel erhoben wurden
- **Träger des Verfahrens** und Verfahrensbeteiligte;
- **Datengrundlage und Datenermittlung**[80]: Verfahren der Stichprobenziehung, Stichprobengröße, Befragungsart, Erhebungsinstrument (Fragebogen), Ausschöpfungsquote der Stichprobe
- Darstellung der verschiedenen **Kontrollverfahren** und Plausibilitätsprüfungen
- **Auswertungsmethode:** Darstellung der Verfahren − Tabellen- oder Regressionsmietspiegel − Darlegung der Verfahrensschritte, Darstellung der Mietwerte, Ausweisung von Spannen, Feldbesetzung (bei Tabellenmietspiegeln)[81];
- ggf. Dokumentation der **Mietspiegelfortschreibung:** Bei Indexfortschreibung Angabe des benutzten Index und der Stichtage; bei Anpassung mittels Stichprobe Datengrundlage und Datenermittlung wie oben.

E. Die Anerkennung des qualifizierten Mietspiegels

I. Allgemeines

35 Die Erstellung eines Mietspiegels ist ein **faktischer Vorgang.** Der Mietspiegel stellt lediglich eine statistisch aufbereitete Sammlung von Vergleichsmieten dar. Damit die besonderen Rechtsfolgen, die das Gesetz an qualifizierte Mietspiegel knüpft, eintreten, verlangt das Gesetz neben der Erstellung nach anerkannten wissenschaftlichen Grundsätzen gleichberechtigt daneben noch die **Anerkennung des qualifizierten Mietspiegels.** Diese Anerkennung kann alternativ durch die nach Landesrecht zuständigen Behörde oder durch je einen Interessenverband der Mieter und Vermieter erfolgen. Diese Anerkennung hat unmittelbar mit der Vermutungsgrundlage gem. § 558d Abs. 1 S. 3 BGB nichts zu tun. Sie ist Tatbestandsvoraussetzung für das Vorliegen eines qualifizierten Mietspiegels. Nach wie vor erfordert ein qualifizierter Mietspiegel auf formaler Ebene nur, dass die nach Landesrecht zuständige Behörde einerseits oder Interessenvertreter der Vermieter und der Mieter andererseits den Mietspiegel als qualifiziert anerkennen. Das hat zur Folge, dass die nach Landesrecht zuständigen Behörden qualifizierte Mietspiegel auch erstellen können, wenn Interessenvertreter einer oder beider Seiten ihre Mitwirkung verweigern. Möglich ist auch die kumulative Anerkennung durch die Be-

---

[77] Rips WuM 2002, 415 (419).
[78] LG Bochum DWW 2007, 298.
[79] Zum Inhalt der Mietspiegeldokumentation auch Missal, „Bestandsaufnahme, Probleme und Reform der Mietspiegeldokumentation" in: Woeckener (Hrsg.) Beiträge zur Reform des qualifizierten Mietspiegels, S. 154 (168ff).
[80] LG Bochum DWW 2007, 298.
[81] Nach Stelter/Finger DS 2013, 95 (96) soll sich aus der Dokumentation die Werteverteilung in den besetzten Feldern ergeben.

hörde und die beiden Interessenvertreter. Das Mietspiegelreformgesetz[82] hat an eine solche kumulative Anerkennung durch die Behörde und jeweils einen Interessenverband der Vermieter und Mieter eine zusätzliche Rechtsfolge geknüpft. In diesem Fall wird nämlich vermutet, dass der Mietspiegel nach anerkannten wissenschaftlichen Grundsätzen erstellt wurde (→ Rn. 60). Die mehrfache Anerkennung erhöht zunächst die Befriedungsfunktion des Mietspiegels. Die dreifache Anerkennung erleichtert die Anwendung der schon seit 2001 bestehenden Vermutungswirkung gem. § 558d Abs. 3 BGB im Zustimmungsprozess hinsichtlich der Höhe der ortsüblichen Vergleichsmiete. Hierdurch werden die Schwierigkeiten, die bei der Anwendung dieser Vermutungsregel in der Vergangenheit aufgrund der Beweislastverteilung[83] bei der Anwendung auftraten, erheblich verringert.

Die Tatbestandsvoraussetzung der Anerkennung eines qualifizierten Mietspiegels **36** neben der Einhaltung der wissenschaftlichen Grundsätze beruht auf den ersten Gesetzentwürfen des Mietrechtsreformgesetzes aus dem Jahr 2001.[84] Dort war zunächst auch eine **Qualifizierungsmöglichkeit** von Mietspiegeln, die nicht nach anerkannten wissenschaftlichen Grundsätzen erstellt worden sind, vorgesehen. Erst im Laufe des Gesetzgebungsverfahrens wurde das kumulative Vorliegen beider Voraussetzungen, also auch der Anerkennung von wissenschaftlichen Mietspiegeln, eingeführt. Dafür war die Möglichkeit der Qualifizierung ausschließlich durch die Anerkennung ohne Einhaltung der **wissenschaftlichen Grundsätze** entfallen. Begründet wurde diese Zusammenfassung damit, dass hierdurch eine größere Akzeptanz sichergestellt werden sollte. Umso größer die Akzeptanz sei, umso größer sei auch die befriedende Wirkung. Das Argument mochte noch insoweit zu überzeugen, als sowohl die Zustimmung durch die nach Landesrecht zuständigen Behörde wie auch der Interessenverbände verlangt wurde. Da man den Interessenverbänden aber wiederum so viel Macht nicht einräumen wollte, reicht zur Anerkennung als Mietspiegel entweder die durch die nach Landesrecht zuständigen Behörde oder alternativ die der beiden Interessenverbände. Aufgrund dieser Gesetzesfassung spielte das **Akzeptanzargument** nur noch eine untergeordnete Rolle, da ein wissenschaftlicher Mietspiegel, der von der nach Landesrecht zuständigen Behörde erstellt wurde, nicht mehr oder weniger akzeptiert wird, wenn diese Behörde ihn noch zusätzlich anerkennt.[85]

Die Anerkennung nach § 558d Abs. 1 S 1 BGB bezieht sich darauf, dass **37** der jeweilige Anerkennende den vorliegenden Mietspiegel „als qualifizierten Mietspiegel mit den gesetzlichen Rechtsfolgen für die Gemeinde" anerkennt. Dies (erste) Anerkenntnis hat alleine nicht zwingend zur Folge, dass der Mietspiegel tatsächlich qualifiziert ist, also nach den wissenschaftlichen Grundsätzen erstellt worden ist. Dies **Anerkenntnis** macht die Feststellung, ob der Mietspiegel nach anerkannten wissenschaftlichen Grundsätzen erstellt worden ist, nicht entbehrlich.[86] Erst das Anerkenntnis durch die nach Landesrecht zuständige Behörde und **kumulativ** auch der Interessenvertreter der Vermieter und Mieter löst gem. § 558d Abs. 1 S.3 BGB die Vermutung der Einhaltung der anerkannten wissenschaftlichen

---

[82] BGBl. 2021 I 3515.
[83] BGH NZM 2013, 138; BGH NZM 2014, 24.
[84] Die verschiedenen Gesetzesvorschläge sind auch abgedr. Bei Börstinghaus/Eisenschmid Arbeitskommentar Neues MietR S. 324f.
[85] Krit. zu den kumulativen Voraussetzungen auch Lammel WohnraumMietR BGB § 558c Rn. 18.
[86] VG Minden ZMR 2004, 226.

Grundsätze aus (→ Rn. 60). Hat kein Verband oder nur ein Verband den Mietspiegel einer Behörde als qualifiziert anerkannt muss ggf. im gerichtlichen Verfahren die Einhaltung der sich aus der MsV ergebenden Anforderungen festgestellt werden.

38   Das Anerkenntnis der nach Landesrecht zuständigen Behörde aber vor allem auch das Anerkenntnis der Interessenverbände kann sich auch auf **einzelne Mietspiegelfelder** oder Wohnungsteilmärkte beziehen. Dann handelt es sich nur diesbezüglich um einen qualifizierten Mietspiegel und iÜ um einen einfachen Mietspiegel.

II. Anerkenntnis durch die nach Landesrecht zuständigen Behörde

39   Die Qualifizierung eines wissenschaftlich erstellten Mietspiegels kann durch ein entsprechendes **Anerkenntnis durch die** nach Landesrecht zuständigen Behörde, idR die Gemeinde erfolgen. Die Anerkennung ist eine Willenserklärung, die vom zuständigen **Organ der** nach Landesrecht zuständigen Behörde abgegeben werden muss. Hat die Gemeinde den Mietspiegel erstellt, richtet sich die Zuständigkeit nach der Gemeindeordnung. Danach ist der **Rat** regelmäßig für alle Angelegenheiten zuständig, es sei denn sie sind auf den Bürgermeister übertragen worden. Hierzu gehören regelmäßig die Geschäfte der laufenden Verwaltung. Ob die Qualifizierung eines Mietspiegels dazu gehört, ist umstritten.[87] Dagegen spricht schon die Tatsache, dass zwischen den einzelnen Mietspiegelerstellungen Zeiträume von ca. drei Jahren und mehr liegen. Außerdem hat ein Mietspiegel erhebliche Bedeutung für das Mietpreisniveau in der Gemeinde und gehört deshalb nicht zu den einfachen Verwaltungsgeschäften. Auf Grund der Rechtsfolgen, die die Qualifizierung hat, kommt dem Akt schon Rechtssetzungscharakter zu.[88] Es ist deshalb ein Ratsbeschluss erforderlich.[89] Bei einem Mietspiegel eines Kreises ist der **Kreistag** zuständig. Er beschließt nach der Kreisordnung über die Angelegenheiten des Kreises, die ihrer Bedeutung nach einer solchen Entscheidung bedürfen.

III. Anerkenntnis durch die Interessenverbände

40   Der wissenschaftlich erstellte Mietspiegel wird auch dadurch qualifiziert, dass ihn jeweils ein **Interessenverband der Mieter und der Vermieter** anerkennt.[90] Dabei kommt es nicht darauf an, wer den Mietspiegel iSd § 558c BGB erstellt hat. Qualifizierte Mietspiegel, die nur von den Interessenverbänden erstellt wurden, kommen wegen der Kosten in der Praxis nicht vor. Es geht also regelmäßig um die Anerkennung eines behördlichen Mietspiegels durch den Verband oder mehrere Verbände.

41   Das Anerkenntnis als qualifizierter Mietspiegel ist eine **Willenserklärung,** die von einem **vertretungsberechtigten Organ** des Interessenverbandes abgegeben

---

[87] Nach den Hinweisen zur Aufstellung von Mietspiegeln 2002 soll es sich idR um ein Geschäft der laufenden Verwaltung handeln; **aA** Lützenkirchen MietR-HdB/Walterscheid E Rn. 70.

[88] AG Dortmund WuM 2003, 35; Rips WuM 2002, 415 (418); Lammel WohnraumMietR BGB § 558d Rn. 20; Erman/Dickersbach BGB § 558d Rn. 4; Mersson ZMR 2002, 806.

[89] MüKoBGB/Artz § 558d Rn. 3; Kunze/Tietzsch Miethöhe Teil II Rn. 260.

[90] Zu den verfassungsrechtlichen Problemen in diesem Zusammenhang Lammel WohnraumMietR BGB § 558d Rn. 36; Hinkelmann, Die ortsübliche Miete, 1999, 157.

werden muss. Eine Form ist dafür nicht vorgeschrieben. Das Anerkenntnis iSd § 558d Abs. 1 BGB kann ggf. mit dem Anerkenntnis gem. § 558c Abs. 1 BGB verbunden werden. Es ist nicht das Anerkenntnis aller örtlich auftretenden Interessenverbände auf jeder Seite erforderlich.[91] Es genügt die Anerkennung durch je einen Interessenverband auf jeder Seite. Es ist kein Grund ersichtlich, warum hier etwas anderes gelten soll als bei der Anerkennung eines einfachen Mietspiegels[92] Auch die Rechtsfolgen eines qualifizierten Mietspiegels ändern daran nichts.[93] Zum Begriff des Interessenverbandes → § 558c Rn. 35.

Erst die Zustimmung sowohl eines Interessenverbandes der Vermieter und Mie- **42** ter zu einem behördlichen Mietspiegel löst die Vermutung aus, dass der Mietspiegel nach den wissenschaftlichen Grundsätzen erstellt wurde.

F. Die Fortschreibung qualifizierter Mietspiegel (Abs. 2)

I. Die Zweijahresfrist

Anders als bei einfachen Mietspiegeln bestimmt § 558d Abs. 2 S. 1 BGB, dass **43** qualifizierte Mietspiegel im Abstand von zwei Jahren **fortgeschrieben werden müssen,** um weiter als qualifizierte Mietspiegel zu gelten. Der Anpassung kann entweder die Entwicklung des vom Statistischen Bundesamt ermittelten **Preisindexes** für die Lebenshaltung aller privaten Haushalte in Deutschland[94] (der seit 2002 offiziell „Verbraucherpreisindex (VPI)" heißt) oder eine **Stichprobe** zu Grunde gelegt werden. Die Fortschreibung kann auch zu dem Ergebnis führen, dass keine Veränderung eingetreten ist. Sie muss aber trotzdem erfolgen.

Das Gesetz, § 558d Abs. 2 S. 2 BGB und die MsV, §§ 22, 23 MsV, lassen beide **44** Möglichkeiten der Fortschreibung gleichberechtigt nebeneinander zu. Bei der **Fortschreibung mittels Index** darf nur der Verbraucherpreisindex VPI benutzt werden. Unzulässig ist jede Verwendung eines regionalen Indexes ebenso wie die Verwendung des Mietenindexes.[95] Diese Art der Fortschreibung hat weniger etwas damit zu tun, dass der Mietspiegel den tatsächlich gezahlten Mieten angepasst wird, sondern bewirkt letztendlich nur, wie eine Indexmiete gem. § 557b BGB, eine Geldwertsicherung. Bei zwischenzeitlichen Umbasierungen durch das Statistische Bundesamt sind immer die neueste Indexreihe und deren Werte auch für die Vergangenheit zu verwenden.[96] Das beruht auf dem System des VPI. Er misst die durchschnittliche Preisentwicklung. Die Preisentwicklung im VPI wird jeweils als Indexzahl mit Bezug auf ein Basisjahr (derzeit 2015) und dieses im Jahresdurchschnitt mit 100 Punkten angegeben. Der Index wird sowohl monatlich entsprechend der aktuellen Preisentwicklung fortgeschrieben als auch in regelmäßigen Abständen einer grundlegenden Revision unterzogen und auf ein neues Basisjahr umgestellt. Dabei erfolgt eine umfassende Neuberechnung, bei welcher nicht

---

[91] AG Bitterfeld WuM 2013, 45.
[92] OLG Hamm NJW-RR 1991, 209.
[93] **AA** Mersson ZMR 2002, 806 (807); Erman/Dickersbach BGB § 558d Rn. 4.
[94] Schmidt WuM 2009, 23.
[95] Blank PiG 62 (2002), 17 (21); im Vereinfachungsentwurf der Bund-Länder-Arbeitsgruppe Mietrechtsvereinfachung war noch die Fortschreibung mit der Entwicklung von Wohnraummieten vorgesehen.
[96] BGH NZM 2021, 878; BGH NZM 2013, 148.

nur – wie bei der regelmäßigen monatlichen Fortschreibung – im Wesentlichen die Preisentwicklungen der Waren und Dienstleistungen berücksichtigt, sondern auch die Gewichtung der einzelnen Güter und Dienstleistungen neu vorgenommen wird. Mit der Umstellung auf ein neues Basisjahr werden die bisherigen Indexwerte auf dieses Basisjahr umgerechnet. Die zuvor berechneten und veröffentlichten Indexreihen verlieren rückwirkend ihre Gültigkeit. Die neu berechneten Ergebnisse ersetzen die vorher veröffentlichten Zahlen und können durch eine rein rechnerische Umbasierung der alten Indexzahlen nicht nachvollzogen werden.[97]

45   Die **Fortschreibung mittels Index** ist eine Konzession an die eingeschränkten finanziellen Möglichkeiten der Gemeinden.[98] Sie ist durchaus problematisch, da bei diesem Verfahren zum einen ein Index benutzt wird, auf dessen Entwicklung die Höhe der Wohnungsmieten nur zu ca. 21% Einfluss hat[99] und der zum anderen dann auch noch über alle Mietspiegelfelder hinweg ohne Differenzierung angewandt wird. Weil sich Mieten heute zT sehr unterschiedlich entwickeln, ist es **eher unwahrscheinlich,** dass nach einer Indexfortschreibung die ausgewiesenen Werte in allen Feldern noch richtig iSv wahr sind. Nachgewiesenermaßen haben sich die Mieten in den letzten Jahren anders entwickelt als der Verbraucherpreisindex.[100] Da der Gesetzgeber dieses Verfahren aber einmal zugelassen hat, gilt ein so fortgeschriebener Mietspiegel trotz der Bedenken weiterhin ein qualifizierter Mietspiegel. Eine andere Frage ist die, ob ein so fortgeschriebener Mietspiegel leichter zu widerlegen ist als ein neuer qualifizierter Mietspiegel oder ein mittels Stichprobe fortgeschriebener Mietspiegel.[101]

46   Da der **Verbraucherpreisindex VPI zeitverzögert veröffentlicht** wird, stellt sich die Frage, welcher Index für welchen Monat zu verwenden ist. Maßgeblicher Zeitpunkt für die Fortschreibung ist gem. § 558d Abs. 2 S 4 BGB der Stichtag, zu dem die Daten für den Mietspiegel erhoben wurden, obwohl der Mietspiegel nach § 20 Abs. 2 MsV sogar bis zu 9 Monate nach diesem Stichtag erst veröffentlicht werden muss. Es ist der Index für diesen Monat des Erhebungsstichtags mit dem Index zwei Jahre später zu vergleichen, um auf diese Art und Weise die Steigerung zu ermitteln. Man wird dabei nie auf eine zweijährige Geltung kommen, auch wenn fortzuschreibenden die Daten fast zwei Jahre alt sein können. Es fehlen sowohl am Anfang wie am Ende einige Monate.

Beispiel: Der Erhebungsstichtag für den qualifizierten Mietspiegel lag im März 2022. Der Mietspiegel wird im Juli 2022 veröffentlicht. Die Fortschreibung hat dann bis spätestens Ende März 2024 zu erfolgen. Dabei muss die Preissteigerung zwischen März 2022 und März 2024 ermittelt werden und zur Fortschreibung benutzt werden. Da der VPI für März 2024 erst einige Zeit nach Ablauf des Monats veröffentlicht wird, muss wahrscheinlich der VPI von Januar oder allenfalls Februar 2024 benutzt werden, so dass faktisch eine Fortschreibung immer erheblich früher als 24 Monate nach der Erstellung des Mietspiegels und wenige Monate weniger als 24 Monate nach dem Stichtag erfolgt. Wird der Mietspiegel erst mehr als drei Jahre nach dem Erhebungsstichtag fortgeschrieben, weil dann erst die maßgeblichen Daten vorliegen, entfällt die Qualifikation.

[97] BGH NZM 2021, 878.
[98] Blank PiG 62 (2002), 17 (21).
[99] Schmidt WuM 2009, 23 Fn. 5.
[100] Schmidt WuM 2009, 23 (25).
[101] Dafür Blank PiG 62 (2002), 17 (29); Bedenken gegen Verwendung als Beweismittel eines später fortgeschriebenen Mietspiegels: AG Dortmund WuM 2005, 254.

Die **Fortschreibung mittels Stichprobe** erfordert eine sehr viel kleinere **47**
Stichprobe als bei einer Neuaufstellung.[102] § 23 Abs. 1 MsV erlaubt die Verwendung
vereinfachender Annahmen (→ MsV § 23). Die Vorschriften über die Erstellung
von Mietspiegeln in den §§ 7–21 MsV sind dabei entsprechend anzuwenden. Das
Verfahren sollte immer dann gewählt werden, wenn Anhaltspunkte für eine stärkere
Abweichung der örtlichen Mietentwicklung von der bundesweiten Preisentwicklung bestehen oder wenn der örtliche Wohnungsmarkt sich bezogen auf die verschiedenen Teilmärkte, die der Mietspiegel unterscheidet, sehr unterschiedlich entwickelt hat. Die **Fortschreibung erfolgt** bei diesem Verfahren auch nicht real,
sondern ebenfalls **prozentual.** Es wird anhand der Stichprobe ermittelt, wie sich
die Mieten in den einzelnen Teilmärkten entwickelt haben. Die so ermittelten prozentualen Veränderungen werden dann auf den Mietspiegel umgerechnet. Dies
Verfahren ermöglicht die Ermittlung von unterschiedlichen Indices für die einzelnen Mietspiegelfelder. Eine andere Frage ist, ob auf diese Weise ein einheitlicher
örtlicher Mietenindex ermittelt werden kann, der dann undifferenziert auf alle
Mietspiegelfelder angewandt wird. Das entspricht nur dann den anerkannten wissenschaftlichen Grundsätzen, wenn keine signifikanten Unterschiede bei den einzelnen Wohnungsteilmärkten festgestellt wurden. Wenn aber bei der empirischen
Untersuchung sich solche unterschiedlichen Entwicklungen in den letzten zwei
Jahren nachweisen lassen, dann wäre eine Ignorierung dieses Ergebnisses wissenschaftlich angreifbar.

Die Fortschreibung hat **spätestens nach zwei Jahren** zu erfolgen. Umstritten **48**
war, wann diese **Frist beginnt.** Der Gesetzgeber hat dies jetzt im Mietspiegelreformgesetz geregelt. Nach § 558d Abs. 2 S 4 BGB ist maßgeblicher Zeitpunkt für
die Anpassung und für die Neuerstellung der Stichtag, zu dem die Daten für den
Mietspiegel erhoben wurden.

Auch ein fortgeschriebener Mietspiegel muss wieder entweder von der nach **49**
Landesrecht zuständigen Behörde oder von den Interessenverbänden als qualifizierter Mietspiegel anerkannt werden. Insofern gelten die gleichen Grundsätze wie
oben, → Rn. 35.

Die Fortschreibung darf nur einmal erfolgen. Hat der fortzuschreibende Miet- **50**
spiegel zulässigerweise noch den 4-jährigen Betrachtungszeitraum gem. § 558
Abs. 1 iVm Art. 229 § 50 Abs. 1 EGBGB weiter verwendet, darf auch er einmal un-
ter Beibehaltung des 4-jährigen Betrachtungszeitraums fortgeschrieben werden.
Unzulässig ist es aber, einen bereits einmal fortgeschriebenen Mietspiegel mit
4-jährigem Betrachtungszeitraum, nochmals fortzuschreiben. Aus ihm kann im
Prozess die ortsübliche Vergleichsmiete weder mittels Vermutungswirkung noch
Indizwirkung als einfacher Mietspiegel ermittelt werden. Fraglich ist, ob ein solcher
Mietspiegel überhaupt als Begründungsmittel verwendet werden kann.[103]

II. Die Vierjahresfrist

Nach spätestens vier Jahren muss der qualifizierte Mietspiegel **neu aufgestellt** **51**
werden. Dies gilt aber nur dann, wenn er nach zwei Jahren angepasst worden ist.
Bei der Neuaufstellung handelt es sich ohne Einschränkungen um **einen neuen
Mietspiegel.** Dabei laufen **zwei Fristen: (a)** Zum einen die Zweijahresfrist des

---

[102] AG Bitterfeld WuM 2013, 45.
[103] Beuermann GE 2021, 679; **aA** AG Neukölln GE 2021, 1007 (ohne auf das Problem einzugehen).

§ 558d Abs. 2 S. 1 und **(b)** zum anderen die Vierjahresfrist des § 558d Abs. 2 S. 3 BGB. Die Zweijahresfrist beginnt **mit dem Stichtag,** zu dem die Daten für damals neu erstellten qualifizierten Mietspiegels erhoben wurden, § 558d Abs. 2 S. 4 BGB. Die sich anschließende Zweijahresfrist für einen eventuell fortgeschriebenen Mietspiegel beginnt ebenfalls mit dem Stichtag, zu dem die Daten für ursprünglich neu erstellten qualifizierten Mietspiegels erhoben wurden, § 558d Abs. 2 S 5 BGB. Ist eine der beiden Fristen abgelaufen, dann handelt es sich nicht mehr um einen qualifizierten Mietspiegel, sondern nur noch um einen einfachen Mietspiegel iSd § 558c BGB. Es ist also nicht möglich, einen qualifizierten Mietspiegel bereits zu einem Jahr fortzuschreiben und dann erst nach weiteren drei Jahren einen neuen qualifizierten Mietspiegel aufzustellen. Zwar ist die Fortschreibung nach einem Jahr zunächst wirksam, aber nach zwei Jahren erlischt die Qualifizierung. Selbstverständlich ist eine frühere Neuerstellung möglich. Dieser früher neu erstellte qualifizierte Mietspiegel erlangt mit der Anerkennung seine Wirkung und ersetzt einen alten qualifizierten Mietspiegel.

G. Die Vermutungswirkung (Abs. 3)

52   Nach § 558d Abs. 3 BGB wird bei einem Mietspiegel, der nicht älter als zwei Jahre ist, bzw. rechtzeitig angepasst wurde, **vermutet, dass die in ihm angegebenen Entgelte die ortsübliche Vergleichsmiete wiedergeben.** Damit ist der qualifizierte Mietspiegel zwar immer noch kein Beweismittel im Prozess[104], aber eine Beweislastnorm.[105] Beweislastnormen sind eine Art Hilfsmittel, die materielle oder prozessuale Rechtssätze ergänzen, um in Zweifelsfällen eine gerichtliche Entscheidung zu ermöglichen.[106] Die Regelung ist auf den ersten Blick einfach und praktikabel aber, wie sich inzwischen deutlich gezeigt hat, teilweise konfliktträchtig[107] und wenig hilfreich, insbes. wenn man die Rechtslage mit der Praxis der Gerichte vor Inkrafttreten des Mietrechtsreformgesetzes vergleicht.[108] Der Gesetzgeber hat die Vermutungsregel deshalb durch das Mietspiegelreformgesetz[109] durch **zwei weitere Vermutungen** in Abs. 1 ergänzt. Danach wird die Einhaltung der wissenschaftlichen Grundsätze zunächst vermutet, wenn die Vorgaben der MsV[110] eingehalten wurden. Außerdem wird dies vermutet, wenn sowohl die zuständige Behörde und jeweils ein Verband der Vermieter und der Mieter den Mietspiegel als qualifiziert anerkannt haben.

---

[104]   Rips WuM 2002, 415 (419); Wetekamp NZM 2003, 184 (185).

[105]   Blank PiG 62 (2002), 17 (25); Börstinghaus/Clar NZM 2014, 889.

[106]   Baumgärtel/Laumen/Prütting Beweislast-HdB/Prütting Bd. 1 Kap. 11 Rn. 16.

[107]   BGH NJW 2013, 775; BGH NJW 2014, 292; AG Mainz BeckRS 2013, 11862; Beuermann GE 2013, 150; Blümmel GE 2013, 151; Börstinghaus LMK 2/2013 Anm. 3; jurisPR-BGHZivilR 4/2013 Anm. 4; jurisPR-BGHZivilR 2/2014 Anm. 2; Clar WuM 2013, 233; Theesfeld jurisPR-MietR 2/2014 Anm. 2; Zeimes, Die Reform des Mietrechts, 2001, 186; Blank PiG 62 (2002), 17 (25).

[108]   Weitemeyer NZM 2000, 313 (315) hält die Vermutungswirkung für bedenklich und sieht einen Verstoß gegen Art. 14 Abs. 1 S. 1 GG; außerdem fehle den Mietspiegelerstellern die demokratische Legitimation.

[109]   BGBl. 2021 I 3515.

[110]   BGBl. 2021I 4779.

§ 558 d Abs. 3 BGB gilt zunächst **nur im Zustimmungsverfahren** nach 53
§§ 558 ff. BGB. Dies ergibt sich bereits aus der Stellung der Vorschrift. Sie hätte nur
dann allgemeine Gültigkeit, wenn sie in die ZPO aufgenommen worden wäre. Die
Vermutungswirkung gilt ferner für die Ermittlung der maximalen **Wiedervermietungsmiete** gem. § 556 d Abs. 1 BGB. Auch dort ist die ortsübliche Vergleichsmiete zu ermitteln. Mietspiegel spielten früher in der gerichtlichen Praxis auch
eine Rolle bei den zivilrechtlichen Rückforderungsprozessen wegen vermeintlich
überzahlter Miete gem. § 5 WiStG. Hier gilt die Vermutungswirkung nicht,[111] so
dass hier die Gerichte Mietspiegel im Rahmen freier Beweiswürdigung eingesetzt
haben. Dagegen spricht auch nicht die Tatsache, dass in § 5 WiStG immer noch
von den üblichen Entgelten die Rede ist, während in § 558 Abs. 2 BGB inzwischen
der umgangssprachliche Begriff der ortsüblichen Vergleichsmiete definiert wird[112],
der durch das Mietrechtsänderungsgesetz 2013 was den energetischen Zustand angeht auch noch modifiziert wurde. Warum der Mietspiegel hier unterschiedlich bewertet wird, ist auch für die Prozessparteien nicht nachvollziehbar. Das Gleiche gilt
für die Anwendung des Mietspiegels zB im Begrenzungsverfahren bei der Zahlung
von Fehlbelegungsabgabe. Für die Ermittlung der Angemessenheit der Kosten der
Unterkunft ist in § 22 c Abs. 1 SGB II ausdrücklich die Anwendung von Mietspiegeln vorgesehen.

Gesetzliche Vermutungen werden unterschieden in gesetzliche **Tatsachenver-** 54
mutungen[113] und **gesetzliche Rechtsvermutungen.**[114] Daneben gibt es in der
Gerichtspraxis noch die besonders wichtigen tatsächlichen Vermutungen[115], auf
die sich der Anscheinsbeweis stützt. Da der Gesetzgeber hier eine gesetzliche Vermutung in § 558 d Abs. 3 BGB angeordnet hat, kommen nur die ersten beiden
Möglichkeiten in Betracht.

Ob es sich bei der Vermutung in § 558 d Abs. 3 BGB um eine **Tatsachenver-** 55
mutung[116] oder um eine **Rechtsvermutung** handelt, ergibt sich aus der Vorschrift selbst nicht.[117] Die Beantwortung dieser Frage hängt mit der systematischen
Einordnung des Begriffs der ortsüblichen Vergleichsmiete zusammen. Nach bisher
herrschender Auffassung, an der sich durch die Mietrechtsreform nichts geändert
hat, ist die ortsübliche Vergleichsmiete **ein normativer Begriff.** Es handelt sich
bei der ortsüblichen Vergleichsmiete um eine sog. „modifizierte Durchschnittsmiete", deren Feststellung in zwei Stufen erfolgt. Zum einen bedarf es einer empirischen Datenerhebung und zum anderen einer normativen Bewertung.[118] Damit

---

[111] Das kritisiert auch Beuermann GE 2000, 935 (936), der auf die unterschiedliche Rspr. der
verschiedenen Kammern des LG Berlin hierzu hinweist; nach Rips WuM 2002, 415 (419)
ist das wegen des Amtsermittlungsgrundsatzes „selbstverständlich".

[112] Nach Blank PiG 62 (2002), 17 (24) ist der begriffliche Unterschied unerheblich, wenn es
nur um die sog. Grundmiete geht.

[113] ZB in §§ 938, 1117 Abs. 3, § 1253 Abs. 2, § 1591 Abs. 2, §§ 2009, 2255 S. 2 BGB, § 437
Abs. 1, § 440 Abs. 2 ZPO; Baumgärtel/Laumen/Prütting Beweislast-HdB/Laumen Bd. 1
Kap. 19.

[114] ZB in §§ 891, 921, 1006, 1138, 1155, 1227, 1248, 1362, 1964 Abs. 2, §§ 2365, 2368 Abs. 3
BGB; Baumgärtel/Laumen/Prütting Beweislast-HdB/Laumen Bd. 1 Kap. 12 Rn. 16 ff.

[115] Dazu ausführlich Baumgärtel/Laumen/PrüttingBeweislast-HdB/Laumen Bd. 1 Kap. 19.

[116] Dafür Staudinger/V. Emmerich BGB § 558 d Rn. 15.

[117] Börstinghaus/Clar NZM 2014, 889.

[118] Ausf. Hinkelmann, Die ortsübliche Miete, 1999; Blank ZMR 2013, 170; Weitemeyer
NZM 2001, 563 (568); Börstinghaus NZM 2000, 1087 (1089).

fällt der Begriff der ortsüblichen Vergleichsmiete aus dem **starren Schema Tat-
sachen- oder Rechtsvermutung** heraus. Das macht auch das Dilemma dieser
Regelung deutlich.[119] Dies gilt weniger für die Tatbestandsseite als für die Rechts-
folgenseite.

56   Eine gesetzliche Vermutung ist dann anzuwenden, wenn die Vermutungsgrundlagen also der **Vermutungstatbestand** dargelegt und ggf. auch bewiesen wurde.
Dies ist iRd § 558d Abs. 3 BGB:

- es muss einen Mietspiegel iSd § 558c BGB geben, also eine Übersicht über den
  richtigen Begriff der ortsüblichen Vergleichsmiete, die von der nach Landesrecht
  zuständigen Behörde oder den Interessenverbänden erstellt und von mindestens
  der Behörde oder den beiden Interessenverbänden anerkannt worden ist,
- die Erstellung muss nach den anerkannten wissenschaftlichen Grundsätzen geschehen sein,
- er muss nach zwei Jahren der Marktentwicklung angepasst worden sein,[120]
- die konkrete Wohnung kann in den Mietspiegel eingeordnet werden.[121]

57   Diese **Vermutungsgrundlagen** müssen für den Zeitpunkt des Zugangs des
Mieterhöhungsverlangens vorliegen. Die ortsübliche Vergleichsmiete ist zu diesem
Termin[122], nicht den Wirkungszeitpunkt oder den der Klageerhebung oder gar der
Beweisaufnahme zu ermitteln. Einem später anerkannten und/oder veröffentlichten
qualifizierten Mietspiegel, dessen Erhebungsstichtag zum Zeitpunkt des Zugangs des
Erhöhungsverlangens lag, kommt deshalb keine Vermutungswirkung für dies Erhö-
hungsverlangen zu.[123] Dies gilt ganz besonders dann, wenn es sich bei dem späteren
Mietspiegel um einen mittels Index fortgeschriebenen Mietspiegel handelt.[124]

58   Diese **Vermutungsgrundlagen** muss im Zustimmungsprozess derjenige **darlegen** und ggf. auch **beweisen,** der sich auf die Vermutungswirkung berufen will.
Verlangt der Vermieter also eine höhere Miete, als im qualifizierten Mietspiegel ausgewiesen ist, muss der Mieter die Vermutungsgrundlage beweisen,[125] im eher selte-
nen Fall, dass der Mieter weniger zahlen will, als sich aus dem qualifizierten Mietspiegel ergibt, muss der Vermieter die Vermutungsgrundlagen darlegen und
beweisen.

---

[119] Darauf weist auch Blank PiG 62 (2002), 17 (28) hin; Derleder NZM 2001, 170 (173) hatte
        deshalb im Gesetzgebungsverfahren vorgeschlagen, die Vermutungswirkung an das An-
        erkenntnis durch die Gemeinde zu knüpfen. Der Vorschlag ist zumindest teilweise durch
        das Mietspiegelreformgesetz aufgegriffen worden.

[120] Lammel WohnraumMietR BGB § 558d Rn. 31 weist zu Recht daraufhin, dass die Formu-
        lierung insofern missverständlich ist, als dass die Vermutungswirkung danach die erstmalige
        Anpassung voraussetzt, so dass die ersten drei Jahre die Vermutungswirkung nicht gelten
        würde. Er kommt richtigerweise unter Hinweis auf das Gesetzgebungsverfahren zu einem
        anderen Ergebnis; so auch BGH NZM 2013, 138.

[121] Falsch deshalb AG Berlin-Mitte MM 2008, 75.

[122] BGH NJW-RR 2021, 1017; BGH WuM 2017, 208; BGH NZM 2010, 436; BGH NJW
        2008, 848; BGH NZM 2006, 101; BGH WuM 2006, 569; KG GE 2005, 180; BayObLG
        WuM 1992, 677; LG Berlin GE 2015, 126; 2010, 61; 2004, 626 LG Rottweil NZM 1998,
        432; AG Hamburg ZMR 2005, 54; AG Charlottenburg GE 2005, 743; AG Schöneberg
        GE 2007, 153; 2005, 1129; AG Tiergarten GE 2005, 1135.

[123] IErg ebenso LG Berlin GE 2004, 352. Soweit die Kammer dabei auf die Überleitungsvor-
        schriften abgestellt hat, ist die dort gewählte Begr. aber falsch; so auch Beuermann GE
        2004, 338.

[124] AG Dortmund WuM 2004, 718 (719); NZM 2005, 258 (259); WuM 2005, 254.

[125] BGH NJW 2014, 292; BGH NZM 2013, 138.

Vermutungsgrundlage des § 558 d Abs. 3 BGB ist vor allem die Erstellung des Miet- **59** spiegels nach den **anerkannten wissenschaftlichen Grundsätze.** Derjenige, zu dessen Gunsten die Vermutung streitet, muss also darlegen, dass der Mietspiegel nach wissenschaftlichen Grundsätzen erstellt worden ist.[126] Allein die Bezeichnung als qualifizierter Mietspiegel durch den Mietspiegelersteller reicht nicht aus.[127] Denn diese Umstände beweisen noch nicht, dass die Voraussetzungen des § 558d Abs. 1 BGB auch tatsächlich erfüllt sind, insbes. der Mietspiegel nach anerkannten wissenschaftlichen Grundsätzen erstellt worden ist.[128] Diese Beweislastverteilung führte bis 30.6.2022 dazu, dass der Mieter regelmäßig beweisen musste, dass die anerkannten wissenschaftlichen Grundsätze der Mietspiegelerstellung eingehalten waren. Dabei ging es um Fragen der Stichprobengröße, der **Repräsentativität** der Daten, der Eliminierung von Extremwerten sowie methodische Fehler der Datenauswertung[129] (Stichwort Regression versus Tabelle). Das war aufwändig und teuer. Auch wenn es nur sehr wenige Verfahren waren, so waren insbesondere die Verfahren zum mit viel Aufwand und Kosten erstellten jeweiligen Berliner Mietspiegel äußerst medienwirksam, so dass der Gesetzgeber sehr lange über alternative Lösungsmöglichkeiten nachgedacht hat.

Mit dem Mietspiegelreformgesetz hat er **zwei neue Vermutungen** geschaffen, **60** um zumindest die Beweislast umzudrehen. § 558 d Abs. 1 S 2 stellt zunächst klar, dass für die Frage, ob ein Mietspiegel nach anerkannten wissenschaftlichen Grundsätzen erstellt wurde, die MsV herangezogen werden kann. Das betrifft nach § 6 Abs. 1 MsV alle Phasen der Mietspiegelerstellung. Es sind die §§ 7–21 MsV zu beachten.[129a] Erfüllt der Mietspiegel deren Anforderungen, so wird widerleglich vermutet, dass er im Sinne des Gesetzes nach anerkannten wissenschaftlichen Grundsätzen erstellt worden ist. Dies führt zwar zu mehr Transparenz und Sicherheit bei der Rechtsanwendung[130], hilft dem sich auf Vermutungsgrundlage berufenden Mieter aber nur bedingt. Er muss auch hier die Vermutungsgrundlage beweisen, nämlich die Einhaltung der Vorgaben der MsV. Das ist aber bereits weniger als nach alter Rechtslage, weil jetzt zumindest konkrete Voraussetzungen feststehen und nicht mit dem schwammigeren Begriff der anerkannten wissenschaftlichen Grundsätze gearbeitet werden muss. Es kann einfacher als bisher beurteilt werden, ob ein Mietspiegel nach anerkannten wissenschaftlichen Grundsätzen erstellt wurde.

Hilfreicher ist die zweite Vermutung in Abs. 1 Satz 3. Danach wird die Einhaltung **61** der wissenschaftlichen Grundsätze immer dann widerleglich vermutet, wenn der Mietspiegel sowohl von der Behörde wie auch von jeweils einem Interessenverband auf Mieter- und Vermieterseite als qualifizierter Mietspiegel anerkannt wurde. Diese Vermutung ist bedeutsam, wenn die Qualifikation des Mietspiegels im Prozess angegriffen wird. In diesem Fall muss der sich regelmäßig auf den qualifizierten Mietspiegel berufende Mieter als **Vermutungsgrundlage** nur die diesbezügliche An-

---

[126] BGH NZM 2014, 24; BGH NZM 2013, 138 mablAnm Clar WuM 2013, 233.

[127] BGH NZM 2013, 138.

[128] BGH NZM 2013, 138; BKKSZ Mietprozess/Kinne Kap. 4 Rn. 41; Langenberg WuM 2001, 523 (525).

[129] Soweit das AG Mainz BeckRS 2013, 11862 die Frage, ob die Wohnlagen richtig abgeschichtet worden seien, durch einen Statistiker hat klären lassen, halten Bruns/Paschedag/Kauermann ZMR 2016, 669 (671) Fn. 27 dies für falsch.

[129a] Börstinghaus NJW 2022, 1841 Rn. 18; soweit Englmann ZMR 2022, 597 thematisiert, dass die Erstellung qualifizierter Mietspiegel nur in den §§ 7–16 MsV geregelt sei, wird § 6 Abs. 1 MsV übersehen.

[130] BT-Drs. 19/26918, 25.

erkennung der mindestens drei Beteiligten darlegen und bei substantiiertem Bestreiten der Gegenseite auch beweisen. Im Zweifel wird sich die entsprechende Anerkennung aus dem Mietspiegeltext oder zumindest aus der Dokumentation ergeben. Ggf. muss der Mieter noch beweisen, dass die Anerkennung von dem zuständigen Organ erklärt worden ist. Es genügt, wenn ein nicht ganz unbedeutender Interessenverband auf jeder Seite beteiligt ist.[131] Eine solche Anerkennung durch alle drei Seiten bildet ein hinreichendes Indiz dafür, dass der Mietspiegel den **methodischen und inhaltlichen Anforderungen** des § 558d Abs. 1 BGB entspricht. Daran knüpft das Gesetz deshalb die Vermutungswirkung an. Das hat zur Folge, dass nicht mehr der Mieter, der sich auf den Mietspiegel beruft, dessen Qualifikation darlegen und beweisen muss, sondern umgekehrt der Vermieter den Beweis des Gegenteils gem. § 292 ZPO erbringen muss. Zu befürchten ist, dass jedenfalls in Städten, in denen der qualifizierte Mietspiegel bisher schon kontrovers diskutiert wurde, jedenfalls ein Verband die Anerkennung verweigern würde.[131a]

61a   Der Mieter kann auf jeder Stufe der drei Vermutungen „einsteigen", dh, er kann nur die Vermutungsgrundlage des § 558d Abs. 3 BGB beweisen, wobei die vierstufige Prüfung des BGH[131b] ohne Einschränkungen weiter gilt:

     (1) Der Mieter muss auf die Existenz eines qualifizierten Mietspiegels hinweisen;

     (2) der Vermieter muss „Zweifel an der Mietspiegelqualifikation säen",

     (3) der Mieter muss nun die Einhaltung der anerkannten wissenschaftlichen Grundsätze beweisen,

     (4a) gelingt der Beweis, gilt die Vermutungsfolge,

     (4b) gelingt der Beweis nicht, muss der Vermieter die Höhe der ortsüblichen Vergleichsmiete beweisen.

    Der Mieter kann aber auch nur eine oder beide Vermutungsgrundlagen des § 558d I Abs. 1 S. 2, 3 BGB darlegen und beweisen, so dass automatisch die Rechtsfolge (4a) gilt.

61b   Die Schaffung der beiden neuen Vermutungsregeln bedeutet nicht, dass derjenige, gegen den die Vermutungsfolge streitet nicht mehr den Beweis des Gegenteils erbringen darf. Der Beweis des Gegenteils kann gegen alle drei Vermutungsfolgen erbracht werden, wobei dies bei der dritten Vermutung gem. Abs. 1 Satz 3 kaum vorstellbar ist. Hier geht es regelmäßig um die Vermutungsgrundlage, nämlich die wirksame Zustimmung aller drei Beteiligten. Bei der Vermutung gem. Abs. 1 Satz 2 BGB gehört die Frage, ob die in der Mietspiegelverordnung in den §§ 7–23 festgelegten Mindestvoraussetzungen eingehalten wurden auch zur Vermutungsgrundlage, die derjenige darlegen muss, der sich auf die Vermutungsfolgen beruft. Der Beweis des Gegenteils ist dann geführt, wenn die Unwahrheit der vermuteten Tatsache voll bewiesen ist. Auch für diesen sog. Beweis des Gegenteils ist ein **voller Beweis** erforderlich.[132] Das ist letztendlich immer die Frage, ob die anerkannten wissenschaftlichen Grundsätze der Mietspiegelerstellung eingehalten wurden. So erlaubt die Mietspiegelverordnung in §§ 2, 16 die Berücksichtigung von außergesetzlichen Merkmalen z. B. bei der **Spanneneinordnung.** Das sind nach der Verordnungsbegründung zB. subjektive Merkmale. Das heißt ein Mietspiegel,

---

[131]   OLG Hamm NJW-RR 1991, 209; AG Bitterfeld-Wolfen WuM 2013, 45.
[131a]   So für München Engelmann ZMR 2022, 597.
[131b]   BGH NZM 2013, 138; NZM 2014, 24 wobei unterstellt wird, dass der Vermieter eine über der maßgeblichen Spanne des qualifizierten Mietspiegels verlangt.
[132]   AG Berlin-Mitte MM 2008, 75; Paschke GE 2012, 1072 (1075).

der dies berücksichtigt, entspricht der Mietspiegelverordnung aber gerade nicht dem § 558 Abs. 2 BGB, da hier subjektive Merkmale verboten sind. Es geht um den objektiven Wert der Wohnung. In diesem Fall ist die Vermutungsgrundlage des Abs. 1 Satz 2 erfüllt und damit gilt die Vermutungsfolge, wonach der Mietspiegel nach den **anerkannten wissenschaftlich Grundsätzen** erstellt worden ist, aber der Beweis des Gegenteils gegenüber der Vermutungswirkung des § 558 d Abs. 3 BGB ist möglich und erfolgreich. Der Vermieter muss in diesem Fall darlegen und ggf. beweisen, dass der Mietspiegel von einem richtigen Begriff der ortsüblichen Vergleichsmiete ausgeht. Damit ist er nicht nach wissenschaftlichen Grundsätzen erstellt worden. Eine andere Möglichkeit des Beweises des Gegenteils wäre nachzuweisen, dass der Mietspiegel für die konkrete Vertragswohnung gar keine oder keine ausreichenden Daten enthält, z. B. weil es sich um eine Adresswohnlage handelt, die nicht in den Anwendungsbereich des Mietenspiegels fallen.[133]

Damit der Mieter die Vermutungsgrundlage des § 558 d Abs. 1 Satz 3 BGB beweisen muss, bedarf es zunächst eines **erheblichen Bestreitens** des Vermieters. Er muss im Rahmen des Möglichen substantiierte Angriffe gegen die Anerkennung vorbringen. Dies wird sich im Zweifel auf die Zuständigkeit des Organs und die Wirksamkeit der Willensbildung beziehen. Bestritten werden kann auch, dass die Zustimmung eines Interessenverbandes nicht von einem nur unbedeutenden Verband erklärt wurde. **62**

Hinsichtlich der **Vermutungsgrundlagen** (Anerkennung durch drei Seiten, nicht nur unbedeutender Verband) ist ein **Vollbeweis** zu erbringen. **63**

Erst wenn die Vermutungsgrundlagen festgestellt worden sind, dann tritt die Rechtsfolge also die **Vermutungsfolge** ein. Es wird also zunächst vermutet, dass der qualifizierten Mietspiegel nach anerkannten wissenschaftlichen Grundsätzen erstellt worden ist. Das hat dann wiederum zur Folge, dass die Vermutungsgrundlage der Vermutung des § 558 d Abs. 3 BGB gegeben ist. Es wird also vermutet, dass die im qualifizierten Mietspiegel ausgewiesenen Entgelte die maßgebliche ortsübliche Vergleichsmiete widergeben. **64**

Das bedeutet folgende Prüfungsreihenfolge für die Feststellung der Vermutungsgrundlage des Abs. 3: **65**

a) Es ist unstreitig oder der Mieter hat die Anerkennung des Mietspiegels als qualifiziert durch die zuständige Behörde und jeweils einen Interessenverband jeder Seite bewiesen, so wird vermutet, dass die anerkannten wissenschaftlichen Grundsätze der Mietspiegelerstellung eingehalten wurden.
   • Der Vermieter kann die Anerkennung durch mindestens einen der drei Beteiligten versuchen zu widerlegen. Gelingt ihm das bleibt dem Mieter als weitere Vermutung Punkt b) oder c)

b) Es ist unstreitig oder der Mieter hat die Einhaltung der Vorschriften des MsV bewiesen, so wird vermutet, dass die anerkannten wissenschaftlichen Grundsätze der Mietspiegelerstellung eingehalten wurden.
   • Der Vermieter kann versuchen, die Einhaltung der MsV zu widerlegen

c) Es ist unstreitig oder der Mieter hat die Einhaltung der anerkannten wissenschaftlichen Grundsätze der Mietspiegelerstellung bewiesen. Das entspricht der bis 30. 6. 2022 geltenden Rechtslage.
   • Der Vermieter kann das Gegenteil beweisen.

---

[133] AG Hamburg WuM 2005, 761; LG Hamburg WuM 1991, 699; WuM 1990, 31; Urt. v. 18. 5. 1995 – 333 S 166/94 (juris).

66 Erst wenn die **Vermutungsgrundlagen –** Anerkennung durch drei Seiten oder Einhaltung der Vorgaben der MietspiegelVO oder Einhaltung der wissenschaftlichen Grundsätze – **dargelegt** und dann entweder unstreitig oder bewiesen sind, muss die Partei gegen die die Vermutungswirkung streitet sie ggf. widerlegen und zwar gem. § 292 ZPO.[134] Das bedeutet, die entsprechende Partei muss zunächst substantiiert vortragen, warum der qualifizierte Mietspiegel die ortsübliche Vergleichsmiete nicht richtig angeben soll und dann muss er diesen Vortrag ggf. beweisen. Es erscheint fraglich, ob der bloße Hinweis darauf, dass es in Mietspiegeln anderer Städte vier Lagekategorien und dabei insbes. auch eine „beste Wohnlagen" gibt, genügt.[135] Es gibt auch Großstädte[136] in denen es nur zwei Wohnlageklassen gibt und in denen mit vier Klassen ist teilweise eine völlig unbesetzt.[137] Auch für diesen sog. **Beweis des Gegenteils** ist ein voller Beweis erforderlich.[138] Er ist dann geführt, wenn die Unwahrheit der vermuteten Tatsache voll bewiesen ist. Der Beweis des Gegenteils dann nicht erforderlich, wenn es nur um die Spanneneinordnung geht, da sich die Vermutungswirkung darauf nicht bezieht.

67 Dieser **Beweis des Gegenteils** bezieht sich dann auf die letztendlich zu beweisende Tatsache, also die **Höhe der ortsüblichen Vergleichsmiete.** Die Frage ist, was derjenige, der die gesetzliche Vermutung widerlegen will, hierzu darlegen und ggf. beweisen muss. Nach LG Berlin[139] sollte dazu der Sachvortrag, dass sämtliche Wohnungen im Haus zu Mieten vermietet sind, die die Mietspiegelwerte übersteigen, ebenso wenig ausreichen wie der Hinweis auf die unterschiedlichen Lageklassen in Mietspiegeln anderer Großstädte.[140] Nach LG Nürnberg[141] reicht auch der Hinweis auf zwei Sachverständigengutachten nicht, wonach die ortsübliche Vergleichsmiete höher sein soll. Der VIII. Senat[142] hat die Entscheidung des LG Berlin aufgehoben. Der VI. Senat[143] hat im Streit über die die Erstattungsfähigkeit von Unfallersatztarifen entschieden, dass die Anwendung der Listen **(Schwacke oder Fraunhofer)** nur dann zweifelhaft ist, wenn die Partei, die die Listenwerte nicht akzeptiert, deutlich günstigere bzw. ungünstigere Angebote anderer Anbieter für den konkreten Zeitraum am Ort der Anmietung aufzeigt. Das ist weniger als das BVerfG verlangt, wonach die Behauptung, eine bestimmte Miete überschreite nicht die ortsübliche Vergleichsmiete, eine ausreichend substantiierte Tatsachenbehauptung darstellt.[144] Es fragt sich also, ob derjenige, der den Gegenbeweis führen will, bestimmte Mietverhältnisse für vergleichbare Wohnungen angeben muss, für die eine höhere oder niedrigere Miete als im qualifizierten Mietspiegel ausgewiesen, gezahlt wird. Dagegen spricht, dass eine solche Forderung insofern sinnlos wäre, da sich immer Wohnungen finden, für die mehr oder weniger als für eine

---

[134] Börstinghaus/Clar NZM 2014, 889; Paschke GE 2012, 1072 (1075); Lehmann-Richter IMR 2012, 225.

[135] Abl. LG Berlin GE 2012, 271, anders iErg wobei nicht feststeht, ob dieser Hinweis alleine ohne die weiteren Argumente auch ausgereicht hätte: BGH NZM 2013, 138.

[136] ZB Hamburg nach Clar WuM 2013, 233.

[137] ZB in München nach Clar WuM 2013, 233.

[138] AG Berlin-Mitte MM 2008, 75; Paschke GE 2012, 1072 (1075).

[139] LG Berlin GE 2012, 1039.

[140] LG Berlin GE 2012, 271.

[141] LG Nürnberg WuM 2014, 146.

[142] BGH NZM 2013, 138.

[143] BGH MDR 2013, 334.

[144] BVerfG NJW-RR 1993, 1485.

andere Wohnung gezahlt wird. Der Begriff der ortsüblichen Vergleichsmiete ist nun einmal ein Wert, der so am Markt nicht vorkommt, sondern durch umfangreiche Tatsachenfeststellung ermittelt werden muss. Dies kann vorprozessual niemand, so dass letztendlich nur eine entsprechende Behauptung aufgestellt werden kann. Auf der anderen Seite besteht die Gefahr, dass Behauptungen ins Blaue aufgestellt werden, die schlicht zu einem **Ausforschungsbeweis** führen, durch den die Tatsachen erst ermittelt werden, über die Beweis erhoben wird. Die Abgrenzung ist hier schwierig und im Einzelfall vorzunehmen. Umso mehr konkrete Mietverhältnisse, die unter die zeitlichen und sachlichen Voraussetzungen des § 558 Abs. 2 BGB fallen benannt werden, umso eher wird man davon ausgehen müssen, dass keine Behauptung ins Blaue hin abgegeben wurde. Letztendlich ist dies eine Frage der **Beweiswürdigung** iRd § 287 ZPO, wobei der Vermutungswirkung des qualifizierten Mietspiegels von Gesetzes wegen eine besondere Bedeutung zukommt.

Hinsichtlich der Vermutungsgrundlagen, der Vermutungsfolgen und des Beweises des Gegenteils gilt somit Folgendes: **67a**

Vermutungs-grundlage	Vermutungs-folge	Beweislast für Ver-mutungs-grundlage	Beweis des Gegenteils
Mietspiegel wurde von der nach Landesrecht zuständigen Behörde wie auch von jeweils einem Interessenverband auf Mieter- und Vermieterseite als qualifiziert anerkannt	Es wird vermutet, dass die anerkannten wissenschaftlichen Grundsätze der Mietspiegel-erstellung einge-halten wurden	Mieter	Nicht möglich
Der Mietspiegel entspricht den Anforderungen der MsV.	Es wird vermutet, dass die anerkannten wissenschaftlichen Grundsätze der Mietspiegel-erstellung eingehalten wurden	Mieter	Vermieter müsste beweisen, dass zwar die MsV im konkreten Fall eingehalten wurde, sie aber insofern nicht den anerkannten wissenschaftlichen Grundsätzen entspricht
Der Mietspiegel wurde nach den anerkannten wissenschaftlichen Grundsätzen erstellt	Es wird vermutet, dass er die ortsübliche Vergleichsmiete richtig wiedergibt.	Mieter	Vermieter müsste beweisen, dass der Mietspiegel obwohl qualifiziert im konkreten Fall nicht die ortsübliche Vergleichsmiete für die Vertragswohnung angibt.

68   Im Zustimmungsprozess muss die **konkrete Einzelvergleichsmiete** ermittelt werden. Deren Ermittlung hat in einem zweistufigen Verfahren stattzufinden.[145] In einem ersten Schritt ist auf der Grundlage generalisiert wohnwertrelevanter Vergleichskriterien die einschlägige Mietpreisspanne des konkreten Mietspiegels festzustellen, bevor in einem zweiten Schritt dann innerhalb dieser Spanne ausgehend vom Mittelwert anhand zusätzlicher qualitativ einzelfallbezogener, den individuellen Wohnwert bestimmender Faktoren die konkrete ortsübliche Vergleichsmiete im Sinne einer Einzelvergleichsmiete ermittelt werden kann. Die Vermutungswirkung eines qualifizierten Mietspiegels hat nur Bedeutung für den ersten Schritt. Wenn der Mietspiegel **Spannen** ausweist, dann wird vermutet, dass die ortsübliche Vergleichsmiete innerhalb dieser Spanne liegt.[146] Bei den heute üblichen weiten Spannen hilft das nicht wirklich weiter. Wird zusätzlich ein Mittelwert angegeben, dann hat dies für die Vermutungswirkung keine Bedeutung.[147]

69   Die Ermittlung der Einzelvergleichsmiete erfolgt in einem zweiten Schritt im Rahmen freier tatrichterlicher Schätzung gem. § 287 Abs. 2, 1 Satz 2 ZPO. Dabei muss das Gericht zur Ermöglichung der Überprüfung die tatsächlichen Grundlagen der **Schätzung** und ihrer Auswertung im Urteil darlegen.[148] Das Gericht hat dabei ausgehend vom Mittelwert der Spanne anhand zusätzlicher qualitativ einzelfallbezogener, den individuellen Wohnwert bestimmender Faktoren die konkrete ortsübliche Vergleichsmiete im Sinne einer Einzelvergleichsmiete zu ermitteln.[149] Soweit es eine Orientierungshilfe zur Spanneneinordnung gibt, kann diese angewandt werden.[150] Es handelt sich um eine taugliche Schätzungsgrundlage[151], selbst wenn eine Vermutungswirkung nach § 558d Abs. 3 BGB nicht zukommt, da sie auf dem Wissen und den Erfahrungen von Experten des örtlichen Wohnungsmarktes beruht.[152] Es kann deshalb erwartet werden, dass die örtlichen Verhältnisse im hinreichend abgebildet werden. Diese Einordnung innerhalb der Spanne ist **eine normative Bewertung**[153], die der Mietspiegel gerade nicht vornehmen kann, da er ja eine abstrakte generelle Datenbasis darstellt, in die jede Wohnung eingeordnet werden muss. Letztendlich wird also nur vermutet, dass die ortsübliche Vergleichsmiete für die konkrete Vertragswohnung nicht höher als der Oberwert der Spanne und nicht niedriger als der Unterwert der Spanne ist.[154] § 287 Abs. 2 ZPO stellt an das Maß der Überzeugungsbildung des erkennenden Richters gerin-

---

[145] BGH NZM 2019, 250; Börstinghaus WuM 2020, 601.

[146] BGH NJW 2005, 2074; LG Duisburg WuM 2008, 598; LG Berlin GE 2004, 483; LG Dortmund WuM 2005, 723; AG Aachen WuM 2015, 164; AG Dortmund WuM 2005, 254; 2004, 718 (719); MüKoBGB/Artz § 558d Rn. 7; AG Charlottenburg GE 2004, 52, für jeden Wert der Spanne spricht die Vermutung; Lammel WohnraumMietR BGB § 558d Rn. 33.

[147] AG Brandenburg WuM 2007, 268; Lammel WohnraumMietR BGB § 558d Rn. 33.

[148] BGH NZM 2005, 498; BGH NZM 2017, 321; BGH NZM 2019, 250.

[149] BGH NZM 2019, 250.

[150] BGH NZM 2021, 88; BGH NZM 2005, 498; BGH NZM 2005, 498.

[151] Äußerst kritisch zur Qualität von Orientierungshilfen Staudinger/V. Emmerich BGB § 558 Rn. 28: Es treffe nicht zu, dass sie von Fachleuten aufgestellte Erfahrungssätze seien, sie würden im besten Fall von Fachleiten frei geschätzt und im schlimmsten Fall nach dem Prinzip „do ut des" ausgehandelt.

[152] BGH NZM 2021, 88.

[153] Blank ZMR 2013, 170.

[154] BGH NJW 2005, 2074; mit abl. Anm. Thomma WuM 2005, 496; AG Aachen WuM 2015, 164.

gere Anforderungen als die Vorschrift des § 286 ZPO.[155] Nach § 287 ZPO ist der Richter ermächtigt, sich mit einer mehr oder minder hohen – mindestens aber überwiegenden – **Wahrscheinlichkeit** zu begnügen.[156] Wie bei der Verwendung eines einfachen Mietspiegels als Indiz ist das Gericht aber nicht verpflichtet, seine Überzeugungsbildung bei der Spanneneinordnung allein aus dem qualifizierten Mietspiegel abzuleiten. Es kann auch bei einem qualifizierten Mietspiegel zur Spanneneinordnung das von der beweisbelasteten Partei zum Nachweis der Haupttatsache angebotenen Beweismittel, in der Regel ein Sachverständigengutachten, verwenden.[157] In der Regel sollte dies möglichst zu unterbleiben, da dies idR wegen der damit verbundenen Kosten in keinem Verhältnis zu dem geringen Differenzbetrag steht, um den es geht.[158] In Gemeinden ohne Orientierungshilfe muss das Gericht auf andere Art und Weise seine Schätzung gem. § 287 Abs. 2 ZPO zur Spanneneinordnung begründen.[159]

Enthält der Mietspiegel **bezifferte Zu- und Abschläge** für bestimmte Wohn-　**70** wertmerkmale, so gilt hier die Vermutungswirkung ebenfalls, wenn die Vermutungsgrundlage also die Tatsache, die nach dem Mietspiegel den konkreten Zu- oder Abschlag rechtfertigt, dargelegt und ggf. bewiesen ist. Um keinen unzulässigen Zuschlag handelt es sich, wenn erst die Vergleichbarkeit der Werte der Vertragswohnung mit den Mietspiegeldaten hergestellt werden muss.

---

[155]　BGH NJW 2005, 2074; KG WuM 2009, 407; LG Duisburg WuM 2008, 598 (599). zur Anwendbarkeit und Durchführung der Schätzung nach § 287 ZPO: Arz NJW 2021, 355.
[156]　BGH NJW 2020, 236.
[157]　BGH NZM 2021, 88.
[158]　BGH NZM 2021, 88; BGH NJW 2005, 2074; LG Berlin GE 2012, 271.
[159]　LG Dortmund NZM 2006, 134; AG Brandenburg WuM 2007, 268; AG Dortmund NZM 2005, 258.

Teil 3. Mietspiegelverordnung

Verordnung
über den Inhalt und das Verfahren zur Erstellung und zur Anpassung von Mietspiegeln sowie zur Konkretisierung der Grundsätze für qualifizierte Mietspiegel (Mietspiegelverordnung – MsV)

vom 28. Oktober 2021
(BGBl. I S. 4779)

FNA 402-44-1

Auf Grund des § 558c Absatz 5 des Bürgerlichen Gesetzbuchs, der durch Artikel 1 Nummer 1 Buchstabe d des Gesetzes vom 10. August 2021 (BGBl. I S. 3515) neu gefasst worden ist, verordnet die Bundesregierung:

Inhaltsübersicht

Abschnitt 1. Allgemeine Regelungen

§ 1 Gegenstand

[1]Gegenstand der Verordnung sind der Inhalt und das Verfahren zur Erstellung und Anpassung von Mietspiegeln im Sinne des § 558c Absatz 1 des Bürgerlichen Gesetzbuchs. [2]Die Verordnung betrifft sowohl qualifizierte Mietspiegel (§ 558d Absatz 1 des Bürgerlichen Gesetzbuchs) als auch Mietspiegel, die keine qualifizierten Mietspiegel sind (einfache Mietspiegel).

A. Inhalt der Norm

1   Die Vorschrift regelt den Gegenstand der Verordnung. Die Verordnung beruht auf der durch das **Mietspiegelreformgesetz**[1] ergänzten und erweiterten Ermächtigungsgrundlage in § 558c Absatz 5 BGB. Sie regelt den näheren Inhalt und das Verfahren zur Aufstellung und Anpassung von Mietspiegeln. Sie enthält Regelungen sowohl für qualifizierte Mietspiegel wie auch für einfache Mietspiegel.

B. Die Rechtsgrundlagen der Mietspiegelerstellung

2   Die rechtlichen Regelungen zur Mietspiegelerstellung haben sich sehr langsam entwickelt und mit der vorliegenden Verordnung zunächst einen vorläufigen Abschluss gefunden. Von 1974 bis Juni 2022 gab es keine Vorschriften über die Mietspiegelerstellung, obwohl schon in § 2 Abs. 5 MHG aF und seit 2001 in § 558c Abs. 5 BGB eine Ermächtigungsgrundlage für den Erlass einer solchen Verordnung existierte. Im Jahre **1981** gab es einmal den Versuch, ein **Mietspiegelgesetz** zu verabschieden.[2] Danach sollten Gemeinden mit mehr als 100.000 Einwohnern uneingeschränkt verpflichtet werden, Mietspiegel zu erstellen. Bei kleineren Gemeinden sollte dies auf Antrag der Interessenverbände geschehen. Dem vom Bundestag verabschiedeten Gesetz stimmte der Bundesrat jedoch nicht zu. Das Vermittlungsverfahren konnte wegen der Auflösung des Bundestages nicht zu Ende geführt werden. Es ist deshalb nie Gesetz geworden.

---

[1] BGBl I 2021, 3515.
[2] Abgedr. im Anh.II 3.

Solange es keine qualifizierten Mietspiegel gab, war eine solche Verordnung **3**
auch überflüssig. Die Diskussion über die Notwendigkeit von rechtlichen Rahmenbedingungen hat erst mit **Einführung des qualifizierten Mietspiegels** und
dem 2001 neu eingeführten Begriff der „anerkannten wissenschaftlichen Grundsätze" begonnen. Der Streit begann schon bei der Frage, was die richtige Wissenschaft ist, und setzte sich fort über einen **Methodenstreit** (Regression- versus
Tabellenmethode). Diesen Streit[3] hatte es auch schon vorher gegeben.[4] Im Rahmen
der Einführung der Mietpreisbremse wurde er aber durch einzelne große kapitalmarktorientierte Wohnungsunternehmen instrumentalisiert, um unliebsame vermeintlich zu niedrige Mietspiegelwerte zu Fall zu bringen.[5] Es wurde dabei allein
die **Regressionsmethode** als modern und die **Tabellenmethode** als veraltet bezeichnet.[6] In der Praxis sind beide Methoden fast exakt gleich häufig vertreten[7] und
gelten trotz der massiven Angriffe einiger Statistiker als gleichberechtigt.[8] Dessen
ungeachtet mussten die Gerichte sich mit dem Streit beschäftigen, wobei dies ohne
sachverständige Hilfe kaum möglich war. In den knapp 20 Jahren der Existenz des
Rechtsinstituts des qualifizierten Mietspiegels wurde bei fünf dieser Mietspiegel
über deren Qualität gestritten.[9] Da dies zumindest auf Grund der beiden **BGH-
Entscheidungen zum Berliner Mietspiegel**[10] und der folgenden LG Berlin Entscheidung[11] mit größerem medialen Interesse verbunden war, hatte die Politik das
Thema bereits im Koalitionsvertrag 2013[12] aufgegriffen. 2016 hat das BMJV einen
ersten Referentenentwurf für eine „Verordnung über den Inhalt und das Verfahren
zur Aufstellung und zur Anpassung von Mietspiegeln sowie zur Konkretisierung der
Grundsätze für qualifizierte Mietspiegel" zusammen mit dem Entwurf eines „Gesetzes zur weiteren Novellierung mietrechtlicher Vorschriften" (2. MietNovG) in
die interne Abstimmung der Ministerien gegeben. Die Regelungen waren äußerst

---

[3] Nach Bünnemeyer/Hebecker/Werling ZMR 2016, 96 begegnet es „rechtlichen Bedenken, wenn in unterschiedlichen Kommunen verschiedene Verfahren zur Mietspiegelerstellung angewandt werden […]". Das ist nicht nachvollziehbar, da Mietspiegel nicht die Mieten zwischen verschiedenen Gemeinden vergleichbar machen sollen, sondern nur für eine
   Gemeinde gelten. Deshalb erlaubt § 7 MsV auch beide Methoden zur Datenauswertung.
[4] Bub/Treier MietR-HdB/Schultz Kap. III Rn. 1378; Schmidt/Emmert WuM 2000, 285
   (286); Voelskow WuM 1993, 21; ZMR 1992, 326; Aigner/Oberhofer/Schmidt WuM
   1993, 10; 1993, 16; Oberhofer/Schmidt WuM 1993, 585; Krämer WuM 1992, 175;
   Gaede/Kredler WuM 1992, 578; Alles WuM 1988, 241; Isenmann ZMR 1993, 446; Blin-
   kert/Höfflin WuM 1994, 589; Schließl WuM 1995, 18; Clar WuM 1992, 662; Klein/Mar-
   tin WuM 1991, 513.
[5] Leutner WuM 2019, 128 mit Hinweisen auf Quellen in seiner Fn. 1.
[6] Kauermann/Thomschke/Braun, Scheinargumente bei Mietspiegeldebatte – Was definiert
   „moderne Mietspiegel"? empirica paper Nr. 236 S. 6; zu Recht **aA** Leutner WuM 2019,
   128.
[7] Freund, Die Berücksichtigung energetischer Ausstattung und Beschaffenheit in qualifizierten Mietspiegeln, Köln, 2018, S. 198–217. Von den von untersuchten 124 Mietspiegeln
   waren jeweils exakt 50% nach einer der beiden Methoden erstellt worden.
[8] Schardt, Das bundesdeutsche Vergleichsmietensystem und der Frankfurter Mietspiegel
   2010, S. 27.
[9] Sebastian, „Mietspiegelreform mit Pferdefuß", FAZ.NET (aktualisiert 1.10.2020).
[10] BGH NZM 2013, 138 = NJW 2013, 775; NZM 2014, 24 = NJW 2014, 292.
[11] LG Berlin NJW 2015, 3252.
[12] Herunterladbar: https://www.cdu.de/sites/default/files/media/dokumente/koalitions
   vertrag.pdf

ausdifferenziert und sehr kompliziert. Ein Einvernehmen konnte damals nicht hergestellt werden, so dass in der 18. Legislaturperiode nichts mehr geschah.[13] Deshalb wurde das Thema in die Koalitionsvereinbarung 2017[14] erneut aufgenommen. Es heißt dort: „Wir werden durch gesetzliche Mindestanforderungen eine standardisierte Gestaltung qualifizierter Mietspiegel sichern. Unser Ziel ist es, eine repräsentative und differenzierte Qualität dieses Instruments zur rechtssicheren und zuverlässigen Abbildung der Vergleichsmiete zu gewährleisten. Wir wollen erreichen, dass die tatsächlichen Marktverhältnisse auf zuverlässiger Datengrundlage differenziert dargestellt werden. Die Ausgestaltung der neuen **Vorgaben für qualifizierte Mietspiegel** erfolgt so, dass die für die Erstellung und Fortschreibung anfallenden Kosten für die Gemeinden möglichst gering bleiben." Aufgrund dieser Vorgabe gab das BMJV im Februar 2020 einen neuen Entwurf eines Gesetzes zur Reform des Mietspiegelrechtes und einer MietspiegelVO in die interne Abstimmung mit dem BMI, das wegen der datenschutzrechtlichen Regelungen und der neuen Zuständigkeit als Bauministerium zu beteiligen war. Auch diesmal war der Widerstand größer. Im Oktober 2020 wurden dann die beiden Entwürfe offiziell veröffentlicht und in die Verbändeanhörung gegeben. Aufgrund der Stellungnahmen aus der Praxis[15] wurde dann ein erheblich abgespeckter Entwurf des Mietspiegelgesetzes und der MietspiegelVO in die parlamentarische Beratung eingebracht.[16] Der nur mit dem **Mietspiegelreformgesetz** befasste Rechtsausschuss des Deutschen Bundestages hat am 19.5.2021 nach § 70 der Geschäftsordnung des Deutschen Bundestages eine öffentliche Anhörungen von Sachverständigen und Interessenvertretern vorgenommen. Leider waren von den Parteien nur ihnen genehme Interessenvertreter[17] und keine Sachverständigen oder gar Richterinnen und Richter geladen worden.[18] Im Anschluss hat der Rechtsausschuss des Deutschen Bundestages noch weitere Änderungen am Entwurf vorgenommen.[19] Aufgenommen wurde in § 558c IV S. 1 BGB erstmals eine (unlimitierte) Verpflichtung zur Aufstellung von Mietspiegeln für Gemeinden mit mehr als 50.000 Einwohnern (Muss-Vorschrift). Dies gilt nach der Überleitungsvorschrift in Art. 229 § 62 EGBGB für einfache Mietspiegel ab 1.1.2023 und für qualifizierte Mietspiegel ein Jahr später.

4   Vor Inkrafttreten der MsV gab es lediglich **Hinweise zur Aufstellung von Mietspiegeln.** Diese beruhten auf einem Beschluss des Deutschen Bundestages im Zusammenhang mit der Verabschiedung des Zweiten Wohnraumkündigungsschutzgesetzes im Oktober 1974. Danach wurde die Bundesregierung ersucht,

---

[13] Zur Geschichte auch dieses Verfahren Börstinghaus NZM 2019, 841.

[14] Herunterladbar: https://www.bundesregierung.de/resource/blob/656734/847984/5b 8bc23590d4cb2892b31c987ad672b7/2018-03-14-koalitionsvertrag-data.pdf (ab Zeile 5208).

[15] Sämtlich Stellungnahmen zum Referentenentwurf können heruntergeladen werden unter: https://www.bmjv.de/SharedDocs/Gesetzgebungsverfahren/DE/Mietspiegel.html: siehe auch die Stellungnahme aus amtsrichterlicher Sicht: Börstinghaus NZM 2020, 965.

[16] BR-Drs. 766/20 und 22/21.

[17] Die Stellungnahmen der geladenen Interessenvertreter und ihrer Verbände im Rahmen der Anhörung sind hier herunterladbar: https://www.bundestag.de/ausschuesse/a06_Recht/ anhoerungen#url=L2F1c3NjaaHVlc3NlL2EwNl9SZWNodC9hbmhvZXJ1bmdlbl84Mz E0NjQtQtODMxNDY0&mod=mod554370.

[18] Liste der „Sachverständigen" herunterladbar unter https://www.bundestag.de/resource/ blob/838208/d9ba3dd62986628676ee480c05497045/sv_liste-data.pdf.

[19] Beschlussempfehlung BT-Drs. 19/3093 und Bericht BT-Drs. 19/31106.

„baldmöglichst mit den Ländern und den kommunalen Spitzenverbänden Verhandlungen mit dem Ziel aufzunehmen festzustellen, ob und inwieweit eine vermehrte Aufstellung von Mietspiegeln durch die Gemeinden ermöglicht werden kann und sodann über das Ergebnis der Beratung zu berichten".[20] Daraufhin wurde beim Bundesminister für Raumordnung, Bauwesen und Städtebau **ein Arbeitskreis „Mietspiegel"** gebildet. Der Arbeitskreis hat auf der Grundlage bereits vorliegender Mietspiegel sowie der bis zu diesem Zeitpunkt gesammelten Erfahrungen rechtlich unverbindliche **Hinweise für die Aufstellung von Mietspiegeln** erarbeitet. Diese wurden erstmals im Jahre 1976[21] veröffentlicht, im Jahre 1980 wurden sie vervollständigt und fortgeschrieben[22] und im Jahr 1997 völlig neu erstellt.[23] Auf Grund der Ergänzung durch das Mietrechtsänderungsgesetz 2013 hat das damalige BMBAU im Jahre 2013 eine Arbeitshilfe für die kommunale Mietspiegelerstellung unter dem Titel „Hinweise zur Integration der energetischen Beschaffenheit und Ausstattung von Wohnraum in Mietspiegeln"[24] veröffentlicht. Die neueste Auflage dieser **Hinweise zur Erstellung von Mietspiegeln** wurden im Sommer 2020 in 3. Auflage veröffentlicht.[25] Die Hinweise sollten nur eine Orientierungshilfe bieten, ohne in irgendeiner Form rechtlich verbindlich zu sein.

C. Rechtliche Bedeutung der Verordnung

Die neue Verordnung enthält erstmals zwingende Regelungen zur Erstellung **5** von Mietspiegeln, zu ihrem Inhalt und zur Veröffentlichung, Dokumentation und Anpassung von Mietspiegeln. Die Verordnung gibt Mindeststandards vor, die einzuhalten sind, um zu gewährleisten, dass Mietspiegel die ortsübliche Vergleichsmiete ausreichend realitätsgetreu abbilden.[26] Die Mindeststandards dürfen grds. nicht unterschritten werden. Bei Soll- oder Regelfallvorschriften darf die jeweilige Vorgabe nur in begründeten Ausnahmefällen unterschritten werden.

Umgedreht will die Verordnung aber auch für Rechtssicherheit sorgen, dass sie **6** **Standards** vorgibt, bei deren Einhaltung von einem formell ordnungsgemäß erstellten Mietspiegel ausgegangen werden kann. Der Verordnungsgeber wollte darüber hinaus aber auch Auslegungsregeln für die Definition der ortsüblichen Vergleichsmiete machen, indem er seine Vorstellungen, wann Mieten üblich sind und wie das Wohnwertmerkmal Lage zu verstehen ist.

Die Verordnung unterscheidet zwischen einfachen und qualifizierten Mietspie- **7** geln. Für **einfache Mietspiegel** macht der Verordnung nur ganz wenige Vorgaben zur Dokumentation und zur Veröffentlichung. Weitergehende qualitative Anforderungen bestehen hier weiterhin nicht. Es können also weiterhin Mietspiegel „ausgehandelt" werden, oder auch auf nicht repräsentativen Daten beruhen.

Demgegenüber enthält die Verordnung für **qualifizierte Mietspiegel** im Sinne **8** des § 558d BGB umfassende Vorgaben für deren Erstellung. Dadurch konkretisiert die Verordnung die anerkannten wissenschaftlichen Grundsätze, nach denen quali-

---

[20] BR-Drs. 7/2629.
[21] → Anh. III 1.
[22] Abgedruckt bei Börstinghaus/Clar, Mietspiegel, S. 349 ff.
[23] → Anh. III 2.
[24] Abgedr. in Schmidt-Futterer/Börstinghaus BGB Anh. §§ 558c–d Rn. 115.
[25] Unter bbsr.bund.de abrufbar.
[26] BR-Drs 766/20 S. 13.

fizierte Mietspiegel erstellt werden müssen. Dabei greift sie die bisher schon angewandten Methoden auf und kodifiziert sie. Sie bezieht sich dabei nach der Begründung ausdrücklich auf die zuletzt vom Bundesinstitut für Bau-, Stadt- und Raumforschung (BBSR) veröffentlichten Hinweisen zur Erstellung von Mietspiegeln (Stand: Juni 2020). Verschärft werden jedoch die Anforderungen an die Dokumentationspflichten. Außerdem weicht die Verordnung vom bisherigen Verständnis des Lagemerkmals ab.

9   Eine weitere Bedeutung der Verordnung folgt aus der Vermutungswirkung des § 558d Abs. 1 Satz 2 BGB. Nach § 558d Abs. 3 BGB wird bei einem Mietspiegel, der nicht älter als zwei Jahre ist, bzw. rechtzeitig angepasst wurde, **vermutet, dass die in ihm angegebenen Entgelte die ortsübliche Vergleichsmiete wiedergeben.** Die Regelung erscheint auf den ersten Blick einfach und praktikabel aber ist, wie sich inzwischen deutlich gezeigt hat, teilweise konfliktträchtig.[27] Der Gesetzgeber hat die Vermutungsregel deshalb durch das Mietspiegelreformgesetz[28] durch zwei weitere Vermutungen in Abs. 1 ergänzt. Danach wird die Einhaltung der wissenschaftlichen Grundsätze zunächst vermutet, wenn die Vorgaben der MsV[29] eingehalten wurden. Außerdem wird dies vermutet, wenn sowohl die zuständige Behörde und jeweils ein Verband der Vermieter und der Mieter den Mietspiegel als qualifiziert anerkannt haben.

10   § 558d Abs. 1 S 2 stellt klar, dass für die Frage, ob ein Mietspiegel nach anerkannten wissenschaftlichen Grundsätzen erstellt wurde, die MsV herangezogen werden kann. Erfüllt der Mietspiegel deren Anforderungen, so wird widerleglich vermutet, dass er im Sinne des Gesetzes nach anerkannten wissenschaftlichen Grundsätzen erstellt worden ist. Dies führt zwar zu mehr Transparenz und Sicherheit bei der Rechtsanwendung[30], hilft dem sich auf Vermutungsgrundlage berufenden Mieter aber nur bedingt. Er muss auch hier die Vermutungsgrundlage beweisen, nämlich die Einhaltung der Vorgaben der MsV. Das ist aber bereits weniger als nach alter Rechtslage, weil jetzt zumindest konkrete Voraussetzungen feststehen und nicht mit dem schwammigeren Begriff der anerkannten wissenschaftlichen Grundsätze gearbeitet werden muss. Es kann einfacher als bisher beurteilt werden, ob ein Mietspiegel nach anerkannten wissenschaftlichen Grundsätzen erstellt wurde.

11   Das hat zur Folge, dass mittelbar im Zivilprozess die Einhaltung der Vorgaben der MsV durch die Zivilgerichte zu prüfen sind, wenn es darum geht, ob die **Vermutungsgrundlage** des § 558d Abs. 1 S. 2 BGB gegeben ist. Davon abgesehen werden kann aber immer dann, wenn der Mietspiegel von der Behörde und jeweils einem Interessenverband der Vermieter und Mieter als qualifiziert anerkannt wurde. In diesem Fall können die Vorgaben der Verordnung aber wiederum im Rahmen des Beweises des Gegenteils gem. § 292 ZPO regelmäßig durch den Vermieter, der eine höhere als im Mietspiegel ausgewiesene Miete verlangt, herangezogen werden.

---

[27] BGH NJW 2013, 775; BGH NJW 2014, 292; AG Mainz BeckRS 2013, 11862; Beuermann GE 2013, 150; Blümmel GE 2013, 151; Börstinghaus LMK 2/2013 Anm. 3; jurisPR-BGHZivilR 4/2013 Anm. 4; jurisPR-BGHZivilR 2/2014 Anm. 2; Clar WuM 2013, 233; Theesfeld jurisPR-MietR 2/2014 Anm. 2; Zeimes, Die Reform des Mietrechts, 2001, 186; Blank PiG 62 (2002), 17 (25).
[28] BGBl. I 2021, 3515.
[29] BGBl. I 2021, 4779.
[30] BT-Drs. 19/26918 S. 25.

§2 Begriffsbestimmungen

(1) **Wohnwertrelevante gesetzliche Merkmale sind die in §558 Absatz 2 Satz 1 des Bürgerlichen Gesetzbuchs genannten Merkmale Art, Größe, Ausstattung, Beschaffenheit und Lage einer Wohnung, soweit sie für die Mietpreisbildung relevant sind oder im Erstellungsstadium des Mietspiegels relevant sein können.**

(2) **Außergesetzliche Merkmale sind Merkmale in Bezug auf die Wohnung oder das Mietverhältnis, die in §558 Absatz 2 Satz 1 des Bürgerlichen Gesetzbuchs nicht genannt sind, aber dennoch für die Mietpreisbildung relevant sind oder im Erstellungsstadium des Mietspiegels relevant sein können.**

(3) **Die Auswertungsgrundgesamtheit ist die Gesamtheit der mietspiegelrelevanten Wohnungen.**

(4) **Die Erhebungsgrundgesamtheit ist die Gesamtheit der Wohnungen, aus der die Bruttostichprobe gezogen wird, um nach Aussortierung nicht mietspiegelrelevanter Wohnungen die für den Mietspiegel relevante Stichprobe der Auswertungsgrundgesamtheit zu generieren.**

A. Inhalt der Regelung

Der Paragraph definiert die wesentlichen Begriffe des gesetzlichen Vergleichs- 1 mietensystems sowie die zentralen in der Verordnung verwendeten Begrifflichkeiten.

B. Die Wohnwertmerkmale

In Satz 1 werden die aus §558 Absatz 1 Satz 1 BGB bekannten **fünf Wohn-** 2 **wertmale** aufgezählt. Der Verordnungsgeber hat hinsichtlich des Wohnwertmerkmals Art in §17 MsV (→ §17 Rn 1), der Wohnwertmerkmal Größe, Beschaffenheit und Ausstattung der Wohnungen in §18 MsV (→ §18 Rn 2ff) und hinsichtlich des besonders problematischen Merkmals der Lage in §19 MsV (→ §19 Rn 1ff) teilweise über die gesetzliche Definition in §558 Abs. 2 BGB hinaus, weitere Vorgaben gemacht.

Es ist Aufgabe des Mietspiegelstellers, diese zunächst unbestimmten Rechts- 3 begriffe im Rahmen der Datenerhebung zum Mietspiegel zu operationalisieren, d. h. in messbare Eigenschaften zu übersetzen. Im Rahmen der späteren **Datenanalyse** können diese messbaren Eigenschaften wieder zu umfassenderen Kategorien zusammengefasst werden (z. B. moderne Badausstattung definiert als Einhandmischbatterie, Fliesen und Kacheln in einem bestimmten Zeitraum modernisiert u. ä.).

Bei den für eine Mietspiegelerstellung erhebbaren Wohnwertmerkmale hat der 4 Mietspiegelersteller davon auszugehen, dass sie für die **Mietpreisbildung** wirksam sind (bestätigtes Wissen) oder wirksam sein könnten (Vermutung). Letztgenannter Punkt ist insofern wichtig, als durch Modernisierung und zeitgemäßen Ausstattungswandel sich auf den Wohnungsmärkten neue, bislang für die Mietpreisbildung unerhebliche Ausstattungs- und/oder Beschaffenheitsmerkmale herausbilden, die mietpreiswirksam werden können (z. B. Einbruchsicherheit, barrierearme Beschaffenheit). Der Mietspiegelersteller hat hier die Möglichkeit, aber auch die Pflicht, seinen Erfassungskatalog der mietpreisrelevanten Merkmale ständig auf Aktualität hin zu überprüfen und ggf. anzupassen.

C. Außergesetzliche Merkmale

5　Der Begriff der „außergesetzlichen Merkmale" ist eine **neue Begrifflichkeit,** die erstmals mit dieser Verordnung in die gesetzliche Mietspiegelerstellung eingeführt wird. Gemeint sind damit die Miethöhe beeinflussende Merkmale, die aber nicht in den fünf gesetzlichen Wohnwerkmerkmalen des § 558 BGB enthalten sind. Bekannte Beispiele hierfür sind die Wohndauer und der Vermietertyp, deren Einflüsse auf die Miethöhe oftmals nachgewiesen wurden, die aber explizit nicht zur Bildung der ortüblichen Vergleichsmiete herangezogen werden dürfen.

6　Ein weiterer Einflusstyp außergesetzlicher Merkmale sind bestimmte **Typen der Mietvertragsgestaltung** (z. B. Vermietung an Verwandte, Werkswohnungen, Hausmeisterwohnungen), bei denen davon ausgegangen wird, dass ihre Vertragsgestaltung und ihre Miethöhen nicht dem Üblichen entsprechen. Derartige Wohnungen werden häufig bereits zu Beginn einer Mietspiegelerhebung von der weiteren Erhebung ausgeschlossen (durch sog. „Filterfragen") und führen dann nicht zu vollständigen, auswertbaren Interviews.

7　Die Verordnung bestimmt in § 12 Abs. 2 MsV, dass außergesetzliche Merkmale bei der **Plausibilitätsüberprüfung** der Ausreißerbereinigung herangezogen werden dürfen (→ § 12 Rn. 4). Ähnliches gilt bei der Plausibilitätsprüfung im Rahmen einer geschichteten Stichprobe nach § 9 Abs. 2 MsV. Liegen gesicherte Erkenntnisse über die statistische Ausprägung wesentlicher wohnwertrelevanter gesetzlicher oder außergesetzlicher Merkmale und über ihre Anteile an der Erhebungsgrundgesamtheit vor, so soll die Bruttostichprobe darauf überprüft werden, ob Wohnungen mit solchen statistischen Ausprägungen entsprechend ihrem Anteil an der Erhebungsgrundgesamtheit vertreten sind (→ § 9 Rn. 11 ff.). Nach § 9 Abs. 2 MsV kann die **Bruttostichprobe** nach wohnwertrelevanten gesetzlichen Merkmalen oder außergesetzlichen Merkmalen proportional oder disproportional geschichtet werden (→ § 9 Rn. 7 ff.). Schließlich können außergesetzliche Merkmale gem. § 14 Abs. 1 MsV insbesondere zur Wahl des Regressionsmodells und bei der Bemessung von Spannen nach § 16 Abs. 3 herangezogen werden (→ § 14 Rn. 2 ff.).

D. Auswertungs- und Erhebungsgrundgesamtheit

8　Der im Verordnungstext verwendete Begriff der **„Auswertungsgrundgesamtheit"** bezeichnet den sachlichen und räumlichen Geltungsbereich (bzw. Anwendungsbereich) eines Mietspiegels. Hiervon zu unterscheiden ist beispielsweise der zeitliche Geltungsbereich (der Mietspiegel gilt ab …, der Mietspiegel hat sein Qualifizierung verloren, weil er älter als zwei Jahre ist).

9　Ein **örtlicher Wohnungsmarkt** besteht aus einer Anzahl von Wohnungen. Ihre wichtigste Unterscheidung ist die Differenzierung zwischen vom Eigentümer selbstgenutztem Wohnraum und dem vermieteten Wohnraum. Für das gesetzliche Vergleichsmietensystem ist weiterhin wichtig die Unterscheidung der Mietvertragsgestaltung in freie Mietzinsvereinbarung und durch Gesetze in der Miethöhe beschränkte Mietverhältnisse. Weiterhin erfolgen in der Praxis der Mietspiegelerstellung zumeist einige Ausschlüsse von Wohnverhältnissen, weil sie am örtlichen Wohnungsmarkt nur eine geringe Fallzahl betreffen und deshalb aus Gründen der Erhebungsökonomie aus der Datenerhebung (und damit auch aus der Auswertungsgrundgesamtheit) ausgeschlossen werden. Beispiele hierfür sind Mietwohnungen in Ein- oder Zweifamilienhäusern, Untermietverhältnisse.

D. h. im Regelfall ist die Auswertungsgrundgesamtheit eines Mietspiegels eine **10** **Teilmenge** des örtlichen Wohnungsmarktes. Da sie den sachlichen Anwendungsbereich des Mietspiegels bezeichnet, muss sie bei der Veröffentlichung des Mietspiegels präzise angegeben werden.

Sofern der Mietspiegel für mehrere Gemeinden erstellt worden ist, muss darüber **11** hinaus präzise dargestellt werden, welche Teile des Mietspiegels für welche räumliche Einheiten gelten, um den gesetzlichen Erfordernissen der **Ortsüblichkeit** zu genügen.

Da bei einer Mietspiegelerstellung nur selten eine vollkommene und vollstän- **12** dige Datei der Auswertungsgrundgesamtheit vorhanden ist, muss man zunächst mit einer größeren Grundgesamtheit die Erhebungsarbeiten beginnen, aus der schrittweise durch Abscheiden nicht erhebungsrelevanter Bestandteile die Auswertungsgrundgesamtheit gebildet werden kann. Dieses bedeutet u. a., dass zwingend die Auswertungsgrundgesamtheit eine **vollständige Teilmenge** der Erhebungsgrundgesamtheit sein muss (da ja andernfalls nicht alle Elemente der Auswertungsgrundgesamtheit Teil der Erhebung wären und somit über sie auch keine Daten im Erhebungsprozess gewonnen werden können).

Beispiele für diesen Prozess des Abscheidens nicht auswertungsrelevanter Woh- **13** nungen sind die **Filterfragen** zu Beginn einer Mietspiegelerhebung (z. B. selbstnutzender Eigentümer, Verwandtschaftsmietverhältnis, Werks- oder Hausmeisterwohnung, geförderter Wohnungsbau).

Abschnitt 2. Einfache Mietspiegel

§ 3 Erstellung und Anpassung

Die Erstellung und Anpassung eines einfachen Mietspiegels ist vorbehaltlich der §§ 4 und 5 an kein Verfahren gebunden.

Inhaltsübersicht

A. Inhalt der Norm

1   Es handelt sich um die einleitende Vorschrift für einfache Mietspiegel. Sie stellt klar, dass deren Erstellung an kein Verfahren gebunden ist, soweit sich nicht aus den beiden folgenden Vorschriften etwas anderes ergibt. Die Ersteller solcher Mietspiegel sind **frei sind in der Wahl des Verfahrens.**[1] Das bezieht sich sowohl auf die Datenerhebung einschließlich der eventuellen Verwendung von Sekundärdaten als auch für die Auswertung und Darstellung der Daten im Mietspiegel.

2   Ziel dieser Freiheit ist es, einfache Mietspiegel weiterhin als möglichst **kostengünstige Alternative** zu den aufwändig zu erstellenden qualifizierten Mietspiegeln zu erhalten. Die Anforderungen ergeben sich ausschließlich aus § 558c BGB. Nach Ansicht der Verordnungsgebers würden einfache Mietspiegel abweichend von den Rechtsfolgen für qualifizierte Mietspiegel keine zwingenden Rechtsfolgen entfalten.[2] Einfache Mietspiegel seien nach § 558a Abs. 2 Nr. 1 BGB lediglich ein Mittel zur Begründung eines Mieterhöhungsverlangens. Allein die Tatsache, dass auch einfache Mietspiegel im Zustimmungsprozess im Rahmen der Beweiserhebung als Indiz[3] für die Höhe der ortsüblichen Vergleichsmiete verwendet werden, ändert nach Ansicht des Verordnungsgebers an der generellen Freiheit hinsichtlich der Methoden der Mietspiegelerstellung nichts, da die Indizwirkung gerade maßgeblich von der Qualität des Mietspiegels abhänge.[4]

B. Voraussetzungen für einfachen Mietspiegel

I. Allgemeines

3   Nach der **Legaldefinition** eines Mietspiegels in § 558c Abs. 1 BGB ist ein Mietspiegel:
- eine Übersicht über die ortsüblichen Vergleichsmieten
- die erstellt wurde
- von der die nach Landesrecht zuständige Behörde oder

---

[1] BR-Drs. 766/20 S. 21.
[2] BR-Drs. 766/20 S. 22.
[3] BGH NZM 2021, 81; Börstinghaus, LMK 2021, 437146; BGH NZM 2021, 650; BGH NZM 2019, 250; Börstinghaus LMK 2019, 415378; BGH WuM 2017, 208; BGH NZM 2013, 138; BGH NZM 2010, 665; LG Nürnberg-Fürth WuM 2015, 675; Börstinghaus/Clar NZM 2014, 889.
[4] BR-Drs. 766/20 S. 22.

- von den Interessenvertretern der Vermieter und Mieter gemeinsam oder
- von einem Interessenverband der Vermieter oder Mieter allein und vom jeweils anderen Verband oder der die nach Landesrecht zuständige Behörde anerkannt wurde
- von einem Dritten und von beiden Verbänden oder der die nach Landesrecht zuständige Behörde anerkannt wurde.

Alle Mietpreisübersichten oder Mietwerttabellen, die nicht diese Voraussetzun- **4** gen erfüllen, sind keine Mietspiegel im Sinne des Gesetzes. Deshalb sind auch die **folgenden Übersichten keine Mietspiegel** und können weder zur Begründung eines Erhöhungsverlangens noch im Prozess oder zu anderen Zwecken der Feststellung der ortsüblichen Vergleichsmiete herangezogen werden:

- der „VDM-Preisspiegel für Wohn- und Anlageimmobilien",
- der „RDM-Immobilienpreisspiegel",
- der „ivd-Preisspiegel",
- Mietpreisübersichten der Finanzämter,[5]
- Mietübersicht des Staatsbauamtes,[6]
- Mietenindex der Statistikämter,
- ein von einem Vermieter-Verband erstellter Mietspiegel.[7]
- Vergleichsdaten aus einem Internet-Vermittlungsportal.[8] Diese Daten beziehen sich nicht unbedingt nur auf eine Gemeinde. Es werden, wie bei Anzeigen, nur Preiserwartungen ausgewertet, ohne Rücksicht, ob die angebotene Wohnung zu dem Preis auch vermietet wurde.

All diese Übersichten erfüllen einen Zweck, aber eben nicht den, die ortsübliche **5** Vergleichsmiete auszuweisen. In den Preisübersichten der Maklerverbände werden **Neuvertragsmieten** ausgewiesen, die zudem nicht repräsentativ erhoben werden und nach Opportunität veröffentlicht werden. Der **Mietenindex** beinhaltet weder eine zeitliche Beschränkung der erfassten Mieten noch stimmt seine Mietstruktur. Er weist Bruttokaltmieten aus. Die Übersichten der Finanz- und Staatsbauämter erfüllen ebenfalls andere Aufgaben und orientieren sich an Tatbestandsvoraussetzungen des öffentlichen Rechts. Allen Übersichten aber ist gemeinsam, dass die jeweiligen Ersteller vom Gesetzgeber nicht als Mietspiegelersteller, zumindest, solange ihre Übersichten nicht von beiden Interessenverbänden anerkannt wurden, vorgesehen sind.

---

[5] LG Aurich WuM 1990, 222; **aA** AG Büdingen WuM 1989, 81.
[6] AG Friedberg WuM 1986, 322.
[7] LG Verden Nds. Rpfl. 1993, 363.
[8] AG München WuM 2018, 773.

6   Tabelle zu den Tatbestandsvoraussetzungen einfacher Mietspiegel:

Übersicht über die ortsübliche Vergleichsmiete

Mietspiegel- ersteller	Mietspiegel- anerkennung	Gel- tungs- bereich	Veröffent- lichung des Mietspiegels	Fort- schreibung
nach Landes- recht zustän- dige Behörde	durch einen oder mehrere Interes- senverbände	Ge- meinde	Mietspiegel und ihre Ände- rungen müssen veröffentlicht werden. Eine bestimmte Art der Veröffent- lichung ist nicht vorgeschrieben.	Sollen im Abstand von zwei Jahren der Markt- entwicklung angepasst werden
Je ein Interes- senverband der Mieter und Vermieter	durch nach Lan- desrecht zustän- dige Behörde	Teile einer Ge- meinde		
Ein Interes- senverband	durch nach Lan- desrecht zustän- dige Behörde oder den anderen Interessenverband	mehrere Gemein- den		
Dritter	durch nach Lan- desrecht zustän- dige Behörde oder jeweils einen Interessenverband der Mieter und Vermieter			

II. Der Mietspiegelersteller

7   **1. Die die nach Landesrecht zuständige Behörde als Mietspiegelersteller.** Die für die Erstellung oder Anerkennung von Mietspiegeln zuständige Behörde
bestimmt sich nach Landesrecht. Die bis Juni 2022 vorgesehene **Gemeindezuständigkeit** ist vor der **Föderalismusreform 2006**[9] geschaffen worden. Seit
der Föderalismusreform dürfen jedoch gem. Art. 84 Abs. 1 S. 7 GG den Gemeinden
und Gemeindeverbänden keine Aufgaben mehr durch Bundesgesetz übertragen
werden. Zwar besteht die bisherige Regelung nach Art. 125 a Abs. 1 GG fort. Die
Bundesregierung war sich aber nicht sicher, ob sich die Änderungen durch das
Mietspiegelreformgesetz noch in den Grenzen diesen verfassungsrechtlichen Grenzen bewegen.[10] Deshalb hat man die genaue Zuständigkeitsbestimmung auf die
Länder übertragen.

---

[9] BGBl I S. 2034.
[10] BT-Drs. 19/26918, 17.

Die Frage der Zuständigkeit für die Erstellung ist aber zu trennen von der Frage, **8** für welche örtlichen Einheiten Mietspiegel zu erstellen sind. Nach §558c Abs. 2 BGB gilt hier weiter der Gemeindebegriff. Damit ist die **politische Gemeinde** gemeint.[11] Die Abgrenzung erfolgt dabei aus verwaltungstechnischen Gründen und nicht aus wohnungsmarktspezifischen Überlegungen.[12] Der Gesetzeswortlaut ist diesbezüglich eindeutig. Es genügt, wenn der Auftrag zur Erstellung des Mietspiegels von der nach Landesrecht zuständige Behörde stammt. Die Erstellung selbst kann dann auch von einem wissenschaftlichen Institut vorgenommen werden. Möglich ist auch die Mitwirkung von Interessenverbänden. Ein Widerspruch dieser Verbände ist aber unerheblich.[13]

Mietspiegel können auch für **mehrere Gemeinden,** zB auch für einen Land- **9** kreis, oder für **Teile einer Gemeinde** aufgestellt werden dürfen. Die Möglichkeit, Mietspiegel für Gemeindeteile zu erstellen, ist und bleibt sicher die Ausnahme. Sinn macht dies nur bei sehr unterschiedlichen Gemeindestrukturen, also zB Gemeindeteilen, die an eine Großstadt grenzen und großen ländlich geprägten Gemeindeteilen. Besonderheiten sind allenfalls über die Lageklasse zu erfassen. Eine größere Bedeutung dürften Mietspiegel für mehrere Gemeinden bekommen. So sind bei der vor allem wegen der Arbeitslosengeld II-Leistungen erfolgten Erstellung des Mietspiegels für die Region Hannover am Ende für jede der ca. 21 Gemeinden eigene Mietspiegel veröffentlicht worden. Zu beachten ist hierbei jedoch, dass der Begriff der ortsüblichen Vergleichsmiete immer gemeindebezogen ist und deshalb sowohl ein Mietspiegel für mehrere Gemeinden die ortsübliche Vergleichsmiete für jede Gemeinde und Mietspiegel für einen Teil der Gemeinde die ortsübliche Vergleichsmiete für die ganze Gemeinde[14] ausweisen muss.

2. Mietspiegel von Interessenverbänden. Das Gesetz unterscheidet dabei **10** **zwei Alternativen:**

– Entweder wird der Mietspiegel von den Interessenvertretern der Vermieter und Mieter gemeinsam aufgestellt oder

– er wird von den Interessenvertretern der Vermieter oder Mieter allein aufgestellt und vom jeweils anderen Verband oder der der nach Landesrecht zuständigen Behörde, idR der Gemeinde, anerkannt. Dabei kann sich die Anerkennung auch nur auf einzelne Teile des Mietspiegels beziehen.

Nicht möglich ist die Mietspiegelaufstellung durch nur einen Verband, zB den örtlichen Vermieterverein.[15] Auch Übersichten von anderen (interessierten) Verbänden genügen nicht. Es müssen beide Interessenverbände damit einverstanden sein, also die Mietpreisübersicht zumindest teilweise anerkennen.[16] Kartellrechtliche Bedenken[17] gegen die Mitwirkung der Interessenverbände bei der Aufstellung von Mietspiegeln bestehen nicht.

---

[11] LG Marburg BeckRS 2014, 12908; AG Bayreuth WuM 1993, 454; AG Augsburg WuM 1990, 221.

[12] Aigner/Oberhofer/Schmidt WuM 1993, 10 (11).

[13] AG Recklinghausen WuM 1992, 443 für Mietspiegel der Stadt Datteln 1990.

[14] BGH NZM 2013, 612; BGH NZM 2013, 610 = NJW 2013, 2963.

[15] LG Verden Nds. Rpfl. 1993, 363; AG Aachen WuM 1991, 277.

[16] AG Aachen WuM 1991, 277.

[17] So V. Emmerich „Die Anforderungen zur Erstellung und zur Anerkennung von Mietspiegeln im Widerstreit der Meinungen" in Emmerich ua, Mietpreisermittlung, 1980, 46.

11   Anerkannt ist ein von einem **Interessenverband oder von einem Dritten** erstellter Mietspiegel dann, wenn der andere Interessenverband oder bei Mietspiegeln, die von Dritten erstellt wurden, auch von beiden Interessenverbänden oder
der der nach Landesrecht zuständigen Behörde, idR der Gemeinde, seine Zustimmung erteilt hat. Dies ist eine Willenserklärung, die von einem **vertretungsberechtigten Organ** abgegeben werden muss. Eine Form ist dafür nicht vorgeschrieben.

12   Es ist nicht die Zustimmung aller Interessenverbände auf jeder Seite erforderlich.
Dies gilt auch dann, wenn auf einer Seite mehrere Verbände, ggf. unterschiedlicher
Größe vorhanden sind. Es genügt die **Zustimmung je eines Interessenverbandes.**[18] Aus dem Wortlaut des § 558c Abs. 1 BGB ergibt sich weder, dass alle Interessenverbände oder eine irgendwie geartete Mehrheit einem Mietspiegel zustimmen
muss. Auch nach Sinn und Zweck des § 558c Abs. 1 BGB ist nicht mindestens die
Zustimmung der jeweils größten Gruppe der Interessenvertreter erforderlich. Da
der Mietspiegel zum einen den Vermieter hindern soll, voreilige und willkürliche
Erhöhungen geltend zu machen und zum anderen den Mieter in die Lage versetzen
soll, die Mieterhöhung zu überprüfen, genügt es, wenn der Mietspiegel auf Grund
eines Zusammenwirkens von Interessenverbänden zustande gekommen ist. Dies
rechtfertigt allein die Annahme, dass er eine unverfälschte Übersicht, über die in
der Gemeinde üblicherweise gezahlten Entgelte enthält. Lediglich in den Fällen, in
denen begründeter Anlass zur Annahme besteht, dass ein Verband von der Gegenseite beeinflusst ist, können Zweifel an der Objektivität gerechtfertigt sein. Schließlich würde eine andere Auslegung einem Verband die Möglichkeit geben, entgegen
der Absicht des Gesetzgebers, in möglichst vielen Gemeinden einen Mietspiegel zu
haben, die Erstellung zu verhindern.

13   Der Begriff **„Interessenverband"** setzt dabei vom Wortlaut bereits voraus, dass
es sich um den **Zusammenschluss von mindestens zwei Mitgliedern** handeln
muss. Ein örtlicher Großvermieter, zB in den neuen Ländern, die städtische Wohnungsbaugenossenschaft, ist kein Interessenverband. Ein solcher Großvermieter
kann zwar am Arbeitskreis Mietspiegel teilnehmen, er kann aber keinen Mietspiegel
erstellen oder anerkennen. Der Interessenverband muss auf der anderen Seite auch
nicht alle Vermieter oder Mieter vertreten. So ist durchaus denkbar und möglich,
dass der Verband der freien Wohnungsunternehmen mit dem Mieterbund einen
Mietspiegel erstellt. Entscheidend ist, dass durch die Struktur des Verbandes nicht
nur **Singularinteressen eines Vermieters** vertreten werden, sondern die Interessen einer bestimmten Art von Vermietern. Es muss sich um den für die Gemeinde
örtlich zuständigen Verband handeln. Ist der Verband nicht auf Ortsebene organisiert, dann kann auch der überörtliche Verband für die Gemeinde einen Mietspiegel
erstellen.

14   Die Anerkennung an dieser Stelle ist von der Anerkennung als qualifizierter
Mietspiegel gem. § 558d Abs. 1 BGB zu unterscheiden. Hier genügt die Anerkennung als Mietspiegel, ohne ihm die besonderen Rechtsfolgen für qualifizierte Mietspiegel beimessen zu wollen.

15   **3. Mietspiegelerstellung durch Dritte.** Schließlich ist es grds. auch möglich,
dass **Dritte Mietspiegel erstellen** (lassen).[19] Voraussetzung für eine Anerkennung

---

[18]   OLG Hamm NJW-RR 1991, 209; LG Berlin WuM 2016, 670; AG Bitterfeld-Wolfen
       WuM 2013, 45.
[19]   **AA** AnwK WohnraumMietR/Lammel BGB § 558c Rn. 13.

als Begründungsmittel ist in diesem Fall aber, dass dieser durch Dritte erstellte Mietspiegel von den Interessenverbänden der Mieter und Vermieter oder der der nach Landesrecht zuständigen Behörde, idR der Gemeinde, **anerkannt** wird. So ist es in Zeiten leerer Kassen denkbar, dass ein großes Wohnungsunternehmen einen Mietspiegel erstellen lässt. Die Wohnungswirtschaft gehört zu den größten Nutznießern von Mietspiegeln. Sie kann für einen großen Bestand sehr einfach die Mieten erhöhen. Die Kosten für die Erstellung eines Mietspiegels sind pro Wohnung bei einem großen Wohnungsunternehmen im Vergleich mit einem Sachverständigengutachten äußerst gering. Die Begründung des Erhöhungsverlangens mittels dreier Vergleichswohnungen ist idR prozessträchtiger und ebenfalls mit einem Kostenrisiko verbunden.

4. Der Erstellungsvorgang. Die **Erstellung** eines Mietspiegels ist ein fak- **16** tischer Vorgang. Der Mietspiegel stellt eine statistisch aufbereitete Sammlung von Vergleichsmieten dar. Deshalb ist es bei einem „Gemeindemietspiegel" grds. nicht erforderlich, dass ein von der der nach Landesrecht zuständigen Behörde, idR der Gemeinde, erstellter einfacher Mietspiegel vom Kommunalparlament verabschiedet wird.[20] Ein **Ratsbeschluss** ist nicht Wirksamkeitsvoraussetzung für die Erstellung eines einfachen Mietspiegels.[21] Davon zu unterscheiden ist die Anerkennung eines Mietspiegels als qualifiziertem Mietspiegel iSd § 558 d Abs. 1 BGB. Dies ist ein Rechtsetzungsakt, für den ein Ratsbeschluss erforderlich ist.[22]

Erstellt ist der Mietspiegel dann, wenn das mit der Erstellung des Mietspiegels **17** beauftragte Gremium die Daten ermittelt hat und Einigkeit darüber erzielt hat, welche Mieten üblich sind und welche Gruppen als vergleichbare Wohnungen ausgewiesen werden sollen. Ferner muss Einigkeit über den Textteil des Mietspiegels bestehen. Dass die Erstellung ein rein **tatsächlicher Vorgang** ist, ergibt sich auch aus dem Vergleich mit der anderen Möglichkeit, wie ein Mietspiegel entstehen kann, nämlich der Anerkennung. Anders als die Erstellung ist die Anerkennung ein **rechtlicher Vorgang,** der in der Abgabe einer Willenserklärung besteht. Der Unterschied rechtfertigt sich dadurch, dass die Anerkennung zwingend die Erstellung eines Mietspiegels voraussetzt. Nur ein von anderen bereits erstellter Mietspiegel kann anerkannt werden. Da die Erstellung eines Mietspiegels bereits mit Wertungen verbunden ist, zB welche Art der Datenerhebung durchgeführt wird, welche statistische Methode der Datenauswertung angewandt wird, wie die übliche Miete ermittelt wird, welche Ausreißermieten[23] eliminiert werden, wie die Daten präsentiert werden, hat der Ersteller eines Mietspiegels bereits während dieser tatsächlichen Tätigkeit eine Einflussmöglichkeit auf die Werte. Deshalb bedarf es hier keiner späteren Willenserklärung mehr, da dieser Wille sich während des Erstellungsverfahrens dauernd manifestiert.

Wird der Mietspiegel von der der nach Landesrecht zuständigen Behörde, idR **18** der Gemeinde, erstellt, dann reicht es aus, wenn der Mietspiegel, **bestehend aus der Mietpreisübersicht und den textlichen Erläuterungen,** von dem beauftragten Amt vorgelegt wird, ohne dass es sich ersichtlich um einen Entwurf handelt.

---

[20] LG Essen NJW-RR 1996, 1416; AG Gelsenkirchen-Buer NZM 1998, 509.
[21] MüKoBGB/Artz § 558 d Rn. 3.
[22] AG Dortmund WuM 2003, 35; Rips WuM 2002, 415 (418); AnwK WohnraumMietR/ Lammel BGB § 558 d Rn. 20; MüKoBGB/Artz § 558 d Rn. 3; **aA** die Hinweise zur Aufstellung von Mietspiegeln, Stand 2002, abgedr. in Anh. III 3.
[23] Nach § 12 Abs. 2 MsV „können" die Daten um Ausreißermieten bereinigt werden.

Ist ein **Arbeitskreis Mietspiegel** von der nach Landesrecht zuständigen Behörde, idR der Gemeinde, eingesetzt worden, dann ist der Mietspiegel erstellt, wenn in einer **Sitzung dieses Arbeitskreises der Mietspiegel verabschiedet** wurde, also mit Mehrheit der vorgelegte Entwurf akzeptiert wurde. Ein von beiden Interessenverbänden aufgestellter Mietspiegel ist erstellt im Sinne des Gesetzes, wenn über die Mietpreisübersicht und den Textteil Einigkeit erzielt wurde.[24] Dies gilt selbst dann, wenn der Mietspiegel unter Mitwirkung der der nach Landesrecht zuständigen Behörde, idR der Gemeinde, erstellt wurde,[25] da es sich letztendlich auch in diesem Fall um einen Mietspiegel der Interessenverbände handelt. Zu beachten ist dabei allenfalls, dass es sich bei den Interessenverbänden idR um juristische Personen (eingetragene Vereine oder deren Untergliederungen handelt) und diese auch bei der Mietspiegelerstellung durch vertretungsberechtigte Organe handeln müssen.[26]

III. Die Datenerhebung

19   **1. Allgemeines.** Auch ein einfacher Mietspiegel iSd § 558c BGB ist eine Übersicht über die ortsübliche Vergleichsmiete in der Gemeinde. Deshalb muss er entsprechende Werte enthalten. Dabei ist die Datenqualität von einfachen Mietspiegeln äußerst unterschiedlich. § 3 MsV bestimmt ausdrücklich, dass die Erstellung und Anpassung eines einfachen Mietspiegels vorbehaltlich der Dokumentations- und Veröffentlichungspflicht an kein Verfahren gebunden sind. Dies gilt sowohl für die Datenerhebung als auch für die Datenauswertung. Soweit ein Mietspiegel ursprünglich als qualifizierter Mietspiegel erstellt werden sollte, aber eine der in den §§ 7–21 MsV aufgestellten Anforderungen nicht erfüllt, handelt es sich gem. § 6 Abs. 2 S 2 MsV um einen einfachen Mietspiegel.

20   **2. Primärdatenerhebung.** Die beste Qualität hat ein Mietspiegel, der auf Daten beruht, **die ausschließlich zum Zweck der Mietspiegelerstellung** erhoben wurden. In der Regel wird dies aber nur bei qualifizierten Mietspiegeln der Fall sein. Aber denkbar ist sie auch bei einfachen Mietspiegeln, zB weil die Anerkennung nicht vom zuständigen Organ erfolgte oder die Fristen für die Fortschreibung oder Neuaufstellung verstrichen sind. Auch Verstöße gegen andere wissenschaftliche Grundsätze der Mietspiegelerstellung können dazu führen, dass ein solcher Mietspiegel nicht als qualifiziert gilt.

21   Möglich sind auch eine Primärdatenerhebungen, die nicht die hohen Anforderungen der **Repräsentativität** erfüllen.[27] Hierzu zählt zB die Befragung der Mitglieder eines oder mehrerer Interessenverbände. Die Mitgliedsstruktur dieser Verbände unterscheidet sich von der Struktur aller Mieterhaushalte bzw. aller Vermieter. Während zB bei Haus und Grund idR eher Klein- und Privatvermieter Mitglieder sind, wird der Wohnungsmarkt stark von Wohnungsbauunternehmen und gewerblichen Vermietern bestimmt. Mitglieder bei Mietvereinen sind überproportional Mieter, die in irgendeiner Form eine Konfliktsituation im Mietverhältnis zu bewältigen hatten.

---

[24] LG Essen NJW-RR 1996, 1416; AG Gelsenkirchen-Buer NZM 1998, 509.

[25] LG Essen NJW-RR 1996, 1416.

[26] AG Dortmund WuM 2003, 35.

[27] Schlittgen/Uhlig WuM 1997, 314; Bedenken gegen die übliche Forderung nach Repräsentativität der Daten äußern Ulbricht DS 2012, 197; Stelter/Finger DS 2013, 95; demgegenüber strenger Cischinsky/Malottki/Rodenfels WuM 2014, 239.

3. Sekundärdaten. Teilweise werden bei der Mietspiegelerstellung auch Se- 22
kundärdaten, also solche Daten, die zu anderen Zwecken als den der Mietspiegelerstellung erhoben wurden, verwertet. Dies Verfahren ist grds. zweifelhaft, da hier
keine Repräsentativität[28] des Stichprobenergebnisses mehr vorliegt. Aber auch
nach Erlass der MsV ist die Verwendung von Sekundärdaten für die Erstellung und
Anpassung einfacher Mietspiegel zulässig.[29] Herangezogen werden hier zB:

a) **Wohngeldstatistiken.** Diese Daten sind äußerst **zweifelhaft,** da in den 23
Wohngeldstatistiken wegen der gesetzlichen Beschränkungen im Wohngeldgesetz
bestimmte Wohnungen nicht oder nur eingeschränkt vorkommen. Wohngeldempfänger spiegeln nicht das gesamte Spektrum der Mieter wider.

b) **Gebäude und Wohnungszählung.** Im Jahre 2011 hat eine Gebäude- und 24
Wohnungszählung stattgefunden. Die Daten wurden inzwischen veröffentlicht.[30]
Auch hier ist zu beachten, dass die Daten nur sehr eingeschränkt für den Zweck
tauglich sind, da sie häufig nicht aktuell sind und zum anderen auch nicht repräsentativ. Es werden nur sehr eingeschränkt Differenzierungen nach den Wohnwertfaktoren des § 558 Abs. 2 BGB vorgenommen. Für 2022 ist die Erhebung eines neuen
Zensus vorgesehen.[31]

c) **Daten von Finanzämtern.** Auch diese Daten sind idR zu niedrig und 25
entsprechen nicht den Anforderungen der ortsüblichen Vergleichsmiete. Im
Koalitionsvertrag für die 20. Legislaturperiode ist jedoch vereinbart, „ein Pilotpro-
jekt zu starten, um in ausgesuchten Kommunen anhand von Angaben in der
Steuererklärung einen Mietspiegel zu erstellen."[32] Artz[33] findet, dass die Idee, den
gesamten Mietmarkt zu erfassen und die ortsübliche Vergleichsmiete unter Berücksichtigung sämtlicher existierenden Mieten zu bestimmen, einen großen Reiz habe.
Er meint auf diese Weise eine realistische Darstellung des Bestandsmietenniveaus zu
erlangen. Aus den Steuererklärungen ergeben sich aber die für die Ermittlung der
ortsüblichen Vergleichsmiete vergleichbare Wohnungen erforderlichen Wohnwertmerkmale nicht. Selbst die Flächenangaben sind sehr pauschal und bisher zumindest nach Etagen zusammengefasst. Die Idee widerspricht gerade der durch
diese Verordnung geschaffenen größeren Genauigkeit bei der Mietspiegelerstellung.

d) **Daten des Gutachterausschusses.** Gem. § 193 BauGB erstattet der Gut- 26
achterausschuss Gutachten über den Verkehrswert von bebauten und unbebauten
Grundstücken sowie Rechten an Grundstücken. Dazu führen die Gutachterausschüsse eine Kaufpreissammlung, wertet sie aus und ermittelt Bodenrichtwerte
und sonstige zur Wertermittlung erforderliche Daten. Seit Anfang 2022 erfolgt die
Berechnung nach der „Verordnung über die Grundsätze für die Ermittlung der Ver-
kehrswerte von Immobilien und der für die Wertermittlung erforderlichen Daten"[34] Zuvor waren die Vorgaben auf mehrere Regelungswerke verteilt, darunter

---

[28] Schlittgen/Uhlig WuM 1997, 314.
[29] So ausdrücklich BT-Drs. 19/26918 S.21.
[30] www.zensus2011.de.
[31] https://www.zensus2022.de/DE/Home/_inhalt.html.
[32] Zeile 3042 des Koalitionsvertrages.
[33] Artz NZM 2022, 9 (10).
[34] BGBl I 2021, 2805.

die ImmoWertV 2010[35] aber auch die Bodenrichtwertrichtlinie (BRW-RL), die Sachwertrichtlinie (SW-RL), die Vergleichswertrichtlinie (VW-RL) und die Ertragswertrichtlinie (EW-RL). Diese Richtlinien wurden in der **ImmoWertVO 2021** zusammengefasst. Seither kommt es gem. § 7 Abs. 1 Nr. 2 ImmoWertV 2021 auf die marktüblichen erzielbaren Erträge an. Der Verordnungsgeber wollte mit der Formulierung, dass die marktüblichen anstelle der nachhaltigen Erträge maßgeblich sein sollen, deutlich ausdrücken, dass Ausgangspunkt im Ertragswertverfahren die nach den Marktverhältnissen am Wertermittlungsstichtag für die jeweilige Grundstücksart durchschnittlich erzielbaren Erträge sind. Es kommt also weniger auf die Nachhaltigkeit und dafür mehr auf die Marktüblichkeit an. Das spricht eher für die Marktmiete als für die ortsübliche Vergleichsmiete.

27   **e) Daten aus Mietdatenbanken.** In der Regel handelt es sich um verbandsinterne Daten eines Interessenverbandes. Hier fehlt es häufig an der **Repräsentativität.** So sind allenfalls 10% aller Mieter Mitglied in einem Mieterverein. Diese Mitgliedschaft hat dann auch häufig etwas damit zu tun, dass die Miete zu hoch ist oder weil es sonst Probleme im Mietverhältnis gibt. Auch die Vergleichsdaten aus einem Internet-Vermittlungsportal können nicht verwendet werden.[36] Diese Daten beziehen sich nicht unbedingt nur auf eine Gemeinde. Es werden, wie bei Anzeigen, nur Preiserwartungen ausgewertet, ohne Rücksicht, ob die angebotene Wohnung zu dem Preis auch vermietet wurde. Unerheblich ist, dass kein Durchschnittswert der letzten sechs Jahre gebildet wird.

IV. Die Datenauswertung

28   **1. Allgemeines.** Auch für die Datenauswertung schreiben weder § 558c BGB noch § 3 MsV besondere Vorgaben vor. Die Auswertung muss nicht nach wissenschaftlich anerkannten Grundsätzen erfolgen. Wenn schon die Daten nicht nach diesen Grundsätzen ermitteln worden sein müssen, dann kann dies für die Auswertung erst recht nicht gelten.

29   **2. Ausgehandelte Mietspiegel.** Zulässig ist sogar, den Mietspiegel auszuhandeln. Unter dem Begriff der ausgehandelten Mietspiegel lässt sich ein breites Spektrum von Mietspiegeln subsumieren.[37] Zum Teil werden hierfür auch die Begriffe „manipulierte Mietspiegel" oder „verhandelte Mietspiegel"[38] gebraucht. Die **Hinweise zur Erstellung von Mietspiegeln 1997** haben den Begriff der „einvernehmlich festgestellten Mietspiegel" geschaffen. Die Datengrundlage dieser einvernehmlich festgestellten Mietspiegel ist äußerst unterschiedlich. Teilweise werden die Mietspiegel auf Grund vorhandener Daten erstellt. Teilweise beruhen diese Mietspiegel auf einer empirischen Datenerhebung und einer wissenschaftlichen Auswertung derselben, auf Grund derer die Verfahrensbeteiligten dann eine Einigung in Streitfragen erzielt haben. In Extremfällen wurden solche Mietspiegel auch ohne Datenmaterial auf Grund der Kenntnisse der Verbandsvertreter ähnlich einem Tarifvertrag ausgehandelt. In juristischen Kategorien gedacht handelt es sich um einen

---

[35] BGBl. 2010 I 639; Zimmermann NZM 2012, 599; Vogel GE 2012, 1479; Stemmler ZfBR 2010, 637.
[36] AG München WuM 2018, 773.
[37] Sydow wi 1996, 263; AG Frankfurt DWW 1991, 54.
[38] So die Terminologie von GEWOS zB in BBU, Leitfaden zum Vergleichsmietensystem, S. 20; Arbeitshilfe zur Erstellung von Mietspiegeln in Sachsen, Nr. 3. 1.

„Mietspiegelvertrag[39]", aber nicht um eine Übersicht über tatsächlich gezahlte Entgelte. Häufig beruht die Datengrundlage dieser Mietspiegel vor allem auf der Erfahrung der ihn aushandelnden Funktionäre. Schließlich sind in manchen Kommunen die Mietspiegel auch zum Gegenstand politischer Verhandlungen geworden. Es soll mit dem Mietspiegel „Mietspiegelpolitik" gemacht werden.[40] Aber auch solche ausgehandelten Mietspiegel sind Mietspiegel im Sinne des § 558 c BGB und erfüllen die Vorgaben des § 3 MsV.

V. Die Fortschreibung des Mietspiegels

Nach § 558 c Abs. 3 BGB sollen Mietspiegel im Abstand von zwei Jahren der **30** Marktentwicklung angepasst werden. Es handelt sich um eine **Sollvorschrift.** Das bedeutet, dass die Fortschreibung nur dann nicht zu erfolgen hat, wenn ein Ausnahmefall vorliegt. Bei einer Soll-Vorschrift tritt die Rechtsfolge bei Vorliegen der Tatbestandsmerkmale der Norm im Regelfall ein.[41] Nur in atypischen Ausnahmefällen kann davon abgesehen werden. Wenn kein Ausnahmefall vorliegt, muss die Rechtsfolge eintreten.[42] Diese Rechtsfrage ist voll justiziabel.[43] Deshalb ist die Ratio der Norm entscheidend, also warum die Fortschreibung überhaupt zu erfolgen hat.

Mietspiegel geben die Marktverhältnisse zu einem bestimmten Zeitpunkt **31** wieder. Mietspiegel sind **statisch,** die ortsübliche Vergleichsmiete dagegen **dynamisch.** Mietspiegel veralten umso schneller, je schneller das allgemeine Mietenniveau sich verändert. Das ist regional äußerst unterschiedlich. Nach der Sollvorschrift des § 558 c Abs. 3 BGB sollen einfache Mietspiegel im Abstand von zwei Jahren **der Marktentwicklung angepasst** werden. Die ursprünglich geplante Verlängerung des Bindungszeitraums für Mietspiegel von zwei auf drei Jahre sollte nach den Vorstellungen des Gesetzgebers[44] dazu führen, dass die für die Anpassung eines Mietspiegels erforderlichen Kosten sinken. Der Rechtsausschuss hat die Änderung gestrichen. Die Sollvorschrift soll gewährleisten, dass der Mietspiegel tatsächlich ein Spiegel der tatsächlichen Gegebenheiten ist. Das Gesetz unterscheidet selbst zwischen der (Erst-)Erstellung oder auch Neuaufstellung und der Anpassung von Mietspiegeln. Wenn der Gesetzgeber davon ausgegangen wäre, dass ein Mietspiegel nach zwei Jahren immer veraltet ist und deshalb immer ein neuer Mietspiegel aufgestellt werden muss, dann hätte es sich angeboten, eine feste Laufzeit für Mietspiegel vorzuschreiben. Das hat der Gesetzgeber aber nicht getan. Vielmehr hat er weiterhin als **Sollvorschrift** angeordnet, dass der Mietspiegel nach zwei Jahren der Marktentwicklung angepasst werden soll. Das bedeutet, dass eine solche Anpassung ein Minus zur Aufstellung eines Mietspiegels ist.

Die Notwendigkeit der Fortschreibung hängt damit von den **tatsächlichen 32 Marktgegebenheiten** ab. Nicht weil der Mietspiegel zwei Jahre alt ist muss er fortgeschrieben werden, sondern weil die tatsächlichen Verhältnisse sich geändert ha-

---

[39] Kofner Zeitschrift für Wohnungspolitik 1996, 397 (401) Fn. 7 spricht von einer „Art Tarifabkommen".

[40] Dies wird bereits von Eckhoff, „Zur Kontroverse um die ökonomischen Auswirkungen des 2. WoBauG", Zeitschrift für die gesamte Staatswissenschaft, Bd. 137, 62 (70) beklagt.

[41] Börstinghaus/Ostermann NZM 2021, 825.

[42] Siehe nur Kopp/Ramsauer, VwVfG, 15. Auflage (2014), § 40 Rn. 64; Wolff/Bachof/Stober/Kluth, Verwaltungsrecht I, 12. Auflage (2007), § 31 Rn. 41.

[43] Kopp/Schenke, VwGO, 25. Auflage (2019), § 114 Rn. 21.

[44] BR–Drs. 766/20, 18.

ben. Hier hat der Gesetzgeber **eine Vermutung** aufgestellt, dass die Marktverhältnisse sich in zwei Jahren verändert haben. Je nach Marktgeschehen kann aber der Zeitraum zu lang aber auch zu kurz sein. In Gemeinden mit einem sich stark verändernden Mietniveau kann es im Einzelfall angebracht sein, den Mietspiegel in kürzerem Abstand an die Marktentwicklung anzupassen bzw. neu zu erstellen.[45] Die Marktentwicklung kann grds. in beide Richtungen stattfinden. Neben der Situation allgemein steigender oder auch fallender Mieten gibt es auch Situationen, in denen sich die Mieten in einzelnen Teilmärkten unterschiedlich entwickeln, zB im Bereich der teuren Neubauwohnungen fallen aber bei großen preiswerteren Altbauwohnungen noch steigen. Solch differenziertes Marktgeschehen kann aber idR nur durch eine Datenerhebung festgestellt werden.

33   Beim **einfachen Mietspiegel** schreibt das Gesetz weder die **Form der Fortschreibung** vor, noch begrenzt es die Anzahl der möglichen Mietspiegelfortschreibungen. Letztendlich wird die Entscheidung, wie und wie oft die Fortschreibung erfolgt, davon abhängen, wie sich das Mietenniveau verändert hat. Bei größeren Veränderungen dürfte eine Neuaufstellung sinnvoll sein, ansonsten kommt die Fortschreibung in Betracht. In der **Fortschreibung eines qualifizierten** Mietspiegels liegt unabhängig von dessen Wirksamkeit zugleich eine **Neuaufstellung** eines einfachen Mietspiegels.[45a]

34   Unzulässig ist die **Fortschreibung des Mietspiegels durch den Vermieter** im konkreten Mieterhöhungsverlangen. Der Vermieter darf also wegen des Alters eines Mietspiegels keinen Zuschlag zu den Werten des Mietspiegels hinzurechnen.[46] Dies würde dem Sinn und Zweck einer Begründung des Mieterhöhungsverlangens widersprechen, wonach möglichst objektive Informationen dem Mieter zur Verfügung gestellt werden sollen und nicht die Einschätzung des Vermieters. Auch ein Sachverständigengutachten, das auf einem Mietspiegel aufbaut, ist kein fortgeschriebener Mietspiegel.[47]

§ 4 Dokumentation

Die Erstellung und Anpassung eines einfachen Mietspiegels und die dafür verwendeten tatsächlichen Grundlagen sind in Grundzügen im Mietspiegel oder in einer gesonderten Dokumentation anzuzeigen und zu erläutern.

A. Inhalt der Norm

1   Anders als nach der bis 30.6.2022 geltenden Rechtslage verlangt nunmehr § 4 MsV auch für einfache Mietspiegel eine Dokumentation. Diese Verpflichtung ergibt sich nicht unmittelbar aus § 558c BGB. Dort ist nur in Absatz 5 die Ermächtigungsgrundlage für die Verordnung enthalten. Die erlaubt durch Rechtsverordnung Vorschriften zu erlassen über das Verfahren zur Erstellung und Anpassung von Mietspiegel „einschließlich Dokumentation und Veröffentlichung". Aufgrund dieser Ermächtigung enthält § 4 MsV die **Dokumentationspflicht.**

---

[45] BR-Drs. 766/20, 18.
[45a] LG Berlin GE 2022, 690.
[46] OLG Stuttgart NJW 1982, 945; OLG Hamburg NJW 1983, 1803 (1805); LG München WuM 1998, 726.
[47] OLG Frankfurt a. M. WuM 1985, 216.

B. Inhalt der Dokumentation

Nach den Vorstellungen des Verordnungsgebers[1] soll anhand der Dokumenta- 2
tion zumindest grob nachvollzogen werden können, auf welche Weise und auf welchen Grundlagen die im Mietspiegel ausgewiesenen Werte ermittelt wurden. Hierzu sollen Angaben dazu gehören,

• welche Daten oder sonstigen tatsächlichen Grundlagen
• in welchem Umfang verwendet wurden und
• welcher Weg von der Auswertung zur Darstellung der ortsüblichen Vergleichsmiete im Mietspiegel gewählt wurde

Das soll nach Ansicht des Verordnungsgebers die Verwendung **einfacher Miet-** 3
spiegel als Schätzgrundlage verbessern.[2] Das ist insofern nicht ganz richtig, weil nach der Rechtsprechung des BGH ein einfacher Mietspiegel keine Schätzgrundlage, sondern sogar ein Indiz für die Ermittlung der ortsüblichen Vergleichsmiete im Prozess darstellen kann.[3] Nur eine Schätzgrundlage nach $\S$ 287 Abs. 2 ZPO ist demgegenüber die Orientierungshilfe zur Spanneneinordnung. Eine Indizwirkung ermöglicht demgegenüber mittelbar eine volle richterliche Überzeugung gemäß $\S$ 286 Abs. 1 ZPO. Von der Systematik her ist der Indizienbeweis ein indirekter Beweis. Es wird aus tatbestandsfremden (Hilfs-)Tatsachen der Schluss auf das Vorliegen der Haupttatsache gezogen. Nach der grundlegenden Entscheidung des BGH[4] ist der **Indizienbeweis** geführt, wenn andere Schlüsse aus den Indiztatsachen ernstlich nicht in Betracht kommen.

Die **Indizwirkung** eines einfachen Mietspiegels beruht maßgeblich darauf, dass 4
zumindest eine Datenerhebung erfolgt ist, die von der Gemeinde oder von Interessenvertretern der Vermieter und Mieter gemeinsam erstellt oder anerkannt worden ist. Wie weit diese Indizwirkung reicht, hängt dann von den konkreten Umständen des jeweiligen Einzelfalls, insbesondere der Qualität des Mietspiegels ab. Die Indizwirkung eines Tabellenmietspiegels bezieht sicher nur auf die Spanne. Innerhalb der Spanne kann dann das Gericht gem. $\S$ 287 ZPO die Einzelvergleichsmiete schätzen.[5] Dabei hilft eine Dokumentation, zumal wenn sie, wie $\S$ 4 MsV nur verlangt, nur in Grundzügen erfolgt. Hierzu ist dann schon mehr erforderlich, also entweder, wie in Berlin, eine Orientierungshilfe[6] oder eine sehr in die Einzelheiten gehende Dokumentation.

Das bedeutet, dass die Dokumentation eines einfachen Mietspiegels vor allem 5
Angaben dazu enthalten muss, ob und wenn ja welche Daten ihm zugrunde liegen. Dazu gehört, wie diese Daten beschafft wurden und um wieviel Daten es sich han-

---

[1] BR-Drs. 766/20 S. 22.
[2] BR-Drs. 766/20 S. 22.
[3] BGH NZM 2021, 81; Börstinghaus, LMK 2021, 437146; BGH NZM 2021, 650; BGH NZM 2019, 250; Börstinghaus LMK 2019, 415378; BGH WuM 2017, 208; BGH NZM 2013, 138; BGH NZM 2010, 665; LG Nürnberg-Fürth WuM 2015, 675; Börstinghaus/Clar NZM 2014, 889.
[4] BGH NJW 1970, 946.
[5] BGH NZM 2021, 88.
[6] Äußerst kritisch zur Qualität von Orientierungshilfen Staudinger/V. Emmerich BGB $\S$ 558 Rn. 28: Es treffe nicht zu, dass sie von Fachleuten aufgestellte Erfahrungssätze seien, sie würden im besten Fall von Fachleiten frei geschätzt und im schlimmsten Fall nach dem Prinzip „do ut des" ausgehandelt.

delte. Der Verwender eines einfachen Mietspiegels sollte insbesondere anhand der Dokumentation erkennen können, ob und wieviel **Mietwerte** berücksichtigt wurden, und wie die im Mietspiegel ausgewiesenen Mietwerte beziehungsweise Spannen gebildet wurden.[7]

6   Anschließend muss dargestellt werden, wie diese Daten ausgewertet wurden, also ob alle Daten berücksichtigt wurden oder ob zunächst ein Überprüfung darauf, ob die Voraussetzungen des § 558 Abs. 2 BGB überhaupt vorliegen, stattgefunden hat:
- preisfreier Wohnungsbau
- in den letzten 6 Jahren
  - Neuvermietung
  - Bestandsmietenerhöhung

7   Wünschenswert sind darüber hinaus Angaben zu den Kriterien der Einsortierung in die verschiedenen Wohnungsteilmärkte nach den **fünf Wohnwertmerkmalen.** Dazu gehört ggf. die Frage, ab wann eine Wohnung mit Balkon gilt (auch Französischer Balkon?) oder was als hochwertige Bodenbeläge angesehen wurde, soweit bei einem einfachen Mietspiegel eine solche Differenzierung überhaupt erfolgt.

8   Diese Anforderungen betreffen sowohl einfache Mietspiegel, denen eine empirische Datenerhebung zugrunde liegt, als auch solche, die auf **Datenbanken** der Mieter- und Vermieterverbände oder auf sachverständigen Erkenntnissen aus der Praxis beruhen.

C. Ort der Dokumentation

9   Weder § 558c BGB noch § 4 MsV enthalten Vorgaben, wo die Dokumentation zu erfolgen hat. Dies kann im Mietspiegel selbst erfolgen aber auch in einer gesondert veröffentlichten Dokumentation. Zur besseren Verständlichkeit bietet es sich an, die Dokumentation vom Mietspiegelteil zu trennen.[8]

D. Rechtsfolgen von Fehlern

10   Genauso wie die Veröffentlichung eines Mietspiegels entsprechend der Vorgabe in § 558c Abs. 4 S 2 BGB iVm § 5 MsV **keine Wirksamkeitsvoraussetzung** für einen einfachen Mietspiegel ist[9], ist auch seine Dokumentation keine Wirksamkeitsvoraussetzung. Ein Mieterhöhungsverlangen, das mit einem einfachen Mietspiegel begründet wurde, für den es keine Dokumentation gibt, ist wirksam. Jedoch kommt einem solchen Mietspiegel regelmäßig keine Indizwirkung in einem Zustimmungsprozess zu.

---

[7] BR-Drs. 766/20 S. 22.
[8] BR-Drs. 766/20 S. 22.
[9] BT-Drs. 19/26918 S. 24.

§ 5   Veröffentlichung

¹Ein einfacher Mietspiegel und seine Dokumentation sind kostenfrei im Internet zu veröffentlichen. ²Für ihre Ausgabe in gedruckter Form können angemessene Entgelte verlangt werden.

A. Inhalt der Norm

Seit 1.7.2022 ist die **Veröffentlichung eines Mietspiegels** zwingend vor- 1
geschrieben. Insofern hat sich die Rechtslage durch das Mietspiegelreformgesetz geändert, da es bis 30.6.2022 nur eine Sollvorschrift gab. § 558c Abs. 4 S. 2 BGB legt fest, dass sowohl einfache als auch qualifizierte Mietspiegel veröffentlicht werden müssen. Das entsprach schon bisher der gängigen Praxis, weil der Mietspiegel ohne Veröffentlichung seine Funktion nicht erfüllen kann. Durch die Veröffentlichung des Mietspiegels will der Verordnungsgeber die Verbreitung und Akzeptanz eines einfachen Mietspiegels bei Mietern und Vermietern einer Gemeinde stärken.¹ In diesen Kreisen war der maßgebliche Mietspiegel aber immer schon bekannt. Für qualifizierte Mietspiegel befindet sich eine vergleichbare Norm in § 21 MsV.

B. Inhalt der Veröffentlichung

An die Veröffentlichung werden weiterhin keine besonderen Voraussetzungen 2
geknüpft, insbes. ist kein rechtsförmliches Veröffentlichungsverfahren wie bei Rechtsnormen erforderlich.² Ein Mietspiegel braucht, um seiner Befriedigungsfunktion gerecht zu werden, Akzeptanz. Akzeptiert werden aber keine unbekannten Geheimdaten. Der Mietspiegel lebt davon, dass die Mehrheit der **Marktteilnehmer** sich auf ihn beruft bzw. auf Grund seiner Werte die Zustimmung erteilt.

Die Veröffentlichungspflicht bezieht sich nicht nur auf den Mietspiegel (Tabelle 3
und ggf. Textteil) sondern auch auf die **Dokumentation.** Dies ist nach § 4 MsV nunmehr auch für einfache Mietspiegel vorgeschrieben. Danach sind bei einem einfachen Mietspiegel zumindest in Grundzügen die Erstellung und Anpassung eines einfachen Mietspiegels und die dafür verwendeten tatsächlichen Grundlagen entweder im Mietspiegel oder in einer gesonderten Dokumentation anzuzeigen und zu erläutern. Die Pflicht zur Veröffentlichung auch der Dokumentation hat ihren Hintergrund in der besonderen Bedeutung der Dokumentation für die Anwendung des einfachen Mietspiegels.³ Zur Beurteilung, welche Indizwirkung einem einfachen Mietspiegel zukommt, muss der Verwender des Mietspiegels auf einfache Art und Weise ermitteln können, auf welcher Grundlage der Mietspiegel erstellt wurde.⁴

---

¹ BR-Drs. 766/20 S. 22.
² BT-Drs. 19/26918, 18; Müglich/Börstinghaus NZM 1998, 353.
³ BR-Drs. 766/20 S. 22.
⁴ BR-Drs. 766/20 S. 22.

C. Urheberschutz

4 Ein Mietspiegel kann **Urheberschutz** genießen.[5] Voraussetzung hierfür ist zunächst, dass der Mietspiegel ein urheberrechtlich geschütztes Werk ist. Dafür ist erforderlich, dass der Mietspiegel eine individuelle geistige Schöpfung darstellt.[6] Dafür kommt es sowohl auf die von der Gedankenformung und -führung geprägten sprachlichen Gestaltung wie auch die Art der Sammlung, Auswahl, Einteilung und Anordnung des dargebotenen Stoffs an. An die Individualität von Tabellen und Zeichnungen als Darstellungen sind dabei keine hohen Anforderungen zu stellen. Es reicht aus, dass eine individuelle Geistestätigkeit in dem dargestellten Gedanken zum Ausdruck kommt. Allein die Tatsache, dass wesentliche Teile eines Mietspiegels wegen der gesetzlichen Funktion vorgegeben sind und die „Hinweise zur Erstellung von Mietspiegeln" weitere Vorgaben machen, steht der Einordnung als eigene geistige Schöpfung nicht entgegen. Hierbei kommt es aber durchaus auf die Umstände des Einzelfalls an. Nicht alle Mietspiegel werden diese **„Werkqualität"** erreichen.

5 Es handele sich zwar um ein **„amtliches Werk"** iSd § 5 UrhG, dies ist jedoch nicht „gemeinfrei" iSd Vorschrift.[7] Bei einem Mietspiegel einer nach Landesrecht zuständigen Behörde handelt es sich zwar um amtliches Werk, dieses ist jedoch nicht gemeinfrei. Für die Beurteilung als amtliches Werk kommt es auf die rechtliche Einordnung eines qualifizierten Mietspiegels und die Frage, ob es einen öffentlich-rechtlichen Rechtsschutz gegen Mietspiegel gibt, nicht an. Gemeinfrei sind gem. § 5 Abs. 1 UrhG nur Gesetze, Verordnungen, amtliche Erlasse oder andere amtliche Bekanntmachungen. Unter letztere fallen alle Rechtsnormen und regelnde Äußerungen einer Stelle, die mit der Erfüllung öffentlicher, hoheitlicher Aufgaben betraut ist. Ein Mietspiegel ist weder ein Gesetz noch eine Verordnung. Er ist auch kein amtlicher Erlass und keine amtliche Bekanntmachung. Letzter ist nur dann gemeinfrei, wenn sie ebenso wie die sonst in der Vorschrift aufgezählten Werke eine normative oder einzelfallbezogene rechtliche Regelung enthält. Rein informatorische Äußerungen eines Amtes fallen nicht darunter. Eine Gemeinfreiheit scheidet aus, weil es sich bei einem Mietspiegel nicht um eine Rechtsnorm oder regelnde Äußerung der nach Landesrecht zuständigen Behörde handelt. Gemeinfreiheit gem. § 5 Abs. 2 UrhG kommt mangels eines spezifischen Verbreitungs- oder Veröffentlichungsinteresses nicht in Betracht. Allein die Tatsache, dass ein qualifizierter Mietspiegel gem. § 558a Abs. 2 BGB zwingend dem Mieterhöhungsverlangen beizufügen ist, wenn er nicht kostenlos erhältlich ist, führt nicht zu einem Regelungscharakter des Mietspiegels. Die Rechtsfolge resultiert nicht aus dem Mietspiegel, sondern aus dem Gesetz. Das Gleiche gilt für die Vermutungswirkung gem. § 558d Abs. 3 BGB. Diese dient nur der Verfahrensvereinfachung und hat keine regelnde Funktion.

---

[5] LG Stuttgart BeckRS 2010, 18900; rkr., da Berufung zurückgewiesen, OLG Stuttgart GRUR-RR 2010, 369; und NZB zurückgewiesen BGH 7.7.2011 – I ZR 149/10, (unveröff.); Müglich/Börstinghaus NZM 1998, 353; Emmert DMT-Bilanz 2011, 668; Emmert WuM 2011, 276; **aA** Staudinger/V. Emmerich BGB § 558a Rn. 40 „Annahme liegt fern" und „Streit darf nicht auf dem Rücken der Mieter ausgetragen werden".

[6] Börstinghaus/Müglich NZM 1998, 353.

[7] Zu der gleichen Problematik bei Bodenrichtwert-Sammlungen BGH GRUR 2007, 137; gegen Urheberschutz für Mietspiegel deshalb Kniep/Gratzel WuM 2008, 645 (646).

D. Zeitpunkt der Veröffentlichung

§ 558c Abs. 4 S. 2 BGB iV,m § 5 MsV ist keine Voraussetzung für die Wirksam- **6**
keit, sondern eine gesetzgeberische Vorgabe, um den Erfolg eines Mietspiegels zu
sichern. Das bedeutet, dass ein Mietspiegel nicht erst für den Zeitraum nach der
Veröffentlichung anwendbar wird. Auch für Zeiträume vor der Veröffentlichung
kann der Mietspiegel als Erkenntnisquelle verwendet werden. Relevant wird diese
Frage, wenn der im Mietspiegel bestimmte Stichtag, zu dem die ortsübliche Vergleichsmiete ermittelt wurde, vor dem **Zugang eines Mieterhöhungsverlangens**
liegt, der Mietspiegel selbst aber erst später veröffentlicht wird.[8] Insofern unterscheidet sich die Rechtslage von der hinsichtlich der Veröffentlichungspflicht für
eine Begründung für eine MietpreisbremseVO nach § 556d Abs. 2 BGB.[9] Hier ist
die Veröffentlichung gerade Wirksamkeitsvoraussetzung.

E. Ort der Veröffentlichung

§ 5 Satz 1 MsV schreibt die kostenfreie Veröffentlichung eines einfachen Miet- **7**
spiegels und seiner Dokumentation **zumindest im Internet** vor. Damit wollte
der Verordnungsgeber die heute übliche Praxis aufgreifen, wonach zunehmend
auch einfache Mietspiegel im Internet veröffentlicht werden.[10] Ob ein Mietspiegelersteller den einfachen Mietspiegel und seine Dokumentation auch über weitere
Medien der Öffentlichkeit zugänglich macht, steht in seinem Ermessen. Nur für
eine zusätzliche Ausgabe in gedruckter Form kann ein Entgelt verlangt werden.
Zwingend ist also nur die kostenlose Zugänglichmachung im Internet. Das muss
nur eine **Leseversion** sein. Schon der Ausdruck des Dokuments kann kostenpflichtig sein. Dabei darf aber nicht vergessen werden, dass der Mietspiegel nicht nur aus
der Mietwerttabelle besteht, sondern auch aus den textlichen Erläuterungen, die
ebenfalls veröffentlicht werden müssen, ebenso wie die Dokumentation. Es kann
auch differenziert werden, wonach der Mietspiegel kostenlos heruntergeladen werden kann, aber für das Herunterladen der Dokumentation ein Entgelt zu zahlen ist.

Die Höhe des Entgelts steht ebenfalls im Ermessen des Mietspiegelerstellers. **8**
Für das Mieterhöhungsverlangen gem. § 558a BGB ist dies nunmehr aber unerheblich. Der Vermieter muss den Mietspiegel dem Mieterhöhungsverlangen
nicht beifügen, wenn der Mietspiegel, mit dem das Erhöhungsverlangen begründet wurde, öffentlich kostenlos zugänglich ist.[11] Das ist seit 1.7.2022 nunmehr zumindest online der Fall. Der Vermieter muss den Mieter nicht darüber informieren,

---

[8] BT-Drs. 19/26918, 18; LG Aachen GE 2017, 177; LG Berlin WuM 2018, 209; GE 2016,
1152; GE 2015, 126; GE 2010, 61; GE 2008, 1057; GE 2008, 334; GE 2006, 391; GE
2005, 1433; GE 2004, 483; GE 2003, 1022; AG Charlottenburg GE 2019, 1640; GE 2016,
331; GE 2004, 52; AG Esslingen WuM 2015, 161 (163); AG Gelsenkirchen ZMR 2009,
129; AG Gelsenkirchen-Buer NZM 1998, 509; AG Dortmund NJW-RR 1995, 971;
WuM 2003, 35; AG Frankfurt DWW 1993, 44.
[9] BGH NZM 2019, 584.
[10] BR-Drs. 766/20 S. 22.
[11] BGH NJW 2010, 225; BGH NZM 2009, 429; BGH NJW 2008, 573; KG WuM 2009,
407.

wo der Mietspiegel erhältlich ist.[12] Das gilt auch für die Angabe des Links, der zum örtlichen Mietspiegel im Netz führt. Die alte Diskussion, ob der Mietspiegel **immer dann beigefügt** werden muss, wenn er nicht allgemein kostenlos zugänglich ist, hat sich damit erledigt.

F. Rechtsfolgen von Veröffentlichungsfehlern

9   Diese Veröffentlichungspflicht beinhaltet **keine Wirksamkeitsvoraussetzung** für einen einfachen oder qualifizierten Mietspiegel. Sie ist nur eine Voraussetzung für die **Befriedungsfunktion** von Mietspiegeln. Der Mietspiegel kann schon vor seiner Veröffentlichung als Begründungsmittel verwendet werden. Das gilt auch bei Vorliegen von Veröffentlichungsmängeln.

Abschnitt 3. Qualifizierte Mietspiegel

§ 6 Allgemeine Anforderungen

(1) **Das für qualifizierte Mietspiegel bestehende Erfordernis der Erstellung nach anerkannten wissenschaftlichen Grundsätzen (§ 558d Absatz 1 Satz 1 des Bürgerlichen Gesetzbuchs) betrifft alle Phasen der Mietspiegelerstellung.**

(2) **[1]Soweit Mietspiegel unter Beachtung der in den §§ 7 bis 21 geregelten Anforderungen erstellt wurden, wird vermutet, dass sie anerkannten wissenschaftlichen Grundsätzen entsprechen. [2]Soweit Mietspiegel diese Anforderungen nicht erfüllen, sind sie einfache Mietspiegel.**

Inhaltsübersicht

A. Inhalt der Regelung

1   Die Regelung legt fest, dass die Erstellung eines qualifizierten Mietspiegels in allen Erstellungsphasen **nach wissenschaftlichen Grundsätzen** erfolgen soll nach Maßgabe der in den §§ 7 bis 21 dieser Verordnung aufgestellten Anforderungen. Wird diese Vorgabe nicht erfüllt, handelt es sich bei dem erstellten Mietspiegel lediglich um einen einfachen Mietspiegel.

---

[12] BGH WuM 2010, 693, für Mietspiegel, der gegen Schutzgebühr erhältlich ist.

B. Phasen der Mietspiegelerstellung

Als Phasen der Mietspiegelerstellung werden in den Erläuterungen zum Entwurf **2** der Mietspiegelverordnung insbesondere die Arbeitsschritte „… Erhebungen und Auswertungen von Primärdaten sowie ihre Überprüfungen auf Plausibilität …"[1] genannt. Diese Aufzählung greift aber zu kurz. Eine Mietspiegelerstellung besteht üblicherweise aus folgenden Arbeitsschritten:

- Auswahl Mietspiegelerstellungsmethode
- Auswahl der Grundgesamtheit
- Bestimmung der Datengrundlage
- Auswahl und Konkretisierung der Datenerhebungsinstrumente
- Durchführung der Datenerhebung
- Auswertung der Daten und Ergebnisdarstellung
- Anerkennung des Mietspiegels
- Erstellung und Veröffentlichung der Mietspiegelbroschüre
- Erstellung eines Methoden- und Ergebnisberichts

Wie ersichtlich, erfolgen vor Beginn der Datenerhebungsarbeiten wesentliche **Arbeitsschritte** und Festlegungen, die keinesfalls irgendwie gearteten wissenschaftlichen Grundsätzen genügen müssen, sondern oftmals **politisch-normativen Charakter** haben. Hier ist insbesondere zu nennen die Auswahl und Festlegung der Mietspiegelerstellungsmethodik (insbesondere Neuerstellung oder Fortschreibung, Wahl der Auswertungsmethodik Tabelle vs. Regression) und die Auswahl der Wohnungsteilmärkte, für die der spätere Mietspiegel gelten soll (z. B. nur Wohnungen in Mehrfamilienhäusern oder auch solche in Zweifamilienhäusern, nur unmöblierter Wohnraum oder auch möblierter Wohnraum, nur abgeschlossene Wohnungen oder auch Zimmer in Wohngemeinschaften). Diese Festlegungen werden fernab jeder wissenschaftlicher Grundsätze zumeist nach **Opportunitätsgesichtspunkten** getroffen und unterliegen soweit erkennbar bislang keiner juristischen Überprüfung.

Ein wesentlicher Schritt der Mietspiegelerstellung ist seine Anerkennung durch **3** die dazu gesetzlich befugten Gremien. Dabei macht der Begriff **„Anerkennung"** deutlich, dass es sich nicht um einen Automatismus aufgrund der Ergebnisse der vorangegangenen Arbeitsschritte handelt, sondern um einen eigenständigen Willensakt. Eine Einhaltung der wissenschaftlichen Grundsätze bei denjenigen Mietspiegelerstellungsschritten, wo sie erforderlich ist, ist keine Garantie für die Anerkennung der Resultate. Hierum muss der Mietspiegelsteller ggf. in besonderer Weise bei den Anerkennungsbefugten werben.

Die Arbeiten zur Erstellung eines Mietspiegels schließen mit der Erstellung der **4** **Mietspiegelbroschüre** und der Abfassung eines Methoden- und Ergebnisberichts ab. Während die Abfassung einer Dokumentation der Mietspiegelerstellungsarbeiten in Form eines Ergebnis- und Methodenberichts zwingend bei der Mietspiegelerstellung durch die Rechtsverordnung vorgeschrieben ist, gibt es für Form und Inhalt der Mietspiegelbroschüre (also der Veröffentlichung des Mietspiegels und der Anleitung zu seinem sachgerechten Gebrauch) keinerlei Vorgaben.

Da der Verordnungsgeber die gegenwärtig geläufigen Mietspiegelerstellungs- **5** methoden **Tabellenmietspiegel** und **Regressionsmietspiegel** als gleichwertig für die Mietspiegelerstellung erachtet, ist eine besondere Begründungserfordernis

---

[1] BR-Drs. 766/20, S. 23, zu § 6, Abs. 1.

für die Auswahl einer der beiden Methoden bei der jeweiligen Mietspiegelerstellung nicht erforderlich. Insbesondere besteht für diese Auswahlentscheidung nicht das Erfordernis der Einhaltung der wissenschaftlichen Grundsätze.

C. Wissenschaftliche Grundsätze

6   Die Daten einer Mietspreisübersicht und allgemeiner die Daten zur Ermittlung der ortsüblichen Vergleichsmiete werden nicht von irgendjemandem zur Verfügung gestellt, man muss sie sich vielmehr selbst erarbeiten, man muss sie erheben. Es sind also nicht Daten beispielsweise der amtlichen Statistik, die man nur noch auswerten muss. Es muss vielmehr eine eigenständige Erhebungsarbeit geleistet werden. Die Regeln und die wissenschaftlichen Grundlagen hierfür liefert die empirische Sozialforschung, insbesondere deren Methoden der Erhebung sozialer Daten. Ihre **Qualitätskriterien** lassen sich deshalb auch an eine solche Aufgabe anlegen, sie lassen sich unter die drei Begriffe: Gültigkeit, Zuverlässigkeit und Repräsentativität zusammenfassen.[2] Was ist damit gemeint?

I. Der Anspruch der Gültigkeit

7   Zur Beantwortung dieser Frage ist ein Rückgriff auf die sogenannte **Wissenschaftstheorie** notwendig, d. h. die Lehre von der Methodik wissenschaftlicher Forschung.

8   Nichts auf dieser Welt ist dem Menschen unmittelbar als Erfahrung zugänglich, nichts, was nicht innerhalb seiner eigenen Person, in seinem Körper stattfindet. Jedes Wissen, welches wir Menschen über unsere Umwelt haben, kommt durch einen komplexen Filtervorgang zustande, der aus Elementen von Beobachtungen, aus Vorstellungen und Erfahrungen über Naturgesetzmäßigkeiten usw. besteht. Eines der wichtigsten Erkenntnisse der modernen Wissenschaftstheorie ist die Vorstellung, dass wir Menschen sehr viel über unsere Umwelt erfahren, indem wir sogenannte „**Messtheorien**" anwenden.

9   Das klassische Beispiel aus der Naturwissenschaft sind die Messtheorien in Zusammenhang mit der Temperaturmessung oder Luftdruckmessung. Temperatur oder Luftdruck können wir in der Natur nirgendwo unmittelbar ablesen. Aufgrund unseres Wissens über das Verhalten chemischer Stoffe z. B. bei Wärme können wir jedoch Instrumente wie Thermometer oder Barometer entwickeln, die uns die gewünschten Informationen über Lufttemperatur und Luftdruck sozusagen über eine Hilfskonstruktion zugänglich machen.

10   Diese **Hilfskonstruktionen** sind das A und O aller empirischen Erhebungen, da uns unsere Umwelt nur über sie zugänglich ist. Sicherlich gibt es graduelle Unterschiede in der Komplexität der Messtheorien zwischen beispielsweise dem Zählen des Viehbestands und dem Messen von Intelligenz, das Prinzip ist aber immer gleich: Über Messtheorien wird die Wirklichkeit in formale Systeme von beispielsweise Begrifflichkeiten oder Zahlen abgebildet, mit denen wir in unseren Denkvorstellungen über die reale Welt weiterarbeiten. Das Zählen eines Wohnungs-

---

[2] Diese drei Qualitätsmaßstäbe bilden eine Submenge der üblicherweise an empirische Meßverfahren wie beispielsweise psychologische Tests gestellten Anforderungen, vgl. zB Lienert, S. 12–21.

bestands ist ebenso eine Abstraktion der Realität wie die Messung von naturwissenschaftlichen oder psychologischen Phänomenen.

Manch einer mag sich fragen, was diese philosophischen, als Haarspalterei anmutenden Überlegungen mit dem Problem der Mietspiegelerstellung zu tun haben. Aber was fordert denn das Vergleichsmietensystem? Das Messen von **Wohnwert!** Wohnwert kann man nicht anfassen. Über Wohnwert hat man aber Vorstellungen, woraus sich dieser Begriff zusammensetzen soll. Das Miethöherecht formuliert in § 558 BGB sogar fünf Bestandteile, nämlich **Art, Lage, Größe, Ausstattung und Beschaffenheit.** 11

Während die Wohnungsgröße noch einigermaßen unmittelbar dem Zollstock und Maßband zugänglich ist, ist doch beispielsweise die Wohnlage ein äußerst komplexer Begriff, der nur über Hilfskonstruktionen zugänglich ist. Aber auch bereits das **Merkmal Wohnungsgröße** ist keinesfalls so einfach und unmittelbar unserer Erfahrung zugänglich, wie es zunächst erscheint. Mit dem Merkmal Wohnungsgröße ist wohl kaum die rein physikalische Dimension Wohnfläche gemeint, vermutlich soll doch viel eher eine Dimension von Nutzbarkeit einer Wohnung bezeichnet werden, die bei der Vertragsverhandlung zwischen Mieter und Vermieter als Kriterium der Wohnwertzumessung implizit eingesetzt wird. Eine solche Überlegung führt unmittelbar zu der Vorstellung, dass sich der Wohnwert einer Wohnung nicht linear zur Wohnfläche verhält, da weder der objektive Nutzen der Wohnung noch subjektive Aspekte des Wohlbefindens sich in direkter Abhängigkeit von der Wohnungsgröße verändern werden. Der Unterschied zwischen einer 30 und einer 40 qm großen Wohnung dürfte für die meisten Menschen ein anderer sein als zwischen einer 100 und einer 110 qm großen Wohnung. 12

Im Lichte der Theorie wissenschaftlicher empirischer Forschung stellt das **Merkmal Wohnfläche** in Quadratmetern nichts anderes dar als eine Hilfskonstruktion, mit der eine latente, d. h. verborgene Nutzendimension von Mietwohnungen messbar gemacht werden soll. Eine konsequente Anwendung moderner wissenschaftstheoretischer Erkenntnisse und Standards bedeutet, dass solche Hilfskonstruktionen (oder Messtheorien) explizit formuliert und empirisch getestet werden müssen, wenn das Vergleichsmietensystem nicht nur einen normativen Charakter haben soll, sondern auch Anspruch auf einen empirischen Wesensgehalt hat. 13

Aus solchen Überlegungen leitet sich die erste Forderung an empirische Vergleichsmietenerhebungen ab: die Forderung nach ihrer Gültigkeit. Damit ist nicht die formale Korrektheit gemeint, sondern eine inhaltliche Gültigkeit. Die Daten müssen das auch wirklich messen, was sie vorgeben zu messen. Um dieses im Licht der Standards erfahrungswissenschaftlicher Forschung überprüfen zu können, um festzustellen, ob dieser Anspruch tatsächlich eingehalten wird, wäre der empirische Sinngehalt des **Vergleichsmietensystems** explizit zu formulieren. D. h. es wäre zu benennen, welche Annahmen man über Wirkungszusammenhänge zum Preisbildungsverhalten auf dem Mietwohnungsmarkt macht. 14

Streng davon zu unterscheiden sind dagegen normative oder definitorische Begründungssysteme des Vergleichsmietensystems, in denen letztlich nicht die Frage beantwortet wird, wie sich Marktmieten tatsächlich bilden, sondern wie sich Mieten bilden sollten. Während im empirischen Begründungssystem des Vergleichsmietenbegriffs den Anspruch erhebt, auch empirisch überprüfbar zu sein, lassen sich definitorische oder normative Begründungen des Vergleichsmietenbegriffs nur auf **logische und formale Fehlerfreiheit** hin prüfen. 15

Daraus folgt: Solange eine explizite **empirische Begründung des Vergleichsmietensystems** fehlt, ist jede Frage nach dem auf die Realität bezogenen Sinn 16 gehalt ihrer Regelungen letztlich sinnlos, da nur vage oder sogar völlig unbeantwortbar. Damit kann aber auch konsequenterweise mit den Mitteln der Erfahrungswissenschaften nicht beurteilt werden, ob einzelne Regelungen des Vergleichsmietensystems oder einzelne Mietspiegel „richtig" oder „falsch" sind.

II. Der Anspruch der Zuverlässigkeit

17   Die zweite Anforderung an empirische Datenerhebungen ist ihre Zuverlässigkeit. Hiermit ist vor allem gemeint, dass bei einer **Wiederholung der Erhebung** dieselben Ergebnisse herauskommen müssen. Dieser Anspruch gilt sowohl für ein und denselben Forscher, der einen Tatbestand zweimal erhebt als auch für unterschiedliche Personen, die zweimal dasselbe messen. Das Ergebnis einer Messung muss unabhängig von der Person des Messenden sein!

18   Diese beiden methodischen Anforderungen gewinnen für das Thema Vergleichsmietenerhebung noch deutlich an Gewicht, wenn man sich darüber im klaren wird, dass auch die beiden anderen neben dem Mietspiegel als Nachweis für die **ortsübliche Vergleichsmiete** existierenden Methoden, das Sachverständigengutachten und die Vergleichswohnungen, als empirische Datenerhebungen sich dem methodischen Anspruch beugen und davor bestehen müssen.[3]

III. Der Anspruch der Repräsentativität

19   Der dritte für die Mietspiegelerstellung wohl bekannteste Qualitätsmaßstab ist die Repräsentativität der Ergebnisse. Verkürzt formuliert ist damit gemeint, dass die Daten ein verkleinertes Abbild der Realität ergeben sollen.

20   Diese Anforderung ist selbstverständlich nur dann notwendig, wenn keine Totalerhebung stattfindet, sondern eine Erhebung auf der Basis einer **Stichprobe.** Da eine stichprobenartige Erhebung aber der Regelfall jeder empirischen Mietspiegelerstellung ist, wollen wir bei diesem Aspekt noch einige Momente verweilen.

21   Im Grunde bedeutet die Repräsentativität der Daten, dass in ihnen alle wichtigen Merkmale zumindest ähnlich wie in der **Grundgesamtheit** verteilt sind. Warum ist dieser Anspruch nun aber so wichtig? Ganz einfach, weil im Regelfall die Ergebnisse der Grundgesamtheit nicht bekannt sind, weil es ja gerade Ziel der Stichprobenerhebung ist, diese unbekannten Werte möglichst gut abzubilden. Nur wenn die Erhebungsdaten repräsentativ sind, ist beispielsweise ihr Mittelwert nach den Regeln der Wahrscheinlichkeitstheorie identisch oder zumindest sehr nahe dem Mittelwert in der Grundgesamtheit.

22   Dieser letzte Satz ist ganz besonders hervorhebenswert: Da man ja gerade keine Totalerhebung durchführt, kennt man auch den wirklichen **Mittelwert** nicht, also beispielsweise die Durchschnittsmiete. Deshalb kann man im Grunde auch nur selten kontrollieren, ob Stichprobendaten wirklich den Zahlen in der Grundgesamt-

---

[3]   Für die Vergleichswohnungen gelten diese Forderungen nur eingeschränkt, da aufgrund der höchstrichterlichen Rechtsprechung an Vergleichswohnungen als Begründungsmittel eines Mieterhöhungsverlangens nur verminderte Qualitätsanforderungen gestellt werden, um das Mieterhöhungsbegehren nicht unangemessen zu erschweren. Im Fall einer späteren gerichtlichen Auseinandersetzung wird den Vergleichswohnungen jedoch im Regelfall keine Beweiskraft mehr zugemessen. Im Grunde bedeutet dies ein konsensuales Einverständnis darüber, dass das Beibringen von Vergleichswohnungen kein den genannten Wissenschaftsstandards genügendes Verfahren.

heit entsprechen.[4] Nur eine repräsentative Datenerhebung gibt mit Hilfe einiger Gesetzmäßigkeiten der Wahrscheinlichkeitstheorie[5] Anlass zu der vernünftigen Überzeugung, dass der Mittelwert einer repräsentativen Stichprobe ziemlich nahe dem Mittelwert in der Gemeinde kommt. Dass diese Schlussfolgerung überhaupt gezogen werden kann, dafür ist es aber unbedingt erforderlich, dass die Stichprobe eine Zufallsstichprobe ist. Nur wenn bei der Stichprobenziehung die strengen Regeln der Zufälligkeit eingehalten werden, können die Erhebungsergebnisse repräsentativ sein.

Theoretisch ist es durchaus denkbar, dass die drei Vergleichswohnungen, die sich **23** ein Vermieter heraussucht, im Mittel exakt die ortsübliche Vergleichsmiete ergeben. Dieses kann jedoch keiner nachprüfen, da die **Durchschnittsmiete** aller Wohnungen ja unbekannt ist. Nach den Regeln der Wahrscheinlichkeit ist es aber absolut unvernünftig anzunehmen, dass eine solche Auswahl den Mittelwert repräsentiert.

Letzten Endes ist also der **Charakter der Stichprobe** der Schlüssel zum Infor-**24** mationsgehalt der erhobenen Mietedaten. Nur wenn die Stichprobenauswahl repräsentativ ist, kann man vernünftigerweise davon ausgehen, dass diese Stichprobe im Ergebnis der wahren ortsüblichen Vergleichsmiete und seiner Streuung um den Mittelwert nahekommt.[6] Jeder, sei es der Ersteller eines Mietspiegels, der Sachverständige für Mieten und letzten Endes auch der Mieterichter, alle, die vorgeben, etwas über die wirkliche Verteilung der Vergleichsmieten am Ort zu wissen, müssen über repräsentative Stichprobendaten verfügen.

Repräsentativ ist eine Stichprobe aber nur dann, wenn alle wesentlichen Teil-**25** gruppen der **Grundgesamtheit i**n ihr enthalten sind: die Wohnungen der Großvermieter wie der Kleinvermieter, die streitbefangenen Mieterhöhungen wie die friedlich ausgehandelten, die ehemaligen Sozialwohnungen und Genossenschaftswohnungen ebenso wie die Neubauwohnungen der letzten Jahre, die Wohnungen der in einem Interessenverband organisierten Mitglieder ebenso wie die Wohnungen der Nichtmitglieder. Diese Teilgruppen müssen jedoch nicht nur irgendwie in der Stichprobe enthalten sein, sondern in genau den Proportionen, wie sie auch in der Grundgesamtheit gelten. Nur dann sind die Stichprobenauswertungen auch unverzerrt.

Dieses Verständnis von Repräsentativität hat noch eine weitere Facette: Der Be-**26** griff der ortsüblichen Vergleichsmiete setzt auch voraus, dass sich die Erhebungsdaten repräsentativ über die **gesamte Gemeindefläche** verteilen. Bei einer Erhebung müssen also Werte aus allen Ortsteilen einer Stadt berücksichtigt werden. Es genügt nicht, der Kenner des Wohnungsmarktes im Stadtteil X oder Y zu sein, das Mietrecht definiert schließlich ortsüblich als Mittelwert für die gesamte Gemeinde. D. h. der Stadtteil X ist mit allen vergleichbaren Stadtteilen einer Großstadt gemeinsam auszuwerten.

Was ist das Fazit dieser methodischen Überlegungen? Die Auskunft über die **27** ortsübliche Vergleichsmiete kann nur auf **empirischem Datenmaterial** beruhen.

---

[4] Eine der wenigen Ausnahmen von dieser Regel sind beispielsweise die Wahlprognosen oder die Hochrechnungen am Wahlabend.
[5] Vgl. dazu Börstinghaus/Clar Abschnitt 6.3 Logik des statistischen Schließens.
[6] Genaugenommen stellt die Repräsentativität der Stichprobenauswahl nur die notwendige Bedingung der Repräsentativität der Ergebnisse dar. Hinreichend erfüllt wird die Repräsentativitätsbedingung erst, wenn auch die Ausschöpfung der Stichprobe keinen verzerrenden Einflüssen ausgesetzt ist. Vgl. dazu im Folgenden → § 10 MsV; „Stichprobenausschöpfung".

Neben den Grundvoraussetzungen, dass dieses Datenmaterial auf gültigem und zuverlässigem Wege zustande gekommen ist, ist der repräsentative Charakter des Datenmaterials der Schlüssel zum Wissen. Strenggenommen lautet der Unterschied zwischen empirisch-repräsentativen und nicht repräsentativen Mietspiegeln also folgendermaßen: Empirisch-repräsentative Mietspiegel geben Auskunft über die ortsübliche Vergleichsmiete, ausgehandelte Mietspiegel stellen eine Vereinbarung zwischen den Interessenverbänden dar; eine Vereinbarung aber nicht über die Höhe der ortsüblichen Vergleichsmiete, sondern darüber, welche Miethöhe aus formalrechtlicher Sicht als zulässig anzusehen ist.

Unterabschnitt 1. Erstellung des qualifizierten Mietspiegels

§ 7 Methoden

(1) **Qualifizierte Mietspiegel können mittels Regressions- oder mittels Tabellenanalyse oder durch eine Kombination beider Methoden oder durch eine vergleichbar geeignete Methode erstellt werden.**

(2) **[1]Auf qualifizierte Mietspiegel, die mittels einer Kombination der Regressions- und Tabellenanalyse erstellt werden, sind die §§ 11 bis 16 nur insoweit anzuwenden, als sie die jeweils angewandte Methode betreffen. [2]Entsprechendes gilt für qualifizierte Mietspiegel, die durch eine vergleichbar geeignete Methode (Absatz 1) erstellt werden.**

A. Inhalt der Regelung

1   Der Vorschrift stellt eine Selbstverständlichkeit klar, nämlich dass die gegenwärtig praktizierten beiden Datenauswertungsmethoden zur Mietspiegelerstellung, die **Tabellen- und die Regressionsmethode,** als gleichermaßen zulässig bei der Mietspiegelerstellung anzusehen sind.

2   Darüber hinaus enthält die Vorschrift eine **Öffnungsklausel** für zukünftige Entwicklungen der statistischen Auswertungsmethodik, die ebenfalls anwendbar wären, sofern sie „… wissenschaftlichen Grundsätzen (entsprechen) und zur Erstellung eines qualifizierten Mietspiegels mindestens ebenso geeignet (sind) wie die Regressionsanalyse oder Tabellenanalyse".[1]

3   Durch die Wortwahl „**Regressions- oder … Tabellenanalyse"** (Hervorhebung durch die Verfasser) im Verordnungstext wird deutlich, dass zur Unterscheidung dieser beiden Mietspiegelmethoden ihre Analyseform und nicht ihre Darstellungsform der Ergebnisse gemeint ist. Mietspiegelergebnisse nach der Tabellenanalysemethode werden ausschließlich in Form von Tabellenmietspiegeln dargestellt, während Mietspiegelergebnisse nach der Regressionsmethodenanalyse sowohl in tabellarischer Form als auch in Form einer mathematischen Gleichung dargestellt werden können.

---

[1] BR-Drs. 766/20 S. 24 zu § 7 Abs. 1; dazu Brüning NZM 2022, 323 (325).

B. Tabellen- und Regressionsanalyse im Vergleich

Die gegenwärtig bei der Mietspiegelerstellung verwendeten Methoden der Ta- **4** bellen- und der Regressionsmietspiegel stellen zwei **mathematisch-statistische Varianten** der Strukturanalyse des Beziehungsgeflechts zwischen der Wohnungsmiete einerseits und den Wohnungs- und Umgebungsmerkmalen (Wohnlage) andererseits dar.

I. Tabellenanalyse

In der Fachsprache der Statistiker sind Tabellenmietspiegel als **varianzanalyti-** **5** **sches Auswertungsdesign** zu bezeichnen. Aus statistischer Sicht besteht das Auswertungsziel darin, die Gesamtverteilung der Quadratmetermieten derart in Teilmengen (die Tabellenfelder) zu zerlegen, dass Variation innerhalb der einzelnen Teilmengen möglichst gering wird, zwischen ihnen dagegen möglichst maximal. Die einzelnen Teilmengen ergeben sich aus Kombinationen der Wohnwertmerkmale.

Aus streng theoretischer Sicht könnte sich von Mietspiegelzeitpunkt zu Miet- **6** spiegelzeitpunkt die optimale Einteilung eines Tabellenmietspiegels verändern, da der Nutzen einzelner Wohnwertmerkmale je nach Lage auf dem Mietwohnungsmarkt unterschiedlich bewertet werden kann, was wiederum seinen Niederschlag in dem Verhältnis der gezahlten Miethöhen zueinander finden wird. Ein Beispiel könnte das **Merkmal Wohnlage** sein, dessen Bewertung bei den Mietern vermutlich sehr stark von der aktuellen Wohnungsmarktlage abhängt: Heute sagt man „Hauptsache ein Dach über'm Kopf" über eine Wohnung, in die man morgen, bei größerer Auswahl, gar nicht einziehen würde.

Solche „tagesaktuellen" Anpassungen finden jedoch im Regelfall nicht statt, das **7** einmal in einer Gemeinde **eingeführte Mietspiegelraster** ist weitgehend invariant bis auf einige Ausnahmen:

- die Baualtersklasse des jüngsten Neubaus wird laufend um die entsprechenden Neubaujahrgänge erweitert
- im Bereich der minderausgestatteten Wohnungen erfolgt über die Jahre hinweg unter Umständen eine Zusammenfassung der Wohnungsgrößengruppen, um in diesen durch vermieterseitige Modernisierungen immer kleiner werdenden Teilmärkten noch genügend Fälle für eine empirische Datenerhebung zu besitzen.

II. Regressionsanalyse

Die Regressionsmethode als statistisches Auswertungsverfahren ist altbekannt **8** und bewährt. Sie geht von der Annahme aus, dass zwischen Merkmalen ein **Beziehungsgeflecht** besteht, das in Form einer mathematischen Gleichung ausgedrückt werden kann. Als Verfahren zur Erstellung von Mietspiegeln hat sie allerdings erst durch einen Aufsatz von Alles 1988[2] breitere Aufmerksamkeit gefunden.

Im Grundsatz wird der **Regressionsmietspiegel** von zwei Gedanken geleitet: **9**
1. Wenn im Prinzip zwischen Mietedaten eine gewisse kausale Struktur besteht und diese mathematisch-statistisch aufgedeckt werden kann, dann wäre es im

---

[2] Alles, Die Ermittlung ortsüblicher Vergleichsmieten. Neue Ansätze und Methoden, WuM1988, 241ff.

Prinzip nicht nötig, für alle Wohnungstypen Stichprobendaten zu erheben. Man könnte stattdessen zwischen den erhobenen Werten die fehlenden Mietedaten, sozusagen die weißen Flecken auf der Landkarte, anhand des mathematischen Gleichungssystems schätzen. Argument Eins für den Regressionsmietspiegel ist also ein Argument für die **Stichprobenökonomie,** ein Kostenargument.

2. Aufgrund bestimmter Eigenschaften des Regressionsverfahrens ist es bei einem Regressionsmietspiegel grundsätzlich leichter möglich, die erhobenen Mietewerte zu mehr Wohnungsmerkmalen in Beziehung zu setzen als bei einem Tabellenmietspiegel. Ziel des Regressionsmietspiegels ist es gerade, die **Mietpreisspannen** möglichst gering zu halten und für jedes Ausstattungsmerkmal der Wohnung möglichst einen betragsmäßigen Zu- oder Abschlag zu finden. Das Ergebnis des Regressionsmietspiegels soll also idealerweise eine Gleichung sein, in die alle Merkmale einer Wohnung einfließen und aus der sich dann ein präziser Wert als ortsübliche Vergleichsmiete ausrechnen läßt. Das zweite Argument für den Regressionsmietenspiegel ist also das Abwenden von großen Mietpreisspannen hin zu einer möglichst punktgenauen Mietenberechnung.

10 Mit den Worten „Tabellenanalyse" und „Regressionsanalyse" im Verordnungstext (Hervorhebung durch die Verfasser) wird deutlich, dass die Darstellung der Ergebnisse der Regressionsanalyse in Form einer Mietspiegeltabelle nicht als „Tabellenmietspiegel" im Sinne dieser Verordnung bezeichnet wird. Unterscheidungsmerkmal zwischen beiden Mietspiegelarten ist die zugrundeliegende **Auswertungsmethodik.**

§ 8 Datengrundlagen

(1) [1]**Qualifizierte Mietspiegel müssen vorbehaltlich des Absatzes 3 auf der Grundlage einer direkten Datenerhebung durch Befragung von Vermietern oder Mietern oder von beiden Gruppen erstellt werden (Primärdatenerhebung).** [2]**Eine Vollerhebung ist nicht erforderlich.** [3]**Qualifizierte Mietspiegel sind zumindest auf der Basis einer repräsentativen Stichprobe zu erstellen mit dem Ziel, die Auswertungsgrundgesamtheit möglichst wirklichkeitsgetreu abzubilden.** [4]**Als repräsentativ gilt eine Stichprobe mit einer nach § 11 ausreichenden Datenmenge, wenn sie auf einer Zufallsauswahl beruht, bei der im Wesentlichen jede Wohnung der Auswertungsgrundgesamtheit eine positive und bekannte Wahrscheinlichkeit hat, in die Erhebung einbezogen zu werden.**

(2) **Nicht durch eine Primärdatenerhebung ermittelte Daten über Wohnungen (Sekundärdaten) dürfen zur Vorbereitung der Datenerhebung oder zur Plausibilitätsprüfung (§ 9 Absatz 3 Satz 1) verwendet werden.**

(3) [1]**Qualifizierte Mietspiegel können auch Angaben enthalten, die auf einer Auswertung solcher Primärdaten beruhen, die mangels ausreichender Fallzahlen keine verlässlichen Angaben zur Mietpreisbildung zulassen.** [2]**Sie können auch Angaben aufgrund der Auswertung von Sekundärdaten oder fachkundlichen Schätzungen enthalten.** [3]**Angaben nach den Sätzen 1 und 2 sind nicht Teil des qualifizierten Mietspiegels; hierauf ist im Mietspiegel ausdrücklich hinzuweisen.** [4]**Die Angaben sollen in entsprechender Anwendung des § 4 dokumentiert werden.**

(4) **In der Dokumentation sind die Erstellung der Erhebungsgrundgesamtheit und die dafür verwendeten Datengrundlagen darzustellen.**

A. Inhalt der Regelung

Die Vorschrift enthält den Grundsatz, dass qualifizierte Mietspiegel auf einer Primärdatenerhebung beruhen müssen. Die Vorschrift regelt die weiteren Einzelheiten. **1**

§8 Abs.1 beschreibt die Datengrundlagen einer Mietspiegelerhebung. Insbesondere wird geregelt, dass für die Mietspiegelerstellung eine **Primärdatenerhebung** bei Vermietern und/oder Mietern stattzufinden hat. Doppelerhebung sind aber in der Regel unzulässig (→ EGBGB Art. 238 § 3 Rn. 5). Diese muss keine Vollerhebung sein, sondern kann stichprobenartig erfolgen. Dabei soll die Stichprobe repräsentativ für die Grundgesamtheit des zu untersuchenden Wohnungsbestands sein. **2**

Die Auswahl der Methoden der Datenerhebung (Mündlich, schriftlich, telefonisch, elektronische Datenübermittlung) sind in das Belieben des Mietspiegelerstellers gestellt. Es muss lediglich der **Repräsentativität der Ergebnisse** gewährleistet sein, d.h. durch die Methodenauswahl darf nicht ein oder mehrere Teile des zu untersuchenden Wohnungsbestands von vornherein aus der Erhebung ausgeschlossen werden. **3**

Sekundärdaten dürfen zum Aufbau und zur Plausibilisierung der Erhebungsstichprobe herangezogen werden (z.B. zur Überprüfung der Repräsentativität). Sie dürfen aber nicht in die eigentliche Datenauswertung einfließen. **4**

§8 Absatz 3 lässt für **Qualifizierte Mietspiegel** die Möglichkeit zu, auch nicht-repräsentative Auswertungsergebnisse in die Mietspiegel einfließen zu lassen. Dies sind bei Tabellenmietspiegeln beispielsweise Tabellenfelder mit einer zu geringen Fallzahl oder bei Regressionsmietspiegeln nicht-signifikante Effekte einzelner Wohnwert- oder Ausstattungsmerkmale. Derartige Angaben in Mietspiegeln gehören nicht zum qualifizierten Mietspiegelteil und sollen entsprechend gekennzeichnet werden (z.B. sogenannte „Sternchenfelder" im Tabellenmietspiegel). **5**

Die Datenquellen zur Erstellung eines Qualifizierten Mietspiegels sind offenzulegen und zu dokumentieren. In der Vergangenheit wurden mitunter bei durch externe Berater erstellten Mietspiegeln die verwendeten Datenquellen mehr oder weniger verschleiert, um sie als **„Betriebsgeheimnis"** gegenüber der Konkurrenz zu verschleiern und um sich bei zukünftigen Mietspiegelerstellungen einen Vorteil zu verschaffen. Dieses ist gemäß den Vorschriften der Rechtsverordnung nicht mehr möglich. Ob allerdings diese Vorschrift so weit interpretiert werden kann, dass auch alle Probleme, Hemmnisse und Vorteile bei der Aufbereitung und Nutzung von Datenquellen dargestellt werden müssen, ist zu bezweifeln. Insofern ist davon auszugehen, dass weiterhin bei der Darstellung der benutzten Datenquellen eine gehörige Portion Verschleierungstaktik zumindest von Seiten der externen, professionellen Mietspiegelinstitute betrieben werden wird. **6**

B. Datenquellen einer Mietspiegelerhebung

Bei einer empirischen Untersuchung werden die Erhebungsdaten danach unterschieden, ob sie genau für diesen Untersuchungszweck neu erschlossen werden, dann nennt man sie Primärdaten, oder ob bereits verfügbare, für andere Zwecke ermittelte Daten, noch einmal ausgewertet werden, diese bezeichnet man **als Sekundärdaten**. **7**

8　　Da der Prozess der Datenerhebung sehr zeitaufwendig und kostenträchtig ist, ist selbstverständlich eine **Zweitauswertung** bestehender Daten, also die Verwertung von Sekundärdaten, wirtschaftlicher. Andererseits werden sich der Untersuchungszweck der Ersterhebung der Daten und derjenige der Zweitauswertung nie ganz decken, so dass die Zweitauswertung immer gezwungen ist, Kompromisse mit dem **Untersuchungsdesign** der Ersterhebung einzugehen. Die Zweitauswertung muss sich in ihrem **Datenbedarf** an den durch die Ersterhebung vorgegebenen Möglichkeiten orientieren. Für die Mietspiegelerstellung kommt noch erschwerend der Zeitfaktor hinzu, d. h. das Erfordernis, aktuelle Daten auszuwerten. Dieses alles zusammengenommen hat dazu geführt, dass im Regelfall für Mietspiegelzwecke nur Primärdaten erhoben wurden. Die Verordnung schreibt dieses Vorgehen der bisherigen Praxis fest.

9　　Im Wesentlichen kommen folgende Datenquellen für Mietspiegelzwecke in Frage:
- als Primärdatenquellen
  - Erhebungen bei Mietern und/oder Vermietern
  - Erhebungen bei Vereins-/Verbandsmitgliedern
  - ein Mietenkataster bzw. eine Mietendatenbank
- als Sekundärdatenquellen:
  - die Wohngeldstatistik
  - die amtlichen Großzählungen
  - die Mieterbestandsdateien von Großvermietern
  - die Mietpreissammlungen von Maklerverbänden sowie
  - Mietpreissammlungen der Gutachterausschüsse für Grundstückswerte.

10　　Das wichtigste Unterscheidungsmerkmal aller Datenquellen ist ihre **Repräsentativität.** Daneben können die Quellen auch danach beurteilt werden, in welcher Form sie dem Datenerhebungsvorgang zugänglich sind, wie aktuell ihre Daten sind und welche Kosten die Datenerhebung verursacht.

11　　Wie bereits gesagt, sind Daten aus Sekundärquellen relativ kostengünstig zu erschließen. Beispielsweise haben sich seinerzeit einige Kommunen in Nordrhein-Westfalen bei ihrer Mietspiegelerstellung auf Sonderauswertungen der Gebäude- und Wohnungszählung 1987 gestützt. Andererseits zeigt ein Blick in das Fragenprogramm dieser Erhebung, dass viele zur Mietspiegelerstellung wichtige Angaben nicht ermittelt worden sind. Außerdem vergeht zwischen Datenerhebung und amtlicher Veröffentlichung oftmals mehr als ein Jahr, so dass die Aktualität der Daten für Mietspiegelzwecke verloren ist. Obwohl die **amtlichen Großzählungen** von der Anlage her grundsätzlich repräsentativ sind (da sie zumeist Vollerhebungen sind), stehen sie als eigentliche Erkenntnisquellen für Mietspiegel nur äußerst selten zur Verfügung. Sie sind jedoch zumeist gut dafür geeignet, Daten über die örtliche Wohnungsmarktstruktur zu liefern.

12　　Datenquellen wie die **Wohngeldstatistik** oder Erhebungen bei Mitgliedern des Eigentümer- oder des Mietervereins, die Kenntnisse der Gutachterausschüsse über Miethöhen oder die Mietpreissammlungen der Makler sind zwar im Regelfall ebenfalls relativ preisgünstig auszuwerten (sofern sie zur Verfügung gestellt werden), hier mangelt es dagegen prinzipiell an der Repräsentativität. Diese **prinzipielle Nichtrepräsentativität** ist auch nicht behebbar. Jeder kann sich selbst die Frage beantworten, wie repräsentativ für den gesamten freifinanzierten Mietwohnungsmarkt die Wohngeldempfänger sind, unter denen sich ja auch Mieter von Sozialwohnungen befinden, oder die Mitglieder im Mieterverein, wie repräsentativ für die Vermieterseite die Mitglieder im Grundeigentümerverein sind, wie repräsentativ die Mieten in veräußerten Mehrfamilienhäusern für den gesamten Markt der

Groß- und Kleinvermieter sind etc. Die nicht-repräsentativen Datenquellen liefern nur ein verzerrtes Abbild der Realität!

Als grundsätzlich repräsentativ bleiben also nur die **direkten Erhebungen** bei 13 Mietern oder Vermietern. Zusammen mit den amtlichen Großerhebungen können (müssen aber nicht) aus diesen Datenquellen repräsentative Stichproben gebildet werden, bei denen grundsätzlich alle Wohnungen des freifinanzierten Wohnungsmarktes eine Chance haben, in die Erhebung einbezogen zu werden. Das besondere Qualitätsmerkmal dieser Datenquellen ist es also, dass sie den gesamten Mietwohnungsmarkt umfassen (können) und nicht Teilbereiche systematisch ausgeblendet werden.

C. Die Mietendatenbank

Im Mietrecht (§ 558e BGB) taucht als Datenquelle für die ortsübliche Ver- 14 gleichsmiete neben den Mietspiegeln der Begriff „Mietendatenbanken" (oder **Mietekataster**) auf. Im Grunde ist damit im Regelfall gemeint, dass Vermieter und Mieter auf freiwilliger Basis kontinuierlich bei Neuabschluss eines Mietvertrags oder bei einer Mieterhöhung die Daten an eine solche Datenbank melden. Aus dieser Datensammlung könnten dann bei Bedarf mietspiegelartige Auswertungen erstellt werden oder für einzelne Mieterhöhungsbegehren eine Anzahl **Referenz-wohnungen** ausgedruckt werden.[1]

Das Problem einer solchen Datenbank ist selbstverständlich die Repräsentativität 15 der Daten, worauf in der öffentlichen Diskussion der Vorschläge auch mehrfach hingewiesen worden ist. Das Problem einer **mangelnden Repräsentativität** solcher Datenbanken erscheint jedoch zumindest kontrollierbar, wenn man bereit ist, einen gewissen zusätzlichen Aufwand zu betreiben. Beispielsweise wäre es möglich, mit einer sozusagen als Hintergrunddatei erstellten Gebäude- und Wohnungsdatei der gesamten Stadt exakt zu beschreiben, welche Wohnungen freiwillig gemeldet werden und welche nicht. Diese „weißen Flecken" in der Mietenlandschaft könnten dann beispielsweise durch gezielte Erhebungen erkundet werden, so dass im Endeffekt eine Vollständigkeit der Daten erreicht werden kann.

Grundsätzlich erscheinen deshalb derartige Mietendatenbanken für eine prü- 16 fenswerte Idee, bei deren konkreter Ausgestaltung man sicherlich einige wichtige Eckpunkte festlegen muss, um die Datenqualität zu sichern. Dann könnte ein solches System durchaus eine echte Alternative zum Mietspiegel sein.

Ob die Mietedaten grundsätzlich besser beim Vermieter oder beim Mieter er- 17 hoben werden sollten, darf nicht vor dem Hintergrund eines Misstrauens entschieden werden, bei dem man einer der beiden Mietvertragsparteien eine Bereitschaft zu **Falschangaben** unterstellt. Dementsprechend erscheinen Kontrollinterviews, die nur aus diesem Grund Daten derselben Wohnung bei beiden Mietvertragspartner erheben, als überflüssig und wenig geeignet, das Klima einer Mietspiegelerstellung und -anwendung positiv zu beeinflussen. Sie haben aber in der Praxis dennoch eine befriedende Funktion, weil sie in geeigneter Weise belegen können, dass die unterschiedlichen Datenerhebungsmethoden bei Vermietern und Mietern nicht zu systematischen Abweichungen führen.

---

[1] Ein solches System gab es viele Jahre in Hannover (MEA), es wurde dort gemeinsam vom Haus- und Grundbesitzerverein und dem Mieterverein betrieben; dazu Schmidt-Futterer/Börstinghaus BGB § 558e Rn. 3.

18   Dagegen ist es erfahrungsgemäß für das Klima, in dem ein Mietspiegel entsteht, sehr wichtig, dass ein Teil der Daten durch **Vermieterbefragung** entsteht, ein Teil durch **Mieterbefragung,** allerdings bei unterschiedliche Wohnungen. In der Praxis stellt es sich allerdings ab und an als schwierig heraus, Vermieternamen und -anschriften zu erhalten, dann lässt sich eine reine Mieterstichprobe zumeist nicht vermeiden.

19   Natürlich stellt man sich die Frage, welche Mietpartei kompetenter über das Mietverhältnis antworten kann. Sicherlich kennt der Vermieter eher das Baujahr der Wohnung, er sollte über die Komponenten der Mietzahlung eigentlich gut Bescheid wissen. Aber weiß er auch alles über die **Wohnungsausstattung** oder weiß darüber der Mieter besser Bescheid? Mit einiger Sicherheit wird der Vermieter eine andere Auskunft zur Wohnlage geben als der Mieter, selbst wenn er direkt im Haus wohnt.

20   Im Regelfall ist eine Vermieterbefragung kostengünstiger und effizienter durchzuführen, da insbesondere die Großvermieter eine höhere **Teilnahmebereitschaft** haben als Mieter und bei Großvermieterbefragungen auf einen Schlag Daten über eine Vielzahl von Wohnungen erhoben werden können.

§ 9   Bruttostichprobe

(1) **Beim Ziehen einer Stichprobe von Wohnungen, hinsichtlich derer eine Primärdatenerhebung stattfinden soll (Bruttostichprobe), ist sicherzustellen, dass es sich um eine repräsentative Stichprobe nach § 8 Absatz 1 Satz 4 handelt.**

(2) [1]**Die Bruttostichprobe kann nach wohnwertrelevanten gesetzlichen Merkmalen oder außergesetzlichen Merkmalen proportional oder disproportional geschichtet werden.** [2]**Eine Schichtung kann insbesondere nach Vermietertypen, Größenklassen, Ausstattungsmerkmalen, Wohnlagen und Baualtersklassen vorgenommen werden.** [3]**Die Schichtung erfolgt aufgrund einer Aufteilung der Erhebungsgrundgesamtheit in homogene und überschneidungsfreie Teilgruppen.** [4]**Wurde eine disproportional geschichtete Zufallsstichprobe gezogen, so ist bei der Datenauswertung eine entsprechende Rückgewichtung vorzunehmen, sofern ansonsten eine Verzerrung der Ergebnisse zu erwarten ist.**

(3) [1]**Liegen gesicherte Erkenntnisse über die statistische Ausprägung wesentlicher wohnwertrelevanter gesetzlicher oder außergesetzlicher Merkmale und über ihre Anteile an der Erhebungsgrundgesamtheit vor, so soll die Bruttostichprobe darauf überprüft werden, ob Wohnungen mit solchen statistischen Ausprägungen entsprechend ihrem Anteil an der Erhebungsgrundgesamtheit vertreten sind (Plausibilitätsprüfung).** [2]**Sind Wohnungen mit solchen statistischen Ausprägungen offensichtlich nicht angemessen vertreten und sind dadurch Verzerrungen der Ergebnisse zu erwarten, soll einer Verzerrung durch geeignete Maßnahmen, beispielsweise durch eine korrigierende Gewichtung bei der Datenauswertung, begegnet werden.**

(4) **In der Dokumentation ist nachvollziehbar darzustellen, wie die Bruttostichprobe gezogen wurde, einschließlich etwaiger Schichtungen und dadurch notwendiger Rückgewichtungen, ob und in welcher Weise eine Plausibilitätsprüfung durchgeführt wurde, zu welchem Ergebnis eine solche Überprüfung geführt hat und welche Folgerungen daraus gezogen wurden.**

A. Inhalt der Regelung

Die Vorschrift legt fest, in welcher Weise die Bruttostichprobe für einen qualifi- 1
zierten Mietspiegel konstruiert werden soll. Dies kann sowohl proportional als auch
disproportional geschehen. Durch Überprüfung mit verfügbaren weiteren Daten,
zum Beispiel anhand der amtlichen Statistik, ist zu ermessen, ob sich bei der Stichprobenkonstruktion eventuell eine **ungewöhnlich große Abweichung** von der
Grundgesamtheit ergeben hat.

Die Erstellung der Bruttostichprobe ist nachvollziehbar zu dokumentieren. Dies 2
ist im Mindesten so verstehen, dass die **Bearbeitungsschritte** logisch nachvollziehbar darzustellen sind. Falls eine Schichtung erfolgt ist, ist diese zu begründen
und in ihrer Methodik darzustellen.

Die Bruttostichprobe ist soweit möglich auf Plausibilität zu überprüfen, die dafür 3
eingesetzten Methoden und ihre Ergebnisse sind ebenfalls zu dokumentieren. Die
Einschränkungen des Abs. 3 sind dabei beachtenswert. Sie besagen, dass eine **Plausibilitätsprüfung** der Bruttostichprobe nur dann durchgeführt werden soll, wenn
„gesicherte" Erkenntnisse über wohnwertrelevante und außergesetzliche Merkmale der Grundgesamtheit vorliegen, aus der die Bruttostichprobe stammt.

B. Erstellung einer Bruttostichprobe

Grundsätzlich gehören alle Wohnungen, auf die der § 558 BGB angewandt wer- 4
den kann, in den Erhebungsbereich einer Mietspiegeluntersuchung.[1] Der Mietspiegelersteller ist allerdings nicht gezwungen, für alle diese Wohnungen einen Mietspiegel zu erstellen, er kann die Mietspiegelerstellung auch auf eine Teilmenge des
örtlichen Mietwohnungsmarktes beschränken. Hierfür sind zumeist **Opportuni-
tätsargumente** wie Erstellungskosten oder die Größe spezieller Teilmarktseg-
mente ausschlaggebend. Typischerweise wird der Mietspiegel auf Mietwohnungen
in Mehrfamilienhäusern beschränkt, weil Mietwohnungen in Ein- und Zweifamilienhäusern aufgrund der geringen Fallzahlen nur sehr kostenaufwändig zu erheben
sind.

Dies ist kein grundsätzlicher Mangel eines Mietspiegels, sondern eine rechtlich 5
unbedenkliche **Einschränkung** des Anwendungsbereichs. Wichtig ist lediglich, dass diese Beschränkungen der Aussagekraft des Mietspiegels deutlich benannt
werden.

Im Regelfall erfolgen alle Mietspiegelerstellungen auf der Basis einer Stichprobe 6
aus dem **örtlichen Wohnungsmarkt,** da aus finanziellen Erwägungen und aus
zeitlichen Gründen nicht alle Mieten gemessen werden können.

Modelle einer einfachen Stichprobenziehung, beispielsweise die Ziehung der 7
Lottozahlen, das Würfeln mit einem Würfel, die Verteilung der Karten bei einem
Kartenspiel sind allgemein bekannt. Dieses sind einfache Verfahren einer proportionalen Stichprobenkonstruktion. **„Proportional"** bedeutet hier, dass in einer solchen Stichprobe die wesentlichen Teilmengen der Grundgesamtheit in ähnlichen
Proportionen auch enthalten sind. Wenn man also beispielsweise eine einfache Ad-
ressenstichprobe aus dem Einwohnermeldebestand zieht, sollten in dieser Stichprobe der Anteil der Bewohnern von Sozialwohnungen – abgesehen von zufalls-

---

[1] Vgl. Hinweise zur Erstellung von Mietspiegeln 2002, 2. Teil Kap. I.2. (abdruckt → Anh. III 3).

bedingten Schwankungen – dem realen Anteil in der Grundgesamtheit entsprechen.

8   Gegen dieses **einfache Zufallsmodell** sprechen vor allem Kostengründe: Wenn 10% des Wohnungsbestands in guter Wohnlage liegen und 90% in normaler, so findet man diese Verteilung auch in der proportionalen Stichprobe wieder. Nehmen wir an, man bräuchte für verlässliche Aussagen über die Miethöhe jeweils 100 Fälle aus jeder der beiden Wohnlagen. Bei einer proportionalen Stichprobe von 1.000 Adressen wären 100 in guter Wohnlage, 900 in normaler. Demnach würden bei einer Befragung in der normalen Wohnlage 800 Interviews zuviel entstehen, da ja nur 100 Fälle benötigt würde. Diese 800 überflüssigen Interviews multipliziert mit einem Fallpreis von 30–40 Euro für mündliche Befragungen ergeben schnell unnötige Mehrkosten von 25–40.000 Euro. Diese **Mehrkosten lassen** sich vermeiden, wenn man bei der Stichprobenauswahl dafür sorgt, dass – in unserem Beispiel – aus jeder Wohnlage nur 100 Fälle in die Untersuchung gelangen. Dieses Vorgehen nennt man eine **disproportionale Stichprobe.** Sie wird hauptsächlich aus Gründen der Erhebungsökonomie eingesetzt. Sie stellt – nebenbei bemerkt – keine Verletzung der Repräsentativität der Stichprobe dar, wenn man bei der Auswertung diese Disproportionalität durch eine umgekehrt disproportionale Fallgewichtung wieder aufhebt.

9   Für eine disproportionale Stichprobe sprechen aber auch **systematische Erwägungen:** Man stelle sich die Grundgesamtheit als einen vieldimensionalen Ereignisraum vor, in dem sich die einzelnen Objekte verstreut befinden. Die Aufgabe einer Stichprobe ist es nicht, durch eine beeindruckende Fallzahl Regionen in diesem Ereignisraum abzubilden, in denen ähnliche Wirkungsbeziehungen vorzufinden sind. Die Aufgabe einer rationellen und rationalen Stichprobe ist es vielmehr, möglichst sparsam alle relevanten Teilbereiche dieses Ereignisraums widerzuspiegeln. Eine proportionale Stichprobe wird in ihren Ergebnissen sozusagen von den Wirkungszusammenhängen in der Mehrheit der Objekte beherrscht, mögliche andere Wirkungsstrukturen in „Minderheitsbereichen" des Ereignisraums können vermindert oder verzerrt wiedergegeben werden, teilweise müssen sie sogar induktiv geschätzt werden, da die in Frage stehenden Sachverhalte (Merkmalskombinationen) in der Stichprobe gar nicht abgebildet sind.

10   Diese Probleme können bei einer disproportionalen Stichprobenziehung vermieden werden. Sie setzt allerdings voraus, dass die wesentlichen Merkmale zur erforderlichen Schichtung in der Grundgesamtheit bekannt sind. Die dafür notwendige Basis einer Mietspiegelerhebung, eine **aktuelle Gebäude- und Wohnungsdatei,** die Merkmale wie Baualter, Wohnungsgröße, Ausstattung und Lage enthält, fehlt in vielen Städten und wird, selbst wenn gewisse Vorarbeiten bei jeder Mietspiegelerhebung immer wieder durchgeführt werden, niemals weitergeführt und gepflegt.

11   Da bei einer disproportionalen Stichprobenziehung das repräsentative Verhältnis der disproportional gezogenen Stichprobenschichten nicht mehr den Relationen in der Grundgesamtheit entspricht, sind für nachfolgende Auswertungen diese **Grundgesamtheitsrelationen** durch eine reziproke Rückgewichtung wieder aufzuheben. Wenn beispielsweise in einem Wohnungsmarkt die gute Wohnlage (bei insgesamt lediglich zwei unterschiedlichen Lage „normal" und „gut") nur zu 25% vorhanden ist, würde dieses auch in einer proportionalen Stichprobe so sein. Um zu verhindern, dass bei einer Erhebung nicht genügend auswertbare Fälle für die gute Wohnlage entstehen, wird man Wohnungen in guter Wohnlage in der Stichprobe überquotieren (die Stichprobe also disproportional ziehen, beispielsweise im Verhältnis 50:50 zwischen „normal" und „gut".

Alle späteren Auswertungen, die innerhalb einer Wohnlagenschicht bleiben (also **12** z. B. die Berechnungen der **Kennwerte** wie Mittelwert und Mietenspanne für die einzelnen Mietspiegelfelder), werden von dieser Disproportionalität nicht beeinflusst, da innerhalb der Wohnlagenschichten die Proportionalität der Grundgesamtheit weiterhin erhalten geblieben ist. Anders verhält es sich dagegen bei Auswertungen, die lageübergreifend sind, z. B. die Berechnung einer Gesamt-Durchschnittsmiete für den Mietspiegel. Hier muss das künstlich gewählte Stichprobenverhältnis von 50:50 in das **Grundgesamtheitsverhältnis** von 75:25 umgerechnet werden, indem gemäß der Formel „Soll-Prozentsatz geteilt durch Ist-Prozentsatz" die Fälle der normalen Wohnlage mit dem Faktor 1,5 (75/50 = 1,5) und die Fälle der guten Wohnlage mit dem Faktor 0,5 (25/50 = 0,5) gewichtet werden.

Da eine Stichprobenziehung immer Zufallseinflüssen unterliegt, ist es – zumin- **13** dest theoretisch – ratsam, die Einhaltung der Proportionalität der Stichprobe im Vergleich zur Grundgesamtheit durch den Vergleich zentraler Verteilungen zu überprüfen, also beispielsweise die Relation zwischen Großvermietern und Kleinvermietern oder die Verteilung über die Wohnungsgrößen. Da sich größere Abweichungen zwischen Stichprobe und Grundgesamtheit in den zentralen Verteilungen auf die Ergebnisse auswirken werden, wäre es in einem solchen Fall ratsam, eine neue Stichprobe zu ziehen. Da im Regelfall jedoch die zentralen Verteilungen aufgrund des Fehlens (aktueller) **Grundgesamtheitsdateien** unbekannt sind, sind derartige Überprüfungen normalerweise nicht möglich, man muss vielmehr darauf vertrauen, dass die Methodik der Stichprobenziehung durch Zufallsauswahl die Einhaltung der durch die Grundgesamtheit vorgegebenen Proportionen in statistisch hinreichendem Ausmaß gesichert ist. Diese Sicherheit ist – wie bereits gesagt – umso größer, je größer die Zufallsstichprobe ist.

Eine Abweichung der Bruttostichprobe kann sich auch aufgrund der Qualität **14** der zur Verfügung stehenden Datenquellen ergeben. Selbst nach der Einführung einer erweiterten **Auskunftsberechtigung** für amtliche Daten bei der Mietspiegelerstellung ist noch nicht sichergestellt, dass diese amtlichen Daten auch die erwünschte und benötigte Datengenauigkeit und -aktualität besitzen. So ist z. B. das Liegenschaftskataster (als Auskunftsquelle für Eigentümer- bzw. Vermieterangaben) oftmals dadurch „verschmutzt", dass Änderungen in den Eigentümerangaben wie z. B. ein Adressen- oder Namenswechsel zwar eigentlich verpflichtend gemeldet werden müssen, die Änderungen aber gebührenpflichtig sind und deshalb gern „vergessen" werden. Ein Mietspiegelersteller, der zur Stichprobenkonstruktion derartige teilweise ungenaue oder nicht mehr aktuelle Daten benutzt, wird möglicherweise noch vor Beginn der Erhebungsarbeiten eine Verzerrung der Stichprobe feststellen. Um diesen Fehler zu beheben, ist möglicherweise nur eine Neuerstellung der Stichprobe unter Berücksichtigung der erkannten Fehlerquellen möglich.

§10   Nettostichprobe

(1) [1]**Die Nettostichprobe ist der Rücklauf aus der Befragung von Vermietern oder Mietern oder beider Gruppen.** [2]**Die Nettostichprobe ist um die Rückläufer zu bereinigen, die mangels Zugehörigkeit zur Auswertungsgrundgesamtheit oder aufgrund einer Mehrfachzählung derselben Wohnung oder aufgrund grob unvollständiger oder offensichtlich unzutreffender Antworten für die Auswertung nicht verwendet werden können (bereinigte Nettostichprobe).**

(2) ¹Die Rücklaufquote und die Bereinigung der Nettostichprobe sind zu dokumentieren. ²In der Dokumentation ist darzustellen, ob durch einen unvollständigen oder selektiven Rücklauf oder durch die Bereinigung der Nettostichprobe Verzerrungen der Ergebnisse möglich sind.

A. Inhalt der Regelung

1   Da nicht für alle Fälle der Bruttostichprobe in der Datenerhebungsphase Antworten erhoben werden können, ergibt sich ein Schwund bei der Stichprobenrealisation, das Resultat ist die Nettostichprobe. Das Verhältnis von der Brutto- zur Nettostichprobe wird als **Stichprobenausschöpfung** bezeichnet.

2   Für qualifizierte Mietspiegel ist die Stichprobenausschöpfung mit den unterschiedlichen Gründen, aus den Erhebungen nicht realisiert werden konnten, zu **dokumentieren.** In der Verordnungsbegründung[1] wird angesprochen, dass „… (bei) selektiven Antwortausfällen in signifikanter Menge …" zwar „… Verzerrungen der Ergebnisse …" auftreten können, dieses Problem aber häufig nicht evaluiert werden kann, da „… regelmäßig die vorliegenden Informationen über Haushalte nicht ausreichen, um Art und Grad der Selektivität der Antwortausfälle abschätzen zu können." Dies ist völlig richtig: es gibt im Regelfall keine Statistik über die Verteilung z. B. des freifinanzierten Wohnungsbestands nach Zimmerzahl und Stadtteilen. Ganz zu schweigen von einer Statistik der mietspiegelrelevanten Mietverträge, die innerhalb des Auswertungszeitraums von zur Zeit sechs Jahren neu vereinbart oder verändert worden sind. In den wenigsten Städten werden entsprechende Gebäude- und Wohnungsdateien geführt, die eine verläßliche Grundlage für derartige Analysen bieten würden. Der Verordnungsgeber nimmt in dieser Situation eine optimistische Zuflucht in die Wirkung der **Auskunftspflicht**, die „… das beschriebene Problem entscheidend entschärfen dürfte …" und fügt die kryptische Bemerkung an, es „… ist ausreichend, diese Thematik in der Dokumentation zu erläutern."[2]

B. Stichprobenausschöpfung und Ausfallgründe

3   Bei jeder Datenerhebung kalkuliert man mit ein, dass ein gewisser Anteil der vorgesehenen Erhebungsfälle nicht bearbeitet werden kann. Deshalb sieht man zu Beginn der Erhebung eine größere Anzahl Fälle für die Stichprobe vor, als man tatsächlich benötigt. Diese größere Ausgangsmenge wird als „Bruttostichprobe" bezeichnet, die später tatsächlich realisierte kleinere Untersuchungsmenge als **Netto- oder Ergebnisstichprobe.**

4   Es ist im Grunde nicht schwer, beispielsweise 1.000 Mietedaten zu erheben. Wenn man genug Adressen einsetzt, kann man jeden Stichprobenausfall kompensieren. Aus der **Umfrageforschung** ist allerdings bekannt, dass sich Bevölkerungsgruppen, die man leicht zu einem Interview bewegen kann, in ihren Einstellungen und Verhaltensweisen sehr von den **Bevölkerungsteilen** unterscheiden, die man nur schwer erreicht oder die nur ungern etwas sagen. Man denke nur an den alten Menschen, der Angst hat, einen Interviewer in die Wohnung zu lassen, man denke an den erwerbstätigen Einpersonenhaushalt mit Schichtarbeit, der nur zu unregel-

---

[1]   BR-Drs. 766/20, S. 30, zu § 10 Abs. 2 Satz 2.
[2]   BR-Drs. 766/20, S. 30, zu § 10 Abs. 2 Satz 2.

mäßigen Zeiten zu Hause anzutreffen ist. Man vergleiche damit den normalen Mehrpersonenhaushalt, in dem mindestens eine Person u. U. bereits vormittags anzutreffen ist. Kurz gesagt: bei den leicht Erreichbaren und den Geschwätzigen ein Interview zu erzielen, ist mit wenig Aufwand verbunden und daher im Regelfall sogar noch preiswert. Aufwendig und teuer ist es dagegen, den erst kürzlich in die Wohnung eingezogenen Single mit seiner Neuvertragsmiete anzutreffen oder die alte Dame zum Interview zu überreden, die seit 30 Jahren in der Wohnung wohnt und eine relativ niedrige Bestandsmiete hat.

Abbildung: Stichprobenausschöpfung am Beispiel einer Mietspiegeluntersuchung[3]

Bruttostichprobe	100%
minus: stichprobenneutrale Ausfälle: z. B. Adresse nicht gefunden Wohnung z. Zt. leer, nicht zur Mietspiegelgrundgesamtheit gehörend	Anteil an der Bruttostichprobe
ergibt: bereinigte Bruttostichprobe	100%
minus: stichprobensystematische Ausfälle: z. B. Teilnahmeverweigerung nicht angetroffen krank	Anteil an der bereinigten Bruttostichprobe
ergibt: **Nettostichprobe**	**Ausschöpfungsquote** (= Anteil der Nettostichprobe an der bereinigten Bruttostichprobe
minus: fehlerhafte und/oder unvollständige Interviews	Anteil an der Nettostichprobe
ergibt: **Ergebnisstichprobe der auswertbaren Fälle** (= Stichprobe aller Mietwohnungen)	Anteil an der Nettostichprobe
minus: nicht mietspiegelrelevante Fälle insbesondere wegen Überschreitens der 6-Jahres-Regel	Anteil an der Nettostichprobe oder an der Ergebnisstichprobe der auswertbaren Fälle
ergibt: **Ergebnisstichprobe der mietspiegelrelevanten Fälle**	Anteil an der Nettostichprobe oder an der Ergebnisstichprobe der auswertbaren Fälle

---

[3] Der guten Ordnung halber ist darauf hinzuweisen, dass der Verfasser diese Abbildung in dieser Form und Nomenklatur bereits im Werk Börstinghaus/Clar, Mietspiegel,1997, veröffentlicht hat. Die Abbildung wurde später ohne Hinweis auf die Quelle in die 2002 veröffentlichte neue Fassung der Hinweise zur Erstellung von Mietspiegeln übernommen.

5   Wie sehr man sich bei einer Mietspiegelerhebung bemüht hat, auch die schwer erreichbaren Bevölkerungsgruppen anzutreffen, darüber gibt bei einer repräsentativen empirischen Mietenerhebung die sogenannte **Ausschöpfungstabelle** Auskunft (vgl. **Abbildung „Stichprobenausschöpfung"**). In einer solchen Übersicht werden die nicht realisierten Erhebungsfälle danach unterschieden, ob sie stichprobenneutral (d. h. ohne Einfluss auf die Ergebnisse) sind oder stichprobensystematisch, d. h. die Ergebnisse in irgend einer Richtung beeinflussen. Bei Mietspiegelerhebungen werden im Regelfall beispielsweise leerstehende oder gewerblich genutzte Wohnungen als stichprobenneutral bezeichnet, ebenso nicht existierende Adressen oder von den Eigentümern bewohnte Wohnungen. Um diese Bestandteile wird die Bruttostichprobe vermindert, der verbleibende Rest (die bereinigte Bruttostichprobe) bildet die Basis der Beurteilung der eigentlichen Erhebungsarbeiten.

6   In der Folge der Datenerhebung entstehen nun weitere Ausfälle wie Verweigerungen, nicht angetroffene Mieter oder Vermieter, Ausfälle durch Krankheit oder Urlaub der Befragungspersonen etc. Alle diese Ausfälle könnten entweder durch vermehrte **Interviewerarbeit** (z. B. mehr Kontaktversuche, Erinnerungsanschreiben etc.) vermindert werden bzw. es steht zu vermuten, dass solche Ausfälle die Erhebungsergebnisse in irgendeiner Weise beeinflussen. Diese stichprobensystematischen Ausfälle werden von der bereinigten Bruttostichprobe abgezogen, der verbleibende Rest bildet die sogenannte Nettostichprobe.

7   Das Verhältnis der Nettostichprobe zur bereinigten Bruttostichprobe wird als **„Ausschöpfungsquote"** bezeichnet, es gibt den Grad an, bis zum dem die ursprüngliche Stichprobenauswahl bei der Erhebung realisiert werden konnte. Lange Zeit galt eine Quote über 70% bei mündlichen Interviews als absolutes Muss, heutzutage ist man mit einem Wert zwischen 50 und 60% zufrieden, da es immer schwerer wird, die Menschen zu einer Interviewteilnahme zu bewegen. Bei telefonischen Befragungen sollte die Ausschöpfung etwa 50% betragen, bei schriftlichen Befragungen sind zwischen 20 und 30% zu erzielen.

8   Da man im Regelfall bei der Stichprobenziehung über keine Grundgesamtheitsdatei der mietspiegelrelevanten Wohnungen verfügt und die Befragung von nichtmietspiegelrelevanten Wohnungen kostenaufwändig ist, hat sich in den letzten Jahren bei einigen Mietspiegelerhebungen das Verfahren eines vorgeschalteten **Mieterscreenings** eingebürgert. Hierbei werden zunächst Haushalte angeschrieben, um durch einen Kurzfragebogen **(Screeningfragebogen)** festzustellen, ob die Haushalte überhaupt für eine Mietspiegeldatenerhebung in Frage kommen und ob sie befragungsbereit sind. Bei diesen Mieterscreenings ergeben sich oftmals nur Rückläufe von 6 bis 7%. Dieses liegt zum einen daran, dass zumeist aus Kostengründen zur Einsparung des Rückportos auf die Rücksendung der nicht mietspiegelrelevanten oder nicht befragungsbereiten Fälle verzichtet wird. Zum anderen ist dieses aber auch ein Ausdruck der Befragungsmüdigkeit der Bevölkerung. Nur am Rande sei noch erwähnt, dass bei den befragungsbereiten Mietern sich dann Ausschöpfungsquoten von etwa zwei Dritteln erzielen lassen.

9   Für Mietspiegelerhebungen stellt die Nettostichprobe allerdings noch nicht das endgültige Ergebnis dar. Neben den – zumeist nur zahlenmäßig geringen – weiteren Ausfällen wegen nicht verwertbarer Interviews (**Interviewerfehler** etc.) spielen insbesondere die nicht auswertungsrelevanten Befragungen eine Rolle. Diese Gruppe umfasst alle Mietverhältnisse, die innerhalb der letzten sechs Jahre nicht neu abgeschlossen worden oder verändert worden sind. Diese beiden Ausfallarten müssen noch von der Nettostichprobe subtrahiert werden, um als Ergebnis letztlich die Auswertungsstichprobe zu erhalten, aus der nunmehr die eigentliche Mietspiegelauswertung erstellt werden kann.

C. Zwei-Schritte-Methode der Stichprobenausschöpfung

Üblicherweise werden auf die **Stichprobenausschöpfungsqualität** von Miet-   10
spiegelerhebungen die oben genannten Erkenntnisse aus der klassischen personenbezogenen Umfrageforschung angewandt. Hierbei läßt man allerdings außeracht, dass die Daten zum Mietverhältnis und zu den Wohnungsmerkmalen keinen Personenbezug haben. D. h. es ist im Grunde unbekannt, welche Verzerrungen das Antwortverhalten der Auskunftspersonen auf die Datenqualität der erhobenen Miete- und Wohnungsdaten haben. Verfälscht beispielsweise das Fehlen einer Auskunft über die Wohnungsdaten eines ängstlichen Menschen die Repräsentativität der restlichen erhobenen Mietedaten? Warum sollte es das tun?

Weiterhin läßt man außeracht, dass es für die Miete- und Wohnungsdaten   11
grundsätzlich **zwei Auskunftsquellen** gibt, den Vermieter und den Mieter. Es ist sicherlich höchst unplausibel anzunehmen, dass das Antwortverhalten eines Vermieters bei einer Mietspiegelerhebung von mehr oder weniger den gleichen Gründen bestimmt wird wie beim Mieter.

Es erscheint deshalb folgerichtig, die Stichprobenausschöpfung dadurch die op-   12
timieren, dass man in Fällen, in denen bei einer Vertragsseite keine Datenerhebung erfolgen konnte, die Daten beim anderen Vertragspartner erhebt. Dies hätte vor allem den optimalen Effekt, dass durch zwei verschiedene Erhebungssituationen die Gründe für **Datenverweigerungen** sich zumindest teilweise gegenseitig ausschließen und bei einem endgültigen Ausfall bei beiden Vertragspartnern die größte Fehlerquelle mangelhafter Ausschöpfung, die personenbezogenen Ausfallgründe, ausgeschlossen werden können.

Unter diesen Voraussetzungen erscheint eine niedrigere Ausschöpfung der   13
Stichprobe akzeptabel, weil nachweislich verschiedene Anstrengungen unternommen wurden, die erforderlichen Daten zu erhalten und durch die Kombination möglicher Ausfallgründe beider Erhebungswege die Gefahr einer einseitigen **Verzerrung** der Miete- und Wohnungsdaten aufgrund persönlicher Merkmale der Auskunftsperson minimiert wird.

D. Definition von fehlerhaften Datensätze

Bei jeder Datenerhebung kann es zu Fehlern kommen, sei es, weil Daten falsch   14
erhoben wurden, sei es, weil die Daten nach der Erhebung falsch erfasst wurden. Eine weitere Fehlerquelle bei Erhebungen sind unvollständige Datenerhebungen. Auch hierfür kann es unterschiedliche Gründe geben wie z.B. fehlerhafte Durchführung der Datenerhebungs- oder Datenerfassungsarbeiten, aber auch unvollständige Antworten der Datengeber **aufgrund lückenhaftem Wissen** über den Untersuchungsgegenstand oder schlicht eine partielle Antwortverweigerung bei der Befragung.

Im Fall falscher oder unvollständiger Antworten steht der Mietspiegelsteller   15
vor dem Problem, ob er den jeweiligen betroffenen Datensatz komplett aus der Auswertung hinaus nimmt oder ob er die vermeintlich validen restlichen Daten in

einem Datensatz weiter verarbeitet und diese Restdaten dem **Berechnungsalgorythmus** zuführt. Hierfür gibt es keine einheitlichen Regelungen.

16   Bei den meisten Mietspiegelerstellungen ist es Konsens, dass fehlende oder fehlerhafte Daten bei den Mietangaben, der Wohnungsgröße, den Angaben zum Mietvertragsabschluss bzw. zur letzten Mieterhöhung oder zum Baualter zum kompletten **Ausschluss des Datensatzes** aus der Auswertung führen.

17   Anders verhält es sich bei Angaben zur Wohnungsausstattung oder zur energetischen Gebäudequalität. Insbesondere bei Regressionsmietspiegeln, die ja die Zu- und Abschlagsbeträge für einzelne Ausstattungsmerkmale oder Merkmalsgruppen berechnen, gibt es statistische Verfahren, fehlende oder fehlerhafte Werte durch Schätzungen zu ersetzen. Allgemein formuliert wird bei diesen als I**mputationsverfahren** bezeichneten Vorgehensweisen der fehlende Wert in einem Datensatz anhand vollständiger Datensätze mit ähnlichen Merkmalskombinationen in derselben Erhebung ersetzt, d. h. es wird ein vollständiger Datensatz simuliert. Ob dieses ein rechtlich zulässiges Vorgehen ist, wurde bislang noch nicht thematisiert. Es erscheint aber als sinnvoll, dass über die jeweilige Vorgehensweise in diesem Punkt bei einer Mietspiegelerstellung im Bericht Auskunft gegeben werden sollte. Es wäre auch denkbar, dass zwei Mietspiegelberechnungen erfolgen, einmal mit und einmal ohne Ersetzung fehlender Daten, so dass die Effekte der beiden Vorgehensweisen transparent werden.

§ 11   Stichprobenumfang

(1) **Die bereinigte Nettostichprobe muss eine ausreichende Datenmenge enthalten.**

(2) **Bei Tabellenanalysen ist hierfür im Regelfall eine Belegung von mindestens 30 Wohnungen pro Tabellenfeld erforderlich.**

(3) **[1]Bei Regressionsanalysen soll die bereinigte Nettostichprobe Wohnungen in einer Anzahl enthalten, die wenigstens ein Prozent der Wohnungen im Geltungsbereich des Mietspiegels entspricht. [2]Unterschreitet die nach Satz 1 erforderliche Anzahl an Wohnungen 500, so bedarf es in der Regel eines Stichprobenumfangs von mindestens 500 Wohnungen. [3]Übersteigt die nach Satz 1 erforderliche Anzahl an Wohnungen 3 000, so genügt ein Stichprobenumfang von 3 000 Wohnungen.**

(4) **Die Erfüllung der Anforderungen nach den Absätzen 1 bis 3 ist in der Dokumentation nachzuweisen.**

A. Inhalt der Regelung

1   Die Vorschrift beschreibt die für eine Mietspiegelerstellung erforderliche **Mindestgröße** der auswertbaren Datenmenge, wobei hierunter alle Fälle zu verstehen sind, die erstens aus der Wohnungsmenge stammen, für die der Mietspiegel eine Aussage treffen will, zweitens fehlerfrei sind und drittens innerhalb des Auswertungszeitraums des Vergleichsmietensystems liegen, also Neuvertrags- oder geänderten Bestandsmieten innerhalb des gesetzlichen Zeitrahmens sind.

2   Es ist zu dokumentieren, dass der erreichten Stichprobenumfang die **mengenmäßigen Verordnungsvorgaben e**rfüllt. Beim Mietspiegel nach der Tabellenanalysemethode geschieht dies einfach dadurch, dass die Zahl der ausgewerteten

Fälle pro Tabellenfeld zu dokumentieren ist. Dagegen ist es bei der Mietspiegelerstellung nach der Regressionsanalysemethode erforderlich, einen Vergleich der Zahl ausgewerteten Nettofälle mit der Grundgesamtheit der Wohnungen, für die der Mietspiegel gelten soll, vorzunehmen.

B. Tabellenmietspiegel

Grundlage der Bestimmung des erforderlichen Stichprobenumfangs beim Tabellenmietspiegel ist die Regel, dass für eine **valide Aussage** pro Tabellenfeld mindestens 30 Wohnungen enthalten sein müssen. **3**

Für den Tabellenmietspiegel wird eine Feldbesetzung von mindestens 30 Fällen pro Tabellenfeld gefordert, um die Ergebnisse als zuverlässig bezeichnen zu können. Diese Grenzziehung ist relativ willkürlich und hat sich in der Praxis seit den ersten Hinweisen zur Erstellung von Mietspiegel eingebürgert. Eine statistische Begründung hierfür gibt es eigentlich nicht, außer einem statistischen Lehrsatz, dass bei einer Stichprobengröße ab mindestens 30 Fällen bei zufälliger Stichprobenziehung sich die statistischen Kennwerte der Stichprobe bei unendlicher Wiederholung der Stichprobenziehung sich einer Normalverteilung annähern. Einfacher ausgedrückt: Bei Stichprobengrößen ab 30 Fällen gibt es eine zunehmende Wahrscheinlichkeit, dass die **Stichprobenergebnisse** relativ geringe Abweichungen von den Grundgesamtheitswerten haben. **4**

Tabellenfelder mit weniger Fällen sind als weniger verläßlich und weniger aussagekräftig zu beurteilen und haben deshalb nicht die Qualität eines Qualifizierten Mietspiegels. Aus dieser **Mindestfallzahl** pro Tabellenfeld ergibt sich die Gesamt-Mindestfallzahl für einen Tabellenmietspiegel, indem im Grundsatz die Zahl der Tabellenfelder mit 30 multipliziert wird. **5**

Unterschreitet ein Mietspiegelfeld **die Fallzahl** von 30, so ist das Feld im Qualifizierten Mietspiegel entsprechend als nicht-qualifiziert zu kennzeichnen, kann aber grundsätzlich als zusätzliche Information in den Mietspiegel aufgenommen werden. **6**

C. Regressionsmietspiegel

Bei einem Regressionsmietspiegel werden aufgrund der anders gelagerten mathematischen Rechenoperationen alle auswertbaren Datensätze simultan in die Berechnung einbezogen. Aus diesem Grund ergibt sich ein grundsätzlich **geringerer Fallzahlansatz** als beim Tabellenmietspiegel. **7**

Grundsätzlich soll bei Regressionsmietspiegeln die bereinigte **Nettostichprobe** ein Prozent des örtlichen Wohnungsbestands umfassen, für die der Mietspiegel eine Aussage treffen soll, mindestens jedoch 500 Fälle bzw. maximal 3.000 Fälle (wobei das Maximum überschritten werden kann). **8**

Die Einhaltung dieser Fallzahlerfordernis ist zu prüfen und zu dokumentieren. **9**

§ 12   Datenaufbereitung

(1) **Die erhobenen Mietwerte sollen so aufbereitet werden, dass eine einheitliche Ausweisung der ortsüblichen Vergleichsmiete im qualifizierten Mietspiegel als Nettokaltmiete pro Quadratmeter ermöglicht wird.**

(2) **[1]Die erhobenen Daten können um Ausreißermieten bereinigt werden. Ausreißermieten sind besonders geringe oder besonders hohe Mieten, die unter Berücksichtigung der wohnwertrelevanten Eigenschaften der Wohnung mit der weit überwiegenden Zahl der übrigen Mietwerte unvereinbar erscheinen. [2]Die Ermittlung von Ausreißermieten soll durch statistische Standardverfahren erfolgen und auf Plausibilität überprüft werden. Für die Prüfung können sowohl wohnwertrelevante gesetzliche als auch außergesetzliche Merkmale herangezogen werden.**

(3) **In der Dokumentation sind eine Bereinigung um Ausreißermieten sowie weitere zur Datenaufbereitung durchgeführte Maßnahmen einschließlich der gewählten Verfahren zu erläutern und es ist darzustellen, welche Mietwerte aus welchen Gründen ausgesondert wurden.**

A. Inhalt der Regelung

1   Der Paragraf formuliert das Erfordernis, die erhobenen Mieten auf einen Mietebegriff zu vereinheitlichen, üblicherweise ist dies die **Nettokaltmiete** ohne Betriebs- und Heizkostenbestandteile. Außerdem beschreibt er die Zulässigkeit der Bereinigung des Datenbestands um sogenannte Ausreißermieten.

2   In der Dokumentation sind die Verfahren zur Normierung der Mieten auf einen einheitlichen Mietebegriff sowie die Bereinigung um die **Ausreißermieten** zu beschreiben. Es ist darzustellen, in welchem Umfang Mieten aus der Auswertung ausgeschlossen wurden und welche Miethöhen davon betroffen sind.

3   In den Erläuterungen zur Verordnung[1] wird darauf hingewiesen, dass weitere Verfahren zur Datenaufbereitung wie die Imputation (d. h. die Ersetzung fehlender Werte durch **Schätzwerte**) ebenfalls zu dokumentieren sind. Dies betrifft insbesondere die Mietspiegelerstellung nach der Regressionsmethode.

B. Die Nettokaltmiete

4   In einem ersten Schritt der Aufbereitung der erhobenen Mietdaten ist sicherzustellen, dass alle auszuwertenden Datensätze einen **einheitlichen Mietebegriff** verwenden. Üblicherweise ist dies die Nettokaltmiete, also derjenige Teil der Miete, der für die reine Wohnraumüberlassung zu zahlen ist ohne Betriebs- und Heizkosten.

5   Bis weit in die 1990er-Jahre waren sogenannte Teil- oder sogar **Vollinklusivmieten** in älteren Mietverträgen üblich. Zu dieser Zeit wurden bei Mietspiegelerhebungen in diesen Fällen der enthaltene Betriebskostenanteil aus den übrigen Daten geschätzt und aus den betroffenen Mieten herausgerechnet. Da derartige

---

[1] BR-Drs. 766/20, S. 33, zu § 12 Abs. 3.

Fälle heutzutage nur noch selten vorkommen, werden sie im Regelfall aus der Menge der auswertbaren Daten herausgenommen und als fehlerhaft gewertet.

Seit es die **Betriebskostenverordnung** gibt, die die gegenüber dem Mieter ab- **6** rechnungsfähigen Betriebskostenarten auch im freifinanzierten Mietwohnungsbestand regelt, beziehen sich die meisten Formularmietverträge auf diese Verordnung und regeln, dass die dort genannten Betriebskostenarten auch gegenüber dem Mieter gesondert abgerechnet werden und somit nicht Bestandteil der Nettokaltmiete ist.

Im Grunde liegt es im Interesse des Vermieters, diese Verordnung auch maximal **7** auszuschöpfen, d. h. alle dort genannten **Betriebskostenarten** auch abzurechnen, da er für eine Erhöhung dieser Kosten nicht den Weg über ein Mieterhebungsbegehren nach BGB gehen muss, sondern einfach die höheren Kosten dem Mieter in Rechnung stellen kann.

Die meisten Mietspiegelersteller gehen deshalb davon aus, dass die erhobenen **8** Nettokaltmiete auch wirklich den mietrechtlichen Bestimmungen entspricht. In einigen Mitspiegelerhebungen wird dieses nicht ungeprüft angenommen. Vielmehr wird dort versucht, sogenannte **verkappte Teilinklusivmieten** zu identifizieren und diese ggf. um die inkludierten abrechnungsfähigen Betriebskostenbestandteile zu verringern. In der Praxis geschieht das dadurch, dass erhoben wird, welche Betriebskostenarten abgerechnet werden. Wird hierbei erkannt, dass Betriebskostenarten, die in jedem Mietverhältnis anfallen wie Gebäudeversicherung, Grundsteuer u. ä. nicht beim Mieter über die Betriebskostenabrechnung abgerechnet werden, werden die betreffenden Mieten um einen Schätzbetrag verringert, der sich zumeist aus den übrigen Datensätzen ergibt. Es versteht sich von selbst, dass mit diesem Vorgehen nur nicht umgelegten Betriebskostenarten entdeckt werden können, die nicht zwangsläufig in jedem Mietverhältnis anfallen wie z. B. Gartenpflege, Treppenhausreinigung usw., es sei denn, man führt hierzu noch einen aufwändigen zusätzlichen Erhebungsteil durch, der die Verhältnisse vor Ort genau überprüft. Diese Ungenauigkeit innerhalb der auf zusätzliche Akkuratesse ausgerichteten Vorgehensweise wird üblicherweise hingenommen und ist, ebenso wie das Fehlen dieses gesamten Überprüfungsschrittes, bislang nicht streitbehaftet gewesen. Der gesamte Vorgang und die darin zugrundeliegenden Anschauungsweisen sind eher ein Teil der Befindlichkeiten in den örtlichen Mietspiegelgremien.

C. Ausreißerbereinigung

Seit den ersten Hinweisen zur Erstellung von Mietspiegeln wird vor der Berech- **9** nung von statistischen Kennwerten für einen Mietspiegel die Eliminierung von sogenannten „**Ausreißern**" aus der Verteilung gefordert.

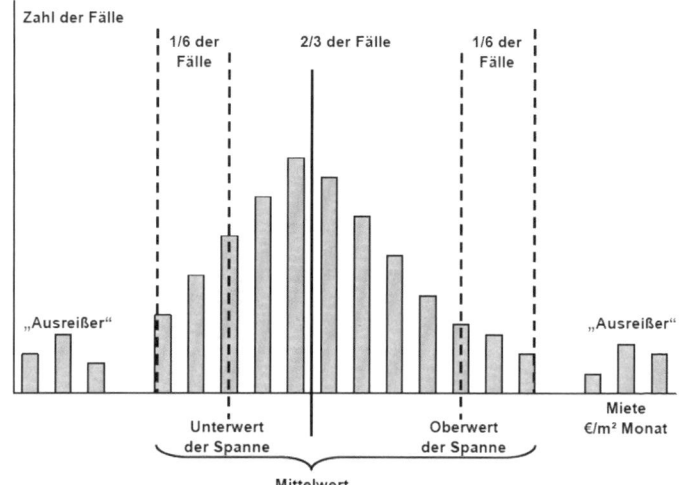

10   Es wurde weder seinerzeit noch in den nachfolgenden „Hinweisen zur Erstellung von Mietspiegeln" eine genaue Definition gegeben von Ausreißern noch eine Begründung für diesen Vorgehensvorschlag.

11   Wie man der Schemaskizze entnehmen kann, wurde bereits in den ersten Hinweisen zur Erstellung von Mietspiegeln sowohl die **Eliminierung von Ausreißermieten** als auch die Berechnung einer Mietenspanne empfohlen, hier der Zwei-Drittel-Spanne.

12   Die Verordnung präzisiert erstmals den Begriff der „Ausreißermiete": Es handelt sich demnach um Werte am unteren oder oberen Ende einer Mietenverteilung, die aufgrund der **Zufallsauswahl** der Erhebungsstichprobe als besonders seltene Ereignisse in die Auswertung hineingelangt sind. Aufgrund ihrer sehr hohen oder niedrigen Mieten beeinflussen sie die statistischen Kennwerte der Ergebnisauswertung in überragender Weise. Dieses soll vermieden werden.

13   In der Verordnungsbegründung werden zwei Fallgruppen von „Ausreißermieten" unterschieden:[2] Mieten, die ohne besondere Wohnwertmerkmale besonders niedrig (z. B. **Gefälligkeitsmieten**) oder besonders hoch sind (z. B. **Wuchermieten**) sowie solche, die aufgrund besonderer Wohnwerte gerechtfertigt sind.

14   Anhand von **Plausibilitätsprüfungen** ist festzustellen, welcher der beiden Fallgruppen die „Ausreißermieten" zugehören. Fälle der ersten Gruppe sind nicht in die Mietspiegelauswertung einzubeziehen, Fälle der zweiten Gruppe dagegen sehr wohl.

15   In der Praxis stellt sich immer wieder die Frage, wie mit mietrechtlich unzulässigen Mieten umzugehen ist. Diese Fragestellung wurde verschärft durch die Miethöhegesetzgebung bei **Neuvermietung in engen Wohnungsmärkten.**

---

2   BR-Drs. 766/20, S. 32, zu § 12 Abs. 2 Satz 2.

Praktisch ist es unmöglich, Gesetzesverstöße bei der Mietvertragsgestaltung wäh- **16** rend einer Mietspiegelerhebung festzustellen. Es ist deshalb davon auszugehen, dass je nach **Wohnungsmarktlage** mehr oder weniger viele unzulässige Mietvereinbarungen in die Erhebungsdatenmenge hineingelangen. In der Vergangenheit hat man sich, insbesondere bei Tabellenmietspiegeln, damit beholfen, eine pauschale Kappung an den Ende der Mietenverteilungen vorzunehmen und damit Mieten aus der Auswertung auszuschließen. Es bleibt abzuwarten, wie diese Vorgehensweise mit der vom Verordnungsgeber gewollten Plausibilitätsprüfung kombiniert werden kann. Der Verordnungsgeber hat auf jeden Fall mit der Erwähnung der „Wuchermieten" als aus der Datenanalyse auszuschießende Fälle deutlich gemacht, dass er es nicht für gerechtfertigt hält, rechtswidrig zustande gekommen in die Auswertung einzubeziehen. Das Argument, es sei in der Praxis schwierig, derartige Fälle im Mietspiegelerstellungsprozess zu identifizieren, erscheint vor diesem Hintergrund als schwach.

Zur Plausibilisierung der Bestimmung von „Ausreißermieten" können laut Ver- **17** ordnungstext auch andere als die **fünf Wohnwertmerkmale** des §558 BGB herangezogen werden. Als Beispiele hierfür werden in der Verordnungsbegründung die Nähe zwischen Mieter und Vermieter oder die Ausnutzung einer Zwangslage des Mieters genannt.[3]

Es ist in die Eigenverantwortung des Mietspiegelstellers gestellt, ob er Maß- **18** nahmen zur **„Ausreißereliminierung"** einsetzt. Geschieht dies, hat es durch geeignete statistische Verfahren zu erfolgen, die in der Dokumentation zur Mietspiegelerstellung nachzuweisen sind.

§13 Datenauswertung bei der Tabellenanalyse

(1) **Wird die ortsübliche Vergleichsmiete mithilfe der Tabellenanalyse ermittelt, so sind Tabellenfelder durch Kombinationen wohnwertrelevanter gesetzlicher Merkmale zu bilden mit dem Ziel, in sich möglichst homogene Tabellenfelder zu erzeugen, die gegenüber anderen Tabellenfeldern möglichst verschieden sind.**

(2) **Lassen sich ungeachtet des Vorgehens nach Absatz 1 abweichende homogene Teilmengen innerhalb eines Tabellenfeldes feststellen, die sich in ihren Mieten signifikant von den restlichen Mieten des Tabellenfeldes unterscheiden, so soll überprüft werden, ob hierfür separate Tabellenfelder gebildet oder ergänzende Hinweise für die Bewertung dieser Teilmengen gegeben werden können.**

(3) **In der Dokumentation ist darzustellen, nach welchen Kriterien und Verfahren die Tabellenfelder gebildet wurden, wie viele Wohnungen für ein Tabellenfeld ausgewertet wurden und wie hoch die Mieten dieser Wohnungen waren.**

---

[3] BR-Drs. 766/20, S. 33, zu §12 Abs. 2 Satz 4.

A. Inhalt der Regelung

1   Die Vorschrift beschreibt und regelt die Konstruktion von Tabellenmietspiegeln und ihren Inhalt.

2   In der **Dokumentation** einer Mietspiegelerstellung nach der Tabellenanalysemethode ist demnach u. a. darzustellen, nach welchen Kriterien das Tabellenraster gebildet wurde, wie groß die Fallzahl in den einzelnen Tabellenfeldern war und welche statistischen Kennwerte sich für die einzelnen Tabellenfelder ergeben haben.

B. Der Tabellenmietspiegel

3   In der Fachsprache der Statistiker sind Tabellenmietspiegel als **varianzanalytisches Auswertungsdesign** zu bezeichnen. Aus statistischer Sicht besteht das Auswertungsziel darin, die Gesamtverteilung der Quadratmetermieten derart in Teilmengen (die Tabellenfelder) zu zerlegen, dass die Variation innerhalb der einzelnen Teilmengen möglichst gering wird, zwischen ihnen dagegen möglichst maximal. Die einzelnen Teilmengen ergeben sich aus Kombinationen der Wohnwertmerkmale.

4   Aus streng theoretischer Sicht könnte sich von Mietspiegelzeitpunkt zu Mietspiegelzeitpunkt die optimale Einteilung eines Tabellenmietspiegels verändern, da der Nutzen einzelner Wohnwertmerkmale je nach Lage auf dem **Mietwohnungsmarkt** unterschiedlich bewertet werden kann, was wiederum seinen Niederschlag im Verhältnis der gezahlten Miethöhen zueinander finden wird. Ein Beispiel könnte das Merkmal Wohnlage sein, dessen Bewertung bei den Mietern vermutlich sehr stark von der aktuellen Wohnungsmarktlage abhängt: Heute sagt man „Hauptsache ein Dach über'm Kopf" über eine Wohnung, in die man morgen, bei größerer Auswahl, gar nicht einziehen würde.

5   Solche „tagesaktuellen" Anpassungen finden jedoch im Regelfall nicht statt. In Mietspiegeln nach der Tabellenanalyse repräsentieren die Zusammenfassungen insbesondere der Merkmale **„Größe"** (z. B. bis unter 40 qm, 40 bis unter 60 qm usw.) und **„Baualter"** (bis 1918, 1919 bis 1948 usw.) im Idealfall einzelne Baualtersepochen und Wohnungstypen (2-Zimmer-Wohnungen, 3-Zimmer-Wohnungen usw.). Bei der Ersterstellung eines Mietspiegels in einer Stadt wird man deshalb zumeist in Abstimmung mit den örtlichen Wohnungsmarktexperten ein Tabellenraster entwickeln, dass das örtliche historische und gegenwärtige Wohnungsbaugeschehen möglichst realitätsnah abbildet. Das einmal in einer Gemeinde eingeführte Mietspiegelraster ist danach dann weitgehend invariant bis auf einige Ausnahmen:

–   die Baualtersklasse des jüngsten Neubaus wird laufend um die entsprechenden Neubaujahrgänge erweitert

–   im Bereich der minderausgestatteten Wohnungen erfolgt über die Jahre hinweg unter Umständen eine Zusammenfassung der Wohnungsgrößengruppen, um in diesen durch vermieterseitige Modernisierungen immer kleiner werdenden Teilmärkten noch genügend Fälle für eine empirische Datenerhebung zu besitzen.

6   Sogenannte **„offene Flügelklassen"** (beispielsweise „ab 2012" oder „unter 25 qm") sollten grundsätzlich vermieden werden, da der Anwender exakt wissen muss, ob seine Wohnung in den Mietspiegel fällt oder nicht. Bei der Wohnungsgröße ist diese „Unsitte" der offenen Flügelklasse zumindest im Bereich der großen Wohnungen fast überall zu finden (z. B. „ab 90 qm"), obwohl es zweifelhaft ist, dass eine 90 qm große Wohnung eine ähnliche **Quadratmetermiete** hat wie eine 200 qm große (zumal man sicherlich wesentlich mehr 90 qm-Wohnungen in der Stichprobe hatte als 200 qm große).

Zumindest beim **Baualter** sollte die offene Flügelklasse beim Neubau (z. B. „ab 7 2012") grundsätzlich vermieden werden, da ja während der Laufzeit eines aktuellen Mietspiegels nach seinem Erhebungszeitpunkt Neubau entsteht, der gar nicht datenmäßig in der Stichprobe enthalten ist. Es wäre also völlig falsch, für diesen Neubau Vergleichsmieten aus dem Mietspiegel ableiten zu wollen. Es ist deshalb geboten, die Neubauklasse mit dem Erhebungszeitpunkt des Mietspiegels enden zu lassen.

Diese Regeln gelten nicht nur für Mietspiegel mittels Tabellenanalyse, sondern 8 auch für solche mittels Regressionsanalyse.

In der **Mietspiegeldokumentation** sind gemäß Verordnungstext darzustellen 9 „… die Kriterien und Verfahren der Bildung der Tabellenfelder …", die erhobene Fallzahl pro Tabellenfeld und die Mieten dieser Wohnungen.

Die Verordnung fordert nicht den Nachweis eines mathematisch-statistisches 10 Verfahren zur Bildung des Tabellenrasters bei einem Mietspiegel nach **Tabellenanalysemethode.** Es soll lediglich bei der Bildung des Rasters das Ziel verfolgt werden, in sich homogene Felder zu schaffen, die gleichzeitig eine möglichst hohe Unterschiedlichkeit zu allen übrigen Feldern aufweisen.

Die **Dokumentation** der Fallzahl der erhobenen Mieten ist im Grunde in je- 11 dem Mietspiegel erfüllt. Etwas anders verhält es sich mit der Dokumentation der Mieten pro Tabellenfeld. Gemäß Verordnung ist eine Angabe von statistischen Maßzahlen der Lage (z. B. arithmetisches Mittel) und der Streuung (z. B. Spanne) nicht ausreichend. Gemäß Begründungstext zur Verordnung[1] ist es ausreichend, die Einzelmieten entweder gruppiert pro Tabellenfeld (z. B. in 50 Cent-Schritten) oder als grafische Darstellung (z. B. in Form eines sogenannten Histogramms) im Bericht darzustellen.

Diese **Dokumentationsvorgaben** gelten für die ausführliche Ergebnisdoku- 12 mentation der Mietspiegelerstellung, soweit ersichtlich nicht für die für die Öffentlichkeit bestimmte Mietspiegelbroschüre.

§ 14 Datenauswertung bei der Regressionsanalyse

(1) [1]**Wird die ortsübliche Vergleichsmiete nach der Regressionsanalyse ermittelt, so sind wohnwertrelevante gesetzliche Merkmale daraufhin zu untersuchen, ob sie einen statistisch signifikanten Einfluss auf den Mietpreis haben mit dem Ziel, den Zusammenhang zwischen der Miethöhe und der gesetzlichen wohnwertrelevanten Merkmale möglichst gut zu beschreiben. [2]Außergesetzliche Merkmale können insbesondere zur Wahl des Regressionsmodells und bei der Bemessung von Spannen nach § 16 Absatz 3 herangezogen werden.**

(2) [1]**In der Dokumentation ist darzustellen und zu erläutern,**
1. welche Regressionsfunktion der Analyse zugrunde liegt,

---

[1] BR-Drs. 766/20, S. 34, zu § 13 Abs. 3.

2. welche Merkmale sich mit welchem Einfluss auf die Miethöhe auswirken, ob dieser Einfluss statistisch signifikant ist und welches Signifikanzniveau dabei zugrunde gelegt wird,
3. wie hoch der Erklärungsgehalt der verwendeten Regressionsfunktion ist und
4. inwieweit die tatsächlich vorgefundenen Mieten von den Ergebniswerten der Regressionsformel abweichen.

[2]In der Dokumentation ist weiter zu erklären, ob und in welcher Weise eine Modellvalidierung erfolgte und zu welchem Ergebnis sie führte.

A. Inhalt der Regelung

1   In diesem Paragrafen wird dargelegt, welche Regeln bei der Datenanalyse für einen Mietspiegel nach der Regressionsanalysemethode gemäß dieser Verordnung einzuhalten sind.

B. Die Signifikanz der Untersuchungsergebnisse

2   Die Regressionsanalyse verfolgt das Ziel, die gleichzeitige Wirkung mehrerer Einflussgrößen auf eine sogenanntes **abhängiges Merkmal** auf statistischem Weg größenmäßig darzustellen. Konkret bezogen auf eine Mietenanalyse ermittelt sie die Einflussstärken einzelner Wohnwertmerkmale auf die Miethöhe ausgedrückt in Eurocent. Die Besonderheit der Regressionsmethode liegt vor allem darin, dass sie die Einflüsse mehrerer Merkmale simultan berechnen kann, d. h. insbesondere, dass die einzelnen Einflussgrößen voneinander separiert sind und im Idealfall jeweils nur ihre unmittelbare isolierte Einflussstärke dargestellt wird.

3   Als Einflussgrößen dürfen bei einer Mietspiegelanalyse nach § 558 BGB nur Merkmale berücksichtigt werden, die sich den **fünf Wohnwertmerkmale** Art, Größe, Beschaffenheit, Ausstattung und Lage zuordnen lassen.

4   Für eine Regressionsanalyse ist die Einflussstärke eines Merkmals erst in zweiter Linie interessant. Viel wichtiger ist die Frage, ob der in den Erhebungsdaten gefundene Einfluss eines Wohnwertmerkmals auf die Miethöhe statistisch signifikant ist im Sinne einer **überzufälligen Wahrscheinlichkeit.** Da Erhebungsdaten üblicherweise auf Stichproben beruhen, sind sie im Vergleich zu ihren Grundgesamtheiten zufälligen Schwankungen unterworfen, d. h. sie sind nur in mehr oder weniger großen Ausmaß den Grundgesamtheiten ähnlich, aber nie absolut identisch. Es entspricht den wissenschaftlichen Grundsätzen empirischer Forschung, zufällige, d. h. nicht signifikante Einflüsse auf die Miethöhe bei der Auswertung und Ergebnisdarstellung für einen Mietspiegel unberücksichtigt zu lassen.

5   Die Entscheidung, ab wann ein Einfluss als überzufällig, d. h. als signifikant zu betrachten ist, liegt in der Entscheidung des Forschers, in diesem Fall des Mietspiegelerstellers. Die dahinterstehende Ratio ist im Grunde eine **Folgenabschätzung:** Was hat es zur Folgen, wenn man fälschlicherweise eine Wirkung unterstellt, obwohl der Effekt nur scheinbar und zufällig war? Was hat es für Folgen, wenn,umgekehrt gefragt, ein Effekt als zufällig eingestuft wird, aber eigentlich tatsächlich wirksam war? In den Sozialwissenschaften ist ein Signifikanzniveau von 95 % üblich, d. h. es muss eine Sicherheit von 95 % vorliegen, damit eine Wirkung auf das abhängige Merkmal als wahr angenommen wird. Dieses Sicherheitsniveau wird auch nor-

malerweise bei Regressionsanalysen für Mietspiegel angewandt. Die Wahl des angemessenen **Signifikanzniveau** ist aber eine Entscheidung, die keinesfalls ein Statistiker allein treffen sollte, sondern an der die übrigen an der Mietspiegelerstellung Beteiligten (z. B. ein Arbeitskreis Mietspiegel) beteiligt werden sollten, da die Antwort außerwissenschaftlich erfolgt, d. h. eine Folgenbewertung darstellt. Korrekterweise müßten also bei einer Mietspiegelerstellung mehrere Varianten mit unterschiedlichen Signifikanzniveaus berechnet und den an der Mietspiegelerstellung Beteiligten zur Diskussion vorgelegt werden.

Generell gilt die Tendenz: Je höher das **Signifikanzniveau,** desto geringer die 6
Zahl der signifikanten Wirkungsfaktoren auf die Miethöhe.

Einen weiteren wesentlichen Einfluss auf die Signifikanz der Ergebnisse hat die 7
Stichprobengröße: Generell gilt, dass bei zunehmender Stichprobengröße die Wirkungsgröße eines Merkmals geringer werden kann, um trotzdem signifikant zu sein. D. h. bei einer kleinen Stichprobe sind nur stark wirksame Merkmale signifikant, bei einer größeren Stichprobe werden auch Merkmale mit geringerer Einflussstärke signifikant. Daraus folgt für eine Mietspiegelerstellung, dass mit der Wahl der **Stichprobengröße** grundsätzlich auch die Anzahl der einflussreichen Merkmale auf die Miethöhe beeinflusst wird.

Somit ist die Entscheidung über die Größe der bei einer Mietspiegelunter- 8
suchung zu erhebenden Stichprobe nicht allein eine wissenschaftliche Frage, sondern neben der Auswirkung auf die Mietspiegelerstellungskosten auch eine Frage der grundsätzlichen **Komplexität** des Wirkungsgeflechts der Wohnwertfaktoren, die eine Stichprobengröße zuläßt.

Das Nutzen unterschiedlicher Signifikanzniveaus innerhalb einer Untersuchung 9
ist zwar grundsätzlich möglich, aber sehr erklärungsbedürftig, da man sich mit einem solchen Vorgehen dem Verdacht aussetzt, die Liste der **Einflussfaktoren** zu manipulieren.

Relativ selten findet man in Mietspiegeln nach der Regressionsmethode auch 10
die Aussage, ein Merkmal hätte zwar keinen signifikanten Einfluss auf die Miethöhe, die Wirkung geht aber in eine plausible Richtung. Dies wird dann als Grund angesehen, dass ein Merkmal entweder doch unmittelbar in das **Erklärungsmodell** der Miethöhen hineingenommen wird oder aber als zusätzliches Erklärungsmerkmal innerhalb der Mietenspanne herangezogen werden kann. Eine derartige Vorgehensweise ist unwissenschaftlich. Entweder der Einfluss eines Merkmals ist statistisch gesichert oder er ist zufällig. Etwas dazwischen gibt es nicht.

C. Die außergesetzlichen Merkmale

Die Verordnung führt in § 14, Abs. 1 Satz 2 ein Novum in die Diskussion um die 11
Mietspiegelerstellungsmethodik ein: die außergesetzlichen Merkmale, d. h. Merkmale, die nicht in § 558 BGB als Wohnwertmerkmale benannt worden sind, gleichwohl aber bei einer Mietspiegelerstellung nach der Regressionsanalysemethode berücksichtigt werden können.

Die Verordnungsbegründung[1] stellt unmissverständlich klar, dass außergesetz- 12
liche Merkmale nicht zur direkten Berechnung **der ortsüblichen Vergleichsmiete** nach § 558 BGB herangezogen werden dürfen. Insofern wird keine neue Rechtslage geschaffen.

---

[1] BR-Drs. 766/20, zu § 14 Abs. 1 Satz 2.

13   Die Verordnung läßt lediglich zu, dass außergesetzliche Merkmale quasi als Hilfsmerkmale zum besseren Verständnis der erhobenen Daten herangezogen werden können, beispielsweise bei der Auswahl eines Regressionsmodells, bei **der Plausibilisierung** einzelner Effekte oder bei der Identifikation von Ausreißermieten.

D. Dokumentation der Vorgehensweise und der Ergebnisse

14   Die höhere Komplexität der Mietspiegelerstellung nach der Regressionsmethode erfordert zum Verständnis eine umfangreichere **Dokumentation** der Vorgehensweise und der Ergebnisse als bei der Mietspiegelerstellung nach der Tabellenanalysemethode. Dieses ist auch sachgerecht.

15   Die Verordnung bestimmt explizit die Dokumentation der **finalen Regressionsfunktion,** die Auflistung der untersuchten Wohnwertmerkmale in ihrem Einfluss auf die Miethöhe sowohl hinsichtlich der Einflussstärke als auch seiner Signifikanz bei einem anzugebenden Signifikanzniveau, den Erklärungsgehalt des Regressionsmodells i. S. der Varianzerklärung der gemessenen Mieten sowie eine Darstellung der Abweichungen der erhobenen von den nach dem Regressionsmodell geschätzten Mieten.

16   Erforderlich ist lediglich die Dokumentation der finalen **Regressionsgleichung.** Insofern sind die Formulierungen in § 14 Abs. 2 MsV vom Wortlaut her eindeutig. Auch der historische Wille des Verordnungsgebers geht nicht weiter.[2] Eine ausführliche Beschreibung der Zwischen- und Prüfschritte, die zum finalen Regressionsmodell geführt haben, wird ebenso wenig gefordert wie das Testen alternativer Regressionsmodelle sowie die diesbezügliche Dokumentation der Verfahren und ihrer Ergebnisse.

§ 15   **Bestimmung und Darstellung der ortsüblichen Vergleichsmiete bei der Tabellenanalyse**

(1) [1]**In einem nach der Tabellenanalyse erstellten qualifizierten Mietspiegel wird die ortsübliche Vergleichsmiete in den Tabellenfeldern durch einen Mittelwert und eine um diesen gebildete Spanne dargestellt.** [2]**Die ortsübliche Vergleichsmiete soll im Einzelfall innerhalb der Spanne durch Zu- und Abschläge vom Mittelwert bestimmt werden.**

(2) [1]**Der Mittelwert ist das arithmetische Mittel oder der Median und wird aus allen Mieten eines Tabellenfeldes nach einer etwaigen Bereinigung um Ausreißermieten gebildet.** [2]**Der Mittelwert entspricht der ortsüblichen Vergleichsmiete für eine Wohnung, die im Vergleich zu anderen Wohnungen des entsprechenden Tabellenfeldes unter Berücksichtigung von Qualität und Quantität weiterer wohnwertrelevanter gesetzlicher Merkmale, die nicht mittels der Tabellenfelder beschrieben werden, als durchschnittlich zu bewerten ist.**

(3) [1]**Für die Bildung der Spanne sollen in der Regel je ein Sechstel bis ein Achtel der nach Ausreißerbereinigung in einem Tabellenfeld verbliebenen Mieten am oberen und am unteren Ende der größengeordneten Mieten unberücksichtigt bleiben.** [2]**Bei der Bildung der Spanne kann berücksich-**

---

[2] BR-Drs. 766/20, S. 35, zu § 14 Abs. 2.

tigt werden, wie stark die Streuung der Mieten insgesamt oder im jeweiligen Tabellenfeld ist.

(4) [1]Aus wohnwertrelevanten gesetzlichen Merkmalen, die nicht mittels der Tabellenfelder beschrieben werden, können sich Zu und Abschläge ausgehend vom Mittelwert des Tabellenfeldes ergeben. [2]Der Mietspiegel kann Bewertungshilfen für die Zu- und Abschläge vorsehen, um die Einordnung einer Wohnung innerhalb der Spanne eines Tabellenfeldes zu erleichtern. [3]Machen besondere Merkmale eine Überschreitung des Oberwertes oder eine Unterschreitung des Unterwertes der Spanne notwendig, ist dies im Mietspiegel gesondert auszuweisen.

(5) [1]Die Bildung der Mittelwerte und der Spannen ist in der Dokumentation zu erläutern. [2]Sieht der Mietspiegel Bewertungshilfen für Zu- und Abschläge vor, ist in der Dokumentation darzulegen, nach welchen Kriterien und auf welche Weise diese Bewertungshilfen erstellt wurden.

Inhaltsübersicht

A. Inhalt der Regelung

Der Paragraph legt fest, welche **statistischen Kennwerte** pro Tabellenfeld für einen Mietspiegel nach der Tabellenanalysemethode zu berechnen und auszuweisen sind. Außerdem wird beschrieben, wie Hinweise zur Einordnung der Wohnungen in Mietpreisspannen zu gestalten sind. **1**

In der Dokumentation ist die Auswahl und Berechnung der statistischen Kennwerte pro Tabellenfeld darzustellen und zu begründen. Soweit **Bewertungshilfen** zur Spannenausfüllung für den Mietspiegel entwickelt wurden und Teil des Qualifizierten Mietspiegels sind, sind ihre Grundlagen darzustellen. Wenn die Bewertungshilfen nicht Teil des Qualifizierten Mietspiegels sind, ist hierauf gemäß § 8, Absatz 3 Satz 3 der Verordnung ausdrücklich hinzuweisen. Weitere Dokumentationserfordernisse bestehen in diesem Fall nicht.[1] **2**

B. Die Miete-Mittelwerte

Die bei der Tabellenanalysemethode in einem Mietspiegelfeld gesammelten Mietewerte bilden eine statistische Verteilung. Derartige **Werteverteilungen** lassen sich durch statistische Maßzahlen kennzeichnen, die bekanntesten sind die Maßzahlen der Lage und die der Streuung. **3**

Als Maßzahlen der Lage werden in der Statistik insbesondere benutzt: **4**
– der Modalwert, d.i. der häufigste Messwert in einer Werteverteilung
– der Median, d.i. derjenige Messwert, der die nach Wertehöhe sortierte Reihenfolge aller Messungen halbiert

---

[1] Vgl. BR-Drs. 766/20, S. 38, zu § 15 Abs. 5 Satz 2.

– das arithmetische Mittel, d.i. die Summe aller Messwerte geteilt durch die Mess-
werteanzahl (umgangssprachlich auch als „Durchschnitt" bezeichnet).

5   Insbesondere Median und arithmetisches Mittel werden umgangssprachlich
auch zusammenfassend als **„Mittelwerte"** bezeichnet.

6   Im Fall einer absolut symmetrische Werteverteilung sind alle drei Lagemaße
identisch. Bei einer asymmetrischen Verteilungsform **(„schiefe Verteilung")** weichen sie in charakteristischer Weise voneinander ab.

7   Gemäß Rechtsverordnung soll für jedes Tabellenfeld eine Maßzahl der Lage aus-
gewiesen werden, und zwar entweder der Median oder das arithmetische Mittel.
Der Modalwert ist nicht zulässig. Die in früheren Mietspiegeln (z. B. **Berliner
Mietspiegel**) anzutreffende Mischform beider Lagemaße (sog. **„Berliner Mittel-
wert"**) ist in der Rechtsverordnung nicht erwähnt und ist somit gemäß § 15, Abs. 2,
Satz 1 bei der Erstellung eines Qualifizierten Mietspiegels nicht zulässig.

8   Die in der Rechtsverordnung formulierte Interpretation des Mittelwerts einer
Mietenverteilung als Mietewert für eine Wohnung durchschnittlicher **Wohnwert-
qualität** (§ 15, Abs. 2, Satz 2) ist irreführend. Die Berechnung des Lagemaßes einer
Mietenverteilung erfolgt völlig losgelöst von den Wohnungsausstattungsmerkmalen
und ist eine rein mathematische Rechenoperation. In den Erläuterungen zum Verordnungstext[2] wird dazu ausgeführt: „Satz 2 ist erläuternder Natur. Er dient dazu, die
Bedeutung des Mittelwerts durch anschauliche Beschreibung auch Laien besser verständlich zu machen. Den Erstellern des Mietspiegels soll er als Gedankenstütze dienen. Sie werden dazu angeregt, sich konkret zu überlegen, wie eine Wohnung mittlerer Art und Güte innerhalb des Tabellenfeldes aussieht und welches Verfahren nach
Satz 1 zur Bestimmung des Mittelwertes in dem konkreten Fall geeignet erscheint."
Diesem Hinweis ist zu entnehmen, dass mit den zitierten Erläuterungen die Wahl
zwischen den beiden möglichen Mittelwerten Median und arithmetisches Mittel ar-
gumentativ angeleitet werden soll. Leider ist dieser Ansatz irreführend, da er davon
ausgeht, dass es in Abhängigkeit von empirischen Gegebenheiten die Wahl zwischen
einem „richtigen" und einem „falschen" oder „unangemessenen" Mittelwert gibt.

9   Die beiden Lagemaße **Median** und **arithmetisches Mittel** „verarbeiten" die
Informationen der erhobenen Mietedaten in unterschiedlicher und charakteristischer Weise[3]: In die Bestimmung des Medians gehen außer der Rangplatzinforma-
tion der Einzelfälle nur die mittleren Fälle mit ihren Messwerten in die Berechnung
ein. Das arithmetische Mittel dagegen verwendet zur Berechnung die Merkmals-
ausprägungen aller Messwerte. Aus dieser Sicht benutzt das arithmetische Mittel
also alle zur Verfügung stehenden Messwertinformationen zur Berechnung. Dadurch wird dieses Lagemaß auch von den Messungen an den Verteilungsenden stark
beeinflusst.

10   Dieser Unterschied spielt in der Mietspiegelerstellung nach der **Tabellenanalysemethode** oft eine wichtige Rolle, da er zur Folge hat, dass der Median aufgrund der üblichen Verteilungsform der Mietedaten im Regelfall niedriger ist als
das arithmetische Mittel.

11   Gemäß vorliegender Rechtsverordnung ist die Wahl des Lagemaßes als Ausdruck des Mittelwertes pro Tabellenfeld dem Mietspiegelersteller freigestellt. Gemäß § 15, Abs. 5 ist die Wahl zu begründen und zu dokumentieren.

12   Ein einheitlicher **Mittelwerttyp** für alle Felder des Mietspiegels nach Tabellenanalysemethode ist nicht vorgeschrieben.

---

[2] BR-Drs. 766/20, S. 36, zu § 15 Abs. 2 Satz 2.
[3] Vgl. hierzu ausführlicher beispielsweise Börstinghaus/Clar: Mietspiegel, Rn. 622 ff.

C. Die Miete-Spannen

Neben ihrer Lage kann eine Mietenverteilung auch durch ihre Streuung charak- **13** terisiert werden. Dieses hat bei einer Mietspiegelerstellung nach der Tabellenanalyse für jedes Tabellenfeld einzeln zu erfolgen.

Genau wie die Lagemaße haben **Streuungsmaße** nur eine Funktion: Sie sollen **14** eine statistische Eigenschaft einer Mietenverteilung in einer Maßzahl zusammenfassen, im Fall der Streuungsmaße den Aspekt der Variation der Messwerte.

In der Verordnung wird in § 15, Abs. 1 gefordert, dass ein Mietspiegelfeld nach **15** der Tabellenanalysemethode sowohl durch einen Mittelwert als auch durch eine Spanne gekennzeichnet werden soll. Aus dem Verordnungstext lässt sich schließen, dass hierbei insbesondere eine Spanne nach dem bislang schon eingeführten Prinzip der **2/3-Spanne** gedacht wurde.

Diese 2/3-Spanne wird nach dem gleichen statistischen Prinzip wie der Median **16** berechnet. So wie der Median denjenigen Punkt definiert, der die Rangreihe der Messwerte halbiert (also den 50%-Punkt markiert), lassen sich beliebige andere Stellen festlegen. Am gebräuchlichsten sind die Quartile (d. h. die Punkte 25 und 75% der Verteilung) und die Zentile (d. h. die Punkte, die die Verteilung in 10%-Schritte zerlegen), hierfür sind, wie man sieht, eigene Namen in der Stastik gebräuchlich. Die Abstände zwischen solchen Punkten (sogenannte **Quartilabstände, Zentilabstände**) sind eine Ausdrucksform der Spannweite einer Merkmalsverteilung.

In der Statistik eher ungebräuchlich, aber in der Mietspiegelerstellung seit **17** langem eingeführt ist die 2/3-Spanne bzw. Varianten davon (3/4-Spanne, 80%-Spanne, ggf. auch Zwischenschritte).

Spannenunter und –oberwert sind in einem Mietspiegel anzugeben, sie sollen **18** über die Spannweite der üblichen Mieten in jedem Tabellenfeld Auskunft geben. Außerhalb der Spanne liegende Mieten werden als unüblich angesehen.

Normalerweise wird die Spanne symmetrisch konstruiert, d. h. an beiden Enden **19** der Mietenverteilung wird eine gleichgroße Mietenmenge gekappt.

Gemäß Verordnung ist es zulässig, bei der Auswahl der **Spannenweite** die **20** Streuung innerhalb des Mietspiegelfeldes zu berücksichtigen. Hierbei spielt die Überlegung eine Rolle, dass bei einer größeren Mietenstreuung in einem Tabellenfeld der Üblichkeitsbegriff der Mieten weiter zu fassen ist als bei einer sehr geringen Mietenstreuung.

Gemäß Verordnung soll die Mietenspanne „… in der Regel …" 2/3 bis 75% der **21** erhobenen Mieten umfassen, d. h. Ausnahmen sind grundsätzlich zulässig.

D. Hinweise zur Spanneneinordnung

Die nach der Methode der Tabellenanalyse entstandenen Spannen in einer **22** Mietpreisübersicht können durch weitere Hinweise und navigatorische Erläuterungen ausgefüllt werden, um im Einzelfall eine punktgenaue ortsübliche Vergleichsmiete bestimmen zu können.

Im Grundsatz gibt es dafür zwei Möglichkeiten: erstens die **empirisch-statisti-** **23** **sche Bestimmung** von Zu- und Abschlägen auf den Mittelwert eines Tabellenfeldes sowie zweitens eine Bewertungssystem von Zu- und Abschlägen, das im Grundsatz normativ-qualitativen Charakter hat.

24   Im erstgenannten Fall eines Systems auf empirischer Basis abgeleiteter **Zu- und Abschlagsfaktoren** sind diese Bestandteil des Qualifizierten Mietspiegels.

25   Im zweiten Fall eines eher normativ- qualitativen Zu- und Abschlagssystems beruht dieses gemäß § 8, Ab. 3 der Verordnung auf fachkundlichen Schätzungen, die zwar innerhalb eines Qualifizierten Mietspiegels zulässig sind, die aber nicht den Anspruch der Qualifiziertheit genügen. Hierauf ist in der **Mietspiegelbroschüre** hinzuweisen.

26   Ausdrücklich ist es gemäß Verordnung möglich, dass durch Hinweise zur Spanneneinordnung der im Mietspiegelfeld ausgewiesene **Spannenraum** durch Unter- bzw. Überschreitung verlassen wird. Darauf ist ggf. im Mietspiegel besonders hinzuweisen.

27   Die Methoden der Gewinnung der Hinweise zur Spanneneinordnung sind in der Mietspiegeldokumentation darzustellen und zu erläutern.

§ 16 Bestimmung und Darstellung der ortsüblichen Vergleichsmiete bei der Regressionsanalyse

(1) [1]**Die ortsübliche Vergleichsmiete in einem mittels Regressionsanalyse erstellten qualifizierten Mietspiegel wird im Einzelfall durch Anwendung der Regressionsfunktion ermittelt.** [2]**Die Vergleichsmiete für eine bestimmte Wohnung kann insbesondere als wohnungsspezifischer Punktwert oder klassifiziert in Tabellenform gegebenenfalls mit Zu- und Abschlägen ausgewiesen werden.**

(2) **Im qualifizierten Mietspiegel ist darzustellen, wie die durch Regression festgestellten wohnwertrelevanten gesetzlichen Merkmale definiert werden und welchen Einfluss das jeweilige Merkmal auf die Miethöhe hat.**

(3) [1]**In dem mittels Regressionsanalyse erstellten qualifizierten Mietspiegel kann die Schwankungsbreite der ermittelten ortsüblichen Vergleichsmiete durch Spannen berücksichtigt werden.** [2]**Bei der Bildung von Spannen soll dargestellt werden, inwieweit die durch Befragung erhobenen Mieten von den auf Basis der Regressionsanalyse errechneten Mieten nach oben oder unten abweichen.** [3]**Dies kann insbesondere dadurch erfolgen, dass von der Abweichung zwischen den vorhergesagten und den beobachteten Mieten am oberen und unteren Ende je ein Sechstel bis ein Achtel nicht berücksichtigt wird.**

(4) [1]**In der Dokumentation ist zu erläutern, wie das Ergebnis der Regressionsanalyse im qualifizierten Mietspiegel dargestellt und die ortsübliche Vergleichsmiete einer Wohnung konkret berechnet wird.** [2]**Eine etwaige Bildung von Spannen ist darzustellen und zu erläutern.**

A. Inhalt der Regelung

1   § 16 MsV legt dar, in welcher Form die Ergebnisse einer Mietspiegelerstellung nach der Regressionsmethode anzuwenden und in einer **Mietspiegelbroschüre** für die praktische Nutzung darzustellen sind.

2   In der Mietspiegeldokumentation ist die Darstellungsform der Regressionsanalyse zu erläutern, der konkrete Rechenweg für die **Einzelfallanwendung** zu be-

schreiben und eine etwaige Spannenausweisung darzustellen und ihre Anwendungsweise zu erläutern.

B. § 16 Abs. 1 MsV

Das Ergebnis einer Regressionsanalyse der erhobene Mietedaten ist eine Regressionsfunktion (eine **Regressionsgleichung**), die den Zusammenhang zwischen den Mieten und den Wohnwertmerkmalen möglichst gut beschreibt. Diese Regressionsgleichung kann in eine Mietspiegelbroschüre direkt zur Einzelfallanwendung übernommen werden oder, ähnlich wie in Mietspiegeln nach der Tabellenanalysemethode, tabellarisch dargestellt werden. Es sind auch Mischformen möglich, bei denen zunächst aus Grundtabellen (z. B. Wohnungsgröße und Baualter) die Basisdaten einer Wohnung abgelesen werden, die dann durch Zu- oder Abschläge weiter verfeinert werden. **3**

Für die mögliche Zusammenfassung der einzelner Teile der **Regressionsgleichung** in Grundtabellen erläßt die Rechtsverordnung keine Vorschriften, d. h. es ist jede beliebige Zusammenfassung möglich. Es erscheint allerdings als sinnvoll, an diese Vorgehensweise ähnliche Anforderungen wie an Mietspiegel nach der Tabellenanalysemethode zu stellen, d. h. das Vorgehen analog zu § 13 MsV zu begründen und zu dokumentieren. **4**

Ob die **Zu- und Abschläge** auf Basis von einzelnen Wohnwertmerkmalen der Ausstattung, Beschaffenheit und Lage ermittelt werden oder diese gänzlich oder in Teilen zu Indizes zusammengefasst werden (z. B. moderne Küchenausstattung, einfache Badgestaltung, gute Wohnlage) ist nicht vorgeschrieben. **5**

C. § 16 Abs. 2 MsV

Die in der Regressionsanalyse ermittelten Regressionsfaktoren, die Auswirkungen auf die Miethöhe besitzen, sind in der Mietspiegelbroschüre für die Einzelfallanwendung exakt zu definieren. Ihr Einfluss auf die Miethöhe ist darzulegen. Die Form dieser Darlegung (in Euro, in Prozent o. ä.) ist nicht normiert. **6**

D. § 16 Abs. 3 Msv

Ob zu der ermittelten Regressionsgleichung bzw. dem im Einzelfall aus der Anwendung der Mietspiegelbroschüre ermittelten Einzelwertes eine Mietenspanne angegeben wird, in der der Einzelwert aufgrund der **Datenanalyse** liegt, bleibt dem Ermessen des Mietspiegelerstellers überlassen. **7**

Soweit Spannen angegeben werden, sind diese auf Basis der Abweichung der erhobenen Mieten von den nach Regressionsgleichung berechneten **(Restvarianz)** abzuleiten. Es gelten die Regelungen analog zum Mietspiegel nach Tabellenanalysemethode (siehe § 14 Abs. 3 f MsV). **8**

Gemäß den Erläuterungen zur MsV[1] können in der **Mietspiegelbroschüre** auch nicht signifikante Wohnwertmerkmale zur weiteren Bewertung der Einzelfälle herangezogene werden, diese sind allerdings im Regelfall nicht von der Qualifizierungswirkung des Mietspiegels erfasst. **9**

---

[1] BR-Drs. 766/20, S. 39, zu § 16 Abs. 3 Satz 3.

E. § 16 Abs. 4 MsV

10   Die Darstellung und Anwendung der **Regressionsfunktion** ist zusammen mit etwaigen Zu- und Abschlägen in der Dokumentation zu erläutern, der Rechenweg konkret darzustellen. Gleiches gilt für eine etwaige Spannenbildung.

Unterabschnitt 2. Inhalt des qualifizierten Mietspiegels

§ 17 Art der Wohnungen

(1) ¹Der qualifizierte Mietspiegel soll in der Regel Wohnungen in Mehrfamilienhäusern mit mehr als zwei Wohnungen erfassen. ²Andere Wohnungen sowie besondere Wohnungs- und Vertragstypen in Mehrfamilienhäusern mit mehr als zwei Wohnungen können bei der Erstellung eines qualifizierten Mietspiegels unberücksichtigt bleiben oder Gegenstand von getrennten Erhebungen sein.

(2) Der qualifizierte Mietspiegel muss Angaben dazu enthalten, welche Wohnungsarten von ihm erfasst sind.

A. Inhalt der Regelung

1   Die Vorschrift bezieht sich auf das Wohnwertmerkmal „Art" in § 558 Abs. 2 BGB. Für die Merkmale Größe, Beschaffenheit und Ausstattung befindet sich die entsprechende Regelung in § 18 MsV (→ § 18 Rn. 2) und für das höchst problematischen Merkmal der „Lage" in § 19 MsV (→ § 19 Rn. 4). § 17 MsV wiederholt die heute schon existierende Praxis, wonach Mietspiegel in der Regel nur für den Geschosswohnungsbau, also für Wohnungen in Gebäuden mit mehr als 2 Wohnungen erstellt werden. Theoretisch möglich ist zwar auch die Erstellung von Mietspiegeln für andere Arten von Wohnungen, wie z. B. Ein- oder Zweifamilienhäuser, da insbesondere diese Objekte als Mietobjekte nicht so häufig sind und wegen der erforderlichen Feldbesetzung (→ § 11 Rn. 3) ist der Aufwand, der betrieben werden muss, aber regelmäßig sehr hoch und steht in keinem Verhältnis zu den betroffenen Objekten. Außerdem unterscheiden sich diese Objekte auch noch (freistehende Häuser, Reihenhäuser etc.)

B. Die Art der Wohnung

2   Unter dem Wohnwertmerkmal „Art" werden solche Eigenschaften erfasst, die den objektiven Wohnwert einer Wohnung tatsächlich beeinflussen.[1] Deshalb ist mit diesem Wohnwertmerkmal vor allem die **Struktur des Hauses**[2] und der Wohnung gemeint. Unterscheidungsmerkmale sind hier ua abgeschlossene oder nicht abgeschlossene Wohnungen, Altbau oder Neubau, Einfamilienhaus, Reihenhaus oder Mehrfamilienhaus, Apartment oder Mehr-Zimmer-Wohnung. Im Rah-

---

[1] OLG Karlsruhe NJW 1982, 890.
[2] So auch Bub/Treier MietR-HdB/Schultz Kap. III Rn. 1390.

men der „Zimmermiete" vermietete einzelne Räume mit Mitbenutzungsmöglichkeit von Bad und Küche sind als nicht abgeschlossene Wohnungen nicht mit abgeschlossenen 1-Zimmer-Apartments vergleichbar.[3] Wohnungen in Plattenbauten gehören der gleichen Art von Wohnungen an, selbst wenn es sich um unterschiedlichen Plattenbautypen handelt.[4] Das Wohnwertmerkmal Art überschneidet sich dabei mit dem Merkmal Beschaffenheit.[5]

Mietwohnungen in Ein- und Zweifamilienhäusern stellen wie oben bereits 3
erwähnt (→ Rn 1) einen anderen Wohnungsmarkt dar. Mietwohnungen in solchen Gebäuden sind mit Wohnungen in Mehrfamilienhäusern nicht zu vergleichen.[6] Als Miethäuser kommen sie zahlenmäßig nur sehr eingeschränkt vor. Sie sind wegen ihrer unterschiedlichen Ausstattung nur schwer vergleichbar. Nach empirischen Untersuchungen ist ein messbarer Zusammenhang zwischen Wohnflächengröße und Mietpreis bei diesen Objekten auch nicht so eindeutig feststellbar. Der vom Mieter angehaltene Maßstab ist hier nur die Gesamtmiete für das Objekt.[7] Außerdem werden die Mieten teilweise durch andere Merkmale beeinflusst. Häufig geschieht die Anmietung auch durch den Arbeitgeber, wenn es sich zB um leitende Angestellte handelt. Auch hier kann dann die Miethöhevereinbarung von anderen Kriterien bestimmt sein. Das Mietverhältnis zwischen Eigentümer und Arbeitgeber ist ein Gewerbemietvertrag, da der Mieter nicht selbst im Haus wohnt; erst das Vertragsverhältnis zwischen Arbeitgeber und Angestellten ist ein Wohnraummietverhältnis. Hier stehen aber häufig die arbeitsrechtlichen Beziehungen, zB verkappte Lohnzusatzleistungen, im Vordergrund. Das bedeutet zunächst einmal, dass die Mieten für Einfamilienhäuser wegen der fehlenden Vergleichbarkeit nicht zur Ermittlung einer Miete für eine Wohnung im Mehrfamilienhaus herangezogen werden dürfen. Das Gleiche gilt aber auch umgekehrt. Deshalb kann eine Mieterhöhung für ein Einfamilienhaus auch nicht mit einem Mietspiegel mit Werten für Geschosswohnungen begründet werden (→ BGB § 558a Rn. 35).[8] Ebenso wenig kann eine Mieterhöhung für eine Wohnung in einem Zweifamilienhaus mit den Mieten für Einfamilienhäuser begründet werden.[9]

Auch **Appartments** stellen einen Sondermarkt dar und sind mit normalen 4
Kleinwohnungen[10] nicht zu vergleichen. Ein Apartment ist eine aus einem bzw. eineinhalb Räumen bestehende Kleinwohnung, die vom Vermieter zumindest teil-

---

[3] LG Gießen NZM 2013, 381 mAnm Börstinghaus jurisPR-MietR 19/2012 Anm. 3.
[4] AG Hohenstein-Ernstthal WuM 2004, 539.
[5] Sternel MietR Kap. IV Rn. 179.
[6] LG Berlin GE 2002, 1197; LG Hagen WuM 1997, 331; LG Köln WuM 1976, 129; LG Gera WuM 2002, 497; LG Hamburg WuM 2002, 698; AG Spandau MM 1997, 242; AG Schwelm WuM 1995, 592; Börstinghaus NZM 2009, 115; Oberhofer WuM 1995, 301; **aA** BGH NZM 2009, 27; LG Hamburg ZMR 2010, 287; 2010, 363; 2003, 491; LG Mönchengladbach NZM 1998, 301; AG Hamburg-Blankenese/LG Hamburg ZMR 2003, 492; AG Hamburg Blankenese HbGE 1988, 281 (283); Kniep NZM 2000, 166; Kniep/Spieth GE 2000, 110; Isenmann WuM 1994, 448.
[7] Stelter/Finger GE 2005, 1471 die für Berlin und Umgebung eine entsprechende Preiserhebung durchgeführt haben.
[8] Börstinghaus NZM 2009, 115.
[9] AG Pankow/Weißensee WuM 2009, 239 = GE 2009, 582.
[10] Dabei kommt es auf den steuerrechtlichen Wohnungsbegriff und die dort aufgestellte Forderung (dazu BFH NZM 1998, 281) nach einer Mindestgröße nicht an; AG Köln WuM 1998, 726; **aA** Gärtner WuM 1998, 726.

weise eingerichtet ist. Zumindest eine Küche, ggf. auch Einbauschränke müssen vom Vermieter eingebaut worden sein. Apartments gehören nicht mit in die allgemeine Mietpreisübersicht für Wohnungen gleicher Größe, da bei ihnen mit der Miete eben auch weitere Vermieterleistungen, wie Teilmöblierung, abgegolten werden. Hinzu kommt, dass die Fluktuation der Mieter in solchen Wohnungen idR ebenfalls stärker ist,[11] wodurch ein höherer Verschleiß entsteht, der in die Mietkalkulation mit einfließt.

5   Problematisch ist in jüngster Zeit die Frage, ob es sich bei **möbliertem Wohnraum** um eine andere Art von Wohnraum iSd § 558 Abs. 2 BGB handelt oder ob die Möblierung nur als Zuschlag zur ortsüblichen Vergleichsmiete für ansonsten unmöblierte Wohnungen hinzuzurechnen ist.[12] Das Problem ist durch die Begrenzung der Wiedervermietungsmiete in den §§ 556 d ff. BGB akut geworden.[13] Nach bisheriger Rechtsauffassung wurde die ortsübliche Vergleichsmiete für möblierte Wohnungen aus der ortsüblichen Vergleichsmiete für unmöblierte Wohnungen zzgl. eines Möblierungszuschlags errechnet. Das ist für die **Möblierung mit wenigen Möbelstücken,** zB eine Einbauküche[14] oder einen Essplatz, auch heute noch der uneingeschränkt richtig. Bei vollmöblierten Wohnungen, die zB an Expats[15] oder ähnliche Mietinteressenten vermietet werden, dürfte es sich inzwischen um einen ganz eigenen Wohnungsmarkt handeln.[16] Diese Mieter suchen nur vollmöblierte Wohnungen, weil sie eigene Möbel gar nicht anschaffen wollen. Sie wollen hochmobil sein. Wenn aber ein ganz eigener Wohnungsteilmarkt vorliegt, dann muss hierfür auch eine eigene ortsübliche Vergleichsmiete ermittelt werden. Die Differenzierung kann nach hier vertretener Auffassung über das Merkmal „Art" erfolgen, vertreten wird aber auch die Differenzierung über das Merkmal „Ausstattung"[17]. Es muss sich wirklich um einen solchen eigenen Wohnungsteilmarkt handeln und nicht um eine „Umgehung" der Vorschriften der §§ 556 d ff. BGB. Dafür spricht, dass die Wohnung bisher unmöbliert vermietet wurde und nach Inkrafttreten der entsprechenden Landesverordnung nach § 556 d Abs. 2 BGB erstmals möbliert vermietet wurde. Auch die Art und der Umfang der Möblierung spielen bei der Beurteilung eine Rolle und die örtlichen Gegebenheiten. In Orten ohne eine solche besondere Nachfrage spricht viel dafür, dass hier kein eigener Wohnungsmarkt vorliegt. Kriterium ist ua ob der Mieter die Möblierung gewollt hat, oder ob er sie in Kauf nehmen musste. Wenn kein eigener Wohnungsmarkt vorliegt, dann kommt allenfalls ein Zuschlag in Betracht, der aus dem Zeitwert und einer angemessenen Verzinsung zu berechnen ist. Das ist ein Problem der Feststellung der Einzelvergleichsmiete und nicht der Mietspiegelerstellung.

---

[11]   So auch LG Freiburg NJWE-MietR 1996, 51 (52).

[12]   Ausführlich hierzu Börstinghaus WImmoT 2017, 119, 136 = WuM 2017, 549.

[13]   Zu den vermeintlichen Vorteilen der Vermietung einer möblierten Wohnung im Zusammenhang mit der Begrenzung der Wiedervermietungsmiete Leutner GE 2016, 1131; Beuermann GE 2016, 133; auf die Prozessrisiken für den Mieter in diesem Zusammenhang weist Weigelt Herausforderung S. 300 hin.

[14]   So auch Staudinger/V. Emmerich BGB § 558 Rn. 51.

[15]   Ein Expat ist eine Person, die vorübergehend oder dauerhaft ihren Wohnsitz in einem anderen Land hat als in dem sie gelebt hat und aufgewachsen ist, um dort zu arbeiten. Regelmäßig handelt es sich um sehr (junge) sehr qualifizierte Arbeitskräfte.

[16]   Nach Staudinger/V. Emmerich BGB § 558 Rn. 51 ist in diesem Fall „eigentlich" eine eigene ortsübliche Vergleichsmiete zu ermitteln.

[17]   Weigelt Herausforderung S. 300.

Da die **Art der Finanzierung** eines Gebäudes keinen Einfluss auf den Wohn- 6
wert einer Wohnung hat, ist sie kein zulässiges Unterscheidungskriterium für das
Merkmal Art.[18]

Nach Abs. 2 soll sich bereits aus dem Mietspiegel ergeben, für welche Art von 7
Wohnungen er gelten soll. Das steht regelmäßig im Textteil des Mietspiegels und
nicht in der Dokumentation.

§ 18 Größe, Beschaffenheit und Ausstattung der Wohnungen

[1]Im qualifizierten Mietspiegel soll dargestellt sein, welche Auswirkung
die Größe sowie die Beschaffenheit und die Ausstattung der Wohnung,
einschließlich der energetischen Ausstattung und Beschaffenheit, auf die
Höhe der Miete pro Quadratmeter hat. [2]Hierzu können Wohnungen in geeigneten Größenklassen zusammengefasst werden und es kann auf Unter-
merkmale sowie auf deren Gruppierung und Klassifizierung zurückgegriffen werden, sofern keine Mehrfachberücksichtigung erfolgt

Inhaltsübersicht

A. Inhalt der Regelung

Die Vorschrift wiederholt im Grunde für drei der fünf Wohnwertmerkmale des 1
§ 558 Abs. 2 BGB die Vorgaben für die Erstellung qualifizierter Mietspiegel. In § 18
MsV geht es um die Merkmale der Größe, Beschaffenheit und Ausstattung. Für das
Merkmal „**Art**" befindet sich die entsprechende Regelung in § 17 MsV (→ § 17
Rn. 2) und für das höchst problematische Merkmal der „**Lage**" in § 19 MsV
(→ § 19 Rn. 4). Die rechtliche verbindliche Vorgabe ergibt sich aber aus § 558
Abs. 2 BGB, der die Legaldefinition des Begriffs der ortsüblichen Vergleichsmiete
enthält. § 18 MsV verlangt, dass im qualifizierten Mietspiegel die Auswirkungen
der drei Merkmale auf die Quadratmetermiete dargestellt wird. § 558 Abs. 2 BGB
führt demgegenüber die Wohnwertmerkmale auf, nach denen vergleichbarer
Wohnraum in einer Gemeinde ausgewählt werden soll. Insofern unterscheidet sich
die Legaldefinition von § 18 MsV, auch wenn das Ergebnis wohl vergleichbar ist.

B. Größe

Die Wohnungsgröße hat im System der Mieterhöhung auf die ortsübliche Ver- 2
gleichsmiete eine doppelte Bedeutung.[1] Zum einen ist sie ein Wohnwertmerkmal

---

[18] OLG Karlsruhe NJW 1982, 890; LG Frankfurt a. M. GWW 1974, 396; Dröge/Gebele/
    Zehnter Mietpreisbewertung-HdB S. 183; so iÜ auch schon die Begr. des Regierungsent-
    wurfes zum 2. Wohnraumkündigungsschutzgesetz BT-Drs. 7/2011.
[1] Ausf. Börstinghaus Flächenabweichungen Rn. 648 ff.

und hat damit Einfluss auf die **Höhe der ortsüblichen Vergleichsmiete pro Quadratmetermiete;** zum anderen hat sie Einfluss auf die Höhe der Gesamtmiete, die das Produkt der ortsüblichen Vergleichsmiete pro Quadratmetermiete und der Wohnfläche darstellt. Für das Wohnwertmerkmal Größe kommt es auf den Einfluss der Wohnfläche auf die ortsübliche Vergleichsmiete pro Quadratmetermiete an. Mit dem Wohnungsmerkmal **„Größe"** ist vor allem die **Quadratmeterzahl** einer Wohnung, aber durchaus auch die **Zimmeranzahl** gemeint. Über die Wohnungsgröße werden nämlich ganz unterschiedliche Wohnungsteilmärkte voneinander abgegrenzt.[2] So waren in der Vergangenheit die pro Quadratmeter gezahlten Mieten bei kleineren Wohnungen höher als bei sog. Normalwohnungen. Demgegenüber wurden in der Vergangenheit bei sehr großen Wohnungen durchaus niedrigere Mieten pro Quadratmeter gezahlt als bei sog. Normalwohnungen.[3] Dies hat neben dem Einfluss von Angebot und Nachfrage seine Ursache auch darin, dass die **Gestehungskosten für kleine Wohnungen** zT genauso groß sind wie die von großen Wohnungen. Der Bau eines Badezimmers kostet unabhängig von der Größe der restlichen Wohnung ungefähr gleichviel. Das Gleiche gilt für die Wohnungsabschlusstür, die Haustür, eine evtl. vorhandene Gegensprechanlage, eine Terrassentür und die Kücheninstallation oder die Therme bei einer Etagenheizung. Bei Modernisierungen werden vor allem die entstandenen Kosten von Außenmodernisierungen (Z. B. Fassade, Dach etc.) gem. § 559 BGB auf viel weniger m^2 umgelegt als bei größeren Wohnungen. Von daher ist es gerechtfertigt, der Wohnungsgröße eine große Bedeutung beizumessen. Setzt man zB eine 100 m^2 große Wohnung mit 100% an, dann betrug die Miete für eine 20 m^2 große Wohnung nach vorliegenden älteren Untersuchungen[4] ca. 172% bis 184%, für eine 150 m^2 große Wohnung aber nur ca. 91%. Dementsprechend hieß es schon in den Hinweisen zur Aufstellung von Mietspiegeln seit dem Jahr 2002 zum Wohnwertmerkmal Größe: „Über die Wohnungsgröße können unterschiedliche Wohnungsteilmärkte voneinander abgegrenzt werden. Die Wohnungsgröße hat erfahrungsgemäß einen hohen Anteil an der Erklärung der Mietpreisunterschiede.". Insbesondere bei Wohnungen unter 40 m^2 steigt die Quadratmetermiete, je kleiner die Wohnung ist, überproportional stark an. Bei den größeren Wohnungen entwickelt sich die Abhängigkeit zwischen Wohnungsgröße und Quadratmetermiete demgegenüber nicht mehr so stark.[5] Der Wohngeld- und Mietenbericht der Bundesregierung für das Jahr 2010[6] bestätigte diese Feststellungen ebenfalls, kam dann aber zu dem Ergebnis, dass im Vergleich zu früher die Unterschiede zwischen den Größenklassen etwas zurückgegangen seien. In Einzelfällen kann das tatsächliche Marktgeschehen hiervon durchaus abweichen. Dies liegt ua daran, dass es häufig nur wenige 4- oder 5-Zimmer-Wohnungen gibt, für die dann auch pro Quadratmeter wegen der gesteigerten Nachfrage auch mehr Miete gezahlt wird. Ebenfalls kann dies Phänomen

---

[2]   Nach Bub/Treier MietR-HdB/Schultz Kap. III Rn. 1393 sollte deshalb die ortsübliche Vergleichsmiete nur aus Wohnungen ermittelt werden, die nicht mehr als 20% voneinander abweichen.

[3]   Zu diesen Abhängigkeiten und den Veränderungen ausf. Börstinghaus Flächenabweichungen Rn. 655 ff.

[4]   S. die tabellarischen Zusammenstellungen bei Börstinghaus Flächenabweichungen Rn. 656 ff.; Aigner/Oberhofer/Schmidt WuM 1993, 16; Oberhofer/Schmidt WuM 1995, 137; Streich DWW 1980, 188; 1984, 90; Walterscheid NZM 1998, 990 (991).

[5]   Börstinghaus Flächenabweichungen Rn. 657.

[6]   BT-Drs. 17/6280, 33.

bei Wohnungen in besonders guten Lagen (**Adresslagen**) auftreten. Hier handelt es sich häufig zugleich um besonders repräsentative Wohnungen, für die Mieter trotz der Wohnungsgröße insgesamt eine höhere Quadratmetermiete zu zahlen bereit sind. Die Größe der Wohnung ist dort kein „Abschlagsmerkmal". Der Einfluss der Wohnungsgröße auf die Höhe der Miete kann sich örtlich auch über die Jahre verändern.[7]

Der Vermieter ist für Wohnungsgröße beweispflichtig.[8] Wenn er jedoch eine be-   **3** stimmte Wohnfläche vorträgt, stellt das einen substantiierten Sachvortrag dar[9], den wiederum der Mieter substantiiert bestreiten muss. Ein Bestreiten mit Nichtwissen ist nicht möglich.[10] Ein substantiierter Vortrag ist ihm auch zumutbar, da die Fläche in seinem Wahrnehmungsbereich liegt. Er kann die Wohnfläche der gemieteten Wohnung überschlägig vermessen und seinerseits einen bestimmten abweichenden **Flächenwert** vortragen. Das gilt auch für Wohnungen, die Dachschrägen und eine Loggia haben. Erforderlich sei zumindest eine laienhafte Vermessung.[11] Hat der Mieter aber eine solche laienhafte Vermessung vorgenommen und das Ergebnis im Prozess vorgetragen, muss der Vermieter seine größere behauptete Größe beweisen. Wenn er auch auf Nachfrage keinen Beweis anbietet, muss das Gericht kein Gutachten von Amtswegen einholen.[12]

Wie die **Quadratmeterzahl genau zu ermitteln** ist, ist durchaus im Einzelfall   **4** strittig.[13] Nach Ansicht des BGH[14] hat die Prüfung, nach welchen Vorschriften die Wohnfläche zu ermitteln ist, in einer **dreistufigen Prüfung** zu erfolgen:

- Maßgeblich sind zunächst ausdrückliche oder konkludente **Vereinbarungen** der Vertragsparteien über das anzuwendende Regelwerk.[15]
- Wenn hierzu keine Feststellungen getroffen werden können, ist eine eventuelle **Ortssitte** maßgeblich.[16] Eine solche maßgebliche Verkehrssitte als eine die beteiligten Verkehrskreise untereinander verpflichtende Regel verlangt, (a) dass sie auf einer gleichmäßigen, einheitlichen und freiwilligen tatsächlichen Übung beruht, (b) die sich innerhalb eines angemessenen Zeitraums, (c) für vergleichbare Geschäftsvorfälle gebildet hat und (d) der eine einheitliche Auffassung sämtlicher beteiligten Kreise an dem betreffenden, gegebenenfalls räumlich beschränkten Geschäftsverkehr zu Grunde liegt. Dabei muss es jeweils um eine dementsprechende Verkehrssitte zur Anwendung eines anderen **Regelwerkes insgesamt** gehen. Es reicht nicht aus, dass ein erheblicher oder auch überwiegender Teil der Marktteilnehmer ein Regelwerk unzutreffend anwendet oder verschiedene

---

[7] So hat die Datenerhebung für den Mietspiegel Dortmund Stand 1.9.2002 für Wohnungen zwischen ca. 80–100 m² noch einen Abschlag ergeben, für Wohnungen über 100 m² war ein solcher Abschlag aber nicht nachweisbar; eine grafische Gegenüberstellung der Bedeutung der Wohnungsgröße auf die Miethöhe am Beispiel der Mietspiegel für Regensburg befindet sich bei Börstinghaus Flächenabweichungen Rn. 658.

[8] AG Wedding GE 2006, 331.

[9] BGH NJW-RR 2017, 842.

[10] BGH NJW-RR 2017, 842.

[11] BGH NJW-RR 2017, 842.

[12] BGH NZM 2019, 334.

[13] Eine Darstellung der verschiedenen Berechnungsvorschriften und -methoden befindet sich bei Börstinghaus Flächenabweichungen Rn. 24 ff.; Langenberg NZM 2009, 76.

[14] BGH NZM 2009, 477.

[15] BGH NJW 2007, 2624.

[16] BGH NJW 2019, 2464.

Regelwerke miteinander vermischt.[17] Ebenso wenig reicht es aus, dass sich bezüglich der Berechnung einer Teilfläche (z. B. für Balkone) eine bestimmte Übung der Mehrheit der Marktteilnehmer herausgebildet hat. Es muss ortsüblich sein ein anderes Regelwerk, also z. B. die II. BV oder die DIN 283, insgesamt anzuwenden.[18]

- Erst wenn weder eine Parteivereinbarung noch eine Ortssitte feststellbar sind, ist auch im preisfreien Wohnungsbau die Fläche nach den zum **Zeitpunkt des Vertragsschlusses** geltenden **Vorschriften für den preisgebundenen Wohnungsbau** zu ermitteln.[19] Bemerkenswert ist dabei der zeitliche Faktor in der dritten Stufe. Im öffentlich geförderten Wohnungsbau gelten nämlich regelmäßig die §§ 42–44 II. BV (in der bis 31.12.2003 gültigen Fassung) weiter. § 5 WoFlV (bzw. der insofern gleichlautende § 42 Abs. 1 II. BV nF) bestimmt, dass es in den Fällen, in denen die Wohnfläche bis zum 31.12.2003 nach der II. BV berechnet wurde, bei dieser Berechnung bleibt. Nur wenn nach dem 31.12.2003 bauliche Änderungen an dem Wohnraum vorgenommen worden sind, die eine Neuberechnung der Wohnfläche erforderlich machen, sind die Vorschriften der WoFlV anzuwenden. Dies ist im preisfreien Wohnungsbau nach der Rspr. des BGH[20] anders. Hier wird **auf den Vertragsschluss abgestellt.** Demnach ist die WoFlV auf alle Vermietungsfälle ab dem 1.1.2004 anzuwenden, iÜ ist die Fläche nach den §§ 42–44 II. BV zu ermitteln.[21]

5   Falsch ist es, im Mieterhöhungsverfahren immer die Vorschriften der WoFlV anzuwenden.[22] Die Möglichkeit der Vereinbarung der Wohnungsgröße und der Art ihrer Berechnung hat aber nur Konsequenzen für die mietrechtliche Gewährleistung, nämlich die Frage, ob eine Abweichung der Ist-Beschaffenheit von der mietvertraglich vereinbarten Sollbeschaffenheit vorliegt. Für die Mieterhöhung hat dies keine Bedeutung.[23] Selbst wenn die Parteien zulässigerweise zB bei einer Maisonette-Wohnung mit Dachschrägen im ausgebauten Spitzboden im Mietvertrag die reine Grundfläche der Wohnung nach DIN 277 angesetzt haben, ohne dabei einen Abzug von Flächen mit einer lichten Höhe unter zwei Meter vorzunehmen[24], ist die Wohnfläche für Mietverhältnisse aus der Zeit vor dem 1.1.2004 aufgrund der bis zum 31.12.2003 anwendbaren §§ 42–44 der II. BV, für Mietverhältnisse jüngeren Datums nach der ab dem 1.1.2004 geltenden WoFlV[25] zu ermit-

---

[17] So zB für Anrechnung zu 50% nach Inkrafttreten der WoFlV zu 50% in Berlin für Terrassenfläche: LG Berlin GE 2011, 1086; **aA** für Balkonfläche: LG Berlin ZMR 2018, 503 (aufgeboben durch BGH NJW 2019, 2464; für eine fehlende Ortssitte für Anrechnung der Balkonfläche in Hamburg: LG Hamburg ZMR 2013, 284.

[18] BGH NJW 2019, 2464.

[19] BGH NJW 2019, 2464; BGH NZM 2009, 477; Lammel LMK 2004, 121; LG München I ZMR 2017, 401.

[20] BGH NZM 2010, 80.

[21] So auch LG Hamburg ZMR 2013, 284; AG Schöneberg GE 2010, 919 mAnm Kinne GE 2010, 874.

[22] So aber AG Hamburg BeckRS 2019, 32644 mablAnm Börstinghaus, jurisPR-MietR 1/2020 Anm. 1.

[23] BGH NZM 2021, 759.

[24] Für einen Abzug auch immer LG Hamburg WuM 2016, 434.

[25] Die WoFlVO gilt gem. Art. 125a GG auch nach Inkrafttreten der Föderalismusreform und der damit verbundenen Änderung der Ermächtigungsgrundlage in § 19 WoFG fort; einige Bundesländer haben eigene landesgesetzliche Regelungen getroffen.

teln.[26] Dies ergibt sich daraus, dass anderenfalls ein „Äpfel-Birnen-Problem" auftaucht, wenn eine Wohnung, deren Grundfläche nach der DIN 277 ermittelt wurde, im Mieterhöhungsverfahren mit Wohnungen verglichen wird, deren Fläche nach der WoFlVO ermittelt wurde.[27] Dies ist zB dann der Fall, wenn die Wohnflächen der Mieten, die in den Mietspiegel eingeflossen sind, nach den strengeren Wohnflächenregeln ermittelt wurden. Diese Werte können dann nicht uneingeschränkt auf die Grundflächen übertragen werden. Besonders offensichtlich würde dieses Problem bei der Feststellung einer **Mietpreisüberhöhung** für zwei völlig identische Wohnungen, bei denen einmal die Wohnfläche nach DIN 277 im Mietvertrag vereinbart wurde und einmal keine Vereinbarung getroffen wurde, so dass die Wohnflächenverordnung maßgeblich ist. Man wird hier iE keinen Unterschied machen können, obwohl bei der Heranziehung eines Mietspiegels und der Multiplikation mit der höheren Grundfläche ein anderes Ergebnis auf der Hand zu liegen scheint.

Auswirkungen hat die Frage der Wahl der Berechnungsmethode allenfalls für **6** **Balkone, Dachgärten, Freisitze**[28], Veranden, Wintergärten und Loggien Bedeutung.[29] Nach §44 Abs. 2 II. BV werden diese Flächen **zur Hälfte**[30] und nach der WoFlV und der DIN 283 lediglich **zu einem Viertel** angerechnet.[31] Auch die Flächen von **Hobbyräumen,** die bauordnungsrechtlich nicht zum dauernden Aufenthalt von Menschen geeignet sind,[32] sind zumindest teilweise bei der Flächenberechnung für eine Mieterhöhung zu berücksichtigen.[33] Soweit tatsächlich eine Nutzungsuntersagung von Kellerräumen vorliegt, liegt ein Mangel vor, der grds zur Minderung berechtigt. Nur wenn der Mangel nicht behebbar ist, ist er im Mieterhöhungsverfahren zu berücksichtigen.[34] Soweit die Flächenberechnung nach den §§ 42–44 II. BV zu erfolge hat steht es allein dem Vermieter zu, zu bestimmen, mit welcher Quote die Freiflächen angerechnet werden.[35] Es kommt **nicht auf objektive Kriterien,** wie Ausrichtung, Lage und Qualität des Balkons an. Bei fehlender ausdrücklicher Vereinbarung kann jedoch eine abweichende Ortssitte zu berücksichtigen sein.[36] Jedoch muss diese sich auf die Anwendung des ganzen Regelwerks beziehen[37] und dürfte deshalb in der Praxis so gut wie nie vorliegen. Soweit in der II. BV noch von einem **gedeckten Freisitz** die Rede ist, entspricht dies heute einer **Terrasse.** Dieser Begriff wird jetzt auch in der WoFlV ver-

---

[26] BGH NZM 2009, 477, mAnm Wassermann jurisPR-BGHZivilR 12/2009 Anm. 3; Eupen GE 2009, 744; Lammel jurisPR-MietR 14/2009 Anm. 1.

[27] Ähnlich Staudinger/V. Emmerich BGB § 558 Rn. 46, der eine Methodeneinheit verlangt.

[28] AG Neuss WuM 1993, 410, die Fläche eines von drei Seiten völlig einsehbaren Freisitzes ist bei der Wohnflächenberechnung mit 8% einzubeziehen; mAnm Isenmann WuM 1993, 410.

[29] Ausf. Börstinghaus Flächenabweichungen Rn. 313 ff.; Isenmann DWW 1994, 178.

[30] LG München I ZMR 2017, 401.

[31] Dafür LG München WuM 1984, 113.

[32] Zur Minderung insofern: BGH NZM 2007, 595, Hobbykeller als Schlafraum genutzt; BGH NJW 2009, 3421, Flächenanrechnung auch bei öffentlich-rechtlicher Nutzungsbeschränkung, solange Behörde nicht einschreitet.

[33] AG Charlottenburg GE 2018, 1529 (zu 100% bei Raumhöhe von > 2 m); AG Wedding GE 2017, 481, wohl mindestens 50%; **aA** AG Moers WuM 2017, 717.

[34] Insofern undifferenziert AG Moers WuM 2017, 717.

[35] BGH NZM 2009, 477.

[36] BGH NZM 2009, 477.

[37] BGH NZM 2019, 536.

wendet. Was unter einem gedeckten Freisitz genau zu verstehen war, war in der Vergangenheit immer wieder strittig.[38] Das BVerwG[39] hatte bereits 1977 entschieden, dass ein gedeckter Freisitz wie die anderen drei in der Vorschrift genannten Außenflächen dem Nutzer Offenheit, Sicherheit und Sichtschutz gewähren muss. Mit dieser Begründung kam das BVerwG zu dem Ergebnis, dass ein Freisitz ein von der Gartenfläche abgegrenzter Raum sei, der ausschließlich einem angrenzenden Wohnraum zugeordnet sei, ohne dass er unbedingt überdacht sein müsse. Der Begriff „gedeckt" verlange nur einen Sichtschutz. Daran hat der BGH[40] angeknüpft und entschieden, dass sozusagen ungeschriebenes Tatbestandsmerkmal des Begriffes des „gedeckten Freisitzes" sei, dass dieser an eine Wohnung angrenze. Dies folge schon aus der maßgeblichen Verkehrsanschauung und entspreche auch der wohntechnischen Definition des Begriffs des Freisitzes. Eine 20 m vom Haus entfernt liegende Sitzecke ist deshalb kein Freisitz/Terrasse im Sinne der Flächenberechnungsvorschriften. Überdacht muss die Terrasse nicht zwingend sein[41], auf das Erfordernis eines Sichtschutzes hat der BGH[42] inzwischen auch verzichtet, wenn zwar kein Sichtschutz bestehe, es in der Gemeinde aber ortsüblich sei, auch nicht „gedeckte" Terrassen zur Hälfte als Wohnfläche anzurechnen.[43] Nach heute **üblicher Definition ist eine Terrasse** ein ebenerdiger Platz an der Wohnung, der ausschließlich einem angrenzenden Wohnraum zugeordnet, mit einem festen Bodenbelag versehen und zum Aufstellen von Tischen und Stühlen geeignet ist.[44]

7 Entscheidend ist im Rahmen von Mieterhöhungsverfahren[45] immer die **tatsächliche Fläche.**[46] Vereinbarungen über die Wohnungsgröße im Mietvertrag sind hier unerheblich.[47] Soweit der BGH[48] früher eine andere Ansicht vertreten hat, hat er diese inzwischen sowohl für das Mieterhöhungsverfahren[49] wie auch für die Betriebskostenabrechnung[50] aufgegeben. Dabei ist es unerheblich, ob die Flächenabweichungen mehr oder weniger als 10% beträgt und ob sie zugunsten oder

---

[38] OLG Nürnberg NJW-RR 2001, 82 (83); LG Saarbrücken WuM 2010, 446; LG Hamburg WuM 1996, 278; Dröge/Gebele/Zehnter Mietpreisbewertung-HdB S. 21; Isenmann WuM 2006, 303f.

[39] BVerwGE 52, 178 (182).

[40] BGH NJW 2009, 2880.

[41] So auch LG Saarbrücken WuM 2010, 445.

[42] Erforderlich: BGH NZM 2010, 313; nicht zwingend erforderlich: BGH NZM 2010, 36.

[43] So hat das LG Berlin GE 2011, 1086 entschieden, dass es in Berlin, auch nach Inkrafttreten der WoFlV, ortsüblich sei, Terrassenflächen weiter mit 50% anzurechnen; für Anrechnung von Balkonflächen mit 25%: LG Berlin ZMR 2018, 503 (nrk Revision unter VIII ZR 33/18).

[44] LG Landau/Pfalz WuM 2014, 740; LG Saarbrücken WuM 2010, 446; LG Hamburg WuM 1996, 278.

[45] BGH NZM 2021, 759.

[46] Börstinghaus Flächenabweichungen Rn. 677; Beyer NJW 2010, 1025; Beyer NZM 2010, 417; Beyer WuM 2010, 614; Börstinghaus WuM 2009, 461; Börstinghaus LMK 9/2009 Anm. 1; Bub PiG 88 (2010), 45; Derleder WuM 2010, 202; Heix WuM 2009, 706; 709.

[47] Zur Frage, ob die Angabe einer zu großen Fläche einen Straftatbestand erfüllt: Gericke NJW 2013, 1633; Nicolai/Oğlakcıoğlu JA 2021, 213.

[48] BGH NZM 2007, 594.

[49] BGHZ 208, 18 = NZM 2016, 42; Börstinghaus jurisPR-BGHZivilR 2/2016 Anm. 1; Börstinghaus LMK 2016, 375498; Beyer jurisPR-MietR 1/2016 Anm. 1; Beuermann GE 2016, 30; Heix WuM 2016, 263.

[50] BGH NZM 2018, 671; BGH NZM 2019, 288.

zuungunsten des Mieters erfolgt ist. Im Mieterhöhungsverfahren kommt es nur auf **objektive Kriterien** an. Zwar stellt die Angabe einer Wohnfläche regelmäßig eine Beschaffenheitsvereinbarung dar, damit wird aber die für eine spätere Mieterhöhung auf die ortsübliche Vergleichsmiete einzustellende Größe der Wohnung nicht mit einem von den tatsächlichen Verhältnissen abweichenden fiktiven Wert verbindlich festgelegt. Jede in einem Wohnraummietvertrag enthaltene, von der tatsächlichen Wohnungsgröße abweichende Wohnflächenangabe ist für eine Mieterhöhung ohne rechtliche Bedeutung. Das ganze System der Mieterhöhung auf die ortsübliche Vergleichsmiete ist historisch und systematisch so angelegt, dass es nur auf die den Vergleich zwischen objektiven Kriterien ankommt. Etwas anderes gilt aber dann, wenn der Mieter die Wohnungsvergrößerung auf eigene Kosten vorgenommen hat.[51] Insofern gelten die gleichen Grundsätze wie Mietereinbauten.

Problematisch ist die Ermittlung der maßgeblichen **Wohnungsgröße** bei der 8 Datenerhebung für die **Erstellung eines Mietspiegels**.[52] Da hierfür die gezahlte m²-Miete für vergleichbaren Wohnraum erfasst werden muss, ist nicht nur die Feststellung der maßgeblichen Miete für die Wohnung erforderlich, sondern auch die Wohnungsgröße. Richtigerweise muss bei der Datenerhebung nicht die vereinbarte, sondern die tatsächliche Wohnungsgröße zu Grunde gelegt werden, auch wenn dies erfassungstechnisch schwer zu bewerkstelligen ist. Auf die Qualifizierung eines Mietspiegels kann dies dann Auswirkungen haben, wenn solche Flächenabweichungen in großem Stil in der Gemeinde vorkommen.[53] Das muss substantiiert von einer Partei im Prozess vorgetragen werden. In der Regel ist diese Tatsache für den Vermieter günstiger, da in der Mehrzahl der Fälle die vertraglich vereinbarte Fläche größer als die tatsächliche Fläche ist und die „Umstellung" auf die tatsächliche Fläche zu einer höheren Quadratmetermiete führt.

Änderungen der Wohnfläche haben idR keinen unmittelbaren Einfluss auf 9 die Miete.[54] Etwas anderes gilt nur dann, wenn die Parteien mietvertraglich eine Quadratmetermiete vereinbart haben,[55] anderenfalls ist die vereinbarte Miete für die Wohnung zu zahlen. Vergrößert sich nun die Wohnfläche, zB nach einer Modernisierung, dann kann der Vermieter neben der Modernisierungserhöhung nach § 559 BGB die Miete nur unter den Voraussetzungen des § 558 BGB erhöhen,[56] wobei sich die zu erhöhende Vertragsmiete pro m² auf Grund der Vergrößerung verringert. Es besteht kein Anspruch auf zusätzliche Zahlung der bisherigen Quadratmetermiete für die neu hinzugekommenen Quadratmeter.[57] Die Parteien haben eine Miete für die Wohnung vereinbart und keine Quadratmetermiete.[58]

---

[51] LG Berlin ZMR 2003.
[52] Zu den Konsequenzen Börstinghaus/Clar NZM 2014, 889.
[53] Zu den Konsequenzen Börstinghaus/Clar NZM 2014, 889.
[54] Staudinger/V. Emmerich BGB § 558 Rn. 49; Lützenkirchen MietR/Dickersbach BGB § 558 Rn. 98; Dickersbach WuM 2020, 117; zur Minderung in den Fällen einer unter 10% liegenden Verringerung: BGH WuM 2021, 97.
[55] OLG Dresden MDR 2014, 1069; LG Berlin NZM 2002, 733.
[56] LG Kiel WuM 1977, 125.
[57] Etwas anderes ergibt sich auch nicht aus BGH WuM 2014, 546. Dort ging der Senat von einer zumindest konkludenten Zustimmung des Mieters zu einer Mietabänderungsvereinbarung gem. § 557 Abs. 1 BGB aus; krit. Eisenschmid jurisPR-MietR 21/2014 Anm. 2.
[58] Nach Dickersbach WuM 2010, 160; Lützenkirchen MietR/Dickersbach BGB § 558 Rn. 99a kann eine Vertragsanpassung im Rahmen einer ergänzenden Vertragsauslegung in Betracht kommen.

Beispiel: Die Wohnfläche vergrößert sich von 70 m² auf 80 m², die Miete beträgt 700 EUR. Die ortsübliche Vergleichsmiete beträgt 9 EUR/m². Unter Berücksichtigung der Jahressperrfrist und der Kappungsgrenze könnte der Vermieter hier eine Erhöhung auf 720 EUR/m² verlangen. Hat der Vermieter die Miete nach § 559 BGB bereits um 20 EUR erhöht, scheidet eine Mieterhöhung nach § 558 BGB aus.

Das Gleiche gilt auch, wenn sich durch Nachmessen herausstellt, dass die Wohnfläche von Anfang an größer war und zwar selbst dann, wenn im Mietvertrag eine Klausel enthalten ist, wonach die durch Neuvermessung ermittelte Wohnfläche zum Vertragsbestandteil wird.[59]

C. Ausstattung

10   Unter dem Wohnwertmerkmal der **Ausstattung** wird alles verstanden, was der Vermieter dem Mieter zur ständigen Benutzung zur Verfügung gestellt hat und für das der Mieter keine besondere Vergütung zu zahlen hat.[60] Hierzu zählen zunächst **alle räumlichen Ausstattungsmerkmale** wie zB Waschküche, Kellerräume oder Speicherräume, Bodenräume, Trockenräume und Garagen (soweit hierfür keine gesonderte Vergütung gezahlt wird). Unerheblich ist, ob die Ausstattungsgegenstände dem Vermieter gehören oder ob er sie selbst nur gemietet oder geleast hat.[61] Entscheidend ist allein, was der Vermieter dem Mieter zur Verfügung stellt. Wie er sich die vermieteten Gegenstände selbst besorgt hat ist im Verhältnis zum Mieter unerheblich. Etwas Anderes kann allenfalls dann gelten, wenn der Mieter die Beschaffungskosten (zB Leasinggebühren) über die Betriebskostenabrechnung tragen muss. Hat der Vermieter Ausstattungsmerkmale erst im Rahmen einer Modernisierungsmaßnahme nachträglich geschaffen, kommt es nicht darauf an, ob der Mieter die Modernisierung überhaupt hätte dulden müssen oder ob der Vermieter auf eine Mieterhöhung gem. § 559 BGB verzichtet hat.[62] Hat der Mieter vermietete und vom Vermieter zur Verfügung gestellte Ausstattungsgegenstände entfernt und durch eigene ersetzt, ist die ursprüngliche Ausstattung weiter maßgeblich.[63] Ferner gehören zur Ausstattung die **zur gemeinsamen Benutzung verfügbaren Räume** wie zB Fahrradkeller, Vorplätze, Geschosstreppen und Treppenhäuser, Waschkeller, Trockenräume, Fahrrad- oder Kinderwagenräume. Besonders mietpreisbildend sind die sonstigen in die Wohnung eingebauten Ausstattungsstücke wie Wandschränke und Garderoben, Heizungen, Badezimmereinrichtungen und Bodenbeläge sowie die außerhalb der Wohnung vorhandenen Angebote wie zB Gärten, Terrassen, Kinderspielanlagen, soweit sie zu einer Wohnung gehören, aber auch als Gemeinschaftseinrichtungen. Seit der Mietrechtsänderung 2013 ist klargestellt, dass auch der energetische Zustand des Hauses bei der Beurteilung der Ausstattung zu berücksichtigen ist.

11   Die Hinweisen zur Aufstellung von Mietspiegeln differenzierten früher bei der Ausstattung zwischen

- Wohnung mit Bad oder Dusche und Sammelheizung
- Wohnung mit Bad/Dusche oder Sammelheizung
- Wohnung ohne Bad, Duschraum und Sammelheizung.

---

[59] LG Berlin NZM 2002, 733.
[60] Keller, Zivilrechtliche Mietpreiskontrolle, 1996, 134.
[61] LG Berlin GE 2008, 1259; 2007, 55; Bub/Treier MietR-HdB/Schultz Kap. III Rn. 1399.
[62] LG Berlin MM 2012 Heft 11, 29.
[63] AG Charlottenburg GE 2014, 1009.

Das wird in manchen Mietspiegel auch heute noch so getan, obwohl diese Differenzierung in der heutzutage überholt ist.[64]

Bei den **Beheizungsarten** für die Wohnung muss zwischen den verschiedenen **12** Systemen unterschieden werden. Rechtlich gibt es als Anknüpfungspunkt nur die HeizkostenV. Dort gibt es den Begriff der zentralen Heizungsanlage. Damit ist jede Heizung gemeint, die von einer zentralen Stelle aus ein Gebäude mit mehreren Nutzern mit Wärme versorgt. Für die Beurteilung der Ausstattung einer Wohnung mit einer bestimmten Heizung ist dies aber kein geeignetes Kriterium. Hier geht es um die Erfassung eines bestimmten Wohnwertes. Dazu muss wie folgt unterschieden werden:

Beheizungsart	Untergruppe	Beschreibung/Definition
Einzelöfen	Gasöfen Kohleöfen Elektrostrahler Elektroheizung	Diese beheizen nur einen einzelnen Raum oder sogar nur Teile. Die Außenwandöfen (Gamat[65]) fallen genauso wenig unter diese Kategorie wie die NARAG-Heizungen[66] oder die Forster-Heizung.[67]
Sammel- heizungen		Eine Sammelheizung liegt immer dann vor, wenn sämtliche[68] Wohnräume automatisch erwärmt werden. Unabdingbares Erfordernis für eine Sammelheizung ist, dass die Brennstoffversorgung automatisch erfolgt.[69]
	Etagenheizung	zentrale Wärmeerzeugung für eine Wohnung
	Zentral- heizung[70]	zentrale Wärmeerzeugung für mehrere Wohnungen[71]
	Fernwärme[72]	Wärme für mehrere Wohnungen wird von Dritten gewerblich geliefert

Umstritten ist die Einordnung der **Nachtspeicherheizung.** Zum Teil werden **13** Nachtspeicheröfen in die Gruppe der Einzelöfen eingeordnet,[73] zT aber auch in die Gruppe der Sammelheizungen Untergruppe Etagenheizungen.[74] In den alten

---

[64] Lammel WohnraumMietR BGB § 558 Rn. 37.

[65] AG Berlin-Mitte NZM 2002, 950, MM 1996, 368; **aA** AG Hamburg-Barmbek ZMR 2016, 966 für eine mittels Gasboiler betriebene NARAG-Heizung.

[66] LG Hamburg NZM 2002, 945; AG Hattingen WuM 1990, 221; OVG Hamburg WuM 1995, 666; Sternel MietR Kap. IV Rn. 174.

[67] LG Berlin MM 2007, 14 7; AG Lichtenberg MM 2003, 343; **aA** LG Berlin GE 1990, 609.

[68] Nach LG Berlin GE 1997, 429 kann ein Heizkörper in Küche und Kammer aber fehlen; AG Hohenschönhausen WuM 1996, 776, fehlender Heizkörper im Bad unschädlich; Sternel MietR Kap. IV Rn. 174.

[69] LG Hamburg ZMR 2001, 896; AG Lichtenberg MM 2003, 343.

[70] Einrohrheizungen mit ungedämmten Leitungen stellen keine moderne Heizungsanlage dar, AG Erfurt WuM 2012, 380.

[71] LG Berlin WuM 2020, 31; AG Tempelhof-Kreuzberg/LG Berlin GE 2008, 1430.

[72] BGH NZM 2012, 323, um Fernwärme handelt es sich nur dann, wenn der Energieversorger hohe Investitionen vorzunehmen hat, um seine Vertragspflicht zur Wärmelieferung erfüllen zu können. Die Anmietung einer bereits vorhandenen, im Eigentum des Kunden stehenden Heizungsanlage genügt nicht.

[73] LG Duisburg WuM 1990, 562; AG Essen WuM 2001, 361; Isenmann NZM 1998, 143.

[74] LG Berlin WuM 2020, 31, 32; GE 1989, 723; 1997, 1471; AG Hamburg-St. Georg GE 2006, 1239; Sternel MietR Kap. IV Rn. 174.

Ländern ist dieser Streit dann von Bedeutung, wenn der Mietspiegel als textliche Beschreibung für die Einordnung einer Wohnung den Begriff der Sammelheizung als besonderes Ausstattungsmerkmal aufweist. Würde man die Nachtspeicherheizung in diesem Fall nicht als Sammelheizung verstehen, müsste die Wohnung in die Ausstattungsklasse Einzelöfen oder sogar als Wohnung ohne Heizung eingruppiert werden. Verglichen damit ist die Nachtspeicherheizung sicher einer typischen Sammelheizung näher als den anderen Kategorien. Dabei darf aber nicht vergessen werden, dass der Komfort nicht völlig gleich ist. Eine Nachtspeicherheizung muss rechtzeitig aufgeladen werden, sie birgt ggf. das Risiko von Asbestimmissionen,[75] und sie nimmt in jedem Raum mehr Platz als ein normaler Heizkörper ein. Soweit in gesetzlichen Regelungen oder Mietspiegelerläuterungen der Begriff Zentralheizung verwandt wird, fallen Nachtspeicherheizungen nicht darunter, da sie die Wärme gerade dezentral erzeugen.[76]

14 Problematisch ist die Einordnung der Wohnung in den Fällen, in denen der Vermieter im Rahmen von **Wärme-Contracting** die Heizung nicht selbst betreibt.[77] Obwohl dem Vermieter hier keine Kosten entstehen, hat der Mieter iE den gleichen Komfort, als wenn dies so wäre. Da sich für diese Wohnungen zurzeit noch kein eigener Teilmarkt gebildet hat[78], müssen die Wohnungen in die vorhandenen Kategorien eingeordnet werden. Von den Marktteilnehmern werden solche Wohnungen aber als Wohnung mit Heizung betrachtet, so dass eine Einordnung in die Kategorie „ohne Heizung"[79] zurzeit den Gegebenheiten nicht gerecht wird.[80] Vereinzelt werden in Mietspiegeln auch Abschläge für diese Beheizungsart entsprechend den Vorschriften für den preisgebundenen Wohnungsbau oder in anderer Höhe[81] angeordnet. Sieht der Mietspiegel einen Abschlag für die Beheizung mit Fernwärme vor, kann entweder dieser Abschlag auch bei der Beheizung mittels Wärmecontracting in Ansatz gebracht werden oder die Wohnung deswegen unterhalb des Median in die Mietspiegelspanne eingruppiert werden.[82] Es ist gerechtfertigt einen solchen benannten Abschlag in Ansatz zu bringen.[83] Der Vermieter hat dem Mieter nur ein beheizbares Objekt zur Verfügung gestellt. Auch wenn der Komfort im Ergebnis gleich ist, liegt wirtschaftlich ein Unterschied vor. Der Mieter muss Teile der Beheizungskosten nämlich zusätzlich über den Wärmepreis zahlen.

---

[75] LG Dortmund ZMR 1994, 410; LG Hannover WuM 1997, 434; AG München WuM 1996, 762; Isenmann NZM 1998, 143.

[76] Noch zu § 12 MHG: AG Liebenwerda WuM 1995, 658; DWW 1996, 193; AG Grimmen WuM 1996, 227; AG Hohenstein MM 1996, 167; Meyer ZMR 1995, 565.

[77] Umf. Eisenschmid WuM 1998, 449; Tiefenbacher NZM 2000, 161; Schmid DWW 2000, 147; Derleder WuM 2000, 3.

[78] AG Flensburg WuM 2015, 508; 2015, 507 mAnm Börstinghaus jurisPR-MietR 24/2015 Anm. 1.

[79] Zweifelnd Eisenschmid WuM 1998, 449 (452).

[80] AG Dortmund WuM 2014, 672; bestätigt durch LG Dortmund WuM 2015, 737 = ZMR 2016, 112 (113); Sternel MietR Kap. IV Rn. 175.

[81] So enthielt zB der Mietspiegel Dortmund Stand 1.9.2008 einen Abschlag für „Wohnungen, für die mit einem gewerblichen Wärmelieferanten ein Wärmeliefervertrag abgeschlossen (Nahwärme; Contracting) wurde" von 0,16 EUR; im Mietspiegel 2013 ist ein Abschlag nur für die Beheizung mittels Fernwärme vorgesehen.

[82] AG Dortmund WuM 2014, 672, bestätigt durch LG Dortmund WuM 2015, 737 = ZMR 2016, 112 (113).

[83] AG Flensburg (Abt. 62) WuM 2015, 507 (von 0,17 EUR); (Abt. 64) WuM 2015, 508 (von 0,22 EUR) mAnm Börstinghaus jurisPR-MietR 24/2015 Anm. 1.

Dieser Teil ist als Teil der Grundmiete zu betrachten. Wirtschaftlich wird auch der Vermieter nicht schlechter gestellt, da er den Teil der Heizungskosten, den er ansonsten aus der Grundmiete finanzieren müsste, selbst gar nicht mehr tragen muss.[84]

Unter einem **Bad** wird ein separater Raum verstanden, der mit funktionsfähiger **15** Badewanne und/oder Dusche ausgestattet ist.[85] Ein Handwaschbecken dürfte regelmäßig erforderlich sein.[86] Hat der Mieter das Waschbecken eingebaut, dann wird das Waschbecken selbst dann nicht berücksichtigt, wenn es wirtschaftlich abgeschrieben ist.[87] Unerheblich sind die Größe des Bades und die Tatsache, dass es nur über die Küche erreichbar ist.[88] Bei der Differenzierung nach dem Ausstattungsmerkmal **WC** geht es vor allem um die Unterscheidung zwischen Innen- und Außen-WC. Der Begriff WC meint aber zwingend eine Toilette mit Wasserspülung. Ein Trockenklosett ist deshalb, selbst wenn es innerhalb der Wohnung liegt, kein Innen-WC.[89]

Eine so grobe **Differenzierung** erlaubt aber kaum eine Aufteilung des Woh- **16** nungsbestandes auf verschiedene Merkmalsgruppen, da zumindest Wohnraum der letzten Kategorie kaum noch vorhanden ist. Aus der Gebäude- und Wohnungszählung geht hervor, dass im Jahre 1968 gerade 29,8% der Wohnungen mit Bad, WC und Sammelheizung ausgestattet waren, 37,8% hatten keine Sammelheizung, 11,6% besaßen nur ein WC ohne Bad. 20 Jahre später, im Jahre 1987 hatte sich dies Verhältnis grundlegend umgedreht. Ca. ¾ aller Wohnungen waren zu diesem Zeitpunkt bereits mit Sammelheizung, Bad und WC ausgestattet, 21,9% noch ohne Sammelheizung, lediglich noch 3,1% nur mit einem WC, 1% noch ohne Bad und WC.[90] Allenfalls dann, wenn diese Ausstattungsmerkmale vom Mieter eingebaut wurden und deshalb nicht berücksichtigt werden dürfen, kann es vereinzelt in den alten Ländern noch zur Eingruppierung in diese Kategorie kommen.

Deshalb ist für die Beurteilung der Ausstattung auch noch auf weitere Kriterien **17** zu achten. Die Hinweise zur Aufstellung von Mietspiegeln aus dem Jahre 2002 (→ Anhang III 3) gaben zum Wohnwertmerkmale Ausstattung folgende Differenzierungskriterien an:

- Beheizung: Unterscheidung nach Fernheizung, Blockheizung bzw. Blockheizkraftwerk, Zentralheizung, Etagenheizung, Nachtstromspeicherheizung, Einzelöfen (Gas, Kohle, Öl), teilweise Beheizung; Bestehen eines Wärmeliefervertrages mit einem gewerblichen Wärmelieferanten (Wärmecontracting).
- Bad, Toilette: separates Badezimmer oder Badenische (Länge und Breite des Bades); Gäste-WC; Badewanne und (separate) Duschtasse (mit fester Duschabtrennung), Bidet; fehlendes Waschbecken, zwei Waschbecken; Verfliesung (zB deckenhoch); Messeinrichtungen für die Wasserver- und -entsorgung, um den individuellen Verbrauch zu ermitteln.
- Küche: hier ist zu prüfen, inwieweit eine Küchenausstattung in den einzelnen Bundesländern zur Standardausstattung einer Wohnung gehört bzw. von der je-

---

[84] AG Flensburg WuM 2015, 508 mAnm Börstinghaus jurisPR–MietR 24/2015 Anm. 1.

[85] AG Tempelhof-Kreuzberg MM 1999, 79.

[86] LG Halle WuM 2000, 551; AG Berlin-Mitte MM 2004, 339; Sternel MietR Kap. III Rn. 593; **aA** AG Berlin-Mitte GE 1996, 985; BeckRS 2009, 23461.

[87] LG Halle WuM 2000, 551; LG Berlin GE 2002, 594, Bad soll nach acht Jahren ins Eigentum des Eigentümers übergehen.

[88] LG Berlin GE 2007, 597.

[89] Busch WuM 1997, 271; **aA** AG Hohenstein-Ernstthal WuM 1997, 270.

[90] Zitiert nach Keller, Zivilrechtliche Mietpreiskontrolle, 1996, 135.

weiligen Landesbauordnung vorgeschrieben ist, bzw. Kücheneinrichtungen typischerweise nicht mitvermietet werden: Kochnische, Koch- oder Wohnküche; Warmwasserversorgung, Versorgungs- und Entsorgungsanschlüsse; Fliesenspiegel; Küchengeräte (Elektro-, Gas-, Mikrowellenherd, Kühl-, Gefrierschrank, Dunstabzugshaube, Geschirrspülmaschine).

- Grundriss- und Zimmermerkmale: Wohndiele, Speisekammer; Größe des kleinsten und größten Wohnraumes; Wohnraumhöhe; gefangene Räume (Durchgangszimmer; Räume, die nur über einen anderen Raum zu erreichen sind).[91]

- Balkon, Terrasse, Garten: Balkon oder Loggia mit Größenangabe evtl. mit Angaben zur Ausrichtung (Nord- oder Südbalkon) oder zur Nutzbarkeit; Terrasse, Dachterrasse mit Größenangabe (evtl. mit Angaben zur Pflasterung).

- Altersgerechte Ausstattung: altersgerechte Ausstattung (barrierefrei nach DIN 18025 2. Teil); behindertengerechte Ausstattung (barrierefrei nach DIN 18025 1. Teil); Betreuungsvertrag (betreutes Wohnen), sowohl entgeltlich als auch unentgeltlich.

- Andere vom Vermieter fest installierte Einrichtungen in der Wohnung: besonders gestaltete Fenster (zB Rundbogen- oder Sprossenfenster); Verglasung der Fenster (unterschiedlicher Wärmedämmstandard – Zwei-Scheiben-Isolierverglasung bzw. Dämmverglasung oder höherwertige Wärmeschutzverglasung; Abfrage von K-Werten bei Vermieterbefragungen möglich – und spezielle Funktionen – Schallschutzverglasung, einbruchhemmende Verglasung); Rollläden an allen Fenstern; Anschluss an Satellitenanlage/Kabelanschluss in der Wohnung; Abstellkammer (begehbar, größer als 1 m²) in der Wohnung; Einbauschränke; Holztäfelung, Stuck; Gegensprechanlage; Besondere Sicherheitsausstattung (zB Türspion, Sicherheitsschlösser ohne überstehenden Schließzylinder); Oberböden (ohne Bodenbelag vermietet, Teppichböden, Laminatböden, Holzdielen, Parkett-/Fliesenfußböden, Marmorfußboden oder gleichwertige Natursteine); offener Kamin, Kaminofen, Kachelofen; Elektro-/Gas-/Wasserinstallation über Putz verlegt.

- Vom Vermieter gestellte und außerhalb der Wohnung liegende Räume bzw. Einrichtungen: Aufzug (Fahrstuhl), über den die Wohnung zu erreichen ist; Waschmaschine, Wäschetrockner, Trockenraum; Fahrradkeller, -abstellraum, Hobby-, Werkraum; Speicherraum (Dachboden); Kinderspielplatz, Grillplatz; Sauna, Schwimmbad; Garten zur alleinigen Nutzung oder zur Mitbenutzung; Einzel-, Doppelgarage, Stellplatz.

- Angaben zu Erneuerungen bzw. Modernisierungen: erstmaliger Einbau einer Heizung; nachträgliche Erneuerung der Heizung; erstmaliger Dusch- oder Badeinbau; Baderneuerung bzw. -modernisierung; Zwei-Scheiben-Isolierverglasung bzw. Dämmverglasung bei allen Fenstern und Außentüren (zB Wohnungstür, Türen zu Balkonen); Nachträglicher Einbau einer höherwertigen Verglasung, zB höherwertige Wärmeisolierung, Schallschutz, Einbruchschutz; Wärmedämmung (Dämmung der Außenwände, des Daches oder der Kellerdecke); Türenmodernisierung; Fußbodenerneuerung, dh eine über die reine Oberflächeninstandhaltung/-instandsetzung hinausgehende Verbesserung, zB Fliesen- oder Parkettverlegung; Leitungsmodernisierung (Elektroinstallationen einschließlich Verstärkung der Leistungsquerschnitte); Modernisierung der Wasserver- und -entsorgung, zB Verlegung neuer Anschlüsse für Waschmaschine, Wäschetrockner oder Spülmaschine innerhalb von Wohnungen; Verbesserung der Wohnverhältnisse durch Veränderung des Wohnungsgrundrisses.

---

[91] Für gefangenen Raum als „Abschlagsfaktor" auch LG Dortmund WuM 2003, 297.

Auf Kosten des Mieters vorgenommene Wohnwertverbesserungen blei- **18** ben unberücksichtigt. Dies ist insbes. der Fall, wenn der Mieter die Wohnungen mit Einrichtungen versehen hat oder Ein- oder Umbauten vorgenommen hat[92], zB auch Ein- und Umbauten, die der Mieter gem. § 554 BGB zur Herstellung der Barrierefreiheit vorgenommen hat.[93] Ein Vermieterwechsel[94] ändert daran ebenso wenig etwas wie der Eintritt oder Vertragsfortsetzung mit Angehörigen nach Tod des Mieters[95] oder der Abschluss eines neuen Mietvertrages unter Aufnahme des Ausstattungsmerkmals.[96] Dies gilt auch, wenn der Mieter auf Grund des Vertrages zum Einbau dieser Ausstattung verpflichtet war[97] oder die Wohnung zuvor schon vom Vermieter mit dem gleichen Ausstattungsgegenstand ausgestattet war, dieser aber einvernehmlich entfernt wurde.[98] Jede andere Beurteilung der Frage würde dazu führen, dass der Mieter für die von ihm vorgenommene Verbesserung der Mietsache einen Nachteil hinnehmen müsste. Die Mietereinbauten sind deshalb selbst dann nicht zu berücksichtigen, wenn dem Mieter gegenüber dem Vermieter Ausgleichsansprüche gem. §§ 539, 552, 951 BGB zustehen[99] oder wenn die Mietereinbauten abgeschrieben sind.[100] Eine entsprechende Anwendung der Regelungen über den Baukostenzuschuss scheidet hier aus. Der Mieter wollte dem Vermieter gegenüber gar keine Leistung erbringen. Er hat „seine Wohnung" seinen Bedürfnissen gemäß ausstatten wollen und hat deshalb gegenüber dem Vermieter auch keine **Gewährleistungsansprüche** bzgl. dieser Ausstattungsmerkmale.[101] Die Parteien können hier auch keine abweichenden Vereinbarungen für die Zukunft treffen, da dies gegen § 558 Abs. 6 BGB verstößt.[102] Etwas anderes gilt dann, wenn der Vermieter dem Mieter die Anschaffungskosten erstattet.[103] Eine solche Vereinbarung kann sich zB daraus ergeben, dass ein neuer Mietvertrag nach der

---

[92] BGH NZM 2020, 534 = NJW 2020, 1947; BGH WuM 2018, 771 mAnm Börstinghaus, LMK 2018, 412413; BGH NZM 2010, 735; BGH NZM 2014, 349; BayObLG NJW 1981, 2259; LG Berlin GE 2011, 1011; GE 2008, 1627; GE 2008, 1258; GE 2001, 594; LG Baden-Baden WuM 1993, 358; LG Hamburg WuM 1990, 441; LG Köln WuM 1985, 334; AG Köpenick GE 2015, 131; AG Hamburg NJWE-MietR 1996, 268; Staudinger/ V. Emmerich BGB § 558 Rn. 52; Horst DWW 2016, 162.

[93] Rips, Barrierefreiheit gemäß § 554a BGB – Ein neues Rechtsinstitut im Mietrecht und dessen Einordnung in das allgemeine deutsche Recht, 2003, 143.

[94] LG Köln WuM 1985, 326.

[95] VerfGH Brandenburg GE 2015, 849 mAnm Bieber GE 2015, 822.

[96] BGH NZM 2020, 534.

[97] BGH NZM 2010, 735.

[98] BGH NZM 2019, 142 mAnm Börstinghaus, LMK 2018, 412413.

[99] So aber Olivet ZMR 1979, 321.

[100] LG Berlin GE 2008, 1627; LG Halle WuM 2000, 551; LG Baden-Baden WuM 1993, 358; AG Charlottenburg GE 2006, 1235; Kossmann/Meyer-Abich Wohnraummiete-HdB § 148 Rn. 21; **aA** LG München MDR 1980, 230; Lammel WohnraumMietR BGB § 558 Rn. 41; offen gelassen Horst DWW 2016, 162.

[101] Missverständlich für den umgekehrten Fall insofern LG Berlin Beschl. vom 11.8.2020 – 67 S 140/20 (juris).

[102] BGH WuM 2018, 771.

[103] BGH NZM 2019, 142; AG Tempelhof-Kreuzberg GE 2008, 1199, bei Zuschuss des Vermieters von 2.000 EUR zur Kücheneinrichtung gilt die Wohnung als mit Einbauküche ausgestattet iSd Orientierungshilfe zum Berliner Mietspiegel; Bub/Treier MietR-HdB/ Schultz Kap. III Rn. 1402.

Mietermodernisierung mit einem anderen Vermieter geschlossen wird.[104] Hat der Mieter nur vom Vermieter zur Verfügung gestellte Ausstattungsgegenstände ausgetauscht handelt es sich weiterhin um zu berücksichtigende Ausstattungsmerkmale.[105] Hat der Mieter jedoch **auf eigene Kosten** eine Sammelheizung eingebaut, gilt die Wohnung auch dann für die Mieterhöhung als ofenbeheizt, wenn nach der vertraglichen Vereinbarung die Heizung nach acht Jahren „in das Eigentum des Hauses" übergehen sollte.[106] Stammen aber die wesentlichen Installationen vom Vermieter (zB die Gastherme) und hat der Mieter nur Heizkörper eingebaut, so handelt es sich um eine Wohnung mit Sammelheizung.[107] Hat der Vermieter die Ausstattung auf seine Kosten eingebaut und zahlt der Mieter hierfür einen „Zuschlag" zur Miete, handelt es sich um eine zu berücksichtigende Ausstattung.[108] Zu beachten ist aber, dass der „Zuschlag" Teil der geschuldeten Miete ist und eine Mieterhöhung nur dann in Betracht kommt, wenn die aktuelle ortsübliche Vergleichsmiete für die Wohnung mit der Ausstattung die vereinbarte Gesamtmiete inkl. Zuschlag überschreitet.[109] Mietereinbauten sind auch dann weiterhin nicht zu berücksichtigen, wenn die Mieterinvestition abgegolten ist, zB weil diese bei den monatlich zu zahlenden Mieten verrechnet wurden.[110] Die Einrichtung bleibt auch unberücksichtigt, wenn der Mieter sie vom Vormieter gekauft hat.[111] Die gleichen Grundsätze gelten bei der Spanneneinordnung.[112]

19   Von der Wohnungsausstattung **abweichende Beschreibungen** im Mietvertrag haben grds. keine Bedeutung.[113] Es gilt immer die tatsächliche Ausstattung der Wohnung.[114] Anderenfalls hätten es die Mietvertragsparteien in der Hand, durch unzutreffende Beschreibung der Wohnung im Mietvertrag den gesetzlich vorgesehenen Vergleichsmaßstab zu ändern.[115] Eine solche Vereinbarung ist auch wegen Verstoßes gegen § 557 Abs. 4 BGB unwirksam. Eine andere Frage ist die Beweislastverteilung in diesen Fällen. Befindet sich eine Dusche in der Wohnung und ist im Mietvertrag vereinbart, dass eine Wohnung mit Dusche vermietet wurde, so trägt der Mieter die Beweislast, dass er die Dusche angeschafft und eingebaut hat.[116] Im Übrigen trägt aber der Vermieter die Beweislast für die von ihm zur Verfügung gestellte Ausstattung.

---

[104] LG München WuM 1993, 451 (454).
[105] LG Berlin GE 2008, 1258.
[106] LG Berlin GE 2002, 594.
[107] LG Berlin GE 2008, 1430; 2004, 180; AG Tempelhof-Kreuzberg GE 2008, 1430.
[108] LG Berlin DWW 2020, 303 = GE 2020, 1250.
[109] Ähnlich BGH NZM 2017, 594 für die Vereinbarung eines Schönheitsreparaturzuschlags im Mietvertrag; kritisch hierzu Fervers FS Börstinghaus, 2020, 89.
[110] AG Köln WuM 1987, 159; Lammel WohnraumMietR BGB § 558 Rn. 40.
[111] LG Hamburg WuM 1990, 441; AG Neukölln MM 1999, 171; Lammel WohnraumMietR BGB § 558 Rn. 41; zur Wirksamkeit solcher Vereinbarungen s. § 4a Abs. 2 WoVermittG; BGH NJW 1997, 1845 mAnm Weye MDR 1998, 379; AG Dortmund NJW-RR 1997, 1032; LG Traunstein NJW-RR 1996, 1295; AG/LG Wiesbaden WuM 1997, 53.
[112] AG Köpenick GE 2015, 131.
[113] BGH NZM 2019, 142; Börstinghaus LMK 2018, 412413; BGH NJW 2016, 239; Börstinghaus NZM 2013, 1; Börstinghaus/Clar NZM 2014, 889; Staudinger/V. Emmerich BGB § 558 Rn. 43; Erman/Dickersbach BGB § 558 Rn. 26; Lützenkirchen MietR/Dickersbach BGB § 558 Rn. 129.
[114] BGH NJW 2016, 239.
[115] LG Köln WuM 1985, 334.
[116] AG Schöneberg GE 2015, 127.

D. Beschaffenheit

Mit dem Wohnwertmerkmal Beschaffenheit ist der **Zuschnitt der Wohnung** 20
einschließlich der mitvermieteten Hausteile sowie Art und Gestaltung der Umgebung gemeint sowie die Bauweise und auch der Instandhaltungsgrad. Seit der Mietrechtsänderung 2013 ist klargestellt, dass auch der energetische Zustand des Hauses bei der Ermittlung der maßgeblichen Beschaffenheit zu berücksichtigen ist. Auch die Frage der Barrierefreiheit einer Wohnung gem. § 554a BGB kann eine Frage der Beschaffenheit sein. Mietpreisrelevant ist das Merkmal aber nur dann, wenn der Vermieter die Barrierefreiheit hergestellt hat und nicht der Mieter.[117]

Auch die **Lage der Wohnung im Haus** ist eine Frage der Beschaffenheit der 21
Wohnung.[118] Mit dem Merkmal Beschaffenheit soll die Wohnung selbst beschrieben werden, während über das Merkmal Lage die Beziehungen der Wohnungen zur Umwelt erfasst wird. Letztendlich ist im Ergebnis klar, dass die Lage im Haus ein mietpreisbildender Faktor ist, der zu berücksichtigen ist.[119] Dies hat der Gesetzgeber früher für den Bereich des öffentlich geförderten Wohnungsbaus in § 3 Abs. 3 NMV bestimmt. Dort hatte der Vermieter auf der Grundlage der **Durchschnittsmiete** die Einzelmieten entsprechend den unterschiedlichen Wohnwerten der Wohnungen, unter Berücksichtigung der Lage und Ausstattung der jeweiligen Wohnung festzusetzen. Daraus ergibt sich, dass auch der Gesetzgeber von einem Einfluss der Lage im Haus auf den Wohnwert ausging. Deshalb ist es nicht richtig, davon auszugehen, dass der Lage im **Dachgeschoss** bei der Wohnflächenberechnung bereits durch teilweise Nichtberücksichtigung von Flächen unter Schrägen ausreichend Rechnung getragen werde.[120] Damit wird allenfalls dem eingeschränkten Nutzungsmöglichkeit solcher Flächen Rechnung getragen. Die Lage im Haus kann aber noch weitere Nachteile, wie zB erhöhte Heizkosten wegen der Dachisolierung, Treppensteigen, Einbruchgefahr[121] usw. haben, die sonst nicht berücksichtigt würden. Insbesondere in den neuen Ländern sind Wohnungen in fünf- oder sechsgeschossigen Gebäuden ohne Fahrstuhl in den oberen Etagen nur mit Abschlägen zu vermieten, was ein deutliches Indiz für den Wohnwerteinfluss der Lage im Haus ist. In den alten Ländern ist die Lage im Haus selbst nicht mehr so bedeutsam. Bedeutung kann aber auch hier der Lage im Vorder- oder Hinterhaus zukommen.[122]

Auch der **Zustand der Wohnung** ist grds. ein Beurteilungskriterium bei der 22
Bewertung der Beschaffenheit einer Wohnung. So kann nach der Rechtsprechung

---

[117] Rips, Barrierefreiheit gemäß § 554a BGB – Ein neues Rechtsinstitut im Mietrecht und dessen Einordnung in das allgemeine deutsche Recht, 2003, 143.

[118] Sternel MietR Kap. III Rn. 596; Keller, Zivilrechtliche Mietpreiskontrolle, 1996, 139; **aA** Dröge/Gebele/Zehnter Mietpreisbewertung-HdB S. 183, Lage im Haus gehört zum Merkmal „Lage"; offen gelassen aber als „mietpreisbildender Faktor" anerkannt: LG Berlin WuM 2004, 613 (614); gegen generelle Berücksichtigung der Lage im Haus AG Waldbröl WuM 1997, 562.

[119] Für Abschlag bei Lage im Hochparterre: LG Berlin MM 1997, 237; AG Neukölln MM 2009, 111; **aA** LG Berlin GE 2007, 785.

[120] LG Berlin WuM 2004, 613 (614); So aber AG Waldbröl WuM 1997, 562.

[121] LG Berlin MM 1997, 237; AG Neukölln MM 2009, 111.

[122] LG Berlin GE 2008, 1627; LG Köln WuM 1994, 691.

des BGH[123] auch der **unrenovierte Zustand einer Wohnung** als vertragsgemäß gelten. Dem Mieter stehen insofern keine Gewährleistungsansprüche zu. Der schlechte Ausgangszustand ist bei der Miethöhe zu berücksichtigen. Ebenso sind nicht-behebbare **Mängel** bei der Beschaffenheit zu berücksichtigen.[124] Ob die Minderung zB wegen Kenntnis oder grob fahrlässiger Unkenntnis gem. § 536 b BGB ausgeschlossen ist[125], ist dabei unerheblich. Hierzu zählen zB **Flächenabweichungen**.[126] Nach der hier vertretenen Auffassung ist das Problem beim Wohnwertmerkmal „Größe" angesiedelt. Dort ist zumindest theoretisch immer die tatsächliche Wohnungsgröße in Ansatz zu bringen und nicht die vereinbarte Größe.[127] Demgegenüber haben **behebbare Mängel** bei der Mieterhöhung für die Bemessung der Miete keine Bedeutung.[128] Das gilt auch bei Mängeln an wohnwerterhöhenden Merkmalen.[129] Sie sind deshalb auch bei der Spanneneinordnung nicht zu berücksichtigen.[130] Der Mieter ist bei Vorlage eines Mangels durch die Mängelgewährleistungsregeln (§§ 536 ff. BGB) ausreichend geschützt. Die vertraglich vereinbarte Miete **mindert** sich automatisch, wenn die Gebrauchstauglichkeit eingeschränkt ist. Es besteht daher kein Anlass, diesen speziellen Bestimmungen den Vorrang zu versagen und Mängel auch noch bei der Ermittlung der üblichen Miete mit zu bewerten.[131] Dies würde zu einer doppelten Berücksichtigung des Mangels führen und wäre systemwidrig. Hinzu kommt die Überlegung, dass Mieterhöhungsverlangen nach § 558 BGB nur in bestimmten zeitlichen Abständen zulässig sind und außerdem die Höhe der Miete über die Kappungsgrenze auch Auswirkungen auf zukünftige Mieterhöhungen hat. Ein zum Zeitpunkt des Zugangs des Mieterhöhungsverlangens vorliegender behebbarer Mangel kann aber uU schon kurze Zeit später beseitigt sein. Die Gewährleistungsrechte würden dann erlöschen, eine neue Mieterhöhung ist aber wegen der Jahressperrfrist unzulässig.[132] Auch die

---

[123] BGH NZM 2020, 710; BGH NZM 2020, 704; Artz NZM 2020, 769; Börstinghaus LMK 2020, 432127; Kappus NJW 2020, 3522.

[124] LG Berlin GE 2013, 947, Fluglärm im Rahmen der Berliner Orientierungshilfe; LG Aachen BeckRS 2013, 10062, vom BGH aus anderen Gründen aufgehoben: BGH BeckRS 2013, 13470, Fluglärm; LG Saarbrücken WuM 1989, 578 für Gaststättenlärm; AG Pankow/Weißensee GE 1998, 1217, Asbest; LG Wiesbaden WuM 1981, 164, Fluglärm; Herrlein/Knops/Spiegelberg/Ormanschick MietR § 558 Rn. 71.

[125] AG Frankfurt WuM 2013, 352, für Minderung wegen Flughafenausbau Frankfurt; LG Frankfurt a. M. ZMR 2010, 362, Hubschrauberlandeplatz auf Klinikgelände.

[126] Börstinghaus Flächenabweichungen Rn. 775 f.; so auch für die Berechnung der Mietsicherheit BGH NJW 2005, 2773, aber anders bei der Ermittlung der Kappungsgrenze BGH NJW 2019, 2464 = NZM 2019, 536.

[127] Börstinghaus Flächenabweichungen Rn. 783.

[128] OLG Frankfurt a. M. NJW 2000, 2115; OLG Stuttgart NJW 1981, 2365 (zu § 5 WiStG); OLG Düsseldorf WuM 1994, 324 (325); LG Hamburg ZMR 2010, 287; LG Berlin GE 2012, 488; GE 2008, 1627; LG Mönchengladbach NZM 1998, 301; AG Hamburg ZMR 2021, 240; AG Charlottenburg GE 2014, 1009; AG Tempelhof-Kreuzberg GE 2010, 625; AG Lichtenberg GE 2010, 699; AG Hannover ZMR 2010, 371; AG Schöneberg GE 2008, 607, Ratten; AG Kassel WuM 1992, 137; AG Waldbröl WuM 1997, 562; Bub/Treier MietR-HdB/Schultz Kap. III Rn. 1410; **aA** LG München II NJW-RR 1994, 336.

[129] LG Berlin GE 2010, 414; AG Tempelhof-Kreuzberg GE 2010, 1423; 2010, 625; **aA** LG Berlin GE 2013, 812 mablAnm Kinne GE 2013, 780.

[130] LG Berlin GE 2007, 784.

[131] Zum Meinungsstand Sternel MietR Kap. III Rn. 598 mNachw in Fn. 107.

[132] Börstinghaus WuM 1995, 467.

vom LG Berlin[133] vorgenommene Unterscheidung nach „leicht und nicht leicht behebbaren Mängeln" ist falsch. Beide Kategorien spielen bei der Ermittlung der ortsüblichen Vergleichsmiete keine Rolle. Hat der Mieter den Mangel beseitigt, liegt überhaupt keine Beeinträchtigung der Beschaffenheit vor, so dass es auf die Frage, ob er vor Mangelbeseitigung den Mangel angezeigt und den Vermieter ggf. in Verzug gesetzt hat gar nicht ankommt.[134] Dies spielt allenfalls für den Aufwendungs- oder Schadensersatzanspruch des Mieters eine Rolle, hat aber mit der Miethöhe nichts zu tun.

Insbesondere das **Baualter** wird von der Praxis als Anknüpfungstatsache für die Beurteilung der Beschaffenheit verstanden.[135] Das Baualter beeinflusst durchaus den Mietpreis, auch wenn heute durch die fortschreitende Modernisierung des Wohnungsbestandes seine Bedeutung bei Altbauten immer mehr abnimmt.[136] Dabei ist das Baualter selbst **kein Wohnwertmerkmal** iSd § 558 Abs. 2 BGB. Über das Baualter soll und werden aber auf verhältnismäßig einfache Weise, wenn auch sehr grob, die Bauweise und der Baustandard abgefragt.[137] Dabei sind nicht rechtliche Anknüpfungen maßgeblich, sondern tatsächliche. Es kommt also grds. nicht auf die Bezugsfertigkeit im engeren Sinne, so wie sie etwa in § 13 Abs. 4 WoBindG geregelt war, an.[138] Danach galt eine Wohnung dann als bezugsfertig, wenn sie soweit fertig gestellt ist, dass dem Bewohner zugemutet werden kann, sie zu beziehen. Auch die Genehmigung der Bauaufsichtsbehörde und die evtl. nach der Landesbauordnung bauordnungsrechtliche Aushändigung des Schlussabnahmescheins sind nicht maßgeblich.[139] Denn der wesentliche Ansatzpunkt für die Auslegung des Altersbegriffs ist seine Funktion als **Hilfskriterium**[140] **oder Indiz** zur Erfassung des Wohnwertmerkmals „Beschaffenheit". Entscheidend ist deshalb der Zeitpunkt der Errichtung, also der Zeitpunkt, der den Baustandard bestimmt hat, nach dem das Gebäude errichtet worden ist.[141] Kann das Datum nicht mehr exakt aus den Bauakten ermittelt werden, weil diese verbrannt sind, kann das Baualter auch mittels Indizien festgestellt werden.[142] Sehr fraglich ist, ob bei Wohnungen, deren Teile zu unterschiedlichen Zeitpunkten errichtet wurden ein Mittelwert zwischen den verschiedenen Baualtersklassen zu bilden ist[143] oder das Baualter maßgeblich ist, zu dem die die größere Fläche errichtet wurde.[144] Bei der Zusammenlegung von zwei

---

[133] LG Berlin BeckRS 2008, 13241, auszugsweise in info-M 2007, 214.

[134] So aber wohl Bub/Treier MietR-HdB/Schultz Kap. III Rn. 1412.

[135] Nach LG München I WuM 2002, 547 (551) ist das Baualter kein Wohnwertmerkmal, sondern merkmalsübergreifender Einflussfaktor.

[136] So auch die vom Bundesministerium für Verkehr, Bau und Stadtentwicklung herausgegebenen „Hinweise zur Integration der energetischen Beschaffenheit und Ausstattung von Wohnraum in Mietspiegeln" unter Nr. 4.4.; abgedr. in Schmidt-Futterer/Börstinghaus BGB Anh. §§ 558 c–d.

[137] VerfGH Berlin GE 2005, 423 (424); KG NJW-RR 1992, 80 (81); LG Berlin GE 1997, 48.

[138] LG Berlin GE 2017, 955; GE 2007, 1635.

[139] LG Berlin GE 2017, 955.

[140] Derleder NZM 2012, 487 (488); eine übersichtliche Zusammenstellung der Merkmale der einzelnen Baualtersklassen befindet sich bei Dröge/Gebele/Zehnter Mietpreisbewertung-HdB S. 180–182.

[141] LG Berlin GE 2009, 1494; GE 2007, 1635; GE 1997, 48; AG Lichtenberg GE 2014, 875; Kinne GE 2014, 840.

[142] LG Berlin GE 2017, 1475.

[143] AG Frankfurt a. M. WuM 2013, 423.

[144] LG Berlin MM 12/2013, 28.

Altbauwohnungen ändert sich das für die Einordnung in den Mietspiegel maßgebliche Baualter nicht.[145]

24   In Zeiten steigenden Umweltbewusstseins und auf Grund immer knapper werdender Ressourcen steigender Energiepreise wird auch der **energetische Zustand** einer Wohnung, dh insbes. die Art der Energieversorgung und die Qualität der Wärmedämmung zunehmende Bedeutung erlangen. § 18 MsV nimmt deshalb Bezug auf die seit 2013 geltende Ergänzung des § 558 Abs. 2 BGB. Seither ist klargestellt, dass in die Wohnwertmerkmale Ausstattung und Beschaffenheit auch der energetische Zustand des Hauses einschließt.[146] Damit ist **kein neues sechstes Wohnwertmerkmal** geschaffen worden. Lediglich im Rahmen der beiden angesprochenen Merkmale ist der energetische Zustand ein Kriterium. Das Problem ist die **Ermittlung des Einflusses des energetischen Zustands** auf die Höhe der ortsüblichen Vergleichsmiete. Das Bundesministerium für Verkehr, Bau und Stadtentwicklung hat **„Hinweise zur Integration der energetischen Beschaffenheit und Ausstattung von Wohnraum in Mietspiegeln"** veröffentlicht. Erforderlich ist zunächst die Ermittlung oder Definition eines bestimmten energetischen Zustands des Hauses als „normal", um dann Zu- oder Abschläge für bestimmte energetische Modernisierungszustände festzulegen. Das Verfahren ist äußerst kompliziert. Bisher konnte nicht festgestellt werden, dass bei der **Neuvermietung** für einen energetisch besseren Zustand auch eine höhere Miete gezahlt wird. In die ortsübliche Vergleichsmiete fließen aber auch die **erhöhten Bestandsmieten** der letzten sechs Jahre ein. Das bedeutet, dass der energetische Zustand dann Einfluss auf die ortsübliche Vergleichsmiete hat, wenn im maßgeblichen Sechsjahreszeitraum des § 558 Abs. 2 BGB Modernisierungsmieterhöhungen gem. § 559 BGB wegen energetischer Modernisierungsmaßnahmen nach § 555b Nr. 1 BGB durchgeführt wurden. Solche Mieterhöhungen gem. § 559 Abs. 1 BGB wegen einer im Bestand durchgeführten energetischen Modernisierung haben zwei Konsequenzen: Zum einen führen sie dazu, dass die aktuelle Miete zum Erhebungsstichtag überhaupt zu erfassen ist, wenn die Modernisierungsmieterhöhung in den letzten sechs Jahren vor dem Stichtag wirksam wurde. Und zum anderen beeinflussen sie die Höhe der am Erhebungsstichtag gezahlten Mieten. Vereinzelt wird heute schon in Mietspiegeln die wärmetechnische Beschaffenheit auch als Differenzierungskriterium erfasst,[147] zT geschieht das durch eine negative Abgrenzung.[148] Solche Mietspiegel werden dann als **ökologische Mietspiegel** bezeichnet.[149]

25   Seit spätestens 1.1.2009 muss bei jedem Mieter- oder Eigentümerwechsel ein Energieausweis vorgelegt werden, aus dem sich ergibt, in welche Energieklasse die Wohnung einzugruppieren ist. Nach § 79 Abs. 1 Satz 1 GEG dienen Energieaus-

---

[145] LG Berlin MM 7+8/2018, 38.

[146] Ausführlich: Freund, Die Berücksichtigung energetischer Ausstattung und Beschaffenheit in qualifizierten Mietspiegeln, Köln, 2018.

[147] Knissel/Alles WuM 2005, 169; Alles, Mietspiegel und energetischer Zustand eines Gebäudes, Vortrag auf der Fachtagung des DMB „Energieeinsparung und Mietrecht", Beilage zur WuM 2000 Heft 1.

[148] ZB im Mietspiegel Berlin das Merkmal „unzureichende Wärmedämmung".

[149] Artz WImmoT 2006, 123; Knissel/Alles/Behr/Hinz/Loga/Kirchner/Neumann BBauBl. 2002 Heft 3, 20; Klinski, Rechtskonzepte zur Beseitigung des Staus energetischer Sanierungen im Gebäudebestand – Gutachten für Umweltbundesamt, spricht von „energetischer Vergleichsmiete".

weise ausschließlich der Information über die energetischen Eigenschaften eines Gebäudes und sollen eine überschlägigen Vergleich von Gebäuden ermöglichen. Das würde eine Berücksichtigung als Beschaffenheitskriterium durchaus ermöglichen. Theoretisch vorstellbar wäre es nämlich, dass sich am Markt unabhängig von den Investitionskosten und damit der Mieterhöhung gem. § 559 BGB für die unterschiedlichen Energieklassen unterschiedlich hohe Mieten entwickeln. Dann wäre dies eine mögliche Differenzierung bei der Ermittlung der ortsüblichen Vergleichsmiete.[150] Bisher dürfte ein solcher Einfluss der Energieklasse auf die Miethöhe aber kaum feststellbar sein. Eine unkritische Anknüpfung an die Werte des Energieausweises ist auch aus anderen Gründen **problematisch.** Je nach Gebäude, Gebäudealter und Erstellungszeitpunkt des Energieausweises muss der Vermieter entweder einen Energiebedarfsausweis oder einen Energieverbrauchsausweis nach Maßgabe der §§ 80 bis 86 GEG erstellen lassen. Wird ein Gebäude neu errichtet, ist ein Energiebedarfsausweis unter Zugrundelegung der energetischen Eigenschaften des fertiggestellten Gebäudes gem. § 80 Abs. 1 Satz 1 GEG auszustellen. Das gilt nach § 80 Abs. 2 GEG auch, wenn bei einem bestehenden Gebäude Änderungen iSd § 48 GEG ausgeführt werden. In allen anderen Fällen ist die Erstellung eines Energieverbrauchsausweises zulässig. Dieser wird auf der Grundlage des erfassten Endenergieverbrauchs ausgestellt, § 82 Abs. 1 GEG. Bei einem solchen „Verbrauchsausweis" fließt das Nutzungsverhalten des Mieters – also ein unzulässiger subjektiver Wert – mit in die Bewertung ein. Außerdem sind die Werte beider Arten von Energieausweisen nicht ansatzweise vergleichbar. Bei völlig gleichen Gebäuden kann es allein aufgrund der unterschiedlichen Methoden zu völlig unterschiedlichen Werten kommen. Selbst bei Bedarfsausweisen soll es nach durchgeführten Vergleichstests wegen der unterschiedlichen Computerprogramme und Berechnungsmethoden, die zum Einsatz kommen, ganz erhebliche Unterschiede geben. Die Werte solcher Energieausweise sagen deshalb kaum etwas aus, sie sind aber auf jeden Fall zum Vergleich verschiedener Wohnungen völlig ungeeignet. Trotzdem findet in Berlin[151] der energetische Zustand über die Merkmalgruppe 4 der Orientierungshilfe (Energieverbrauchskennwert) explizit Berücksichtigung.[152] Dabei wird trotz aller methodischer Bedenken auf die Werte des Energieausweises angeknüpft und sogar eine Umrechnungsformel für die Umrechnung des Endenergiebedarfswertes eines Bedarfsausweises in den Energieverbrauchskennwert eines Verbrauchsausweises (plus 20%) vorgegeben, obwohl es hierfür keinerlei empirischen Nachweise gibt. Wenn also der energetische Zustand des Hauses der Ermittlung der ortsüblichen Vergleichsmiete tatsächlich zu Grunde gelegt werden soll, dann muss an **objektive Standards** angeknüpft werden. Um einen solchen handelt es sich auch nicht beim Heizkostenspiegel des Mieterbundes. Er weist undifferenziert nur Durchschnittswerte aus.[153]

---

[150] So die Mietspiegel für Berlin seit 2009; LG Berlin GE 2015, 126; zu den wohnraummietrechtlichen Aspekten des Energieausweises Rips WuM 2008, 379; Horst NZM 2006, 1; NZM 2008, 145; ZAP Fach 4, 1221; Eisenschmid WImmoT 2006, 89; Friers WuM 2008, 255; Sternel NZM 2006, 495.

[151] Mietspiegel 2019 S. 21; herunterladbar https://stadtentwicklung.berlin.de/wohnen/miet spiegel/de/download/Mietspiegel2019.pdf.

[152] LG Berlin GE 2015, 126.

[153] So LG Hamburg WuM 2009, 676.

26   Zum Wohnwertmerkmal „Beschaffenheit" gehört auch die Frage, ob eine **Wohnung renoviert oder modernisiert** ist.[154] Diese Frage ist im Einzelfall immer wieder äußerst umstritten.[155] Dabei muss vom Sinn und Zweck einer solchen Qualifizierung ausgegangen werden. Es geht bei der Beurteilung der Frage vor allem darum, nur vergleichbaren Wohnraum miteinander zu vergleichen. Dazu muss zunächst einmal der **heutige** „Normal-Standard" für Gebäude einer bestimmten Altersklasse ermittelt werden. Wenn also die überwiegende Mehrzahl der Gebäude einer bestimmten Altersgruppe zB mit Isolierverglasung ausgestattet ist, dann kann der Einbau solcher Fenster keine Modernisierungsmaßnahme sein, die eine Höherstufung rechtfertigt. Das ist dann die (Normal-)Beschaffenheit in diesem Mietspiegelfeld. Man kann allenfalls versuchen zu ermitteln, ob ein Abschlag am Markt für Wohnungen vereinbart wird, die keine Isolierfenster haben.

27   Grundsätzlich bleibt das **Baualter einer Wohnung** auch nach einer Modernisierung maßgeblich.[156] Eine „Verjüngung"[157] der Wohnung, dh die Erfassung der Daten der Vergleichswohnung in der Baualtersklasse der Zeit der Modernisierung[158] kommt allenfalls dann in Betracht, wenn auch rechtlich ein **Neubau** vorliegt.[159] Hierzu können die Bestimmungen des WoFG und/oder entsprechenden Landesgesetze herangezogen werden.[160] Das gilt auch für den Fall, das Gewerberaum älteren Baualters erstmalig in Wohnraum umgewandelt wird.[161] Dort ist zwar nur der öffentlich geförderte Wohnungsbau geregelt, die Begriffsbestimmungen des Gesetzes sind aber auch sonst zu Grunde zu legen. Gem. § 16 Abs. 1 WoFG ist Wohnungsbau das **Schaffen von Wohnraum** in einem neuen selbständigen Gebäude, die Beseitigung von Schäden an Gebäuden unter wesentlichem Bauaufwand, durch die die Gebäude auf Dauer wieder zu Wohnzwecken nutzbar gemacht

---

[154] Nach Staudinger/V. Emmerich BGB § 558 Rn. 44 soll die Differenzierung über das Wohnwertmerkmal „Art" erfolgen; nach Bub/Treier MietR-HdB/Schultz Kap. III Rn. 1409 handelt es sich um ein „Scheinproblem", da es nicht darauf ankomme, in welche Baualtersklasse die Wohnung einzugruppieren sei, sondern zu welcher Miete die Wohnung am Markt angenommen wurde. Das ist deshalb fraglich, weil es um die Ermittlung der Vergleichsmiete und nicht der Marktmiete geht.

[155] BGH NZM 2013, 612; Börstinghaus jurisPR-BGHZivilR 16/2013 Anm. 2; Börstinghaus DS 2013, 299; Schach GE 2013, 1106; LG Berlin WuM 2020, 796; AG Köln WuM 2013, 697; Wullkopf WuM 1996, 455 (458).

[156] LG München I ZMR 2012, 626; LG Berlin NZM 1999, 172; AG Lichtenberg GE 2014, 875; AG Wedding GE 2012, 958; AG Köln BeckRS 2017, 108462; Kinne GE 2014, 840.

[157] Freund, „Die Operationalisierung der Wohnwertmerkmale Ausstattung und Beschaffenheit: Probleme und Empfehlungen" in: Woeckener (Hrsg.) Beiträge zur Reform des qualifizierten Mietspiegels, S. 99 (126) spricht von „Baualtershochstufung" und dem „wirtschaftlichen Baualter".

[158] Problematisch ist zusätzlich, wenn die Arbeiten sukzessive, also zu unterschiedlichen Zeitpunkten durchgeführt wurden: Freund in: Woeckener (Hrsg.) Beiträge zur Reform des qualifizierten Mietspiegels, S. 99 (126 ff).

[159] LG Potsdam BeckRS 2016, 00678; LG Frankfurt a. M. WuM 2012, 318; LG Hamburg ZMR 2011, 469; nach LG Hamburg ZMR 1998, 499 kommt eine „Höherstufung"; nur in Betracht, wenn auch Arbeiten am Baukörper durchgeführt werden; iE ebenso LG Berlin MM 1998, 310; Schach GE 1994, 1026; **aA** LG München I ZMR 2012, 626 bei Kernsanierung eines bewohnten und bewohnbaren Hauses; AG Lichtenberg GE 2014, 875 für Einordnung in Berliner Mietspiegel 2013.

[160] LG Berlin GE 2017, 955.

[161] LG Berlin WuM 2020, 796.

werden, die Änderung, Nutzungsänderung oder Erweiterung von Gebäuden, durch die unter wesentlichem Bauaufwand Wohnraum geschaffen wird, oder Änderung von Wohnraum unter wesentlichem Bauaufwand zur Anpassung an geänderte Wohnbedürfnisse. Eine solche **Änderung der Baualtersklasse** muss aber im **Mieterhöhungsverlangen nachvollziehbar begründet** werden.[162]

Wohnraum ist **nicht auf Dauer nutzbar,** wenn ein zu seiner Nutzung erfor- **28** derlicher Gebäudeteil zerstört ist oder wenn sich der Raum oder der Gebäudeteil in einem Zustand befindet, der aus bauordnungsrechtlichen Gründen eine dauernde, der Zweckbestimmung entsprechende Nutzung nicht gestattet; dabei ist es unerheblich, ob der Raum oder der Gebäudeteil tatsächlich genutzt wird, § 16 Abs. 2 WoFG. Soweit der Wiederaufbau in identischer Bauweise wie das ursprünglich im Krieg zerstörte Haus erfolgte, soll die ursprüngliche Baualtersklasse weiter ebenso maßgeblich sein[163], wie in den Fällen einer Kernsanierung eines noch bewohnten und bewohnbaren Mehrfamilienhauses.[164] Soweit § 16 Abs. 4 II. WoBauG vorsah, dass eine Beschädigung iSd Vorschrift dann nicht vorliegt, wenn die Schäden durch Mängel an Bauteilen oder durch Abnutzung entstanden sind, ist diese Einschränkung durch Aufhebung der Norm ersatzlos entfallen.[165]

Um einen **Ausbau** handelt es sich gem. § 16 Abs. 1 Nr. 3 WoFG, wenn aus **29** Räumlichkeiten, die bisher nicht zu Wohnzwecken bestimmt waren, nach wesentlichem Bauaufwand Wohnraum entsteht; eine Erweiterung liegt vor, wenn eine Aufstockung oder ein Anbau vorgenommen wird. Dabei wird als wesentlicher Aufwand angesehen, wenn dieser ca. ⅓ des für eine Neubauwohnung erforderlichen Aufwandes erreicht.[166] Eine Höherstufung in eine jüngere Baualtersklasse wurde zB angenommen,[167] wenn bei einer vor der Sanierung längere Zeit leer stehenden und unbewohnbaren Wohnung nicht nur folgende Arbeiten durchgeführt wurden: Sanierung der Elektroinstallation durch Neuverlegung aller Stromleitungen einschließlich der Leerrohre, Lichtschalter und Steckdosen in allen Räumen und der Versorgungsleitungen für Küchengeräte, Neuinstallation der Abwasserkanalleitungen und der Warm- und Kaltwasserleitungen, Neueinbau sämtlicher Wohnungsinnentüren, der Wohnungs- und der Hausabschlusstür, Neuinstallation der Briefkastenanlage im Erdgeschoß sowie Ausbesserung und Reinigung der Sandsteinfassade und Neuverputzung der Innenseiten sämtlicher Außenwände; vielmehr wurde die Wohnung durch diese Sanierung erstmals hergestellt, weil sie in der jetzigen Beschaffenheit vor der Sanierung nicht bestanden hat. Eine Einordnung in die Baualtersklasse der Sanierung wurde angenommen bei einer Erneuerung und Dämmung der Fassade, einem Austausch der Elektroinstallation, der Fenster, der Bodenbeläge und der Heizung.[168] Allein die **Höhe des Bauaufwandes** ist aber kein Wohnwertmerkmal sondern nur das Resultat, also der geschaffene Zustand.[169] Auch eine mit we-

---

[162] LG Potsdam BeckRS 2016, 00678; AG Köln BeckRS 2017, 108462.
[163] AG Wedding GE 2012, 958; ähnlich AG Köpenick GE 2015, 660.
[164] LG München I ZMR 2012, 626.
[165] Das II. WoBauG ist mit Wirkung ab 1.1.2002 durch das WoFG aufgehoben worden. Einige Regelungen gelten gem. § 48 WoFG weiter, hierzu zählen aber die Begriffsdefinitionen in §§ 16ff. II. WoBauG nicht.
[166] BGH WuM 2010, 679; BVerwG ZMR 1972, 87; LG Potsdam BeckRS 2016, 00678; LG Berlin GE 2005, 307 (309); NZM 1999, 1138; MM 1998, 310 (312).
[167] LG Potsdam BeckRS 2016, 00678; LG Mannheim MDR 1996, 1007.
[168] LG Frankfurt a. M. WuM 2012, 318.
[169] LG Berlin NZM 1999, 172.

sentlichem Bauaufwand neu ausgebaute Dachgeschosswohnung in einem Altbau kann anders als die übrigen Wohnungen im Haus in die Baualtersklasse des Dachgeschossausbaus eingeordnet werden.[170] Dies gilt ebenso, wenn durch umfangreiche Maßnahmen nicht mehr zeitgemäßer Wohnraum zu größeren Wohnungen zusammengelegt und an die heutigen Wohnbedürfnisse angepasst wird.[171]

30   Eine weitere Anknüpfungsmöglichkeit ergibt sich aus § 559 BGB und dem insofern wortgleichen § 16 Abs. 3 WoFG. Ausgehend von Sinn und Zweck der Differenzierung zwischen modernisiertem und nicht modernisiertem Wohnraum dürfen auch Mieterhöhungen nach § 559 BGB nicht außer Betracht bleiben. Ein Vermieter der in der Vergangenheit Modernisierungsmaßnahmen durchgeführt hat, konnte nach Abschluss der Arbeiten die Miete einseitig gem. §§ 559 ff. BGB erhöhen. Die auf Grund der Mieterhöhung gem. § 559 BGB erreichte Miete war, innerhalb der Grenzen des § 5 WiStG, preisrechtlich zulässig. Die Einordnung in eine falsche Baualtersklasse ist ein materieller und kein formeller Fehler des Erhöhungsverlangens.[172]

§ 19 Wohnlagen

(1) **Unterschiedliche Wohnlagen müssen im qualifizierten Mietspiegel nur insoweit gesondert ausgewiesen werden, als eine sachgerechte Unterteilung in Wohnlagen möglich ist und ein Einfluss der Lage auf die Mietpreisbildung festgestellt werden kann. [2]Unterschiedlich beschriebene Wohnlagen einer Gemeinde können im Mietspiegel nur dann zusammengefasst werden, wenn der lagebedingte Wohnwert vergleichbar ist.**

(2) **[1]Zur Ermittlung von Wohnlagen soll untersucht werden, inwiefern sich durch Beschreibungen mittels vor Ort feststellbarer Faktoren wie insbesondere Bebauungs- und Verkehrsdichte, Zentralität, Infrastruktur, Begrünung oder vergleichbarer Kriterien Wohnlagen einteilen lassen. [2]Wird hierdurch die Einteilung von Wohnlagen nicht sachgerecht ermöglicht, können weitere Bewertungsmaßstäbe wie Bodenrichtwerte oder Kriterien der allgemeinen Beliebtheit bestimmter Wohngegenden berücksichtigt werden.**

(3) **Weist ein qualifizierter Mietspiegel unterschiedliche Wohnlagen aus, so sind diese exakt zu verorten, etwa durch ein Straßenverzeichnis oder durch eine aussagekräftige Wohnlagenkarte.**

(4) **Soweit wohnwertrelevante Lagemerkmale nicht bereits in eine Wohnlageneinteilung einbezogen wurden oder soweit die Lage vom Durchschnitt vergleichbarer Wohnungen in derselben Wohnlage wesentlich abweicht, können wohnwertrelevante Lagemerkmale durch Zu- oder Abschläge zum Ergebniswert oder innerhalb der nach § 15 Absatz 1 oder § 16 Absatz 3 gebildeten Spanne berücksichtigt werden.**

(5) **[1]Die Einteilung von Wohnlagen muss in der Dokumentation unter Darlegung der Beurteilungskriterien und ihrer Zusammenhänge nach-**

---

[170] LG Hamburg ZMR 2011, 469.
[171] LG Frankfurt a. M. ZMR 2014, 362.
[172] AG Köln ZMR 2017, 748.

vollziehbar erläutert werden. [2]In einem früheren Mietspiegel gebildete Wohnlageneinteilungen können fortgeschrieben werden, wenn
1. die Dokumentation für den früheren Mietspiegel eine Dokumentation nach Satz 1 enthält und
2. eine Plausibilitätsprüfung erfolgt, die geänderte Verhältnisse vor Ort berücksichtigt.

[3]Die Voraussetzung des Satzes 2 Nummer 1 muss nicht gegeben sein für qualifizierte Mietspiegel, deren Stichtag innerhalb von zwei Jahren nach dem 1. Juli 2022 liegt. [4]Die Durchführung der Plausibilitätsprüfung und ihre Ergebnisse sind in der Dokumentation zu erläutern.

Inhaltsübersicht

A. Inhalt der Regelung

Die Vorschrift bezieht sich auf das Wohnwertmerkmal „Lage" in § 558 Abs. 2 BGB. Für die Merkmale Größe, Beschaffenheit und Ausstattung befindet sich die entsprechende Regelung in § 18 MsV (→ § 18 Rn. 2) und für Merkmal der „Art" in § 17 MsV (→ § 17 Rn. 2). Das Merkmal „Lage" gehört in der Praxis zu den schwierigsten Merkmalen, da Wohnlagen regelmäßig nur durch eine kombinierte Bewertung von **Einzelmerkmalen** ermittelt werden und darüber hinaus zumeist auch von nicht objektivierbaren Kriterien beeinflusst werden.[1] Gerade die Einteilung in bestimmte Wohnlagen war in der Vergangenheit häufig Streitpunkt bei der Erstellung und Bewertung qualifizierter Mietspiegel durch die Gerichte. Die Zuordnung von Lageeffekten und die Gesamtbewertung bedürfen einer sachverständigen Beurteilung, die häufig nur bei guter Ortskenntnis unter Berücksichtigung sozialer Gesichtspunkte möglich ist; gewisse Ungenauigkeiten sind hierbei hinzunehmen. Rechtlich richtiger Anknüpfungspunkt ist aber die Legaldefinition in § 558 Abs. 2 BGB. Die Verordnung soll bei der Umsetzung helfen. Nach ihr ist ein schlüssiges Beurteilungskonzept wesentlich.[2] § 19 enthält hierfür maßgeblichen Vorgaben. Der Schwerpunkt liegt dabei vor allem in der Dokumentation. **1**

---

[1] BR-Drs. 766/20, 41; Promann, Die Berücksichtigung des Wohnwertmerkmals Lage in den Mietspiegeln der deutschen Großstädte, Diss, Stuttgart 2012; zu vermeintlich methodischen Fehlern bei der Wohnlagendefinition: Kauermann/Thomschke/Braun, Scheinargumente bei Mietspiegeldebatte – Was definiert „moderne Mietspiegel"? empirica paper Nr. 236, 2016, S. 5.
[2] BR-Drs. 766/20, 42.

B. Die Lage

I. Absatz 1

2   § 19 Abs. 1 MsV verlangt nur dann unterschiedliche Wohnlagen in einem qualifizierten Mietspiegel gesondert auszuweisen, wenn eine **sachgerechte Unterteilung** in verschiedene Wohnlagen möglich ist und ein Einfluss der Lage auf die Mietpreisbildung auch festgestellt werden kann. Satz 1 stellt klar, dass es keine Mindestanzahl von auszuweisenden Wohnlagen in einer Gemeinde gibt. Die Unterteilung nach Wohnlagen hängt vielmehr wie die Differenzierung bei allen Wohnwertmerkmalen davon ab, ob in der Wirklichkeit überhaupt abgrenzbare Wohnlagen vorzufinden sind und ob wesentliche preisrelevante Unterschiede bei der Untersuchung dieser Lagen festgestellt werden konnten.[3] Daran fehlt es häufig in kleineren Gemeinden, da hier Wohnlagen schwer voneinander zu unterscheiden sind. In größeren Städten können dagegen häufig statistische Verfahren zur Bildung von Wohnlagen verwendet werden. Sind innerhalb mehrerer gebildeter **Wohnlageklassen** aber keine Unterschiede in der Preisbildung vorzufinden, ist auch dort eine Differenzierung entbehrlich.[4]

3   Nach Absatz 1 Satz 2 können unterschiedlich beschriebene Wohnlagen in einer Gemeinde in einem qualifizierten Mietspiegel nur dann zusammengefasst werden, wenn der lagebedingte Wohnwert auch wirklich vergleichbar ist. Das bedeutet, dass die **Wohnlagenbildung** beziehungsweise ihre Darstellung im Mietspiegel nicht zwingend anhand des isolierten Vorhandenseins von einzelnen Standortfaktoren der Wohnlage zu erfolgen hat. Maßgeblich ist immer eine Gesamtbetrachtung. Ist deren Ergebnis identisch, also der Einfluss auf die Mietpreisbildung vergleichbar, können zwei möglicherweise unterschiedlich zu beschreibende Lagen zusammengefasst werden.

Beispiel[5]: Ergibt etwa eine Gesamtbetrachtung, dass im Innenstadtbereich deren Zentralität gleichermaßen mietpreisbildend ist wie im Außenbereich die dortige Begrünung und Verkehrsanbindung, so können die beiden Wohnlagen durchaus zusammengefasst werden und im Mietspiegel gemeinsam ausgewiesen werden, wenn die lagebedingte Preisbildung ähnlich ist beziehungsweise sich keine signifikanten Auswirkungen der unterschiedlich beschriebenen Wohnlagen auf den Preis feststellen lassen.

II. Absatz 2

4   Nach § 19 Abs. 2 MsV soll zur Ermittlung von Wohnlagen untersucht werden, inwiefern sich durch
- Beschreibungen
- mittels vor Ort feststellbarer Faktoren wie insbesondere
  - Bebauungs- und
  - Verkehrsdichte,
  - Zentralität,
  - Infrastruktur,

---

[3] BR-Drs. 766/20, 42.
[4] BR-Drs. 766/20, 42.
[5] Aus BR-Drs. 766/20, 42.

– Begrünung oder
– vergleichbarer Kriterien

Wohnlagen einteilen lassen. Absatz 2 Satz 2 erlaubt in den Fällen, in denen die Einteilung von Wohnlagen aufgrund dieser Kriterien nicht sachgerecht möglich ist, weitere Bewertungsmaßstäbe wie

• Bodenrichtwerte oder
• Kriterien der allgemeinen Beliebtheit bestimmter Wohngegenden

zu berücksichtigen.

Wie sich aus §558 Abs. 2 BGB ergibt, geht der Gesetzgeber davon aus, dass die **5** **Lage der Wohnung wertbildend** sein.[6] Gemeint ist mit Lage zunächst einmal die Lage innerhalb der Gemeinde, teilweise wird aber auch nach der Lage im Haus differenziert[7], was zweifelhaft ist. Die Lage im Haus kann als Beschaffenheit berücksichtigt werden. Das Lagemerkmal gehört heute immer wieder zu den umstrittensten Merkmalen des §558 Abs. 2 BGB.[8] Das liegt zum einen an den unterschiedlichen Vorstellungen darüber, was eine einfache, normale oder gute Lage ist[9] und zum anderen an den Problemen der Feststellung der erforderlichen Merkmale und ihrer statistischen Erfassung.[10]

Absatz 2 enthält demgegenüber jetzt Vorgaben, nach denen gängige Verfahren **6** zur Ermittlung möglicher Wohnlagen zu verwenden sind. Auch für die Lageeinteilung sind anerkannte wissenschaftliche Grundsätze gem. §558d Abs. 1 BGB einzuhalten. Verwendet werden können alle geeignete multivariate Verfahren (zum Beispiel **Cluster- oder Diskriminanzanalysen**) oder Regressionsanalysen. Damit ist die bisherige Praxis, wonach auch bei empirisch aufgestellten Mietspiegeln Wohnlagekarten häufig jahrzehntelang nicht fortgeschrieben oder nur im Arbeitskreis Mietspiegel ausgehandelt wurden, hinfällig. Eine jeweils nicht nach anerkannten wissenschaftlichen Grundsätzen erstellte Wohnlagenkarte oder Wohnlagenbeschreibung führt dazu, dass der ganze Mietspiegel nicht den Vorgaben der MsV entspricht. Die Vermutungsgrundlage der zweiten Vermutung des §558d Abs. 1 Satz 2 BGB ist damit nicht gegeben.

Nach Absatz 2 Satz 1 soll zunächst ein Vergleichsschema anhand von objektiven **7** (sogenannten harten) Standortfaktoren erstellt werden, die vor Ort überprüfbar sind und primär daraufhin untersucht werden sollen, ob sie für die Bildung von unterschiedlichen Lagen, die jeweils einen bestimmenden Einfluss auf den Mietpreis haben, geeignet sind.[11] Was eine gute oder schlechte Lage innerhalb einer Gemeinde ist, ist häufig strittig, hängt zT von **subjektiven Bewertungen** ab und

---

[6] Promann, Die Berücksichtigung des Wohnwertmerkmals Lage in den Mietspiegeln der deutschen Großstädte, 2012, 45ff.; Bünnemeyer/Hebecker/Werling ZMR 2016, 96.
[7] LG Berlin WuM 2004, 613 (614); LG Köln WuM 1994, 691; Dröge/Gebele/Zehnter Mietpreisbewertung-HdB S. 122; Bub/Treier MietR-HdB/Schultz Kap. III Rn. 1390; Staudinger/V. Emmerich BGB §558 Rn. 56; Kossmann/Meyer-Abich Wohnraummiete-HdB §148 Rn. 36; nach **aA** handelt es sich um eine Frage der Beschaffenheit: Sternel MietR Kap. III Rn. 596; Keller, Zivilrechtliche Mietpreiskontrolle, 1996, 139 oder sogar der Ausstattung: BBU, Leitfaden zum Vergleichsmietensystem, S. 16.
[8] Börstinghaus/Clar NZM 2014, 889; Bünnemeyer/Hebecker/Werling ZMR 2016, 96 (98).
[9] BGH WuM 2016, 290.
[10] Bünnemeyer/Hebecker/Werling ZMR 2016, 96 (98); Bruns/Paschedag/Kauermann ZMR 2016, 669 (675).
[11] BR-Drs. 766/20, 42

kann sich mit Zeit auch ändern.[12] Man muss sich aber vor Augen führen, dass es nicht um die Beurteilung der gesamten Gemeinde gehen muss. Bei der Ermittlung der ortsüblichen Vergleichsmiete geht es ausschließlich um den Mietwohnungsmarkt. Wenn es also in einer Gemeinde begehrte **Einfamilienhauswohngebiete** gibt, in denen aber nur Eigentümer wohnen und keine Mieter, dann ist diese Lage nicht der Maßstab für die sonstigen Lagen. Es kann nur um die Differenzierung zwischen den verschiedenen Mietwohnungsstandorten gehen.

8   Bei der Lage innerhalb der Gemeinde wird ua differenziert nach der **Makrolage** und der **Mikrolage.**[13] Makrolage bedeutet die Qualifikation eines ganzen Stadtteils oder zumindest eines Quartiers als gute oder schlechte Lage. Diese Ortslage wird bestimmt durch die Baudichte, den baulichen Zustand des Ortsteils, Frei- und Grünflächen, landschaftlichen Charakter, Beeinträchtigungen durch Lärm, Staub, Geruch, Umweltgifte, die Verkehrsanbindung und die vorhandenen **Infrastruktureinrichtungen,** aber immer mehr auch das Image eines Quartiers. Für den Fall, dass solche harten Standortfaktoren nicht vollumfänglich ausreichen, z.B. weil es in der Gemeinde sogenannte In-Viertel gibt, die besonders beliebt und deshalb besonders teuer sind, obwohl sie gegenüber preislich günstigeren Stadtvierteln keine besonderen objektiven Lagevorteile aufweisen, sollen nach Satz 2 Bodenrichtwerte[14] Indizwirkung für den Einfluss solcher sogenannter **weicher Standortfaktoren** haben. § 19 Abs. 2 MsV lässt die Verwendung solcher Bodenrichtwerte ausdrücklich zu, obwohl der BGH[15] erst kurz vor Erlass der Verordnung darauf hingewiesen hat, dass die Entwicklung der Grundstückspreise verlässliche Rückschlüsse auf die ortsübliche Vergleichsmiete nicht zulässt. Auch im Rahmen der Festsetzung der Zweitwohnungssteuer ist zur Bemessung eine Schätzung der üblichen Miete allein aufgrund des Bodenwertes des Grundstücks nicht zulässig.[16]

9   Zulässig ist deren Verwendung also allenfalls als Indiz zur Abgrenzung von anderen weichen Standortfaktoren, die nicht lagebedingt sind, etwa bei steigenden Preisen (unter Umständen sogar in schlechten Lagen), die einer hohen Mieterfluktuation geschuldet sind. Es ist nämlich ein häufig vorkommendes Phänomen, dass in schlechten Lagen oder auch bei schlechten Ausstattungen oder Beschaffenheiten eine höhere Miete als in mittleren Lagen gezahlt wird. Dies liegt schlicht daran, dass hier das unzulässige Merkmal der Wohndauer mit einfließt. Häufig wird für eine schlechtere Wohnlage (oder auch für eine schlechtere Beschaffenheit) eine höhere Miete ausgewiesen. Anerkanntermaßen führt dies nicht zur **Unplausibilität** des Mietspiegels.[17] Dies kann nämlich durchaus den tatsächlichen Gegebenheiten entsprechen. So ist es möglich, dass sich ein partiell niedrigeres Mietpreisniveau in guter Wohnlage daraus ergeben kann, dass Wohnungen in diesen Wohnlagen bevorzugt von solchen Mietern nachgefragt werden, die es sich auf Grund ihrer wirtschaftlichen und sozialen Verhältnisse erlauben können, auch in Zeiten bestehender

---

[12] **AA** Bünnemeyer/Hebecker/Werling ZMR 2016, 96 (98) nach deren Auffassung es sich um das einzige unveränderbare Wohnwertmerkmal handeln soll. Das entspricht nicht der Realität, wonach ganze Stadtteile ihren Status durch Zuwanderung, Schließung von Betrieben, Neuanlage von Grünanlagen oder Flughafenerweiterungen verändern können.

[13] Zur Verknüpfung dieser Lagemerkmale im Münchener Mietspiegel 2015: Bruns/Paschedag/Kauermann ZMR 2016, 669 (678).

[14] So auch schon LG München I ZMR 2014, 364 (365).

[15] BGH NZM 2019, 813.

[16] BVerwG NVwZ-RR 2021, 99 mAnm. Brandt jurisPR-SteuerR 1/2022 Anm. 2.

[17] LG Hamburg WuM 1995, 543.

Wohnraumknappheit über die Höhe der Miete zu verhandeln.[18] Auf der anderen Seite können die Mieten in schlechteren Wohnlagen, ua auch deshalb höher sein als in besseren Wohnlagen, weil die **Fluktuation** in diesen Wohnungen höher ist.[19] Die durchschnittliche Mietzeit wird in diesem Wohnungsteilmarkt häufig nicht erreicht. Jeder Mieterwechsel ermöglicht dem Vermieter aber leichter die Miete zu erhöhen, als es bei bestehendem Mietvertrag möglich gewesen wäre. Auf diese Weise fließt in das Wohnwertmerkmal versteckt das rechtliche unerhebliche[20], weil subjektive, Wohnwertmerkmal **„Wohndauer"** mit ein.[21] Es stellt sich dann die Frage, ob der empirisch richtig ermittelte Wert normativ zu korrigieren ist.

Absatz 2 Satz 2 schreibt für eine solche zusätzliche Untersuchung keine besondere Detailtiefe der Untersuchung vor. Sie kann sich auf einzelne Häuser oder Straßenzüge beziehen, aber auch ganze Stadtteile erfassen.[22] Außerdem ist eine solche zusätzliche **Kontrolluntersuchung** nicht zwingend vorgeschrieben. Es handelt sich nur um eine Sollvorschrift. Vor allem in kleineren Gemeinden bietet es sich an, die Unterteilung etwa nur anhand von Stadtvierteln vorzunehmen, wenn eine detailliertere Unterteilung nicht mehr sinnvoll ist. In den Fällen, in denen auf eine solche zusätzliche Untersuchung verzichtet wird, können entsprechend größere Unterschiede der Wohnungen innerhalb der Lage durch Zu- und Abschläge aufgefangen werden. **10**

Problematisch ist die Berücksichtigung des Image eines Quartiers zur Einordnung einer bestimmten Lage, vor allem dann, wenn es mit den objektiven Gegebenheiten nicht übereinstimmend. Ist die Miete in objektiv schlechten Lagen sehr hoch, weil der Stadtteil bei den Trendsettern beliebt ist, macht das allein das Quartier aber noch nicht zu einer guten Lage.[23] Das **Image** kann allenfalls ein Faktor sein, der bei der Lagebeurteilung einfließt. Häufig enthält sie Argumentation hier aber einen Zirkelschluss: **Die Lage ist nicht deshalb gut, weil die Mieten hoch sind; vielmehr soll die Miete hoch sein, weil die Lage gut ist.** Umso mehr man das **Image einer Lage** berücksichtig („In-Szene"), umso mehr nähert sich die ortsübliche Vergleichsmiete der Marktmiete. Weiter spricht gegen die Berücksichtigung des Images einer Lage, dass dies oft nur für bestimmte Bevölkerungsgruppen eine Bedeutung hat (junge Singles, Künstler). Man nähert sich hier deshalb sehr stark einem subjektiven Merkmal in der Person des Mieters und nicht einem objektiven Kriterium, das mit der Lage zu tun hat. **11**

Vertreten wird ferner, dass sowohl die **Ballung einzelner Gesellschaftsschichten** und die Häufigkeit und Schwere von Straftaten in der Gegend eine Rolle spielen sollen wie auch die Gefahr von Naturkatastrophen, zB wegen Überschwemmungsgefahr.[24] Auch die Lage einer ehemaligen Alliiertenwohnung in einer entsprechenden Siedlung kann eine eigene Lage darstellen.[25] Schließlich **12**

---

[18] LG Hamburg WuM 1995, 543; Zweifel an der Auffassung äußert Bub/Treier MietR-HdB/ Schultz Kap. III Rn. 1417.

[19] So auch LG Freiburg NJWE-MietR 1996, 51.

[20] **AA** AG Berlin-Charlottenburg BeckRS 2015, 06288.

[21] Nach Bub/Treier MietR-HdB/Schultz Kap. III Rn. 1418 dürfen schlechtere Lagen/Ausstattungen wegen der höheren Fluktuation nicht besser „bewertet" werden.

[22] BR-Drs. 766/20, 43.

[23] Börstinghaus NJW 2022, 1841 Rn. 31 zum insofern äußerst problematischen Mietspiegel München 2021; NZM 2020, 965 (972).

[24] Dröge/Gebele/Zehnter Mietpreisbewertung-HdB S. 182.

[25] AG Wedding GE 2006, 331; allenfalls ein Zu- oder Abschlagsfaktor BGH NJW 2013, 2963.

kann auch die Lage in einem Sanierungsgebiet wegen der dort ggf. bestehenden Mietobergrenzen in Sanierungssatzungen eine besondere Lage sein.

13   Bei der **Mikrolage** wird auf die konkreten Lagevor- und -nachteile einer Wohnung geachtet. Hierzu zählt die Entfernung zu Geschäften, Schule, Ärzten oder die Erreichbarkeit des öffentlichen Nahverkehrs. Die Mikrolage berücksichtigt, dass uU in sehr nah beieinander liegenden Lagen große Mietpreisunterschiede vorliegen können.[26] Letztendlich beeinflussen beide Komponenten, Mikro- und Makrolage, die Qualität einer Lage. Schwierig ist die Frage zu entscheiden, in welchen zeitlichen Abständen solche Lagekarten zu aktualisieren sind.[27] Richtigerweise muss dies zumindest bei jeder Neuaufstellung eines qualifizierten Mietspiegels alle 4 Jahre geschehen. Lediglich für Mietspiegel, deren Stichtag zwischen dem 1.7.2022 und 30.6.2024 liegt, erlaubt § 19 Abs. 5 S. 3 MsV gewissen Erleichterungen (→ Rn 21).

14   Soweit die **Lage im Haus** nicht bei der Beschaffenheit, sondern bei der Lage berücksichtigt wird, wird diese zB bestimmt durch den Gebäudeteil, also Vorderhaus oder Hinterhaus, die Geschosslage, zB Dachgeschoss-, Souterrain oder Erdgeschosswohnung sowie die Ausrichtung nach der Himmelsrichtung.[28] Richtigerweise ist die Geschosslage aber kein Lagekriterium[29], so dass eine Wohnung im 22. OG der gleichen Lageklasse angehört, wie die Wohnung im Erdgeschoss.

15   Ein Nachteil der Lage einer Wohnung soll auch darin zu sehen sein, dass sich auf dem Dach eines nahe gelegenen Hochhauses mehrere **Mobilfunkantennen** befinden. Auch wenn nicht abschließend geklärt ist, ob und inwieweit die von einer solchen Anlage ausgehende Strahlung gesundheitsschädlich ist, wirkt sich doch allein die Existenz der Antennen nachteilig auf die Wertschätzung der Wohnung aus.[30] Dies hat mit der Frage, ob die Mietsache wegen der Mobilfunkantenne mangelhaft ist, nichts zu tun.[31] Deshalb darf das Vorhandensein der Antenne wie auch die Nähe zu emittierenden Betrieben als Lagenachteil berücksichtigt werden.

16   Erfahrungsgemäß ist gerade die Beurteilung der Lage der Wohnung zwischen den Mietvertragsparteien häufig im Streit.[32] Dies liegt zum einen daran, dass die einzelnen Kriterien auf Grund unterschiedlicher Anforderungen und Bedürfnisse stark unterschiedlich gewichtet werden. Was für eine Familie mit kleinen Kindern eine gute Wohnlage ist, kann für Senioren schlecht sein und umgedreht. Entscheidend ist immer ein **objektiver Lagemaßstab**.

17   Der Lagefaktor ist nach **objektiven Kriterien** zu bestimmen, auf die subjektiven Bedürfnisse des konkreten Mieters kommt es nicht an. Es muss dazu ermittelt werden, was eine gute Lage in der Gemeinde ausmacht. Dabei darf man aber nicht dem Zirkelschluss erliegen, wonach da eine besonders gute Wohnlage sei, wo die höchsten Mieten gezahlt werden. **Die Lage bestimmt die Miete und nicht umgedreht die Miethöhe die Lage!** Soweit vertreten[33] wird, dass es sich bei der Frage, ob eine Wohnung in einer guten Wohnlage liegt, um eine **Rechtsfrage** handelt, die das Gericht und nicht der Sachverständige zu beantworten hat, ist das

---

[26]   Bünnemeyer/Hebecker/Werling ZMR 2016, 96 (98) weisen beispielhaft in Frankfurt auf das „Bahnhofsviertel" und die benachbarten „Banken- und Europaviertel" hin.

[27]   Börstinghaus/Clar NZM 2014, 889; Börstinghaus WImmoT 2013, 113.

[28]   LG Köln WuM 1994, 691.

[29]   LG Berlin GE 2012, 1039.

[30]   AG Hamburg WuM 2001, 515.

[31]   BGH NJW 2006, 2625.

[32]   Allg. Isenmann WuM 1992, 43.

[33]   LG Frankfurt a. M. WuM 1992, 629.

in dieser Absolutheit nicht richtig. Soweit es um die Einordnung in Lageklassen eines Mietspiegels geht, ist zu beachten, dass es sich bei einem Mietspiegel um eine Erkenntnisquelle handelt, über die für andere Wohnungen im maßgeblichen Zeitraum vereinbarten oder geänderten Mieten. Diese Mieten sind im Mietspiegel in ein Raster gepresst worden. Dabei ist die Unterscheidung in zwei oder drei Lageklassen sehr grob.[34] Der Begriff der ortsüblichen Vergleichsmiete ist aber letztendlich eine Tatsachenbehauptung[35] und keine bloße Rechtsfrage, auch wenn es sich bei dem Begriff um eine empirisch-normative Größe handelt.[36] Mit der Einordnung in eine bestimmte Lagekategorie wird somit die Tatsachenbehauptung aufgestellt, die Wohnungen, die der Mietspiegelersteller in diesem Feld zusammengefasst hat, seien mit der konkreten Vertragswohnung vergleichbar. Das ist und bleibt aber eine Tatsachenfeststellung, die das Gericht zwar ggf. durch Inaugenscheinnahme selbst treffen kann, es kann aber auch einen Sachverständigen hinzuziehen. Nach Ansicht des BGH[37] handelt es sich bei der Einordnung der Wohnlage um eine vom Tatsachengericht vorzunehmende **Wertungsfrage**, für die es auf die Einschätzung von (sachkundigen) Zeugen nicht ankomme. Auf keinen Fall ist es aber eine Rechtsfrage.[38] Demgemäß wird auch vertreten, dass es sich bei der Einordnung in die vorgegebenen Wohnlagenkategorien eines Wohnlagenkatasters um eine widerlegbare Vermutung handelt.[39] Ob das nach Schaffung des § 558d Abs. 3 BGB noch richtig ist, erscheint fraglich. Deshalb ist auf jeden Fall ein substantiierter Sachvortrag zu Lagevor- und -nachteilen erforderlich.[40]

Gegen eine zu starke **Bewertung des Lagefaktors**[41] spricht deshalb die Tatsache, dass gerade über dies Merkmal sehr häufig subjektive Faktoren einfließen. In Zeiten knappen Wohnraums ist die Lage einer Wohnung von untergeordneter Bedeutung. Die Qualität einer Lage kann sich nicht nur durch objektive Veränderungen der Umgebung (Bau einer Schnellstraße, Stilllegung eines mit Immissionen verbundenen Betriebes), sondern auch durch gesellschaftliche Veränderungen ändern. So gab es vor ca. 30 Jahren eine Tendenz der Stadtflucht. Die Wohnung im Grünen wurde bei steigender Mobilität beliebt. Nach dem Ölpreisschock und den damit verbundenen stark gestiegenen Fahrtkosten drehte sich diese Tendenz – zumindest eine Zeit lang – ins Gegenteil um. Schließlich hängt die Frage, ob ein Haushalt für eine bestimmte Lage bereit ist, eine höhere Miete zu zahlen oder nicht auch stark von der Leistungsfähigkeit des Haushalts ab. Bestimmte Einkommensgruppen sind weder in der Lage noch willens, für die Lage einer Wohnung eine höhere Miete zu zahlen. Neben der Wohndauer fließt deshalb in diesen Faktor auch das Familieneinkommen ein.[42] Deshalb ist die Auffassung, wonach dem **18**

---

[34] Aber soziologisch durchaus gerechtfertigt Bünnemeyer/Hebecker/Werling ZMR 2016, 96 (98, 101).

[35] BVerfG ZMR 1993, 558; zweifelnd Blank ZMR 2013, 170.

[36] Blank ZMR 2013, 170.

[37] BGH WuM 2016, 290.

[38] So auch AG Velbert WuM 1992, 629.

[39] AG Siegburg WuM 1996, 152.

[40] AG Dortmund WuM 2012, 103; AG Neuss WuM 2006, 388.

[41] Nach Bruns/Paschedag/Kauermann ZMR 2016, 669 (675) soll sie Lage ein „extrem bedeutendes Kriterium" sein, das den Preis einer Immobilie besonders beeinflusst.

[42] Nach Wullkopf WuM 1996, 455 (457) sollen zB bei hohen Fahrtkosten sowohl die sehr Armen wie auch die sehr Reichen in der Nähe des Zentrums wohnen, während die Bezieher mittlerer Einkommen weiter außerhalb wohnen.

Wohnwertmerkmal „Lage" die größte Gewichtung zukommen muss,[43] abzulehnen.

III. Absatz 3

19   Nach § 19 Abs. 3 MsV müssen Wohnlagen in einem qualifizierten Mietspiegel „exakt" angegeben werden, wenn der Mietspiegel mehrere Wohnlagen aufweist. Dies kann entweder durch ein Straßenverzeichnis geschehen, aus dem sich ähnlich einem Adressbuch bei Eingabe eine Straße und bei längeren Straßen ggf. auch einer Hausnummer sofort ablesen lässt, welche Lagekategorie für die Adresse einschlägig ist oder insbesondere bei der Ermittlung der Wohnlage über die Makrolage auch eine Wohnlagenkarte. Bei letztere werden die verschiedenen Quartiere in der Regel farblich dargestellt und jeder Farbei eine bestimmte Lagekategorie zugeordnet.

20   Unzulässig sind deshalb Wohnlagenkategorien, die eine Bewertung erfordern, wie z. B. „Park in der Nähe", oder „Einkaufsmöglichkeit in 300m Entfernung". Solche Kriterien sind nicht exakt im Sinne des § 19 Abs. 3 MsV.

IV. Absatz 4

21   § 19 Abs. 4 MsV erlaubt in zwei Fällen auch Zu- oder Abschläge beim Lagemerkmal:

- Wenn wohnwertrelevante Lagemerkmale nicht bereits in eine Wohnlageneinteilung einbezogen wurden oder
- wenn die Lage vom Durchschnitt vergleichbarer Wohnungen in derselben Wohnlage wesentlich abweicht,

können wohnwertrelevante Lagemerkmale entweder bei Regressionsmietspiegeln durch Zu- oder Abschläge zum Ergebniswert gem. § 16 Abs. 3 MsV (→ § 16 Rn. 5) oder bei einem Tabellenmietspiegel innerhalb der nach § 15 Abs. 1 gebildeten Spanne (→ § 15 Rn. 13) berücksichtigt werden.

22   Es handelt sich dabei regelmäßig um Lagekriterien, die für die Einteilung in unterschiedliche Wohnlagen nicht berücksichtigt wurden. Dazu zählt vor allem die Mikrolage, also die unmittelbare Umgebung der Wohnung (zum Beispiel besonders ruhige Lage der Wohnung im Haus bei sonst starker Belastung des Hauses durch Verkehrslärm).[44] Ferner sind Zu- und Abschläge auch bei sonstiger Abweichung der konkreten Lage der Wohnung von den durchschnittlichen Eigenschaften der gebildeten Wohnlage möglich. Dies Verfahren soll vor allem dem Umstand Rechnung tragen, dass im Mietspiegel sinnvollerweise regelmäßig drei und höchsten vier Lageklassen ausgewiesen werden, obwohl Wohnungen innerhalb einer dieser drei oder vier Wohnlagekategorien noch sehr unterschiedlich gelegen sein können.

---

[43] So ausdrücklich das in RDM-IfS 1996, Heft 6, 4 abgedruckte Gutachten. Danach soll die Lage mit 45% den Gesamtwohnwert bestimmen; nach Dröge/Gebele/Zehnter Mietpreisbewertung-HdB S. 242 kommt der Lage ein Anteil von 25% zu; nach Isenmann DWW 1994, 179 bestimmt die Lage zu 40% die Miethöhe; nach Alles, Die ortsübliche Vergleichsmiete in der Landeshauptstadt München, 15, soll die Lage in den meisten empirischen Arbeiten keinen statistisch nachweisbaren Einfluss auf die Miethöhe haben.

[44] BR-Drs. 766/20, 43.

V. Absatz 5

Nach § 19 Abs. 5 MsV muss die Einteilung von Wohnlagen in der Dokumenta- **23** tion nachvollziehbar erläutert werden. Hierzu zählt die Darstellung der Beurteilungskriterien für die Bildung der verschiedenen Lageklassen und ihrer Zusammenhänge. Es handelt sich insofern um eine Sondervorschrift zur **Dokumentation**.[45] Sinn und Zweck ist es die Lageeinteilung nachvollziehbar machen soll. Die Lageeinteilung erfordert grundsätzlich eine geordnete Bewertung anhand nachvollziehbarer Prüfungsschritte, die sich in der Dokumentation wiederfinden müssen.[46] Dabei spielt insbesondere die Frage des Umgangs und der Gewichtung mit den in Absatz 2 genannten harten und weichen Faktoren eine wichtige Rolle (→ Rn 4).

Die Lage(bewertung) ist zumeist ein beständiger Faktor und wechselt nicht von Mietspiegel zu Mietspiegel. Daher ist eine Fortschreibung der in einem früheren Mietspiegel gebildeten Wohnlageneinteilung zulässig. Voraussetzung hierfür ist aber, dass die die Dokumentation für den früheren Mietspiegel eine Dokumentation nach § 19 Abs. 5 Satz 1 MsV enthält und außerdem eine Plausibilitätsprüfung erfolgt, die geänderte Verhältnisse vor Ort berücksichtigt. Soweit eine solche **Dokumentation** im bisherigen Mietspiegel nicht erfolgt ist, erlaubt § 19 Abs. 5 Satz 3 MsV eine Fortschreibung dieser undokumentierten Wohnlageneinordnung einmalig für einen Übergangszeit von zwei Jahren. Der Stichtag des betreffenden Mietspiegels muss zwischen 1.7.2022 und 30.6.2024 liegen. Der Verordnungsgeber wollte damit dem Umstand Rechnung getragen, dass der Dokumentationsaufwand für die Wohnlageneinordnung sehr groß sein kann. Andererseits sollte durch die kurze Frist aber möglichst schnell die Erstellung von Mietspiegeln mit einer qualifizierten Wohnlageneinordnung erreicht werden.

Die **Plausibilitätsprüfung** soll Orte ausfindig machen, an denen gegebenen- **24** falls eine Neubewertung erforderlich sein kann. Wie diese Plausibilitätsprüfung genau durchgeführt wird, überlässt die Verordnung dem Mietspiegelsteller. Wichtig ist, dass das Verfahren nachvollziehbar dokumentiert werden muss. Nach den Vorstellungen des Verordnungsgebers kommt etwa eine Beobachtung und Auswertung von städtebaulichen Maßnahmen beziehungsweise großen Bauprojekten sowie von sozioökonomischen Trends der Stadtentwicklung in Betracht.[47]

Ist die **Dokumentation** zur Lageeinteilung in einem früheren als dem voran- **25** gegangenen Mietspiegel enthalten, muss die Plausibilitätsprüfung die geänderten Verhältnisse seit der ursprünglichen Dokumentation berücksichtigen, gegebenenfalls unter Verweis auf Änderungen, die bereits in zwischenzeitlich erstellten Mietspiegeln berücksichtigt wurden.[48]

Auch die Tatsache der Durchführung der Plausibilitätsprüfung und ihre Ergeb- **26** nisse sind in der Dokumentation zu erläutern.

---

[45] BR-Drs. 766/20, 44.
[46] BR-Drs. 766/20, 44.
[47] BR-Drs. 766/20, 44.
[48] BR-Drs. 766/20, 44.

Unterabschnitt 3. Dokumentation und Veröffentlichung des qualifizierten Mietspiegels

§ 20 Dokumentation

(1) Angaben, die für die Anwendung des qualifizierten Mietspiegels notwendig sind, einschließlich des Stichtags, zu dem die Daten für den Mietspiegel erhoben wurden, sind in den Mietspiegel aufzunehmen.

(2) ¹Erläuterungen, die notwendig sind, um das Verfahren und die Bewertungen, die zu den Angaben im qualifizierten Mietspiegel, auch in der fortgeschriebenen Form, geführt haben, nachzuvollziehen und zu prüfen, sind in einer Dokumentation darzulegen. ²Die Dokumentation soll vom Text- und Ergebnisteil des Mietspiegels getrennt sein. ³Sie soll es ermöglichen, die im qualifizierten Mietspiegel angegebenen Werte in ihrer Herleitung nachzuvollziehen; nicht erforderlich ist eine Dokumentation, die eine vollständige Nachberechnung der Ergebnisse ermöglicht.

(3) In der Dokumentation ist in allgemeiner Form darzustellen, welche der personenbezogenen Daten, die ursprünglich für andere Zwecke erhoben wurden, der Mietspiegelersteller von öffentlichen und nichtöffentlichen Stellen erhalten hat und wozu diese Daten benötigt und verwendet wurden.

(4) Weitere Anforderungen an die Dokumentation ergeben sich aus § 8 Absatz 4, § 9 Absatz 4, § 10 Absatz 2, § 11 Absatz 4, § 12 Absatz 3, § 13 Absatz 3, § 14 Absatz 2, § 15 Absatz 5, § 16 Absatz 4, § 19 Absatz 5 und § 23 Absatz 3.

Inhaltsübersicht

A. Inhalt der Regelung

1   § 20 MsV befasst sich mit der Dokumentation der Mietspiegelerstellung. Er regelt den zu dokumentierenden Inhalt in der **Mietspiegelbroschüre** sowie in der Zusatzdokumentation. Sinn und Zweck der Dokumentation ist die Möglichkeit die Einhaltung der in der Verordnung aufgestellten Anforderungen an die Daten-

erhebung, Datenauswertung und die Bestimmung der ortsüblichen Vergleichsmiete später zu überprüfen. Deshalb macht § 20 MsV detaillierte Vorgaben für die **Dokumentation.** Sie soll es gem. § 20 Abs. 2 MsV ermöglichen, dass die im Mietspiegel angegebenen Werte nachvollzogen und überprüft werden können. Ergänzend schreibt § 21 Abs. 1 MsV vor, dass die Dokumentation ebenso wie der Mietspiegel kostenfrei im Internet veröffentlicht werden muss.

Das Verfahren und die Ergebnisse einer Mietspiegelerstellung sind in zwei Do- **2** kumentationen darzulegen und festzuhalten:

- dem Mietspiegel (zumeist bezeichnet als Mietspiegelbroschüre))
- und der Mietspiegelerstellungsdokumentation (oftmals als Methoden- und Ergebnis/Endbericht bezeichnet).

Dementsprechend unterscheidet § 20 MsV zwischen diesen verschiedenen Doku- **3** mentationen. § 20 Abs. 2 S. 2 MsV stellt deshalb klar, dass die **Mietspiegeldokumentation** vom Text- und Ergebnisteil des qualifizierten Mietspiegels getrennt werden soll. Das passierte schon bisher in der Praxis. Es handelt sich um eine bloße Soll-Vorschrift. Das bedeutet im Ergebnis, dass ein Mietspiegel auch dann noch als qualifiziert angesehen werden kann, wenn eine konkrete Angabe nicht richtigerweise im Text- und Ergebnisteil des Mietspiegels oder seiner Dokumentation erfolgte. Erforderlich ist aber, dass die Dokumentation aus sich heraus nachvollziehbar ist.

Die Regelungen zur Dokumentation gelten ebenfalls für die Anpassung eines **4** qualifizierten Mietspiegels nach § 558d Absatz 2 BGB.[1]

B. § 20 Abs. 1 MsV

§ 20 Abs. 1 MsV beschäftigt sich mit dem Inhalt der sogenannten **Mietspiegelbro-** **5** **schüre.** Sie soll dem Nutzer den sachgerechten Gebrauch der Mietspiegelergebnisse ermöglichen. Nur eine exakte Vorgehensweise nach den in der Broschüre niedergelegten Anwendungshinweisen garantiert eine rechtssichere Handhabung im Einzelfall.

Alle Angaben, die erforderlich sind, um die **ortsübliche Vergleichsmiete** für **6** eine konkrete Wohnung mittels Mietspiegel zu ermitteln, müssen bereits im Mietspiegel selbst erfolgen und nicht erst in einer weitergehenden Dokumentation. Zu den in den Mietspiegel bereits aufzunehmenden Informationen gehört auch eine nach § 19 Abs. 3 MsV vorgenommene Wohnlagedefinition bzw. -einordnung. Nur dann ist der Mietspiegel aus sich selbst heraus anwendbar.

Neben der **Mietspiegelwerten** (der Mietspiegeltabelle bzw. der Grundtabelle **7** und eventuellen Zu- und Abschlagswerten oder Orientierungshilfen zur Spanneneinordnung) ist Bestandteil der Mietspiegelbroschüre bei einem qualifizierten Mietspiegel der **Erhebungsstichtag.** Er dient einerseits der Orientierung, ob ein Mietspiegel die ortsübliche Vergleichsmiete zu dem jeweils maßgeblichen Zeitpunkt (etwa dem Zugang des Mieterhöhungsverlangens) wiedergibt. Außerdem bestimmt der Stichtag auch den für die Anpassung des qualifizierten Mietspiegels nach § 558d Abs 2 BGB maßgeblichen Zeitpunkt. Nach § 558d Abs. 2 S. 4 BGB ist jetzt klargestellt, dass maßgeblicher Zeitpunkt für die Anpassung eines qualifizierten Mietspiegels und für seine Neuerstellung der Stichtag ist, zu dem die Daten für den Mietspiegel erhoben wurden. Gemäß § 558d Abs. 1 S. 5 BGB darf auch der Zeitraum zwischen der Veröffentlichung eines qualifizierten Mietspiegels und seiner Anpassung beziehungsweise Neuerstellung die Zwei- bzw. Vierjahresfrist nicht über-

---

[1] BR–Drs. 766/20, S. 46, zu § 20 Abs. 4.

schreiten. Wird ein Mietspiegel mittels einer Stichprobe angepasst, muss der Stichtag für die Stichprobe spätestens zwei Jahre nach dem Stichtag liegen, zu dem die Mietspiegeldaten erhoben wurden. Erfolgt die Anpassung über den Preisindex für die Lebenshaltung aller privaten Haushalte, muss ein Index spätestens zwei Jahre nach dem Stichtag der Datenerhebung zugrunde gelegt werden. Spätestens zwei Jahre nach Veröffentlichung des Mietspiegels ist auch seine Anpassung zu veröffentlichen.

8   In der Verordnung nicht explizit erwähnt, aber unabdingbar zur einer Mietspiegelbroschüre dazugehörend, ist ihr **Gültigkeitszeitraum.** Das erfordert zumindest die Angabe des Beginns der Wirksamkeit des Mietspiegels, also der Zeitpunkt, ab dem ein Mieterhöhungsverlangen mit diesem Mietspiegel vorgerichtlich begründet werden kann.

9   Obwohl in der Verordnung ebenfalls nicht explizit erwähnt, gehören zur sachgerechten Anwendung des Mietspiegels auch Angaben zu seinem räumlichen Geltungsbereich sowie die genaue Definition des Wohnungsteilmarktes (der **Wohnungsteilmärkte**), für die er gelten soll, also z. B. Wohnungen in Gebäuden mit mehr als zwei Wohnungen mit der Größe von 30–110 m².

10   Die Mietspiegelbroschüre ist sinnvollerweise in präziser, aber allgemeinverständlicher Sprache zu verfassen.

C. § 20 Abs. 2 MsV

11   Neben der Mietspiegelbroschüre ist für einen qualifizierten Mietspiegel eine **Methoden- und Ergebnisdokumentation** zu erstellen. In ihr sollen die grundsätzlichen methodischen Schritte der Mietspiegelerstellung sowie zusätzliche Ergebnisse, soweit erforderlich, die nicht in der Mietspiegelbroschüre veröffentlich werden, die aber zum Verständnis und der Beurteilung der Mietspiegelerstellungsarbeiten erforderlich sind, dargelegt werden.

12   § 20 Abs. 2 S. 1 MsV verlangt zunächst nur, dass in der Dokumentation Erläuterungen darzulegen sind, die notwendig sind, um das Verfahren und die Bewertungen, die zu den Angaben im qualifizierten Mietspiegel, auch in der fortgeschriebenen Form, geführt haben, nachvollzogen werden, damit sie ggf. auch überprüft werden können. Besondere Bedeutung hat dies für die Angaben zur Datengrundlage und ihre Auswertung und damit die **Plausibilisierung** der anzusetzenden Werte.

13   Dabei wollte der Verordnungsgeber ausdrücklich nicht, „… dass die Ergebnisse auf Basis der Dokumentation nachgerechnet werden können."[2] Hierfür wäre nämlich erforderlich in die Dokumentation alle ermittelten Daten zu jeder Wohnung, oder die Einzelheiten der Lagebewertung für jeden spezifischen Ort einer Stadt aufzunehmen. Dies würde den Rahmen einer Dokumentation sprengen. Den Ausgleich hierfür soll „… die **sachverständige Bewertung** des Mietspiegelerstellers beziehungsweise eines zur Erstellung des Mietspiegels gebildete(r) Arbeitskreis … herstellen".[3]

14   Damit ist im Kernpunkt geregelt, dass die Darstellungen im Methoden- und Endbericht so ausführlich und detailliert sein müssen, dass sie nachvollziehbar und prüfbar im Sinne einer allgemeinen **Anwendungs- und Verfahrenslogik** sind. Eine absolut minutiöse Darstellung der einzelnen Arbeits- und Rechenschritte ist nicht erforderlich. Es findet auch keine Präklusion mit Sachvortrag für spätere gerichtliche Auseinandersetzungen statt. Wenn es dort um die Frage der Einhaltung der aner-

---

[2] BR-Drs 766/20, S. 45, zu § 20 Abs. 2 Satz 3.
[3] BR-Drs 766/20, S. 45, zu § 20 Abs. 2 Satz 3.

kannten wissenschaftlichen Grundsätze geht, können dort Präzisierungen und ergänzende und vertiefende Angaben und Informationen vom Mietspiegelersteller gemacht werden.[4] Im Streitfall kann das Gericht mit allen zivilprozessualen Beweismitteln, also der Vernehmung der Beteiligte an der Mietspiegelstellung als sachverständige Zeugen oder durch ein Sachverständigengutachten Beweis erheben.

D. § 20 Abs. 3 MsV

In der Dokumentation ist auch in allgemeiner Form darzustellen, welche personenbezogenen Daten, die ursprünglich nicht zur Erstellung des Mietspiegels erfasst wurden, der Mietspiegelersteller von **öffentlichen und nichtöffentlichen Stellen** erhalten hat, verarbeitet worden sind und von welchen Stellen diese Daten bezogen wurden., und wozu diese Daten benötigt und verwendet wurden. **15**

Die Begriffe der „öffentlichen" und „nichtöffentlichen" Stellen ist dabei durchaus weit zu verstehen. Sie orientieren sich an der Definition in § 2 BDSG. Öffentliche Stellen des Bundes sind danach die Behörden, die **Organe der Rechtspflege** und andere öffentlich-rechtlich organisierte Einrichtungen des Bundes, der bundesunmittelbaren Körperschaften, der Anstalten und Stiftungen des öffentlichen Rechts sowie deren Vereinigungen ungeachtet ihrer Rechtsform. Öffentliche Stellen der Länder sind die Behörden, die Organe der Rechtspflege und andere öffentlich-rechtlich organisierte Einrichtungen eines Landes, einer Gemeinde, eines Gemeindeverbandes oder sonstiger der Aufsicht des Landes unterstehender juristischer Personen des öffentlichen Rechts sowie deren Vereinigungen ungeachtet ihrer Rechtsform. Vereinigungen des privaten Rechts von öffentlichen Stellen des Bundes und der Länder, die Aufgaben der öffentlichen Verwaltung wahrnehmen, gelten ungeachtet der Beteiligung nichtöffentlicher Stellen als öffentliche Stellen des Bundes, wenn 1. sie über den Bereich eines Landes hinaus tätig werden oder 2. dem Bund die absolute Mehrheit der Anteile gehört oder die absolute Mehrheit der Stimmen zusteht. Andernfalls gelten sie als öffentliche Stellen der Länder. Nichtöffentliche Stellen sind natürliche und juristische Personen, Gesellschaften und andere Personenvereinigungen des privaten Rechts. **16**

§ 20 Abs. 3 MsV ergänzt damit die Ermächtigung gem. Art. 238 § 1 EGBGB zur Erhebung und Übermittlung von Daten zum Zweck der Mietspiegelerstellung. **17**

Dies stellt für Mietspiegelersteller in Zukunft eine **erhöhte Dokumentationspflicht** dar, weil in der Vergangenheit Datenquellen, die zu einer sachgerechten Mietspiegelerstellung erforderlich nicht in jedem Fall offensichtlich verfügbar und nutzbar waren und es zum Berufswissen der Mietspiegelersteller gehörte, sich diese Quellen zu erschließen. Dieses Wissen wollte man verständlicherweise nicht mit Konkurrenzunternehmen teilen, um sich einen Wettbewerbsvorteil bei kommenden Mietspiegelausschreibungen zu verschaffen. Dieses Verhalten dürfte zukünftig nicht mehr zulässig sein. **18**

E. § 20 Abs. 3 MsV

Neben dieser sich aus § 20 Abs. 1–3 MsV ergebenden Dokumentationspflicht gibt es in der Mietspiegelverordnung noch weitere spezieller Dokumentations- **19**

---

[4] BR-Drs 766/20, S. 45, zu § 20 Abs. 2 Satz 3.

pflichten, die der **Generalklausel** in dieser Norm hier vorgehen. Diese Sondervorschriften enthalten weitergehende und vor allem konkretere Vorgaben, die die Dokumentation eines qualifizierten Mietspiegels für die einzelnen Phasen der Mietspiegelerstellung und teilweise getrennt nach der Methode, mittels derer ein Mietspiegel erstellt wird, erfüllen muss. Insofern will § 20 Abs. 4 MsV nur auf diese Sondervorschriften hinweisen, ohne eigene weitere Vorgaben zu machen.

20   Im Einzelnen geht es um die Dokumentationen nach folgenden Normen der Mietspiegelverordnung:

21   **1. § 8 Absatz 4.** In der Dokumentation sind die Erstellung der Erhebungsgrundgesamtheit und die dafür verwendeten Datengrundlagen darzustellen.

22   **2. § 9 Absatz 4.** In der Dokumentation ist nachvollziehbar darzustellen, wie die **Bruttostichprobe** gezogen wurde, einschließlich etwaiger Schichtungen und dadurch notwendiger Rückgewichtungen, ob und in welcher Weise eine Plausibilitätsprüfung durchgeführt wurde, zu welchem Ergebnis eine solche Überprüfung geführt hat und welche Folgerungen daraus gezogen wurden.

23   **3. § 10 Absatz 2.** Die Rücklaufquote und die Bereinigung **der Nettostichprobe** sind zu dokumentieren. In der Dokumentation ist darzustellen, ob durch einen unvollständigen oder selektiven Rücklauf oder durch die Bereinigung der Nettostichprobe Verzerrungen der Ergebnisse möglich sind.

24   **4. § 11 Absatz 4.** Die Erfüllung der Anforderungen an den Stichprobenumfang nach § 11 Abs. 1, und 3 MsV ist in der Dokumentation nachzuweisen.

25   **5. § 12 Absatz 3.** In der Dokumentation sind eine Bereinigung um **Ausreißermieten** sowie weitere zur Datenaufbereitung durchgeführte Maßnahmen einschließlich der gewählten Verfahren zu erläutern und es ist darzustellen, welche Mietwerte aus welchen Gründen ausgesondert wurden.

26   **6. § 13 Absatz 3.** In der Dokumentation ist darzustellen, nach welchen Kriterien und Verfahren bei einem Tabellenmietspiegel die Tabellenfelder gebildet wurden, wie viele Wohnungen für ein Tabellenfeld ausgewertet wurden und wie hoch die Mieten dieser Wohnungen waren (→ § 13 Rn. 11).

27   **7. § 14 Absatz 2.** Demgegenüber ist bei einem Regressionsmietspiegel zu dokumentieren und zu erläutern, welche Regressionsfunktion der Analyse zugrunde liegt und welche Merkmale sich mit welchem Einfluss auf die Miethöhe auswirken, ob dieser Einfluss statistisch signifikant ist und welches Signifikanzniveau dabei zugrunde gelegt wird, wie hoch der Erklärungsgehalt der verwendeten Regressionsfunktion ist und inwieweit die tatsächlich vorgefundenen Mieten von den Ergebniswerten der Regressionsformel abweichen. In der Dokumentation ist weiter zu erklären, ob und in welcher Weise eine Modellvalidierung erfolgte und zu welchem Ergebnis sie führte (→ § 14 Rn. 14).

28   **8. § 15 Absatz 5.** Bei einem **Tabellenmietspiegel** ist die Bildung der Mittelwerte und der Spannen in der Dokumentation zu erläutern. Sieht der Mietspiegel Bewertungshilfen für Zu- und Abschläge vor, ist in der Dokumentation darzulegen, nach welchen Kriterien und auf welche Weise diese Bewertungshilfen erstellt wurden (→ § 15 Rn. 27).

9. § 16 Absatz 4. Bei einem Regressionsmietspiegel ist in der Dokumenta- 29
tion zu erläutern, wie das Ergebnis der Regressionsanalyse im qualifizierten Mietspiegel dargestellt und die ortsübliche Vergleichsmiete einer Wohnung konkret berechnet wird. Eine etwaige Bildung von Spannen ist darzustellen und zu erläutern
($\to$ § 16 Rn. 10).

10. § 19 Absatz 5. Die Einteilung von Wohnlagen muss in der Dokumentation 30
unter Darlegung der Beurteilungskriterien und ihrer Zusammenhänge nachvollziehbar erläutert werden. In einem früheren Mietspiegel gebildete Wohnlageneinteilungen können fortgeschrieben werden, wenn die Dokumentation für den früheren Mietspiegel eine Dokumentation enthält und eine Plausibilitätsprüfung
erfolgt, die geänderte **Verhältnisse vor Ort** berücksichtigt ($\to$ § 19 Rn. 23).

11. § 23 Absatz 3. Bei der Fortschreibung qualifizierter Mietspiegel mittels 31
Stichprobe sind vereinfachende Annahmen sowie ein abweichender Stichprobenumfang in der Dokumentation darzulegen und zu begründen ($\to$ § 23 Rn. 9).

§ 21 **Veröffentlichung**

(1) ¹**Der qualifizierte Mietspiegel und seine Dokumentation sind kostenfrei im Internet zu veröffentlichen. ²Für ihre Abgabe in gedruckter
Form können angemessene Entgelte verlangt werden.**

(2) **Die Veröffentlichung des qualifizierten Mietspiegels soll binnen
einer Frist von neun Monaten nach dem Stichtag, auf den sich die Erhebung bezieht, erfolgen.**

A. Inhalt der Regelung

Auch für qualifizierte Mietspiegel gibt es seit 1.7.2022 erstmals eine Pflicht zur 1
Veröffentlichung inklusive der Dokumentation. § 558c Abs. 4 S. 2 BGB gilt
sowohl für einfache Mietspiegel wie auch für qualifizierte Mietspiegel. Es ist kein
qualifizierter Mietspiegel bekannt, der mit viel Aufwand erstellt und dann nicht
veröffentlicht wurde. Deshalb entsprach die Neuregelung schon bisher der gängigen Praxis. Für einfache Mietspiegel befindet sich eine vergleichbare Norm in § 5
MsV.

B. Inhalt der Veröffentlichung

Auch an die Veröffentlichung eines qualifizierten Mietspiegels werden keine hö- 2
heren Ansprüche gestellt, als bei einem einfachen Mietspiegel. Auch bei ihnen ist
kein rechtsförmliches Veröffentlichungsverfahren wie bei einer Rechtsnorm erforderlich.[1] Ein Mietspiegel braucht, um seiner Befriedungsfunktion gerecht zu werden, **Akzeptanz.** Akzeptiert werden aber keine unbekannten Geheimdaten. Der
Mietspiegel lebt davon, dass die Mehrheit der Marktteilnehmer sich auf ihn beruft
bzw. auf Grund seiner Werte die Zustimmung erteilt.

---

[1] BT-Drs. 19/26918, 18; Müglich/Börstinghaus NZM 1998, 353.

3   Die Veröffentlichungspflicht bezieht sich nicht nur auf den Mietspiegel (Tabelle und ggf. Textteil) sondern auch auf die Dokumentation. Dies ist für qualifizierte Mietspiegel nach § 20 MsV ausdrücklich vorgeschrieben, sie war aber bereits nach altem Recht erforderlich, damit der Mietspiegel als qualifiziert anerkannt wurde, weil eine Dokumentation zu den anerkannten wissenschaftlichen Grundsätzen der Mietspiegelerstellung gehört.

4   Die Dokumentation muss vollständig veröffentlicht werden.

C. Ort der Veröffentlichung

5   § 21 Abs. 1 MsV schreibt die kostenfreie Veröffentlichung eines qualifizierten Mietspiegels und seiner Dokumentation **zumindest im Internet** vor. Damit wollte der Verordnungsgeber die heute übliche Praxis aufgreifen, wonach zunehmend qualifizierte Mietspiegel im Internet veröffentlicht werden.[2] Ob ein Mietspiegelersteller den qualifizierten Mietspiegel und seine Dokumentation auch über weitere Medien der Öffentlichkeit zugänglich macht, steht in seinem Ermessen. Nur für eine zusätzliche Ausgabe in gedruckter Form kann ein Entgelt verlangt werden. Zwingend ist also nur die kostenlose Zugänglichmachung im Internet. Das muss nur eine **Leseversion** sein. Schon der Ausdruck des Dokuments kann kostenpflichtig sein. Dabei darf aber nicht vergessen werden, dass der Mietspiegel nicht nur aus der Mietwerttabelle besteht, sondern auch aus den textlichen Erläuterungen, die ebenfalls veröffentlicht werden müssen, ebenso wir die bei qualifizierten Mietspiegeln regelmäßig umfangreiche Dokumentation. Es kann auch differenziert werden, wonach der qualifizierte Mietspiegel kostenlos heruntergeladen werden kann, aber für das Herunterladen seiner Dokumentation ein Entgelt zu zahlen ist. Die Dokumentation muss aber dann zumindest kostenlos im Internet gelesen werden können.

6   Die Höhe des Entgelts steht ebenfalls im Ermessen des Mietspiegelerstellers. Für das Mieterhöhungsverlangen gem. § 558a BGB ist dies aber unerheblich. Der Vermieter muss den Mietspiegel dem Mieterhöhungsverlangen immer dann **nicht beifügen**, wenn der Mietspiegel, mit dem das Erhöhungsverlangen begründet wurde, öffentlich kostenlos zugänglich ist.[3] Das ist seit 1.7.2022 nunmehr zumindest online der Fall. Der Vermieter muss den Mieter auch nicht darüber informieren, wo der Mietspiegel erhältlich ist.[4] Das gilt auch für die Angabe des Links, der zum örtlichen Mietspiegel im Netz führt.

D. Zeitpunkt der Veröffentlichung

7   Absatz 2 enthält eine Sollvorschrift zum Zeitraum, der zwischen dem Erhebungsstichtag und der Veröffentlichung des qualifizierten Mietspiegels liegt.[5] Damit soll sichergestellt werden, dass qualifizierte Mietspiegel möglichst aktuelle Werte ausweisen. Dieser Zweck der Norm kommt auch in dem neuen § 558d Abs. 2 Satz 4 BGB zum Ausdruck. Er bestimmt, dass maßgeblicher Zeitpunkt für die An-

---

[2]   BR–Drs. 766/20, 46.
[3]   BGH NJW 2010, 225; BGH NZM 2009, 429; BGH NJW 2008, 573; KG WuM 2009, 407.
[4]   BGH WuM 2010, 693, für Mietspiegel, der gegen Schutzgebühr erhältlich ist.
[5]   BR–Drs. 766/20, 46.

passung eines qualifizierten Mietspiegels der **Stichtag,** zu dem die Daten für den Mietspiegel erhoben wurden ist, und nicht sein Veröffentlichungsdatum.

E. Rechtsfolgen von Veröffentlichungsfehlern

Die Frist ist mit 9 Monaten als **Maximalfrist,** sehr lang bemessen. Damit wollte **8** der Verordnungsgeber darauf reagieren, dass in großen Gemeinden die Datenerhebung und Datenauswertung für einen Mietspiegel regelmäßig mehr Zeit beansprucht als in kleineren Gemeinden.[6] Es handelt sich um eine Maximalfrist, die möglichst nicht ausgeschöpft werden sollte. Da die Fortschreibung des Mietspiegels nach 2 Jahren erfolgen muss, und die Frist mit dem Erhebungsstichtag zu laufen beginnt, müsste eine Mietspiegel, der erst 9 Monate nach dem Stichtag veröffentlicht wird, schon nach 15 Monaten fortgeschrieben werden.

Die Frist des Abs. 2 ist keine Wirksamkeitsvoraussetzung für den Mietspiegel. **9** Auch ein erst nach Ablauf der Frist **veröffentlichter Mietspiegel** ist wirksam und stellt einen qualifizierten Mietspiegel dar. Bereits § 558 c Abs. 4 S. 3 BGB iV,m § 21 MsV sind weder Voraussetzung für die Wirksamkeit eines Mietspiegels noch für seine Qualifikation. Es handelt sich um eine reine Ordnungsvorschrift.[7] Sie soll den – faktischen – Erfolg eines Mietspiegels sichern. Der Mietspiegel kann auch für Zeiträume vor seiner Veröffentlichung als Erkenntnisquelle verwendet werden. In der Praxis spielt dies bei der Verwendung der Werte eines neuen Mietspiegels, dessen Stichtag zeitnah um den Zugangszeitpunkt[8] des Mieterhöhungsverlangens liegt, eine Rolle.[9]

Solange die **Mietspiegeldokumentation** jedoch noch nicht vollständig im In- **10** ternet veröffentlicht wurde, kann ein Mietspiegel nicht als qualifizierter Mietspiegel angewandt werden. Ihm kommt im Prozess keine Vermutungswirkung zu. Wird die Dokumentation nachträglich veröffentlicht, kann ein Mietspiegel ab diesem Zeitpunkt als qualifizierter Mietspiegel gewertet werden.[10] Er kann dann aber auch für zurückliegende Zeiträume angewandt werden.

Auch andere Veröffentlichungsmängel führen nicht zur Unwirksamkeit des **11** Mietspiegels.

---

[6]   BR-Drs. 766/20, 46.
[7]   BR-Drs. 766/20, 46.
[8]   BGH NZM 2021, 650; BGH NZM 2021, 655.
[9]   BT-Drs. 19/26918, 18; LG Aachen GE 2017, 177; LG Berlin WuM 2018, 209; GE 2016, 1152; GE 2015, 126; GE 2010, 61; GE 2008, 1057; GE 2008, 334; GE 2006, 391; GE 2005, 1433; GE 2004, 483; GE 2003, 1022; AG Charlottenburg GE 2019, 1640; GE 2016, 331; 2004, 52; AG Esslingen WuM 2015, 161 (163); AG Gelsenkirchen ZMR 2009, 129; AG Gelsenkirchen-Buer NZM 1998, 509; AG Dortmund NJW-RR 1995, 971; WuM 2003, 35; AG Frankfurt DWW 1993, 44.
[10] BR-Drs. 766/20, 46.

Unterabschnitt 4. Anpassung des qualifizierten Mietspiegels

§ 22 Anpassung mittels Index

Erfolgt die Anpassung des qualifizierten Mietspiegels unter Zugrundelegung der Entwicklung des vom Statistischen Bundesamt veröffentlichten
Preisindexes für die Lebenshaltung aller privaten Haushalte in Deutschland, so gelten die §§ 20 und 21 entsprechend.

A. Inhalt der Regelung

1   Qualifizierte Mietspiegel dürfen einmal fortgeschrieben werden, **um weiter als
qualifiziert zu gelten.** Das ergibt sich nicht aus der MsV, sondern aus § 558 d
Abs. 2 Satz 2 BGB. Der 4. Unterabschnitt des MsV regelt in den § 22 MsV, § 23
MsV welche Vorschriften der Rechtsverordnung in diesem Fall anzuwenden sind.
Die Fortschreibung kann entweder mittels des Preisindexes für die Lebenshaltung
aller privaten Haushalte des Statistischen Bundesamtes erfolgen. § 22 MsV bestimmt
für die Fortschreibung **mittels Index** nur die Anwendung der Vorschrift des § 20
MsV über die **Dokumentation** und des § 21 MsV über die **Veröffentlichung.**
Weitergehende Vorgaben macht die Norm nicht, da keine neue Datenerhebung erfolgt.[1] Demgegenüber sind die Vorgaben für die Fortschreibung mittels Stichprobe
in § 23 MsV weitergehender.

2   Die Vorschrift gilt **nicht für einfache Mietspiegel.** Das ergibt sich bereits aus
der systematischen Stellung der Norm.

B. Die Fortschreibung im Allgemeinen

I. Die Zweijahresfrist

3   Anders als bei einfachen Mietspiegeln bestimmt § 558 d Abs. 2 S. 1 BGB, dass
qualifizierte Mietspiegel zwingend im Abstand von zwei Jahren **fortgeschrieben
werden müssen,** um weiter als qualifizierte Mietspiegel zu gelten. Die **Fortschreibung** darf **nur einmal** erfolgen, dann muss zwingend wieder eine Neuaufstellung erfolgen.[2] Der Anpassung kann entweder die Entwicklung des vom Statistischen Bundesamt ermittelten **Preisindexes** für die Lebenshaltung aller privaten
Haushalte in Deutschland[3] (der seit 2002 offiziell „Verbraucherpreisindex (VPI)"
heißt) oder eine **Stichprobe** zu Grunde gelegt werden. Die Fortschreibung kann
auch zu dem Ergebnis führen, dass keine Veränderung eingetreten ist. Sie muss
aber trotzdem erfolgen, um die Qualifikation zu erhalten. Anderenfalls wird aus
dem qualifizierten Mietspiegel ein einfacher Mietspiegel 0.

4   Bei der **Fortschreibung mittels Index** darf nur der Verbraucherpreisindex VPI
benutzt werden. Unzulässig ist jede Verwendung eines regionalen Indexes ebenso

---

[1] BR-Drs. 766/20 S. 47.

[2] Deshalb ist der Mietspiegel Berlin 2021 wohl nicht qualifiziert, da es die zweite Fortschreibung des Mietspiegels 2017 ist. Er kann auch nicht als einfacher Mietspiegel benutzt werden,
weil er vom falschen Betrachtungszeitraum ausgeht: Beuermann GE Sonderbeilage Mietspiegel 2021, 21.

[3] Schmidt WuM 2009, 23.

wie die Verwendung des Mietenindexes.[4] Diese Art der Fortschreibung hat weniger etwas damit zu tun, dass der Mietspiegel den tatsächlich gezahlten Mieten angepasst wird, sondern bewirkt letztendlich nur, wie eine Indexmiete, eine Geldwertsicherung.

Bei zwischenzeitlichen Umbasierungen durch das Statistische Bundesamt sind **5** immer die neueste Indexreihe und deren Werte auch für die Vergangenheit zu verwenden.[5] Das hängt mit der Funktion und Aussagekraft des Basisjahres zusammen. Der VPI misst die durchschnittliche Preisentwicklung. Die **Preisentwicklung i**m VPI wird jeweils als Indexzahl mit Bezug auf ein **Basisjahr** (derzeit 2015) und dieses im Jahresdurchschnitt mit 100 Punkten angegeben. Der Index wird sowohl monatlich entsprechend der aktuellen Preisentwicklung fortgeschrieben als auch in regelmäßigen Abständen einer grundlegenden Revision unterzogen und auf ein neues Basisjahr umgestellt. Dabei erfolgt eine umfassende Neuberechnung, bei welcher nicht nur – wie bei der regelmäßigen monatlichen Fortschreibung – im Wesentlichen die Preisentwicklungen der Waren und Dienstleistungen berücksichtigt, sondern auch die Gewichtung der einzelnen Güter und Dienstleistungen neu vorgenommen wird.[6] Mit der Umstellung auf ein neues Basisjahr werden die bisherigen Indexwerte auf dieses Basisjahr umgerechnet. Die zuvor berechneten und veröffentlichten Indexreihen verlieren rückwirkend ihre Gültigkeit. Die neu berechneten Ergebnisse ersetzen die vorher veröffentlichten Zahlen und können durch eine rein rechnerische Umbasierung der alten Indexzahlen nicht nachvollzogen werden.

Die **Fortschreibung mittels Index** ist eine Konzession an die eingeschränkten **6** finanziellen Möglichkeiten der Gemeinden.[7] Sie ist durchaus problematisch, da bei diesem Verfahren zum einen ein Index benutzt wird, auf dessen Entwicklung die Höhe der Wohnungsmieten nur zu ca. 21% Einfluss hat[8] und der zum anderen dann auch noch über alle Mietspiegelfelder hinweg ohne Differenzierung angewandt wird. Weil sich Mieten heute zum Teil sehr unterschiedlich entwickeln, ist es **eher unwahrscheinlich,** dass nach einer Indexfortschreibung die ausgewiesenen Werte in allen Feldern noch richtig iSv wahr sind. Nachgewiesenermaßen haben sich die Mieten in den letzten Jahren anders entwickelt als der Verbraucherpreisindex.[9] Da der Gesetzgeber dieses Verfahren aber einmal zugelassen hat, ist ein so fortgeschriebener Mietspiegel trotz der Bedenken weiterhin ein qualifizierter Mietspiegel. Eine andere Frage ist die, ob ein so fortgeschriebener Mietspiegel leichter zu widerlegen ist als ein neuer qualifizierter Mietspiegel oder ein mittels Stichprobe fortgeschriebener Mietspiegel.[10]

Die Fortschreibung hat **spätestens nach zwei Jahren** zu erfolgen. Umstritten **7** war, wann diese **Frist beginnt.** Der Gesetzgeber hat dies jetzt im Mietspiegelreformgesetz geregelt. Nach § 558d Abs. 2 S. 4 BGB ist maßgeblicher Zeitpunkt

---

[4] Blank PiG 62 (2002), 17 (21); im Vereinfachungsentwurf der Bund-Länder-Arbeitsgruppe Mietrechtsvereinfachung war noch die Fortschreibung mit der Entwicklung von Wohnraummieten vorgesehen.
[5] BGH NZM 2021, 878 (für Indexklausel gem. § 557b BGB); BGH NZM 2013, 148.
[6] BGH NZM 2021, 878.
[7] Blank PiG 62 (2002), 17 (21).
[8] Schmidt WuM 2009, 23 Fn. 5.
[9] Schmidt WuM 2009, 23 (25).
[10] Dafür Blank PiG 62 (2002), 17 (29); Bedenken gegen Verwendung als Beweismittel eines später fortgeschriebenen Mietspiegels: AG Dortmund WuM 2005, 254.

für die Anpassung und für die Neuerstellung der Stichtag, zu dem die Daten für den Mietspiegel erhoben wurden.

8   Da der **Verbraucherpreisindex VPI zeitverzögert veröffentlicht** wird, stellt sich die Frage, welcher Index für welchen Monat zu verwenden ist. Maßgeblicher Zeitpunkt für die Fortschreibung ist nach dem eindeutigen Wortlaut des § 558d Abs. 2 S. 4 BGB der Stichtag, zu dem die Daten für den Mietspiegel erhoben wurden, obwohl der Mietspiegel nach § 20 Abs. 2 MsV sogar bis zu neun Monate nach diesem Stichtag erst veröffentlicht werden muss. Es ist der Index für diesen Monat des Erhebungsstichtags mit dem Index zwei Jahre später zu vergleichen, um auf diese Art und Weise die Steigerung zu ermitteln. Die Festlegung dieses frühen Stichtages hatte der Gesetzgeber im Zusammenhang mit der Verlängerung der Fortschreibungsfrist von zwei auf vier Jahre vorgesehen. Als der Rechtsausschuss diese vorgeschlagene Verlängerung wieder rückgängig gemacht, hat man diese Frist trotzdem im Gesetz belassen. Das bedeutet, dass die Fortschreibung eines qualifizierten Mietspiegel schon sehr viel früher als nach zwei Jahren erfolgen muss. Man wird deshalb nie auf eine volle zweijährige Geltung des Mietspiegels kommen, weil zumindest die Zeit zwischen Erhebungsstichtag und Veröffentlichung auf diese Frist angerechnet werden. Es fehlen regelmäßig sowohl wie am Anfang wie am Ende einige Monate.

Beispiel: Der Erhebungsstichtag für den qualifizierten Mietspiegel lag im März 2022. Der Mietspiegel wird im Juli 2022 veröffentlicht. Die Fortschreibung hat dann bis spätestens Ende März 2024 zu erfolgen. Dabei muss die Preissteigerung zwischen März 2022 und März 2024 ermittelt werden und zur Fortschreibung benutzt werden. Da der VPI für März 2024 erst einige Zeit nach Ablauf des Monats veröffentlicht wird, muss wahrscheinlich der VPI von Januar oder allenfalls Februar 2024 benutzt werden, so dass faktische eine Fortschreibung immer erheblich früher als 24 Monate nach der Erstellung des Mietspiegels und wenige Monate weniger als 24 Monate nach dem Stichtag erfolgt. Wird der Mietspiegel erst mehr als zwei Jahre nach dem Erhebungsstichtag fortgeschrieben, weil dann erst die maßgeblichen Daten vorliegen, entfällt die Qualifikation.

9   Auch ein fortgeschriebener Mietspiegel muss wieder entweder von der nach Landesrecht zuständigen Behörde oder von den Interessenverbänden als qualifizierter Mietspiegel anerkannt werden. Insofern gelten die gleichen Grundsätze wie bei der Erstaufstellung.

II. Die Vierjahresfrist

10   Nach spätestens vier Jahren muss der qualifizierte Mietspiegel **neu aufgestellt** werden. Dies gilt aber nur dann, wenn er nach zwei Jahren angepasst worden ist. Bei der Neuaufstellung handelt es sich ohne Einschränkung um **einen neuen Mietspiegel.** Dabei laufen **zwei Fristen:**
(a) Zum einen die Zweijahres des § 558d Abs. 2 S. 1 BGB und
(b) zum anderen die Vierjahresfrist des § 558d Abs. 2 S. 3 BGB.
11   Die Zweijahresfrist beginnt **mit dem Stichtag,** zu dem die Daten für den damals neu erstellten qualifizierten Mietspiegels erhoben wurden, § 558d Abs. 2 S. 4 BGB. Die sich anschließende zweite Zweijahresfrist für einen evtl. fortgeschriebenen Mietspiegel beginnt ebenfalls mit dem Stichtag, zu dem die Daten für ursprünglich neu erstellten qualifizierten Mietspiegels erhoben wurden, § 558d Abs. 2 S. 5 BGB.
12   Ist eine der beiden Fristen abgelaufen, dann handelt es sich nicht mehr um einen qualifizierten Mietspiegel, sondern nur noch um einen einfachen Mietspiegel iSd

§ 558 c BGB. Es ist also nicht möglich, einen qualifizierten Mietspiegel bereits nach einem Jahren fortzuschreiben und dann erst nach weiteren drei Jahren einen neuen qualifizierten Mietspiegel aufzustellen. Zwar ist die Fortschreibung nach einem Jahr zunächst wirksam, aber nach zwei Jahren erlischt die Qualifizierung. Selbstverständlich ist eine frühere Neuerstellung möglich. Dieser früher neu erstellte qualifizierte Mietspiegel erlangt mit der Anerkennung seine Wirkung und ersetzt einen alten qualifizierten Mietspiegel.

C. Die Dokumentation

Auch die Fortschreibung mittels Index muss gem. § 22 MsV dokumentiert werden. Es gelten hier die gleichen Voraussetzungen, wie gem. § 20 MsV für die Dokumentation der Ersterstellung eines Mietspiegels. Deshalb sind insbesondere anzugeben: **13**

a) der verwandte Index mit Basisjahr,
b) Der Stichtag der Ersterstellung
c) Der Stichtag, zu dem fortgeschrieben wird,
d) Die für diese Monate maßgeblichen Indexwerte und
e) deren Anwendung auf die Mietspiegelwerte.

Ferner müssen angegeben werden, Erläuterungen, die notwendig sind, um das Verfahren und die Bewertungen, die zu den Angaben im **qualifizierten Mietspiegel** in der fortgeschriebenen Form, geführt haben. Damit soll ermöglicht werden, die Angaben nachzuvollziehen und zu prüfen. **14**

Auch die Dokumentation einer Fortschreibung soll vom Text- und Ergebnisteil des Mietspiegels getrennt sein. Sie soll es ermöglichen, die im fortgeschriebenen qualifizierten Mietspiegel angegebenen Werte in ihrer Herleitung nachzuvollziehen. Auch bei er Fortschreibung ist es nicht erforderlich, aufgrund **der Dokumentation** eine vollständige Nachberechnung der Ergebnisse zu ermöglichen. **15**

Soweit § 20 Abs. 3 MsV für die Dokumentation einer **Ersterstellung** verlangt, dass in ihr in allgemeiner Form darzustellen ist, welche personenbezogenen Daten, die ursprünglich für andere Zwecke erhoben wurden, der Mietspiegelersteller von öffentlichen und nichtöffentlichen Stellen erhalten hat und wozu diese Daten benötigt und verwendet wurden, erübrigt sich dies bei einer Indexfortschreibung, weil weitere personenbezogene Daten hier nicht zum Einsatz kommen. **16**

D. Die Veröffentlichung

Für die Veröffentlichung gelten die gleichen Grundsätze, wie für die Veröffentlichung der Ersterstellung eines Mietspiegels. Auch bei der Veröffentlichung einer Fortschreibung muss kein rechtsförmliches Veröffentlichungsverfahren wie bei einer Rechtsnorm eingehalte werden.[11] Veröffentlicht werden muss nicht nur der Mietspiegel mit Tabelle und ggf. Textteil, sondern auch auf die Dokumentation der Fortschreibung. **17**

Der auch für die Fortschreibung geltende § 21 Abs. 1 MsV verlangt die kostenfreie Veröffentlichung des fortgeschriebenen qualifizierten Mietspiegels und seiner Dokumentation **zumindest im Internet.** Weitere Veröffentlichung stehen im Er- **18**

---

[11] BT-Drs. 19/26918, 18; Müglich/Börstinghaus NZM 1998, 353.

messen des Mietspiegelerstellers. Für alle weiteren, neben der kostenlosen Veröffentlichung als reine Leseversion im Internet, darf ein Entgelt genommen werden. Schon der Ausdruck des Dokuments kann kostenpflichtig sein. Dabei darf aber nicht vergessen werden, dass der Mietspiegel nicht nur aus der Mietwerttabelle besteht, sondern auch aus den textlichen Erläuterungen, die ebenfalls veröffentlicht werden müssen, ebenso wir die bei qualifizierten Mietspiegeln regelmäßig umfangreiche Dokumentation. Es kann auch differenziert werden, wonach der qualifizierte Mietspiegel kostenlos heruntergeladen werden kann, aber für das Herunterladen seiner Dokumentation ein Entgelt zu zahlen ist. Die Dokumentation muss aber dann zumindest kostenlos im Internet gelesen werden können. Die Höhe des Entgelts steht ebenfalls im Ermessen des Mietspiegelerstellers.

19 Auch für die Veröffentlichung des fortgeschriebenen qualifizierten Mietspiegels mit Dokumentation gilt als **Höchstfrist** zwischen dem Stichtag, zu dem fortgeschrieben wird und der Veröffentlichung liegt, eine Frist von 9 Monaten.[12] Das ist für Fortschreibung aber zu lang. Die Frist ist an sich schon sehr lang bemessen, aber dem Aufwand der Datenauswertung und Abstimmung in großen Gemeinden geschuldet. Bei einer Indexfortschreibung ist eine solche Frist regelmäßig nicht erforderlich.

20 Die Frist ist keine Wirksamkeitsvoraussetzung für den Mietspiegel. Auch ein erst nach Ablauf der Frist veröffentlichter fortgeschriebener Mietspiegel ist wirksam und stellt einen qualifizierten Mietspiegel dar. Der **fortgeschriebene Mietspiegel** kann auch für Zeiträume vor seiner Veröffentlichung als Erkenntnisquelle verwendet werden. In der Praxis spielt dies bei der Verwendung der Werte eines neuen Mietspiegels, dessen Stichtag zeitnah um den Zugangszeitpunkt[13] des Mieterhöhungsverlangens liegt, eine Rolle.[14]

§ 23 Anpassung mittels Stichprobe

(1) **Bei der Anpassung eines qualifizierten Mietspiegels mittels Stichprobe können vereinfachende, mit der Fortschreibung auf der Grundlage eines Indexes vergleichbare Annahmen getroffen werden.**

(2) **[1]Die §§ 7 bis 21 sind auf die Anpassung mittels Stichprobe entsprechend anwendbar. [2]Der Umfang der bereinigten Nettostichprobe kann von den in § 11 bezeichneten Werten abweichen, sofern nach Absatz 1 getroffene, vereinfachende Annahmen dies zulassen.**

(3) **Vereinfachende Annahmen nach Absatz 1 sowie ein von den Werten des § 11 abweichender Stichprobenumfang sind in der Dokumentation darzulegen und zu begründen.**

---

[12] BR-Drs. 766/20, 46.

[13] BGH NZM 2021, 650; BGH NZM 2021, 655.

[14] BT-Drs. 19/26918, 18; LG Aachen GE 2017, 177; LG Berlin WuM 2018, 209; GE 2016, 1152; GE 2015, 126; GE 2010, 61; GE 2008, 1057; GE 2008, 334; GE 2006, 391; GE 2005, 1433; GE 2004, 483; GE 2003, 1022; AG Charlottenburg GE 2019, 1640; GE 2016, 331; 2004, 52; AG Esslingen WuM 2015, 161 (163); AG Gelsenkirchen ZMR 2009, 129; AG Gelsenkirchen-Buer NZM 1998, 509; AG Dortmund NJW-RR 1995, 971; WuM 2003, 35; AG Frankfurt DWW 1993, 44.

A. Inhalt der Regelung

Der Paragraf regelt die **Fortschreibung** eines Mietspiegels mittels empirischer 1
Erhebung durch eine eigene Stichprobe. Dabei sind vereinfachende Annahmen
zum Umfang und zur Wirkung der Mietenveränderungen zwischen zwei Mietspiegelerstellungszeitpunkten möglich. Diese vereinfachenden Annahmen sind zu dokumentieren und zu begründen.

B. Die Fortschreibung eines qualifizierten Mietspiegels

In der Vergangenheit erfolgte die Fortschreibung eines nach der Tabellenana- 2
lysemethode erstellten Mietspiegels üblicherweise anhand **einer reduzierten
Stichprobe** aus der Ersterhebung. Dieses hatte vor allem zwei Gründe:

- Wiederholungsbefragungen auf Basis der Ersterhebung vermindern den Aufwand bei der Stichprobenziehung und erhöhten die Wahrscheinlichkeit einer
  erneuten Erhebungsteilnahme
- aus der Ersterhebung waren die wesentlichen Wohnungsteilmarktmerkmale der
  Untersuchungsfälle wie Wohnungsgröße, Baualter und Wohnlage bekannt mit
  der Folge, dass eine verbesserte Steuerung der Fortschreibungsstichprobe ermöglicht wurde.

Beides hatte zur Folge, dass die Stichprobe der Fortschreibung bei gleicher statistischer Qualität kleiner sein konnte als bei der Ersterhebung, was wiederum **Kos-
tenvorteile** bei der Mietspiegelerstellung brachte.

Während der erstgenannte Vorteil auch für Mietspiegel nach der **Regressions- 3
analysemethode** von Vorteil ist, wirkt sich der zweitgenannte Vorteil vor allem bei
Mietspiegeln nach der **Tabellenanalysemethode** aus.

Bei Mietspiegeln nach der Tabellenanalysemethode ergibt sich in der Fortschrei- 4
bung eine große Möglichkeit der **Feinsteuerung** der Besetzung der einzelnen
Tabellenfelder, weswegen die insgesamt erhobenen Anzahl Fälle deutlich verringert
werden kann unter Wahrung der Prämisse, dass die Tabellenfelder mit mindestens
30 Fällen besetzt sein sollen, um nicht die statistische Aussagekraft gegenüber der
Ersterstellung zu gefährden.

Beim Mietspiegel nach der Regressionsanalysemethode sind die Möglichkeiten 5
der **Fallzahlverringerung** bei einer Fortschreibung gegenüber der Ersterhebung
wesentlich geringer. Dies ist eine Folge der Auswahl der Einflussfaktoren auf die
Miethöhe nach statistischer Signifikanz. Es gilt der Grundsatz, dass statistische Effekte mit zunehmender Fallzahl signifikant werden. Wenn also die Fallzahl bei einer
Fortschreibung nach der Regressionsmethode zu sehr reduziert wird, kann es zu
dem unangenehmen Effekt kommen, dass das Set der Wirkungsfaktoren auf die
Miethöhe deutlich verringert wird, obwohl die zugrundeliegende Kausalstruktur
weitgehend unverändert geblieben ist.

Wesentlicher Aspekt der herkömmlichen **Fortschreibungsmethodik** war auf- 6
grund der immer noch relativ hohen Stichprobengrößen, dass individuelle Miet-
zinsveränderungsraten für einzelne Wohnungstypen und -teilmärkte ermittelt werden konnten. In der Terminologie der Mietspiegel nach Tabellenanalysemethode
ergaben sich somit individuelle Veränderungsraten für die einzelnen Tabellenfelder.
Bei den Mietspiegeln nach der Regressionsmethode konnten die einzelnen Wirkungsfaktoren im Regressionsgefüge neu ermittelt werden.

7   Diese individuellen Veränderungen zwischen zwei Mietspiegelerstellungszeitpunkten sind auch **wohnungsmarkttypisch** und sachgerecht. Die Annahme, dass Mietzinsveränderungen im Zeitverlauf identisch sind, ist stark vereinfachend bis unrealistisch.

8   Im Grunde zielt die Rechtsverordnung mit den eingeräumten Möglichkeiten der „vereinfachenden Annahmen" (Abs. 1) und der entsprechend deutlich verringerten Stichprobengrößen (Abs. 2) auf die Konstruktion eines eigenen, regionalen Indexes zur Mietspiegelfortschreibung. Damit kommt man der immer wieder geäußerten Kritik an der Mietspiegelfortschreibung mittels bundesweiten **Lebenshaltungskostenindex** entgegen, da dieser Index, so die Kritik, zu allgemein sei. Vorschriften, wie ein solcher Mietenindex konstruiert und begründet werden soll, gibt es in der Rechtsverordnung nicht.

9   Die Methode der Mietspiegelfortschreibung mittels Stichprobe sowie die zugrundeliegenden Annahmen sind zu begründen und zu **dokumentieren.** Eine besondere Form der Begründungen ist nicht vorgegeben.

Abschnitt 4. Schlussvorschrift

§ 24   Inkrafttreten

Diese Verordnung tritt am 1. Juli 2022 in Kraft.

A. Inhalt der Regelung

1   Die Vorschrift regelt das Inkrafttreten der Verordnung. Obwohl die Ermächtigungsgrundlage für die Verordnung in § 558 c Abs. 5 BGB gemäß Art 5 des Gesetzes zur Reform des Mietspiegelgesetzes vom 10. 8. 2021[1] bereits am 11. 8. 2021 in Kraft getreten ist, hat der Bundesrat erst in seiner Sitzung vom 17. 9. 2021 der Verordnung zugestimmt, obwohl der Text schon seit Dezember 2020 vorlag.[2] Die Verordnung ist am 28. 10. 2021 ausgefertigt und am 2. 11. 2021 im BGBl verkündet worden.[3] Um einen Gleichlauf zu dem Inkrafttreten der Änderungen durch das **Gesetz zur Reform des Mietspiegelrechts** sicherzustellen, wurde ihr Inkrafttreten aber ebenso erst auf den 17. 7. 2022 festgelegt.

B. Übergangsrecht

2   Die für das Mieterhöhungsverfahren maßgeblichen Vorschriften sind zum 1. 7. 2022 geändert worden. Ab diesem Tag müssen Mietspiegel, die nach diesem Datum erstellt worden sind, die Vorgaben der neuen Verordnung einhalten müssen, um die daran geknüpften Rechtsfolgen – **Vermutung der Erstellung** nach den anerkannten wissenschaftlichen Grundsätzen – auszulösen. Eine spezielle Übergangsregelung gibt es nicht. Gesetz- und Verordnungsgeber wollten den Adressaten

---

[1]   BGBl 2021 I, 3515 (3518).
[2]   BR-Drs. 766/20.
[3]   BGBl 2021 I, 4779.

durch das Inkrafttreten erst ca. 9 Monate nach Verabschiedung/Verkündung ausreichend Zeit einräumen, sich auf die Neuregelung einzurichten.

Bis 30.6.2022 gilt die alte **Vermutungsregel,** wonach nur bei Einhaltung dieser Grundsätze vermutet wird, dass die Werte des qualifizierten Mietspiegels die ortsübliche Vergleichsmiete richtig wiedergeben. Da es an einer weitergehenden Übergangsregel fehlt, gilt im Zustimmungsprozess die zum Zeitpunkt der letzten mündlichen Verhandlung geltende Regelung. Das gilt insbesondere für doppelte Vermutung in § 558d Abs. 1 BGB. Es wird also erst bei Verhandlungen ab dem 1.7.2022 vermutet, dass der Wert des Mietspiegels die maßgebliche ortsübliche Vergleichsmiete darstellt, wenn ein Mietspiegel den Anforderungen der **MietspiegelVO** entspricht oder, wenn die nach Landesrecht zuständige Behörde und Interessenvertreter der Vermieter und der Mieter den Mietspiegel als qualifiziert anerkannt haben. **3**

Teil 4. Einführungsgesetz zum Bürgerlichen Gesetzbuch

in der Fassung der Bekanntmachung vom 21. September 1994
(BGBl. I S. 2494, ber. 1997 I S. 1061)
FNA 400-1
zuletzt geändert durch Art. 18 G v. 24.6.2022 (BGBl. I S. 959)

(Auszug)

I. Art. 229

§ 50 Übergangsvorschriften zum Gesetz zur Verlängerung des
Betrachtungszeitraums für die ortsübliche Vergleichsmiete

(1) [1]Mietspiegel können auch nach dem 31. Dezember 2019 nach § 558 Absatz 2 Satz 1 des Bürgerlichen Gesetzbuchs in der bis dahin geltenden Fassung neu erstellt werden, wenn der Stichtag für die Feststellung der ortsüblichen Vergleichsmiete vor dem 1. März 2020 liegt und der Mietspiegel vor dem 1. Januar 2021 veröffentlicht wird. [2]Mietspiegel, die nach Satz 1 neu erstellt wurden oder die bereits am 31. Dezember 2019 existierten, können entsprechend § 558d Absatz 2 des Bürgerlichen Gesetzbuchs innerhalb von zwei Jahren der Marktentwicklung angepasst werden.

(2) [1]In Gemeinden oder Teilen von Gemeinden, in denen ein Mietspiegel nach Absatz 1 Satz 1 neu erstellt wurde oder in denen am 31. Dezember 2019 ein Mietspiegel existierte, ist § 558 Absatz 2 Satz 1 des Bürgerlichen Gesetzbuchs in der bis zu diesem Tag geltenden Fassung anzuwenden, bis ein neuer Mietspiegel anwendbar ist, längstens jedoch zwei Jahre ab der Veröffentlichung des zuletzt erstellten Mietspiegels. [2]Wurde dieser Mietspiegel innerhalb von zwei Jahren der Marktentwicklung angepasst, ist die Veröffentlichung der ersten Anpassung maßgeblich.

A. Inhalt der Regelung

Es handelt sich um die Übergangsvorschrift zum „Gesetz zur Verlängerung des **1** Betrachtungszeitraums für die ortsübliche Vergleichsmiete" vom 21.12.2019[1]. durch das ab 1.1.2020 der sog. **Betrachtungszeitraum** für die Ermittlung der ortsüblichen Vergleichsmiete von vier auf sechs Jahre verlängert wurde. Die an sich einfache Verlängerung des Betrachtungszeitraums ist wegen der Überleitungsvorschrift durchaus problematisch, da noch bis Ende 2024 theoretisch altes Recht, also der vierjährige Betrachtungszeitraum weitergelten kann und die Entscheidungsbefugnis darüber dem jeweiligen Mietspiegelersteller übertragen wurde.[2]

---

[1] BGBl I 2911.
[2] Börstinghaus NZM 2019, 841.

B. Die Entwicklung des Betrachtungszeitraums

2   In den ersten Jahren nach Einführung des Begriffs des **ortsüblichen Vergleichs-miete** wurde diese noch aus alle Mieten, die in einer Gemeinde für vergleichbare Wohnungen gezahlt wurden, gebildet[3]. Erst nach Ende der sozial-liberalen Koalition wollte die neue Bundesregierung eine Belebung der Wohnungsbautätigkeit. Zu diesem Zwecke wurde u. a. auch das MHG durch das „Gesetz zur Erhöhung des Angebots an Mietwohnungen"[4] geändert. Die Änderungen betrafen zum einen den Begriff der ortsüblichen Vergleichsmiete und zum anderen die Voraussetzungen, unter denen dem Vermieter gegenüber dem Mieter ein Anspruch auf Zustimmung zustand. Der Begriff der ortsüblichen Vergleichsmiete erfuhr dahin gehend eine Einschränkung, dass bei der Berechnung der ortsüblichen Vergleichsmiete nur Vereinbarungen der letzten drei Jahre herangezogen werden durften. Da hierdurch ein großer Teil der Bestandsmieten aus dem Begriff ausgeklammert wurde, sollte dies zu einer generellen Anhebung der ortsüblichen Vergleichsmiete führen. Im Gegenzug dazu beschränkte der Gesetzgeber Mieterhöhungen auf 30% in 3 Jahren **(Kappungsgrenze)**.

3   Die letzte Änderung des sog. **Betrachtungszeitraum** erfuhr der Begriff der ortsüblichen Vergleichsmiete durch das 4. Mietrechtsänderungsgesetz vom 21.7.1993.[5] Hierdurch wurde der Zeitraum der Vereinbarungen, die in die ortsübliche Vergleichsmiete einfließen sollten, auf vier Jahre verlängert. Dies sollte in Zeiten starker Nachfrage in Folge der großen Wanderungsbewegungen zu einer Absenkung der ortsüblichen Vergleichsmiete führen, da nunmehr auch länger zurückliegende niedrigere Bestandsmieten einbezogen wurden. Es darf aber nicht übersehen werden, dass auch nach der Neuregelung nur veränderte Bestandsmieten Einfluss in die Ermittlung einflossen.

4   Die erneute Verlängerung des Zeitraums auf sechs Jahre „dreht das Rad" wieder ein Stück in Richtung der Rechtslage, die bis 1982 galt, zurück. Der Abstand zwischen der **Marktmiete** und der ortsüblichen Vergleichsmiete wird dadurch vielleicht wieder etwas größer. Die tatsächlichen Auswirkungen sind von den konkreten Marktverhältnissen vor Ort abhängig. Hierzu zählt vor allem das Verhältnis der Neuvermietungen zu den Bestandmietenerhöhungen pro Jahr und natürlich die jeweilige Höhe der Neuvertragsmiete und der Anstieg der Bestandsmieten. Letztere sind zusätzlich abhängig vom Anteil der Modernisierungsmieterhöhungen

C. Die Überleitungsvorschrift für Mietspiegel

5   Auch bei den vorangegangenen Veränderungen des Betrachtungszeitraums gab es Überleitungsvorschriften. Sie waren einfach, kurz und praktikabel. In Art. 6 des 4. Mietrechtsänderungsgesetzes hieß es 1993 z. B.:

„1. Art. 1 Nr. 1a [Sic: Verlängerung des Betrachtungszeitraums von 3 auf 4 Jahre] ist auf Erhöhungsverlangen, die dem Mieter vor dem 1.9.1993 zugegangen sind, nicht anzuwenden.
2. Mietspiegel, die ohne Berücksichtigung der Änderung in Art 1 Nr. 1a erstellt worden sind, gelten als veraltete Mietspiegel im Sinne des § 2 Abs. 6 MHG."

---

[3] Börstinghaus NZM 2022, 14.
[4] BGBl. 1982 I 1912.
[5] BGBl. I 1257.

Die neue **Überleitungsvorschrift** ist demgegenüber erheblich komplexer. Sie enthält sowohl Verfahrensregelungen zur Mietspiegelerstellung wie auch Übergangsregelungen für das materielle Recht.

Der vierjährige Betrachtungszeitraum des § 558 Abs. 2 BGB a. F. ist dann weiter **6** maßgeblich, wenn in der Gemeinde ein Mietspiegel existiert, der

(a) am 31. 12. 2019 bereits gültig war oder

(b) bis zum 1. 1. 2021 veröffentlicht wurde, wenn der Erhebungsstichtag vor dem 1. 3. 2020 lag.

Ein solcher Mietspiegel gilt von der **Veröffentlichung** an zunächst für 2 Jahre und darf dann gem. Art. 229 § 50 Abs. 1 Satz 2 EGBGB auch noch einmal für zwei Jahre fortgeschrieben werden.[6] Unter Ausnutzung der Fristen jeweils bis zum letzten Tag könnte ein solcher Mietspiegel noch bis 31. 12. 2024 gelten.

Die Entscheidung, welcher Betrachtungszeitraum örtlich maßgeblich ist, trifft **7** allein der örtliche Mietspiegelersteller. Gerichte können das nur auf Rechtmäßigkeit überprüfen, also ob die Vorgaben der Überleitungsvorschrift eingehalten wurden, ansonsten besteht ein Ermessen des Mietspiegelerstellers. So kann ein bereits **fortgeschriebener Mietspiegel** nicht nochmal fortgeschrieben werden. In diesem Fall gilt der sechsjährige Betrachtungszeitraum.

Zumindest theoretisch kann die Frage, welcher Betrachtungszeitraum gilt, für **8** jedes **Tabellenmietspiegelfeld** unterschiedlich entschieden werden. In einem Tabellenmietspiegel repräsentiert jedes Mietspiegelfeld die ortsübliche Vergleichsmiete für das entsprechende Wohnungsmarktsegment. Es ist nicht zwingend, dass eine einheitliche Entscheidung für den gesamten Mietspiegel gefunden werden muss, wenn die örtlichen Gegebenheiten sich unterscheiden. Beim Regressionsmietspiegel gibt es diese Gestaltungsmöglichkeit wohl nicht, da dort die Werte des gesamten Mietspiegels aus einem gemeinsamen, einheitlich ausgewerteten Datensatz berechnet werden.

Die **Überleitungsvorschrift** und die daraus folgende örtliche Gestaltungsmög- **9** lichkeit gilt nicht nur für qualifizierte Mietspiegel, sondern auch für einfache Mietspiegel. Der Wortlaut der Norm verlangt nur einen Stichtag, zu dem die ortsübliche Vergleichsmiete ermittelt wurde. Selbst Mietspiegel, die auf keinerlei Daten beruhen, weil sie ausgehandelt wurden, haben einen solchen Stichtag.[7]

D. Die Überleitungsvorschrift für die ortsübliche Vergleichsmiete

Der im **örtlichen Mietspiegel** zugrunde gelegte Betrachtungszeitraum ist **10** nach Abs. 2 für die ortsübliche Vergleichsmiete in der Gemeinde insgesamt verbindlich. Das gilt sowohl im Zustimmungsverfahren, auch wenn ein anderes Begründungsmittel (z. B. drei Vergleichswohnungen) verwendet wird, wie auch im gerichtlichen Verfahren zur Feststellung der ortsüblichen Vergleichsmiete ggf. durch einen Sachverständigen. Insbesondere bei einfachen Mietspiegeln in der Gemeinde macht das keinen Sinn, ist aber nach dem vorrangige Wortlaut der Norm maßgeblich.

---

[6] Krit. dazu Börstinghaus NZM 2019, 841; Klinger/Storm DWW 2020, 4; Horst MDR 2020, 253.

[7] Zur Kritik an der Vorschrift Börstinghaus NZM 2019, 841.

11 Fraglich ist, ob der **vierjährige Betrachtungszeitraum** auch dann in der Gemeinde gilt, wenn ein fortgeschriebener Mietspiegel nochmals fortgeschrieben wird.

Beispiel: In der Gemeinde wurde im Jahr 2017 ein qualifizierter Mietspiegel neu aufgestellt. Im Jahr 2019 wurde dieser Mietspiegel zum Erhebungsstichtag 1.9.2018 fortgeschrieben. Im Mai 2021 erfolgte eine weitere Fortschreibung mit Stichtag 1.9.2020.

Die Fortschreibung im Jahr 2021 war unzulässig, da ein **qualifizierter Mietspiegel** gem. § 558d Abs. 2 BGB nur einmal fortgeschrieben werden darf. Insofern ist dieser Mietspiegel allenfalls ein neu aufgestellter einfacher Mietspiegel.[7a] Er kann als Begründungsmittel verwandt werden, ihm kommt im Prozess aber keine Vermutungswirkung zu.

Ob ihm im Zustimmungsprozess Indizwirkung zukommt, hängt davon ab, ob er vom richtige Begriff **der ortsüblichen Vergleichsmiete** ausgeht. Das ist ceteris paribus dann nicht der Fall, wenn er von einem falschen Betrachtungszeitraum ausgeht. Das richtet sich nach Art. 229 § 50 Abs. 2 Art. 229 § 50 EGBGB iVm mit Abs. 1 EGBGB. Der vierjährige Betrachtungszeitraum gilt danach dann weiter, wenn in der Gemeinde ein Mietspiegel nach Absatz 1 Satz 1 neu erstellt wurde oder in denen am 31. Dezember 2019 ein Mietspiegel existierte. Die erste Alternative ist nicht gegeben. Es wurde nach dem 31.12.2019 gerade kein neuer Mietspiegel erstellt. Es liegt nur eine Fortschreibung vor. Es stellt sich deshalb nur die Frage, ob am 31.12.2019 ein Mietspiegel „existierte". Das ist hier der Fall, da im Mai 2019 ein Mietspiegel mit Stichtag 1. September 2018 noch existierte. Der **Stichtag** lag vor dem 1.3.2020. Nach Art. 229 § 50 Abs. 2 EGBGB ist dieser Mietspiegel mit vierjährigem Betrachtungszeitraum anwendbar, bis ein neuer Mietspiegel „anwendbar" ist. Das ist der Mietspiegel 2021, der im Mai 2021 veröffentlicht wurde[8] und deshalb seither anwendbar ist. Nach Art. 229 § 50 Abs. 1 Satz 2 EGBGB konnte der Mietspiegel 2019 entsprechend § 558d Absatz 2 BGB innerhalb von zwei Jahren der Marktentwicklung angepasst werden. Das bedeutet aber, dass die Voraussetzungen des § 558d Abs. 2 BGB erfüllt sein müssen, also ein qualifizierter Mietspiegel nur einmal fortgeschrieben werden darf. Die Fortschreibung im Mai 2021 war deshalb unzulässig und führte zum Verlust der Qualifikation. Dass er als **einfacher Mietspiegel** grundsätzlich in Betracht käme, ändert daran nichts, da die Tatbestandsvoraussetzung für die Fortgeltung des vierjährigen Betrachtungszeitraums die Einhaltung der Voraussetzungen des § 558d Abs. 2 BGB ist, und die Vorschrift setzt einen **qualifizierten Mietspiegel** voraus. Diese Auslegung nach dem Wortlaut und der Gesetzessystematik wird auch durch eine teleologische Auslegung bestätigt. Sinn und Zweck der Übergangsregelung war es, Investitionen, die die Gemeinde für die Erstellung des qualifizierten Mietspiegels getätigt hatte, nicht wertlos werden zu lassen. Es sollten aber keine zukünftigen Investitionen erspart werden. Die Vorgehensweise im vorliegenden Fall erspartе aber die Kosten für die Neuaufstellung eines qualifizierten Mietspiegels im Jahr 2021, die ansonsten notwendig geworden wären. Eine solche Rechtsfolge sollte das Überleitungsrecht gerade nicht haben. Es ging um den Bestandsschutz für bestehende Mietspiegel und nicht eine neue Fortschreibungsoption.

[7a] LG Berlin GE 2022, 690.

[8] Dabei bleibt unberücksichtigt, dass der zweijährige Erstellungszyklus nach bisher wohl herrschender Auffassung und jetzt nach § 558d Abs. 3 Satz 4 BGB mit dem Erhebungsstichtag zu laufen beginnt, so dass die Qualifikation schon im September 2020 entfallen ist.

Die Übergangsregelung ist verfassungsrechtlich nicht unbedenklich Sie führt zu **12** zwei unterschiedlichen Berechnungsmethoden und damit auch unterschiedlich hohen ortsüblichen **Vergleichsmieten** in der Bundesrepublik, und zwar in Gemeinden mit und ohne Mietspiegel. Hierin könnte durchaus ein Verstoß gegen den Gleichbehandlungsgrundsatz gem. Art. 3 GG zu sehen sein. Ein sachlicher Grund für eine solche **Ungleichbehandlung** ist schwer erkennbar. Gerade in den Großstädten mit besonders angespanntem Wohnungsmarkt gibt es qualifizierte Mietspiegel, so dass dort der **vierjährige Betrachtungszeitraum** einige Jahre weitergelten kann, während in den Umlandgemeinden keine Mietspiegel existieren und dort der sechsjährige Betrachtungszeitraum gilt. Das BVerfG[9] hat in seiner Entscheidung zur Mietpreisbremse einen solchen eine Ungleichbehandlung rechtfertigenden Sachgrund für den Fall angenommen, dass das Gesetz bzw. die entsprechende LandesVO zwischen Gemeinden mit und ohne angespannten Wohnungsmarkt differenziert. Die Benachteiligung von Vermietern mit Wohnungen in einem angespannten Wohnungsmarkt gegenüber Vermietern mit Wohnungen in Gemeinden mit ausgeglichenem Wohnungsmarkt ist nach der Argumentation des BVerfG wegen der besonderen Schutzbedürftigkeit von Mietern und Mietinteressenten in angespannten Märkten gerechtfertigt. Die in der Übergangsregelung vorgenommene Differenzierung zwischen vier- und sechsjährige Betrachtungszeitraum hat aber als einzige Rechtfertigung das Kostenargument für die Kommunen. Die Neuerstellung von Mietspiegeln oder die Nacherhebung von Daten soll vermieden werden. Dies könnte im Verhältnis der Vermieter untereinander eine nicht zu rechtfertigende **Ungleichbehandlung** gem. Art 3 GG darstellen. Außerdem werden Gemeinden mit einfachem und qualifiziertem Mietspiegel auch noch gleichbehandelt, obwohl es sich, wie oben schon dargestellt, um unterschiedliche Sachverhalte handelt.

II. Art. 229

§ 62 Übergangsvorschrift zum Mietspiegelreformgesetz

[1]**Für Gemeinden, für die infolge der durch § 558c Absatz 4 Satz 2 des Bürgerlichen Gesetzbuchs in der ab dem 1. Juli 2022 geltenden Fassung eingeführten Pflicht erstmalig ein Mietspiegel zu erstellen ist, ist dieser bis spätestens 1. Januar 2023 zu erstellen und zu veröffentlichen.** [2]**Wird für die Gemeinde in Erfüllung dieser Verpflichtung ein qualifizierter Mietspiegel erstellt, ist dieser bis spätestens 1. Januar 2024 zu erstellen und zu veröffentlichen.**

A. Inhalt der Regelung

Es handelt sich um die Übergangsvorschrift hinsichtlich der erst vom Rechtsaus- **1** schuss des Deutschen Bundestages eingeführten **Mietspiegelerstellungspflicht**[1] für Gemeinden mit mehr als 50.000 Einwohnern.[2] Die Regelung will den Ge-

---

[9] BVerfG NZM 2019, 676 mAnm Selk.
[1] BT-Drs. 19/31107, 7, abgedruckt im Anh. unter II 1b.
[2] Dazu Börstinghaus/Ostermann NZM 2021, 825.

meinden mit mehr als 50 000 Einwohner, die bis zum 1. Juli 2021 keine Mietspiegel erstellt haben, etwas Zeit lassen, um erstmalig einen Mietspiegel zu erstellen. Man befürchtete, dass eine zu kurze Frist zu Lasten der Qualität der Mietspiegel ginge.

2   Die Fristen sind unterschiedlich lang, je nachdem, ob in der Gemeinde ein **einfacher oder qualifizierter Mietspiegel** aufgestellt werden soll. Die Anforderungen an die Erstellung sind jeweils unterschiedlich. Für einfach Mietspiegel haben die Gemeinden vom Zeitpunkt der Verabschiedung des Gesetzes an ca. 18 Monate Zeit und für qualifizierte Mietspiegel ca. zweieinhalb Jahre.

B. Die Ausgangslage

3   Bisher gab es keine Pflicht zur Mietspiegelerstellung. Es gab nur eine **Sollvorschrift** in § 558c IV BGB a. F. Es gibt heute in allen deutschen Großstädten mit mehr als 500.000 Einwohnern Mietspiegel mit Ausnahme von Bremen.[3] In Gemeinden mit Einwohnerzahlen zwischen 100.000 und 500.000 haben 89% einen Mietspiegel. Unter den 81 Kommunen mit mehr als 100.000 Einwohner gibt es in 11 Städten keinen Mietspiegel, nämlich in Bremen, Göttingen, Gütersloh, Hildesheim, Ingolstadt, Kassel, Magdeburg, Saarbrücken, Salzgitter, Wolfsburg und Würzburg.[4] Bisher sind nicht alle Großstadtmietspiegel qualifiziert.

4   Die Zahlen darüber, wieviel Mietspiegel es in Deutschland überhaupt gibt, sind sehr unterschiedlich. Nach dem **F&B Mietspiegelindex 2020** soll es in den 1599 Gemeinden[5] in Deutschland mit mehr als 10.000 Einwohnern ca. 603 Mietspiegel geben[6] (= 37%), davon 420 in Gemeinden mit mehr als 20.000 Einwohnern (= 59,8%). Bei 223 Mietspiegeln soll es sich um qualifizierte Mietspiegel gem. § 558d BGB handeln; d. h. sie sind in den letzten zwei Jahren neu aufgestellt oder fortgeschrieben worden und wollen nach anerkannten wissenschaftlichen Grundsätzen erarbeitet worden sein. Nach einer Untersuchung des Instituts für Volkswirtschaftslehre und Recht der Universität Stuttgart hat es zum Stichtag 31.2.2012 in den deutschen Gemeinden mit mehr als 10.000 Einwohnern 94 Mietspiegel gegeben, die als qualifiziert deklariert wurden.[7] 5 Jahre später sollen es bereits 124 qualifizierte Mietspiegel gewesen sein.[8] Nach Angabe des Bundesinstituts für Bau-, Stadt- und Raumforschung (BBSR)[9] gab es mit Stichtag Januar 2019 in 998 Kommunen Mietspiegel, von denen wiederum 161 angeben, qualifiziert zu sein. Auch nach Angabe der Bundesregierung können ca. 1000 Gemeinden

---

[3] Aus der Begr. der Bremer Mietpreisbremsenverordnung erfährt man, dass es sehr wohl einen von der Fa. empirica im Rahmen der jährlichen Sozialberichterstattung der Arbeitnehmerkammer Bremen erstellten „Pseudo-Mietspiegel" gibt, um Anhaltspunkte für die Mietentwicklung in der Stadtgemeinde Bremen zu erhalten.

[4] BT-Drs. 19/15613.

[5] Angaben nach https://de.statista.com/statistik/daten/studie/1254/umfrage/anzahl-der-gemeinden-in-deutschland-nach-gemeindegroessenklassen/

[6] F&B Mietspiegelindex 2020, 3.

[7] Freund/Hilla/Missal/Promann/Woeckener WuM 2013, 259 (260).

[8] Freund, Die Berücksichtigung energetischer Ausstattung und Beschaffenheit in qualifizierten Mietspiegeln, Köln, 2018, S. 23f; Auer/Hilla, „Der qualifizierte Mietspiegel: Bedeutung, Verbreitung und Ausgestaltung" in: Woeckener (Hrsg.) Beiträge zur Reform des qualifizierten Mietspiegels, S. 25 (39).

[9] http://www.bbsr.bund.de/BBSR/DE/WohnenImmobilien/Immobilienmarktbeobachtung/ProjekteFachbeitraege/Mietspiegel/Mietspiegel.html (abgefragt 1/2019).

auf einen Mietspiegel zurückgreifen, teilweise allerdings nur auf modifizierte Nachbarmietspiegel[10] oder auf Landkreisebene erstellte Spiegel.[11] Am 31.12.2019 gab es insgesamt in Deutschland 10.799 Gemeinden.[12]

Nach dem F&B Mietspiegelindex 2020[13] hat sich der Verbreitungsgrad von 5
Mietspiegeln seit Mitte der 1970er Jahre deutlich erhöht. Im Jahr 2020 soll es in 85% der Gemeinden zwischen 50.000 und 100.000 Einwohnern, in 90% der Gemeinden zwischen 100.000 und 500.000 und in 93% der Gemeinden ab 500.000 Einwohnern einen Mietspiegel geben. Da Mietspiegel also vor allem in den **größeren Gemeinden** existieren, führt das zu dem Ergebnis, dass es zwar in den weitaus meisten Gemeinden keinen Mietspiegel gibt, aber für ca. 60% der Wohnungen in Deutschland ein Mietspiegel existiert.

Die neue zwingende Verpflichtung zur Mietspiegelerstellung betrifft wahr- 6
scheinlich nur wenige Gemeinden. Nach der Begründung des Rechtsausschusses[14] – unter Bezugnahme auf Daten des **Bundesinstitut für Bau-, Stadt- und Raumforschung**[15] – sollen in 84% der Gemeinden mit mehr als 50.000 Einwohner bereits Mietspiegel existieren. Da es in Deutschland 191 solcher Gemeinden gibt, müssten ca. 31 Gemeinden „nachbessern".

C. Rechtsfolgen

Wenn Gemeinden Mietspiegel aufstellen sind dies wohl überwiegend **qualifi-** 7
zierte Mietspiegel, auch wenn es einige nicht qualifizierte Gemeinde-Mietspiegel gibt, die aber zumindest auf einer empirischen Datenerhebung beruhen. Ein Verstoß gegen die Mietspiegelerstellungspflicht kann vom einzelnen Mieter oder Vermieter nicht geltend gemacht den. Es handelt sich nicht um ein subjektives öffentliches Recht. Tätig werden kann nur die Kommunalaufsicht. Wenn die Gemeinde sich darauf beruft, einen qualifizierten Mietspiegel erstellen zu wollen, kann diese aber auch erst ab 1.1.2024 tätig werden. Ob der Mietspiegel tatsächlich qualifiziert ist oder Mängel aufweist, ist dann wiederum erst im Zivilprozess zu klären.

---

[10] Was insbesondere nach der Entscheidung des BGH NZM 2019, 813; dazu Börstinghaus NZM 2019, 815, häufig nicht mehr zulässig sein dürfte.

[11] Antwort der Bundesregierung auf Kleine Anfrage der FDP-Fraktion (BT-Drs. 19/15209): BT-Drs. 19/15613.

[12] Angaben nach https://de.statista.com/statistik/daten/studie/1254/umfrage/anzahl-der-gemeinden-in-deutschland-nach-gemeindegroessenklassen/

[13] S. 3.

[14] BT-Drs. 19/31106, 5.

[15] BBSR, Wohnungsmarktbeobachtung, Mietspiegelsammlung, Stand: August 2020.

III. Art. 238

§ 1 Erhebung und Übermittlung von Daten

(1) Zur Erstellung eines qualifizierten Mietspiegels dürfen die nach Landesrecht zuständigen Behörden bezogen auf das Gebiet, für das der Mietspiegel erstellt werden soll, die bei der Verwaltung der Grundsteuer bekannt gewordenen Namen und Anschriften der Grundstückseigentümer von den für die Verwaltung der Grundsteuer zuständigen Behörden erheben und in sonstiger Weise verarbeiten.

(2) [1]Zur Erstellung eines qualifizierten Mietspiegels übermittelt die Meldebehörde der nach Landesrecht zuständigen Behörde bezogen auf das Gebiet, für das der Mietspiegel erstellt werden soll, auf Ersuchen die nachfolgenden Daten aller volljährigen Personen:
1. Familienname,
2. Vornamen unter Kennzeichnung des gebräuchlichen Vornamens,
3. derzeitige Anschriften im Zuständigkeitsbereich der Meldebehörde,
4. Einzugsdaten sowie
5. Namen und Anschriften der Wohnungsgeber.

[2]Das Ersuchen kann nur alle zwei Jahre gestellt werden. [3]Die nach Landesrecht zuständigen Behörden dürfen die in Satz 1 genannten Daten in dem zur Erstellung eines qualifizierten Mietspiegels erforderlichen Umfang erheben und in sonstiger Weise verarbeiten.

(3) Die in den Absätzen 1 und 2 Satz 1 genannten Daten dürfen auch von Stellen verarbeitet werden, die von der nach Landesrecht zuständigen Behörde damit beauftragt wurden, wenn die Datenverarbeitung auf der Grundlage einer Vereinbarung nach Artikel 28 Absatz 3 der Verordnung (EU) 2016/679 des Europäischen Parlaments und des Rates vom 27. April 2016 zum Schutz natürlicher Personen bei der Verarbeitung personenbezogener Daten, zum freien Datenverkehr und zur Aufhebung der Richtlinie 95/46/EG (Datenschutz-Grundverordnung) (ABl. L 119 vom 4.5.2016, S. 1; L 314 vom 22.11.2016, S. 72; L 127 vom 23.5.2018, S. 2) erfolgt.

(4) [1]Die nach Landesrecht zuständige Behörde und die in Absatz 3 bezeichneten Stellen haben die nach den Absätzen 1 und 2 erhobenen Daten unverzüglich zu löschen, sobald sie für die Erstellung des qualifizierten Mietspiegels nicht mehr erforderlich sind, es sei denn, sie werden für eine Anpassung mittels Stichprobe nach §558d Absatz 2 Satz 2 des Bürgerlichen Gesetzbuchs benötigt. [2]Die nach den Absätzen 1 und 2 erhobenen Daten sind spätestens drei Jahre nach ihrer Erhebung zu löschen.

(5) [1]Zur Erstellung eines qualifizierten Mietspiegels dürfen die Statistikstellen der Gemeinden und der Gemeindeverbände, sofern sie das Statistikgeheimnis gewährleisten, von den Statistischen Ämtern des Bundes und der Länder folgende Daten aus der Gebäude- und Wohnungszählung des Zensus, bezogen auf das Gebiet, für das der Mietspiegel erstellt werden soll, erheben und in sonstiger Weise verarbeiten:
1. Erhebungsmerkmale für Gebäude mit Wohnraum und bewohnte Unterkünfte:

a) **Gemeinde, Postleitzahl und amtlicher Gemeindeschlüssel,**
b) **Art des Gebäudes,**
c) **Eigentumsverhältnisse,**
d) **Gebäudetyp,**
e) **Baujahr,**
f) **Heizungsart und Energieträger,**
g) **Zahl der Wohnungen,**
2. **Erhebungsmerkmale für Wohnungen:**
   a) **Art der Nutzung,**
   b) **Leerstandsdauer,**
   c) **Fläche der Wohnung,**
   d) **Zahl der Räume,**
   e) **Nettokaltmiete.**
3. **Hilfsmerkmale:**
   Straße und Hausnummer der Wohnung.

[2]**Die Statistikstellen der Gemeinden und Gemeindeverbände haben die nach Satz 1 Nummer 3 erhobenen Hilfsmerkmale zum frühestmöglichen Zeitpunkt, spätestens jedoch zwei Jahre nach Erhebung, zu löschen.**

Inhaltsübersicht

A. Der Zweck der Regelung

Das **Mietspiegelreformgesetz** bezweckte ua die Verbesserung der Rahmen- **1** bedingungen für die Erstellung qualifizierter Mietspiegel. Dazu zählt neben der notwendigen Datengrundlage auch die Tatsachen, dass qualifizierte Mietspiegel mit vorhersehbarem und vor allem vertretbarem Aufwand erstellt werden können.

Wichtigste Voraussetzung für die Qualität eines Mietspiegels, insbesondere eines **2** **qualifizierten Mietspiegels,** ist eine repräsentative und möglichst gute Datengrundlage. Dies ist mit der Zeit immer schwieriger geworden. Breits die Ermittlung der Grundgesamtheit aller für den Mietspiegel relevanten Wohnungen, also der Menge, aus der die spätere Stichprobe für die Befragung erhoben wird, macht in der Praxis immer größere Schwierigkeiten. Deshalb wurde von den Mietspiegelerstellern immer intensiver die Forderung erhoben, auf Daten zurückgreifen zu können, die zu anderen Zwecken von anderen Behörden erhoben worden sind oder dort vorliegen. Einheitliche Regelungen gab es bisher hierfür nicht und hing oft von Zufälligkeiten und örtlichen Übungen ab, ob Mietspiegelersteller Zugang zu diesen Daten erhielten.

Allein diese zuvor angesprochene Qualität der Stichprobe ist für die **Repräsen- 3** **tativität** der Datenerhebung nämlich nicht allein ausschlaggebend. Unabhängig von der Tatsache, dass nicht alle Daten der Bruttostichprobe auch tatsächlich erhoben werden können, weil z. B. Adressen falsch sind, die Wohnung leer steht, es sich um sozialen Wohnungsbau handelt oder eine Eigennutzung vorliegt, wurde in der Vergangenheit von Mietspiegelerstellung zu Mietspiegelerstellung auch der Anteil derjenigen, die an der Befragung nicht teilnehmen, immer größer. Anerkanntermaßen sind für die Beurteilung der Repräsentativität entscheidend die Größe der Ergebnisstichprobe und ihr Verhältnis zur Bruttostichprobe (→ MsV § 10 Rn. 4 ff.). Die Abweichungen zwischen **Bruttostichprobe und Ergebnisstichprobe** dürfen aus statistischer Sicht nicht zu groß sein. In der länger zurückliegenden Vergangenheit wurde eine Ergebnisstichprobe von 60 %–70 % gefordert. In der Praxis sind diese Werte nicht ansatzweise mehr zu erreichen. Da aus Kostengründen die meisten Befragungen schriftlich mittels Fragebogen erfolgen, ist der Rücklauf heute äußerst gering. Dies gilt vor allem für die Mieterbefragungen. Auch dort hatte sich herumgesprochen, dass die Mietspiegelerstellung vor allem den Vermietern ermöglichen sollte, mit wenig Aufwand die Miete zu erhöhen. Das motivierte Mieter nicht unbedingt zur Mitwirkung. Diese Situation führte nicht nur dazu, dass deshalb von vornherein eine verhältnismäßig große Stichprobe gezogen werden musste, um einen für den Mietspiegel ausreichenden Rücklauf aus der Befragung zu erhalten. Der geringe Rücklauf gefährdet darüber hinaus durch selektives Antwortverhalten die Repräsentativität der Stichprobe und damit die Qualität der Mietspiegelwerte. Insgesamt wurde die Mietspiegelerstellung hierdurch verteuert.

4   Die **Hinweise zur Aufstellung von Mietspiegeln 2002** hielten sich mit der Angabe eines verbindlichen Mindestwertes zurück. Für kleinere Gemeinden wurde eine Ergebnisstichprobe von mindestens 500 Wohnungen, bei größeren Gemeinden von bis zu einem Prozent des relevanten Wohnungsbestandes vorgeschlagen. Auch die MsV macht keine konkreten prozentualen Vorgaben. § 10 Abs. 2 MsV schreibt zunächst nur vor, dass die Rücklaufquote ebenso zu dokumentieren ist wie die Bereinigung nach § 10 Abs. 1 Satz 2 MsV (→ MsV § 10 Rn. 2 ff.). Nach § 11 Abs. 1 MsV muss die bereinigte Nettostichprobe eine ausreichende Datenmenge enthalten. Bei einem Tabellenmietspiegel soll hierfür im Regelfall eine Belegung von mindestens 30 Wohnungen pro Tabellenfeld vorliegen, bei einem Regressionsmietspiegel soll die bereinigte Nettostichprobe Wohnungen in einer Anzahl enthalten, die wenigstens ein Prozent der Wohnungen im Geltungsbereich des Mietspiegels entspricht, mindestens aber 500 maximal 3000 Wohnungen.

B. Der Inhalt der Regelung

5   Aufgrund dieser Analyse wollte der Gesetzgeber die Rahmenbedingungen für die Erstellung qualifizierter Mietspiegel verbessern. Dazu wurden den für die Mietspiegelerstellung zuständigen Behörden rechtliche Befugnisse zur **Datenverarbeitung** eingeräumt. Dies betrifft auch Stellen, die von den Behörden – unter Wahrung datenschutzrechtlicher Erfordernisse – mit der Erstellung eines Mietspiegels beauftragt werden, beispielsweise private Institute, die sich auf die Erstellung von Mietspiegeln spezialisiert haben.[1]

6   Bereits zur Ermittlung der Grundgesamtheit für einen qualifizierten Mietspiegel, aus der eine Stichprobe für die Befragung gezogen wird, dürfen vorhandene Datensätze genutzt werden. Hierzu zählen die für die Mietspiegelerstellung relevanten

---

[1] BT-Drs. 19/26918, 14.

Daten des Melderegisters. Diese Daten dürfen jetzt gemäß Art. 238 § 1 Abs. 2 EGBGB von der Meldebehörde auf Ersuchen an den Mietspiegelersteller übermittelt werden. Außerdem darf gemäß Art. 238 § 1 Abs. 1 EGBGB der Mietspiegelersteller die bei der Verwaltung der Grundsteuer bekannt gewordenen Namen und Anschriften der Grundstückseigentümer zur Erstellung eines qualifizierten Mietspiegels abrufen und verarbeiten. Darüber gestattet Art. 238 § 1 Abs. 5 EGBGB den Statistikstellen der Gemeinden eine Abfrage der Daten der Gebäude- und Wohnungszählung des Zensus, um diese zur Erstellung des Mietspiegels nutzbar zu machen.

In Art. 238 § 2 EGBGB wurde zudem zur Erhöhung der Rücklaufquoten der **7** Befragung von Mietern und Vermietern und zur Vermeidung von durch **selektives Antwortverhalten** verursachten Verzerrungen eine Auskunftspflicht eingeführt (Einzelheiten → Art. 238 § 2 Rn. 3).

C. Erhebung und Übermittlung von Daten

Die Vorschrift regelt die Erhebung, die Übermittlung und die Verarbeitung von **8** **(Sekundär-) Daten,** die ursprünglich für andere Zwecke erhoben wurden, soweit diese für die Primärdatenerhebung im Rahmen der Erstellung eines qualifizierten Mietspiegeln von Bedeutung sind.

Die Daten der Primärdatenerhebung müssen repräsentativ sein.[2] Das ist deshalb **9** von Bedeutung, weil wegen der erheblichen Kosten der Datenerhebung regelmäßig keine Vollerhebung erfolgt, sondern zunächst eine Stichprobe gezogen wird. Diese Stichprobe muss ein getreues Abbild des Wohnungsmarktes abgeben. Diese erfordert eine **Zufallsstichprobe,** bei der jede Wohnung die gleichen Chancen hat, in der Stichprobe vertreten zu sein.[3] Dabei muss sichergestellt werden, dass alle Wohnungen mit ihren Mietpreis bestimmenden Merkmalen in dieser Stichprobe annähernd im gleichen Verhältnis wie in der Grundgesamtheit enthalten sind. In einem ersten Schritt zur Vorbereitung der **Primärdatenerhebung** für einen qualifizierten zunächst die Grundgesamtheit der für den Mietspiegel relevanten Wohnungen ermittelt werden. Aus dieser Grundgesamtheit kann dann eine repräsentative Stichprobe von Wohnungen gezogen werden, die Grundlage der Befragung zum Mietspiegel ist.

Um die Grundgesamtheit, aus der die Stichprobe gezogen werden soll, zu ermit- **10** teln, muss der Mietspiegelersteller regelmäßig, Kenntnis von Daten haben, die ursprünglich für andere Zwecke erhoben wurden, sog. **Sekundärdaten.** Solche Daten liegen häufig bei anderen Behörden vor. Bisher war es häufig schwierig, auf diese Daten zuzugreifen. Nach der Rechtsprechung des BVerfG bedarf es sowohl für die Übermittlung als auch für den Abruf personenbezogener Daten, die zu einem anderen Zweck erhoben wurden, einer ausdrücklichen Rechtsgrundlage.[4] Der Gesetzgeber muss bei der Einrichtung eines Auskunftsverfahrens sowohl Rechtsgrundlagen für die Übermittlung als auch für den Abruf von Daten schaffen.

---

[2] LG Bochum DWW 2007, 298 mAnm Börstinghaus; Rips WuM 2002, 415, 419; Bedenken gegen die übliche Forderung nach Repräsentativität der Daten äußert Ulbricht DS 2012, 197.

[3] Dies gilt uneingeschränkt nur für die ungeschichtete Stichprobe. Bei der geschichteten Stichprobe erfolgt eine Bewertung.

[4] BVerfG NJW 2012, 1419.

Die Gewährleistung des Grundrechts auf **informationelle Selbstbestimmung** gem. Art 2 Abs 1 GG iVm Art 1 Abs 1 GG ist insbesondere dann betroffen, wenn personenbezogene Informationen von staatlichen Behörden in einer Art und Weise genutzt und verknüpft werden, die Betroffene weder überschauen noch beherrschen können.[5] Der Schutzumfang beschränkt sich dabei nicht auf sensible Daten, sondern gilt auch für eher belanglose personenbezogene Daten.[6] In der Regel begründen Vorschriften, die zum Umgang mit personenbezogenen Daten ermächtigen, verschiedene, aufeinander aufbauende Eingriffe, wie zB Erhebung, Speicherung und Übermittlung sowie Datenabruf und –übermittlung. Jeder dieser Eingriffe bedarf jeweils einer eigenen Rechtsgrundlage.[7]

11   Die Abgabenordnung (AO) und das Zensusgesetz 2021 (ZensG 2021) enthalten solche Übermittlungsbefugnisse für die dort genannten Stellen. Das **Bundesmeldegesetz (BMG)** enthält solche Befugnisse zur Übermittlung von Daten in § 3 Abs 1 und 2 Nr. 10 und § 5 und §§ 34, 37 und 38 BMG nur eingeschränkt. Deshalb hat der Gesetzgeber in Art 238 § 1 Abs 2 S 1 EGBGB eine gesonderte Übermittlungsbefugnis geschaffen.

12   Die Vorschrift regelt die Zulässigkeit der Erhebung und der Verarbeitung der Daten. Hinsichtlich der Meldedaten wird auch deren Übermittlung gestattet. Alle diese Handlungen müssen sich aber im Rahmen der **Datenschutz–Grundverordnung (DSGVO)** halten. Es ist gem. Art 5 Abs. 1 c, e DSGVO vor allem auf den Grundsatz der Datenminimierung und der Speicherbegrenzung zu achten.

D. Art 238 § 1 Abs 1 EGBGB

13   Die für die Verwaltung der Grundsteuer zuständigen Behörden sind gem. § 31 Abs. 3 AO berechtigt, die Namen und Anschriften von Grundstückseigentümern, die bei der Verwaltung der Grundsteuer bekannt geworden sind, zur Verwaltung anderer Abgaben sowie zur Erfüllung sonstiger öffentlicher Aufgaben zu verwenden oder den hierfür zuständigen Gerichten, Behörden oder juristischen Personen des öffentlichen Rechts auf Ersuchen mitzuteilen, soweit nicht überwiegende schutzwürdige Interessen der betroffenen Person entgegenstehen. Die Vorschrift erlaubt abweichend vom allgemeinen **Steuergeheimnis** eine Übermittlung der Namen und Anschriften von **Grundstückseigentümern** an öffentliche Stellen zur Erfüllung öffentlicher Aufgaben. Daran knüpft Art 238 § 1 Abs. 1 EGBGB an. Er gestattet dem Mietspiegelersteller die Erhebung dieser Daten. Das ändert aber nichts daran, dass die Grundsteuerbehörden ein Ermessen haben, ob sie die Namen und Anschriften der Grundstückseigentümer weitergeben. Die Entscheidung wird davon abhängen, ob einer Übermittlung überwiegende schutzwürdige Interessen der Betroffenen entgegenstehen. Im Rahmen der Ermessensausübung kann auch berücksichtigt werden, welche technischen Möglichkeiten der Datenübermittlung zur Verfügung stehen und welcher Aufwand betrieben werden muss.

---

[5] BVerfG NJW 2007, 2464, BVerfG NJW 2007, 2464.
[6] BVerfG NJW 2008, 1505.
[7] BVerfG NJW 2012, 1419.

E. Art 238 § 1 Abs 2 EGBGB

Die Vorschrift gestattet der Meldebehörde die Übermittlung bestimmter per- **14** sonenbezogener Daten an den Mietspiegelersteller zwecks Vorbereitung und der Durchführung der Stichprobenerhebung im Rahmen der Erstellung eines qualifizierten Mietspiegels. Diese Daten sind zur Ermittlung der **Grundgesamtheit** und zur Ziehung der Zufallsstichprobe erforderlich. Da als Grundlage für die Stichprobenziehung die gesamte Grundgesamtheit dient und die Zugehörigkeit zur Grundgesamtheit ohne weitere Bearbeitungsschritte in der Regel nicht ersichtlich ist, werden Daten aller volljährigen Personen benötigt.[8]

Der Gesetzgeber wollte durch die Abfrage des angegebenen Wohnungsgebers **15** dem Mietspiegelersteller ermöglichen selbstgenutztes Wohneigentum aus der Grundgesamtheit auszusortieren. Den **Begriff des Wohnungsgebers** gibt es erst seit 2015. Nach § 3 Ziff. 10 BMG werden bei den Meldebehörden der Name und die Anschrift des Eigentümers der Wohnung und, wenn dieser nicht selbst Wohnungsgeber ist, der Name des Eigentümers der Wohnung sowie den Namen und die Anschrift des Wohnungsgebers, gespeichert. Da die Zurverfügungstellung der Wohnung auch ohne Gegenleistung erfolgen kann, wurde der Begriff des Vermieters durch den des Wohnungsgebers ersetzt. Die Kenntnis von Angaben zu Wohnungsgebern kann dem Mietspiegelersteller helfen zu erkennen, ob eine gemeldete Person in einem Mietverhältnis steht und daher als Mieter zur Befragung in Betracht kommt. Der Wohnungsgeber muss aber nicht zugleich der Auskunftspflichtige gem. Art 238 § 2 EGBGB sein. Dies ist neben dem Mieter nur der Vermieter bzw. Eigentümer. Als Wohnungsgeber werden demgegenüber teilweise auch fälschlich Hausverwaltungen, die die Bescheinigung ausstellen, gespeichert.

Aus Gründen des datenschutzrechtlichen Gebots der **Minimierung der Ver-** **16** **arbeitungsvorgänge** und aus Belangen des Meldewesens bestimmt Art 238 § 1 Abs. 2 S 2 EGBGB eine Sperrfrist von zwei Jahren, bevor ein erneutes Ersuchen gestellt werden kann.

Der Mietspiegelersteller erhält in Art 238 § 1 Abs. 2 S 3 EGBGB spiegelbildlich **17** zu Art 238 § 1 Abs. 2 S 1 EGBGB die Befugnis, die dort genannten Daten zu erheben und zu verarbeiten. Dies ist nur im erforderlichen Rahmen zulässig.

F. Art 238 § 1 Abs 3 EGBGB

Art 238 § 1 Abs 3 EGBGB erweitert die in den beiden vorherigen Absätzen ge- **18** stattete Verarbeitung der Daten auch insoweit, als dies auch den Instituten/Dritten gestattet wird, die von der zuständigen Behörde mit der Aufstellung eines **qualifizierten Mietspiegels** beauftragt wurden. Damit sollte der Praxis Rechnung getragen werden, wonach Behörden regelmäßig mit der Mietspiegelerstellung ein darauf spezialisiertes privates Institut zu beauftragen. In diesem Fall liegt eine Auftragsverarbeitung nach Art 28 DSGVO vor. Es müssen die entsprechenden datenschutzrechtlichen Grundsätze eingehalten werden. Hierzu zählt insbesondere der Abschluss einer Vereinbarung nach Art 28 Abs 3 DSGVO.

---

[8] 1 BT-Drs. 9/26918, 25.

19   Soweit ganz ausnahmsweise ein **Institut** durch die Interessenverbände der Vermieter und Mieter oder nur durch einen Verband beauftragt wurde, einen qualifizierten Mietspiegel zu erstellen, gilt die Ermächtigung dieses Absatzes nicht.

G. Art 238 § 1 Abs 4 EGBGB

20   Nach Art. 238 § 1 Abs. 4 EGBGB haben sowohl die zuständige Behörde, also regelmäßig die Gemeinde, als auch ein eventuelle beauftragtes Institut die zulässigerweise erhobenen Daten unverzüglich zu löschen, sobald sie für die Erstellung des
qualifizierten Mietspiegels nicht mehr erforderlich sind, es sei denn, sie werden für
eine Anpassung mittels **Stichprobe** nach § 558 d Abs. 2 S 2 BGB benötigt. Diese
Pflicht ergibt sich bereits aus dem Grundsatz der Speicherbegrenzung in Art 5
Abs. 1 e DSGVO.

21   Das bedeutet, dass die Daten nur so lange gespeichert werden dürfen, wie es für
die Zwecke, für die sie übermittelt werden, erforderlich ist. Die Daten sind daher
unverzüglich zu löschen, wenn sie entweder für die Erstellung oder eine eventuelle
Fortschreibung des qualifizierten Mietspiegels nicht mehr benötigt werden. Dabei
schreibt die Vorschrift ausdrücklich keinen konkreten Löschungszeitpunkt für alle
abgerufenen Grundsteuer- und Melderegisterdaten vor. Jedoch dürfte der vollständige Roh-Datensatz für eine kurze Zeit benötigt. Dies ergibt sich daraus, dass er nur
zur Ermittlung der **Grundgesamtheit** dient. Aus dieser Grundgesamtheit wird die
Zufallsstichprobe gezogen. Ist dies geschehen ist in der Regel der Großteil der
übermittelten Daten zu löschen. Das kann bereits vor der eigentlichen Datenerhebung für den Mietspiegel geschehen. Nur die Namen und Anschriften der Mieter
beziehungsweise Vermieter, die in die Stichprobe gefallen sind, werden für die Erhebung und Befragung weiter benötigt.

22   Zulässig ist es, die Daten der Stichprobe aber weiter zu speichern, wenn be-
absichtigt ist, den Mietspiegel mittels einer Stichprobe fortzuschreiben. § 558 d
Abs. 2 S. 2 BGB und § 22 MsV, 23 MsV lassen eine Fortschreibung mittels Index
oder mittels Stichprobe zu. Die Entscheidung darüber, welche **Art der Fortschreibung** gewählt wird, trifft der Mietspiegelersteller. Hat er sich entschieden,
eine Fortschreibung mittels Index vorzunehmen, müssen die Daten der Stichprobe
der Erstellung unverzüglich nach Erstellung des Mietspiegels gelöscht werden.

23   Entscheidet sich der Mietspiegelersteller für eine Fortschreibung mittels Stichprobe, oder hat er sich noch nicht entschieden, welche Art der Fortschreibung er
später wählen wird, dürfen die Daten der Stichprobe weiter gespeichert werden,
aber maximal für drei Jahre nach ihrer Erhebung. Die Stichprobe für die Erstellung
ist nicht identisch mit der Stichprobe aufgrund derer die Fortschreibung erfolgt. Die
Fortschreibung mittels Stichprobe erfordert eine sehr viel kleinere Stichprobe als
bei einer **Neuaufstellung.**[9] Es handelt sich sozusagen um eine aus der ersten Stichprobe gezogene zweite Zufallsstichprobe. § 23 Abs. 1 MsV erlaubt die Verwendung
vereinfachender Annahmen. Das können sehr kleine Probengrößen sein, weil die
erste Stickprobe ggf. nur 30 Treffer bei einem Tabellenmietspiegel für ein Tabellenfeld enthielt oder nur 500 Wohnungen für die ganze Gemeinde. Wird dies Verfahren gewählt, müssen die übrigen Daten der ersten größeren Stichprobe der Erstellung des Mietspiegels unverzüglich gelöscht werden, wenn die zweite kleiner
Stichprobe gezogen wurde. Bei dieser Art der Fortschreibung erfolgt im Übrigen

---

[9]   AG Bitterfeld WuM 2013, 45.

die Anpassung auch nicht anhand realer Mieten, sondern anhand der aus der -kleineren Stichprobe- ermittelten prozentualen Entwicklung. Dies kann ein einheitlicher **Steigerungssatz** für den gesamten Wohnungsbestand sein aber auch ein solcher für die verschiedenen Wohnungsteilmärkte. Unter dem Gesichtspunkt der Einhaltung der anerkannten wissenschaftlichen Grundsätze ist es jedoch zumindest bedenklich einen einheitlichen örtlicher Steigerungssatz für alle Teilmärkte zu ermitteln, der dann undifferenziert auf alle Mietspiegelfelder angewandt wird. Das entspricht nur dann den wissenschaftlichen Grundsätzen, wenn keine signifikanten Unterschiede bei den einzelnen Wohnungsteilmärkten festgestellt wurden. Wenn aber bei der empirischen Untersuchung sich solche unterschiedlichen Entwicklungen in den letzten zwei Jahren nachweisen lassen, dann wäre eine Ignorierung dieses Ergebnisses wissenschaftlich durchaus angreifbar.

Die Speicherung der Daten der Stichprobe darf aber maximal für drei Jahre er- **24** folgen. Theoretisch gilt die Frist auch für die Daten der **Grundgesamtheit,** diese sind aber nach allgemeinen datenschutzrechtlichen Grundsätzen viel früher zu löschen. Nach § 558 d Abs. 2 BGB ist der qualifizierte Mietspiegel im Abstand von zwei Jahren der Marktentwicklung anzupassen. Maßgeblicher Zeitpunkt für die Anpassung ist der Stichtag, zu dem die Daten für den Mietspiegel erhoben wurden. Die **Dreijahresfrist** in Art 238 § 1 Abs. 4 EGBGB ist ein **Redaktionsversehen**. Sie beruht auf dem ersten Entwurf des Mietspiegelreformgesetzes.[10] Nach dem Vorschlag der Bundesregierung sollte die Frist zur Fortschreibung qualifizierter Mietspiegel von zwei auf drei Jahre verlängert werden, um den Gemeinden Geld zu sparen. Der Rechtsausschuss[11] war aber der Auffassung, dass Mietspiegel aktuell und aussagekräftig sein sollten und deshalb weiterhin alle zwei fortgeschrieben oder neu erstellt werden sollten. Obwohl es in der Gesetzesbegründung zu Art 238 § 1 Abs. 4 EGBGB[12] heißt, dass die „Höchstfrist für die Löschung der geänderten Frist für die Anpassung eines qualifizierten Mietspiegels nach § 558 d Absatz 2 Satz 1 BGB-E", wurde die Frist nach der Ablehnung der Verlängerung durch den Rechtsausschuss nicht geändert. Es gilt zwar jetzt die längere Frist, aber die Löschung hat trotzdem nach datenschutzrechtlichen Grundsätzen nach 2 Jahren zu erfolgen, da dann eine Fortschreibung mit diesen Daten materiellrechtlich nicht mehr zulässig ist.

H. Art 238 § 1 Abs 5 EGBGB

Art 238 § 1 Abs 5 EGBGB enthält die entsprechende Regelung für die der statis- **25** tischen Ämter des Bundes und der Länder hinsichtlich bestimmter enumerativ aufgezählter Daten aus der Gebäude- und Wohnungszählung des **Zensus,** bezogen auf das Gemeindegebiet, für das der qualifizierte Mietspiegel erstellt werden soll. § 32 Abs. 2 ZensG 2022 erlaubt für ausschließlich kommunalstatistische Zwecke den statistischen Ämter des Bundes und der Länder den für statistische Aufgaben zuständigen Stellen der Gemeinden und Gemeindeverbände **(Statistikstellen)** auf deren Verlangen für ihre Gemeinde Einzelangaben zu den Erhebungsmerkmalen sowie zu den Hilfsmerkmalen „Straße" und „Hausnummer" oder nach Blockseiten zusammengefasste Einzelangaben zu übermitteln. Eine solche Ermittlung ist nur zu-

---

10 BT-Drs. 9/26918.
11 BT-Drs. 19/31106, 5.
12 BT-Drs. 9/26918, 26.

lässig, wenn das Statistikgeheimnis durch gesetzlich vorgeschriebene Maßnahmen, insbesondere zur räumlichen, organisatorischen und personellen Trennung der Statistikstellen von den für nichtstatistische Aufgaben zuständigen Stellen der Gemeinden und Gemeindeverbände, gewährleistet ist.

26   Nach dem eindeutigen Wortlaut und der Systematik der Norm kommt eine Übermittlung der im Rahmen des Zensus erhobenen Daten an andere Behörden oder an ein eventuell beauftragtes Mietspiegelinstitut wegen des **zu wahrenden Statistikgeheimnisses** nicht in Betracht. Es fehlt hier eine dem Art 238 § 1 Abs. 3 EGGBGB vergleichbare Ermächtigungsnorm. Eine Übermittlung kann daher auch nicht an Stellen erfolgen, die mit der Datenverarbeitung für einen qualifizierten Mietspiegel auf der Grundlage einer Vereinbarung nach Art 28 Abs. 3 DSGVO beauftragt wurden.

27   Die Daten sind spätestens nach 2 Jahren zu löschen. Die Frist entspricht der sich aus § 32 Abs 2 S 3 ZensG 2022 ergebenden Frist.

§ 2 Auskunftspflichten

(1) **Zur Erstellung eines qualifizierten Mietspiegels und zu seiner Anpassung mittels Stichprobe sind Eigentümer und Mieter von Wohnraum verpflichtet, der nach Landesrecht zuständigen Behörde auf Verlangen Auskunft zu erteilen darüber, ob der Wohnraum vermietet ist, sowie über die Anschrift der Wohnung.**

(2) **Zur Erstellung eines qualifizierten Mietspiegels und zu seiner Anpassung mittels Stichprobe sind Vermieter und Mieter von Wohnraum verpflichtet, der nach Landesrecht zuständigen Behörde auf Verlangen Auskunft über folgende Merkmale zu erteilen:**

1. **Erhebungsmerkmale:**
   a) **Beginn des Mietverhältnisses,**
   b) **Zeitpunkt und Art der letzten Mieterhöhung mit Ausnahme von Erhöhungen nach § 560 des Bürgerlichen Gesetzbuchs,**
   c) **Festlegungen der Miethöhe durch Gesetz oder im Zusammenhang mit einer Förderzusage,**
   d) **Art der Miete und Miethöhe,**
   e) **Art, Größe, Ausstattung, Beschaffenheit und Lage des vermieteten Wohnraums einschließlich seiner energetischen Ausstattung und Beschaffenheit (§ 558 Absatz 2 Satz 1 des Bürgerlichen Gesetzbuchs),**
   f) **Vorliegen besonderer Umstände, die zu einer Ermäßigung der Miethöhe geführt haben, insbesondere Verwandtschaft zwischen Vermieter und Mieter, ein zwischen Vermieter und Mieter bestehendes Beschäftigungsverhältnis oder die Übernahme besonderer Pflichten durch den Mieter,**

2. **Hilfsmerkmale:**
   a) **Anschrift der Wohnung,**
   b) **Namen und Anschriften der Mieter und Vermieter.**

(3) **Die Auskunftspflichten nach den Absätzen 1 und 2 bestehen auch gegenüber Stellen, die von der nach Landesrecht zuständigen Behörde mit der Erstellung oder Anpassung eines qualifizierten Mietspiegels nach § 1 Absatz 3 beauftragt wurden.**

A. Inhalt der Regelung

Art 238 § 2 EGBGB hat wie Art 238 § 1 EGBG zum Ziel die Qualität von Miet- **1** spiegeln zu verbessern. Ein Problem in der Vergangenheit war, dass die **Rücklauf-quote** von Fragebögen immer weiter sank. Dies gilt vor allem für Mieterbefragungen die aus Kostengründen regelmäßig schriftlich mittels Fragebogen erfolgen. Den Mietern ist bewusst, dass die Mietspiegelerstellung vor allem den Vermietern ermöglichen soll, mit wenig Aufwand die Miete zu erhöhen. Das motiviert Mieter nicht unbedingt zur Mitwirkung. Diese Situation führte in der Vergangenheit nicht nur dazu, dass deshalb von vornherein eine verhältnismäßig große Stichprobe gezogen werden musste, um einen für den Mietspiegel ausreichenden Rücklauf aus der Befragung zu erhalten; der geringe Rücklauf gefährdete darüber hinaus durch selektives Antwortverhalten die Repräsentativität der Stichprobe und damit die Qualität der Mietspiegelwerte. Insgesamt wurde die Mietspiegelerstellung hierdurch verteuert.

Es wurde deshalb immer wieder gefordert entweder ein **zentrales Mietregister** **2** einzuführen, Mieter zu verpflichten bei der Wohnungsanmeldung die Miethöhe anzugeben oder Auskunftspflichten einzuführen. Der Gesetzgeber hat den letzten Vorschlag aufgegriffen. Art 238 § 2 EGBGB regelt nunmehr die Auskunftspflichten im Zusammenhang mit der Erstellung eines qualifizierten Mietspiegels und seiner Anpassung mittels Stichprobe.

Diese neue **Auskunftspflicht** soll zu einer Verbesserung der Qualität und der **3** Aussagekraft von Mietspiegeln sowie zur Verbesserung ihrer Akzeptanz bei Vermietern und Mietern führen. Durch sie will der Gesetzgeber[1] verhindern, dass durch **selektives Antwortverhalten** die Repräsentativität der Stichprobe stark gefährden und die Mietspiegelwerte verzerrt werden, was nachträglich kaum korrigiert werden kann. Die Einführung der Auskunftspflicht ist nach Ansicht des Gesetzgebers verhältnismäßig und angemessen. Andere Mittel zur Erhöhung der Teilnahmebereitschaft stünden nicht zur Verfügung. Die Einführung finanzieller Anreize für die Befragten, würden an dem Problem des selektiven Antwortverhaltens nichts ändern. Durch die Einführung einer Auskunftspflicht könnten auch die Kosten der Mietspiegelerstellung gesenkt werden, da die notwendige Größe der Bruttostichprobe erheblich verringert werden könnte.

Die Auskunftspflicht besteht nur, wenn ein **qualifizierter Mietspiegel** erstellt **4** werden soll. Soll in der Gemeinde nur ein einfacher Mietspiegel erstellt werden, besteht gerade keine Auskunftspflicht nach Art 238 § 2 EGBGB, selbst wenn die nach Landesrecht zuständige Stelle für die Erstellung eines einfachen Mietspiegels Daten erheben will. In diesem Fall ist die Auskunftserteilung freiwillig. Eine analoge Anwendung der nach dem Wortlaut und Sinn und Zweck eindeutig nur für qualifi-

---

[1] BT-Drs 19/26918, 26.

zierte Mietspiegel bestehenden Auskunftspflicht auf einfache Mietspiegel ist nicht zulässig.[2]

B. Die Auskunft nach Art 238 § 2 Abs. 1 EGBGB

5 Nach Art 238 § 1 Abs. 1 EGBGB besteht eine Auskunftspflicht gegenüber der nach Landesrecht **zuständigen Behörde.** Solange diese nicht bestimmt ist, besteht keine Auskunftspflicht. Die Gemeinden sind nicht mehr automatisch zuständig. Spiegelbildlich zu Art 238 § 1 Abs. 3 EGBGB besteht die Auskunftspflicht gemäß Art. 238 § 2 Abs. 3 EGBGB auch gegenüber derjenigen Stelle, die von der nach Landesrecht zuständigen Behörde mit der Erstellung oder Anpassung eines qualifizierten Mietspiegels beauftragt wurden. Dabei wird es sich regelmäßig um ein Institut oä handeln, das sich auf Mietspiegelerstellung spezialisiert hat. Das Institut handelt dann als Beliehener.

6 Art. 238 § 2 EGBGB unterscheidet hinsichtlich der Person des Auskunftspflichtigen zwischen zwei verschiedenen Phasen der Mietspiegelerstellung:

7 Die Auskunftspflicht nach Art. 238 § 2 Abs 1 EGBGB richtet sich an Mieter und Eigentümer. Zu diesem frühen Zeitpunkt der Mietspiegelerstellung ist der **Eigentümer** Adressat der Verpflichtung, da bei Beginn der Mietspiegelerstellung regelmäßig noch keine Erkenntnisse über die Grundgesamtheit an vermieteten Wohnungen vorliegen.[3] Zu diesem Verfahrenszeitpunkt können nur die Bewohner befragt werden, um zu ermitteln, ob es sich um –mietspiegelirrelevante – selbstnutzende Eigentümer oder möglicherweise mietspiegelrelevant Mieter handelt.[4] Die Auskunftspflicht beider Personengruppen ist erforderlich, da allein anhand von Adressdaten keine Unterscheidung getroffen werden kann, wer ein selbstnutzender Eigentümer oder wer ein Mieter ist.[5]

8 Die Auskunftspflicht nach Art. 238 § 2 Abs. 2 EGBGB enthält dann die zusätzliche Auskunftspflicht von Vermietern und Mietern. Sie betrifft Merkmale, die zur Ermittlung des mietspiegelrelevanten Wohnungsbestandes und zur Bestimmung der **ortsüblichen Vergleichsmiete** für die Mietspiegelerstellung erforderlich sind.[6]

9 Inhaltlich bezieht sich die Auskunftspflicht nach Art. 238 § 2 Abs 1 EGBGB nur darauf, ob der Wohnraum vermietet ist, sowie über die Anschrift der Wohnung.

C. Die Auskunft nach Art 238 § 2 Abs. 2 EGBGB

10 Demgegenüber ist die Auskunftspflicht des Art. 238 § 2 Abs. 2 EGBGB weitergehend. Sie bezieht sich auch auf weitere Erhebungsmerkmale. Das sind nicht unbedingt nur Angaben zu den **Wohnwertmerkmalen** des § 558 Abs. 2 BGB, hierzu

---

[2] **AA** Abramenko MDR 2022, 65, 69.
[3] BT-Drs 19/26918, 26.
[4] Insofern geht die Kritik von Abramenko MDR 2022, 65, 69 an der unterschiedlichen Terminologie in Art. 238 § 2 Abs. 1 und 2 EGBG wegen eines falschen Vorverständnisses hinsichtlich der unterschiedlichen Funktion der Auskunftspflichten nach den beiden Absätzen fehl.
[5] BT-Drs 19/26918, 26.
[6] BT-Drs 19/26918, 26.

zählen auch sogenannte außergesetzliche Merkmale (zu dem Begriff: (→ MsV § 2 Rn. 5), deren Kenntnis notwendig ist, um Verzerrungen in den Ergebnissen der Mietspiegelerstellung zu verhindern.[7] Die Aufzählung in Abs. 2 ist enumerativ, aber auch abschließend:

a) Beginn des Mietverhältnisses,

Die Information ist dann von Bedeutung, wenn das Mietverhältnis in den letzten **11** sechs Jahren vor dem Erhebungsstichtag neu begründet wurde. Dann fällt diese Miete in den **Betrachtungszeitraum** des § 558 Abs. 2 BGB, auch wenn sie nicht verändert wurde. Wird hier ein Datum mehr als 6 Jahre vor dem Erhebungsstichtag angegeben, muss anschließend im Betrachtungszeitraum eine Mietanpassung stattgefunden haben, damit die aktuelle Miete mietspiegelrelevant ist.

b) Zeitpunkt und Art der letzten Mieterhöhung mit Ausnahme von Erhöhungen nach § 560 BGB

Auch diese Information ist wichtig für die Antwort auf die Frage, ob die **aktu- 12 elle Miete** mietspiegelrelevant ist. Wenn der Mietvertrag älter als sechs Jahre ist, muss in den letzten Jahren eine Mietanpassung stattgefunden haben, damit die aktuelle Miete bei der Datenauswertung berücksichtigt werden darf. Anpassungen der Betriebskostenpauschalen oder -vorauszahlungen sind dabei unerheblich. Das ergibt sich aus § 558 Abs. 2 BGB.

c) Festlegungen der Miethöhe durch Gesetz oder im Zusammenhang mit einer Förderzusage

Für die Ermittlung der **ortsüblichen Vergleichsmiete** sind nicht die Mieten **13** aller Mietverhältnisse maßgeblich. Insofern besteht eine wechselseitige Abhängigkeit. Für bestimmten Wohnraum hat der Vermieter keinen Anspruch auf Zustimmung zu einer Mieterhöhung. Das bedeutet umgekehrt, dass die für solchen Wohnraum gezahlten Mieten nicht zur Ermittlung der ortsüblichen Vergleichsmiete herangezogen werden dürfen. Hierzu zählen Mietverhältnisse über Wohnraum, bei denen die Miethöhe durch Gesetz oder im Zusammenhang mit einer Förderzusage festgelegt worden ist (→ BGB § 558 Rn. 43). Die Frage ist für Mieter sicher schwieriger zu beantworten als für Vermieter.

d) Art der Miete und Miethöhe

Der Begriff „**Art der Miete**" ist dem Mietrecht eher fremd. Im Mietrecht wird **14** vor allem unterschieden zwischen den unterschiedlichen Mietstrukturen, die als Bruttowarm-, Bruttokalt-, Nettowarm, Nettokaltmiete oder Teilinklusivmiete bezeichnet werden. Dabei geht es um die Frage, welche Betriebskosten in der Grundmiete enthalten sind. Mietspiegel weisen regelmäßig die Nettokaltmiete aus. Deshalb müssen die ggf. in der Miete enthaltenen Betriebskosten herausgerechnet werden.

Die Miethöhe ist die aktuelle Miete zum **Erhebungsstichtag.** In die orts- **15** übliche Vergleichsmiete fließt jede Miete nur einmal ein, auch wenn im konkreten Mietverhältnis sowohl die Neuvertragsmiete in den Sechsjahreszeitraum fällt, wie auch ein oder zwei Mieterhöhungen. Maßgeblich ist nämlich nur die zum Erhebungsstichtag gezahlte Miete.

---

[7] BT-Drs 19/26918, 27.

e) Art, Größe, Ausstattung, Beschaffenheit und Lage des vermieteten Wohnraums einschließlich seiner energetischen Ausstattung und Beschaffenheit

16   Die Frage beziehen sich auf die **fünf Wohnwertmerkmale** des § 558 Abs. 2 BGB. Dabei ist es zulässig, nicht pauschal und allgemein nach diesen Wohnwertmerkmalen zu fragen, sondern diese operationalisiert abzufragen. Dazu können Unterkategorien gebildet und die Fragen nach Einzelmerkmalen ausdifferenziert werden. Jedoch ist dabei darauf zu achten, dass sich die Auskunftspflicht nur auf solche Einzelmerkmale bezieht, die voraussichtlich einen Einfluss auf die Miethöhe haben. Die Gesetzesbegründung nennt hierfür als Beispiel:[8]

Wohnwertmerkmal	Ausstattung
Unterkategorie	Fenster
Einzelmerkmale	Einfachverglasung, Isolierverglasung, Wärmeschutzverglasung, Doppelfenster, Kastenfenster, Klappläden, einfache Rollläden, elektrisch betriebene Rollläden

f) Vorliegen besonderer Umstände, die zu einer Ermäßigung der Miethöhe geführt haben, insbesondere Verwandtschaft zwischen Vermieter und Mieter, ein zwischen Vermieter und Mieter bestehendes Beschäftigungsverhältnis oder die Übernahme besonderer Pflichten durch den Mieter

17   Sinn und Zweck dieser Fragen soll es sein, sogenannte **Ausreißermieten** zu eliminieren. Bekanntlich erfüllen nicht alle Miethöhevereinbarungen das Merkmal der **„Üblichkeit"**. Seit Jahrzehnten wird deshalb immer wieder erörtert, ob bestimmte Mieten in die Datenauswertung nicht einfließen dürfen. Diese werden üblicherweise als „Ausreißermieten"[9] bezeichnet, teilweise wird auch richtigerweise von Extremwertbereinigungen gesprochen.[10] § 12 Abs. 2 MsV[11] definiert (→ MsV § 12 Rn.) Ausreißermieten als „besonders geringe oder besonders hohe Mieten, die unter Berücksichtigung der wohnwertrelevanten Eigenschaften der Wohnung mit der weit überwiegenden Zahl der übrigen Mietwerte unvereinbar erscheinen."

18   Normativ ist dies „Bereinigung" schwer einzuordnen, da immer im Einzelfall entschieden werden muss, ob diese **„Extremwerte"** tatsächlich ein Marktgeschehen widerspiegeln oder ob es hier aus den unterschiedlichsten Gründen einer Mietvertragspartei gelungen ist, eine völlig außerhalb des gängigen Preisspektrums liegende Miete zu vereinbaren. Nur im letzten Fall würde durch die Berücksichtigung dieser Werte eine **Verzerrung** eintreten. Eine Miete ist nämlich nicht deshalb schon unüblich und deshalb nicht zu berücksichtigen, weil sie besonders niedrig oder hoch ist. Man muss sich bewusst sein, dass jede Extremwertbereinigung großen Einfluss auf die Höhe der ortsüblichen Vergleichsmiete hat, dies gilt insbes. bei Tabellenfeldern mit geringer Feldbesetzung. Extremen Einzelfällen, die hinsichtlich der vereinbarten Miethöhe nicht repräsentativ sind, würde über eine Durchschnittsbetrachtung eine Marktbedeutung zugemessen, die ihnen in der – mit dem Kriterium der Ortsüblichkeit abzubildenden – flächendeckenden Realität nicht zu-

---

[8] BT-Drs. 9/26918, 27.
[9] Insofern ist die Terminologie von Schick GE 2008, 1065 falsch, da es ihm um die Weite der Spanne geht und nicht das, was üblicherweise bisher unter dem Begriff Ausreißermieten verstanden wurde; auch Paschke GE 2012, 1072 (1076) versteht unter dem Begriff etwas anderes (Wohnungen, die auf Grund von Besonderheiten nicht vom Mietspiegel erfasst werden).
[10] So beim früheren Berliner Mietspiegel GE 2008, 1286.
[11] Abgedr. im Anhang zu §§ 558 c – d.

kommt.[12] Da heute aber sowohl bei der Mietspiegelerstellung als auch bei **Sachverständigengutachten**[13] die ortsübliche Vergleichsmiete als Spanne, idR eine 2/3-Spanne, verstanden wird, werden Extremwerte auf diese Weise schon eliminiert, auch wenn ein ganz geringer Einfluss auf die Spanne noch übrigbleibt. Das gilt insbes. dann, wenn als Mittelwert im Mietspiegel der Median aus allen Daten vor Bildung der Spanne ausgewiesen wird. Gegenüber dem arithmetischen Mittel hat der Median den Vorteil, dass er robust gegenüber etwaigen Extremwerten ist.

Ursachen für solche Ausreißer können sein: **19**

- Der Mietvereinbarung können Umstände zu Grunde liegen, die mit den üblichen Marktverhältnissen nichts zu tun haben.[14] So kann zwischen Verwandten eine besonders niedrige Miete vereinbart worden sein, weil damit eine Art Unterhaltszahlung erfolgt oder weil sonst familiäre Gesichtspunkte im Vordergrund stehen. Man bezeichnet dies als sog. **„Gefälligkeitsmieten"**.

- Auch arbeitsrechtliche Beziehungen können eine Rolle spielen, zB weil durch die Vereinbarung einer besonders niedrigen Miete ein verdecktes Entgelt an den Mitarbeiter, zB den Geschäftsführer einer GmbH, erfolgen soll.

Deshalb erlaubt Art. 238 § 2 Abs. 2 lit. f EGBGB die Abfrage nach solchen Um   **20** ständen, die aus Sicht der Mietvertragsparteien zu einer Ermäßigung der vereinbarten Miete geführt haben können. Die Vorschrift ist problematisch.

Sie setzt zunächst voraus, dass den Parteien überhaupt bewusst ist, dass sie eine   **21** unterhalb der Marktmiete (bei Neuvermietung) oder der ortsüblichen Vergleichsmiete (bei Bestandsmietenerhöhung) zulässige Miete vereinbart haben. Das muss den Parteien in dieser Deutlichkeit gar nicht bewusst sein.

Dabei enthält die Vorschrift noch nicht einmal eine Grenze, ab wann von einer   **22** Ermäßigung auszugehen ist. Im Einkommensteuerrecht gibt es in § 21 Abs. 2 EStG eine Regelung. Beträgt nämlich das Entgelt für die Überlassung einer Wohnung zu Wohnzwecken weniger als 50% der **ortsüblichen Marktmiete**, so ist die Nutzungsüberlassung in einen entgeltlichen und einen unentgeltlichen Teil aufzuteilen. Ab einem Entgelt von 66% der ortsüblichen Miete wird von vollständiger Entgeltlichkeit ausgegangen. Steuerrechtlich ist es also zulässig zur 2/3 der ortsüblichen Miete zu vereinbaren, ohne Nachteile zu erleiden. Liegt die Miete zwischen 50 und unter 66% der ortsüblichen Miete erfolgt eine Einzelfallprüfung, ob eine **Einkünfteerzielungsabsicht** vorliegt. Deshalb sind Vermietung bis zu einer Miete zu 2/3 der maßgeblichen ortsüblichen Miete auch nicht zu eliminieren. Deshalb müssen besondere Umstände in diesem Fall gar nicht angegeben werden. Dafür spricht auch die Formulierung in § 12 Abs. 2 MsV, wonach der Datenbestand nur um „besonders hohe" oder „besonders niedrige" Miete zu bereinigen ist.

Schließlich wird auch nicht differenziert zwischen dem Grad der Verwandt   **23** schaft. Im Mietrecht geht es zum Beispiel bei der **Eigenbedarfskündigung** gem. § 573 Abs. 2 Ziff. 2 BGB oder der Ausnahme von einer Kündigungssperrfrist gem. § 577a BGB um Familienangehörige. Der BGH[15] orientiert sich dabei an dem Personenkreis, denen das Prozessrecht ein **Zeugnisverweigerungsrecht** aus persön-

---

[12] BGH WuM 2010, 38.

[13] Ausdrücklich gefordert von BGH NJW 2012, 1351.

[14] Für die ortsübliche Nutzungsentschädigung nach § 5 Abs. 2 NutzEV ebenso BGH WuM 2010, 38.

[15] BGH NZM 2020, 984 = MietPrax-AK § 577a BGB Nr. 4 (Eisenschmid); dazu Drasdo NJW-Spezial 2020, 674; Wiek WuM 2020, 732; Abramenko MietRB 2020, 353.

lichen Gründen gewährt, unabhängig vom Vorliegen eines konkreten, tatsächlichen Näheverhältnisses (§ 383 Abs. 1 ZPO und § 52 Abs. 1 StPO). Eine ähnliche Beschränkung sollte auch hier vorgenommen werden, weil die Verwandtschaft bei weitergehenden Beziehungen als Grund für die abweichende Mietfestsetzung immer weiter in den Hintergrund treten wird und durch Sympathie oä verdrängt wird.

D. Art 238 § 2 Abs. 3 EGBGB

24   Eine Form für die Auskunft ist in Art 238 § 2 EGBGB nicht vorgeschrieben. Soweit § 15 Abs. 3 des Gesetzes über die Statistik für Bundeszwecke (Bundesstatistikgesetz) vorschreibt, dass die Auskunft vom Befragten in der von der Erhebungsstelle vorgegebenen Form zu erteilen ist, ist die Vorschrift nicht anzuwenden. Bei einer Mietspiegelerhebung handelt es sich um keine Bundesstatistik. Ein **qualifizierter Mietspiegel** basiert aber auch auf einer Statistik. Der Mietspiegel soll die ortsübliche Vergleichsmiete in der Gemeinde wiedergeben. Die ortsübliche Vergleichsmiete ist wiederum eine empirisch-normative Größe.[16] Sie beruht auf den empirischen Werten hinsichtlich der Miethöhe für nach § 558 Abs. 2 BGB vergleichbare Wohnungen. Das ist der Statistikteil. Es müssen dann aber noch weitere normative Bewertungen vorgenommen werden. Insofern unterscheidet sich ein Mietspiegel von anderen Statistiken, wie z. B. der Viehzählung, bei denen nur die erfassten Werte wiedergegeben werden. Beim Mietspiegel müssen die Werte noch normativ eingeordnet werden, also was ist der Gemeinde eine gute Lage und welche Ausstattungen werden in der Gemeinde mit einem **Zu- oder Abschlag** goutiert. Das ändert aber nichts daran, dass die Ermittlung der Daten mittels Auskunftserteilung die Datenerhebung für eine Statistik darstellt, so dass die örtlich anwendbaren Landesstatistikgesetze zur Anwendung kommen, wenn eine kommunale Stelle eine Datenerhebung selbst durchführt oder veranlasst (Kommunalstatistik), z. B. § 1 Abs. 1 Nr. 1b LStatG NW. In den Landesstatistikgesetzen ist zum Teil eine Pflicht zur Beantwortung der Frage auf einem Erhebungsbogen vorgesehen, z. B. 13 Abs. 2 HessLStatG.

25   Nach einigen Landesstatistikgesetzen dürfen **Kommunalstatistiken** nur auf Grund einer gesetzlichen Grundlage, in der Regel einer Satzung, erstellt werden. Vorliegend ergibt sich die Befugnis direkt aus den § 558 c und § 558 d BGB sowie der aufgrund der Ermächtigungsgrundlage in § 558 c BGB ergangenen MietspiegelVO sowie aus Art. 238 EGBGB. Die Landesstatistikgesetze schreiben zum Teil die Einhaltung einer Form vor, so § 11 Abs. 4 LStatG NW, wonach die Antworten auf den Erhebungsformularen in der vorgegebenen Form zu erteilen sind, wenn dies so vorgesehen ist. Allein aus Art. 238 § 2 EGBGB ergibt sich diese Pflicht aber ebenso wenig, wie aus den Landesstatistikgesetzen. Es müsste ausdrücklich durch eine gesondert Ortssatzung angeordnet werden. Ist das nicht der Fall, kann die Auskunft in jeder Form erteilt werden.

26   Wird die Datenerhebung durch persönliche Interviews **(face-to-face)** durchgeführt besteht keine Verpflichtung, den Interviewer in die Wohnung zu lassen, Art 13 GG. Auch in diesem Fall kann die Auskunft schriftlich erfolgen, so dass ein Bußgeld nur in Betracht kommt, wenn dem Auskunftspflichtigen der Fragebogen ausgehändigt wurde.

---

[16]   Blank ZMR 2013, 170.

Bei einer **telefonischen Befragung** besteht ebenfalls keine Auskunftspflicht, da **27** für den Auskunftspflichtigen nicht erkennbar ist, wer ihn da anruft. Ein Bußgeld kommt auch hier nur in Betracht, wenn dem Auskunftspflichtigen eine Fragebogen übersandt wird.

Die Verpflichtung zur Eingabe der Daten in ein elektronisches Formular bedarf **28** gesetzlicher Grundlage und besteht deshalb regelmäßig nicht.

Wird bei einer **mündlichen oder telefonischen Befragung** die Antwort **29** schriftlich erteilt, können die ausgefüllten Fragebogen den Erhebungsbeauftragten übergeben, bei der Erhebungsstelle abgegeben oder dorthin übersandt werden. § 15 Bundesstatistikgesetz erlaubt, dass diese zuvor beschrieben verschiedenen Möglichkeiten zur Antworterteilung angeboten werden können. Das Gesetz sieht aber ausdrücklich vor, dass im Falle einer mündlichen oder telefonischen Befragung ist auch die Möglichkeit einer schriftlichen Antworterteilung vorzusehen. Die Pflicht zur elektronischen Antworterteilung ist auf Betriebe und Gewerbetreibende beschränkt. Die Landesstatistikgesetze enthalten zum Teil ähnliche Regelungen.

E. Art 238 § 2 Abs. 3 EGBGB

Nach Art 238 § 2 Abs. 3 EGBGB besteht die Auskunftspflichten nach den Absät- **30** zen 1 und 2 auch gegenüber Stellen, die mit der von der nach Landesrecht zuständigen Behörde mit der Erstellung oder Anpassung eines qualifizierten Mietspiegels nach § 1 Absatz 3 beauftragt wurden. Damit sollte der Praxis Rechnung getragen werden, wonach Behörden regelmäßig mit der Mietspiegelerstellung ein darauf **spezialisiertes privates Institut** zu beauftragen. In diesem Fall liegt eine Auftragsverarbeitung nach Art 28 DSGVO vor. Es müssen die entsprechenden datenschutzrechtlichen Grundsätze eingehalten werden. Hierzu zählt insbesondere der Abschluss einer Vereinbarung nach Art 28 Abs 3 DSGVO.

§ 3   **Datenverarbeitung**

(1) ¹Die nach Landesrecht zuständige Behörde darf die in § 2 Absatz 1 und 2 genannten Merkmale in dem zur Erstellung oder Anpassung eines qualifizierten Mietspiegels erforderlichen Umfang erheben und in sonstiger Weise verarbeiten. ²Doppelerhebungen sind nur dann zulässig, wenn begründete Zweifel an der Richtigkeit einer Erhebung bestehen oder wenn dies zur stichprobenartigen Prüfung der Qualität der Erhebung erforderlich ist.

(2) ¹Die nach Landesrecht zuständige Behörde hat die Hilfsmerkmale des § 2 Absatz 2 Nummer 2 von den weiteren erhobenen Merkmalen zum frühestmöglichen Zeitpunkt zu trennen und gesondert zu verarbeiten. ²Die Hilfsmerkmale sind zu löschen, sobald die Überprüfung der Erhebungs- und Hilfsmerkmale auf ihre Schlüssigkeit und Vollständigkeit abgeschlossen ist und sie auch für eine Anpassung des Mietspiegels nach § 558d Absatz 2 Satz 2 des Bürgerlichen Gesetzbuchs nicht mehr benötigt werden.

(3) Die Absätze 1 und 2 gelten entsprechend für Stellen, die von der nach Landesrecht zuständigen Behörde mit der Erstellung oder Anpassung eines qualifizierten Mietspiegels nach § 1 Absatz 3 beauftragt worden sind.

(4) [1]Die nach Landesrecht zuständige Behörde darf die nach Absatz 1 erhobenen Daten zu wissenschaftlichen Forschungszwecken in anonymisierter Form an Hochschulen, an andere Einrichtungen, die wissenschaftliche Forschung betreiben, und an öffentliche Stellen übermitteln. [2]Sie ist befugt, die Daten zu diesem Zweck zu anonymisieren.

A. Inhalt der Regelung

1   Die Vorschrift knüpft an **die Auskunftspflichte und Mitteilungsplichten** in Art. 238 § 1 EGBG und Art. 238 § 2 EGBGB an und regelt die anschließend erforderliche Verarbeitung der Daten zwecks Erstellung und Anpassung eines qualifizierten Mietspiegels.

B. Art. 238 § 3 Abs. 1 EGBGB

2   Art. 238 § 3 Abs. 1 EGBGB regelt die Befugnis der nach Landesrecht zuständigen Behörde, die Merkmale, auf die sich die Auskunftspflichten in Art. 238 § 2 Abs 1 EGBGB und Art. 238 § 2 Abs. 2 EGBGB beziehen, zu erheben und zu verarbeiten, soweit dies zur Erstellung oder Anpassung eines qualifizierten Mietspiegels erforderlich ist.[1]

3   Diese Befugnis ist jedoch nicht abschließend. Der nach Landesrecht zuständigen Behörde ist darüber hinaus gestattet, sonstige Daten über Wohnraummietverhältnisse einschließlich personenbezogener Daten zu erheben und zu verarbeiten. Voraussetzung ist, dass dies im konkreten Fall zur Mietspiegelerstellung erforderlich und angemessen ist und außerdem die Befragten ihre **Einwilligung** in die Datenverarbeitung wirksam erteilt haben.[2] Für die Rechtmäßigkeit einer solchen Verarbeitung gilt Art. 6 Abs. 1a DSGVO und Art. 7 DSGVO.

4   Die Grenzen der **Datenverarbeitungsbefugnis** für die Behörde ergeben sich aus Art. 5 Abs. 1b, c DSGVO. Danach dürfen Informationen und Daten nur in dem erforderlichen und angemessenen Umfang zum Zweck der Mietspiegelerstellung im Rahmen der Zweckbindung und den Grundsätzen der **Datenminimierung** verarbeitet werden. Der Gesetzgeber hat diese Schranken bewusst noch einmal in Art. 238 § 3 Abs. 1 EGBGB aufgenommen, damit durch Art. 238 § 2 EGBGB nicht der Eindruck entsteht, die Behörde könne beliebig Informationen von Mietern und Vermietern abrufen.[3]

5   Dieser Grundsatz der **Datensparsamkeit** bezieht sich auch auf Doppelerhebungen zu denselben Merkmalen einer bestimmten Wohnung. Zwar bestimmt § 8 Abs. 1 MsV (→MsV § 8 Rn. 18), dass qualifizierte Mietspiegel auf einer direkten Datenerhebung durch Befragung von Vermietern oder Mietern oder von beiden Gruppen erstellt werden, jedoch bedeutet dies nicht, dass für jede Wohnung beider Mietvertragsparteien befragt werden müssen. Dies ist unter dem Gesichtspunkt der Datenminimierung auch in der Regel ausgeschlossen.

---

[1] BT-Drs. 19/26918, 27.
[2] BT-Drs. 19/26918, 27.
[3] BT-Drs. 19/26918, 27.

Für die Datenverarbeitung gelten die im Übrigen die Regelungen der DSGVO **6** uneingeschränkt. Das gilt insbesondere für die Informationspflichten aus Art. 12 bis 14 DSGVO.[4]

C. Art. 238 § 3 Abs. 2 EGBGB

An diese allgemeinen Grundsätze des Datenschutzrechts knüpft auch Art. 238 **7** § 3 Abs. 2 EGBGB an. Das bedeutet, dass die gem. Art. 238 § 2 Abs. 2 Ziff. 2 EGBGB abgefragten Hilfsmerkmale von den weiteren erhobenen Merkmalen zum frühestmöglichen Zeitpunkt zu trennen und gesondert zu verarbeiten sind. Diese Hilfsmerkmale sind zu löschen, sobald die Überprüfung der Erhebungs- und Hilfsmerkmale auf ihre Schlüssigkeit und Vollständigkeit abgeschlossen ist und sie auch für eine **Fortschreibung des Mietspiegels** nach § 558d Abs. 2 S 2 BGB nicht mehr benötigt werden. Die Vorschrift trägt damit dem Grundsatz der Speicherbegrenzung gem. Art. 5 Abs. 1e DSGVO Rechnung.[5] Durch die Trennung von den Hilfsmerkmalen verlieren die übrigen erhobenen oder übermittelten Merkmale ihren Personenbezug. Einer gesonderten Löschungsregelung für sie bedarf es daher nicht.

D. Art 238 § 3 Abs. 3 EGBGB

In Art. 238 § 3 Abs 3 BGB ist wiederum wie in Art. 238 § 1 Abs. 3 EGBGB **8** (→ MsV Art. 238 § 1 Rn. 18) und Art. 238 § 2 Abs. 3 EGBGB (→ MsV Art. 238 § 2 Rn. 30) bestimmt, dass die für die nach Landesrecht bestimmte Behörde geltenden Ermächtigungen und **Beschränkungen** für beauftragte Institute gelten. Diese Stellen sollen die gleichen datenschutzrechtlichen Pflichten treffen wie die nach Landesrecht zuständigen Behörden.

E. Art. 238 § 3 Abs. 4 EGBGB

Art. 238 § 3 Abs. 4 EGBGB erlaubt den nach Landesrecht zuständigen Behörden **9** die zulässigerweise erhobenen Daten zu **wissenschaftlichen Forschungszwecken** in anonymisierter Form an Hochschulen, an andere Einrichtungen, die wissenschaftliche Forschung betreiben, und an öffentliche Stellen zu übermitteln. Sie ist befugt, die Daten zu diesem Zweck zu anonymisieren.

Zu den anderen Einrichtungen gehören auch private Unternehmen, wenn sie **10** zumindest teilweise wissenschaftliche Forschung betreiben und die Daten ihrer Forschung dienen.

Dabei ist es zulässig, die dafür notwendige **Anonymisierung** durchzuführen. **11** Hierzu zählt z. B. die Vergröberung einzelner Merkmale durch die Bildung von Klassen, so dass der Raumbezug sich auf ein größeres Gebiet bezieht, mit der Folge, dass die Zuordnung zu einer natürlichen Person, einem Haushalt oder einer einzelnen Wohnung nicht oder nur mit einem unverhältnismäßig großen Aufwand an Zeit, Kosten und Arbeitskraft möglich ist.[6]

---

4 BT-Drs. 19/26918, 27.
5 BT-Drs. 19/26918, 27.
6 BT-Drs. 19/26918, 28.

§ 4 Bußgeldvorschriften

(1) Ordnungswidrig handelt, wer vorsätzlich oder fahrlässig entgegen § 2 Absatz 1 oder 2, jeweils auch in Verbindung mit Absatz 3, eine Auskunft nicht, nicht rechtzeitig, nicht richtig oder nicht vollständig erteilt.

(2) Die Ordnungswidrigkeit kann mit einer Geldbuße bis zu fünftausend Euro geahndet werden.

A. Inhalt der Regelung

1   Die Vorschrift enthält die Bußgeldvorschriften mit denen eine Verletzung der Auskunftspflichten des Art. 238 § 2 EBGB geahndet werden kann. Der Gesetzgeber wollte damit sicherstellen, dass die zur Auskunft verpflichteten Eigentümer, Mieter und Vermieter von Wohnraum ihrer **Auskunftspflicht** auch tatsächlich nachkommen, damit auf Grundlage ihrer Auskünfte ein qualifizierter Mietspiegel erstellt oder mittels Stichprobe angepasst werden kann.[1]

B. Der Bußgeldtatbestand in Absatz 1

2   Art. 238 § 2 Abs. 1 legt den Tatbestand fest, dessen Verletzung **bußgeldbewehrt** ist. Es handelt sich um eine öffentlich-rechtliche Pflicht, so dass weder der Vermieter hieraus Ansprüche gegen den Mieter und umgekehrt herleiten kann.[2] Erfasst werden

- die Verweigerung jeder Auskunft
- die verspätete Abgabe einer Auskunft
- die fehlerhafte Auskunft
- die unvollständige Auskunft

---

[1] BR-Drs 22/21, 26.
[2] Abramenko MDR 2022, 65, 69.

I. qualifizierter Mietspiegel

Ein Bußgeld kann nur im Rahmen der Erstellung eines qualifizierten Mietspie- **3** gels verhängt werden. Soll in der Gemeinde nur ein **einfacher Mietspiegel** erstellt werden, besteht gerade keine Auskunftspflicht nach Art. 238 § 2 EGBGB, selbst wenn die nach Landesrecht zuständige Stelle für die Erstellung eines einfachen Mietspiegels Daten erheben will. In diesem Fall ist die Auskunftserteilung freiwillig und demgemäß auch nicht bußgeldbewehrt. Eine analoge Anwendung der nach dem Wortlaut und Sinn und Zweck eindeutig nur für qualifizierte Mietspiegel be- stehenden Auskunftspflicht und damit wohl auch die Möglichkeit einer Verhän- gung eines Bußgelds auf einfache Mietspiegel ist nicht zulässig.[3]

II. Ordnungsgemäßes Auskunftsverlangen

1. Auskunftsberechtigter. Die Auskunftspflicht besteht grds. gegenüber der **4** nach Landesrecht zuständigen Behörde. Solange diese nicht bestimmt ist, besteht keine Auskunftspflicht. Es ist nicht automatisch die Gemeinde zuständig.

Gemäß Art. 238 § 2 Abs. 3 EGBGB bestehen die Auskunftspflichten nach **5** Art. 238 § 2 Abs. 1 und 2 EGBGB auch gegenüber derjenigen Stelle, die von der nach Landesrecht zuständigen **Behörde** mit der Erstellung oder Anpassung eines qualifizierten Mietspiegels nach Art 238 § 1 Abs 3 EGBGB beauftragt wurden. Da- bei wird es sich regelmäßig um ein Institut oä handeln, das sich auf Mietspiegel- erstellung spezialisiert hat.

2. Auskunftspflichtiger. Art. 238 § 2 EGBGB unterscheidet hinsichtlich der **6** Auskunftspflicht zwei verschiedene Zeitpunkte und dementsprechend auch zumin- dest teilweise unterschiedliche Auskunftspflichtige:

Nach Art 238 § 2 Abs 1 EGBGB sind **Mieter und Eigentümer** auskunftspflich- **7** tig. Zu diesem frühen Zeitpunkt ist richtigerweise ua auch der Eigentümer Adressat der Verpflichtung, da bei Beginn der Mietspiegelerstellung regelmäßig noch keine Erkenntnisse über die Grundgesamtheit an vermieteten Wohnungen vorliegen.[4] Zu diesem Verfahrenszeitpunkt können nur die Bewohner befragt werden, um zu er- mitteln, ob es sich um -mietspiegelirrelevante − selbstnutzende Eigentümer oder möglicherweise mietspiegelrelevant Mieter handelt.[5]

Die Auskunftspflicht nach Art. 238 § 2 Abs. 2 EGBGB enthält dann die zusätz **8** liche Auskunftspflicht von Vermietern und Mietern. Sie betrifft Merkmale, die zur Ermittlung des mietspiegelrelevanten Wohnungsbestandes und zur Bestimmung der **ortsüblichen Vergleichsmiete** für die Mietspiegelerstellung erforderlich sind.[6]

Im **Ordnungswidrigkeitenrecht** kann im Übrigen anders als bisher im Straf- **9** recht auch ein Bußgeld gegen Juristische Personen und Personenvereinigungen festgesetzt werden, was bedeutsam ist, bei verlangten Vermieterauskünften von Ver- mietungs-GmbHs/AGs/Genossenschaften aber auch Gesellschaften bürgerlichen

---

[3] **AA** Abramenko MDR 2022, 65, 69.

[4] BR-Drs 22/21, 24.

[5] Insofern geht die Kritik von Abramenko MDR 2022, 65, 69 an der unterschiedlichen Ter- minologie in Art. 238 § 2 Abs. 1 und 2 EGBG wegen eines falschen Vorverständnisses hin- sichtlich der unterschiedlichen Funktion der Auskunftspflichten nach den beiden Absätzen fehl.

[6] BR-Drs 22/21, 24.

Rechts[7]. Voraussetzung ist, dass Organe oder Vertreter die die juristische Person treffende Auskunftspflicht nicht, nicht rechtzeitig oder falsch erfüllt haben. § 30 OWiG enthält einen Katalog von möglichen Adressaten der Geldbuße in solchen Fällen. Auch faktische Gesellschaften und Vorgesellschaften können **Adressat der Bußgeldbescheids** sein.[8] Entscheidend ist, wer auskunftspflichtig ist. Verfahrensrechtlich ist dabei zu beachten, dass die Ahndung gegen den Verband grundsätzlich im selben Bußgeldbescheid anzuordnen ist wie die Ahndung gegen den Repräsentanten – zwei getrennte Verfahren sind wegen sich dann verdoppelnder Rechtsfolge unzulässig.[9]

10   **3. Die Auskunftsverweigerung.** Bußgeldbewehrt ist zunächst die **vollständige Verweigerung** der Beantwortung der Fragen eines Auskunftsberechtigten durch den Auskunftspflichtigen. Der Gesetzgeber wollte durch die Androhung und ggf. Verhängung eines Bußgelds sicherstellen, dass die zur Auskunft Verpflichteten ihrer Auskunftspflicht auch tatsächlich nachkommen, damit auf Grundlage ihrer Auskünfte ein qualifizierter Mietspiegel erstellt oder mittels Stichprobe angepasst werden kann.[10] Das mag faktisch so sein, rechtlich ist das zweifelhaft. Ein Anspruch in Form eines Auskunftsanspruch wird regelmäßig mittel Zwangsgeld durchgesetzt. Es handelt sich einer Auskunftspflicht um eine **unvertretbare Handlungen,** deren Vornahme nur vom Willen des Pflichtigen abhängt. Eine Ersatzvornahme scheidet hier regelmäßig aus, auch wenn man bei der Auskunft gem. Art. 238 § 2 abs. 1 und 2 EGBGB durchaus auch den Vertragspartner, also bei einer Mietbefragung den Vermieter oder umgekehrt, befragen könnte.

11   Für **zivilprozessuale Ansprüche** gilt insofern § 890 Abs. 1 ZPO. Aber auch öffentlich-rechtliche bestehende Verpflichtungen werden gem. § 11 VwVG des Bundes und den entsprechenden Landesgesetzen durch die Festsetzung von Zwangsgeld durchgesetzt. Nur hierdurch kann der Auskunftspflichtige auch zu Auskunft gezwungen werden, weil die mehrfache Festsetzung bei unterlassener Auskunft möglich ist.

12   Ein Bußgeld dient aber nicht zur Durchsetzung der Auskunftspflicht, sondern sanktioniert die Weigerung, an der Datenerhebung mitzuwirken. Es handelt sich auch nicht um ein Dauerdelikt, für das immer wieder neu ein Bußgeld festgesetzt werden kann. Die Auskunft bezieht sich auf bestimmte Daten, die zum **Erhebungsstichtag** erhoben werden. Sie müssen dann zeitnah erhoben und ausgewertet werden. Nach Auswertung der erhobenen Daten ist die Erteilung der Auskunft durch den sich bisher weigernden Auskunftspflichtigen wertlos, da die Daten nicht mehr benötigt werden. Bei einer ähnlichen Erhebung, nämlich dem Mikrozensus 2022 aufgrund des Zensusgesetzes[11] kann der Anspruch auf Auskunft zwar mittels Zwangsgeld durchgesetzt werden, es liegt aber zugleich auch eine Ordnungswidrigkeit gem. § 23 des Gesetzes über die Statistik für Bundeszwecke **(Bundesstatistikgesetz)** vor, weshalb ein Bußgeldverhängt werden kann.

13   Eine Form für die Auskunft ist im EGBGB nicht vorgeschrieben. Soweit § 15 Abs. 3 des Gesetzes über die Statistik für Bundeszwecke (Bundesstatistikgesetz) vor-

---

[7] Göhler/Gürtler, OWiG, 17. Aufl. 2017, § 30 Rn. 5 mwN.
[8] Hierzu: Krenberger/Krumm, OWiG, 5. Aufl. 2018, § 30 Rn. 16.
[9] Krenberger/Krumm, OWiG, 5. Aufl. 2018, § 30 Rn. 48 f.; ausführlich dazu: Göhler/Gürtler, OWiG, 17. Aufl. 2017, § 30 Rn. 32 ff.
[10] BR-Drs 22/21, S 26.
[11] BGBl 2019 I 1851.

schreibt, dass die Auskunft vom Befragten in der von der **Erhebungsstelle** vorgegebenen Form zu erteilen ist, ist die Vorschrift nicht anzuwenden. Bei einer Mietspiegelerhebung handelt es sich um keine Bundesstatistik. Ein qualifizierter Mietspiegel basiert aber auf einer Statistik. Der Mietspiegel soll die **ortsübliche Vergleichsmiete** in der Gemeinde wiedergeben. Die ortsübliche Vergleichsmiete ist wiederum eine empirisch-normative Größe.[12] Sie beruht auf den empirischen Werten hinsichtlich der Miethöhe für nach § 558 Abs. 2 BGB vergleichbare Wohnungen. Das ist der Statistikteil. Es müssen dann aber noch normative Bewertungen vorgenommen werden. Insofern unterscheidet sich ein Mietspiegel von anderen Statistiken, wie z. B. der Viehzählung, bei denen nur die erfassten Werte wiedergegeben werden. Beim Mietspiegel müssen die Werte noch normativ eingeordnet werden, also was ist der Gemeinde eine gute Lage und welche Ausstattungen werden in der Gemeinde mit einem Zu- oder Abschlag goutiert. Das ändert aber nichts daran, dass die Ermittlung der Daten mittels Auskunftserteilung die Datenerhebung für eine Statistik darstellt, so dass die örtlich anwendbaren Landesstatistikgesetze zur Anwendung kommen, wenn eine kommunale Stelle eine Datenerhebung selbst durchführt oder veranlasst **(Kommunalstatistik),** z. B. § 1 Abs. 1 Nr. 1 b LStatG NW. In den Landesstatistikgesetzen ist zum Teil eine Pflicht zur Beantwortung der Frage auf einem Erhebungsbogen vorgesehen, z. B. 13 Abs. 2 HessLStatG.

Nach einigen **Landesstatistikgesetzen** dürfen Kommunalstatistiken nur auf **14** Grund einer gesetzlichen Grundlage, in der Regel einer Satzung, erstellt werden. Vorliegend ergibt sich die Befugnis direkt aus den §§ 558 c und d BGB sowie der aufgrund der Ermächtigungsgrundlage in § 558 c BGB ergangenen MietspiegelVO sowie aus Art. 238 EGBGB. Die Landesstatistikgesetze schreiben zum Teil die Einhaltung einer Form vor, so § 11 Abs. 4 LStatG NW, wonach die Antworten auf den Erhebungsformularen in der vorgegebenen Form zu erteilen sind, wenn dies so vorgesehen ist. Allein aus Art. 238 § 2 EGBGB ergibt sich diese Pflicht aber ebenso wenig, wie aus den Landesstatistikgesetzen. Es müsste ausdrücklich durch eine gesondert Ortssatzung angeordnet werden. Ist das nicht der Fall, kann die Auskunft in jeder Form erteilt werden.

Wird die Datenerhebung durch persönliche Interviews **(face-to-face)** durch- **15** geführt besteht keine Verpflichtung, den Interviewer in die Wohnung zu lassen, Art 13 GG. Auch in diesem Fall kann die Auskunft schriftlich erfolgen, so dass ein Bußgeld nur in Betracht kommt, wenn dem Auskunftspflichtigen der Fragebogen ausgehändigt wurde.

Bei einer **telefonischen Befragung** besteht ebenfalls keine Auskunftspflicht, da **16** für den Auskunftspflichtigen nicht erkennbar ist, wer ihn da anruft. Ein Bußgeld kommt auch hier nur in Betracht, wenn dem Auskunftspflichtigen ein Fragebogen übersandt wurde.

Die Verpflichtung zur Eingabe der Daten in ein elektronisches Formular bedarf **17** gesetzlicher Grundlage und besteht deshalb regelmäßig nicht,

Wird bei einer **mündlichen oder telefonischen Befragung** die Antwort **18** schriftlich erteilt, können die ausgefüllten Fragebogen den Erhebungsbeauftragten übergeben, bei der Erhebungsstelle abgegeben oder dorthin übersandt werden. § 15 Bundesstatistikgesetz erlaubt, dass diese zuvor beschrieben verschiedenen Möglichkeiten zur Antworterteilung angeboten werden können. Das Gesetz sieht aber ausdrücklich vor, dass im Falle einer mündlichen oder telefonischen Befragung ist auch die Möglichkeit einer schriftlichen Antworterteilung vorzusehen. Die

---

[12] Blank ZMR 2013, 170.

Pflicht zur elektronischen Antworterteilung ist auf Betriebe und Gewerbetreibende beschränkt. Die Landesstatistikgesetze enthalten zum Teil ähnliche Regelungen.

19   **4. Die nicht rechtzeitige Erteilung einer Auskunft.** Zweite Tatbestandsalternative ist **die nicht rechtzeitige Erteilung** der verlangten Auskunft. Damit ist kein Verzug iSd § 286 BGB gemeint. Die Rechtzeitigkeit der Auskunft ergibt sich aus der Funktion der Auskunft, nämlich in der ersten Stufe nach Art. 238 § 2 Abs. 1 EGBGB die maßgebliche Grundgesamtheit zu ermitteln und in der zweiten Stufe nach Art. 238 § 2 Abs. 2 EGBGB die erforderlichen Angaben zur ausgewählten Wohnung im Rahmen der Stichprobenziehung zu erhalten. Hierzu dürfen die mit der Erhebung beauftragten Stellen Fristen setzen. § 15 Abs. 5 Bundesstatistikgesetz sieht das für Bundesstatistiken ausdrücklich vor. Die Landesstatistikgesetze enthalten ähnliche Regelungen, z. B. 13 Abs. 2 HessLStatG. Demgemäß ist eine Auskunft nicht rechtzeitig, wenn sie nach Ablauf einer solchen nach Landesrecht oder Ortssatzung gesetzten Frist nicht vorliegt.

20   An der Verwirklichung des Tatbestandes ändert sich durch den Eingang der Auskunft nichts. Hierdurch verschiebt sich lediglich der Sanktionscharakter von der 1. Alternative (Nichterteilung) in die 2. Alternative **(Verspätung)**. Dies kann im Rahmen des gem. § 47 Abs. 1 Satz 1 OWiG geltenden **Opportunitätsgrundsatzes** dazu führen, dass der Verstoß nicht geahndet wird. Die Verfolgung einer Ordnungswidrigkeit liegt im pflichtgemäßen Ermessen der Verfolgungsbehörde. Die Verfolgungsbehörde ist nicht verpflichtet, sondern nur berechtigt die Tat zu verfolgen. Sie kann auch von einer Verfolgung absehen, wenn sachliche Gesichtspunkte dies rechtfertigen. Das ist immer dann der Fall, wenn die verspätete Auskunft noch berücksichtigt werden kann oder die Auskunft ergibt, dass die Daten nicht mietspiegelrelevant sind (preisgebundener Wohnraum, keine Mietänderung in den letzten 6 Jahren usw). Auch subjektive Umstände, wie Urlaub, Krankheit usw. können berücksichtigt werden. In allen anderen Fällen kommt eine Herabsetzung des für normalerweise verhängten Bußgelds für die Fälle der Auskunftsverweigerung in Betracht.

21   **5. Die fehlerhafte Auskunft.** Die Abgrenzung zwischen einer fehlerhaften und einer unvollständigen Auskunft ist fließend, im Ergebnis aber unerheblich, da beide Begehungsformen gleich geahndet werden.

22   Fehlerhaft ist eine Auskunft, wenn Angaben gemacht werden, die **objektiv falsch** sind. Das können falsche Wohnflächenangaben sein oder falsche Angaben zur Höhe der Miete. Auch andere Angaben zur Ausstattung oder Baujahr können falsch sein. Für die Ahndung maßgeblich ist der Verschuldensvorwurf. Wenn der Mieter die objektiv falschen Angaben zur Wohnfläche aus dem Mietvertag bei seiner Auskunft angibt, ist die Auskunft objektiv fehlerhaft, aber der Mieter handelt weder vorsätzlich noch fahrlässig. Es ist im Geschäftsverkehr nicht erforderlich, die Wohnung für eine solche Auskunft nachzumessen.

23   **6. Die unvollständige Auskunft.** Unvollständig ist eine Auskunft, wenn erforderliche und abgefragte Angaben fehlen. Auch hier liegt das praktische Problem eher im **subjektiven Bereich.** Wenn der Auskunftspflichtige eine Information schlicht nicht hat und deshalb die Frage nicht beantwortet, ist die Auskunft unvollständig; so kennt der Mieter uU nicht das Baujahr des Hauses oder die richtige Wohnfläche, wenn Angaben dazu im Mietvertrag fehlen. Da er nur eine Auskunft über die Tatsachen erteilen muss, die er auch kennt, scheidet hier auch Fahrlässigkeit aus.

7. Verschulden. Nach Art 238 BGB § 4 Abs. 1 EGBGB kann der Tatbestand **24**
sowohl **vorsätzlich** wie auch **fahrlässig** verwirklicht werden. Bewusst falsche Angaben dürften ebenso selten sein, wie vorsätzliche Auskunftsverweigerungen. In der
Regel wird nur ein **Fahrlässigkeitsvorwurf** in Betracht kommen.

Leichte oder einfache Fahrlässigkeit liegt gem. § 276 Abs. 2 BGB vor, wenn **25**
jemand die im Geschäftsverkehr erforderliche Sorgfalt außer Acht lässt. Maßstab ist,
wie sich ein ordentlicher und gewissenhafter Auskunftspflichtiger verhalten hätte.
Entscheidend sind objektive Merkmale, die nach den Durchschnittsanforderungen
an die einschlägig maßgebenden Menschengruppen zu bestimmen ist.

Grobe Fahrlässigkeit setzt einen objektiv schweren und subjektiv nicht ent- **26**
schuldbaren Verstoß gegen die Anforderungen der im Verkehr erforderlichen Sorgfalt voraus. Diese muss in ungewöhnlich hohem Maße verletzt und es muss dasje-
nige unbeachtet geblieben sein, was im gegebenen Fall jedem hätte einleuchten
müssen. Erforderlich ist, dass der Auskunftspflichtige die Auskunft unterlassen, ver-
spätet abgegeben hat oder eine falsche oder unvollständige Auskunft abgegeben hat,
weil er ganz naheliegende Überlegungen nicht angestellt und nicht beachtet hat,
was im gegebenen Fall jedem hätte einleuchten müssen. Die Auskunftspflicht muss
sich förmlich aufgedrängt haben.

III. Das Verfahren

1. Allgemeines. Art 238 § 4 EGBGB eine neu geregelte **Ordnungswidrig-** **27**
keit. Systematisch passt sie zu den Bußgeldtatbeständen im Bundesstatistik- und
den Landesstatistikgesetzen. Auch sie spielen in der Praxis kaum eine Rolle, wenn
man von dem Protest gegen die Volkszählung in den 1980er Jahren absieht. Der objektive Tatbestand des Art. 238 § 4 Abs. 1 EGBGB knüpft an die materielle Auskunftspflicht in Art 238 § 2 EGBGB an. Das Bußgeldverfahren ist mit seiner in § 77
OWiG eingeschränkten Amtsermittlungspflicht nur bedingt geeignet ist, schwierige mietrechtliche Fragen z. B. zur Frage der Rechtsnachfolge, also wer überhaupt
auskunftspflichtig ist oder Ähnliches zu klären.

2. Höhe der Geldbuße. Die Ordnungswidrigkeit kann mit einer **Geldbuße** **28**
bis zu 5.000 Euro geahndet werden. Sollte nur ein Fahrlässigkeitsvorwurf gemacht
werden kann gem. § 17 Abs. 2 OWiG nur eine Geldbuße in Höhe der Hälfte, also
2500,– Euro verhängt werden. Dies gilt gem. § 30 Abs. 2 S. 2 OWiG auch, wenn die
Geldbuße gegen eine juristische Person oder eine Personenvereinigung verhängt
wird.

Für die Bemessung der **Bußgeldhöhe** gilt § 17 OWiG. Grundlage für die Zu- **29**
messung der Geldbuße sind die Bedeutung der Ordnungswidrigkeit und der Vor-
wurf, der den Täter trifft, sind. Auch die wirtschaftlichen Verhältnisse des Täters
kommen nach § 17 Abs. 3 S. 2 OWiG als Zumessungskriterium in Betracht; bei ge-
ringfügigen Ordnungswidrigkeiten bleiben sie jedoch in der Regel unberücksichtigt. Die Grenze der **Geringfügigkeit** dürfte zurzeit dabei einem Bußgeld bis
250 Euro liegen.[13] Ein tatrichterliches Urteil, dass also eine höhere Geldbuße als
250 Euro festsetzt, muss dementsprechend zu den wirtschaftlichen Verhältnissen
des Betroffenen Ausführungen enthalten.

---

[13] Zu der Gesamtproblematik mit ausführlichen Rechtsprechungsnachweisen: Göhler/Gürt-
ler, OWiG § 17 Rn. 23 ff.

29   **3. Verjährung.** Angesichts der Bußgeldandrohung in Art. 238 § 4 EGBGB beträgt die Frist zur **Verfolgungsverjährung** gem. § 31 Abs. 2 Nr. 2 OWiG 2 Jahre. Dabei beginnt der Lauf dieser Frist mit Beendigung der Tathandlung, also mit Ablauf der gesetzten Frist zur Auskunftserteilung.

Teil 5. Anhang

I. Synopse der alten und neuen BGB Vorschriften

Altes Recht	Neues Recht
§ 558 c BGB Mietspiegel	**§ 558 c BGB Mietspiegel; Verordnungsermächtigung**
(1) Ein Mietspiegel ist eine Übersicht über die ortsübliche Vergleichsmiete, soweit die Übersicht von der Gemeinde oder von Interessenvertretern der Vermieter und der Mieter gemeinsam erstellt oder anerkannt worden ist.	(1) Ein Mietspiegel ist eine Übersicht über die ortsübliche Vergleichsmiete, soweit die Übersicht von der nach Landesrecht zuständigen Behörde oder von Interessenvertretern der Vermieter und der Mieter gemeinsam erstellt oder anerkannt worden ist.
(2) Mietspiegel können für das Gebiet einer Gemeinde oder mehrerer Gemeinden oder für Teile von Gemeinden erstellt werden.	(2) Mietspiegel können für das Gebiet einer Gemeinde oder mehrerer Gemeinden oder für Teile von Gemeinden erstellt werden.
(3) Mietspiegel sollen im Abstand von zwei Jahren der Marktentwicklung angepasst werden.	(3) Mietspiegel sollen im Abstand von zwei Jahren der Marktentwicklung angepasst werden.
(4) Gemeinden sollen Mietspiegel erstellen, wenn hierfür ein Bedürfnis besteht und dies mit einem vertretbaren Aufwand möglich ist. Die Mietspiegel und ihre Änderungen sollen veröffentlicht werden.	(4) Die nach Landesrecht zuständigen Behörden sollen Mietspiegel erstellen, wenn hierfür ein Bedürfnis besteht und dies mit einem vertretbaren Aufwand möglich ist. **Für Gemeinden mit mehr als 50.000 Einwohnern sind Mietspiegel zu erstellen.** Die Mietspiegel und ihre Änderungen **sind** zu veröffentlichen.
(5) Die Bundesregierung wird ermächtigt, durch Rechtsverordnung mit Zustimmung des Bundesrates Vorschriften über den näheren Inhalt und das Verfahren zur Aufstellung und Anpassung von Mietspiegeln zu erlassen.	(5) Die Bundesregierung wird ermächtigt, durch Rechtsverordnung mit Zustimmung des Bundesrates Vorschriften zu erlassen über den näheren Inhalt von Mietspiegeln und das Verfahren **zu deren Erstellung und Anpassung einschließlich Dokumentation und Veröffentlichung.**
§ 558 d Qualifizierter Mietspiegel	**§ 558 d Qualifizierter Mietspiegel**
(1) Ein qualifizierter Mietspiegel ist ein Mietspiegel, der nach anerkannten wissenschaftlichen Grundsätzen erstellt und von der Gemeinde oder von Interessenvertretern der Vermie-	(1) Ein qualifizierter Mietspiegel ist ein Mietspiegel, der nach anerkannten wissenschaftlichen Grundsätzen erstellt und **von der nach Landesrecht zuständigen Behörde** oder von Interessenvertretern der Vermieter und der Mieter an-

341

Altes Recht	Neues Recht
ter und der Mieter anerkannt worden ist.	erkannt worden ist. **Entspricht ein Mietspiegel den Anforderungen, die eine nach § 558 c Absatz 5 erlassene Rechtsverordnung an qualifizierte Mietspiegel richtet, wird vermutet, dass er nach anerkannten wissenschaftlichen Grundsätzen erstellt wurde. Haben die nach Landesrecht zuständige Behörde und Interessenvertreter der Vermieter und der Mieter den Mietspiegel als qualifizierten Mietspiegel anerkannt, so wird vermutet, dass der Mietspiegel anerkannten wissenschaftlichen Grundsätzen entspricht.**
(2) Der qualifizierte Mietspiegel ist im Abstand von zwei Jahren der Marktentwicklung anzupassen. Dabei kann eine Stichprobe oder die Entwicklung des vom Statistischen Bundesamt ermittelten Preisindexes für die Lebenshaltung aller privaten Haushalte in Deutschland zugrunde gelegt werden. Nach vier Jahren ist der qualifizierte Mietspiegel neu zu erstellen.	(2) Der qualifizierte Mietspiegel ist im Abstand von zwei Jahren der Marktentwicklung anzupassen. Dabei kann eine Stichprobe oder die Entwicklung des vom Statistischen Bundesamt ermittelten Preisindexes für die Lebenshaltung aller privaten Haushalte in Deutschland zugrunde gelegt werden. Nach vier Jahren ist der qualifizierte Mietspiegel neu zu erstellen. **Maßgeblicher Zeitpunkt für die Anpassung nach Satz 1 und für die Neuerstellung nach Satz 3 ist der Stichtag, zu dem die Daten für den Mietspiegel erhoben wurden. Satz 4 gilt entsprechend für die Veröffentlichung des Mietspiegels.**
(3) Ist die Vorschrift des Absatzes 2 eingehalten, so wird vermutet, dass die im qualifizierten Mietspiegel bezeichneten Entgelte die ortsübliche Vergleichsmiete wiedergeben.	(3) Ist die Vorschrift des Absatzes 2 eingehalten, so wird vermutet, dass die im qualifizierten Mietspiegel bezeichneten Entgelte die ortsübliche Vergleichsmiete wiedergeben.

II. Entwurf eines Gesetzes über die Erstellung von Übersichten über die üblichen Entgelte für nicht preisgebundenen Wohnraum (Mietspiegelgesetz – MSpG) mit Gesetzesbegründung

Vom 17. August 1981 (BT-Drucks. 9/745)

Der nachfolgend abgedruckte Gesetzestext ist **nie** Gesetz geworden. Dem vom Bundestag verabschiedeten Gesetz stimmte der Bundesrat nicht zu. Eine Einigung im Vermittlungsverfahren gab es nicht.

§ 1 Erstellung und Fortschreibung von Mietspiegeln

(1) [1]Gemeinden mit 100.000 und mehr Einwohnern haben, soweit nicht die Voraussetzungen des Absatzes 2 vorliegen, für das gesamte Gemeindegebiet eine Übersicht über die in der Gemeinde für nicht preisgebundenen Wohnraum vergleichbarer Art, Größe, Ausstattung, Beschaffenheit und Lage gezahlten üblichen Entgelte im Sinne des § 2 Abs. 2 Satz 2 des Gesetzes zur Regelung der Miethöhe (Mietspiegel) zu erstellen. [2]Das gleiche gilt für Gemeinden mit 50.000 und mehr, jedoch weniger als 100.000 Einwohnern, wenn Interessenvertreter, die einen nicht nur unerheblichen Teil der Vermieter oder der Mieter im Gemeindegebiet vertreten, die Erstellung eines Mietspiegels beantragen. [3]Die Gemeinde kann diese Verpflichtung auch dadurch erfüllen, daß sie einen von anderer Seite erstellten Mietspiegel anerkennt, der den Vorschriften dieses Gesetzes entspricht.

(2) [1]Die Verpflichtung der Gemeinde nach Absatz 1 entfällt, wenn Interessenvertreter der Vermieter und der Mieter gemeinsam einen Mietspiegel erstellt oder anerkannt haben, der den Vorschriften dieses Gesetzes entspricht. [2]Die Interessenvertreter haben der Gemeinde auf Verlangen Auskunft über die Ermittlung und Aufbereitung des dem Mietspiegel zugrunde gelegten Datenmaterials zu erteilen.

(3) Der Mietspiegel soll jeweils nach Ablauf von höchstens zwei Jahren der Entwicklung der üblichen Entgelte angepaßt (Fortschreibung) und jeweils nach Ablauf von höchstens sechs Jahren neu erstellt sein.

(4) [1]Gemeinden, die miteinander in räumlichem Zusammenhang stehen, können ihre Verpflichtungen nach den Absätzen 1 bis 3 gemeinsam erfüllen. [2]Eine nach den Absätzen 1 bis 3 verpflichtete Gemeinde kann Gemeinden oder Teile von Gemeinden, die mit ihr in räumlichem Zusammenhang stehen, in den Mietspiegel einbeziehen, wenn diese Gemeinden der Einbeziehung zustimmen.

(5) [1]Die von der Landesregierung bestimmten Stellen können Gemeinden bezeichnen, die nach Maßgabe des Absatzes 4 zu verfahren haben. [2]Hiervon ausgenommen sind Gemeinden, die einen den Anforderungen dieses Gesetzes entsprechenden Mietspiegel erstellt oder anerkannt haben oder alsbald zu erstellen oder anzuerkennen beabsichtigen. [3]Die von der Einbeziehung nach Satz 1 betroffenen Gemeinden sind bei der Erstellung, Anerkennung oder Fortschreibung des Mietspiegels zu beteiligen; der Mietspiegel ist für das Gebiet einer solchen Gemeinde nur wirksam, wenn diese ihm zustimmt.

(6) Bei der Erstellung, Anerkennung oder Fortschreibung sollen Interessenvertreter der Vermieter und der Mieter im Sinne des Absatzes 1 Satz 2 beteiligt werden.

(7) Die Vorschriften der §§ 2 bis 6 gelten auch für den Fall, daß Gemeinden, die nicht dazu verpflichtet sind, einen Mietspiegel erstellen, anerkennen oder fortschreiben.

§ 2 Mindestanforderungen

(1) [1]Der Mietspiegel muß ein Abbild der Entgelte sein, die in der Gemeinde für nicht preisgebundenen Wohnraum üblicherweise gezahlt werden. [2]Bei der Gliederung des Mietspiegels sind die örtlichen Wohnungsmarktverhältnisse zu berücksichtigen.

(2) Im Mietspiegel ist das Entgelt anzugeben, das sich ergäbe, wenn Betriebskosten und andere Nebenleistungen nicht enthalten wären, oder es ist anzugeben, welche Betriebskosten oder andere Nebenleistungen in den ausgewiesenen Entgelten enthalten sind.

(3) [1]Im Mietspiegel sind die üblichen Entgelte durch Mietzinsspannen anzugeben. [2]Die Grenzen sind bei der Erstellung und Fortschreibung so zu bemessen, daß sie zwei Drittel der für die gebildeten Kategorien erfaßten Entgelte enthalten; von den erfaßten Entgelten bleiben vorweg diejenigen außer Betracht, die der Höhe nach ganz außer Verhältnis zu der überwiegenden Zahl der Entgelte stehen. [3]Entgelte, die aufgrund gesetzlicher Bestimmungen an Höchstbeträge gebunden sind, dürfen nicht berücksichtigt werden.

§ 3 Auskunftspflicht der Vermieter und Mieter

(1) [1]Die Gemeinde ist berechtigt, die für die Erstellung oder Fortschreibung des Mietspiegels erforderlichen Angaben über Art, Größe, Ausstattung, Beschaffenheit und Lage des Wohnraums und die gezahlten Entgelte selbst oder durch einen von ihr beauftragten Dritten zu erheben. [2]Bei der Verarbeitung der erhobenen Daten dürfen schutzwürdige Belange der Betroffenen nicht beeinträchtigt werden. Einzelangaben mit Namen und Anschrift dürfen nur zum Zwecke der Erstellung oder Fortschreibung des Mietspiegels verwendet werden; die Vorschriften der §§ 105 und 111 der Abgabenordnung gelten insoweit nicht.

(2) Auskunftspflichtig sind die Vermieter und Mieter sowie die Gebäudeverwalter.

(3) Die in Absatz 1 bezeichneten Stellen sind berechtigt und verpflichtet, die erhobenen Einzelangaben ohne Namen und Anschrift den fachlich zuständigen obersten Bundes- oder Landesbehörden sowie den von ihnen bestimmten Stellen auf Verlangen für statistische Zwecke zu übermitteln.

§ 4 Bekanntmachung des Mietspiegels, Auskunftspflicht der Gemeinde

(1) Die Gemeinde macht ihren Mietspiegel bekannt und hat ihn zu jedermanns Einsicht bereitzuhalten.

(2) [1]Die Gemeinde hat auf Verlangen Auskunft über die Ermittlung und Aufbereitung des ihrem Mietspiegel zugrunde gelegten Datenmaterials zu erteilen. [2]Namen oder Anschriften dürfen nicht mitgeteilt werden.

§ 5 Allgemeine Verwaltungsvorschriften

Die Bundesregierung erläßt mit Zustimmung des Bundesrates allgemeine Verwaltungsvorschriften über die Erstellung, Anerkennung und Fortschreibung eines Mietspiegels sowie über das Verfahren der Datenübermittlung nach § 3 Abs. 3.

§ 6 Ordnungswidrigkeit

[1]Ordnungswidrig handelt, wer vorsätzlich oder leichtfertig eine Auskunft nach § 3 Abs. 1 und 2 nicht, nicht richtig oder nicht vollständig erteilt. [2]Die Ordnungswidrigkeit kann mit einer Geldbuße geahndet werden.

§ 7 Übergangsregelung, Veränderung der Einwohnerzahl

(1) Die Verpflichtungen nach diesem Gesetz müssen von den Gemeinden mit 100. 000 und mehr Einwohnern bis zum 1. Januar 1983, von den Gemeinden im Sinne des § 1 Abs. 1 Satz 2 innerhalb von achtzehn Monaten nach Antragstellung erfüllt sein.

(2) [1]Steigt die Einwohnerzahl einer Gemeinde nach Inkrafttreten dieses Gesetzes auf 100.000 und mehr Einwohner, so müssen die Verpflichtungen nach diesem Gesetz spätestens innerhalb von achtzehn Monaten erfüllt sein. [2]Sinkt die Einwohnerzahl einer Gemeinde nach Inkrafttreten dieses Gesetzes auf weniger als 100.000 Einwohner, so bleibt die Verpflichtung der Gemeinde zur Fortschreibung bis zu dem Zeitpunkt bestehen, zu dem sie nach § 1 Abs. 3 zur Neuerstellung verpflichtet wäre; das gleiche gilt für eine Gemeinde im Sinne des § 1 Abs. 1 Satz 2, wenn deren Einwohnerzahl unter 50.000 sinkt. [3]Maßgebend für den Beginn der Laufzeit der Fristen nach Satz 1 und 2 ist die Einwohnerzahl am 31. Dezember eines jeden Jahres.

§ 8 Berlin-Klausel, Sondervorschriften für Berlin

(1) Dieses Gesetz gilt nach Maßgabe des § 13 Abs. 1 des Dritten Überleitungsgesetzes auch im Land Berlin.

(2) [1]Die Verpflichtung zur Erstellung eines Mietspiegels ist im Land Berlin spätestens innerhalb von achtzehn Monaten nach Freigabe der Mietpreise zu erfüllen. [2]Die Möglichkeit, vorher einen Mietspiegel zu erstellen oder anzuerkennen, bleibt unberührt.

§ 9 Inkrafttreten

Dieses Gesetz tritt am ersten Tage des auf die Verkündung folgenden Kalendermonats in Kraft.

Anlage 1

Begründung der Bundesregierung für Mietspiegelgesetz

A. Allgemeines

I. Ausgangslage

Das Gesetz zur Regelung der Miethöhe (MHG) vom 18. Dezember 1974 (BGBl. I S. 3604) gibt dem Vermieter in § 2 Abs. 2 mehrere Möglichkeiten an die Hand, um zu begründen, daß sich sein Verlangen nach einer höheren Miete im Rahmen der ortsüblichen Entgelte für vergleichbaren Wohnraum hält. Es nennt als

Beispiele für eine solche Begründung die Bezugnahme auf eine Übersicht über die ortsüblichen Entgelte – kurz Mietspiegel genannt –, die Verweisung auf ein Sachverständigengutachten und die Benennung von mindestens drei Vergleichswohnungen. Vergleichbare Wohnungen zu ermitteln, kann jedoch für den Vermieter mit Schwierigkeiten verbunden sein. Ein Sachverständigengutachten verursacht dem Vermieter erhebliche Kosten. Die gleichen Nachteile wirken sich gegen einen Mieter aus, wenn dieser die Berechtigung des Erhöhungsverlangens überprüfen will. Eine größere Zahl von Gemeinden hat daher – meist im Zusammenwirken mit Interessenvertretern der Vermieter und der Mieter – Mietspiegel für ihr Gemeindegebiet erstellt.

Wie sich aus einer im Auftrag des Bundesministers für Raumordnung, Bauwesen und Städtebau durchgeführten Untersuchung (Institut für Wohnen und Umwelt, Auswertung und Analyse bisher erstellter Mietspiegel in der Bundesrepublik Deutschland) ergibt, bestanden im Jahr 1979 Mietspiegel in rd. 50 v. H. der Gemeinden über 50.000 Einwohner. Eine Analyse der Mietspiegel hat jedoch ergeben, daß diese – je nach Datenauswahl und einbezogenen Miet- und Wohnungskriterien – in ihrer Aussagekraft sehr unterschiedlich waren.

Diese Situation hat dazu beigetragen, daß in der Praxis Unsicherheit über die Beweiskraft von Mietspiegeln in Mieterhöhungsprozessen besteht. Die Unterschiede in der Aussagekraft der Mietspiegel werden noch dadurch verstärkt, daß diese häufig nur unzureichend an die Marktentwicklung nach Erstellung angepaßt werden. Dies führt zu einer nicht erwünschten Marktentwicklung, die auch auf das Investitionsverhalten von Investoren im freifinanzierten Mietwohnungsbau Einfluß haben kann. Insgesamt haben sich Mietspiegel jedoch in der Praxis gegenüber anderen Mitteln zur Begründung des Erhöhungsverlangens am besten bewährt.

II. Grundzüge des Entwurfs

Der vorliegende Gesetzentwurf sieht eine einheitliche Regelung für die Erstellung und Fortschreibung von Mietspiegeln vor. Einerseits soll die breitere Anwendung dieses Begründungsmittels erreicht, andererseits dessen Aussagekraft verstärkt werden. Der Entwurf trägt der Forderung Rechnung, das Mieterhöhungsverfahren zu vereinfachen. Die Interessen von Vermietern und Mietern werden in gleicher Weise berücksichtigt, indem eine zuverlässige Überprüfung des Erhöhungsverlangens für beide Vertragspartner ermöglicht wird. Die materiell-rechtlichen Voraussetzungen des Erhöhungsverlangens bleiben durch das Gesetz unberührt.

Im einzelnen sieht der Entwurf vor, daß Gemeinden mit 100.000 und mehr Einwohner öffentlich-rechtlich zur Erstellung der Fortschreibung von Mietspiegeln verpflichtet werden (§ 1 Abs. 1). Kleinere Gemeinden mit 50.000 und mehr Einwohnern können durch einen Antrag von Interessenvertretern der Vermieter oder der Mieter entsprechend verpflichtet werden.

Bei zusammenhängenden Wohnungsmärkten können kleinere Umlandgemeinden ganz oder teilweise in den Mietspiegel einbezogen werden (§ 1 Abs. 4 und 5). Der Entwurf stellt Mindestanforderungen an den Inhalt sowie das Verfahren zur Erstellung und Fortschreibung von Mietspiegeln auf (§ 2), wobei Einzelheiten in allgemeinen Verwaltungsvorschriften der Bundesregierung geregelt werden sollen (§ 5). Vermieter und Mieter werden verpflichtet, die Gemeinde bei der Datenbeschaffung durch Auskünfte zu unterstützen (§ 3). Die Gemeinde macht ihren Mietspiegel bekannt und hat ihn zu jedermanns Einsicht bereitzuhalten (§ 4).

III. Kosten

Durch das Gesetz entstehen für die betroffenen Gemeinden Kosten in unterschiedlicher Höhe. Von der Verpflichtung sind z. Z. rd. 70 Gemeinden über 100.000 Einwohner direkt betroffen, von denen bereits rd. 70 v. H. einen Mietspiegel erstellt haben; 84 Gemeinden haben eine Einwohnerzahl zwischen 50.000 und 100.000 Einwohnern. Die Kostenbelastung für die einzelne Gemeinde hängt im wesentlichen von der Gemeindegröße sowie dem vorhandenen Datenmaterial ab. Ferner ist zu berücksichtigen, daß den Gemeinden durch die in § 5 des Entwurfs vorgesehenen allgemeinen Verwaltungsvorschriften Material für die Erstellung und Fortschreibung von Mietspiegeln an die Hand gegeben wird, welches zur Kostensenkung beiträgt.

Unter Berücksichtigung dieser Umstände bewegen sich die Kosten voraussichtlich im Rahmen zwischen DM 50.000 und DM 200.000; es ist nicht auszuschließen, daß in einzelnen Gemeinden höhere Kosten anfallen. Über diese einmaligen Kosten hinaus sind weitere Kosten für die Aktualisierung der Mietspiegel zu tragen, die jedoch erheblich geringer sein werden.

B. Die einzelnen Vorschriften

§ 1 Erstellung und Fortschreibung von Mietspiegeln

Die Vorschrift begründet in Absatz 1 unter Hinweis auf § 2 MHG eine Verpflichtung zur Erstellung und Fortschreibung von Mietspiegeln für Gemeinden mit 50 000 und mehr Einwohnern. Dabei werden Gemeinden mit 100.000 und mehr Einwohnern generell verpflichtet; bei den übrigen Gemeinden setzt die Verpflichtung einen entsprechenden Antrag von Interessenvertretern der Vermieter oder der Mieter voraus.

Die Gemeinde kann ihrer Verpflichtung zur Erstellung eines Mietspiegels auch dadurch nachkommen, daß sie einen von anderer Seite erstellten Mietspiegel anerkennt. Hierbei ist insbesondere auf den Fall abgestellt, daß ein Mietspiegel von Interessenvertretern der Vermieter oder der Mieter erstellt wird; es ist aber auch an den Fall zu denken, daß z. B. von privaten Unternehmen eine Übersicht über die Vergleichsmieten erstellt wird. Mit der Anerkennung als Ersatz für die eigene Erstellung soll dokumentiert werden, daß der Mietspiegel nach Auffassung der Gemeinde den Anforderungen des Gesetzes genügt. Die Anerkennung setzt eine entsprechende Überprüfung durch die Gemeinde voraus.

Mit der Regelung in Absatz 2 wird der sog. Verbandsmietspiegel dem Mietspiegel der Gemeinde gleichgestellt, sofern er den Anforderungen dieses Gesetzes entspricht. Hierzu ist es auch erforderlich, daß die Fortschreibung und Neuerstellung entsprechend diesem Gesetz erfolgt. Durch ein Auskunftsrecht gegenüber den Interessenvertretern wird der Gemeinde die Möglichkeit gegeben, die Einhaltung der gesetzlichen Anforderungen zu überprüfen. Die Festlegung bestimmter Zeiträume für die Aktualisierung des Mietspiegels in Absatz 3 soll sicherstellen, daß dieser der Marktentwicklung laufend Rechnung trägt. Mit der Regelung der Absätze 4 und 5 wird die Möglichkeit eröffnet, zusammenhängende Wohnungsmärkte auch insoweit in einem Mietspiegel zu erfassen, als sie über die Gemeindegrenzen hinausgehen. Dabei soll das freiwillige Zusammenwirken der Gemeinden im Vordergrund stehen. Mit der Verpflichtung zur Beteiligung von Interessenvertretern der Vermieter und der Mieter (Absatz 6) soll eine möglichst breite Übereinstimmung über die Erstellung und den Inhalt des Mietspiegels erreicht werden. Die Regelung in

Absatz 7 soll sicherstellen, daß auch alle Übersichten die von den Gemeinden freiwillig erstellt, anerkannt oder fortgeschrieben werden, den Anforderungen dieses Gesetzes entsprechen; die Vorschrift erfaßt sowohl die Gemeinden im Sinne des Absatzes 1 Satz 2, in denen die Interessenvertreter keinen Mietspiegel beantragt haben, als auch die Gemeinden mit weniger als 50.000 Einwohnern.

§ 2 Mindestanforderungen

§ 2 legt die wesentlichsten Anforderungen an den Inhalt eines Mietspiegels im Einklang mit dem MHG im Grundsatz fest.

Hierzu gehört die Forderung, daß ein Mietspiegel die üblichen Entgelte ständig möglichst genau wiedergibt. Entsprechend ist die Gliederung des Mietspiegels unter Berücksichtigung der tatsächlichen örtlichen Marktverhältnisse vorzunehmen. Hiernach ist z. B. auch die Anzahl der Altersklassen zu bestimmen.

Die Vergleichbarkeit der einzubeziehenden Entgelte setzt des weiteren voraus, daß ein einheitlicher Mietbegriff zugrunde gelegt wird. Der Entwurf nennt zunächst die Netto-Kaltmiete, die am ehesten einen Vergleich der Entgelte ermöglicht. Er erklärt es aber auch für zulässig, die in den ausgewiesenen Mieten enthaltenen Nebenleistungen der Art nach anzugeben; dies kommt insbesondere in Betracht, wenn nach den örtlichen Gegebenheiten Daten über die Nebenleistungen nicht beschafft werden können.

Die Bildung von Mietzinsspannen soll dem Umstand Rechnung tragen, daß für Wohnraum vergleichbarer Art, Größe, Ausstattung, Beschaffenheit und Lage in aller Regel unterschiedliche Entgelte gezahlt werden. Daraus, daß das Entgelt für eine einzelne Wohnung im unteren oder im oberen Bereich der Mietzinsspanne liegt, kann nicht notwendigerweise auf Unterschiede bei den Wohnwertmerkmalen geschlossen werden, sondern die Höhe des Entgelts kann auf den unterschiedlichen Präferenzen der Marktteilnehmer, unterschiedlicher Dauer der Mietvertragsverhältnisse oder auf unvermeidbaren Unschärfen des Preisbildungsprozesses beruhen. Allerdings können sich die den Spannen zugrunde liegenden Mietzinsunterschiede auch aus Wohnunterschieden erklären, die im Mietspiegel erfaßt werden.

Bei der Ermittlung der Mietzinsspannen sind grundsätzlich alle erfaßten Entgelte, auch vereinbarte Staffelmieten, zu berücksichtigen. Zwei Drittel dieser Entgelte muß in die Mietzinsspanne eingehen. Eine Ausnahme gilt für die sog. Ausreißer, die vorweg auszusondern sind. Auch Entgelte, die auf Grund gesetzlicher Bestimmungen (z. B. nach dem Wohnungsgemeinnützigkeitsgesetz) an Höchstbeträge gebunden sind, haben nicht die erforderliche Marktorientierung. Sie sind daher bei der Ermittlung der ortsüblichen Entgelte unberücksichtigt zu lassen. Dadurch wird die Möglichkeit der Gemeinnützigen Wohnungsunternehmen, sich zur Begründung eines Mieterhöhungsverlangens nach dem MHG auf den Mietspiegel zu stützen, nicht berührt.

Mit der Festlegung von Mindestanforderungen an die zu erstellenden Mietspiegel fließen die Erfahrungen aus der Anwendung vorhandener Mietspiegel in den Gesetzentwurf ein mit dem Ziel, für eine genaue Abbildung der gezahlten Entgelte in den Mietspiegeln zu sorgen und zugleich die Beweiskraft der ausgewiesenen Daten zu verstärken.

§ 3 Auskunftspflicht der Vermieter und Mieter

Die Beschaffung repräsentativer Daten für die Erstellung, Anerkennung und Fortschreibung von Mietspiegeln setzt die Mitwirkung von Vermietern und Mietern voraus. § 3 begründet eine entsprechende Auskunftspflicht. Auf der anderen Seite wird klargestellt, daß dem Gedanken des Persönlichkeitsschutzes in ausreichendem Maße Rechnung zu tragen ist. Dies erfordert, daß die erhobenen Einzelangaben mit Namen und Anschrift nur für Zwecke des Mietspiegels verwendet und nicht an andere Stellen weitergegeben werden dürfen, da gerade die Wohnverhältnisse einen wesentlichen Teil des Intimbereichs einer Person darstellen. Die Auswertung der Einzelangaben ohne Namen und Anschrift für andere statistische Zwecke soll nicht ausgeschlossen werden.

Mit der Berechtigung und Verpflichtung der erhebenden Stellen zur Übermittlung von erhobenen Einzelangaben an die zuständigen obersten Bundes- und Landesbehörden soll eine überörtliche statistische Aufbereitung der Daten insbesondere für wohnungspolitische Zwecke ermöglicht werden.

§ 4 Bekanntmachung des Mietspiegels, Auskunftspflicht der Gemeinde

Durch die Bekanntgabe des Mietspiegels und ein allgemeines Einsichtsrecht wird die Transparenz des Mietspiegels sichergestellt. Zusätzlich wird die Gemeinde verpflichtet, über das Zustandekommen ihres Mietspiegels auf Verlangen Auskunft zu geben. Die Grenze der Auskunftspflicht bilden hierbei die gesetzlichen Vorschriften über den Datenschutz.

§ 5 Allgemeine Verwaltungsvorschriften

Durch die allgemeinen Verwaltungsvorschriften wird den Gemeinden Material an die Hand gegeben, wie Mietspiegel erstellt, anerkannt oder fortgeschrieben werden können. Die Einhaltung der Anforderungen der Verwaltungsvorschriften durch die Gemeinde kann nur im Wege der Kommunalaufsicht erzwungen werden. Ein Verstoß gegen die Verwaltungsvorschriften berührt – entsprechend den Grundsätzen des öffentlichen Rechts – nicht die Wirksamkeit des Mietspiegels, wenn dieser den gesetzlichen Mindestanforderungen genügt.

§ 6 Ordnungswidrigkeit

Die Verletzung der Auskunftspflicht der Vermieter und Mieter soll als Ordnungswidrigkeit mit Geldbuße geahndet werden können.

§ 7 Übergangsregelung, Veränderung der Einwohnerzahl

Die Übergangsregelung soll gewährleisten, daß der Gemeinde für die Erfüllung ihrer Verpflichtungen nach diesem Gesetz ein ausreichender Zeitraum zur Verfügung steht. Eine besondere Regelung wird für den Fall vorgesehen, daß nach dem Inkrafttreten des Gesetzes eine Gemeinde die in § 1 Abs. 1 vorgesehenen Einwohnergrenzen über- oder unterschreitet.

§ 8 Berlin-Klausel, Sondervorschriften für Berlin

Absatz 1 enthält die übliche Berlin-Klausel. Die Sondervorschriften des Absatzes 2 sind mit Rücksicht auf die bestehende Mietpreisbindung für Altbauten in Berlin getroffen worden.

§ 9 Inkrafttreten

Das Gesetz tritt am ersten Tage des auf die Verkündung folgenden Kalendermonats in Kraft.

Anlage 2

Stellungnahme des Bundesrates

Zum Gesetzentwurf insgesamt

Der Bundesrat hält es nicht für erforderlich, die Einzelfragen der Aufstellung und Fortschreibung von Mietspiegeln durch ein besonderes Gesetz zu regeln.

Auch der Bundesrat ist der Auffassung, daß auf die vermehrte Aufstellung und eine geordnete, zeitnahe und marktorientierte Fortschreibung von Mietspiegeln hingewirkt werden muß. Ausreichend erscheint jedoch eine Verordnungsermächtigung, wie sie in der Initiative des Bundesrates für den Entwurf eines Gesetzes zur Erhöhung des Angebots an Mietwohnungen – BR-Drucksache 210/81 – (Artikel 1 Nr. 2 Buchstabe a – § 2 Abs. 3 Miethöhegesetz) vorgesehen ist. Eine Regelung durch Gesetz empfiehlt sich auch deshalb nicht, weil bei der praktischen Anwendung in Kürze Änderungen und Ergänzungen im Detail erforderlich werden dürften. Für eine bußgeldbewehrte Auskunftspflicht hat sich bei der bisherigen Aufstellung von Mietspiegeln kein Bedürfnis gezeigt.

Der vorliegende Gesetzentwurf läuft den Bemühungen des Bundesrates zur Eindämmung der Gesetzesflut und zum Abbau von Bußgeldtatbeständen entgegen.

Der Bundesrat lehnt deshalb den Gesetzentwurf ab.

Anlage 3

Gegenäußerung der Bundesregierung zur Stellungnahme des Bundesrates

Mietspiegel haben sich – hiervon geht auch der Bundesrat aus – in der Praxis gegenüber anderen Mitteln zur Begründung eines Mieterhöhungsverlangens am besten bewährt. Die Bundesregierung hält es daher im Interesse der Vermieter und Mieter für erforderlich, die Erstellung von Mietspiegeln nicht der Entscheidungsfreiheit der Gemeinden zu überlassen, sondern sie dort zwingend vorzuschreiben, wo die Transparenz des Marktgeschehens nicht gewährleistet ist.

Die Vorschriften über die Erstellung von Mietspiegeln richten sich an die Gemeinden; sie gehören dem öffentlichen Recht an. Sie sollten deshalb nicht in das dem Privatrecht zuzuordnende Gesetz zur Regelung der Miethöhe eingefügt, sondern in einem eigenständigen Gesetz geregelt werden.

Darüber hinaus erscheint es im Hinblick auf die Bedeutung der Mietspiegel und im Interesse ihrer Einheitlichkeit notwendig, die grundsätzlichen Fragen – insbesondere über die Mindestanforderungen an den Inhalt und die Bekanntmachung von Mietspiegeln sowie über die Mitwirkung von Mietern und Vermietern – durch Gesetz zu regeln. Der Gesetzentwurf sieht weiter vor, daß den Gemeinden Hinweise zur Aufstellung und Fortschreibung von Mietspiegeln in Form von allgemeinen Verwaltungsvorschriften gemäß Artikel 84 Abs. 2 des Grundgesetzes gegeben werden. Dies hat gegenüber der vom Bundesrat vorgeschlagenen Verordnungermächtigung den Vorteil, daß durch eine flexiblere Ausgestaltung den örtlichen Gegebenheiten besser Rechnung getragen werden kann.

Da die im Interesse der Bürger liegenden Mietspiegel nur durch eine Mitwirkung der Vermieter und Mieter erreicht werden können, hält die Bundesregierung entgegen der Auffassung des Bundesrates eine bußgeldbewehrte Auskunftspflicht für erforderlich.

Der im Entwurf des Bundesrates für ein Gesetz zur Erhöhung des Angebots an Mietwohnungen (BR-Drucksache 210/81) vorgesehenen Regelung (Artikel 1 Nr. 2a), nach der bei der Aufstellung von Mietspiegeln lediglich die innerhalb der letzten vier Jahre vereinbarten Entgelte zugrunde zu legen sind, wird nicht zugestimmt.

Dies wäre eine erhebliche Veränderung des geltenden Vergleichsmietensystems, die voraussichtlich deutliche Mietpreissteigerungen ermöglichen würde.

III. Hinweise zur Aufstellung von Mietspiegeln

1. Hinweise zur Aufstellung von Mietspiegeln 1976

Bericht der Bundesregierung betreffend die Ermöglichung einer vermehrten Aufstellung von Mietspiegeln durch die Gemeinden

Vom 10. Mai 1976 (BT-Drucks. 7/5160) (BBauBl. 76, 234)

Der Deutsche Bundestag hat die Bundesregierung bei der Verabschiedung des Zweiten Wohnraumkündigungsschutzgesetzes am 17. Oktober 1974 ersucht, „baldmöglichst mit den Ländern und den kommunalen Spitzenverbänden Verhandlungen mit dem Ziel aufzunehmen festzustellen, ob und inwieweit eine vermehrte Aufstellung von Mietspiegeln durch die Gemeinden ermöglicht werden kann und sodann über das Ergebnis der Beratungen zu berichten" (Drucksache 7/2629, Nr. III, 3 des Entschließungsantrags).

Aufgrund dieser Entschließung wurde beim Bundesminister für Raumordnung, Bauwesen und Städtebau ein Arbeitskreis „Mietspiegel" gebildet, dem neben Vertretern der beteiligten Bundesministerien (Bundesministerium für Raumordnung, Bauwesen und Städtebau, Bundesministerium der Justiz und Bundesministerium für Wirtschaft) Vertreter der Länder und der kommunalen Spitzenverbände sowie Vertreter einzelner Gemeinden, die über Erfahrungen mit der Aufstellung von Mietspiegeln verfügen, angehörten.

Der Arbeitskreis hat auf der Grundlage bereits vorliegender Mietspiegel sowie der inzwischen insoweit gesammelten Erfahrungen die in der Beilage zu diesem Bericht enthaltenen „Hinweise für die Aufstellung von Mietspiegeln" erarbeitet. Die kommunalen Spitzenverbände werden diese „Hinweise" den Gemeinden in geeigneter Weise bekanntgeben. Darüber hinaus ist die Veröffentlichung im Bundesbaublatt vorgesehen.

Die Bundesregierung sieht in den „Hinweisen" ein geeignetes Mittel, den Gemeinden sowie den Interessenvertretern von Vermietern und Mietern die erforderliche Hilfe bei der Mietspiegelaufstellung zu gewähren, zu einer vermehrten Aufstellung von Mietspiegeln nach einheitlichen und erprobten Kriterien anzuregen und damit letztlich die Anwendung des Zweiten Wohnraumkündigungsschutzgesetzes zu erleichtern. Gesetzliche Regelungen über die Aufstellung von Mietspiegeln hält die Bundesregierung gegenwärtig nicht für erforderlich.

Über die Erfahrungen mit der Aufstellung und Anwendung von Mietspiegeln wird sich die Bundesregierung in dem nach der oben angeführten Entschließung des Deutschen Bundestages im Jahre 1979 zu erstattenden Bericht über die Auswirkung des Zweiten Wohnraumkündigungsschutzgesetzes (Drucksache 7/2629, Nr. III, 2 des Entschließungsantrags) äußern.

Hinweise für die Aufstellung von Mietspiegeln

1. Gesetzliche Grundlage

Das als Bestandteil des 2. Wohnraumkündigungsschutzgesetzes[1] (2. WKSchG) erlassene „Gesetz zur Regelung der Miethöhe" (MHG) schließt eine Kündigung von Mietverhältnissen über Wohnraum zum Zwecke der Erhöhung der Miete aus. Zur Erhaltung der Wirtschaftlichkeit des Hausbesitzes sollen jedoch marktorientierte und kostenbedingte Mieterhöhungen möglich sein. Dazu sind im Gesetz besondere Verfahren der Mieterhöhung im Rahmen bestehender Verträge vorgesehen. Danach kann der Vermieter vom Mieter die Zustimmung zu einer Erhöhung der Miete verlangen, wenn die bisherige Miete seit einem Jahr unverändert ist und die jetzt verlangte Miete „die üblichen Entgelte, die in der Gemeinde oder in vergleichbaren Gemeinden für nicht preisgebundenen Wohnraum (also nicht mit Wohnungsbauförderungsmitteln geförderten Wohnraum und in Berlin auch nicht für Altwohnraum) vergleichbarer Art, Größe, Ausstattung, Beschaffenheit und Lage gezahlt werden" (Vergleichsmiete), nicht übersteigt. Außerdem ist der Vermieter berechtigt, Erhöhungen der Betriebskosten und bestimmter Kapitalkosten durch einseitige schriftliche Erklärung anteilig auf die Mieter umzulegen sowie wegen seiner Aufwendungen für eine Modernisierung in bestimmtem Umfang eine Erhöhung des Mietzinses zu verlangen.

Während sich bei der Ermittlung und Begründung von Mieterhöhungen wegen Steigerungen der Betriebs- und Kapitalkosten oder wegen Modernisierungsaufwendungen kaum Schwierigkeiten ergeben, stellt sich bei der Bestimmung der Vergleichsmiete für Vermieter, Mieter und Gerichte das Problem der Beschaffung und Bewertung von Informationen.

Der Gesetzeber hat vorgesehen, daß das Verlangen einer Erhöhung des Mietzinses bis zur Höhe des vergleichbaren Entgelts (Vergleichsmiete) insbesondere
- anhand von Mietspiegeln
- durch Gutachten oder
- durch Benennung von in der Regel drei Vergleichswohnungen anderer Vermieter

begründet werden kann.

Der besondere Vorteil der Mietspiegel liegt darin, daß sie nicht nur punktuell Informationen über gezahlte Entgelte einzelner Wohnungen liefern. Sie geben auf wesentlich breiterer Informationsbasis Anhaltspunkte für die Ermittlung der Vergleichsmiete im Einzelfalle. Sie haben überdies den Vorzug, daß sie den bei der Benennung von Vergleichswohnungen notwendigen Eingriff in die Privatsphäre von Mieter und Vermieter dieser Wohnungen erübrigen.

2. Aufgabe der Mietspiegel

Die Aufstellung von Mietspiegeln soll dazu dienen, das Mietpreisgefüge im nicht preisgebundenen Wohnungsbestand möglichst transparent zu machen um
a) Streit zwischen Mietvertragsparteien, der sich aus Unkenntnis des Mietpreisgefüges ergeben kann, zu vermeiden,

---

[1] Zweites Gesetz über den Kündigungsschutz für Mietverhältnisse über Wohnraum vom 18. Dezember 1974, Bundesgesetzbl. I S. 3603.

b) Kosten der Beschaffung und Bewertung von Informationen über Vergleichsmieten im Einzelfall möglichst einzusparen,

c) den Gerichten die Entscheidung in Streitfällen zu erleichtern.

Darüber hinaus sind Mietspiegel als zuverlässige Informationsquellen über das Mietpreisgefüge auch geeignet, Mietpreisüberhöhungen im Sinne des § 5 Wirtschaftsstrafgesetz vorzubeugen.

3. Anforderungen an Mietspiegel

Folgerungen für Gemeinden unterschiedlicher Größe

3.1. Mietspiegel müssen ein Bild der tatsächlich in der Gemeinde gezahlten Mieten für bestimmte Wohnungstypen liefern. Dabei ist es nicht notwendig, daß Mietspiegel für alle anhand der im Gesetz genannten Kriterien (Art, Größe, Ausstattung, Beschaffenheit und Lage) feststellbaren Wohnungstypen Angaben enthalten. Die Mietangaben des Mietspiegels müssen jedoch zusammen mit textlichen Erläuterungen eine Bestimmung der Vergleichsmiete im Einzelfall mit hinreichender Genauigkeit ermöglichen. Die Mietangaben müssen dabei soweit abgesichert sein, daß sie im Prozeß zur Bestimmung der jeweiligen Miethöhe herangezogen werden können.

3.2. Die Mietangaben im Mietspiegel können sich auf
- statistische Repräsentativerhebungen, (Anlage 2)
- Datenmaterial aus sonstigen Quellen, (Anlage 3)
stützen.

In Städten mit mehr als 50.000 Einwohnern ist die Aufstellung eines Mietspiegels grundsätzlich zu empfehlen.

In Großstädten mit stark differenziertem Wohnungsmarkt (etwa ab 150.000 bis 200.000 Einwohnern) empfiehlt sich darüber hinaus bei der erstmaligen Aufstellung sowie in mehrjährigen Abständen bei Anpassung durch Neuaufstellung (vgl. Ziff. 8) die Durchführung einer Repräsentativerhebung. Solche Erhebungen sind jedoch kostspielig, wenn sie ausreichend groß sind und in ihren Erhebungsmethoden wissenschaftlichen Ansprüchen genügen. Verfahren der Aufstellung von Mietspiegeln, die sich auf sonstige Datenquellen stützen, kommen um so eher zu befriedigenden Ergebnissen, je geringer die Zahl der Einwohner und je weniger differenziert der Wohnungsmarkt ist.

In kleineren Städten (mit weniger als 50.000 Einwohnern) kann auf die Erstellung von Mietspiegeln verzichtet werden, wenn nur in geringerer Zahl Streitfälle auftreten und eine ausreichende Transparenz des Mietgefüges gegeben ist.

4. Aufstellung des Mitspiegels

4.1. Das MHG geht in § 2 Abs. 2 davon aus, daß der Mietspiegel von der Gemeinde oder von Interessenvertretern der Vermieter und der Mieter gemeinsam erstellt oder anerkannt wird.

Aus dieser Formulierung lassen sich folgende mögliche Aufstellungsarten für Mietspiegel ableiten:
- Der Mietspiegel wird von der Gemeinde erstellt,
- der Mietspiegel wird von der Gemeinde zusammen mit den Interessenvertretern erstellt,
- der Mietspiegel wird von den Interessenvertretern der Mieter und Vermieter gemeinsam erstellt,

- eine Interessenvertretung erstellt den Mietspiegel allein, den die an der Erstellung nicht beteiligte Interessenvertretung oder die Gemeinde anerkennt,
- ein Dritter stellt den Mietspiegel auf, und die Interessenvertreter der Mieter und der Vermieter oder die Gemeinde erkennen ihn an.

Nach den bisherigen Erfahrungen empfiehlt es sich in erster Linie, daß die Gemeinde den Mietspiegel erstellt.

Dabei hat es sich als zweckmäßig erwiesen, daß die Gemeinde

- sich soweit wie möglich des Sachverstandes der Interessenvertretungen der Mietvertragsparteien und des bei den Interessenvertretungen vorhandenen Datenmaterials bedient,
- mit den beteiligten Verbänden Ergebnis und Verfahren der Aufstellung von Mietspiegeln erörtert, um eine möglichst breite Zustimmung für das gefundene Ergebnis zu erreichen und günstige Voraussetzungen für die Anwendung zu schaffen.

Falls die Gemeinde die Aufstellung des Mietspiegels den Verbänden überläßt, wird es auch hierbei zweckmäßig sein, daß Vertreter der Gemeinde bei der Erarbeitung mitwirken; denn auf diese Weise kann am besten beurteilt werden, ob die Voraussetzungen für eine etwa beabsichtigte Anerkennung des Mietspiegels durch die Gemeinde gegeben sind.

4.3. Eine Beteiligung weiterer Sachverständiger, die das örtliche Mietpreisgefüge kennen (z. B. Vertreter der unternehmerischen Wohnungswirtschaft und der Maklerorganisationen), und von Mietrichtern hat sich vielfach als nützlich erwiesen.

4.4. Es empfiehlt sich, das für die Aufstellung des Mietspiegels verwendete Datenmaterial aufbereitet zur Verfügung zu halten, um im Bedarfsfall namentlich den Mietrichtern und Sachverständigen für die Anwendung auf den Einzelfall weitere Anhaltspunkte zu geben.

5. Struktur der Mietspiegel

5.1. Die Grundstruktur der Mietspiegel ist durch § 2 Abs. 1 Nr. 2 des MHG weitgehend vorgegeben. Danach müssen Mietspiegel einen Überblick über die üblichen Entgelte, die in der Gemeinde oder in vergleichbaren Gemeinden für nicht preisgebundenen Wohnraum vergleichbarer Art, Größe, Ausstattung, Beschaffenheit und Lage gezahlt werden, vermitteln.

Wegen der unterschiedlichen Größe und Differenziertheit der einzelnen regionalen Wohnungsmärkte lassen sich darüber hinaus keine allgemeinen gültigen Regeln für die

- Struktur der Mietspiegel und die zu berücksichtigenden Kriterien und deren Abstufung sowie für
- Art und Umfang des erforderlichen Datenmaterials

aufstellen.

Die folgenden Hinweise können nur als Leitlinie gelten, die jeweils auf ihre Anwendbarkeit für bestimmte Gemeinden überprüft werden muß.

5.2. Zur möglichst einfachen und genaueren Bestimmung der „Vergleichsmiete" wäre es erwünscht, die Mietspiegel so stark zu differenzieren, daß für die Feststellung der „Vergleichsmiete" im Einzelfall nur noch ein kleiner Spielraum bleibt. Von einem bestimmten Grad an Differenzierung ab ergeben sich aber bei der Datenerhebung für die Aufstellung des Mietspiegels unverhältnismäßig hohe Kosten. Es ist deshalb notwendig, diejenigen Kriterien für den Mietspiegel auszuwählen, die in entscheidendem Maße die Unterschiedlichkeit der verschiedenen Mietpreise bedingen.

5.3. Bei der Umsetzung der vom Gesetzgeber aufgeführten Kriterien im Mietspiegel ist zweckmäßigerweise von folgendem auszugehen:[*]

5.3.1. Art. Das Vergleichsmerkmal „Art" zielt insbesondere auf die Gebäudeart (Einfamilienhäuser, Zweifamilienhäuser, Hochhäuser, sonstige Mehrfamilienhäuser). Mietwohnungen in Ein- und Zweifamilienhäusern sind jedoch zahlenmäßig von untergeordneter Bedeutung; bei den vorkommenden Fällen sind zudem oft individuelle Besonderheiten zu berücksichtigen. Es liegt daher nahe, in die Mietspiegel lediglich Angaben über die Mieten von Wohnungen in Mehrfamilienhäusern aufzunehmen. Die Einengung auf Mietwohnungen in Mehrfamilienhäusern muß jedoch im Mietspiegel klar zum Ausdruck kommen. Die Mietspiegel sollten auch Hinweise dafür enthalten, wie Besonderheiten von Wohnungen in Hochhäusern zu berücksichtigen sind (z. B. durch Zu- und Abschläge).

5.3.2. Größe. Für das Vergleichsmerkmal „Größe" ist die Quadratmeterzahl der Wohnfläche einer Wohnung, also die Grundfläche der Räume, die ausschließlich zu der Wohnung gehören, am aussagefähigsten. Im allgemeinen werden für kleinere Wohnungen, insbesondere Appartements, deutlich höhere Quadratmetermieten als für größere Wohnungen gezahlt. Relativ geringe größenbezogene Preisdifferenzen ergeben sich für die Masse der Wohnungen mittlerer Größe, also für Zwei- bis Vier-Zimmer-Wohnungen, während signifikante Unterschiede wieder bei Großwohnungen zu beobachten sind. Demgemäß wird mindestens eine Aufteilung in drei Gruppen empfohlen.

Folgende Abstufungen werden vorgeschlagen:

Wohnungen mit weniger als	50 qm,
Wohnungen mit	50 bis 90 qm,
Wohnungen mit mehr als	90 qm,

(vgl. Anlage 1).

5.3.3. Ausstattung. Das Vergleichsmerkmal „Ausstattung" bezieht sich auf eine Vielzahl von Ausstattungsmöglichkeiten (z. B. Heizungsart, Bad oder Dusche, Trennung von Bad und Toilette, Aufzug, Balkon, Art der Fußböden und der Verglasung). Zur Wahrung der Übersichtlichkeit der Mietspiegel und zur Vermeidung übermäßiger Erhebungskosten ist eine Beschränkung auf die wichtigsten Ausstattungsmerkmale notwendig. Es wird empfohlen, das Merkmal „Ausstattung" in der Tabelle in folgender Dreiteilung zu berücksichtigen:[**]

---

[*] Als Anlage 1 ist das (nicht ausgefüllte) Muster eines Mietspiegels beigefügt.

[**] In der Frage, ob und wie in den Mietspiegeln ältere Wohnungen, die in ihrer Ausstattung Wohnungen neuester Bauart entsprechen (umfassend modernisierte Wohnungen) besonders berücksichtigt werden sollen, kam der Arbeitskreis zu keiner mehrheitlichen Empfehlung. Einerseits wird darauf hingewiesen, daß umfassend modernisierte Wohnungen meist höhere Mieten erfordern als Wohnungen, die von Anfang an diese Ausstattung aufweisen; auf der anderen Seite wird vermutet, daß der marktwirtschaftliche Preisbildungsprozeß im Zeitablauf tendenziell zu einer Angleichung der Mieten für Wohnungen mit gleicher Ausstattung führt. Läßt sich die letztere Annahme aus den örtlichen Gegebenheiten belegen, ist es konsequent, überhaupt auf eine Gliederung des Mietspiegels nach Baualter zu verzichten. Ist entgegen der letzten Vermutung eine deutliche Differenzierung des Mietgefüges zwischen umfassend modernisierten und solchen Wohnungen festzustellen, die von Anfang

- Wohnungen mit Bad oder Duschraum und mit Sammelheizung,
- Wohnungen mit Bad oder Duschraum oder Sammelheizung,
- Wohnungen ohne Bad, Duschraum und Sammelheizung.

5.3.4. Beschaffenheit. Das Merkmal „Beschaffenheit" bezieht sich auf Bauweise, Zuschnitt und baulichen Zustand (Instandhaltungsgrad des Gebäudes bzw. der Wohnung); die Beschaffenheit wird dabei in aller Regel zu schwierig zu fassen sein, als daß sie voll in die Gliederung des Mietspiegels eingehen könnte.

Die Mietspiegel müssen jedoch in entsprechenden Erläuterungen Anhaltspunkte dafür geben, in welcher Weise im Einzelfall Besonderheiten der Beschaffenheit Rechnung getragen werden kann.

Da Bauweise und Zuschnitt oft vom Baualter abhängig sind, hat sich jedoch im allgemeinen eine Unterteilung nach dem Merkmal „Baualter" als zweckmäßig erwiesen. Hierzu wird beispielhaft mindestens folgende Altersgruppierung empfohlen:

Baujahr (Jahr der Fertigstellung)
bis 1948
1949 bis 1960
1961 bis 1971
ab 1972

5.3.5. Lage. Für die Lagequalität sind in erster Linie die Verhältnisse des Wohngebietes, in dem die Wohnung liegt von Bedeutung (ruhige Lage, verkehrsgünstige Lage, Nähe von Geschäftszentren, geringe Immissionen – starker Verkehr, Beeinträchtigung des Wohnens durch Handwerks- und Gewerbebetriebe (Fehlen von Frei- und Grünflächen). Für die Mietspiegel empfiehlt sich eine grobe Unterteilung nach „guten, mittleren, einfachen" Wohnlagen unter entsprechender Aufteilung des Gemeindegebiets. Örtlich enger begrenzten Lagekriterien, die bei den groben Aufteilungen des Gemeindegebiets nach der Wohnlage nicht berücksichtigt werden können, muß durch Zu- oder Abschläge Rechnung getragen werden.

6. Mietpreisspannen

6.1. Alle wohnungsstatistischen Erhebungen, bei denen das tatsächliche Ausmaß der Streuung der Quadratmetermieten ermittelt worden ist, zeigen eine große Spannbreite der gezahlten Quadratmetermieten. Selbst bei differenzierter Betrachtung und Bildung von Teilgruppen nach den genannten Kriterien bleibt ein Streuungsbereich der Quadratmetermieten feststellbar, auch wenn einerseits Gefälligkeitsmieten und andererseits stark überhöhte Mieten ausgeklammert werden.

Deshalb müssen auch die Mietangaben zu den Merkmalskombinationen (Tabellenfelder des Mietspiegels) entsprechend den tatsächlich gezahlten Mieten gewisse Spannbreiten umfassen. Dies kann durch Angabe des unteren und des oberen Wertes der Spanne oder durch Angabe des Mittelwertes und der marktüblichen Abweichung nach unten und oben geschehen.

Die den Spannen zugrunde liegenden Mietpreisunterschiede erklären sich

---

an diese Ausstattung hatten, so empfiehlt es sich, die Mieten für umfassend modernisierte Wohnungen entweder in einer gesonderten Zeile oder Spalte auszuweisen oder die Mieten solcher Wohnungen einer jüngeren Baualtersklasse zuzuordnen.

- aus Wohnwertunterschieden, die durch die Merkmalsgliederung im Mietspiegel nicht erfaßt sind. Solche Wohnwertunterschiede können sich z. B. aus der Ausstattung, der Beschaffenheit und der Lage der Wohnung im Gebäude ergeben,
- aus der zufälligen Streuung der Mieten nahezu identischer Wohnungen um einen Mittelwert, die sich aus der Unschärfe des Preisbildungsmechanismus am Wohnungsmarkt ergibt.

6.2. Um die Bedingung zu erfüllen, daß die Mietspiegel die „üblichen Entgelte" wiedergeben, müssen die Spannbreiten so gewählt werden, daß zumindest zwei Drittel aller erfaßten Mieten der betreffenden Merkmalskombination innerhalb der Spanne liegen. Je dichter die tatsächlich erfaßten Mieten beieinanderliegen, desto kleiner kann die Spanne sein. Je breiter die Streuung insbesondere der Mieten oberhalb des Mittelwertes tatsächlich ist, desto größer wäre bei zu kleiner Spanne die Zahl der außerhalb der Grenzwerte liegenden Fälle.

Es dürfen jedenfalls keine engen Spannen entgegen einer tatsächlich zu beobachtenden breiteren Streuung der üblichen Mieten festgelegt werden. Eine solche Scheinexaktheit würde den gesetzlichen Anforderungen widersprechen. Sie könnte unter anderem auch dazu führen, daß durchaus marktübliche Abweichungen einzelner Mieten von einem für bestimmte Wohnungstypen ermittelten Durchschnitt als Mietpreisüberhöhungen im Sinne des § 5 Wirtschaftsstrafgesetz erscheinen.

Ergeben sich bei Anwendung oder obigen Regeln zu große Spannen der einzelnen Merkmalskombinationen, die eine Anwendbarkeit des Mietspiegels erheblich erschweren, so sind folgende Lösungen möglich:

- Schärfere Fassung der Merkmalskombinationen, um homogenere Teilgruppen zu bilden.
- Aufstellung eines Katalogs positiver und negativer Merkmale, denen entsprechende Zu- oder Abschläge zugeordnet werden. Bei einem Zusammentreffen mehrerer positiver (negativer) Merkmale können durch die Anwendung solcher Zuschläge die im Normalfall geltenden Spannen über- bzw. unterschritten werden. Um die Anwendung des Mietspiegels zu erleichtern, sollten in jedem Fall in den Erläuterungen zum Mietspiegel Hinweise gegeben werden, inwieweit vom MHG genannte Kriterien (wie etwa Teile der Beschaffenheit), die nicht mit in die Gliederung des Mietspiegels eingehen, bei der Bestimmung der Vergleichsmiete im konkreten Einzelfall innerhalb der Spanne zu berücksichtigen sind.

7. Mietbegriff

Die in die Übersicht aufgenommenen Mietwerte müssen vergleichbar sein. Dies erfordert, daß die Erhebung der Daten und die Anlage der Tabelle auf der Grundlage eines einheitlichen Mietbegriffs vorgenommen wird.

Der Inhalt von Mietpreisvereinbarungen ist sehr unterschiedlich. In der Regel schließen die vereinbarten Mieten einige der umlagefähigen Betriebskosten, manchmal sogar alle ein.

In Anbetracht des steigenden Gewichts der Betriebskosten und der Möglichkeit, die Erhöhung der Betriebskosten außerhalb des „Vergleichsmietenverfahrens" auf die Miete umzulegen, besteht eine Tendenz, aus der Kalt-Miete (Miete ohne Heizungs- und Warmwasserkosten) auch die übrigen Betriebskosten auszusondern.

Solange dieser Prozeß noch nicht abgeschlossen ist, wird es allerdings erhebliche Schwierigkeiten verursachen, die Kalt-Miete ohne die übrigen Betriebskosten zu ermitteln. Daher empfiehlt es sich vorerst, die Mietspiegel und die entsprechenden

Datenerhebungen auf Kalt-Mieten einschließlich der Betriebskosten, die ortsüblich in der Miete enthalten sind, abzustellen.

Das bedeutet für die Anwendung des Mietspiegels, daß jeweils von der tatsächlichen Kalt-Miete einschließlich der übrigen Betriebskosten Erhöhungen der Betriebskosten vorweg abzuziehen sind, die nach dem Stichtag des Mietspiegels umgelegt worden sind.

Die Erläuterungen zum Mietspiegel müssen eine genaue Definition des verwendeten Mietbegriffs enthalten. Es muß auch eine Klarstellung erfolgen, auf welchen Fall der Mietvertragsgestaltung hinsichtlich der Übernahme der Kosten für Schönheitsreparaturen bzw. kleiner Instandsetzungen abgestellt wurde. In der Regel dürfte der dem Mietspiegel zugrunde liegende Mietbegriff die Übernahme der Schönheitsreparaturen und kleinen Instandsetzungen durch den Mieter beinhalten.

8. Anpassung der Mietspiegel an den Markttrend

8.1. Bei der Verabschiedung des Wohnraumkündigungsschutzgesetzes gingen Gesetzgeber und Bundesregierung davon aus, daß zur Aufrechterhaltung der Wirtschaftlichkeit des Hausbesitzes marktorientierte Mieterhöhungen möglich sein müssen.

Mietspiegel geben die Marktverhältnisse zu einem bestimmten Zeitpunkt wieder. Sie veralten um so schneller, je höher die Preissteigerungsraten am Wohnungsmarkt sind bzw. behalten ihre Gültigkeit um so länger, je langsamer das allgemeine Mietniveau steigt. Eine generell gültige Anpassungsfrist für die Mietspiegel kann daher nicht formuliert werden.

Unter den gegenwärtigen Verhältnissen des Wohnungsmarktes wird eine Anpassungsfrist durch Neuaufstellung in größeren Zeitabständen (mehrere Jahre) empfohlen. In der Zwischenzeit sind Anpassungen durch Fortschreibung erforderlich. Diese können sich u. a. orientieren an.

- Veränderungen der Teilindices für Altbauwohnungen und frei finanzierte Neubauwohnungen im Preisindex für die Lebenshaltung, die allerdings keine Anhaltspunkte für strukturelle Verschiebungen im Mietpreisgefüge liefern,
- Ergebnissen kleinerer Stichproben,
- Veränderungen des Mietniveaus bei neu abgeschlossenen Verträgen,
- sonstigen in Anlage 3 genannten Datenquellen.

8.2. Haben sich seit der letzten Neufestsetzung oder Fortschreibung größere Veränderungen bei den Wohnungsmieten ergeben, so können bei der Ermittlung der Vergleichsmiete im Einzelfall ebenso behelfsweise Veränderungen des entsprechenden Mietindex herangezogen werden. Bei Verwendung des Preisindex für die Miete sind jedoch zwischenzeitliche Anhebungen der Einzelmieten aufgrund von Betriebskostensteigerungen anzurechnen, soweit der Mietindex deren Erhöhungen miteinschließt.

Beispiel von Erläuterungen zum Mietspiegel

1. Die Angaben kennzeichnen das Mietgefüge im … des Jahres …

2. Mietbegriff

Es handelt sich um Kaltmieten (Miete ohne Heizungs- und Warmwasserkosten) je qm Wohnfläche im Monat einschließlich der übrigen Betriebskosten gemäß 2. Berechnungsverordnung, Neufassung vom 21. Februar 1975, II. BV, BGBl. I S. 569.

3. Aufbau des Mietspiegels

Der Mietspiegel besteht aus der Kombination von Lage- und Ausstattungskriterien mit Baualter und Wohnungsgröße. Da drei Lage- (örtlich enger begrenzte Lagekriterien, die bei den groben kartographischen Aufteilungen des Stadtgebietes nach den Wohnlagen einfach, mittel, gut nicht berücksichtigt werden können, muß durch Zu-/Abschläge Rechnung getragen werden) und drei Ausstattungsabstufungen vorgesehen sind sowie vier Alterskategorien und drei Größeneinteilungen, ergibt sich eine Matrix mit 108 Feldern.

4. Spannen

Die Mietangaben zu den Merkmalskombinationen im Mietspiegel umfassen Spannen, die jeweils unter Angabe des unteren und oberen Wertes der Spanne 2/3 der tatsächlich aufgetretenen Mieten abdecken.

5. Einordnung der Einzelmiete in die Spanne

Ist die Wohnung nach den Merkmalen Lage, Ausstattung, Baualter und Größe in die Tabelle eingeordnet, ist festzustellen, in welchem Bereich der DM-Spanne des Tabellensatzes die Miete tatsächlich liegt. Maßgebend für diese Beurteilung ist zunächst die Qualität von Zentralheizung und/oder Bad/Dusche. Daneben sind zu berücksichtigen:
- Der Erhaltungszustand des Hauses,
- Besonderheiten der Wohnlage,
  Lage der Wohnung im Gebäude (einschließlich von Besonderheiten bestimmter Wohnungen in Hochhäusern)
- Besonderheiten der Ausstattung,
  zum Beispiel Trennung von Bad und WC, bestimmte Einrichtungen wie Müllschlucker, Gemeinschaftsantenne
- sonstige Merkmale
  Wohnungen mit Balkon oder Loggien, im Gebäude besondere Gemeinschaftsräume, Waschküche mit automatischer Waschmaschine, Trockenräume usw.
- Besonderheiten der Außenanlagen
  z. B. Kinderspielplatz, Pkw-Parkplätze.

6. Zu- und Abschläge

Liegen im Einzelfall beim Zusammentreffen mehrere Merkmale (z. B. Spezialverglasung, außergewöhnlich guter Fußboden, ein größeres WC und ein separates Zweitbad/oder Dusche, Einbauschränke gehobener Qualität, Einbauküchen, Balkon über 10 qm Größe, gute Sicht und dgl. oder aber nichtabgeschlossene Wohnung, WC zu mehreren Mietparteien, kein Wasseranschluß innerhalb der Wohnung, kein Gasanschluß, mit Ölfarbe gestrichene Naßräume) starke Abweichungen von den typischen Qualitäts- und Lagemerkmalen vor, besteht die Möglichkeit, durch Zu- und Abschläge die für den Normalfall geltenden Spannen zu über- oder unterschreiten. Die Möglichkeit von Zu- und Abschlägen sollte in jedem Einzelfall überprüft werden.

Anlage 1

s. S. 345

Anlage 2

Datenbeschaffung für die Aufstellung von Mietspiegeln

1. Datenermittlung durch Zufallsstichproben

Eine Methode zur Ermittlung von Daten über ortsübliche Vergleichsmieten besteht in der Durchführung von Zufallsstichproben. Bei solchen Stichproben erhält jede Wohnung die gleiche Chance, in die Erhebung einbezogen zu werden. Damit können unkontrollierbare und systematische Verzerrungen ausgeschaltet werden. Die Qualität einer Zufallsstichprobe zeigt sich daran, daß sich die interessierenden Merkmale der Grundgesamtheit in der Stichprobe anteilsmäßig wiederfinden. Gibt es z. B. in einer Gemeinde 10 v. H. Wohnungen in mittlerer Lage, mit guter Ausstattung, mit einer Größe von 60 qm aus der Baualtersklasse bis 1948, so wird auch die Stichprobe bei ausreichender Größe in etwa diesen Anteil widerspiegeln. Der erforderliche Stichprobenumfang ist bei einem vorgegebenen Differenzierungsgrad des Mietspiegels – im vorliegenden Fall 108 zu besetzende Felder – abhängig von

- dem Anteil der kleinsten noch interessierenden Teilgruppe, für die Aussagen gemacht werden müssen,
- dem Grad der Sicherheit der Stichprobenergebnisse bzw. dem noch tolerierbaren Stichprobenfehler.

Eine hinreichend sichere Aussage kann noch erwartet werden, wenn in der Stichprobe 40 bis 50 Wohnungen eines bestimmten Types auftreten. Diese Zahl ist erforderlich, weil Informationen über folgende Größen bzw. Tatbestände gewonnen werden müssen:

- Die Durchschnittsmiete für jeden interessierenden Wohnungstyp,
- Ausmaß und Art der Streuung um den Durchschnitt.

Diese Forderung führt bei differenzierten Mietspiegeln zu einem hohen Stichprobenumfang und in einigen Fällen dazu, daß bei mit sehr heterogenen Wohnungen besetzten Feldern noch höhere Felderbesetzungen als 50 Mietangaben notwendig werden.

Tatsächlich dürften bei Mietspiegeln mit über 100 Feldern (Kriterienkombinationen) einzelne Felder so dünn besetzt sein, daß sie weniger als 0,5 v. H. des Bestandes repräsentieren. Der erforderliche Stichprobenumfang würde dann noch weiter steigen. Daraus folgt, daß bei differenzierten Mietspiegeln dieser Art mit Zufallsstichproben allein keine vertretbaren Aussagen für alle Felder gemacht werden können.

2. Datenermittlung durch disproportionale Stichproben

2.1. Geht man davon aus, daß nur der Aufwand für Stichproben in der Größenordnung von 1.000 bis 3.000 Fällen finanziert werden kann, dann kommt es darauf an, die Stichproben so anzulegen, daß hinreichend zuverlässige Informationen für besonders häufig vorkommende oder besonders wichtige Merkmalskombinationen gewonnen werden. Eine Datenerhebung kann unterbleiben oder sich auf wenige Daten beschränken, wenn

- ausreichende Fallzahlen ohnehin nicht zu erwarten sind,
  oder
- ausreichende Informationen aus anderen Datenquellen vorliegen.

2.2. Auf diese Weise kann aus einer relativ kleinen Stichprobe ein Maximum an Informationen gewonnen werden. Der erforderliche Stichprobenumfang kann dazu in folgenden Schritten auf möglichst geringes Volumen reduziert werden:

a) Aus anderen Datenquellen (Wohnungsstatistik, Wohnungszählung) kann die Verteilung des nicht preisgebundenen Mietwohnungsbestandes auf die einzelnen Merkmalskombinationen (Felder des Mietspiegels) ungefähr ermittelt werden. Felder mit weit überproportionalen Wohnungsanteilen können durch entsprechende Anlage des Auswahlverfahrens in der Stichprobe unterrepräsentiert bleiben, ohne daß deshalb zu befürchten ist, daß die angestrebte Fallzahl von 40 bis 50 nicht erreicht wird. Auf diese Weise ist es möglich, Wohnungen in Feldern, die einen unterdurchschnittlichen Anteil des Gebäudebestandes repräsentieren, eine größere Chance zu geben, in die Stichprobe einzugehen. So wäre es möglich, für die einzelnen besonders interessierenden Felder eine ausreichende Fallzahl in der Stichprobe zu ermöglichen.

b) Gibt es Anhaltspunkte dafür, daß bei bestimmten Wohnungstypen die Ermittlung von Vergleichsmieten besonders große Schwierigkeiten bereitet oder besonders häufig Streitfälle auftreten, so können diese Wohnungstypen mit höheren Fallzahlen in die Stichprobe einbezogen werden.

c) Bei Wohnungstypen, die sehr selten auftreten oder in nur wenigen Fällen Gegenstand von Auseinandersetzungen über Mieterhöhungen sind, kann u. U. ganz auf die Erhebung von Daten verzichtet werden. Dies ist vertretbar, wenn aus anderen Datenquellen Informationen vorliegen, die ein „Auffüllen" der entsprechenden Felder ermöglichen.

3. Für die Anlage disproportionaler Stichproben empfiehlt sich eine Einteilung des Gemeindegebietes nach Lage und/oder Baualter. In Gebieten, in denen Wohnungen bestimmter Ausstattung oder Altersgruppen vorherrschen, die z. B. einen hohen Anteil des Gesamtbestandes ausmachen, können die Fallzahlen der Befragung entsprechend reduziert werden.

4. Um das für die Aufstellung des Mietspiegels gewonnene Datenmaterial optimal zu nutzen, sollte durch gezielte Zusatzuntersuchungen in einer beschränkten Zahl von Fällen ermittelt werden, wieweit Abweichungen von den im Mietspiegel vorgesehenen Spannbreiten durch Besonderheiten der Beschaffenheit und Art der Wohnung bestimmt sein können. Dasselbe gilt für die Frage der Bestimmung der Vergleichsmiete innerhalb großer Streubreiten der Mieten bestimmter Wohnungstypen. Aus solchen Zusatzuntersuchungen gewonnene Erkenntnisse sollten ihren Niederschlag in Erläuterungen zum Mietspiegel finden.

Sonstiges zu verwendendes Datenmaterial

Wohngeldstatistik

Bei der Verwendung der Daten aus der Wohngeldstatistik ist zu berücksichtigen, daß diese Daten nicht durchweg repräsentativ für die gesamte Marktsituation sind. Wohngeld wird zu rd. zwei Drittel an Nichterwerbstätige (Rentner) gezahlt. Nur rd. 15 v. H. aller Haushalte sind aufgrund ihres Einkommens wohngeldberechtigt. Daraus können sich systematische Verzerrungen gegenüber dem Durchschnitt ergeben. So dürfte die durchschnittliche Laufzeit aller Mietverträge kürzer sein als bei den Wohngeldempfängern. Art und Beschaffenheit der Wohnungen bleiben mit hoher Wahrscheinlichkeit hinter dem Durchschnitt zurück. Die Wohngelddaten sind daher als alleinige Informationsbasis für einen Mietspiegel ungeeignet.

Auch die nachfolgend aufgeführten Quellen sind als alleinige Informationsquelle nicht geeignet.

Mietkataster

Mietkataster der Interessenvertretung enthalten oft Extremfälle.

Angaben von Maklern und Maklervereinigungen

Makler stützen ihre Informationen weitgehend auf die aus Neuabschlüssen resultierenden Mieten. Das Gesetz geht jedoch davon aus, daß Neu- und Altverträge in einem ausgewogenen Verhältnis berücksichtigt werden müssen.

Mietangaben der Verbände

Die Mietangaben der wohnungswirtschaftlichen Verbände repräsentieren jeweils nur einen begrenzten Wohnungsbestand.

Datenmaterial der Kommunalen Wohnungsvermittlungen

Datenmaterial der Gutachterausschüsse bei den Städten und bei den Landkreisen

2. Hinweise zur Aufstellung von Mietspiegeln 1997[1]

Stand: 1. Januar 1997

Einleitung

Die Wohnung ist für den einzelnen Menschen, aber insbesondere für Familien, Lebensmittelpunkt. Der vertragstreue Mieter braucht Sicherheit in seiner Wohnung. Die Kündigung eines Mietvertrages über Wohnraum zum Zweck der Mieterhöhung ist daher ausgeschlossen (Ausschluß der sogen. Änderungskündigung). Der Vermieter kann ein Wohnraummietverhältnis nur kündigen, wenn er im Sinne des § 564b BGB ein „berechtigtes Interesse" an der Kündigung hat. Als Ausgleich, und insbesondere um die Wirtschaftlichkeit des Wohnobjekts zu erhalten, gibt das Gesetz zur Regelung der Miethöhe (Miethöhegesetz – MHG) dem Vermieter das Recht auf angemessene Mieterhöhungen. Der Vermieter kann vom Mieter insbesondere eine Anhebung der Miete bis zur sogenannten ortsüblichen Vergleichsmiete unter bestimmten Voraussetzungen verlangen.

Die Erfahrung zeigt, daß wirtschaftlich einsichtige Mieterhöhungen überwiegend einvernehmlich zwischen Vermieter und Mieter erfolgen und der Vermieter gar nicht erst auf die gesetzlich vorgesehenen Begründungsmittel zurückgreifen muß.

Will der Vermieter eine Mieterhöhung in Anpassung an die ortsübliche Vergleichsmiete durchsetzen, muß er sein Mieterhöhungsverlangen begründen. Er kann hierzu auf eine Übersicht über die ortsüblichen Entgelte (Mietspiegel), auf das Gutachten eines Sachverständigen oder auf entsprechende Entgelte für einzelne vergleichbare Wohnungen Bezug nehmen.

Ein reibungsloses Funktionieren des Mieterhöhungsverfahrens ist besonders wichtig, da Mietverträge auf Dauer angelegt sind und zur Aufrechterhaltung der Wirtschaftlichkeit innerhalb gewisser Zeitabschnitte Anpassungen des Mietzinses notwendig werden können. Mieter und Vermieter benötigen daher verläßliche Informationen über das örtliche Mietenniveau. In der Praxis der Mieterhöhungsverfahren haben sich besonders Mietspiegel als hilfreich erwiesen. Anhand von Mietspiegeln können sich die beteiligten Vermieter und Mieter auf einfache Weise Kenntnis über die in Mieterhöhungsverfahren wichtigen Daten verschaffen.

Wichtig ist dabei, daß die jeweiligen Mietspiegel auch von den beteiligten Vermietern und Mietern inhaltlich akzeptiert werden. Dabei ist zu berücksichtigen, daß die gesetzlichen Vorschriften des MHG nur allgemeine Anforderungen an die Mietspiegel stellen. Die Aufstellungsverfahren für Mietspiegel unterscheiden sich in der Praxis daher teils erheblich. So können Mietspiegel von der Gemeinde, aber auch von den Interessenverbänden der Mieter und Vermieter erstellt werden. Mietspiegel können aufgrund repräsentativer Datenerhebung und der Auswertung dieser Daten nach anerkannten wissenschaftlichen Maßstäben, aber auch unter weitgehender Nutzung vorhandener Daten, z. B. der örtlichen Vermieter- und Mietervereine, erstellt worden sein. Mietspiegel können darüber hinaus im Einvernehmen mit den örtlichen Interessenvertretern, also vor allem den örtlichen Vermieter- und Mietervereinen, aufgestellt worden sein.

---

[1] Herausgegeben vom Bundesministerium für Raumordnung, Bauwesen und Städtebau, Deichmanns Aue, 53179 Bonn-Bad Godesberg.

Mittlerweile verfügen in den alten Ländern ca. 56% der Städte zwischen 50.000 und 100.000 Einwohnern und 80% der Städte über 100.000 Einwohner über einen Mietspiegel, wobei die einvernehmlich aufgestellten Mietspiegel ohne eigene repräsentative Datenerhebungen überwiegen. Großstädte über 500.000 Einwohner haben dagegen überwiegend empirisch-repräsentative Mietspiegel. Insgesamt sind Mietspiegel in den alten Ländern weit verbreitet und haben in der Praxis breite Anerkennung gefunden.

Einen Sonderfall stell die Datenbank dar, die es bisher nur in Hannover mit seinen gut 500.000 Einwohnern gibt. Bei dieser Datenbank werden Auskünfte über 3 bis 5 Vergleichswohnungen auf der Grundlage der Daten der Mieter- und Vermieterverbände gegeben. Bei der Datenbank handelt es sich nicht um einen Mietspiegel. Die Daten können aber zum Zwecke der Benennung von Vergleichswohnungen als Begründungsmittel in Betracht kommen.

Die jeweiligen Methoden der Mietspiegelerstellung haben unterschiedliche Vorteile. Mit dieser Broschüre sollen die Entscheidungen über die zu wählende Methode erleichtert sowie Hinweise über die Verfahrensweise der verschiedenen Methoden der Mietspiegelerstellung gegeben werden.

In den neuen Ländern stellt sich mit dem Ablauf der Überleitungsregelungen des Mietenüberleitungsgesetzes Anfang 1998 mit der Einführung des Vergleichsmietensystems die Notwendigkeit der erstmaligen Erstellung von Mietspiegeln. Auch hier ist es wünschenswert, daß Mietspiegel die Bedeutung erlangen, die sie in den alten Ländern bereits haben. Eine bloße Übertragung der Praxis in den alten Ländern ist jedoch nicht möglich. Wegen der Besonderheiten des Wohnungsmarktes **in den neuen Ländern,** insbesondere wegen der zunächst nur geringeren Ausdifferenzierung der Mieten, wegen der zeitlich eingeschränkten Verwendungsmöglichkeit der meisten Bestandsmieten in Mietspiegeln bis Mitte 1999 sowie der Tatsache, daß vielfach ein Großteil des Mietwohnungsbestandes in der Hand weniger kommunaler oder genossenschaftlicher Wohnungsunternehmen ist, empfehlen sich für die erstmalige Mietspiegelaufstellungen bestimmte Abweichungen von der Praxis der alten Länder. Hierauf soll in den nachfolgenden Hinweisen besonders eingegangen werden.

1. Zu den gesetzlichen Grundlagen

Die Rechtsgrundlagen über Mietspiegel enthält das Gesetz zur Regelung der Miethöhe – Miethöhegesetz (MHG). Sie stehen in folgendem Zusammenhang:
* Der Vermieter kann vom Mieter unter bestimmten Voraussetzungen die Zustimmung zu einer Erhöhung der Miete bis zur sogen. ortsüblichen Vergleichsmiete verlangen (§ 2 MHG). Das heißt, die verlangte Miete darf die „üblichen Entgelte" erreichen, aber nicht übersteigen, die in der Gemeinde oder in vergleichbaren Gemeinden für nicht preisgebundenen Wohnraum vergleichbarer Art, Größe, Ausstattung, Beschaffenheit und Lage in den letzten vier Jahren neu vereinbart oder – abgesehen von Betriebskostensteigerungen – geändert worden sind **(ortsübliche Vergleichsmiete, § 2 Abs. 1 Satz 1 Nr. 2 MHG)**. Weitere Voraussetzung für die Zustimmungspflicht des Mieters ist, daß
  – die bisherige Miete – von Erhöhungen aufgrund von baulichen Änderungen, Betriebskosten – oder Kapitalkostensteigerungen abgesehen – im Zeitpunkt des Zugangs des Erhöhungsverlangens seit einem Jahr unverändert ist und
  – das jetzige Mieterhöhungsverlangen höchstens zu einer Mietsteigerung von 30 v. H. innerhalb der letzten drei Jahre führt (Kappungsgrenze). Die Kap-

pungsgrenze ist für bestimmte Wohnungen bis September 1998 auf 20 v. H. herabgesetzt (§ 2 Abs. 1 MHG).

- Das MHG läßt daneben im laufenden Mietverhältnis auch die einvernehmliche Mieterhöhung sowie unter bestimmten Voraussetzungen die Vereinbarung von Staffelmieten und Gleitklauseln (Mietsteigerungen in Abhängigkeit vom Preisindex der Lebenshaltung; § 10 Abs. 1 und 2 sowie § 10a MHG) zu.

Bei Mieterhöhungen auf die ortsübliche Vergleichsmiete gemäß § 2 MHG stellt sich für die Beteiligten, insbesondere für Vermieter und Mieter, die Frage nach der **Höhe der ortsüblichen Vergleichsmiete.**

Das MHG verlangt vom Vermieter, daß er das Zustimmungsverlangen zu einer Erhöhung des Mietzinses bis zur Höhe der ortsüblichen Vergleichsmiete **schriftlich geltend macht und begründet** (§ 2 Abs. 2 MHG). Hierzu kann sich der Vermieter stützen auf

- eine Übersicht über die üblichen Entgelte für vergleichbaren Wohnraum (Mietspiegel),
- das Gutachten eines öffentlich bestellten oder vereidigten Sachverständigen oder
- die Benennung von in der Regel (mindestens) drei Vergleichswohnungen.

Diese **drei Begründungsmittel** werden vom Gesetz gleichrangig genannt. Sie sind in unterschiedlichem Maß geeignet, im Einzelfall die Höhe der ortsüblichen Miete nachzuweisen. Im einzelnen ist von Bedeutung:

(1) Mietspiegel sind nach § 2 Abs. 2 MHG Übersichten über die üblichen Entgelte für Wohnraum in einer Gemeinde oder vergleichbaren Gemeinde, die von dieser oder Interessenvertretern der Vermieter und der Mieter gemeinsam erstellt oder anerkannt worden sind. Der besondere Vorteil der Mietspiegel liegt darin, daß sie nicht nur Informationen über gezahlte Entgelte für einzelne Wohnungen liefern. Sie bilden das örtliche Mietniveau auf einer breiten Informationsbasis ab und ermöglichen damit in der Regel eine einfache Ermittlung der ortsüblichen Vergleichsmiete für das jeweilige Mieterhöhungsverfahren. Außerdem stehen Mietspiegel der Öffentlichkeit zur Verfügung. Sie erhöhen damit die Markttransparenz und leisten einen wichtigen Beitrag zur Vermeidung von Konflikten zwischen den Vertragspartnern.

Dementsprechend sollten Gemeinden, soweit nach den örtlichen Verhältnissen ein Bedürfnis besteht und dies mit einem vertretbaren Aufwand möglich ist, Mietspiegel erstellen und diese jeweils im Abstand von zwei Jahren der Marktentwicklung anpassen (§ 2 Abs. 5 S. 3 MHG).

(2) Auch mit **Sachverständigengutachten** können Mieterhöhungsverlangen begründet werden. Eine verläßliche Vergleichsmietenbestimmung durch einen Sachverständigen setzt allerdings voraus, daß diesem die Mieten vergleichbarer Wohnungen in hinreichend großer Anzahl bekannt sind. Bei kleineren Wohnungsmärkten mit überschaubarer Mietenstruktur können die Mietsachverständigen also eher einen angemessenen Überblick über den Wohnungsmarkt haben als bei größeren Wohnungsmärkten. Aus finanzieller Sicht ist das Sachverständigengutachten für den Vermieter das teuerste Begründungsmittel.

(3) Der Vermieter kann zur Begründung seines Mieterhöhungsverlangens auch (mindestens) drei **Vergleichswohnungen** benennen, deren Miete so hoch ist wie die verlangte Miete oder auch höher liegt. Diese Wohnungen müssen mit der Wohnung, deren Miete erhöht werden soll, in Ausstattung, Art, Größe, Lage und Beschaffenheit übereinstimmen.

Von der Frage der Begründung des Mieterhöhungsverlangens des Vermieters durch die drei dargestellten Begründungsmittel zu unterscheiden ist die Frage, zu welcher Mieterhöhung der Mieter seine Zustimmung geben muß. In der überwiegenden Zahl der Fälle erteilt der Mieter seine Zustimmung zu den entsprechend begründeten Mieterhöhungsbegehren des Vermieters. Erteilt der Mieter jedoch seine Zustimmung zu den Mieterhöhungsverlangen des Vermieters nicht, hat der Vermieter innerhalb einer bestimmten Frist die Möglichkeit, auf Erteilung der Zustimmung zu klagen (§ 2 Abs. 3 MHG). In diesen Fällen erfolgt die Entscheidung des Gerichts nach den Grundsätzen der freien Beweiswürdigung. Die für die Durchführung des Mieterhöhungsverfahrens erforderlichen Begründungsmittel sind nicht identisch mit den Beweismitteln, denen das Gericht bei seiner Entscheidung folgt. Es obliegt dabei dem Gericht darüber zu entscheiden, ob und inwieweit Mietspiegel, Sachverständigengutachten oder Vergleichswohnungen als Beweismittel auch für den Klageanspruch herangezogen werden.

In den neuen Ländern gelten nach dem Mietenüberleitungsgesetz für eine bestimmte Übergangszeit besondere Vorschriften für Mieterhöhungen:

- Bei freifinanzierten Wohnungen, die **seit dem 3.10.1990** fertiggestellt oder wiederhergestellt oder die mit Mitteln der vereinbarten Förderung im Sinne des § 88d II. Wohnungsbaugesetz gefördert wurden, sind die allgemeinen Regelungen des MHG bereits jetzt anwendbar (§ 11 Abs. 1 MHG).

- Bei Wohnungen, die vor dem 3.10.1990 fertiggestellt oder begonnen worden sind („Wendewohnungen"), gilt seit dem 11.6.1995 das MHG mit den besonderen Regelungen der §§ 12 bis 17 MHG. In diesem Wohnungsbestand ist noch bis zum 31.12.1997 eine Mieterhöhung in **bestehenden Mietverträgen,** die sich allein an der ortsüblichen Vergleichsmiete i. S. d. § 2 Abs. 1 Nr. 2 MHG orientiert, nicht möglich. Statt dessen ermöglicht § 12 MHG dem Vermieter, die Zustimmung zu einer Erhöhung der am 11.6.1995 geschuldeten Miete (ohne Modernisierungsumlage) um festgelegte Vomhundertsätze zu verlangen. Die Erhöhungsmöglichkeit im einzelnen ist abhängig von der Beschaffenheit wesentlicher Gebäudebestandteile (Dach, Fenster, Außenwände, Hausflure oder Treppenräume sowie Elektro-, Gas- oder Wasser- und Sanitärinstallationen), der Ausstattung der Wohnung mit Zentralheizung und Bad, der Gebäudeart sowie der Gemeindegröße.

Allerdings bleibt auch bei dieser Mieterhöhungsmöglichkeit die Orientierung an einem ortsüblichen Vergleichsmietenniveau nicht unberücksichtigt. Der Mieter kann nämlich die Zustimmung zu dem Erhöhungsverlangen verweigern, wenn die vom Vermieter verlangte Miete die „üblichen Entgelte übersteigt, die in der Gemeinde oder vergleichbaren Gemeinden für Wohnraum vergleichbarer Art, Größe, Ausstattung, Beschaffenheit und Lage **seit dem 11.6.1995 vereinbart werden**" (§ 12 Abs. 5 MHG).

Mit Außerkrafttreten der Sonderregelung für Neuvermietungen ab Mitte 1997 (§ 2 des Gesetzes über die Angemessenheit von Entgelten beim Übergang in das Vergleichsmietensystem, Art. 2 des Mietenüberleitungsgesetzes) und mit dem Auslaufen des Mietenüberleitungsgesetzes am 31.12.1997 wird das Vergleichsmietensystem voll wirksam. Um den Übergang in das Vergleichsmietensystem möglichst reibungslos zu gestalten und einen nachvollziehbaren Einstieg zu gewährleisten, ist den Gemeinden **in den neuen Ländern** — wenn dort die Entscheidung für die Aufstellung eines Mietspiegels getroffen worden ist – die Erstellung eines Mietspiegels spätestens ab Mitte 1997 zu empfehlen.

Für die neuen Länder ist § 12 Abs. 7 MHG zu beachten. Danach dürfen bei der Erstellung eines Mietspiegels, der nicht über den 30.6.1999 hinaus gilt, auch die dem Mietenüberleitungsgesetz unterfallenden Mieten zugrunde gelegt werden.

Eine Belegungsbindung nach § 12 Abs. 2 Altschuldenhilfe-Gesetz ist für sich genommen kein Ausschlußgrund.

2. Aufgaben des Mietspiegels

Für das im MHG vorgesehene Mieterhöhungsverfahren haben Mietspiegel die Funktion eines Begründungsmittels. Vermieter und Mieter erhalten dadurch eine einfache und kostengünstige Möglichkeit, festzustellen und zu überprüfen, ob das Mieterhöhungsverlangen die ortsübliche Vergleichsmiete beachtet.

Mietspiegel tragen daher dazu bei, Streitigkeiten zwischen den Mietvertragsparteien, die sich aus Unkenntnis des Mietpreisgefüges ergeben, zu vermeiden und Kosten der Beschaffung und Bewertung von Informationen über Vergleichsmieten im Einzelfall einzusparen.

Da der Mietspiegel einen Überblick über die in der jeweiligen Gemeinde üblicherweise gezahlten Mieten gibt, kann er auch beim Abschluß von Neuvertragsmieten Orientierung geben. Darüber hinaus können Mietspiegel auch dort Bedeutung haben, wo in anderen Rechtsbereichen auf die ortsübliche Vergleichsmiete Bezug genommen wird, z. B. bei der Berechnung der Höhe der Fehlbelegungsabgabe und bei der einkommensorientierten Förderung nach § 88 e II. WoBauG.

3. Die Arten von Mietspiegeln

In der Praxis haben sich auf der Grundlage der Vorschriften des MHG verschiedene Arten von Mietspiegeln herausgebildet, die sich in unterschiedlichen Situationen bewährt haben. Diese Arten von Mietspiegeln lassen sich insbesondere unterscheiden nach

- dem Träger der Mietspiegelaufstellung,
- den Datengrundlagen und
- der Auswertung der ermittelten und genutzten Daten.

(1) Träger der **Mietspiegelaufstellung**

Mietspiegel können von den Gemeinden oder Interessenvertretern oder in einem bestimmten Zusammenwirken beider aufgestellt werden. Die Verfahrensweise hat auch Bedeutung für die in der Praxis wichtige einvernehmliche Aufstellung von Mietspiegeln.

Die verschiedenen Möglichkeiten sind unter 4. im einzelnen aufgeführt.

(2) Die **Arten der Datengrundlagen**

Die Datengrundlagen sind für die Aufstellung von Mietspiegeln von hervorgehobener Bedeutung. Dies folgt bereits aus dem Begriff der ortsüblichen Vergleichsmiete, die auf die Vergleichbarkeit der in der jeweiligen Örtlichkeit bestehenden Mieten abstellt.

Es gibt hier verschiedene Methoden der Datenbeschaffung:

- Weitreichende, repräsentative Datenerhebung,
- Nutzung vorhandener Daten,
- Kombination beider Möglichkeiten zur gegenseitigen Ergänzung und Vertiefung.

Die empirisch-repräsentative Erhebung von Daten nach Regeln der Statistik ermöglicht eine verläßliche Abbildung der Vergleichsmieten. Sie setzt aber einen erheblichen Aufwand, auch Kostenaufwand voraus. Demgegenüber ermöglicht die Nutzung vorhandener Daten eine schnelle und vergleichsweise wesentlich kostengünstigere Darstellung der Vergleichsmieten. Darüber hinaus sind Mischformen möglich, in denen z. B. die Nutzung vorhandener Daten ergänzt wird durch teil-repräsentative Erhebungen.

Die Nutzung vorhandener Daten steht in der Regel im engen Zusammenhang mit der Frage des Trägers der Mietspiegelaufstellung und der Beteiligung derjeni-gen, die über die vorhandenen Daten verfügen, wie z. B. örtlichen Vermieter- und Mietervereine und große örtliche Wohnungsgesellschaften. Zum Zwecke der Nut-zung vorhandener Daten kann daher deren Beteiligung bei der Mietspiegelerstel-lung von besonderer Bedeutung sein.

Die Einzelheiten zu den Datengrundlagen und Datenermittlung sind unten un-ter 8. sowie im Anhang behandelt.

(3) **Auswertung der Datengrundlagen und Entscheidung über die Aus-sagen der Mietspiegel**

Die Auswertung sowie Entscheidung über die Aussagen des Mietspiegel hängt wesentlich von der Art der Datengrundlagen ab:

- Auf der Grundlage empirisch-repräsentativ ermittelter Daten können wissen-schaftliche Auswertungsmethoden angewandt werden, insbesondere die so-genannte Tabellen- oder die Regressionsmethode. Ergebnisse sind die so-genannten **repräsentativen Mietspiegel.**
- Auf der Grundlage vorhandener Daten können Mietspiegel von den Verfahrens-beteiligten einvernehmlich festgestellt werden (sogen. **einvernehmlich fest-gestellte Mietspiegel**).
- Möglich ist auch eine Kombination, die auf einer empirischen Datenermittlung und wissenschaftlicher Auswertung und auf einer einvernehmlichen Feststellung durch die Verfahrensbeteiligten beruht.

Die Auswertung der Datengrundlage sowie die Entscheidung über die Inhalte der Mietspiegel hängt somit auch mit der Entscheidung über die Verfahrensbeteilig-ten sowie die Art der Datengrundlagen zusammen.

Die Einzelheiten zur Art der Auswertung der Daten und die Entscheidung über die Mietspiegelinhalte sind näher abgehandelt unter 9.

Ebenso wie die **Gemeinden in eigener Verantwortung** darüber entscheiden, **ob** sie Mietspiegel aufstellen, entscheiden sie über

- die Art des beabsichtigten Mietspiegels,
- die Datengrundlagen sowie
- die Beteiligung der örtlichen Interessenvertreter einschließlich der einverneim-lichen Aufstellung des Mietspiegels.

Dies gilt entsprechend, wenn nicht die Gemeinde, sondern die örtlichen Interes-senvertreter allein oder unter Beteiligung der Gemeinde Mietspiegel aufstellen.

4. Träger des Verfahrens und Verfahrensbeteiligte

Für den Mietspiegel ergeben sich aus dem MHG folgende Kombinationen der Verfahrensbeteiligten:

- Erstellung durch die Gemeinde
- Gemeinsame Erstellung durch Interessenvertreter der Vermieter und Mieter
- Gemeinsame Erstellung durch die Gemeinde sowie die Interessenvertreter und Mieter
- Erstellung durch eine Interessenvertretung und Anerkennung durch die andere Interessenvertretung oder die Gemeinde
- Erstellung durch Dritte und Anerkennung durch Interessenvertreter der Vermie-ter und Mieter oder die Gemeinde

Bei der Erstellung eines Mietspiegels hat sich die Zusammenarbeit aller Beteiligten, ggfs. auch in Form einer **Arbeitsgruppe,** bewährt, bei der dann alle an der Mietspiegelerstellung beteiligten Gruppen (Gemeinde, Interessenvertreter der Vermieter und Mieter) vertreten sind. Die Aufgaben dieser Arbeitsgruppe bestehen beispielsweise darin, Vorgaben für die Aufstellung von Mietspiegeln zu machen (z. B. Art des Mietspiegels) sowie die Auswertung zu begleiten. Die Beteiligung der Interessenvertreter an der Erstellung des Mietspiegels unterstützt das Vertrauen in den Mietspiegel und trägt damit zu einer breiteren Anwendung bei.

Die Beteiligung weiterer Sachverständiger, die das örtliche Mietpreisgefüge kennen, z. B. von Vertretern der unternehmerischen Wohnungswirtschaft, Maklerorganisationen und Mietrichtern hat sich vielfach als nützlich erwiesen. Da für die Mietspiegelerhebung Daten der Mieter und ggf. der Vermieter benötigt werden, sollte bereits bei der Vorbereitung der Befragung die Beteiligung des Datenschutzbeauftragten in Betracht gezogen werden.

Wird der Mietspiegel von der Gemeinde erstellt, sollten die Interessenvertreter frühzeitig unterrichtet werden. Ihnen sollte grundsätzlich bereits in der Anfangsphase Gelegenheit gegeben werden, an der Erstellung des Mietspiegels mitzuwirken.

5. Mietbegriff

Für die Aussage des Mietspiegels ist wichtig, welche Vereinbarungen die örtlichen Mietvertragspartner über die Umlegung der Betriebskosten getroffen haben.

Das Verhältnis zwischen umgelegten und nicht umgelegten Betriebskosten ist von Mietverhältnis zu Mietverhältnis sehr verschieden. So können alle anfallenden Betriebskosten umgelegt werden (Nettomiete), die Betriebskosten können jedoch auch pauschal in der Miete enthalten sein (ggf. mit Ausnahme der Heizkosten) und nicht gesondert umgelegt werden (Bruttomiete). Dazwischen gibt es eine Vielzahl von Mischformen, die sog. Teilinklusivmieten. Dort wird ein Teil der Betriebskosten abgerechnet, während der andere Teil pauschal in der Miete enthalten ist.

Diese Vielfalt unterschiedlicher Vertragsgestaltungen ist bei der Erstellung von Mietspiegeln zu berücksichtigen, damit die erhobenen Mieten vergleichbar werden. Deshalb müssen – soweit erforderlich – die erhobenen Mieten auf einen einheitlichen Mietbegriff umgerechnet werden.

In den letzten Jahren hat sich bei der Vermietung von Wohnraum zunehmend die Vereinbarung von Nettomieten durchgesetzt, so daß auch für die Aufstellung von Mietspiegeln die Nettomiete Grundlage sein sollte. **In den neuen Ländern** wurde mit der Mietenreform die Nettomiete generell eingeführt, so daß bei diesen Wohnungen eine Umrechnung wegen der Betriebskosten grundsätzlich nicht erfolgen muß.

Bei der Berechnung einzelner Nettomieten ist darauf zu achten, daß anfallende, **nicht umgelegte** Betriebskosten **vollständig** aus der vertraglich vereinbarten Miete herausgerechnet werden. Andernfalls werden die aus den individuellen Nettomieten zu berechnenden durchschnittlichen Nettomieten in Höhe der durchschnittlichen nicht umgelegten Betriebskosten überschätzt.

Demnach muß jeder Umrechnung einer individuellen Brutto- oder Teilinklusivmiete auf eine individuelle Nettomiete die Berechnung durchschnittlicher Betriebskosten vorangehen, die als Schätzwerte für die jeweils nicht umgelegten Betriebskosten heranzuziehen sind.

Die Umrechnung der individuellen Brutto- oder Teilinklusivmieten auf Nettomieten ermöglicht die Berechnung der Vergleichsmiete als Nettomiete. Durch

Ausweisung einzelner Betriebskostenarten in ihrer ortsüblichen Höhe im Mietspiegel werden Mieter und Vermieter bei einer vereinbarten Brutto- bzw. Teilinklusivmiete in die Lage versetzt, die ortsübliche Nettomiete auf ihre individuell vertraglich vereinbarte Struktur umzurechnen.

6. Abgrenzung des mietspiegelrelevanten Wohnungsbestandes

Nicht alle Wohnungen kommen für die Berücksichtigung im Mietspiegel in Betracht. Bestimmte Wohnungsbestände sind nach dem MHG von vornherein ausgeschlossen. Dem Ausschluß liegt der Gedanke zugrunde, daß die Marktverhältnisse sich realistisch widerspiegeln und daher atypische, das Preisbild verfälschende Mieten nicht aufgenommen werden sollen.

6.1 Wohnungen, die nicht in den Anwendungsbereich fallen

Zu den Wohnungen, die nicht in den Anwendungsbereich eines Mietspiegels einzubeziehen sind, gehören:

- **Nicht als Wohnraum vermietet:**
  Z. B. gewerblich genutzter Wohnraum, durch den Eigentümer selbst genutzter Wohnraum, Obdachlosenunterkünfte.
- **Preisgebundener Wohnraum (§ 10 Abs. 3 Nr. 1, § 2 Abs. 5 MHG):**
  Nach § 2 Abs. 5 Satz 2 MHG bleiben bei der Aufstellung von Mietspiegeln solche Entgelte, die aufgrund der gesetzlichen Bestimmungen des II. WoBauG und WoBindG an Höchstbeträge gebunden sind, außer Betracht, also insbesondere:
  – Wohnraum, für den die Kostenmiete anzuwenden ist, z. B. Sozialwohnungen des ersten und zweiten Förderungsweges,
  – Wohnungen, die mit Wohnungsfürsorgemitteln gefördert wurden.
  Anmerkung: Dazu sollten auch Wohnungen der vereinbarten Förderung nach § 88 d II. WoBauG gezählt werden, obwohl es sich nur um eine vertraglich vereinbarte Preisbindung handelt.
- **Wohnraum zum vorübergehenden Gebrauch (§ 10 Abs. 3 Nr. 2 MHG):**
  In der Praxis werden darunter Wohnungen verstanden, für die im Mietvertrag eine Vermietungsdauer von nicht mehr als einem halben Jahr festgelegt ist.
- **Möblierter Wohnraum in der Wohnung des Vermieters (§ 10 Abs. 3 Nr. 3 MHG)**
- **Studenten- und Jugendwohnheime (§ 10 Abs. 3 Nr. 4 MHG)**
- **Wohnraum in Heimen, Wohnheimen, Internaten, Seminaren, bei denen die Mietzahlung überwiegend Serviceleistungen abdeckt.**

6.2 Wohnungen, die in den Anwendungsbereich fallen, aber nach § 2 Abs. 1 Nr. 2 MHG auszuschließen sind

Es dürfen nur diejenigen Wohnungen berücksichtigt werden, bei denen die Miete in den letzten **vier** Jahren neu vereinbart oder, von Erhöhungen nach § 4 MHG (Betriebskostenerhöhung) abgesehen, geändert worden ist. Zu berücksichtigen ist die aktuelle Miete.

6.3 Wohnungen, die in den Anwendungsbereich fallen, deren Einbeziehung jedoch grundsätzlich nicht empfehlenswert ist

Wenn die **Vertragsgestaltung objektiv vom Üblichen abweicht** und deshalb keinen geeigneten Vergleichsmaßstab für einen allgemeinen Mietspiegel darstellt, sollten diese Formen der Wohnraumnutzung für die Erstellung eines Mietspiegels **nicht herangezogen** werden, obwohl es sich um Wohnraum handelt, der nach in dem MHG nicht ausdrücklich vom Vergleichsmietenbegriff ausgenommen ist. Im einzelnen handelt es sich hierbei um:

- **möblierten oder teilmöblierten Wohnraum auch außerhalb der Vermieterwohnung, Untermietverhältnisse (ohne gewerbliche Zwischenvermietung),**
- **Wohnraum in Heimen, Wohnheimen, Internaten, Seminaren (soweit nicht ohnehin von 6.1 erfaßt)**

6.4 Wohnungen, die in den Anwendungsbereich fallen, über deren Einbeziehung jedoch unter Berücksichtigung der örtlichen Marktstrukturen entschieden werden sollte

Bei den mietspiegelrelevanten Wohnungen gibt es eine Reihe von **Mietvertragsverhältnissen, die sich durch objektive wohnungs- oder vertragsbezogene Merkmale deutlich von der üblichen Wohnnutzung** (Hauptmietverträge über Etagenwohnungen mit Küche, Bad – soweit vorhanden – und Toilette) **unterscheiden oder selten auftreten.** Solche Wohnungen können zwar grundsätzlich bei der Datenermittlung mit erhoben werden. Über ihre Verwendung im Mietspiegel sollte jedoch ausdrücklich entschieden werden.

Dies gilt – je nach Situation – für folgende Typen von Wohnungen und Mietverhältnissen:

- besondere **Wohnungstypen,** wie z. B. Einfamilienhäuser, Penthouse-, Maisonettewohnungen und Appartements;
- besondere **Nutzungstypen,** wie z. B. Wohnungen, deren Küche, Bad (soweit vorhanden) und/oder Toilette von zwei oder mehr Hauptmieterparteien (die jeweils einen eigenen Mietvertrag mit dem Wohnungseigentümer besitzen) gemeinsam benutzt werden;
- **Wohnraum, der teilweise untervermietet wird;**
- **Dienst- oder Werkswohnungen.**

Darüber hinaus gibt es Wohnungen, deren Einbeziehung im Hinblick auf das Fehlen einer am Markt orientierten freien Mietpreisbildung in Frage gestellt wird. Die Behandlung dieser Wohnungen wird in der Praxis, Rechsprechung und Literatur unterschiedlich beurteilt. Soweit ein Ausschluß für möglich gehalten wird, kann hierüber jedoch nur von Fall zu Fall entschieden werden. Anhaltspunkt könnte sein, daß Wohnungsmieten in auffälliger Weise nach oben und unten von der Marktmiete abweichen.

6.5 Weitere Abgrenzungskriterien

Neben der sachlichen **Abgrenzung** in 6.1 bis 6.4 ist auch **in zeitlicher und räumlicher Hinsicht** eine Abgrenzung der einzubeziehenden Wohnungen vorzunehmen. Danach müssen sich alle Angaben auf einen konkreten Monat, z. B. Juli 1997, beziehen, so daß jede Wohnung nur einmal in den Mietspiegel einfließen kann.

Die räumliche Abgrenzung entspricht normalerweise dem Gemeindegebiet oder Teilen dieses Gebietes. Mehrere Gemeinden können gemeinsam einen Mietspiegel für ihre Gemeindegebiete oder auch nur Teile davon erstellen. Letzteres kann dann angebracht sein, wenn die Stadtgebiete zweier Gemeinden aneinandergrenzen, und z. B. noch sehr ländlich geprägte Teilorte zum Gemeindegebiet gehören.

7. Mietpreisbildende Faktoren

Der Gesetzgeber hat in § 2 Abs. 1 Nr. 2 MHG diejenigen Merkmale genannt, hinsichtlich derer die einzelnen Wohnungen bei Ermittlung der üblichen Entgelte vergleichbar sein müssen. Es handelt sich um mit der Wohnung selbst zusammenhängende Merkmale.

Die Struktur der Mietspiegel, die bei ihrer Aufstellung zu berücksichtigenden Kriterien und deren Abstufungen hängen nicht nur von der Größe und der Differenziertheit des jeweiligen örtlichen Wohnungsmarktes ab, sondern ebenfalls von der gewählten Methode der Datenauswertung. Die folgenden Ausführungen können nur als Leitlinie gelten, die jeweils auf ihre Anwendbarkeit für die einzelne Gemeinde überprüft werden muß.

Grundsätzlich gelten zwischen den alten und neuen Ländern unterschiedliche Erfordernisse. So ist z. B. in den alten Ländern u. a. die Wohnungsgröße ein wichtiges mietpreisdifferenzierendes Merkmal. **In den neuen Ländern** hingegen gibt es für den Großteil des Bestandes (Fertigstellung vor 3. 10. 1990) aufgrund des Übergangsrechts zunächst noch keine starke Differenzierung der Mieten nach Wohnungsgröße. Dieses Kriterium ist dort hinsichtlich der Mietspiegelerstellung heute noch von geringerer Bedeutung. Von großer Bedeutung **in den neuen Ländern** sind hingegen die Ausstattung und die Beschaffenheit. Auch hier ist, wie in den folgenden Abschnitten dargestellt, von anderen Rahmenbedingungen als in den alten Ländern auszugehen.

7.1 Art

Das Vergleichsmerkmal Art bezieht sich auf die Gebäudeart sowie den Wohnungstyp.

- **Gebäudeart:** Hier lassen sich Ein- und Zweifamilienhäuser sowie Mehrfamilienhäuser unterscheiden. Die Erfahrung hat gezeigt, daß z. B. Einfamilienhäuser einen besonderen Gebäudetyp darstellen, dessen Miethöhe deutlich nach anderen Gesichtspunkten bestimmt wird als bei Wohnungen in anderen Gebäuden. Einfamilienhäuser sind daher – wenn sie mit erhoben werden – nach Möglichkeit im Mietspiegel gesondert auszuweisen.
- **Wohnungstyp:** Ein grundlegendes Unterscheidungsmerkmal ist die Abgeschlossenheit der Wohnung. Als abgeschlossen werden solche Wohnungen bezeichnet, die über einen eigenen Eingang verfügen und bei denen sämtliche Räume (z. B. Toilette, Küche, Bad) allein dieser Wohnung zuzurechnen sind und nicht gemeinschaftlich genutzt werden. Zu speziellen Wohnungstypen sind Souterrain-, Penthouse-, Maisonettewohnungen und sog. Appartements zu rechnen. Dabei sollte die Behandlung der speziellen Wohnungstypen von ihrem Anteil am Wohnungsbestand und den Analyseergebnissen abhängig gemacht werden.

7.2 Größe

Das Vergleichsmerkmal Größe hat in den alten Ländern erfahrungsgemäß einen großen Anteil an der Erklärung der Mietpreisunterschiede. Entscheidend ist nicht allein die Quadratmeterzahl der Wohnfläche, sondern ebenfalls die Zahl der Wohnräume und der Wohnungstyp.

Im allgemeinen werden für kleinere Wohnungen höhere Quadratmetermieten als für größere Wohnungen gezahlt.

Relativ geringe größenbezogene Preisdifferenzen ergeben sich für die Masse der Wohnungen mittlerer Größe, also für 2- bis 4-Zimmer-Wohnungen, während signifikante Unterschiede wieder bei Großwohnungen zu beobachten sind.

Für die **neuen Länder** ist zu berücksichtigen, daß die Wohnungsgröße bei Wohnungen aus der Zeit vor der Wende für die Miethöhe heute noch relativ wenig Bedeutung hat. Für die Zukunft dürfte allerdings mit einer Vergrößerung des Einflusses der Wohnungsgröße zu rechnen sein. Hinsichtlich einer Mietspiegelerstellung im Jahre 1997 ist vor diesem Hintergrund zu empfehlen, nach den örtlichen Marktstrukturen zu entscheiden, ob auf den differenzierten Ausweis unterschiedlicher Wohnungsgrößen für den vor dem 3.10.1990 fertiggestellten Bestand verzichtet werden oder ob eine Grobeinteilung erfolgen soll.

7.3 Ausstattung

Das Vergleichsmerkmal Ausstattung bezieht sich auf eine Vielzahl von Ausstattungsmöglichkeiten (z.B. Heizungsart, Bad oder Dusche, Trennung von Bad und Toilette, Aufzug, Balkon, Art der Fußböden und der Verglasung, Aufwendigkeit der Sanitär- und Kücheneinrichtung). Welche Ausstattungsmerkmale den Mietpreis vor allem bestimmen, hängt vom üblichen Ausstattungsniveau sowie den sich im Laufe der Zeit ändernden Wünschen der Mieter ab.

Die klassische Untergliederung orientiert sich an folgenden Abgrenzungen:

* Ohne Innen-WC, ohne Sammelheizung (SH), ohne Bad/Dusche,
* Mit Innen-WC, ohne SH, ohne Bad/Dusche,
* Mit Innen-WC, mit SH oder Bad/Dusche,
* Mit Innen-WC, mit SH und Bad/Dusche.

In den alten Ländern gehören Wohnungen der ersten Kategorien mittlerweile zur Ausnahme. Wegen ihrer geringen Anzahl ist ein differenzierter Ausweis der ersten Kategorie im allgemeinen nicht mehr zu empfehlen. Auch anhand der übrigen Kategorien, die sich an den klassischen Ausstattungskriterien WC, Bad/Dusche und Sammelheizung orientieren, läßt sich nur ein Teil der ausstattungsbedingten Mietpreisunterschiede erklären.

Zusätzlich zu den Standardmerkmalen sollten daher besondere Ausstattungen, wie z.B. aufwendige Sanitäreinrichtungen, in den Mietspiegel einbezogen werden. Kriterien hierfür sind etwa Bad und WC in getrennten Räumen, moderne Armaturen, weiteres Waschbecken, Bidet, separate Badewanne und Dusche.

Untersuchungen haben darüber hinaus gezeigt, daß die Miete einer Wohnung auch durch sich sinnvoll ergänzende, von der durchschnittlichen Ausstattung abhebende Merkmalsgruppen bestimmt wird (sog. komplexe Mietpreisdeterminanten). Dazu zählen etwa komfortable Grundrißgestaltung und Ausstattung wie die genannte gehobenen Badezimmer- oder Sanitärausstattung.

In den **neuen Ländern** hingegen ist die Untergliederung des Wohnungsbestandes noch in Anlehnung an die oben dargestellte klassische Untergliederung zu empfehlen, da der Wohnungsbestand auch in den beiden ersten Ausstattungskategorien eine größere Zahl von Wohnungen aufweist und die bisherigen Regelungen zur Miethöhe großes Gewicht auf den Ausstattungsstandard hinsichtlich der klassischen Kriterien legen.

Allerdings gibt es in den **neuen Ländern** noch eine Vielzahl von Wohnungen, die noch nicht vollständig mit Innen-WC, Bad und Sammelheizung ausgestattet sind. Daher sollte in den beiden mittleren Ausstattungskategorien auf das Vorhandensein eines (in der zweiten Kategorie) und in der dritten Kategorie von zwei der Ausstattungsmerkmale Innen-WC, Bad, Sammelheizung abgestellt werden.

Empfehlenswert kann **in den neuen Ländern** eine Einteilung in vier Ausstattungsbereiche sein, und zwar:

- ohne Bad, ohne Sammelheizung (SH), ohne WC oder WC nicht in der Wohnung
- Bad oder Sammelheizung oder WC in der Wohnung
- Bad und Sammelheizung oder Bad und WC in der Wohnung oder Sammelheizung und WC in der Wohnung
- Vollausstattung
  mit Bad, Sammelheizung, WC in der Wohnung

Auch hier gibt es neben den klassischen Ausstattungskriterien eine Reihe weiterer Merkmale, die einen Einfluß auf die Miethöhe ausüben. Diese werden eine um so größere Bedeutung haben, je mehr der Wohnungsbestand modernisiert wird.

In den **neuen Ländern** ist neben der oben dargestellten Differenzierung nach dem Vorhandensein bestimmter Ausstattungsmerkmale auch auf den Zeitpunkt ihrer Herstellung zu achten. So verfügen zwar auch die Wohnungen, die im komplexen Wohnungsbau entstanden sind, über eine Vollausstattung mit Bad, WC und Sammelheizung. Doch hinsichtlich ihrer Qualität unterscheidet sich diese Ausstattung von der in den letzten Jahren fertiggestellten oder modernisierten Wohnungen. Dieses ist bei der Aufstellung eines Mietspiegels zu berücksichtigen. In noch stärkerem Maße gilt dieses für den älteren Wohnungsbestand.

Sinnvolles Abgrenzungskriterium für die Berücksichtigung der unterschiedlichen Ausstattungsstandards in den **neuen Ländern** sind insbesondere der Zeitpunkt und auch der Umfang einer Modernisierung.

7.4 Beschaffenheit

Das Wohnwertmerkmal Beschaffenheit bezieht sich auf Bauweise, Zuschnitt und baulichen Zustand (Instandhaltungsgrad) des Gebäudes bzw. der Wohnung.

Die bisher für die Bestimmung der Beschaffenheit häufig übliche Gruppierung des Wohnungsbestandes nach Baualtersklasse sollte aufgrund sich am Ort wandelnder Gegebenheiten möglichst bei jedem Mietspiegel überprüft werden.

So hat eine Reihe von Untersuchungen gezeigt, daß der Einfluß des Baualters als mietpreisdifferenzierendes Merkmal zunehmend geringer wird, zumal ein immer größerer Teil des Altbaubestandes modernisiert wird. Dies führt dazu, daß immer mehr ältere Wohnungen nicht mehr mit der Beschaffenheit von Wohnungen derselben Baualtersklasse vergleichbar sind. Falls in Mietspiegeln an der Einteilung nach Baualtersklassen festgehalten wird, sollten die Mietspiegel erläutern, in welcher Weise die Einordnung modernisierter Wohnungen zu erfolgen hat. Einzelne Modernisierungsmaßnahmen reichen für die Einordnung in eine jüngere Baualtersklasse im allgemeinen nicht aus. „Übliche" Modernisierungen wie z. B. der Einbau einer Sammelheizung, werden durch geänderte Ausstattungszuordnungen erfaßt. Für die Einordnung in eine jüngere Baualtersklasse muß die Wohnung in weiten Teilen durch die Modernisierung den baulichen Standard einer Neubauwohnung erhalten haben.

In den neuen Ländern erscheint wegen der früheren Preisbindung, durch die Grundmietenverordnung und die Vorgaben des Mietenüberleitungsgesetzes zunächst eine grobe Einteilung ausreichend.

Desweiteren ist die Verwendung der Beschaffenheitskriterien, die in der 2. Grundmietenverordnung sowie im MÜG zur Bestimmung der zulässigen Mietanhebung festgelegt worden sind, für die **neuen Länder** denkbar. Anhand dieser Beschaffenheiten sowie des Umfangs der Modernisierungsmaßnahmen können mangelhafte, befriedigende und gute Teilbestände abgegrenzt werden.

7.5 Lage

Mietpreisunterschiede können sich in den alten Ländern aufgrund der Lage ergeben. In den **neuen Ländern** hingegen ist die Wohnlage für die Miethöhe bisher noch von geringer Bedeutung und kann allenfalls für den Bestand, den nach dem 3.10.1990 fertiggestellt wurde, eine Mietpreisdifferenzierung bewirken. Allerdings bilden sich in den Gemeinden der **neuen Länder** zunehmend unterschiedliche Lagequalitäten heraus.

Grundsätzlich sind für die Lagequalität in erster Linie die Verhältnisse des Wohngebietes, in dem die Wohnung liegt, von Bedeutung. Allerdings haben zahlreiche Untersuchungen nachgewiesen, daß der Stellenwert der Wohnlage für die Mietbewertung vielfach zu hoch angesetzt wird. Um falsche individuelle Bewertungen zu vermeiden, sollte die Lagebeurteilung nicht nur im Rahmen einer Befragung erhoben, sondern auf der Basis unabhängigen Datenmaterials oder unabhängiger Bewertungen untersucht und ggfs. im Mietspiegel berücksichtigt werden.

Zu empfehlen ist zum einen die empirische Anlayse (Begehung, Auswertung vorhandener Daten) und zum anderen die Nutzung fachkundiger Bewertungen (Gutachterausschuß für Grundstückwerte, andere Sachverständige).

Als Kriterien für unterschiedliche Wohnlagen können dabei im wesentlichen die folgenden Punkte gelten:
- Umgebende Nutzung (Wohnen, Gewerbe)
- Bebauung, baulicher Zustand des Wohnumfeldes
- Straßenbild (gepflegt, ungepflegt)
- Bestand an Grün- und Freiflächen
- Beeinträchtigung durch Lärm, Geruch
- Verkehrsanbindung
- Infrastrukturausstattung (Einkaufen, Schulen, Kindergärten, Freizeitwert)

Die Differenzierung der Lage sollte in Abhängigkeit von der Größe und Verschiedenartigkeit des untersuchten Wohnungsmarktes vorgenommen werden. In der Praxis hat sich dabei die Einteilung in zwei oder drei Wohnlagen (einfach, mittel, gut) bewährt, die häufig in einer dem Mietspiegel beiliegenden Karte festgelegt sind.

8. Datengrundlage, Datenermittlung und Auswertung

Die Erstellung von Mietspiegeln hängt wesentlich von der Art des zu erstellenden Mietspiegels (vgl. oben zu 3.), den örtlichen Gegebenheiten, den vorhandenen Datenquellen und der gewünschten Differenziertheit des Mietspiegels ab. Hierüber ist vor Erstellung des Mietspiegels eine Entscheidung zu treffen.

Systematisch können Mietspiegel wie folgt gegliedert werden:

Bei der Frage der Datenbeschaffung ist die Nutzung vorhandener und die Erhebung neuer Daten zu unterscheiden:

Umfassende Datengrundlagen lassen sich durch eine repräsentative Erhebung der mietspiegelrelevanten Mieten beschaffen. Ausgehend davon sind abgestuft Erhebungen unterschiedlicher Intensität verknüpft mit bereits vorhandenen Datenbeständen möglich, bis hin zum Verzicht auf eine Erhebung mit alleiniger Verwendung vorhandener Daten (zum Beispiel aus der Wohnungswirtschaft oder der Kommunalverwaltung.

Bei der Auswertung können wissenschaftliche Auswertungsmethoden (Tabellen-, Regressionsmethode; repräsentative Mietspiegel) und sogenannte einvernehmlich aufgestellte Mietspiegel unterschieden werden. Unter einvernehmlich aufgestellten Mietspiegeln sind solche zu verstehen, bei denen nicht oder nicht durchgehend wissenschaftliche Auswertungsmethoden verwendet wurden, sondern bei denen in Teilbereichen Mieten einvernehmlich bestimmt wurden. Dies ist nicht gleichzusetzen mit einem willkürlichen oder sonst sachfremden Aushandeln. Vielmehr bestimmen die Beteiligten einer Zugrundelegung der jeweils bekannten Daten und ihrer Erfahrungen auf dem örtlichen Mietwohnungsmarkt die Aussagen des Mietspiegels. Dies geschieht dann zwar nicht in einem wissenschaftlich exakten Verfahren, aber auch nicht willkürlich. Auch solche einvernehmlich aufgestellten Mietspiegel können den örtlichen Mietwohnungsmarkt für die Begründung von Mieterhöhungen ausreichend exakt abbilden.

Allerdings besteht Einigkeit darüber, daß nur empirisch-repräsentative Mietspiegel in der Lage sind, Vergleichsmieten wissenschaftlich annähernd verläßlich abzubilden. Zwar können auch von den Verbänden einvernehmlich aufgestellte Mietspiegel als Begründungsmittel in Mieterhöhungsverfahren ausreichen, ihre befriedende Wirkung hängt aber entscheidend vom Grad der Anerkennung ab, den sie in ihrer Gemeinde genießen.

Vorteil der einvernehmlich aufgestellten Mietspiegel kann sein, daß dort auf einfachem Wege vorhandene Datensammlungen genutzt werden können. Der Rückgriff auf diese Datensammlungen kommt besonders **für die neuen Länder** in Betracht, da dort häufig große Wohnungsbestände in der Hand weniger Unternehmen (Kommunale Gesellschaften, Genossenschaften) liegen. Soweit aufgrund der von ihnen erfaßten Datenbestände differenzierte Aussagen über den örtlichen Wohnungsmarkt möglich sind, sollten diese genutzt werden. Sie müssen allerdings ggfs. für Teilmärkte, etwa Wohneinheiten privater Vermieter mit höherem Modernisierungsgrad, ergänzt werden. Im übrigen kommen als Ergänzung zu vorhandenen, aber nicht umfassenden Datensammlungen repräsentative (Teil-)Erhebungen in Betracht. Hier besteht die Möglichkeit, Kosten gegenüber einer Vollerhebung zu senken, da die bei repräsentativen Erhebungen notwendige Befragung sehr zeit- und kostenaufwendig ist.

Bei der Entscheidung über den Umfang der Erhebungen kann auch die Prognose über die Mietenentwicklung und ein späterer Fortschreibungsbedarf des Mietspiegels von Bedeutung sein. So kann **in den neuen Ländern** zum einen nicht außer acht gelassen werden, daß nach dem Auslaufen des Mietenüberleitungsgesetzes ab 1998 eine stärkere Ausdifferenzierung der Mieten erwartet werden kann, zum anderen, daß nach § 12 Abs. 7 MHG bei der Erstellung eines Mietspiegels die unter das Mietenüberleitungsgesetz fallenden Bestandsmieten in Mietspiegeln nur bis zum 30. Juni 1999 berücksichtigt werden dürfen.

Für die **neuen Länder** ist es daher in besonderer Weise angezeigt, bei der erstmaligen Aufstellung von „Mietspiegeln der ersten Generation"

- die voraussichtlich begrenzte Geltungsdauer bis z. B. Mitte 1999 und

- die weitreichenden Möglichkeiten der Nutzung vorhandener Datengrundlagen, insbesondere bei den örtlichen Wohnungsgesellschaften der Wohnungsstichprobe 1996 und der Daten der kommunalen Wohnungsämter

zu berücksichtigen und den Verwaltungs- und Kostenaufwand in vertretbaren Grenzen zu halten.

9. Ausweisung des Mietenniveaus

Mietspiegel haben die Aufgabe, die örtlichen Wohnungsmarktstrukturen möglichst realitätsnah auszuweisen. Um dies zu erreichen, sollen Mietspiegel in bestimmter Art und Weise aufgebaut sein und bestimmte Aussagen enthalten. Im wesentlichen ist auf folgende Punkte zu achten:

1. Darstellung von Mietwerten, geordnet nach bestimmten Kriterien, wie z. B. nach Lage, Baualter, Wohnfläche

Dazu ist es erforderlich, statistische Kennwerte zu ermitteln, die das „übliche Entgelt" einer typisierten Gruppe von Wohnungen bestimmen. Diese zu ermittelnden Mittelwerte können als Median oder arithmetisches Mittel oder als Mischform gebildet werden.

Das arithmetische Mittel ist die Summe aller relevanten Mietwerte geteilt durch ihre Anzahl. Der Median ist der Wert, der die nach Höhe geordneten Mieten in zwei gleiche Teile teilt.

2. Ausweisung von Spannen, innerhalb derer die Mieten vergleichbarer Wohnungen liegen

Da die ermittelten Mieten eine Spreizung aufweisen, enthalten viele Mietspiegel **Spannen,** die um den Mittelwert den Bereich auswählen, der 2/3 der ermittelten Marktmiete abdeckt. Nach § 2 Abs. 2 Satz 2 MHG genügt es, wenn der verlangte Mietzins bei im Mietspiegel ausgewiesenen Mietzinsspannen innerhalb der Spanne liegt. Abweichungen vom Mittelwert müssen im Rahmen des Erhöhungsverlangens nicht begründet werden.

Diese Streuung erklärt sich vor allem aus

- Wohnwertunterschieden, die durch die im Mietspiegel vorgenommenen Merkmalsgliederungen nicht erfaßt werden und
- Einflußfaktoren, die nach dem MHG unberücksichtigt bleiben müssen, wie z. B. die Wohndauer und individuelle Besonderheiten beim Vermieter oder Mieter.

Um dieser verbleibenden Streuung Rechnung zu tragen, haben sich eine über die klassischen Differenzierungsmerkmale hinausgehende Unterteilung der Mietpreisübersichten bei Regressionsmietspiegeln zur Minimierung der Reststreuung oder die Ausweisung von – zuvor um die Ausreißer bereinigte – 2/3 Spannen in Tabellenmietspiegeln bewährt.

Für die Spannenbildung kann das nachfolgend graphisch dargestellte Verfahren gewählt werden:

1. Aussonderung von extremen „Ausreißermieten"
2. Bildung des Durchschnittswertes der verbleibenden Mieten
3. Bestimmung des unteren und oberen Wertes der Spanne durch Kappen von je 1/6 der Fälle am oberen und unteren Ende der Mietenskala.

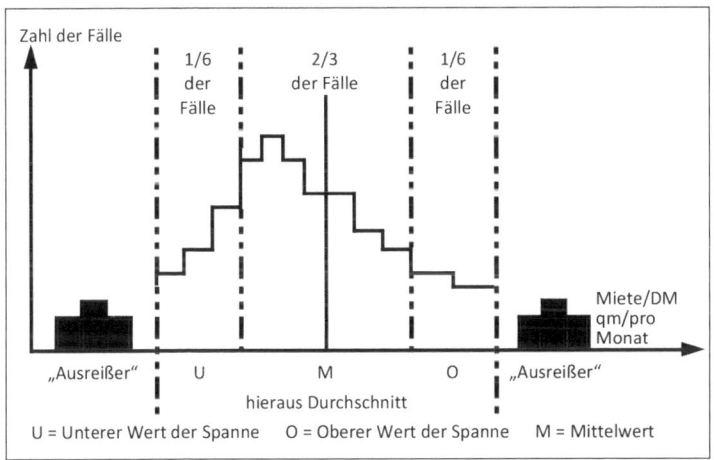

Da Markttransparenz, Anwendbarkeit und Befriedigungsfunktion eines Mietspiegels mit der Anzahl der abgebildeten Wohnwertmerkmale zunimmt, weil die Streuung der Mieten um den bestimmten Mittelwert zurückgeht, wäre eine weitergehende als die klassische Differenzierung der Mietpreisübersichten nach Wohnungsgröße, Baualter sowie einfacher, normaler und guter Grundausstattung bzw. Wohnlage wünschenswert. Dies gilt um so mehr, je deutlicher die klassischen Mietspiegelmerkmale, wir z. B. Grundausstattung mit Bad, WC und Sammelheizung, wegen der großen Anzahl modernisierter Altbauten an Bedeutung verlieren und zunehmend komplexere Ausstattungsstrukturen wie z. B. „gehobene Sanitärausstattung" oder „komfortable Grundrißgestaltung" zur Beschreibung von Wohnungstypen an Bedeutung gewinnen.

3. Ausweisung von Zu- und Abschlägen für bestimmte Wohnungen

Die tatsächliche Ausdifferenzierung der Mieten (z. B. aufgrund unterschiedlicher Lage oder Ausstattung) kann durch Benennung von Zu- und Abschlägen erfolgen, die im Bedarfsfall auf die im Mietspiegel ausgewiesenen Grundwerte anzuwenden sind. Insbesondere bei Regressionsmietspiegeln erfolgt die Ausweisung solcher Zu- und Abschläge.

4. Ausweisung durchschnittlicher Nebenkosten zur Berechnung vergleichbarer Mieten (vgl. Kapitel 5 – Mietbegriff).

10. Fortschreibung der Mietspiegel

Die Mietspiegel sollen im Abstand von 2 Jahren der Marktentwicklung angepaßt werden. Dies kann – je nach Sachlage – durch Aufstellung eines neuen Mietspiegels oder durch Fortschreibung eines vorhandenen Mietspiegels erfolgen. Eine Fortschreibung kommt in Betracht, wenn sich die Wohnungsmarktstrukturen, insbesondere das Mietpreisgefüge, in den zwei Jahren seit der letzten Mietspiegelerstellung nicht grundlegend geändert haben. Die Fortschreibung obliegt im allgemeinen demjenigen, der auch die Aufstellung des Mietspiegels vorgenommen hat.

379

Generell können zwei Arten der Fortschreibung verwendet werden: die Fortschreibung mittels Index sowie die Fortschreibung mittels einer Stichprobe.

10.1 Fortschreibung mittels Index

Bei einer Indexfortschreibung wird davon ausgegangen, daß die Mieten aller Wohnungen, unabhängig von ihrer Art, seit der Erstellung des letzten Mietspiegels um einen bestimmten Prozentsatz angestiegen sind. In diesem Fall erfolgt die Erstellung des fortgeschriebenen Mietspiegels durch die Multiplikation der Mieten des fortzuschreibenden Mietspiegels mit einem Index. Dieser Index kann beispielsweise über den Anstieg des Mietenindex im Zeitraum seit der Erstellung des letzten Mietspiegels bestimmt werden.

Als Grundlage hierfür können die „Verbraucherpreise und Preisindizes der Lebenshaltung" der jeweiligen statistischen Landesämter herangezogen werden.

Die Indexfortschreibung hat zwar den Nachteil, daß sie strukturelle Veränderungen des Wohnungsmarktes und örtliche Besonderheiten nicht widerspiegeln kann und z. B. der Mietenindex außerdem die Entwicklung der durchschnittlichen Bruttokaltmieten und nicht der auf die Nettomieten bezogenen Vergleichsmieten wiedergibt; dafür ist sie aber ein sehr preisgünstiges und einfach zu handhabendes Verfahren.

10.2 Fortschreibung mittels Stichprobe

Die Fortschreibung mittels einer Stichprobe kann sowohl bei Tabellen- als auch Regressionsmietspiegeln verwendet werden. Dabei können zur Kostenminimierung Wiederholungsbefragungen mit relativ kleinem Stichprobenumfang durchgeführt werden, die auf der Stichprobe der vorangegangenen Befragung beruhen, welche aber z. B. um Neubauten ergänzt werden sollen. Die befragten Mieter sollten – aus Gründen der Praktikabilität und des Datenschutzes – schon bei der Erstbefragung um ihr Einverständnis mit einer möglichen Wiederholungsbefragung gebeten werden.

Soweit möglich sollte bei der Fortschreibung den Veränderungen der Wohnungsmarktstrukturen im Gebiet des Mietspiegels Rechnung getragen werden. Bei einer Fortschreibung mittels Stichprobe ist dies in höherem Maße möglich als bei einer Fortschreibung mittels Index.

11. Ablaufplanung der Mietspiegelerstellung

Im folgenden ist exemplarisch die Ablaufplanung für die Erstellung eines Mietspiegels dargestellt. Die Erstellung eines Mietspiegels gliedert sich in drei Phasen:
- In der **ersten Phase** – der Vorbereitungsphase – sind die Rahmenbedingungen festzulegen, insbesondere wer bei der Erstellung mitwirkt und welche Art von Mietspiegel erstellt werden soll.
- In der **zweiten Phase** – der Erstellungsphase – werden bei empirischen Mietspiegeln die Daten erhoben und ausgewertet. Sollen Mietspiegel einvernehmlich festgestellt werden, kommen die Verhandlungen über die Ausgestaltung des Mietspiegels mit den beteiligten Interessenvertretungen hinzu.
- In der **letzten Phase** – der Veröffentlichungsphase – wird der Mietspiegel der Öffentlichkeit zugänglich gemacht.

Der Zeitbedarf für die drei Phasen kann je nach Gemeinde und gewähltem Verfahren zur Mietspiegelerstellung sehr unterschiedlich sein. Bei der Zeitplanung ist jedoch unbedingt zu beachten, daß zwischen der Erhebung der Daten und der Veröffentlichung des Mietspiegels ein möglichst kurzer Zeitraum liegt. Ansonsten büßt der Mietspiegel – insbesondere bei einem dynamischen Wohnungsmarkt – seine Aktualität zu schnell ein.

Darüber hinaus sollte eine Dokumentation der für die Mietspiegelaufstellung erforderlichen Daten und Entscheidungen erfolgen, um die wesentlichen „Weichenstellungen" (z. B. Wohnungsauswahl) interessierten Kreisen zugänglich und nachvollziehbar zu machen. Damit kann die Akzeptanz solcher Mietspiegel weiter erhöht werden.

Im folgenden sind typischerweise anfallende **Arbeitsschritte** in einem möglichen Ablauf dargestellt. Ob alle genannten Schritte zu behandeln sind, hängt von der Art des Mietspiegels ab. Die unten dargestellten Arbeitsschritte können z. B.

- bei Mietspiegeln auf der Grundlage vorhandener Daten teilweise entbehrlich sein (durch★ gekennzeichnet) oder
- bei mit den Interessenvertretern einvernehmlich erstellten Mietspiegeln zusätzlich hinzukommen (mit ★★ gekennzeichnet).

(1) Vorbereitungsphase
  - Einrichtung eines Arbeitskreises (fakultativ)
  - Festlegung der Zuständigkeiten
  - Entscheidung über Art des Mietspiegels
  - Festlegung des Zeitplans
  - ggf. Ausschreibung für die Datenerhebung★

(2) Erstellungsphase
  - Aufbereitung mietspiegelrelevanter Daten (Wohnungsbestand etc.)
  - Beteiligung der Interessenvertreter usw. bei Zusammenstellung vorhandener Daten★★
  - Stichprobenziehung★
  - Datenerhebung/Befragung★
  - Zusammenstellung der Daten
  - Plausibilitätsprüfung
  - Bereinigung der Stichprobe★
  - Auswertungsphase
  - Abstimmung mit Interessenvertretern★★
  - Beschluß eines Gemeindeorgans (falls von der Gemeinde aufgestellt)

(3) Veröffentlichungsphase
  - Veröffentlichung im Amtsblatt
  - Dokumentation

Anhang

Methodik

A. Besonderheiten bei der Erstellung von Mietspiegeln in den neuen Bundesländern

Repräsentative Mietspiegel setzen im Regelfall umfangreiche und teure Datenerhebungen voraus. Diese sind erforderlich, um den gesamten örtlichen Wohnungsmarkt zu erfassen und alle relevanten Teilmärkte im Mietspiegel wirklichkeitsnah darstellen zu können. Zwar kann für Teilbereiche auf vorhandene Daten zurückgegriffen und damit eine gewisse Vereinfachung herbeigeführt werden, eine vollständige Erfassung der Wohnungsmarktstruktur mit Hilfe vorhandener Datenbestände wird jedoch nur selten möglich sein. Repräsentativität kann meist nur durch zusätzliche Erhebungen hergestellt werden.

In den neuen Ländern ergibt sich im Regelfall wegen der noch geringeren Ausdifferenzierung der Mieten und der im Vergleich zu den alten Ländern anderen Vermieterstruktur eine andere Ausgangslage als im übrigen Bundesgebiet. Häufig liegen ein Großteil der Mietwohnungen in der Hand weniger Wohnungsunternehmen, typischerweise von kommunalen Unternehmen und Wohnungsbaugenossenschaft. Auf private Wohnungseigentümer entfällt dort ein geringerer Teil des Mietwohnungsbestandes.

Diese Situation kann – auch im Hinblick auf die beschränkte Geltungsdauer der Mietspiegel bis zum 30. Juni 1999 (§ 12 Abs. 7 MHG, vgl. S. 12) und der fehlenden Fortschreibungsmöglichkeiten – ein von der Methodik zur Erstellung repräsentativer Mietspiegel abweichendes Vorgehen im Sinne einer vereinfachten Mietspiegelerstellung vorteilhaft erscheinen lassen. Wegen der oftmals breiten Datengrundlage der kommunalen und genossenschaftlichen Wohnungsunternehmen können hierauf beruhende ausgehandelte Mietspiegel eine gute Abbildung des Wohnungsmarktes ermöglichen.

Dementsprechend kann in Gemeinden, in denen die Mietwohnungsbestände, hauptsächlich in der Hand einiger Wohnungsunternehmen liegen und diese über differenzierte Daten verfügen, eine Struktur der Bestandsmieten erarbeitet werden, die einen großen Teil des örtlichen Mietwohnungsmarktes erfaßt. Eine aufwendige Datenerhebung kann in diesen Fällen entfallen. Lediglich für den dann noch nicht erfaßten Wohnungsbestand der privaten Vermieter müßten die Mieten auf andere Weise erfaßt werden, um auch dort eine hinreichende Abbildung der Mieten, die z. B. wegen besonderer Modernisierungsintensität anders strukturiert sein können, zu erreichen. Hier bietet sich an, Informationen des örtlichen Mietervereins, des Verbandes der Haus- und Grundeigentümer oder weiterer Sachverständiger zu nutzen.

B. Methodik zur Erstellung repräsentativer Mietspiegel

1. Datengrundlage und Datenermittlung

Die Erstellung von Mietspiegeln erfordert Informationen zu den üblicherweise in einer Gemeinde gezahlten Mieten. Gewöhnlich werden zur Ermittlung dieser ortsüblichen Mieten nicht alle mietspiegelrelevanten Wohnungen herangezogen, sondern als Datengrundlage für die Ermittlung der Mieten dient nur ein Teil dieser Wohnungen, die sogenannten Stichproben.

Um von dieser Stichprobe auf die Mietenstruktur in der Grundgesamtheit, also bei allen mietspiegelrelevanten Wohnungen, rückschließen zu können, hat die Stichprobe bestimmte Qualitätsanforderungen zu erfüllen. Das wesentliche Qualitätsmerkmal für eine Stichprobe ist ihre Repräsentativität. Das heißt, daß jede Wohnung die gleiche oder eine definierte Chance haben muß, in der Stichprobe vertreten zu sein und daß eine hinreichende Sicherheit besteht, daß die Ergebnisse für eine Vielzahl vergleichbarer Wohnungen verwendbar sind.

In den folgenden Abschnitten sind verschiedene Datengrundlagen für die Ermittlung der ortsüblichen Vergleichsmieten dargestellt und hinsichtlich ihrer Repräsentativität bewertet.

1.1 Vorhandene Datensammlungen

1.1.1 Mieter- oder Vermieterdaten, Mietpreisübersichten der Maklerverbände

Vorhandene Daten haben den Vorteil, daß sie bereits Mietangaben enthalten und somit aufwendige Erhebungsverfahren entfallen können: Es handelt sich um Datensammlungen, die von den verschiedenen Interessenvertretern des Wohnungsmarktes gesammelt und bereitgestellt werden. Diese Daten sind meist aktuell und ohne zusätzliche Kosten verfügbar. Gewöhnlich liegen sie in Tabellenform vor und geben typischerweise gezahlte Mieten in Abhängigkeit von mietpreisrelevanten Merkmalen an.

Vorhandene Datensammlungen beinhalten allerdings großteils nur bestimmte Ausschnitte des mietspiegelrelevanten Wohnungsbestandes und können deshalb das Kriterium der Repräsentativität grundsätzlich nicht erfüllen.

1.1.2 Wohngeldstatistiken

Wohngeldstatistiken erfassen nur die Wohnungen von Mietern mit relativ niedrigen Einkommen und sind deshalb nicht in der Lage, den gesamten mietspiegelrelevanten Wohnungsbestand repräsentativ abzubilden. Insbesondere die höherpreisigen Merktsegmente sind unterrepräsentiert.

1.1.3 Datenbanken großer Wohnungsbau- oder Verwaltungsgesellschaften

Große Wohnungsbau- oder Verwaltungsgesellschaften verfügen über Datenbanken mit aktuellen Informationen zu ihrem Wohnungsbestand. Besteht die Möglichkeit, diese Daten im Rahmen einer Repräsentativerhebung zu verwerten, stellen sie eine preislich günstige und sehr zuverlässige Datenquelle dar. Insbesondere in den **neuen Ländern,** wo Wohnungsbaugesellschaften über erhebliche Anteile des Bestandes verfügen, ist der Rückgriff auf solche Datenbanken zu empfehlen. Dabei ist jedoch immer darauf zu achten, daß die von Wohnungsbau- und Verwaltungsgesellschaften bewirtschafteten Wohnungen oft nur Teilbestände des Wohnungsmarktes repräsentieren. Bei einer repräsentativen Erhebung muß dies unbedingt berücksichtigt werden.

Dabei sind im wesentlichen zwei Möglichkeiten zu empfehlen. Entweder wird die Stichprobe unabhängig von den Daten der Wohnungsbaugesellschaften gezogen und dann geprüft, welche Adressen in den Bestand der Wohnungsgesellschaft gehören oder es werden für die Segmente des Wohnungsbestandes, in denen die Wohnungsbaugesellschaften nur über eine geringe Zahl von Wohnungen verfügen, zusätzliche Erhebungen durchgeführt.

Dies gilt entsprechend für andere vorhandene Datensammlungen. Diese haben daneben auch als Grundlage für ausgehandelte Mietspiegel Bedeutung.

1.2 Repräsentative Erhebungen

Auf der Grundlage einer repräsentativen Erhebung kann die Struktur des Mietwohnungsmarktes so abgebildet werden, daß **statistisch abgesicherte Aussagen** über die üblicherweise gezahlten Entgelte für vergleichbare Wohnungen getroffen werden können.

Erhebungen sind mit großem zeitlichem und personellem Aufwand verbunden und bei der Vergabe an ein externes Unternehmen entsprechend kostenintensiv.

Aber aus methodischer Sicht sind repräsentative Erhebungen die einzige Möglichkeit, statistisch gesicherte Daten für eine unverfälschte Wiedergabe der örtlichen Vergleichsmieten zu erhalten.

Für die Befragung wird aus dem mietspiegelrelevanten Wohnungsbestand eine Stichprobe der zu befragenden Mieterhaushalte gezogen. Die Stichprobe muß insbesondere dem Kriterium der Repräsentativität genügen. Nur dann ist der Schluß von der Stichprobe auf die Grundgesamtheit, d. h. die Summe aller mietspiegelrelevanten Wohnungen in der jeweiligen Gemeinde, statistisch abgesichert.

1.2.1 Befragungsbasis

Die Grundlage der Befragung bilden im allgemeinen Haushaltsadressen. Verwendet werden sollte die Datenquelle, die – unter Berücksichtigung der Regelungen über den Datenschutz – am einfachsten zugänglich ist.

Um die Befragung nicht mietspiegelrelevanter Wohnungen (Folge: nicht zu verwertende Interviews) zu vermeiden, müssen die Haushaltsadressen um die nicht mietspiegelrelevanten Haushaltsadressen bereinigt werden, indem z. B. Sozialwohnungen, Wohnheime usw. eliminiert werden.

Diese Bereinigung erfolgt am besten mittels eines EDV-gestützten Abgleichs. Beispielsweise können die Haushaltsadressen mit den Adressen der Wohnungen, die mit öffentlichen Mitteln gefördert sind und für die eine Preisbindung gilt, abgeglichen und die betroffenen Adressen als ungültig markiert werden. Soweit kein automatischer Adressenabgleich möglich ist, sollte die Bereinigung der Stichprobe manuell erfolgen.

Am Ende dieser Bereinigung sollte eine Adressengrundlage mit einem möglichst hohen Reinheitsgrad (hoher Anteil mietspiegelrelevanter Adressen) stehen, damit die Datenerhebung mit einem minimierten Aufwand erfolgen kann.

1.2.2 Verfahren zur Stichprobenziehung

Grundsätzlich können zwei Verfahren zur Stichprobenziehung unterschieden werden:
- Ungeschichtete Zufallsstichproben
- Disproportional geschichtete Zufallsstichproben.

Während bei ungeschichteten Zufallsstichproben die für die Erhebung vorgesehene Anzahl Adressen gezogen wird, ohne daß wietere Arbeitsschritte erforderlich sind, sind bei der geschichteten Stichprobe bestimmte Vorarbeiten notwendig. Die Verwendung der unterschiedlichen Verfahren zur Stichprobenziehung richtet sich nach der vorgesehenen Auswertungsmethode. Während für die Erstellung von Regressionsmietspiegeln die Verwendung einer ungeschichteten Zufallsstichprobe ausreicht, sollte bei Tabellenmietspiegeln die Stichprobe geschichtet werden, um den Erhebungsaufwand zu begrenzen.

1.2.2.1 Ungeschichtete Zufallsstichproben

Die Ziehung ungeschichteter Zufallsstichproben gehört zum Standardrepertoire der die mietspiegelrelevanten Auswahlgrundlagen verwaltenden Institutionen. Dies gilt insbesondere bei einer Stichprobenziehung aus der Einwohnermeldedatei der Gemeinde. Empfehlenswert ist eine EDV-gestützte Ziehung z. B. in Zusammenarbeit mit den datenverwaltenden Rechenzentren.

Da nicht alle Adressen dieser Brutto-Stichprobe mietspiegelrelevant sind, sollten diese – soweit möglich – um die nicht relevanten Adressen bereinigt werden. Die EDV-gestützte Bereinigung hängt im wesentlichen von den in der Gemeinde verfügbaren Daten ab.

Ein weiteres Verfahren zur zufälligen Ermittlung von Haushaltsadressen ist das sog. Random-Route Verfahren, das besonders dann zum Einsatz kommen kann, wenn keine geeignete Auswahlgrundlage vorhanden ist und umfangreiche Vorbereinigungen der Stichprobe notwendig sind. In diesem Verfahren wird lediglich festgelegt, nach welchem System Wohnungen für die Erhebung von Daten zur Mietspiegelerstellung ausgesucht werden. Bei diesem Verfahren bekommt der Mitarbeiter, der die Adressen erhebt, beispielsweise folgende Anweisung: „Von der festgelegten Startadresse gezählt soll jeder 10. Haushalt erhoben werden. Es werden die Hausnummern aufwärts und in den Häusern die Wohnungen vom unteren zum oberen Stockwerk gezählt."

Dieses Verfahren setzt professionelle Interviewer voraus und sollte nur dann angewendet werden, wenn keine Haushalts- oder Wohnungsadressen verfügbar sind.

1.2.2.2 Disproportional geschichtete Zufallsstichproben

In diesem Verfahren wird nicht – wie bei der ungeschichteten Zufallsstichprobe – eine Stichprobe aus allen bereinigten Haushaltsadressen gezogen, sondern die Stichprobe wird zunächst in verschiedene Teilstichproben, die Schichten, aufgeteilt. Eine Schichtungsanweisung kann beispielsweise sein, die Haushaltsadressen nach verschiedenen Baualtersgruppen zu gruppieren.

Durch diese Schichtung kann die Anzahl der pro Mietspiegelkategorie durchzuführenden Interviews optimiert werden. Dies wird dadurch erreicht, daß Wohnungstypen, die im gesamten mietspiegelrelevanten Bestand (der sog. Grundgesamtheit) häufiger auftreten, in der Stichprobe mit ebenso vielen Repräsentanten vertreten sind wie Wohnungstypen, die nur einen kleinen Teil der Grundgesamtheit ausmachen. Aus diesem Grund spricht man auch von einer **disproportional** geschichteten Stichprobe.

Um eine Schichtung der Stichprobe durchzuführen, muß die Datei mit den Haushaltsadressen, soweit möglich, noch um die Gebäude- bzw. Wohnungsmerkmale ergänzt werden, die bei der Schichtung berücksichtigt werden sollen. Solche Merkmale können sein:
Gebäudedaten
* Wohnungsanzahl
* Wohnlage
* Baualter/Beschaffenheit
Wohnungsdaten
* Wohnungsgröße
* Ausstattung
Diese Daten können aus folgenden Quellen ermittelt werden:

Gebäudedaten

Wohnlagen werden in den meisten Mietspiegeln in den alten Ländern als Unterscheidungsmerkmal verwendet. In diesem Gemeinden liegen somit auch Dateien über die Wohnlageneinordnung der jeweiligen Adressen vor oder sie werden in Vorbereitung des Mietspiegels im Rahmen einer Wohnlagenbestimmung erhoben. Die Wohnlageninformation erlaubt die Schichtung der Stichprobe nach dem Merkmal „Wohnlage".

Baualter: In machen Gemeinden liegen Gebäudedateien vor, die das Baualter ausweisen. Wenn die Beschaffenheit über das Baualter erfaßt wird, kann diese Information zur Schichtung der Stichprobe genutzt werden.

Wohnungsdaten

Wohnungsdaten wie **Wohnungsgröße und Ausstattung** sind in den Gebäudedateien der Gemeinden meist nicht enthalten. Wohnungsdaten liegen jedoch dann vor, wenn auf eine bereits durchgeführte Befragung zurückgegriffen werden kann (sog. Fortschreibung). In diesem Fall ist eine optimale Schichtung der Stichprobe möglich. Auch deshalb sind Fortschreibungen erheblich billiger als Neuerhebungen.

Datenbanken

Eventuell können auch Teile der erforderlichen Information aus Datenbanken großer Wohnungs- oder Verwaltungsgesellschaften abgerufen werden.

1.2.2.3 Umfang der Stichprobe

Jede Stichprobe muß so beschaffen sein, daß die Erhebung eine ausreichende Anzahl von gültigen Interviews für die Auswertung liefert. Ansonsten sind keine statistisch abgesicherten Aussagen über den üblicherweise gezahlten Mietzins möglich. Je weniger Werte zur Ermittlung der Kennwerte Verwendung finden, desto höher ist die Wahrscheinlichkeit, daß die Kennwerte erheblich von den entsprechenden Parametern des mietspiegelrelevanten Bestandes (z. B. von den im Mittel tatsächlich gezahlten Mieten) abweichen. Die Anforderungen an den Stichprobenumfang sind sehr stark von der Art des zu erstellenden Mietspiegels bestimmt. Generell gilt, daß der benötigte Stichprobenumfang mit der Anzahl der im Mietspiegel unterschiedenen mietpreisrelevanten Merkmale ansteigt. Regressionsmietspiegel fordern kleinere Stichproben als Tabellenmietspiegel, haben jedoch höhere Anforderungen in der Durchführung der Auswertung.

1.3 Befragung

Die Befragung dient der Erhebung der mietspiegelrelevanten Informationen wie die Höhe der Miete sowie Eigenschaften der Wohnung. Es ist grundsätzlich unerheblich, ob Mieter oder Vermieter befragt werden. Die Vermieterbefragung ist allerdings im allgemeinen aufgrund der schwierigeren Adressenbeschaffung wesentlich aufwendiger. Entsprechend selten ist die Vermieterbefragung in der Praxis. Trotz der Schwierigkeiten, die mit der Vermieterbefragung verbunden sind, sollte zur Förderung der Akzeptanz des Mietspiegels bei den Interessenvertretern eine Erhebung möglichst gleichgewichtigen Anteilen der Mieter- und Vermieterinterviews angestrebt werden. Diese Vorgehensweise fördert die Bereitschaft für einen von allen Seiten anerkannten Mietspiegel.

In den **neuen Ländern** ergeben sich jedoch hinsichtlich der Vermieterbefragung neue Möglichkeiten, da Wohnungsgesellschaften oftmals über einen Großteil des Wohnungsbestandes in einer Gemeinde verfügen.

Grundlage einer Befragung ist immer ein Fragenkatalog, meist in Form eines Fragebogens. Bei der Erstellung eines Fragebogens sollte immer darauf geachtet werden, daß folgende Anforderungen erfüllt sind:

- Die Fragen müssen eindeutig sein
- Die Fragen müssen möglichst einfach sein
- Der Fragebogen muß logisch konsistent sein

1.3.1 Inhalte des Fragebogens

Bei einer Mietspiegelerhebung gliedert sich der Fragebogen in zwei Teile. Im ersten Teil, dem Kontaktbogen, wird ermittelt, ob eine Wohnung mietspiegelrelevant ist. Im zweiten Teil, dem Hauptfragebogen, werden die für die Erhebung notwendigen Informationen über Mieten, Ausstattung der Wohnung etc. erhoben.

1.3.1 1 Kontaktfragebogen

Der Kontaktbogen enthält die Fragen, die zur Aussonderung der nichtmietspiegelrelevanten Wohnungen und Mietverträge von der Befragung und der Erstellung des Mietspiegels notwendig sind. Diese Fragen werden als Filterfragen bezeichnet. Die textliche Gestaltung der Fragen sollte berücksichtigen, daß für den „Normalmieter und -interviewer" ungeläufige Sachverhalte wie z. B. „Wohnungen, die mit Aufwendungszuschüssen, Aufwendungsdarlehen oder Wohnungsfürsorgemitteln gefördert wurden" zusätzlich durch Schlüsselbegriffe ergänzt werden, die in den Vertragsunterlagen wiederzufinden sind, um eine inhaltlich korrekte Beantwortung zu gewährleisten.

Die Reihenfolge der Filterfragen sollte nach dem Schwierigkeitsgrad der Fragen und der zu erwartenden Häufigkeit der Fälle, bei denen das Filterkriterium zutrifft und die Befragung abgebrochen wird, bestimmt werden. Beispielsweise könnte der Kontaktbogen folgende Filterreihe aufweisen:

- Mietverträge, die nicht innerhalb der letzten vier Jahre vor dem Erhebungsstichtag abgeschlossen wurden oder bei denen die letzte Mieterhöhung mehr als 4 Jahre vor dem Erhebungsstichtag stattgefunden hat
- Städtische Unterkünfte (z. B. Obdachlosen-, Asylbewerberheime)
- Eigentümer/Untermieter
- Mietfreier Wohnraum
- Jugend- oder Studentenheime
- Sonstige Heime
- Mischnutzung (Gewerbe/Wohnen)
- Wohnung ist Teil der vom Eigentümer selbstgenutzten Wohnung
- Dienst-/Werkswohnung
- Möblierter Wohnraum
- Sozialwohnungen
- Verwandtschaftsverhältnis zum Vermieter

Bei der Beantwortung einer Frage mit „Ja" wird das Interview abgebrochen.

1.3.1.2 Hauptfragebogen

Der Aufbau eines Fragebogens wird unter anderem durch die Tatsache bestimmt, ob ein mündliches oder schriftliches Interview zu führen ist. Ohne näher auf die Einzelheiten einzugehen, sollte jedoch folgendes berücksichtigt werden: Beim mündlichen Interview steht der in Schriftform gegossene Gesprächscharakter mit einer entsprechend komplizierten Filterführung (Antwortbedingte Verzweigung zu weiterführenden Fragen mit dem Ziel, das Interview inhaltlich interessant zu gestalten und zeitlich möglichst kurz zu halten) im Vordergrund.

Die Struktur des Hauptfragebogens wird hauptsächlich durch die im MHG genannten Vergleichskriterien und durch Fragen zum Mietverhältnis, Mietvertrag sowie zur Mietzahlung bestimmt.

Die Inhalte des Hauptfragebogens werden im wesentlichen durch die beabsichtigte „Tiefe der Vergleichbarkeit" des zukünftigen Mietspiegels bestimmt. Gleichwohl hat sich ein üblicher Fragenkatalog herauskristallisiert, der im folgenden skizzenhaft dargestellt werden soll.

Angaben zum Mietverhältnis, Mietvertrag und zur Mietzahlung
- Monat/Jahr des Einzuges in die Wohnung
- Art des Mietvertrages (wird für die Identifizierung befristeter Verträge, von Staffelvereinbarungen o. ä. benötigt)
- Betrag der gesamten monatlichen Mietzahlung incl. Nebenkosten, Zuschläge usw. (konkreten Bezugsmonat nennen!)
- Betrag der Nebenkostenvorauszahlungen
- Betrag der Mietzuschläge (z. B. Garage)
- Betrag der Mietermäßigung (soweit Ermäßigungen etwa für Hausmeistertätigkeit vereinbart sind)
- Betrag der Mietminderung (z. B. Schimmel in der Wohnung)
- Zeitpunkt der letzten Mieterhöhung (ohne Nebenkosten)
- Dienst-/Werkswohnungen (wenn nicht über Kontaktfrage ausgefiltert)
- Schönheitsreparaturen

Angaben zur Nebenkostenabrechnung
- Nebenkostenabrechnung/-pauschale
- Abrechnungszeitraum (z. B. jährlich, halbjährlich)
- Betrag der Betriebskostennachzahlung/-rückzahlung (konkreten Bezugszeitraum nennen!)
- Welche Bestandteile der Nebenkosten werden umgelegt/sind in der Miete enthalten?
- Hauswart/Hausmeister vorhanden?
- Garten-, Grünflächenpflege, Haus-, Straßen-, Gehwegreinigung, Beseitigung von Schnee und Glatteis durch Hauswart, Mieter oder Dritte
- Ist der Vermieter für Heizung/Warmwasser zuständig?

Angaben zur Art und Größe des Gebäudes/der Wohnung
- Anzahl der Geschosse
- Gebäudemerkmale
  Z. B.: Aufzug, freistehend, ein- oder zweiseitig angebaut, Hinterhaus/Rückgebäude, stufenfreier Zugang zur Wohnung, Etagen-Außenflure, Anzahl der Wohnungen auf der Etage
- Gebäudetyp (Ein-, Zwei-, Drei- oder Vier- und Mehrfamilienhaus, Doppelhaushälfte, Reihenhaus)
- Wohnungstyp (Penthouse-, Maisonette-Wohnung, Einliegerwohnung im Einfamilienhaus, komplettes Einfamilienhaus)
- Wohnfläche
- Anzahl der Wohnräume

Angaben zu Ausstattung und Beschaffenheit
   Bei den Angaben zur Ausstattung ist zu beachten, daß nur vom Vermieter gestellte Ausstattungsmerkmale für die Mietspiegelbefragung relevant sind.
   Bei der folgenden Auflistung handelt es sich um einen Beispielkatalog, der auf der einen Seite nicht vollständig, auf der anderen Seite aber auch nicht notwendigerweise umzusetzen ist. Die konkrete Ausgestaltung des Fragenkatalogs ist in Abhängigkeit von den Strukturen des jeweiligen Wohnungsmarktes vorzunehmen.
- Beheizbarkeit von Wohn- und Schlafräumen, Küche, Bad
- Bad, Toilette

- – Separates Badezimmer oder Badenische
- – Ausstattung
  z. B. Warmwasserversorgung, fehlendes Waschbecken, Bad fensterlos, Kachelung, nur Duschwanne/keine Badewanne, Badewanne **und** separate Duschwanne, feste Duschabtrennung, zweites Waschbecken, Bidet, Toilette innerhalb der Wohnung, aber nicht im Badezimmer, Länge und Breite des Bades, zweite Toilette, zweites Bad (nur angeben, wenn vom Vermieter gestellt)
- – Mitbenutzung durch andere Hauptmieter
- – Außerhalb der Wohnung
- • Küche
  - – Kochnische, Koch-, Wohnküche
  - – Ausstattung
    z. B. Warmwasserversorgung, Versorgungs- und Entsorgungsanschlüsse vorhanden (Wasser, Abwasser **und** Gas/Strom), Kachelung, Elektro-/Gas-/Mikrowellenherd, Glaskeramikkochmulde, Dunstabzugshaube, Kühlschrank, Gefrierschrank/-truhe, Geschirrspülmaschine (nur angeben, wenn vom Vermieter gestellt)
  - – Mitbenutzung durch andere Hauptmieter
  - – Außerhalb der Wohnung
- • Vom Vermieter fest installierte Einrichtungen
  z. B. Isolier-, Doppelverglasung, besonders gestaltete Fenster (wie Rundbogen-, Sprossenfenster), Gegensprechanlage, Gemeinschaftsantenne, Kabelanschluß, Einbauschränke, Holztäfelung/Stuck, Parkett-/Kachelfußboden, Marmorfußboden oder gleichwertige Natursteine, offener Kamin/Kaminofen, Kachelofen, Elektro-/Gas-/Wasserinstallation über Putz
- • Grundriß- und Zimmermerkmale
  z. B. Wohnebenen, fehlender Wohnungsabschluß, fehlende Querlüftungsmöglichkeit, gefangene Räume/Durchgangszimmer, Wohndiele, Speisekammer, Wohnraumhöhe, alle Türrahmen ohne Türschwellen, alle Türöffnungen mindestens 90 cm breit, Größe des kleinsten und größten Wohnraumes
- • Balkon, (Dach-)Terrasse, Wintergarten, Loggia
  - – Anzahl
  - – Tiefe/Breite (eventuelle Länge als Kontrollgröße)
  - – Lageorientierung nach Straße, Eisenbahn, Gewerbe/Industriebetriebe, Gärten/Grünanlagen
- • Vom Vermieter gestellte und außerhalb der Wohnung liegende Räume/Einrichtungen
  z. B. Waschmaschine, Wäschetrockner, -trockenraum, -trockenplatz, Fahrradkeller/-abstellraum, Hobbyraum/Werkraum, Sauna, Schwimmbad, Kinderspielplatz, Grillplatz, Kelleranteil, Speicher (Dachboden)/-anteil, Einzel-/Doppel-/Sammelgarage, reservierter Abstellplatz, Gartenbenutzung

Angaben zur Wohnlage
- • Lage der Wohnung im Gebäude
- • Straßenbild
- • Bebauungsart
- • Wohnumfeld
  z. B. Grünanlagen/Wald/Park in fußläufiger (5 Min. oder 350 m Luftlinie) Entfernung, fußläufiger ÖPNV-Anschluß, fußläufige Entfernung zu Geschäften des kurz-/mittel-/langfristigen Bedarfs, verkehrsberuhigte (Tempo 30)-Zone,

nächtliche Straßenbeleuchtung, Parkmöglichkeiten, Straßenüberquerungsmöglichkeiten
- Verkehrs- und Industriebelastung

Angaben zum Vermieter und Mieter
- Art des Vermieters (Privater Vermieter, Wohnungsunternehmen, Genossenschaft
- Vermieter wohnt im Haus
- Haushaltsgröße des Mieterhaushaltes

Wiederholungsbefragung

Ist eine Fortschreibung des Mietspiegels auf Grundlage der durchgeführten Erhebung geplant, muß auch eine Frage zur Bereitschaft an der Teilnahme einer Wiederholungsbefragung in den Fragebogen aufgenommen werden.

1.3.2 Befragungsverfahren

Prinzipiell gibt es vier Möglichkeiten der Befragung:
- Schriftlich
- Telefonisch
- Persönlich
- Datenbankgestützt

1.3.2.1 Schriftliche Befragung

Schriftliche Befragungen stellen ein preisgünstiges Befragungsinstrument dar, das um so mehr zum Einsatz kommen kann, je einfacher der Fragebogen gestaltet ist. Der Nachteil der schriftlichen Befragung ist die mangelnde direkte Kontrolle der Richtigkeit der Angaben, etwa wenn zur Beantwortung eine genaue Durchsicht einzelner Unterlagen erforderlich ist. Zur Qualitätssicherung der Angaben sind umfangreiche Plausibilitätsprüfungen notwendig. Ebenfalls problematisch ist der teilweise geringe Rücklauf. Um diesem Problem zu begegnen, sollte eine schriftliche Befragung von einer intensiven Nachfassaktion begleitet werden. In Frage kommen dabei eine telefonische Erinnerung oder die erneute Aussendung von Fragebögen, wobei die erneute Aussendung von Fragebögen zweimal erfolgen sollte.

1.3.2.2 Telefonische Befragung

Die Durchführung ganzer Befragungen als telefonische Befragungen ist angesichts der komplexen Materie im Fall der Mietspiegelerstellung nicht zu empfehlen. Telefonische Befragungsmethoden können sinnvoll im Rahmen eines sog. Telefonscreenings verwendet werden. Dabei werden auch telefonische Nachfragen im Vorfeld einer schriftlichen oder persönlichen Befragung anhand einiger weniger einfacher Fragen solche Adressen ausgeschlossen, die für die schriftliche Befragung uninteressant sind (wegen nicht gegebener Auskunftsbereitschaft der zu Befragenden). Dadurch kann der Befragungsaufwand gesenkt werden. Ein Telefonscreening ist vor allem bei einem geringen Reinheitsgrad der Stichprobe zu empfehlen.

1.3.2.3 Persönliche Befragung

Die persönliche Befragung durch professionelle Interviewer ist die Alternative zum schriftlichen Interview, wenn der Fragebogen komplexe Sachverhalte wie z. B. die Erfassung umgelegter und nicht umgelegter Betriebskosten beinhaltet. Aufgrund des großen personellen Aufwands ist die persönliche Befragung allerdings teuer. Auch hier sind – da den Interviewern nicht immer Einsicht in die privaten Unterlagen gewährt wird – Plausibilitätskontrollen vorzusehen.

Interviewer

Die Kommune sollte prüfen, inwieweit zur Senkung des Aufwandes z. B. auf Mitarbeiter der öffentlichen Verwaltung zurückgegriffen werden kann. Vor Beginn der Befragung ist eine Schulung der Interviewer durchzuführen. Insbesondere beim Einsatz nicht-professioneller Interviewer aus der Verwaltung der von Universitäten ist die ausführliche Interviewerschulung von großer Bedeutung.

In dieser Schulung sind das Vorgehen während der Befragung durchzusprechen sowie die inhaltliche Bedeutung der einzelnen Fragen zu erörtern. Bewährt hat sich in diesem Zusammenhang die Zusammenstellung eines Interviewerhandbuches, in dem die einzelnen Fragen im Hinblick auf deren Bedeutung und mögliche Unklarheiten bei der Beantwortung diskutiert werden.

Ein wichtiger Punkt bei der Interviewerschulung stellt die Sensibilisierung für Datenschutzaspekte bei der Durchführung der Befragung dar.

1.3.2.4 Datenbankabfrage

Datenbankabfragen sind eine Methode, die bei der immer weiter fortschreitenden Computerisierung zunehmend an Bedeutung gewinnt. Nicht zuletzt gilt dies für die **neuen Länder,** wo die Wohnungsunternehmen über große und aktuelle Datenbanken ihres Wohnungsbestandes verfügen. Der große Vorteil bei der Übernahme von Angaben aus Datenbanken ist die Zuverlässigkeit der ermittelten Daten sowie die kostengünstige Durchführung. Eine wichtige Voraussetzung bei diesem Verfahren ist, daß alle für die Erstellung des Mietspiegels relevanten Daten vorliegen. Problematisch an der datenbankgestützten Befragung ist jedoch, daß meist nur für ausgewählte Teilbestände aller mietspiegelrelevanten Wohnungen Datenbanken vorliegen. In diesen Fällen ist eine ergänzende Datenerhebung bei den nicht erfaßten Teilbereichen erforderlich.

1.3.3 Kontrollverfahren

Entscheidend für die Zuverlässigkeit der im Mietspiegel ausgewiesenen Werte ist die Qualität der erhobenen Daten. Deshalb sind Kontrollen der Befragungsergebnisse unerläßlich.

Kontrollinterviews

Bewährt hat sich ein stichprobenartiges Nachfragen auf telefonischem oder postalischem Wege bezüglich der Angaben des Interviewten, wenn sich bei der Auswertung der Fragebögen Widersprüche ergeben haben.

Plausibilitätsprüfung

Plausibilitätsprüfungen werden anhand der bei der Befragung ermittelten Angaben durchgeführt. Generell sollten alle Interviews einer Plausibilitätsprüfung unterzogen werden, zum einen um ein Maß für die Qualität der Erhebung zu haben und andererseits, um Interviews mit unplausiblen Angaben von der Auswertung auszuschließen. Durch diese beiden Maßnahmen bildet die Plausibilitätsprüfung ein entscheidendes Instrument zur Erstellung zuverlässiger Mietspiegel. Auf Ebene der Einzelinterviews umfassen Plausibilitätsprüfungen u. a. die Prüfung der internen Konsistenz der Angaben eines Interviews. Schon bei der Erstellung des Fragenkataloges für die Befragung kann durch die Einführung redundanter Fragen und Kontrollfragen die Trennschärfe der nach der Erhebung erfolgenden Plausibilitätsprüfung erhöht werden.

Vollständigkeitsprüfung

In der Vollständigkeitsprüfung wird das Vorhandensein aller zur Auswertung notwendigen Angaben überprüft.

1.3.4 Befragung – Fazit

Die Befragung ist die teuerste Komponente bei der Erstellung empirischer Mietspiegel. Zudem sind eine sorgfältige Konzeption der Fragen und eine zuverlässige Durchführung der Befragung sowie eine umfangreiche Plausibilitätskontrolle der erfolgten Interviews eine notwendige Voraussetzung für eine zuverlässige Datengrundlage.

2. Auswertungsverfahren

Die Berechnung der üblichen Mieten für vergleichbaren Wohnraum kann mittels der zwei nachfolgend beschriebenen Verfahren durchgeführt werden: Tabellenmethode und Regressionsmethode.

2.1 Regression

Die Regressionsanalyse ist ein anerkanntes Verfahren, die Abhängigkeit eines bestimmten Merkmales (z. B. Nettomiete) von anderen, unabhängigen Merkmalen (z. B. der Wohnungsgröße, Ausstattung, usw.) zahlenmäßig zu erfassen. Die Grundlage hierfür bildet eine Gleichung, ein sogenanntes Regressionsmodell.

Mit Hilfe der Modellgleichung und der in der Analyse errechneten Modellparameter (Regressionskoeffizienten) kann nun für eine angegebene Struktur unabhängiger – im Modell spezifizierter – Merkmale wie z. B. der Wohnfläche der entsprechende Durchschnittswert des abhängigen Merkmals, z. B. der Nettomiete, berechnet werden.

Die Regressionsanalyse nutzt die Informationen der gesamten Stichprobe aus, weil die Teilmengenbildung entfällt. Deshalb kommt ein auf einer Regressionsanalyse beruhender Mietspiegel mit einer relativ geringen Stichprobe aus. Für eine Großstadt werden beispielsweise ca. 2000 mietspiegelrelevanter Interviews benötigt, während für kleinere Städte ca. 1000 Interviews ausreichen. Letztlich hängt der Umfang der Stichprobe von der Anzahl der im Mietspiegel zu berücksichtigenden Merkmale und deren Wechselwirkungen ab, so daß ein einfacher Regressionsmietspiegel, der im wesentlichen nur die traditionellen Mietspiegelmerkmale berücksichtigt, mit ca. 500 Interviews auskommen könnte.

Bei dieser Methode fällt der Modellbildung, also der Entwicklung der Regressionsgleichung, eine zentrale Rolle zu. Da kein exaktes mathematisches Modell zur Beschreibung des Wohnungsmarktes bekannt ist, sollte bei jeder Mietspiegelerstellung das Regressionsmodell der konkreten Marktsituation angepaßt werden.

Da die ortsübliche Vergleichsmiete ein normativer Begriff ist, kann die Modellanpassung nicht nur nach ausschließlich statistischen methodischen Kriterien erfolgen, wie z. B. der Optimierung der durch das Modell erklärten Streuung der abhängigen Nettomieten oder der ausschließlichen Berücksichtigung nur hoch signifikanter Wohnungsmerkmale. Besonders deutlich erkennbar wird das durch den vom MHG vorgegebenen Ausschluß subjektiver Mietpreiseinflüsse, worunter auch die Wohndauer als ein aus statistischer Sicht wichtiges Einflußkriterium fällt. Die Optimierung der Modellstruktur auf der Grundlage einer einzigen Stichprobe (Überanpassung) an eine konkrete Datenbasis sollte vermieden und die Struktur des Mietspiegels über einen längeren Zeitraum beibehalten werden (Strukturkonstanz führt zur Anwendungssicherheit und erhöht die Befriedigungsfunktion), vorausgesetzt, die Qualitätsverluste gegenüber einem optimierten Modell sind vertretbar. Viele der Wohnungsmerkmale stehen miteinander in enger Beziehung (Interaktion), wie z. B. gute Ausstattung/gute Wohnlage (vgl. Kap. 9). Deshalb sollten sachlogisch abgeleitete Interaktionen modellmäßig überprüft und gegebenenfalls in das endgültige Mietspiegelmodell übernommen werden. Aber auch hierbei sollte die Übernahme mit „Augenmaß" erfolgen, da die textliche Umsetzung dieser Interaktionen ein gewisses Abstraktionsvermögen seitens der Anwender erfordert.

2.2 Tabellenmietspiegel

Tabellenmietspiegel beruhen auf dem Prinzip, daß alle Mietwerte einer Kategorie von Wohnungen („Mietspiegelfeld") zu einer Gruppe zusammengefaßt werden. Ein Mietspiegelfeld legt eine Klasse vergleichbarer Wohnungen fest, indem es alle Wohnungen umfaßt, für die eine bestimmte Merkmalskombination vorliegt (z. B. Altbau, mit Bad, Größe unter 40 m², einfache Wohnlage). Aus den in der Erhebung ermittelten Mietwerten jedes Mietspiegelfeldes wird dann ein Mittelwert berechnet, der das „übliche Entgelt" dieser Kategorie von Wohnungen repräsentiert.

2.2.1 Stichprobenumfang Tabellenmietspiegel

Tabellenmietspiegel werden, um den Erhebungsaufwand zu minimieren, auf Grundlage einer disproportional geschichteten Stichprobe erstellt. Bei der Planung des Stichprobenumfangs spielen v. a. folgende Größen eine Rolle:
- Die angestrebte Feldbesetzung
- Der Rücklauf an Interviews

Feldbesetzung

Aus statistischer Sicht ist eine Anzahl von 30 verwertbaren Interviews pro Mietspiegelfeld wünschenswert. Bei nicht ausreichender Feldbesetzung ist auf die eingeschränkte Aussagekraft hinzuweisen.

Rücklauf

Der Rücklauf an Interviews ist je nach Art der Befragung verschieden. Des weiteren wird der Rücklauf durch den Reinheitsgrad der Stichprobe beeinflußt: Je reiner die Stichprobe ist, d. h. je weniger Adressen mit fehlerhaften Angaben behaftet sind, desto größer ist der Anteil verwertbarer Interviews. Bei sorgfältig durchgeführter Stichprobenziehung mit anschließender persönlicher Befragung liegen typische Rücklaufquoten im Bereich von 50% (6 20%).

2.2.2 Auswertung Tabellenmietspiegel

Die Auswertung beginnt mit der Kategorisierung der Wohnungen nach den für die Einordnung in die einzelnen Mietspiegelfelder relevanten Merkmalen:
Auf die Basis dieser Einordnung erfolgt die Berechnung der Vergleichsmieten. Hierzu werden alle Mietwerte einer Kategorie von Wohnungen (Mietspiegelfeld) zu einer Gruppe zusammengefaßt. Für diese Gruppe von Mietwerten wird dann ein Mittelwert berechnet, der die Vergleichsmiete dieser Kategorie von Wohnun-

gen repräsentiert. Als Mittelwerte kommen prinzipiell das arithmetische Mittel oder der Median in Frage. Der Median spiegelt eher die Bestandsmieten wider, wohingegen in das arithmetische Mittel die Streuung der Mietwerte stärker einfließt.

Die Kennwerte aller Kategorien werden in einer Tabelle dargestellt. Diese Tabelle ist der Mietspiegel.

3. Hinweise zur Erstellung von Mietspiegeln 2002

Stand: 1. Juli 2002

Herausgegeben vom Bundesministerium für Verkehr, Bau- und Wohnungs-wesen[1]

Inhaltsübersicht

Einleitung

1. Teil: Bedeutung und Arten von Mietspiegeln

2. Teil: Die Erstellung von Mietspiegeln

I. Was ist bei der Erstellung einfacher Mietspiegel und bei der Erstellung qualifizierter Mietspiegel gleichermaßen zu beachten?

II. Was ist bei der Erstellung von qualifizierten Mietspiegeln zusätzlich zu beachten?

---

[1] Broschüre des Bundesministeriums für Verkehr, Bau- und Wohnungswesen, Berlin 2002 (Invalidenstr. 44, 10115 Berlin).

Einleitung

Mietspiegel sind Übersichten über die üblichen Entgelte für Wohnraum in einer Gemeinde. Sie liefern nicht nur Informationen über gezahlte Mieten für einzelne Wohnungen, sondern bilden das örtliche Mietniveau auf einer breiten Informationsbasis ab. Mietspiegel stehen der Öffentlichkeit zur Verfügung und setzen daher Mieter und Vermieter in die Lage, sich auf einfache und übersichtliche Weise Kenntnis über die in Mieterhöhungsverfahren wichtigen Daten zu verschaffen. Sie schaffen Markttransparenz und leisten einen wichtigen Beitrag zur Vermeidung von Konflikten zwischen den Vertragspartnern.

Im Rahmen der zum 1. September 2001 in Kraft getretenen Mietrechtsreform wurde das bewährte Institut des Mietspiegels weiter ausgebaut und zusätzlich zum bisherigen einfachen Mietspiegel der sog. qualifizierte Mietspiegel geschaffen. Dieser muss bestimmte Anforderungen erfüllen, die gewährleisten sollen, dass er das Mietpreisniveau möglichst zutreffend wiedergibt. Sind diese Anforderungen erfüllt, ergeben sich daraus besondere Rechtsfolgen. Durch die Schaffung des qualifizierten Mietspiegels wollte der Gesetzgeber den einfachen Mietspiegel nicht abwerten, sondern den potenziellen Mietspiegelerstellern eine zusätzliche, hochwertige Alternative anbieten. Der einfache Mietspiegel soll nach dem Willen des Gesetzgebers weiterhin als kostengünstiges Instrument mit den bisherigen Regelungen erhalten bleiben.

Die vorliegende Broschüre gliedert sich in vier Teile. Im ersten Teil werden die Bedeutung von Mietspiegeln, die verschiedenen Arten von Mietspiegeln und das gesetzliche Mieterhöhungsverfahren nach §§ 558ff. BGB dargestellt. Der zweite Teil befasst sich mit der eigentlichen Erstellung von Mietspiegeln. In seinem ersten Abschnitt wird auf alle wesentlichen Fragen der Mietspiegelerstellung eingegangen, die einfache und qualifizierte Mietspiegel gleichermaßen betreffen. Anschließend wird im zweiten Abschnitt dargestellt, was bei der Erstellung qualifizierter Mietspiegel zusätzlich zu beachten ist. Durch diesen Aufbau soll bewusst auch mit der vorliegenden Broschüre klargestellt werden, dass das Gesetz den einfachen Mietspiegel als vollwertigen Mietspiegel ansieht. Im dritten Teil werden die gesetzlichen Grundlagen und bisherigen Erfahrungen im Hinblick auf das neu eingeführte Instrument der Mietdatenbank erörtert. Der abschließende vierte Teil enthält als Anhang praktische Hinweise und Hilfestellungen sowie vertiefende Informationen zu einigen, in der Broschüre angesprochenen Themen.

1. Teil: Bedeutung und Arten von Mietspiegeln

1. Welche Bedeutung hat ein Mietspiegel?

Ein Mietspiegel ist eine Übersicht über die ortsübliche Vergleichsmiete, die von der Gemeinde oder von Interessenvertretern der Vermieter und der Mieter gemeinsam erstellt oder anerkannt worden ist. Die ortsübliche Vergleichsmiete wird nach der gesetzlichen Definition aus den üblichen Entgelten gebildet, die in der Gemeinde oder einer vergleichbaren Gemeinde für Wohnraum vergleichbarer Art, Größe, Ausstattung, Beschaffenheit und Lage in den letzten vier Jahren vereinbart oder geändert worden sind. Mietspiegel schaffen damit Markttransparenz.

Das Hauptanwendungsfeld für Mietspiegel ist das gesetzliche Mieterhöhungsverfahren, mit dem der Vermieter die Zustimmung des Mieters zu einer Erhöhung der vereinbarten Miete bis zur ortsüblichen Vergleichsmiete verlangen kann (vgl. hierzu 1. Teil, Kapitel 3).

Mietspiegel können daneben auch beim Neuabschluss von Mietverträgen und bei einvernehmlichen, d.h. vertraglich vereinbarten Änderungen der Miethöhe Bedeutung als Orientierungshilfe haben. Selbstverständlich sind die Informationen aus Mietspiegeln hierbei nicht zwingend zu beachten, sondern können von den Parteien freiwillig als Entscheidungshilfe herangezogen werden.

Schließlich können Mietspiegel auch im Rahmen der Prüfung von Mietpreisüberhöhungen nach § 5 WiStG (Wirtschaftsstrafgesetz) und Mietwucher nach § 291 StGB (Strafgesetzbuch) sowie bei der Berechnung der Höhe der Fehlbelegungsabgabe Bedeutung haben.

2. Welche Arten von Mietspiegeln gibt es?

Das Gesetz unterscheidet seit der Mietrechtsreform einfache und qualifizierte Mietspiegel: Zunächst ist nach der gesetzlichen Definition jede Übersicht über die ortsübliche Vergleichsmiete, die von der Gemeinde oder von Interessenvertretern der Vermieter und der Mieter gemeinsam erstellt oder anerkannt worden ist, ein

Mietspiegel. Das Gesetz knüpft besondere Rechtsfolgen an Mietspiegel, die bestimmte Anforderungen erfüllen. Diese Mietspiegel werden als qualifizierte Mietspiegel bezeichnet. Für Mietspiegel, die diese Anforderungen nicht erfüllen, hat sich der Begriff einfache Mietspiegel herausgebildet.

Ein qualifizierter Mietspiegel muss gemäß § 558 d BGB folgende Anforderungen erfüllen:

- Er muss nach anerkannten wissenschaftlichen Grundsätzen erstellt sein **und**
- er muss von der Gemeinde oder von Interessenvertretern der Vermieter und Mieter anerkannt worden sein.

Außerdem muss ein qualifizierter Mietspiegel im Abstand von zwei Jahren an die Marktentwicklung angepasst und nach vier Jahren neu erstellt werden.

Die besonderen Rechtsfolgen, die das Gesetz an das Vorhandensein eines qualifizierten Mietspiegels knüpft, sind:

- Mitteilungsverpflichtung: Enthält ein qualifizierter Mietspiegel Angaben für eine bestimmte Wohnung, deren Miete der Vermieter im gesetzlichen Mieterhöhungsverfahren erhöhen will, so hat der Vermieter diese Angaben in seinem Mieterhöhungsverfahren auch dann mitzuteilen, wenn er die Mieterhöhung auf ein anderes Begründungsmittel stützt (§ 558 a Abs. 3 BGB).
- **Vermutungswirkung:** Im gerichtlichen Verfahren wird widerlegbar vermutet, dass die im qualifizierten Mietspiegel bezeichneten Entgelte die ortsübliche Vergleichsmiete wiedergeben (§ 558 d Abs. 3 BGB).

3. Welche Bedeutung haben Mietspiegel im Mieterhöhungsverfahren bis zur ortsüblichen Vergleichsmiete nach §§ 558 ff. BGB?

Mietverhältnisse sind meist auf längere Zeit angelegt. Zur Aufrechterhaltung der Wirtschaftlichkeit können innerhalb gewisser Zeitabschnitte Anpassungen der Miete erforderlich werden. Nach dem Grundsatz der Vertragsfreiheit können sich Vermieter und Mieter während des Mietverhältnisses jederzeit über eine Änderung der Miete einigen (§ 557 Abs. 1 BGB). Sie können aber auch bereits bei Abschluss des Vertrages Mieterhöhungen vereinbaren, und zwar als Staffelmiete (§ 557 a BGB) oder als Indexmiete (§ 557 b BGB.

Über die Möglichkeiten zur vertraglichen Mieterhöhung hinaus ermöglicht das Gesetz dem Vermieter die Durchführung von Mieterhöhungen bis zur ortsüblichen Vergleichsmiete. Dieses gesetzliche Mieterhöhungsverfahren wurde als Ausgleich zu dem Verbot für den Vermieter geschaffen, zum Zwecke einer Mieterhöhung ein Wohnraummietverhältnis zu kündigen. Die ortsübliche Vergleichsmiete ist keine punktgenaue Einzelmiete, sondern ein repräsentativer Querschnitt der üblichen Entgelte in der Gemeinde, also eine Spanne.

Zentrale Vorschrift des gesetzlichen Mieterhöhungsverfahrens ist § 558 Abs. 1 BGB. Danach kann der Vermieter vom Mieter die Zustimmung zu einer Erhöhung der Miete bis zur ortsüblichen Vergleichsmiete verlangen, wenn

- die vereinbarte Miete unter der ortsüblichen Vergleichsmiete liegt, und
- die bisherige Miete zu dem Zeitpunkt, zu dem die Erhöhung wirksam werden soll, – abgesehen von Erhöhungen aufgrund von Modernisierungen (§§ 559 ff. BGB) oder von Betriebskostenveränderungen (§ 560 BGB) – seit fünfzehn Monaten unverändert geblieben ist, und
- das Mieterhöhungsverlangen frühestens ein Jahr nach der letzten Mieterhöhung geltend gemacht wird, wobei Erhöhungen nach den §§ 559 und 560 BGB nicht berücksichtigt werden, und

- das jetzige Mieterhöhungsverlangen höchstens zu einer Mietsteigerung von 20 v. H. innerhalb der letzten drei Jahre führt (sog. Kappungsgrenze; § 558 Abs. 3 BGB).

Der Vermieter muss das Mieterhöhungsverlangen in Textform erklären und begründen. Hierzu kann er sich insbesondere stützen auf

- einen Mietspiegel, und zwar sowohl auf einen einfachen Mietspiegel als auch auf einen qualifizierten Mietspiegel,
- eine Auskunft aus einer Mietdatenbank,
- ein mit Gründen versehenes Gutachten eines öffentlich bestellten und vereidigten Sachverständigen oder
- entsprechende Entgelte für einzelne vergleichbare Wohnungen; hierbei genügt die Benennung von drei Vergleichswohnungen.

Hinsichtlich der einzelnen Begründungsmittel ergeben sich folgende Unterschiede:

(1) Der Vorteil von **Mietspiegeln** liegt darin, dass sie das örtliche Mietniveau auf einer breiten Informationsbasis abbilden. Sie ermöglichen in der Regel eine einfache und preiswerte Ermittlung der ortsüblichen Vergleichsmiete für die jeweilige Wohnung. Mietspiegel sind zwar keine förmlichen Beweismittel nach den Vorschriften der Zivilprozessordnung (ZPO), sie werden in der Praxis von den Gerichten aber häufig zur Ermittlung der ortsüblichen Vergleichsmiete herangezogen. Liegt ein qualifizierter Mietspiegel vor, der Angaben zu vergleichbaren Wohnungen enthält, so sprechen für dessen Verwendung als Begründungsmittel auch die ohnehin bestehende Pflicht zur Angabe der Miethöhe und die gesetzliche Vermutungswirkung im Prozess.

(2) Zur **Mietdatenbank** lassen sich Aussagen derzeit nur schwer treffen, da in Deutschland bislang lediglich in Hannover eine Mietdatenbank existiert (vgl. hierzu den Exkurs im 3. Teil). Ob die Gerichte Mietdatenbanken künftig zur Ermittlung der ortsüblichen Vergleichs-miete heranziehen werden, wird maßgeblich von ihrer Qualität abhängen.

(3) Die Erstellung von **Sachverständigengutachten** verursacht in der Regel für den Vermieter die höchsten Kosten. Die zuverlässige Ermittlung der ortsüblichen Vergleichsmiete durch einen Sachverständigen setzt zudem voraus, dass diesem die Mieten vergleichbarer Wohnungen in hinreichend großer Zahl bekannt sind.

(4) Die **Benennung von drei Vergleichswohnungen** ist für den Vermieter ein einfaches und preisgünstiges Begründungsmittel, wenn er über entsprechende Informationen verfügt. Allerdings ist die Datengrundlage bei drei Wohnungen sehr gering, so dass ein Mieter nicht überprüfen kann, ob sich die ortsübliche Vergleichsmiete tatsächlich auf dem Niveau der Vergleichswohnungen befindet, oder ob es sich bei den Wohnungen nur um „Ausreißer nach oben" handelt. Aus diesem Grund kann auch im Prozess die ortsübliche Vergleichsmiete nicht mit der Benennung von Vergleichswohnungen bewiesen werden.

Zusammenfassend lässt sich feststellen, das Mietspiegel im gesetzlichen Mieterhöhungsverlangen an zwei Stellen eine Rolle spielen können: im Mieterhöhungsverlangen des Vermieters und im Prozess auf Zustimmung zu der verlangten Mieterhöhung. Man spricht insoweit von der Begründungsfunktion des Mietspiegels und von seiner Beweisfunktion im Prozess.

Die Anforderungen an die Qualität des Mietspiegels sind hierbei unterschiedlich. An die Qualität eines Mietspiegels als Begründungsmittel werden keine besonderen Anforderungen gestellt. Für die Verwendbarkeit eines Mietspiegels als Mittel zum Nachweis der ortsüblichen Vergleichsmiete im Prozess kommt es dagegen entscheidend auf dessen Qualität an.

Das Gericht kann und wird seiner Entscheidung die Werte eines Mietspiegels insbesondere dann zugrunde legen, wenn dieser die erforderlichen Formalien des Aufstellungsverfahrens erfüllt und das Gericht von der Richtigkeit der ausgewiesenen Werte überzeugt ist. Letzteres wird umso eher der Fall sein, je sorgfältiger der Mietspiegel erstellt wurde und je eher sich diese Erstellung nachvollziehen lässt. Hierbei kommt es beispielsweise darauf an, welche Daten der Mietspiegelerstellung zugrunde gelegt wurden, wie aktuell die Daten waren und wie sie ausgewertet wurden.

Wurde der Mietspiegel nach anerkannten wissenschaftlichen Grundsätzen erstellt (qualifizierter Mietspiegel), so gilt im Prozess kraft Gesetzes die – durch andere Beweismittel, insbesondere durch ein Sachverständigengutachten widerlegbare – Vermutung, dass die in ihm bezeichneten Entgelte die ortsübliche Vergleichsmiete wiedergeben.

2. Teil:　Die Erstellung von Mietspiegeln

I. Was ist bei der Erstellung einfacher Mietspiegel und bei der Erstellung qualifizierter Mietspiegel gleichermaßen zu beachten?

1. Wer kann einen Mietspiegel erstellen?

Mietspiegel können von der Gemeinde oder von Interessenvertretern der Vermieter und Mieter gemeinsam erstellt werden. Es genügt hierbei, wenn ein Interessenverband den Mietspiegel erstellt und der andere Interessenverband ihn anerkennt. Möglich ist auch, dass Dritte einen Mietspiegel erstellen und dieser von der Gemeinde oder von Interessenvertretern der Mieter und Vermieter anerkannt wird. Existieren in einer Gemeinde mehrere Mieter- oder Vermieterverbände, müssen nicht auf beiden Seiten sämtliche Verbände beteiligt werden.

In der Praxis wird der Mietspiegel häufig von der Gemeinde erstellt und die Interessenverbände werden über einen „Arbeitskreis Mietspiegel" an dem Erstellungsprozess beteiligt. Der Vorteil hieran ist, dass die Beteiligung der Interessenvertreter das Vertrauen in die ausgewiesenen Mieten erhöht. Obwohl die Anerkennung des Mietspiegels durch die beteiligten Interessenvertreter in diesem Fall nicht erforderlich wäre, ist sie in der Praxis üblich und sollte wegen der erhöhten Akzeptanz angestrebt werden. Den Interessenvertretern sollte möglichst bereits in der Anfangsphase Gelegenheit gegeben werden, an der Erstellung des Mietspiegels mitzuwirken.

Die Beteiligung weiterer Sachverständiger, die über Kenntnis des örtlichen Mietpreisgefüges verfügen, z. B. von Vertretern der unternehmerischen Wohnungswirtschaft, Maklerorganisationen und Mietrichtern, hat sich in der Praxis als hilfreich erwiesen. Da bei der Mietspiegelerstellung regelmäßig personenbezogene Daten verwendet werden, sollte der Landesdatenschutzbeauftragte bzw., sofern an der Mietspiegelerstellung eine öffentliche Stelle beteiligt ist, die örtlich zuständige Aufsichtsbehörde für den Datenschutz beteiligt werden (vgl. hierzu 2. Teil, Kapitel I.6.).

Wenn ein Mietspiegel für das Gebiet mehrerer Gemeinden erstellt werden soll, müssen alle betroffenen Gemeinden oder die Interessenverbände aus allen Gemeinden an der Mietspiegelerstellung beteiligt sein oder den Mietspiegel anerkennen.

2. Welcher Wohnungsbestand ist bei der Erstellung zugrunde zu legen?

a) Welche räumlichen Anforderungen müssen die Wohnungen erfüllen?

Ein Mietspiegel kann für das Gebiet einer Gemeinde, für die Gebiete mehrerer Gemeinden oder für Teile von Gemeinden erstellt werden. Die Erstellung eines Mietspiegels für Teile von Gemeinden kann sinnvoll sein, wenn sehr ländlich oder gewerblich geprägte Teilorte zum Gemeindegebiet gehören, die bei der Mietspiegelerstellung nicht berücksichtigt werden sollen. Die Erstellung eines Mietspiegels für die Gebiete mehrerer Gemeinden ist sinnvoll, sofern die Wohnungsmarktverhältnisse hinsichtlich des Wohnungsangebotes und der Mietenstruktur miteinander vergleichbar sind. Bei der Erstellung eines Mietspiegels sollten grundsätzlich nur Wohnungen zugrunde gelegt werden, die sich in dem Gebiet befinden, für das der Mietspiegel erstellt wird.

Ein Mietspiegel kann auch außerhalb des Gebietes, für das er erstellt worden ist, Bedeutung für das gesetzliche Mieterhöhungsverfahren erlangen. Für die Begründung eines Mieterhöhungsverlangens ist dies ausdrücklich in § 558a Abs. 4 Satz 2 BGB geregelt.

b) Welche Wohnungen erfüllen das Erfordernis der Vereinbarung oder der Änderung der Miete in den letzten vier Jahren?

Bei der Ermittlung der ortsüblichen Vergleichsmiete dürfen nach § 558 Abs. 2 BGB nur diejenigen Wohnungen berücksichtigt werden, bei denen die Miete in den letzten vier Jahren neu vereinbart **(Neuvertragsmieten)** oder, von Veränderungen der Betriebskosten nach § 560 BGB abgesehen, geändert worden ist **(geänderte Bestandsmieten).**

Maßgeblich für die Erstellung des Mietspiegels sind die Mieten, die an einem konkreten, vom Mietspiegelersteller festgelegten Stichtag, dem Stichtag der Datenerhebung, bezahlt werden. Die Vierjahresfrist bezieht sich auf diesen Stichtag. Sollen sich die Angaben des Mietspiegels beispielsweise auf den 31. März 2003 beziehen, so sind diejenigen Wohnungen zu berücksichtigen, deren Miete in dem Zeitraum vom 1. April 1999 bis zum 31. März 2003 neu vereinbart oder geändert wurde.

Zu den Neuvertragsmieten zählen auch befristete Mietverhältnisse und neu abgeschlossene Staffel- oder Indexmietverträge.

Zu den geänderten Bestandsmieten zählen auch Mietverhältnisse, bei denen sich die Miete innerhalb der Vierjahresfrist aufgrund einer Staffel- oder Indexmietvereinbarung geändert hat.

Neben Neuvertragsmieten sind damit folgende geänderte Bestandsmieten zu berücksichtigen:

- Vertraglich vereinbarte Änderungen der Miete. Es kommt nicht auf den Zeitpunkt der Vereinbarung an, sondern darauf, ob sich die tatsächlich zu zahlende Miete innerhalb der letzten vier Jahre verändert hat.
- Mieterhöhungen im gesetzlichen Mieterhöhungsverfahren nach §§ 558 ff. BGB (bis 31.8.2001 § 2 MHG).
- Mieterhöhungen wegen Modernisierung, § 559 BGB (bis 31.8.2001 § 3 MHG).
- Änderungen der Miete aufgrund von Staffelmietvereinbarungen, § 557a BGB.
- Änderungen der Miete aufgrund von Indexmietvereinbarungen, § 557b BGB.
- Mieterhöhungen wegen Kapitalkostensteigerungen, § 5 MHG (bis 31.8.2001 möglich gewesen).

c) Wie sind (ehemals) geförderte Wohnungen zu berücksichtigen?

Bei der Erstellung eines Mietspiegels darf Wohnraum nicht berücksichtigt werden, bei dem die Miethöhe durch Gesetz oder im Zusammenhang mit einer Förderzusage festgelegt worden ist. Unter einer Festlegung in diesem Sinn sind nur Fälle zu verstehen, in denen die Miethöhe **unmittelbar** festgelegt wurde, nicht hingegen Fälle, in denen sich aus Regelungen zur Miete allenfalls mittelbare Auswirkungen auf die Höhe der Miete ergeben.

Folgende Wohnungen sind **nicht** zu berücksichtigen:

* Wohnungen des ersten, zweiten und dritten Förderwegs gemäß II. WoBauG (im dritten Förderweg nur, soweit Mietbegrenzungen festgelegt worden sind).
* Geförderte Wohnungen nach dem Wohnraumförderungsgesetz, bei denen durch Förderzusage eine Miete festgelegt worden ist.
* Wohnungen, bei denen sonstige Förderungen gewährt wurden und bei denen die anfängliche Miete, Erhöhungen oder Obergrenzen als fester Betrag oder durch ein vorgegebenes Berechnungsverfahren unmittelbar vorgegeben sind. Dabei ist nicht von Bedeutung, ob sich die Begrenzung, z. B. bei einer Mietobergrenze, angesichts der jeweiligen Marktverhältnisse tatsächlich auswirkt.
* Wohnungen in Sanierungsgebieten, für die auf der Grundlage der Sanierungssatzung Mietobergrenzen festgelegt wurden. Das gleiche gilt für Wohnungen in Milieuschutzgebieten.

Ist eine der beschriebenen Wohnungen vor dem Stichtag der Datenerhebung aus der Mietpreisbindung entfallen, so kommt es für die Berücksichtigung bei der Mietspiegelerstellung darauf an, ob **nach Fortfall der Preisbindung** ein neuer Mietvertrag geschlossen wurde oder zumindest eine Mietänderung stattgefunden hat. Wurde weder ein neuer Mietvertrag geschlossen noch die Miete innerhalb der Vierjahresfrist geändert, darf die Wohnung bei der Mietspiegelerstellung nicht berücksichtigt werden. Es reicht nicht aus, wenn die Möglichkeit, die Miete zu erhöhen, zwar bestanden hat, jedoch nicht genutzt worden ist.

Wohnungen, bei denen Förderungen ohne Mietbegrenzung gewährt wurden und die Auswirkungen auf die Miete allenfalls mittelbar sind, sind dagegen im Mietspiegel zu berücksichtigen. Dies ist der Fall, wenn aufgrund von Förderungen Kürzungsbeträge nach § 558 Abs. 5 oder § 559a BGB zu berücksichtigen sind. Hierzu zählen insbesondere Wohnungen, bei denen **ausschließlich** zinsverbilligte Darlehen im Rahmen von KfW-Förderprogrammen vergeben worden sind.

d) Welche Wohnungen dürfen oder sollen aus sonstigen Gründen nicht berücksichtigt werden?

Bei der Erstellung eines Mietspiegels sind solche Wohnungen nicht zu berücksichtigen, auf die das gesetzliche Mieterhöhungsverfahren bis zur ortsüblichen Vergleichsmiete nach §§ 558 ff. BGB, dem Hauptanwendungsfeld von Mietspiegeln, nicht anwendbar ist. Hierbei handelt es sich um

* Wohnungen, die nicht vermietet sind, z. B. vom Eigentümer selbst genutzte oder leer stehende Wohnungen.
* Wohnungen, die nicht als Wohnraum vermietet sind, z. B. gewerblich genutzte Wohnungen.
* Wohnraum, der zum vorübergehenden Gebrauch vermietet ist, § 549 Abs. 2 Nr. 1 BGB. Maßgeblich ist, ob ein allgemeiner Wohnbedarf von unbestimmter Dauer oder ein Sonderbedarf gedeckt werden soll. In der Regel wird vorübergehender Gebrauch ein Jahr nicht übersteigen.

- Wohnraum, der Teil der vom Vermieter selbst bewohnten Wohnung ist und den der Vermieter überwiegend mit Einrichtungsgegenständen auszustatten hat, sofern der Wohnraum dem Mieter nicht zum dauernden Gebrauch mit seiner Familie oder mit Personen überlassen ist, mit denen er einen auf Dauer angelegten gemeinsamen Haushalt führt, § 549 Abs. 2 Nr. 2 BGB.
- Wohnraum, den eine juristische Person des öffentlichen Rechts oder ein anerkannter Träger der Wohlfahrtspflege angemietet hat, um ihn Personen mit dringendem Wohnungsbedarf zu überlassen, wenn sie den Mieter bei Vertragsschluss auf die Zweckbestimmung des Wohnraums und die Ausnahme von bestimmten, in § 549 Abs. 2 genannten Vorschriften des BGB hingewiesen hat, § 549 Abs. 2 Nr. 3 BGB.
- Wohnraum in Studenten- oder Jugendwohnheimen, § 549 Abs. 3 BGB.

Wohnraum, der zwar nicht vom Anwendungsbereich des Mieterhöhungsverfahrens nach §§ 558 ff. BGB ausgenommen ist, bei dem die Vertragsgestaltung jedoch vom Üblichen abweicht und deshalb keinen geeigneten Vergleichsmaßstab für einen Mietspiegel darstellt, sollte für die Erstellung eines Mietspiegels nicht herangezogen werden. Hierbei handelt es sich insbesondere um

- möblierten oder teilmöblierten Wohnraum auch außerhalb der Vermieterwohnung. Hierunter fallen jedoch nicht Wohnungen, die – teilweise aufgrund landesgesetzlicher Regelungen – für den Wohnungsmarkt typische Möblierungen aufweisen, z. B. Einbauküchen. Diese sollen bei der Mietspiegelerstellung herangezogen werden.
- Untermietverhältnisse (ohne gewerbliche Zwischenvermietung im Sinne von § 565 BGB).
- Wohnraum in Heimen, Wohnheimen (soweit nicht bereits von § 549 Abs. 3 BGB erfasst), Internaten und Seminaren, soweit die Mietzahlung überwiegend Serviceleistungen abdeckt.
- Gefälligkeitsmietverhältnisse, z. B. Vereinbarung von besonders niedrigen Mieten zwischen Verwandten.

e) Bei welchen Wohnungen sollte über die Berücksichtigung nach den örtlichen Gegebenheiten entschieden werden?

Bei den mietspiegelrelevanten Wohnungen gibt es eine Reihe von Mietvertragsverhältnissen, die sich durch objektive wohnungs- oder vertragsbezogene Merkmale deutlich von der üblichen Wohnnutzung (hierunter sind Hauptmietverträge über Etagenwohnungen mit Küche, Bad und Toilette zu verstehen) unterscheiden oder selten auftreten. Solche Wohnungen können zwar grundsätzlich bei der Datenermittlung mit erhoben werden. Der Mietspiegelersteller sollte aber anhand der Bedeutung solcher Wohnungen für den örtlichen Wohnungsmarkt entscheiden, ob diese aufgenommen werden sollen.

Dies gilt für folgende Typen von Wohnungen und Mietverhältnissen:

- Besondere Wohnungstypen, wie z. B. Ein- und Zweifamilienhäuser, Penthouse-, Maisonettewohnungen und Apartments.
- Besondere Nutzungstypen, wie z. B. Wohnungen, deren Küche, Bad und/oder Toilette von mehreren Mietern, die jeweils einen eigenen Mietvertrag mit dem Wohnungseigentümer abgeschlossen haben, gemeinsam benutzt werden.
- Wohnraum, der teilweise untervermietet wird.
- Dienst- oder Werkwohnungen. Bei Dienst- und Werkwohnungen haben sich die Mieten häufig nicht frei am Wohnungsmarkt gebildet, sondern wurden auf-

grund einer Koppelung von Dienst- und/oder Arbeitsvertrag mit einem Mietvertrag vereinbart. Damit kann die erforderliche Vergleichbarkeit der Wohnungen mit anderen Wohnungen des freien Wohnungsmarktes fehlen. Der Mietspiegelersteller muss vor dem Hintergrund der konkreten Vermietungspraxis in
der Gemeinde entscheiden, ob und inwieweit dieses Wohnungsmarktsegment
für den Mietspiegel berücksichtigt werden kann. Die Einbeziehung kommt
z. B. in Betracht, wenn die Mieten für Dienst- und Werkwohnungen der ortsüblichen Vergleichsmiete entsprechen oder wenn die Preisbildung für Dienst-
und Werkwohnungen nach einer bestimmten Systematik erfolgt, die im Mietspiegel durch ein System von Zu- und Abschlägen in nachvollziehbarer Weise
berücksichtigt werden kann.

Aus Kostengründen kann es darüber hinaus sinnvoll sein, Wohnungsteilmärkte
bei der Erstellung des Mietspiegels nicht zu berücksichtigen, die in der Gemeinde
lediglich geringe Bedeutung haben.

3. Welcher Mietbegriff ist dem Mietspiegel zugrunde zu legen?

Der Begriff der Miete ist gesetzlich nicht festgelegt. Nach allgemeiner Auffassung setzt sich die Miete aus den Bestandteilen Grundmiete (Entgelt für die Ge-
brauchsgewährung) und den Betriebskosten nach § 556 BGB zusammen.

Umfang der in der Miete enthaltenen kalten Betriebskosten / **Heizkosten (Wärme und Warmwasser)**	**Heizkosten werden zusätzlich bezahlt**	**Heizkosten sind in der Miete enthalten**
Alle kalten Betriebskosten sind in der Miete enthalten	Bruttokaltmiete	Bruttowarmmiete oder (Voll-)Inklusivmiete
Einige, aber nicht alle kalten Betriebskosten sind in der Miete enthalten	Teilinklusivkaltmiete	Teilinklusivwarmmiete
Kalte Betriebskosten sind in der Miete nicht enthalten	Nettokaltmiete oder Grundmiete	Nettowarmmiete

Zur Vergleichbarkeit der Mieten ist es erforderlich, im Mietspiegel einen einheitlichen Mietbegriff zu verwenden. Da sich beim Abschluss von Mietverträgen
in den letzten Jahren die Vereinbarung von Nettokaltmieten durchgesetzt hat, sollte
im Mietspiegel generell die Nettokaltmiete (Grundmiete) ausgewiesen werden. Je
nach Maßgabe der örtlichen Wohnungsmarktbedingungen können sich die an der
Mietspiegelerstellung Beteiligten jedoch auch auf einen anderen der o. g. Mietbe-
griffe für den Mietspiegel verständigen. Alle Mieten, die bei der Erstellung berücksichtigt werden, sind dann ggf. auf den dem Mietspiegel zugrunde liegenden Mietbegriff umzurechnen. Die Bereinigung ist unabhängig davon erforderlich, ob die
Mietvertragsparteien die Umlage der Betriebskosten in Form einer Vorauszahlung,
über die einmal jährlich abgerechnet wird, oder in Form einer Pauschale vereinbart
haben.

Die Festlegung auf den Mietbegriff muss bereits im Vorfeld der Mietspiegelerstellung erfolgen, damit auch die zur Bereinigung erforderlichen Daten erfasst
werden können. In Befragungen sind hierzu neben den Angaben zur Miethöhe
auch Daten zu den in der Miete enthaltenen bzw. gesondert berechneten Betriebskostenarten kalte Betriebskosten und Heizkosten zu erheben.

Zur Bereinigung der Mieten können durchschnittliche Betriebskostensätze herangezogen werden, die sich z. B. aus der Erhebung ergeben oder die von den örtlichen Wohnungsunternehmen oder den Haus- und Grundeigentümervereinen
zur Verfügung gestellt werden. Die durchschnittlichen Betriebskostensätze sollten
auch in den Anwendungshinweisen zum Mietspiegel veröffentlicht werden. Dadurch können Mieter und Vermieter ihre Miete auf die im Mietspiegel ausgewiesene ortsübliche Miete umrechnen.

Hinsichtlich Schönheits- und Kleinreparaturen hat sich in der Praxis der Formu-
larverträge die Abwälzung der Kosten auf den Mieter durchgesetzt. Der Mietspiegel
sollte von diesem Regelfall ausgehen. Es sollte deshalb im Textteil des Mietspiegels
angegeben werden, wie Mieten, die Kosten für Schönheits- und/oder Kleinreparaturen enthalten, zu bereinigen sind.

Darüber hinaus sollte bei der Ermittlung der Miete auch die Vermietung von
Garagen bzw. Stellplätzen berücksichtigt werden. Für den Fall, dass für deren Vermietung keine gesonderten Kosten neben der Miete ausgewiesen sind, sollte auch
dazu im Textteil des Mietspiegels angegeben werden, wie die Bereinigung zu erfolgen hat.

4. Welche mietpreisbildenden Faktoren sind zu berücksichtigen?

Der Gesetzgeber hat in § 558 Abs. 2 BGB abschließend die Wohnwertmerkmale
benannt, die zur Ermittlung der ortsüblichen Vergleichsmiete herangezogen werden dürfen. Dies sind Art, Größe, Ausstattung, Beschaffenheit und Lage einer Wohnung. Auf den Wohnungsmärkten haben neben diesen Wohnwertmerkmalen weitere, überwiegend subjektive Merkmale, wie z. B. die Wohndauer, Einfluss auf die
Miethöhe. Bei der Ermittlung der ortsüblichen Mieten dürfen derartige Einflüsse
nicht berücksichtigt werden.

Im Folgenden werden die Wohnwertmerkmale kurz vorgestellt, eine ausführliche Darstellung findet sich im 4. Teil, Anhang, Kapitel 2. und Kapitel 3.b.

Art: Unter dem Wohnwertmerkmal Art wird vor allem die Struktur des Hauses
und der Wohnung verstanden. Unterscheidungsmerkmale sind u. a. abgeschlossene
und nichtabgeschlossene Wohnung, Altbau- oder Neubauwohnung, Ein-, Zwei-
oder Mehrfamilienhaus, Apartment oder Mehrzimmerwohnung.

Größe: Über die Wohnungsgröße können unterschiedliche Wohnungsteilmärkte voreinander abgegrenzt werden. Die Wohnungsgröße hat erfahrungsgemäß
einen hohen Anteil an der Erklärung der Mietpreisunterschiede. In der Regel sind
die Quadratmetermieten kleinerer Wohnungen höher als diejenigen größerer
Wohnungen.

Ausstattung: Unter dem Wohnwertmerkmal Ausstattung wird alles das verstanden, was der Vermieter dem Mieter zur ständigen Benutzung zur Verfügung gestellt hat und wofür der Mieter keine gesonderte Vergütung zahlt. Besonders mietpreisbildend sind dabei in der Wohnung eingebaute Ausstattungen wie z. B.
Heizung, Badausstattung, Wandschränke und Bodenbeläge. Aber auch räumliche
Ausstattungsmerkmale, wie z. B. Kellerräume, Speicherräume oder Waschküchen,
haben Einfluss auf die Höhe der Miete.

Beschaffenheit: Das Wohnwertmerkmal Beschaffenheit bezieht sich auf die Bauweise, den Zuschnitt, den baulichen und den energetischen Zustand des Gebäudes bzw. der Wohnung. In der Praxis spielt dabei das Baualter als Indikator für die Bauweise und den Baustandard eine wesentliche Rolle. Die bisher übliche Unterteilung nach Baualtersklassen sollte aufgrund der sich am Ort wandelnden Gegebenheiten möglichst bei jedem Mietspiegel überprüft werden. Insbesondere die Einordnung modernisierter Altbauwohnungen in Baualtersklassen sollte in den Anwendungshinweisen zum Mietspiegel näher beschrieben werden.

Lage: Die Lage stellt ein komplexes und in seiner Wirkung durchaus umstrittenes Wohnwertmerkmal dar. Wohnlagen können individuell sehr unterschiedlich beurteilt werden. Für die Lagequalität sind in erster Linie die Verhältnisse des Wohngebietes, in dem die Wohnung liegt, von Bedeutung. Inwieweit die Lage Einfluss auf die Miethöhe hat, hängt sehr stark von den regionalen Besonderheiten ab. In der Praxis hat sich die Unterteilung in zwei oder drei Wohnlagen (z. B. einfach, mittel, gut) bewährt.

5. Welche Daten werden bei der Erstellung benötigt?

Welche Daten bei der Erstellung eines Mietspiegels benötigt werden, hängt von der Art des zu erstellenden Mietspiegels, den örtlichen Gegebenheiten, den vorhandenen Datenquellen und der gewünschten Differenziertheit des Mietspiegels ab. Für einfache Mietspiegel enthält das Gesetz keine Vorgaben hinsichtlich der benötigten Daten.

Die Datenbeschaffung ist durch Erhebung neuer oder Nutzung vorhandener Daten möglich. Umfassende Daten lassen sich durch eine repräsentative Erhebung der mietspiegelrelevanten Mieten beschaffen. Alternativ dazu ist auch der Rückgriff auf vorhandene Datenbestände möglich, z. B. aus aktuellen Datensammlungen am Ort vertretener Wohnungsunternehmen. Dies bietet sich an, wenn am Ort wenige Wohnungsunternehmen Eigentümer großer Teile des Bestandes sind. Häufig werden solche Datenbestände aber auch verknüpft mit Erhebungen der Mieten in den übrigen, von kleineren Anbietern gehaltenen Beständen.

Der Rückgriff auf vorhandene Datenbestände findet vor allem Anwendung bei teilrepräsentativen und ausgehandelten Mietspiegeln.

Zu den besonderen Anforderungen bei qualifizierten Mietspiegeln vgl. 2. Teil, Kapitel II.2.

6. Welche datenschutzrechtlichen Vorgaben sind zu beachten?

Bei der Erstellung und Fortschreibung eines Mietspiegels sind datenschutzrechtliche Aspekte zu berücksichtigen, wenn in Form von Vermieter- oder Mieterbefragungen oder bei Nutzung vorhandener Datenbestände personenbezogene Daten erhoben, verarbeitet oder genutzt werden. Dies ist regelmäßig der Fall, da unter personenbezogenen Daten Einzelangaben zu verstehen sind, die über die Verhältnisse einer natürlichen Person (des Betroffenen) Auskunft geben können. Angaben über Wohnungen sind bereits dann personenbezogene Daten, wenn aus ihnen Rückschlüsse auf die jeweiligen Wohnungsmieter gezogen werden können (z. B. bei Angabe der Wohnungsadresse).

Bei der Erhebung und möglicherweise auch bei der weiteren Verarbeitung und Nutzung von Daten wird aufgrund datenschutzrechtlicher Vorgaben vor allem zu beachten sein, dass die danach erforderlichen Einwilligungen der Betroffenen vorliegen. Dies gilt bei einer Direkterhebung durch Umfrage beim Betroffenen. Es kann aber auch gelten, wenn Dritte befragt werden oder ein Rückgriff auf vorhandene Datenbestände erfolgen soll, die personenbezogene Daten enthalten. Zur Anwendung können Regelungen des Bundesdatenschutzgesetzes und der Landesdatenschutzgesetze kommen. Das Bundesdatenschutzgesetz gilt bei der Erhebung, Verarbeitung und Nutzung von personenbezogenen Daten durch öffentliche Stellen des Bundes und durch nicht öffentliche Stellen, z. B. Forschungs- und Beratungsinstitute oder Wissenschaftler. Die Landesdatenschutzgesetze gelten für öffentliche Stellen der Länder, Gemeinden und Landkreise.

Zur Klärung der rechtlichen Situation, insbesondere in Fragen der praktischen Umsetzung der datenschutzrechtlichen Vorgaben, sollten deshalb frühzeitig der Landesdatenschutzbeauftragte bzw. die örtlich zuständige Aufsichtsbehörde für den Datenschutz beteiligt werden.

Darüber hinaus kommt die Anwendung von Landesstatistikgesetzen in Betracht, wenn eine kommunale Stelle eine Datenerhebung selbst durchführt oder veranlasst. Nach einigen Landesstatistikgesetzen dürfen Kommunalstatistiken nur aufgrund einer gesetzlichen Grundlage, in der Regel einer Satzung, erstellt werden.

7. Wie aktuell müssen die dem Mietspiegel zugrunde gelegten Daten sein?

Mietspiegel können streng genommen die ortsübliche Vergleichsmiete nur für den Zeitpunkt der Datenerhebung richtig wiedergeben. Wohnungsmärkte und mit ihnen die Wohnungsmieten können sich aber durchaus dynamisch entwickeln. Damit ein Mietspiegel seine Befriedungsfunktion erfüllen kann, kommt der Aktualität der verwendeten Daten eine große Bedeutung zu. Dabei steht die Erstellung eines Mietspiegels im Spannungsfeld zwischen der Repräsentativität, die – je nach Größe der Gemeinde – eine zeitlich mehr oder weniger aufwändige Primärerhebung erfordert, und der Aktualität der Daten. Beide Erfordernisse müssen gegeneinander abgewogen werden. Höchstmögliche Aktualität sollte ebenso wenig auf Kosten der Qualität der Daten gehen, wie andererseits aufwändige Erhebungs- und Auswertungsarbeiten auf Kosten der Aktualität gehen dürfen.

Bei der Zeitplanung ist daher unbedingt zu beachten, dass zwischen der Erhebung der Daten und der Veröffentlichung des Mietspiegels ein möglichst kurzer Zeitraum liegt. Ansonsten droht der Mietspiegel, insbesondere bei einem dynamischen Wohnungsmarkt, seine Aktualität zu schnell einzubüßen und noch vor der Anpassung seine Befriedungsfunktion zu verlieren.

Zur Sicherung der Aktualität sollen Mietspiegel zudem im Abstand von zwei Jahren der Marktentwicklung angepasst werden. Qualifizierte Mietspiegel müssen alle zwei Jahre der Marktentwicklung angepasst und nach vier Jahren neu erstellt werden (vgl. hierzu 2. Teil, Kapitel I.13. und II.7.).

8. Wie sind die Daten auszuwerten?

Das Gesetz schreibt für den einfachen Mietspiegel keine bestimmte, insbesondere keine wissenschaftliche Auswertungsmethode vor. Gleichwohl sollten die Ersteller einfacher Mietspiegel darauf achten, dass der Mietspiegel ein möglichst genaues Bild der Realität wiedergibt. Daher ist es auch für die Ersteller einfacher Mietspiegel von Vorteil, wenn sie ihre Auswertung auf eine möglichst breite und aktuelle Datenbasis stützen können.

Sollen vorhandene Datenbestände ausgewertet werden, muss dies nicht mittels wissenschaftlicher Auswertungsmethoden erfolgen, sondern kann auch auf der Grundlage einvernehmlicher Bewertungen durch lokale Wohnungsmarktexperten geschehen. Es handelt sich bei diesem Verfahren nicht um ein willkürliches oder sachfremdes Aushandeln, sondern um eine in der Praxis bewährte Vorgehensweise. Vorteil solcher Mietspiegel ist es, dass auf einfachem Wege vorhandene Datensammlungen genutzt werden können. Derart erstellte Mietspiegel können den örtlichen Mietwohnungsmarkt für die Begründung von Mieterhöhungen ausreichend exakt abbilden. Ihre befriedende Wirkung hängt u. a. entscheidend vom Grad der Anerkennung ab, den sie in ihrer Gemeinde genießen. In diesem Sinn haben auch einvernehmlich aufgestellte Mietspiegel eine große Befriedungsfunktion im außergerichtlichen Bereich.

Bei qualifizierten Mietspiegeln sind anerkannte wissenschaftliche Auswertungsmethoden anzuwenden (vgl. hierzu 2. Teil, Kapitel II.3.).

9. Welche Informationen sollte der Mietspiegel enthalten?

Ein Mietspiegel muss einen Zahlenteil mit der Darstellung von Mietwerten, aus dem sich die ortsübliche Vergleichsmiete ergibt, und einen erläuternden Textteil enthalten.

Im Zahlenteil muss der Mietspiegel das Mietniveau ausweisen. Die Darstellung der Mietwerte sollte nach bestimmten Kriterien, z. B. nach Lage, Baualter, Wohnfläche, geordnet werden.

Mietspiegel sollten die ortsübliche Vergleichsmiete als Spanne ausweisen. Werden zusätzlich Mittelwerte ausgewiesen, können sie z. B. als Median (Wert, der in der Mitte der nach der Höhe geordneten Mietwerte steht) oder als arithmetisches Mittel (Summe aller relevanten Mietwerte geteilt durch ihre Anzahl) dargestellt werden.

Im Textteil des Mietspiegels sollten Anwendungshinweise mit allen zum Verständnis des Mietspiegels erforderlichen Informationen enthalten sein. Hierzu zählen:

- Informationen zum zeitlichen Geltungsbereich, insbesondere der vom Ersteller festgelegte Geltungsbeginn;
- Informationen zum räumlichen und sachlichen Anwendungsbereich;
- Hinweise zur Einordnung der Wohnungen in bestimmte Tabellenfelder;
- Erläuterungen zur Handhabung bestimmter Wohnwertmerkmale;
- Erläuterungen zur Berechnung etwaiger Zu- und Abschläge.

Selbstverständlich können im Textteil weitere Informationen enthalten sein, insbesondere können die Mietspiegelersteller und das Verfahren der Mietspiegelerstellung dargestellt sein. Da es sich hierbei häufig um umfangreiche Ausführungen handeln wird, ist die Darstellung in einer gesonderten Dokumentation in Betracht zu ziehen.

10. Wie muss die Erstellung des Mietspiegels dokumentiert werden?

Beim einfachen Mietspiegel schreibt das Gesetz eine gesonderte Dokumentation der Mietspiegelerstellung nicht vor. Eine solche kann aber durchaus zu empfehlen sein, um die Erstellung des Mietspiegels nachvollziehbar zu machen und dadurch das Vertrauen in die ausgewiesenen Werte zu erhöhen. Soll ein Mietspiegel nicht nur als Begründungsmittel im gesetzlichen Mieterhöhungsverfahren verwendet werden, sondern auch zum Beweis der ortsüblichen Vergleichsmiete im Prozess herangezogen werden können, so ist es erforderlich, dass anhand der Dokumentation die einzelnen Schritte der Mietspiegelerstellung nachvollzogen werden können. Nur so kann das Gericht prüfen, ob die im Mietspiegel dargestellten Werte die tatsächliche ortsübliche Vergleichsmiete wiedergeben.

In der Dokumentation sollten die Datengrundlage, ggf. die Datenerhebung und das Verfahren der Datenauswertung dargestellt werden. Es können auch Angaben über den oder die Ersteller des Mietspiegels gemacht werden. Die Dokumentation ist von dem stets erforderlichen Textteil eines Mietspiegels zu unterscheiden, der die zur Anwendung des Mietspiegels erforderlichen Angaben enthält. Soll die Erstellung des Mietspiegels nur knapp dokumentiert werden, kann dies selbstverständlich auch im Textteil des Mietspiegels geschehen.

Zu den besonderen Anforderungen an die Dokumentation qualifizierter Mietspiegel vgl. 2. Teil, Kapitel II.5.

11. In welchen Fällen, durch wen und wie muss ein Mietspiegel anerkannt werden?

Bei einem einfachen Mietspiegel ist eine besondere Anerkennung nicht erforderlich, wenn der Mietspiegel von der Gemeinde oder von Interessenvertretern der Vermieter und Mieter gemeinsam erstellt worden ist.

Eine von nur einem Interessenverband erstellte Übersicht über die ortsübliche Vergleichsmiete wird jedoch erst dann zu einem Mietspiegel im Sinne des Gesetzes, wenn die Gemeinde oder der jeweils andere Verband sie anerkennt. Entsprechend ist dies bei einer von Dritten erstellten Übersicht der Fall, wenn die Gemeinde oder die Interessenvertreter von Vermietern und Mietern sie anerkennen.

Zur Rechtsnatur der Anerkennung und zu den besonderen Anforderungen bei qualifizierten Mietspiegeln vgl. 2. Teil, Kapitel II.6.

12. Muss der Mietspiegel veröffentlicht werden?

Nach § 558 c Abs. 4 BGB sollen Mietspiegel und ihre Änderungen veröffentlicht werden. Mietspiegel können ihre Funktion nur erfüllen, wenn sie auch bekannt sind. Dies gilt auch für die Anpassung von Mietspiegeln.

Eine bestimmte Art der Veröffentlichung ist nicht vorgeschrieben, insbesondere ist ein rechtsförmliches Veröffentlichungsverfahren nicht erforderlich. Mögliche und sinnvolle Wege der Veröffentlichung sind die Bekanntmachung im Amtsblatt der Gemeinde, die Veröffentlichung in örtlichen Tageszeitungen, die Herausgabe einer Broschüre und das Einstellen des Mietspiegels in das Internet.

Die Veröffentlichung verlangt nicht zwingend, dass der Mietspiegel kostenlos verteilt oder als vollständiges Werk, d. h. Zahlen- und Textteil, im Amtsblatt oder einer Tageszeitung abgedruckt wird. Für den Fall, dass er als Broschüre über das Rathaus, die Geschäftsräume der Mieter- oder Vermieterverbände oder über den örtlichen Buchhandel entgeltlich vertrieben werden soll, empfiehlt sich jedoch dringend ein öffentlichkeitswirksamer Hinweis hierauf.

Die Veröffentlichung der Dokumentation in Amtsblatt oder Tageszeitung ist hingegen nicht notwendig. Sie ist oft sehr umfangreich und zudem zum unmittelbaren Verständnis des Mietspiegels nicht erforderlich. Im Hinblick auf ihre Funktion, das Verfahren und die einzelnen Schritte der Mietspiegelerstellung nachvollziehbar zu machen, sollte sie den interessierten Kreisen auf Nachfrage (ggf. entgeltlich) zur Verfügung gestellt werden.

13. Wann und wie müssen Mietspiegel angepasst werden?

Eine Pflicht zur Anpassung einfacher Mietspiegel an die Marktentwicklung besteht nicht. Nach § 558c Abs. 3 BGB sollen sie jedoch im Abstand von zwei Jahren der Marktentwicklung angepasst werden.

Diejenigen, die einen Mietspiegel erstellen können, können ihn auch anpassen. Bei der Anpassung müssen stets datenschutzrechtliche Belange geprüft werden (vgl. 2. Teil, Kapitel I.6.). Die Anpassung muss nicht von dem ursprünglichen Ersteller des Mietspiegels vorgenommen werden. In diesem Fall können Urheberrechte berührt sein.

Die Frage, wie einfache Mietspiegel anzupassen sind, ist gesetzlich nicht geregelt. Denkbar ist, analog den Vorschriften für den qualifizierten Mietspiegel, der Anpassung eine Stichprobe oder den vom Statistischen Bundesamt ermittelten Preisindex für die Lebenshaltung aller privaten Haushalte in Deutschland zugrunde zu legen.

Ein einfacher Mietspiegel, der nach Ablauf von zwei Jahren nicht an die Marktentwicklung angepasst wird, kann im gesetzlichen Mieterhöhungsverfahren weiterhin als Begründungsmittel verwendet werden (§ 558a Abs. 4 BGB), ist jedoch im Gerichtsverfahren nur noch eingeschränkt bzw. nicht mehr verwendbar.

Zu den besonderen Anforderungen an die Anpassung qualifizierter Mietspiegel vgl. 2. Teil, Kapitel II.7.

14. Welche Kosten entstehen bei der Mietspiegelerstellung?

Die Kosten, die bei der Erstellung eines Mietspiegels anfallen, variieren sehr stark und sind abhängig von der Art des Mietspiegels (einfacher oder qualifizierter Mietspiegel) und weiteren Einflussfaktoren, die mit dem Inhalt und dem Aufbau des Mietspiegels zusammenhängen. Es können folgende Kostenfaktoren benannt werden:

- Kosten für die Datenbeschaffung (ggf. einschließlich Lagedifferenzierung), insbesondere die einer tatsächlichen Erhebung der Daten im Rahmen einer Befragung. Diese Kosten haben den größten Anteil an den Gesamterstellungskosten eines Mietspiegels.
- Kosten für die Bereinigung, Plausibilisierung und Auswertung der Daten sowie für die Erstellung der Mietspiegeltabelle bzw. der Regressionsfunktion(en) und der textlichen Erläuterungen.
- Kosten für die Veröffentlichung des Mietspiegels.

Bei einem einfachen Mietspiegel, bei dem auf eine vorhandene Datengrundlage der Verbände zurückgegriffen wird, entstehen die geringsten Kosten. Deutlich höhere Kosten entstehen, wenn teilrepräsentative oder andere Datengrundlagen herangezogen werden, die zunächst beschafft und ausgewertet werden müssen. Die höchsten Kosten entstehen bei der Erstellung qualifizierter Mietspiegel, da dafür eine repräsentative Primärdatenerhebung vorgenommen werden muss.

Die genauen Kosten lassen sich nur für den Einzelfall bestimmen. Dabei spielen auch Faktoren wie die Größe der Stichprobe, die Art der Veröffentlichung, die Erbringung von Teilleistungen durch die Kommunen oder Kooperationen mit ansässigen Universitäten eine Rolle.

Qualifizierte Mietspiegel werden in der Regel von Gemeinden erstellt. Dies muss aber nicht bedeuten, dass die Gemeinden auch die Kosten alleine tragen. In der Praxis haben sich eine ganze Reihe von Möglichkeiten herausgebildet, wie Gemeinden ihren Eigenanteil an den Kosten reduzieren können. Hierzu zählen:

- Beteiligung der Wohnungsmarktakteure, z. B. Wohnungsunternehmen, bedeutende Einzeleigentümer in einer Gemeinde, Haus- und Grundbesitzerverein, Mieterverein;
- Sponsoring: Beteiligung weiterer Akteure, die nur mittelbar von dem Mietspiegel profitieren, z. B. Banken, Sparkassen, Versicherungen;
- Übernahme von Teilleistungen durch die Verwaltung, Gebühren aus dem Verkauf der Broschüre bzw. Nutzungsgebühren für Internetanwendungen;
- Werbeeinnahmen durch Werbeplätze in der Broschüre bzw. auf der Internetseite.

II. Was ist bei der Erstellung von qualifizierten Mietspiegeln zusätzlich zu beachten?

1. Was ist allgemein zu beachten?

Damit ein Mietspiegel die zusätzliche Qualifikation als qualifizierter Mietspiegel erhält, muss er weitere Voraussetzungen erfüllen:

- Erstellung nach anerkannten wissenschaftlichen Grundsätzen und
- Anerkennung durch die Gemeinde oder durch Interessenvertreter der Vermieter und Mieter.

Außerdem muss ein qualifizierter Mietspiegel im Abstand von zwei Jahren an die Marktentwicklung angepasst und nach vier Jahren neu erstellt werden.

Aus dem Erfordernis der Erstellung nach anerkannten wissenschaftlichen Grundsätzen der Statistik können folgende Mindestvoraussetzungen abgeleitet werden:

- Der Mietspiegel muss auf repräsentativen Daten beruhen.
- Es muss eine wissenschaftlich anerkannte Auswertungsmethode nachvollziehbar eingesetzt worden sein.
- Die Anwendung anerkannter wissenschaftlicher Methoden muss dokumentiert und damit überprüfbar sein. Die Dokumentation muss öffentlich zugänglich sein.

Dieses Erfordernis schließt zudem das Aushandeln von Mietspiegelwerten für qualifizierte Mietspiegel aus. Die wissenschaftlich anerkannten Grundsätze stehen auch bei einer Beteiligung eines Arbeitskreises Mietspiegel nicht zur Disposition.

2. Was ist hinsichtlich der benötigten Daten zu beachten?

Die dem Mietspiegel zugrunde zu legenden Daten müssen repräsentativ sein, d. h. ein getreues Abbild des Wohnungsmarktes liefern, für den der Mietspiegel gelten soll.

Um die Repräsentativität der Daten zu gewährleisten, müssen in der Regel eigenständige Primärerhebungen auf der Basis von Zufallsstichproben durchgeführt werden (vgl. 2. Teil, Kapitel I.5. und 4. Teil, Anhang, Kapitel 4.b.). Bei einer Zufallsstichprobe hat jede Wohnung die gleiche Chance, in der Stichprobe vertreten zu sein. Es muss zudem sichergestellt werden, dass alle Wohnungen mit ihren mietpreisbestimmenden Merkmalen in dieser Stichprobe annähernd im gleichen Verhältnis wie in der Grundgesamtheit enthalten sind. Das Verfahren der Datengewinnung muss nachvollziehbar sein.

Bei einer Primärdatenerhebung sind folgende Punkte zu beachten:

a) Wahl der Erhebungsmethode

Bei der Erhebungsmethode ist einerseits nach dem Adressaten der Erhebung – Mieter- oder Vermieterbefragung – und andererseits nach der Befragungsart – Telefoninterview, schriftliche oder persönliche Befragung – zu unterscheiden (Einzelheiten zu den Befragungsmöglichkeiten und -verfahren siehe 4. Teil, Anhang, Kapitel 4.a.).

Mieter- und Vermieterbefragung weisen spezifische Vor- und Nachteile auf, die vor dem Hintergrund der Struktur des örtlichen Wohnungsmarktes, der zur Verfügung stehenden Daten und des zur Verfügung stehenden Budgets abgewogen werden sollten. Die bisherigen Erfahrungen zeigen, dass beide Verfahren im Wesentlichen zu gleichwertigen Ergebnissen führen. Vergleiche zwischen dem Antwortverhalten der Mieter und dem der Vermieter lassen jedenfalls keine systematischen, auf die unterschiedlichen Interessenlagen zurückzuführenden Abweichungen erkennen.

b) Befragungsbasis: Woraus und wie wird die Stichprobe gezogen?

Für die Ziehung der Stichprobe sollte die Datenquelle verwendet werden, die – auch unter Berücksichtigung der Anforderungen des Datenschutzes – sachgerecht und möglichst einfach zugänglich ist. Im Allgemeinen basieren Mietspiegelbefragungen auf einer Haushaltsdatei und/oder einer Gebäudedatei.

Bevor aus einer solchen Datei eine Zufallsstichprobe gezogen wird, sollte sie möglichst um alle Haushaltsadressen oder Wohnungen bereinigt werden, die nicht zur Ermittlung der ortsüblichen Vergleichsmiete herangezogen werden dürfen oder die nicht in den Mietspiegel aufgenommen werden sollen (welche Wohnungen dies sind, ist im 2. Teil, Kapitel I.2., beschrieben).

Diese Bereinigung sollte am besten mittels eines EDV-gestützten Abgleichs erfolgen. Beispielsweise können für Wohnungen, für die der Mietpreis im Zusammenhang mit einer Förderzusage festgelegt worden ist, die Haushaltsadressen mit den Adressen dieser Wohnungen abgeglichen und die betroffenen Adressen als ungültig markiert werden. Soweit kein automatischer Adressenabgleich möglich ist, sollte die Bereinigung der Adressdaten manuell erfolgen.

Am Ende der Bereinigung sollte eine Adressengrundlage mit einem möglichst hohen Anteil mietspiegelrelevanter Adressen stehen. Die aus diesen Adressen gezogene Zufallsstichprobe ist die sogenannte Bruttostichprobe

c) Brutto- und Ergebnisstichprobe

Die Bruttostichprobe ist im weiteren Verlauf der Erhebung um Ausfälle, unplausible und unvollständige Fragebögen und um diejenigen nicht mietspiegelrelevanten Fälle zu bereinigen, die nicht schon im Vorfeld ausgesondert werden konnten. Hierdurch entsteht die Ergebnisstichprobe der mietspiegelrelevanten Fälle (vgl. Schaubild).

Um den Ansprüchen der Repräsentativität zu genügen, dürfen die Abweichungen zwischen Bruttostichprobe und Ergebnisstichprobe nicht zu groß sein. Der Grad der Abweichung wird besonders stark vom „Reinheitsgrad" der Stichprobe beeinflusst, d. h. je weniger Adressen mit fehlerhaften Angaben behaftet sind, desto größer ist der Anteil verwertbarer Interviews.

Je besser die Bereinigung gelingt, desto höher ist der Anteil der Ergebnisstichprobe an der Bruttostichprobe und desto geringer kann bei gleichem Ergebnis der

Stichprobenumfang sein. Dies ist in wirtschaftlicher Hinsicht besonders wichtig, da der Umfang der Stichprobe den wichtigsten Kostenfaktor bei der Erstellung des Mietspiegels darstellt.

	Bruttostichprobe
abzüglich	stichprobenneutraler Ausfälle: z. B. Adresse nicht gefunden, Wohnung zzt. leer
	= bereinigte Bruttostichprobe
abzüglich	stichprobensystematischer Ausfälle: z. B. Teilnahmeverweigerung, nicht angetroffen, krank
	= Nettostichprobe und Ausschöpfungsquote
	(= Anteil Nettostichprobe an bereinigter Bruttostichprobe)
abzüglich	fehlerhafter und/oder unvollständiger Fragebögen/Interviews
	= Ergebnisstichprobe der auswertbaren Fälle
abzüglich	nicht mietspiegelrelevanter Fälle: z. B. wegen Überschreitens der 4-Jahresregel, Mietpreisbindung etc.
	= Ergebnisstichprobe der mietspiegelrelevanten Fälle

Die Ausschöpfungsquote kann durch schriftliche oder persönliche Erinnerungsaktionen erhöht werden.

d) Stichprobengröße

Die Erhebung sollte eine ausreichende Anzahl von gültigen Interviews für die Auswertung liefern (Ergebnisstichprobe der mietspiegelrelevanten Fälle). Je weniger Mietwerte ausgewertet werden können, desto geringer ist die Wahrscheinlichkeit, dass die ermittelten Mieten das tatsächliche Mietniveau hinreichend genau abbilden.

Die Anforderungen an den Stichprobenumfang sind von Größe und Struktur des Wohnungsmarktes und von der Anzahl der Wohnwertmerkmale abhängig, die im Mietspiegel berücksichtigt werden sollen.

Auswirkungen auf den notwendigen Stichprobenumfang hat auch die Entscheidung, ob ein **Tabellen-** oder ein **Regressionsmietspiegel** erstellt werden soll (die Begriffe werden im 2. Teil, Kapitel II.3. ausführlich erläutert):

Bei **Tabellenmietspiegeln** ergibt sich der Umfang der Gesamtstichprobe aus folgenden Gesichtspunkten:

- Verteilung der Wohnungen in der Grundgesamtheit;
- Zahl der zu erwartenden Tabellenfelder;
- Mindestbesetzung von 30 Fällen bzw. Wohnungen je Mietspiegelfeld (dies gilt als Faustformel für den notwendigen Mindestumfang), vgl. hierzu auch 2. Teil, Kapitel II.3.b.;
- Sicherheitsreserven für fehlerhafte und unvollständige Fragebögen sowie für nicht mietspiegelrelevante Wohnungen;
- Höhe der zu erwartenden Ausschöpfungsquote.

Unterstellt man den Ausweis von 40 Tabellenfeldern und berücksichtigt eine minimale Feldbesetzung von 30 Wohnungen je Mietspiegelfeld (Ergebnisstichprobe der mietspiegelrelevanten Fälle, so ist eine Ergebnisstichprobe von mindes-

413

tens 1200 Wohnungen erforderlich. Unter Berücksichtigung der zu erwartenden Ausschöpfungsquote und von Sicherheitsreserven (siehe oben) wird die Bruttostichprobe um ein Mehrfaches höher sein und könnte bei ca. 3000 bis 5000 Wohnungen liegen.

Um die Bruttostichprobe möglichst klein zu halten, kann es daher sinnvoll sein, eine geschichtete Stichprobe zu ziehen. Bei der Bemessung der erforderlichen Bruttostichprobe ist nämlich zu berücksichtigen, dass die Wohnungen in der Grundgesamtheit nicht gleichmäßig verteilt sind (vgl. hierzu auch 4. Teil, Anhang, Kapitel 4.b.). Eine geschichtete Stichprobe wird nicht aus der Gesamtheit aller bereinigten Adressen gleichmäßig, sondern mit unterschiedlichen Anteilen der einzelnen Wohnungstypen gezogen. Beispiel: Wenn in einem bestimmten Stadtgebiet relativ homogene Bestände von Mehrgeschosswohnungen aus einer bestimmten Bauepoche dominieren, die etwa die gleiche Miethöhe haben, ist hierfür eine geringere Stichprobe erforderlich als für eher kleinteilige, heterogene Wohnungsbestände mit sehr stark streuenden Mieten. Voraussetzung für die Ziehung einer geschichteten Stichprobe ist, dass Informationen darüber vorliegen, mit welchem Anteil die zu berücksichtigenden Wohnungsmarktsegmente in der Grundgesamtheit vertreten sind.

Bei **Regressionsmietspiegeln** genügen im Vergleich zu Tabellenmietspiegeln kleinere Stichproben, weil dadurch, dass die Regressionsmethode die Informationen der gesamten Stichprobe ausnutzt, die Teilmengenbildung wie beim Tabellenmietspiegel entfällt. Für kleinere Kommunen mit homogenem Wohnungsbestand und entsprechend geringer Mietendifferenzierung empfiehlt sich eine Ergebnisstichprobe von mindestens 500 Wohnungen, bei größeren Kommunen von bis zu einem Prozent des relevanten Wohnungsbestandes.

3. Was ist bei der Datenauswertung zu beachten? – Tabellen- und Regressionsmietspiegel

Als Methoden zur Erstellung qualifizierter Mietspiegel sind in der Wissenschaft die Tabellen- und die Regressionsmethode anerkannt und werden in der Praxis angewandt.

Der Erstellungsprozess ist bei beiden Methoden ähnlich: Beide basieren auf einer repräsentativen empirischen Datenerhebung, und bei beiden wird der Einfluss einzelner Wohnwertmerkmale auf die Miethöhe mit gleichwertigen statistischen Verfahren untersucht.

Die beiden Auswertungsmethoden werden nachfolgend näher erläutert.

a) Regressionsmietspiegel

Der Regressionsmethode liegt die Überlegung zugrunde, dass sich die Miete einer Wohnung aus der Bewertung ihrer Wohnwertmerkmale durch die Marktpartner ergibt, und dass dieser Zusammenhang mit einer mathematischen Gleichung beschrieben werden kann. Jedes Merkmal (z. B. die Größe der Wohnung, das Baualter, die Ausstattungsqualität) leistet einen Beitrag zum Mietpreis der Wohnung. Das Zusammenwirken aller Merkmale ergibt die abzubildende Miete.

Die bisherigen Erfahrungen zeigen, dass es nicht „das" Verfahren zur Erstellung eines Regressionsmietspiegels gibt, sondern verschiedene Varianten der Methode zur Anwendung kommen können. Welche angemessen ist, muss für den jeweiligen Wohnungsmarkt entschieden werden. Dies liegt insbesondere daran, dass zwischen einzelnen Wohnungsmerkmalen enge Beziehungen (Interaktionen) bestehen können. So finden sich in guter Wohnlage auch häufig Wohnungen mit guter Ausstattung, was es erschwert, die (höhere) Miete dem einen oder anderen Merkmal isoliert zuzurechnen.

Das Ergebnis der Regressionsmethode kann in eine allgemein verständliche und nachvollziehbare Darstellung gebracht werden, z. B. in die Form von Tabellen. Dies zeigen verschiedene Beispiele aus Städten, in denen diese Methode zur Anwendung kommt.

b) Tabellenmietspiegel

Der Tabellenmethode liegt die Überlegung zugrunde, dass sich die Struktur des Wohnungsmarktes in typischen Kategorien von Wohnungen beschreiben lässt. Die Kategorien werden durch Kombinationen von Wohnwertmerkmalen (z. B. Altbau, mit Bad, Größe unter 40 qm, einfache Wohnlage) bestimmt und in einem Mietspiegelfeld abgebildet.

Die Strukturierung der Tabellen darf bei einem qualifizierten Tabellenmietspiegel nicht willkürlich erfolgen. Es müssen hierzu vielmehr mit geeigneten wissenschaftlichen Methoden diejenigen Wohnwertmerkmale identifiziert werden, die den statistisch bedeutsamsten Einfluss auf die Miethöhe haben. Außerdem muss gewährleistet sein, dass die Tabellenfelder in sich möglichst homogen und gegenüber anderen Feldern möglichst verschieden sind. Es sollte möglichst nicht vorkommen, dass Wohnungen verschiedener Tabellenfelder geringere Unterschiede aufweisen als Wohnungen innerhalb des gleichen Tabellenfeldes.

Es kann bei der Erstellung von Mietspiegeln vorkommen, dass die Besetzung einzelner Tabellenfelder nicht ausreicht, um bestimmte Teilmärkte repräsentativ abzubilden. Die ortsübliche Vergleichsmiete kann für solche Tabellenfelder selbstverständlich dennoch ausgewiesen werden. Allerdings ist durch eine deutlich sichtbare Kennzeichnung unter Angabe der Fallzahl darauf hinzuweisen, dass diese Tabellenfelder nicht die Anforderungen eines qualifizierten Mietspiegels erfüllen (vgl. hierzu auch 2. Teil, Kapitel II.5.). Die mit dem qualifizierten Mietspiegel verbundenen Rechtsfolgen treten für Wohnungen, die in diese Tabellenfelder einzuordnen sind, also nicht ein.

Ein Tabellenmietspiegel muss nicht auf wenige, die Miete stark beeinflussende Merkmale reduziert werden. Im Rahmen eines Systems von Zu- und Abschlägen oder eines Punktesystems können auch Merkmale mit geringerem Einfluss auf die Miethöhe statistisch ermittelt und angemessen berücksichtigt werden.

4. Wie werden bei qualifizierten Mietspiegeln Mietpreisspannen berechnet?

Die Praxis der Mietspiegelerstellung zeigt, dass durch die Mietspiegelwerte in der Regel nicht alle Mietunterschiede erklärt werden können. Dies ist darauf zurückzuführen, dass einerseits kaum jemals alle relevanten mitpreisbeeinflussenden Faktoren ermittelt werden können, und dass es sich andererseits bei Wohnungsmärkten um unvollkommene Märkte handelt, auf denen teilweise auch für identische Wohnungen unterschiedliche Mieten verlangt werden.

Daraus folgt, dass sowohl bei Tabellen- als auch bei Regressionsmietspiegeln Spannen ausgewiesen werden sollten. Diese Spannen müssen den jeweils niedrigsten und höchsten Wert eines Feldes so bestimmen, dass zwischen diesen Werten die „üblichen" Mietwerte liegen. Ziel sollte eine einvernehmliche Beurteilung der Beteiligten sein. In der Praxis wird bei Tabellenmietspiegeln häufig eine 2/3-Spanne als „üblich" angesehen, d. h. zwei Drittel aller beobachteten Werte liegen innerhalb der Spanne.

Die Spannenbildung wird anhand der nachfolgenden Grafik beispielhaft für einen Tabellenmietspiegel mit einer 2/3-Spanne veranschaulicht:

- Aussonderung von extremen „Ausreißermieten": Beim qualifizierten Mietspiegel ist auf eine statistisch fundierte Eliminierung von Ausreißern zu achten. Die Eliminierung darf nicht auf der Basis willkürlicher Festlegungen, z. B. durch den Arbeitskreis Mietspiegel, erfolgen.
- Bestimmung des unteren und oberen Wertes der Spanne durch Kappen von je 1/6 der Fälle am oberen und unteren Ende der Mietenskala.

Erst nachdem die Ausreißermieten eliminiert sind, werden bei einer 2/3-Spanne jeweils ein Sechstel der Mieten am unteren und am oberen Ende der Verteilung ausgesondert. Die ortsübliche Vergleichsmiete wird dann durch die Spanne der verbleibenden Mietwerte gebildet.

5. Was ist bei der Dokumentation zusätzlich zu beachten?

Wegen des Erfordernisses der Anwendung anerkannter wissenschaftlicher Grundsätze ist die Erstellung des qualifizierten Mietspiegels zwingend zu dokumentieren, um die Ergebnisse nachvollziehen und überprüfen zu können.

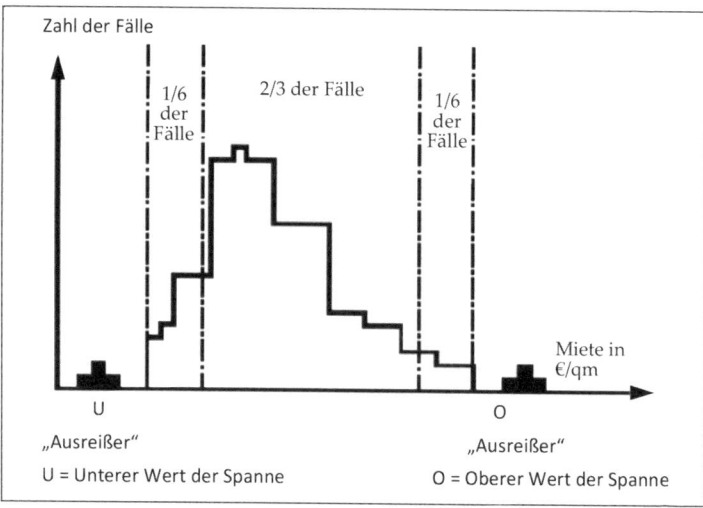

Die Dokumentation des qualifizierten Mietspiegels muss neben den im 2. Teil, Kapitel I.10. genannten Informationen insbesondere die angewandten Methoden ausführlich und möglichst verständlich darstellen. Ein solcher Methodenbericht muss Angaben zu folgenden Punkten enthalten:

- Träger des Verfahrens und Verfahrensbeteiligte;
- Datengrundlage und Datenermittlung: Verfahren der Stichprobenziehung, Stichprobengröße, Befragungsart, Erhebungsinstrument (Fragebogen), Ausschöpfungsquote der Stichprobe, Verfahren der Plausibilisierung;

- Auswertung: Darstellung der Verfahren – Tabellen- oder Regressionsmietspiegel – Darlegung der Verfahrensschritte, Darstellung der Mietwerte, Ausweisung von Spannen, Feldbesetzung (bei Tabellenmietspiegeln);
- ggf. Dokumentation der Anpassung.

6. Was ist bei der Anerkennung zu beachten?

Im Gegensatz zum einfachen Mietspiegel ist beim qualifizierten Mietspiegel die Anerkennung durch die Gemeinde oder durch die Interessenvertreter der Vermieter und der Mieter erforderlich.

Die Anerkennung durch die Gemeinde ist eine Willenserklärung, die vom zuständigen Organ der Gemeinde abgegeben werden muss. Ob dazu ein Ratsbeschluss erforderlich ist, ist eine Frage des Kommunalrechts. Abgrenzungskriterium dürfte regelmäßig sein, ob es sich um ein Geschäft der laufenden Verwaltung handelt. Dies wird in der Regel der Fall sein, sodass ein Ratsbeschluss dann nicht erforderlich ist. Der Mietspiegel hat weder eine unmittelbare Folgewirkung für die Gemeinde noch eine bindende Außenwirkung. Er begründet keine rechtlichen Verpflichtungen für die Gemeinde, sondern schafft lediglich mehr Rechtssicherheit bei den privatrechtlichen Beziehungen zwischen Mietern und Vermietern.

Die Anerkennung eines Mietspiegels durch Interessenvertreter der Vermieter und der Mieter erfordert eine darauf gerichtete Willenserklärung durch ein vertretungsberechtigtes Organ. Eine bestimmte Form ist dafür nicht vorgesehen. Daher ist es ausreichend, wenn die Interessenverbände, z. B. auf einer abschließenden Sitzung des Arbeitskreises Mietspiegel, die Anerkennung des Mietspiegels mündlich erklären. Existieren in einer Gemeinde mehrere Mieter- oder Vermieterverbände, genügt auf beiden Seiten die Anerkennung durch einen Verband.

7. Was ist bei der zeitlichen Anpassung zu beachten?

Der qualifizierte Mietspiegel ist spätestens im Abstand von zwei Jahren der Marktentwicklung anzupassen und nach vier Jahren neu zu erstellen.

Die Fristen für die Anpassung bzw. Neuaufstellung eines Mietspiegels beginnen mit dem Geltungsbeginn des Mietspiegels. Der Geltungsbeginn sollte vom Mietspiegelersteller festgelegt werden und möglichst zeitnah an der Anerkennung liegen. Ist kein Geltungsbeginn festgelegt, so beginnen die Fristen mit dem Datum der Veröffentlichung des Mietspiegels.

Unterbleibt die rechtzeitige Anpassung, verliert der Mietspiegel seine Eigenschaft als qualifizierter Mietspiegel; er kann aber weiterhin als einfacher Mietspiegel zur Begründung eines Mieterhöhungsverlangens herangezogen werden.

Das Gesetz lässt zwei Arten der Anpassung zu: Die Anpassung mittels des vom Statistischen Bundesamt ermittelten Preisindexes für die Lebenshaltung aller privaten Haushalte in Deutschland sowie die Fortschreibung mittels einer Stichprobe. Welchem Verfahren der Vorzug zu geben ist, hängt von der jeweiligen Wohnungsmarktentwicklung ab und sollte vom Mietspiegelersteller bzw. dem Arbeitskreis Mietspiegel entschieden werden.

a) Anpassung mittels Index

Eine Indexfortschreibung bietet sich an, wenn davon ausgegangen werden kann, dass die Mieten aller Wohnungen in einer Gemeinde sich seit der Erstellung des letzten Mietspiegels im Wesentlichen gleichmäßig entwickelt haben, es also zu keinen größeren strukturellen Veränderungen gekommen ist. Die Anpassung erfolgt durch Multiplikation der Mieten mit dem Faktor, der sich aus der Veränderung des vom Statistischen Bundesamt ermittelten Preisindexes für die Lebenshaltung aller privaten Haushalte ergibt.

Die Indexfortschreibung ist ein einfach zu handhabendes und unaufwändiges Verfahren. Zwar kann die Mietenentwicklung mit diesem Verfahren nicht überall exakt erfasst werden. Jedoch werden sich die Abweichungen im Allgemeinen in solch geringen Größenordnungen bewegen, dass sie in Kauf genommen werden können, wenn man den hohen Aufwand bedenkt, der gegebenenfalls zur Erzielung höherer Genauigkeit erforderlich sein dürfte.

b) Anpassung mittels Stichprobe

Liegen Anhaltspunkte für stärkere Abweichungen der örtlichen Mietenentwicklung von der bundesweiten Preisentwicklung oder auch für größere strukturelle Veränderungen des örtlichen Wohnungsmarktes vor, sollte eher das Stichprobenverfahren gewählt werden.

Die Anpassung mittels einer Stichprobe kann mit relativ kleinem Stichprobenumfang durchgeführt werden, wobei es sich anbietet, die Stichprobe auf Grundlage der vorangegangenen Befragung zu ziehen. In diesem Fall sind besondere datenschutzrechtliche Anforderungen zu beachten.

3. Teil: Exkurs – Mietdatenbanken

Als zusätzliches Mittel für die Begründung eines Mieterhöhungsverlangens wurde durch die Mietrechtsreform die Mietdatenbank eingeführt. Gemäß § 558a Abs. 2 Nr. 2 BGB kann der Vermieter sein Mieterhöhungsverlangen auch durch Bezugnahme auf eine Auskunft aus einer Mietdatenbank begründen.

Was ist unter einer Mietdatenbank zu verstehen?

Eine Mietdatenbank ist eine fortlaufend geführte (EDV-gestützte) Sammlung von Mieten, die von der Gemeinde oder von Interessenvertretern der Mieter und Vermieter gemeinsam geführt oder anerkannt wird. Aus der Mietdatenbank können Auskünfte gegeben werden, die für einzelne Wohnungen einen Schluss auf die ortsübliche Vergleichsmiete zulassen.

Welche praktischen Erfahrungen mit Mietdatenbanken liegen vor?

Praktische Erfahrungen liegen bisher nur in Hannover vor, wo seit 1977 von einem dafür gegründeten Verein eine Mietdatenbank betrieben wird. In die dortige Datenbank werden die Mietangaben jedes Mieters oder Vermieters eingegeben, der eine Abfrage tätigt. Anfragenden Mietern bzw. Vermietern werden gegen entsprechendes Entgelt in der Regel die Adressen und Mietdaten von drei Vergleichswohnungen genannt. Zwei Wohnungen liegen dabei mit ihrer Miete dicht über dem für alle vergleichbaren Wohnungen ermittelten Mittelwert, eine weitere knapp darunter. Erfolgt aufgrund der Auskunft eine Mietänderung, so soll eine Rückmeldung erfolgen, welche in die Datei übernommen wird. Die Mietdatenbank Hannover wird somit aus den jeweiligen Anfragen von Mietern und Vermietern laufend aktualisiert.

Was ist beim Aufbau und Betrieb einer Mietdatenbank zu beachten?

Damit auf die ortsübliche Vergleichsmiete geschlossen werden kann, sind bei der Auswahl der Mietdaten zur Ermittlung der Vergleichsmiete für eine bestimmte Wohnung die gesetzlichen Vorgaben zur Ermittlung der ortsüblichen Vergleichsmiete einzuhalten. Hier ist analog zur Erstellung von Mietspiegeln vorzugehen (vgl. 2. Teil. Kapitel I.2.). Die Betreiber der Mietdatenbank müssen die Angaben der Vermieter und Mieter entsprechend überprüfen.

Auch beim Aufbau einer Mietdatenbank muss ein einheitlicher Mietbegriff zugrunde gelegt werden. Empfehlenswert ist der Aufbau einer Mietdatenbank auf der Basis von Nettomieten. Sind Betriebskosten in der Miete enthalten, müssen diese herausgerechnet werden (vgl. 2. Teil, Kapitel I.3.).

Um die Vergleichbarkeit der gesetzlich vorgegebenen Wohnwertmerkmale Art, Größe, Ausstattung, Beschaffenheit und Lage zu gewährleisten, sollten die gesammelten Mietdaten zudem möglichst differenziert erhoben werden.

Beim Aufbau und Betrieb einer Mietdatenbank sollten – unter Beachtung der datenschutzrechtlichen Vorgaben – die bei den am Ort ansässigen Interessenverbänden der Vermieter und Mieter vorhandenen Mietdaten möglichst umfassend genutzt werden. Sinnvoll ist es, wenn auch Wohnungsunternehmen und Hausverwaltungen den bei ihnen vorhandenen Datenbestand zur Verfügung stellen. Im laufenden Betrieb sollten – wie in Hannover – die Mietangaben jedes Mieters oder Vermieters eingegeben werden, der eine Abfrage tätigt.

Zum Betreiben einer Mietdatenbank muss die dafür eingerichtete Stelle einen ständigen Geschäftsbetrieb aufrechterhalten. Sie muss erreichbar sein, neue Anfragen sichten und auswerten, die Datensammlung weiterführen und neu aufbereiten. Ein wirtschaftlicher Betrieb der Mietdatenbank ist gewährleistet, wenn die entstehenden Kosten über Auskunftsgebühren gedeckt werden.

Wie erfolgt die Auskunftserteilung?

Auf der Basis der Mietdatenbank sollen Auskünfte gegeben werden die für einzelne Wohnungen einen Schluss auf die ortsübliche Vergleichsmiete zulassen. Dies ist auf verschiedene Arten (auch in Kombination) denkbar:

- Benennung von drei oder mehr Vergleichswohnungen;
- Angabe von Mittelwerten;
- Angabe von Spannen.

Unter Beachtung ausreichender Fallzahlen ist es auch denkbar, über Mietdatenbanken differenzierte Auskünfte zu bestimmten Wohnwertmerkmalen (z. B. Ausstattungs-, Beschaffenheitsmerkmale), z. B. mit Hilfe eines Systems von Zu- und Abschlägen, zu erhalten.

Welche datenschutzrechtlichen Vorgaben sind zu beachten?

Besteht die Auskunft aus der Benennung von Vergleichswohnungen mit Adresse, genauer Lage im Gebäude etc., müssen bei der Datenerfassung Angaben festgehalten werden, die die jeweilige Wohnung identifizieren. In diesem Fall werden personenbezogene Daten erhoben und zum Zweck der künftigen Übermittlung gespeichert. Sofern die Mietdatenbank von einer nicht öffentlichen Stelle betrieben wird, muss diese die Vorgaben des Bundesdatenschutzgesetzes beachten. Sollte die Mietdatenbank von einer öffentlichen Stelle betrieben werden, wären die Vorschriften des jeweiligen Landesdatenschutzgesetzes maßgeblich (vgl. 2. Teil,

Kapitel I.6.). In den Fällen des Betreibens einer Mietdatenbank wird das Erheben, Speichern oder Verändern von Daten zum Zweck der Übermittlung personenbezogener Daten nur mit schriftlicher Einwilligung des Betroffenen zulässig sein. Für die Betreiber einer Mietdatenbank bedeutet dies in der Praxis, dass bei der Erhebung von Daten bereits auf dem Erfassungsbogen ein Hinweis darauf zu geben ist, dass die Angabe der Daten freiwillig erfolgt und einer schriftlichen Einwilligung bedarf. Zudem muss eine Aufklärung darüber stattfinden, dass die Wohnungsdaten in der Mietdatenbank gespeichert und an Dritte zum Zweck der Ermittlung von Vergleichsmieten weitergegeben werden sollen. Um eine datenschutzgerechte Ausgestaltung des Verfahrens zu gewährleisten, sollte vor Errichtung einer Mietdatenbank in jedem Fall der Landesbeauftragte für den Datenschutz bzw. die örtlich zuständige Aufsichtsbehörde für den Datenschutz beteiligt werden.

Wie kann eine hohe Akzeptanz erreicht werden?

Der wesentliche Unterschied der Mietdatenbank gegenüber einem Mietspiegel, der immer nur eine Momentaufnahme des Wohnungsmarktes darstellt, liegt in der fortlaufenden Erfassung von Daten. Damit ermöglicht eine Datenbank grundsätzlich eine hohe Aktualität, weist aber gegenüber einem qualifizierten Mietspiegel bisher eine geringere Repräsentativität auf.

Um eine hohe Akzeptanz bei allen Beteiligten zu erhalten und zu sichern, sollte darauf geachtet werden, dass Mietdaten nicht einseitig in die Datenbank einfließen. Dies erfordert eine möglichst breite Datenbasis unter Beteiligung aller wesentlichen Akteure des örtlichen Wohnungsmarktes. Nur wenn die Verbände der Mieter- und Vermieterseite mitwirken und ihre eigenen Datenbestände zur Verfügung stellen, wird sich auch der Aufwand für den Betrieb der Datenbank in Grenzen halten und eine moderate Kalkulation der Auskunftsgebühren ermöglicht.

Dies ist Voraussetzung für eine rege Inanspruchnahme der Daten-bank, die wiederum eine hohe Aktualität der Daten begünstigt, da mit jeder Abfrage neue, aktuelle Mietangaben in die Datenbank einfließen.

Für Auskünfte aus einer Mietdatenbank gilt – anders als beim qualifizierten Mietspiegel – keine Vermutung für die Richtigkeit der Angaben. Wenn die Auskünfte aktuell und verlässlich sind, kann gleichwohl eine hohe Akzeptanz erreicht werden.

4. Teil: Anhang

1. Ablaufplanung der Mietspiegelerstellung

Im Folgenden ist exemplarisch die Ablaufplanung für die Erstellung eines Mietspiegels dargestellt. Die Erstellung eines Mietspiegels gliedert sich in drei Phasen:
- In der ersten Phase – der Vorbereitungsphase – werden die Rahmenbedingungen festgelegt, insbesondere wer bei der Erstellung mitwirkt und welche Art von Mietspiegel erstellt werden soll.
- In der zweiten Phase – der Erstellungsphase – werden die erforderlichen Daten beschafft und ausgewertet.
- In der letzten Phase – der Veröffentlichungsphase – wird der Mietspiegel der Öffentlichkeit zugänglich gemacht.

Der Zeitbedarf für die drei Phasen kann je nach Gemeinde und gewähltem Erstellungsverfahren sehr unterschiedlich sein.

Darüber hinaus sollte eine Dokumentation der für die Mietspiegelerstellung relevanten Aspekte erfolgen. Für den qualifizierten Mietspiegel ist eine Dokumentation vorgeschrieben (vgl. 2. Teil, Kapitel I.10. und II.5.).

Im Folgenden sind typischerweise anfallende Arbeitsschritte dargestellt. Ob alle Schritte erforderlich sind, hängt von der Art des Mietspiegels ab. Einzelne Arbeitsschritte können z. B.

- bei Mietspiegeln auf der Grundlage bereits vorhandener Daten teilweise entbehrlich sein (durch * gekennzeichnet) oder
- bei Mietspiegeln, die auf der Grundlage einvernehmlicher Bewertung durch lokale Wohnungsmarktexperten erstellt werden, zusätzlich hinzukommen (mit **
gekennzeichnet).

(1) Vorbereitungsphase:
- Entscheidung über die Einrichtung eines Arbeitskreises, ggf. Festlegung der Zuständigkeiten;
- Entscheidung über die Art des Mietspiegels;
- Entscheidung über die Finanzierung;
- Entscheidung darüber, ob der Mietspiegel selbst erstellt oder ob ein außenstehender Dritter beauftragt werden soll;
- Festlegung des Zeitplans;
- ggf. Festlegung des Stichtages für die Datenerhebung und Ausschreibung der Datenerhebung *;
- Klärung datenschutzrechtlicher Fragen.

(2) Erstellungsphase:
- Aufbereitung mietspiegelrelevanter Daten (Wohnungsbestand etc.);
- Beteiligung der Interessenvertreter usw. bei Zusammenstellung vorhandener Daten **;
- Festlegung des Fragebogeninhalts in Abstimmung mit den Beteiligten, insbesondere auch den Interessenvertretern;
- Stichprobenziehung *;
- Datenerhebung/Befragung *;
- Zusammenstellung der Daten;
- Plausibilitätsprüfung;
- Bereinigung der Stichprobe *,
- Auswertung der Daten;
- Abstimmung mit Interessenvertretern **;
- ggf. Beschluss eines Gemeindeorgans.

(3) Veröffentlichungsphase:
- Veröffentlichung (z. B. im Amtsblatt oder auf sonstige Weise);
- Dokumentation.

2. Wohnwertmerkmale

a) Art

- Gebäudeart: Bei diesem Merkmal sollte grundsätzlich zwischen Ein- und Zweifamilienhäusern und Mehrfamilienhäusern unterschieden werden. Insbesondere im Segment der Einfamilienhäuser vollzieht sich die Mietpreisbildung oft nach Kriterien, die einer Normierung nur schwer zugänglich sind, wie der Größe und Ausrichtung des Gartens (Süd- oder Nordausrichtung) oder besonderen

Ausstattungsmerkmalen (z. B. Sauna, Kamin). Zudem variieren hier auch die Wohnungsgrößen sehr stark, so dass der Ausweis einer ortsüblichen Vergleichsmiete in diesem Segment nur bedingt möglich ist. Etwas anders verhält es sich bei den eher standardisierten Reihen- und Doppelhaushälften. Eine Entscheidung über die Berücksichtigung im Mietspiegel sollte von der Bedeutung dieses Segments für den Mietwohnungsmarkt abhängig gemacht werden.

Die Gebäudeart ist aber auch innerhalb der Gruppe der Mehrfamilienhäuser von Bedeutung. In Abhängigkeit von der Größe des Wohnungsmarktes werden oftmals für Hochhäuser ab einer bestimmten Stockwerkszahl geringere Mieten verlangt als z. B. für drei- bis fünfgeschossige Mehrfamilienhäuser.

- Wohnungstyp: Ein grundlegendes Unterscheidungsmerkmal für den Wohnungstyp ist die Abgeschlossenheit einer Wohnung. Als abgeschlossen werden solche Wohnungen bezeichnet, die über einen eigenen Eingang verfügen und bei denen sämtliche Räume (z. B. Toilette, Küche, Bad) allein dieser Wohnung zuzurechnen sind und nicht gemeinschaftlich genutzt werden.

Zu speziellen Wohnungstypen, die im Mietspiegel ein eigenes Wohnungsmarktsegment begründen können, zählen folgende Typen:– Apartment (abgeschlossene Einzimmerwohnung mit Kochnische und separatem Bad oder Dusche sowie WC);

- Maisonette-Wohnung (über zwei oder mehr Geschosse; die mit innenliegender Treppe verbunden sind);
- Souterrain-Wohnung (teilweise unterhalb der Geländeoberfläche gelegen);
- Penthouse-Wohnung (eigenständige Wohneinheit auf einem höheren Gebäude mit großzügiger Dachterrasse, meist zurückgesetzt vom Hausgrund).

Eine gesonderte Berücksichtigung dieser speziellen Wohnungstypen im Mietspiegel sollte von ihrer Bedeutung für den örtlichen Wohnungsmarkt abhängig gemacht werden.

b) Größe

Das Vergleichsmerkmal Größe hat erfahrungsgemäß einen großen Anteil an der Erklärung der Mietwertunterschiede zwischen Wohnungen. Im Allgemeinen können für kleinere Wohnungen höhere Quadratmetermieten als für größere Wohnungen vereinbart werden. Relativ geringe größenbezogene Preisdifferenzen ergeben sich für die Masse der Wohnungen mittlerer Größe, also z. B. für 2- bis 4-Zimmer-Wohnungen, je nach Wohnungsmarkt mit einer Größe zwischen ca. 50 qm und 90 qm. Größenangaben in Mietspiegeln sollten sich nur auf solche Wohnungen beziehen, die auf den einzelnen Wohnungsmärkten auch tatsächlich existieren und für die auch Beobachtungswerte vorliegen.

In der Praxis spielt die Ermittlung der Wohnungsgröße eine große Rolle. Zwingende gesetzliche Regelungen gibt es für den preisfreien Wohnungsbau nicht. Problematisch ist dabei vor allem immer wieder die Flächenberechnung von Balkonen, Freisitzen, Terrassen. Hier sollte im Fragebogen und dann im Mietspiegel zur späteren Streitvermeidung angegeben werden, wie diese Fläche aus Gründen der Vereinheitlichung angerechnet werden soll.

c) Ausstattung

Die klassische Untergliederung orientierte sich an folgenden Abgrenzungen:
- ohne Innen-WC, ohne Sammelheizung (SH), ohne Bad/Dusche;
- mit Innen-WC, ohne SH, ohne Bad/Dusche;

- mit Innen-WC, mit SH, ohne Bad/Dusche;
- mit Innen-WC, mit SH und Bad/Dusche.

Wohnungen der ersten Kategorie gehören auf fast allen Wohnungsmärkten mittlerweile zur Ausnahme, eingeschränkt gilt dies auch für die zweite Kategorie. Wegen ihrer geringen Anzahl ist ein differenzierter Ausweis dieser beiden Kategorien im Allgemeinen nicht mehr möglich. Die beiden anderen Kategorien beschreiben dagegen den Standard heutiger Wohnungsausstattungen und eignen sich aus diesem Grund nur bedingt zur Erklärung ausstattungsbedingter Mietpreisunterschiede.

Zusätzlich zu den Standardmerkmalen sollten daher weitere Ausstattungsmerkmale in den Mietspiegel einbezogen werden. Für alle Ausstattungsmerkmale gilt, dass sie nur dann zur Bestimmung der ortsüblichen Vergleichsmiete herangezogen werden dürfen, wenn sie vom Vermieter gestellt worden sind. Vom Mieter selbst geschaffene Ausstattungsmerkmale, deren Kosten nicht vom Vermieter erstattet werden, müssen bei der Mietspiegelerstellung unberücksichtigt bleiben. Zu geeigneten Kriterien hierfür vgl. 4. Teil, Anhang, Kapitel 3.b., Punkt „Angaben zur Ausstattung".

d) Beschaffenheit

Die bisher für die Bestimmung der Beschaffenheit häufig übliche Gruppierung des Wohnungsbestandes nach Baualtersklassen sollte bei jedem Mietspiegel überprüft werden. Eine Reihe von Untersuchungen hat gezeigt, dass der Einfluss des Baualters als mitpreisdifferenzierendes Merkmal zunehmend geringer wird, zumal ein immer größerer Teil des Altbaubestandes modernisiert wird. Dies führt dazu, dass immer mehr ältere Wohnungen nicht mehr mit der Beschaffenheit von Wohnungen derselben Baualtersklasse vergleichbar sind. Neben dem Baualter haben daher Umfang und Art von Modernisierungen bei älteren Gebäuden und Wohnungen einen wesentlichen Einfluss auf den Mietpreis, denn mit steigendem Alter wird der Zustand der Wohnungen und des Gebäudes immer wichtiger.

Die nachträgliche Veränderung der Beschaffenheitsmerkmale einer älteren Wohnung bzw. eines älteren Gebäudes durch Modernisierungsmaßnahmen, mittels derer eine Wohnung ganz oder in Teilen mit einer Neubauwohnung vergleichbar geworden ist, kann auf zwei Arten im Mietspiegel berücksichtigt werden. Zum einen durch eine Zuordnung der Wohnung in eine jüngere Baualtersklasse, zum anderen durch die Berücksichtigung einzelner, im Allgemeinen häufig durchgeführter Modernisierungsmaßnahmen, ähnlich wie beim Vergleichsmerkmal Ausstattung.

Für die Einordnung einer Wohnung in eine jüngere Baualtersklasse reichen einzelne Modernisierungsmaßnahmen im Allgemeinen nicht aus, die Wohnung muss vielmehr durch die Modernisierung weitgehend den baulichen Standard einer Neubauwohnung erhalten haben.

Empfehlenswert ist es, verschiedene Modernisierungen und das Jahr der jeweiligen Durchführung zu berücksichtigen, soweit dies mit der gewählten Erhebungsmethodik vereinbar ist. Geeignete Kriterien hierfür sind im 4. Teil, Anhang, Kapitel 3.b., Punkt „Angaben zur Beschaffenheit eines Gebäudes/einer Wohnung einschließlich Angaben zu Erneuerungen bzw. Modernisierungen", aufgelistet.

Falls in Mietspiegeln an der Einteilung nach Baualtersklassen festgehalten wird und einzelne Modernisierungsmaßnahmen nicht gesondert berücksichtigt werden, sollte erläutert werden, in welcher Weise die Einordnung modernisierter Wohnungen zu erfolgen hat.

Werden Baualtersklassen gewählt, dann sollte der Mietspiegelersteller sich bewusst sein, dass diese ein Indiz für unterschiedliche Beschaffenheit sein sollen. Willkürliche Einstufungen oder starre 10-Jahresstaffeln sind daher zu vermeiden. Der Ersteller sollte vielmehr versuchen, unterschiedliche Beschaffenheiten, die auf systematischen Einflüssen − z. B. auf veränderten gesetzlichen Vorgaben oder technischen Entwicklungen − beruhen, für die Differenzierung zu nutzen.

Soweit der energetische Zustand eines Hauses künftig eine größere Bedeutung für die Miete bekommt, sollte auch eine diesbezügliche Differenzierung vorgenommen werden.

e) Lage

Schwierigkeiten bereitet es in der Praxis oftmals, den Einfluss des Wohnwertmerkmals Lage festzustellen. Dies kann entweder im Rahmen der Mietspiegelerhebung oder durch zusätzliche Erhebungen bzw. Auswertungen (z. B. der Bodenrichtwertkarte) geschehen.

Wesentliche Kriterien für unterschiedliche Wohnlagen können dem 4. Teil, Anhang, Kapitel 3.b., Punkt „Angaben zur Lage einer Wohnung im Gemeindegebiet", entnommen werden.

Die Differenzierung der Lage sollte in Abhängigkeit von der Größe und Verschiedenartigkeit des untersuchten Wohnungsmarktes vorgenommen werden. In der Praxis hat sich dabei die Einteilung in zwei oder drei Wohnlagen (z. B. einfach, mittel, gut) bewährt, die häufig in einer dem Mietspiegel beiliegenden Karte oder einem beigefügten Straßenkataster festgelegt sind.

3. Grundlagen der Befragung

Bei der Erstellung eines Fragebogens sollten folgende Anforderungen beachtet werden:
- Die Fragen müssen eindeutig sein.
- Die Fragen müssen möglichst einfach sein.
- Der Fragebogen muss logisch aufgebaut sein.
Der Fragebogen gliedert sich in zwei Teile:
- Im ersten Teil, dem **Kontaktfragebogen,** wird ermittelt, ob eine Wohnung mietspiegelrelevant ist.
- Im zweiten Teil, dem **Hauptfragebogen,** werden die für die Erhebung notwendigen Informationen über Mieten, Ausstattung der Wohnung etc. erhoben.

a) Kontaktfragebogen

Der Kontaktfragebogen enthält die Fragen, die zur Aussonderung der nicht mietspiegelrelevanten Wohnungen und Mietverträge (siehe 2. Teil, Kapitel I.2.) von der Befragung und der Erstellung des Mietspiegels notwendig sind.

Die textliche Gestaltung der Fragen sollte berücksichtigen, dass für den „Normalmieter und Interviewer" ungeläufige Sachverhalte verständlich erläutert werden, um eine inhaltlich korrekte Beantwortung zu gewährleisten.

Die Reihenfolge der Fragen sollte nach ihrem Schwierigkeitsgrad und der zu erwartenden Häufigkeit der Fälle, bei denen das Kriterium zutrifft und die Befragung abgebrochen wird, bestimmt werden. Beispielsweise könnte der Kontaktfragebogen folgende Filterreihe aufweisen:
- Eigentümer/Untermieter;

- mietfreier Wohnraum;
- Jugend- oder Studentenheime;
- sonstige Heime;
- Mischnutzung (Gewerbe/Wohnen);
- Wohnraum ist Teil der vom Eigentümer selbstgenutzten Wohnung;
- möblierter Wohnraum (sofern die Möblierung über landesgesetzliche Vorgaben hinausgeht);
- Mietverträge, die nicht innerhalb der letzten vier Jahre vor dem Erhebungsstichtag abgeschlossen wurden oder bei denen die letzte Mieterhöhung mehr als 4 Jahre vor dem Erhebungsstichtag stattgefunden hat;
- geförderter Wohnraum mit unmittelbarer Mietpreisbindung;
- städtische Unterkünfte (z. B. Obdachlosen-, Asylbewerberheime);
- Verwandtschaftsverhältnis zum Vermieter.

Bereits der Kontaktfragebogen sollte Hinweise auf die Freiwilligkeit der Teilnahme und die Beachtung datenschutzrechtlicher Anforderungen enthalten.

b) Hauptfragebogen

Die Struktur des Hauptfragebogens wird hauptsächlich durch die im Gesetz genannten Wohnwertmerkmale und durch Fragen zum Mietverhältnis, zum Mietvertrag sowie zur Mietzahlung bestimmt. Bei der folgenden Auflistung handelt es sich um einen Beispielkatalog.

Die konkrete Ausgestaltung des Hauptfragebogens ist in Abhängigkeit von den Strukturen des jeweiligen Wohnungsmarktes vorzunehmen.

Angaben zum Mietverhältnis, zum Mietvertrag und zur Mietzahlung

- Art des Mietvertrages (Netto-, Brutto- oder Teilinklusivmiete; Zeitmiete, Staffelmiete, Indexmiete);
- Betrag der gesamten monatlichen Mietzahlung, ggf. inkl. Nebenkosten, Zuschläge usw., am Stichtag der Datenerhebung;
- Betrag und Grund von Mietzuschlägen (z. B. Garage);
- Betrag und Grund von Mietermäßigungen (z. B. für Hausmeistertätigkeit);
- Betrag und Grund von Mietminderungen (z. B. Schimmel in der Wohnung);
- Zeitpunkt der letzten Mieterhöhung (ohne Nebenkosten);
- Dienst- oder Werkwohnungen (wenn nicht über Kontaktfrage gefiltert);
- Angaben zur Durchführung und Kostentragung von Schönheitsreparaturen;
- Angaben zur Nebenkostenabrechnung;
- Nebenkostenvorauszahlung oder -pauschale;
- Abrechnungszeitraum (z. B. jährlich, halbjährlich);
- Betrag der Betriebskostennachzahlung oder -rückzahlung (konkreten Bezugszeitraum nennen!);
- Angaben zu den umgelegten Nebenkosten (z. B. für öffentliche Lasten, Wasserversorgung, Entwässerung, Heizung, Warmwasser, Aufzug, Straßenreinigung, Müllabfuhr, Hausreinigung, Gartenpflege, Beleuchtung, Schornsteinreinigung, Versicherung, Hausmeister);

Angaben zur Art des Gebäudes/der Wohnung

- Anzahl der Geschosse;
- Gebäudemerkmale (z. B. Aufzug, freistehendes Gebäude, ein- oder zweiseitig angebaut, Hinterhaus, Rückgebäude, stufenfreier Zugang zur Wohnung, Etagen- oder Außenflure, Anzahl der Wohnungen auf einer Etage);

- Gebäudetyp (Ein-, Zwei-, Drei- oder Vier- und Mehrfamilienhaus, Doppelhaushälfte, Reihenhaus);
- Wohnungstyp (Apartment, Maisonette-Wohnung, Souterrain-Wohnung, Penthouse-Wohnung, Einliegerwohnung im Einfamilienhaus, komplettes Einfamilienhaus);

Angaben zur Größe der Wohnung
- Wohnfläche (Frage nach Balkon- oder Terrassenfläche);
- Anzahl der Wohnräume.

Angaben zur Ausstattung
- Beheizung:
  - Unterscheidung nach Fernheizung, Blockheizung bzw. Blockheizkraftwerk, Zentralheizung, Etagenheizung, Nachtstromspeicherheizung, Einzelöfen (Gas, Kohle, Öl), teilweise Beheizung;
  - Bestehen eines Wärmeliefervertrages mit einem gewerblichen Wärmelieferanten (Wärmecontracting).
- Bad, Toilette:
  - separates Badezimmer oder Badenische (Länge und Breite des Bades);
  - Gäste-WC;
  - Badewanne und (separate) Duschtasse (mit fester Duschabtrennung), Bidet;
  - fehlendes Waschbecken, zwei Waschbecken;
  - Verfliesung (z. B. deckenhoch);
  - Messeinrichtungen für die Wasserver- und -entsorgung, um den individuellen Verbrauch zu ermitteln.
- Küche:
  - Kochnische, Koch- oder Wohnküche;
  - Warmwasserversorgung, Versorgungs- und Entsorgungsanschlüsse;
  - Fliesenspiegel;
  - Küchengeräte (Elektro-, Gas-, Mikrowellenherd, Kühl-, Gefrierschrank, Dunstabzugshaube, Geschirrspülmaschine).
- Grundriss- und Zimmermerkmale:
  - Wohndiele, Speisekammer;
  - Größe des kleinsten und größten Wohnraumes;
  - Wohnraumhöhe;
  - Gefangene Räume (Durchgangszimmer; Räume, die nur über einen anderen Raum zu erreichen sind).
- Balkon, Terrasse, Garten:
  - Balkon oder Loggia mit Größenangabe, evtl. mit Angaben zur Ausrichtung (Nord- oder Südbalkon) oder zur Nutzbarkeit;
  - Terrasse, Dachterrasse mit Größenangabe (evtl. mit Angaben zur Pflasterung).
- Alters- und behindertengerechte Ausstattung:
  - Altersgerechte Ausstattung;
  - Behindertengerechte Ausstattung;
  - Betreuungsvertrag (betreutes Wohnen), sowohl entgeltlich als auch unentgeltlich.
- Andere vom Vermieter fest installierte Einrichtungen in der Wohnung:
  - Besonders gestaltete Fenster (z. B. Rundbogen- oder Sprossen-fenster);
  - Verglasung der Fenster (unterschiedlicher Wärmedämmstandard – Zwei-Scheiben-Isolierverglasung bzw. Dämmverglasung oder höherwertige Wärmeschutzverglasung; Abfrage von k-Werten und speziellen Funktionen der

Verglasung – Schallschutzverglasung, einbruchhemmende Verglasung – bei Vermieterbefragungen möglich);
- Rollläden an allen Fenstern;
- Anschluss an Satellitenanlage/Kabelanschluss in der Wohnung;
- Abstellkammer (begehbar, größer als 1 qm) in der Wohnung;
- Einbauschränke;
- Holztäfelung, Stuck;
- Gegensprechanlage;
- besondere Sicherheitsausstattung (z.B. Türspion, Sicherheitsschlösser ohne überstehenden Schließzylinder);
- Oberböden (ohne Bodenbelag vermietet, Teppichböden, Laminatböden, Holzdielen, Parkett-/Fliesenfußböden, Marmorfußboden oder gleichwertige Natursteine);
- offener Kamin, Kaminofen, Kachelofen;
- Elektro-/Gas-/Wasserinstallation über Putz verlegt.
- Vom Vermieter gestellte und außerhalb der Wohnung liegende Räume bzw. Einrichtungen:
  - Aufzug, über den die Wohnung zu erreichen ist;
  - Waschmaschine, Wäschetrockner, Trockenraum;
  - Fahrradkeller, -abstellraum, Hobby-, Werkraum;
  - Speicherraum (Dachboden);
  - Kinderspielplatz, Grillplatz;
  - Sauna, Schwimmbad;
  - Garten zur alleinigen Nutzung oder zur Mitbenutzung;
  - Einzel-, Doppelgarage, Stellplatz.

Angaben zur Beschaffenheit eines Gebäudes/einer Wohnung einschließlich Angaben zu Erneuerungen bzw. Modernisierungen

- Baualter des Gebäudes;
- Jahr der Fertigstellung der Wohnung;
- erstmaliger Einbau einer Heizung;
- nachträgliche Erneuerung der Heizung;
- erstmaliger Dusch- oder Badeinbau;
- Baderneuerung bzw. -modernisierung;
- Zwei-Scheiben-Isolierverglasung bzw. Dämmverglasung bei allen Fenstern und Außentüren (z.B. Wohnungstür, Türen zu Balkonen);
- Nachträglicher Einbau einer höherwertigen Verglasung, z.B. höherwertige Wärmeisolierung, Schallschutz, Einbruchschutz;
- Wärmedämmung (Dämmung der Außenwände, des Daches oder der Kellerdecke);
- Türenmodernisierung;
- Fußbodenerneuerung, d.h. eine über die reine Oberflächeninstandhaltung/-instandsetzung hinausgehende Verbesserung, z.B. Fliesen- oder Parkettverlegung;
- Leitungsmodernisierung (Elektroinstallationen einschließlich Verstärkung der Leistungsquerschnitte);
- Modernisierung der Wasserver- und -entsorgung, z.B. Verlegung neuer Anschlüsse für Waschmaschine, Wäschetrockner oder Spülmaschine innerhalb von Wohnungen;
- Verbesserung der Wohnverhältnisse durch Veränderung des Wohnungsgrundrisses.

Angaben zur Lage einer Wohnung im Gemeindegebiet

- Umgebende Nutzung (Wohnen, Gewerbe);
- Bebauung, baulicher Zustand des Wohnumfeldes;
- Straßenbild (gepflegt, ungepflegt);
- Bestand an Grün- und Freiflächen;
- Beeinträchtigung durch Lärm, Geruch;
- Verkehrsanbindung;
- Infrastrukturausstattung (Einkaufen, Schulen, Kindergärten, Freizeitwert).

Bei den Angaben zur Ausstattung ist zu beachten, dass nur vom Vermieter gestellte Ausstattung für die Mietspiegelbefragung relevant ist.

Wiederholungsbefragung

Ist eine Fortschreibung des Mietspiegels auf der Grundlage der durchgeführten Erhebung geplant, muss aus Gründen des Datenschutzes auch eine Frage zur Bereitschaft an der Teilnahme einer Wiederholungsbefragung in den Fragebogen aufgenommen werden.

4. Methodik

a) Befragungsarten

Mieterbefragung

Mieterbefragungen sind die in der Praxis am häufigsten anzutreffende Befragungsform bei der Mietspiegelerstellung. Mit dieser Erhebungsform erhält man relativ einfach eine repräsentative Stichprobe auf der Basis einer Haushaltsdatei, sofern diese von der Gemeinde zur Verfügung gestellt wird. Die ausgewählten Mieter können im Rahmen von mündlichen, schriftlichen und eingeschränkt auch telefonischen Befragungen zu den Eigenschaften ihrer Wohnung befragt werden.

Der Nachteil von Mieterbefragungen ist, dass sie einerseits aufgrund der Komplexität und Differenziertheit des Fragenkatalogs sehr betreuungsintensiv sind, und dass den Mietern andererseits nicht immer alle wohnwertbestimmenden Merkmale ihrer Wohnung bekannt sind, insbesondere in Bezug auf die Merkmale Größe und Beschaffenheit. Aus methodischer Hinsicht sollten Mieterbefragungen daher immer in Form persönlicher Befragungen durchgeführt werden. Mit Hilfe geschulter Interviewer können einzelne Merkmale der Wohnung begutachtet und kann auch u. U. Einsicht in die Mietabrechnung genommen werden. Dieses Vorgehen verursacht jedoch einen hohen Bearbeitungs- und Kostenaufwand.

Vermieterbefragung

Die Erhebung der für die Mietspiegelerstellung notwendigen Daten kann auch im Rahmen einer Vermieterbefragung durchgeführt werden. Dieses Instrument wird in der Praxis relativ selten angewandt, weil persönliche und telefonische Befragungen im Allgemeinen nicht möglich sind. Viele Vermieter haben ihren Wohnsitz nicht in der Gemeinde, für die ein Mietspiegel erstellt werden soll.

Wird jedoch eine schriftliche Vermieterbefragung durchgeführt, bietet sie auch eine Reihe von Vorteilen. Vermieter haben in der Regel ausreichende Kenntnis über die Wohnwertmerkmale ihrer Wohnungen und können auch Angaben zum Zustand des Gebäudes machen. Insbesondere bei älteren Gebäuden lässt sich das Merkmal der Beschaffenheit nur dann zutreffend beschreiben, wenn Informationen über Art, Umfang und Datum von etwaigen Modernisierungen erfragt werden können. Darüber hinaus ist diese Befragungsvariante mit vergleichsweise geringen Kosten verbunden.

Voraussetzung für eine Befragung der Vermieter ist das Vorhandensein einer Gebäudedatei, die die Adressen der Vermieter enthält oder um diese ergänzt werden kann.

Telefonische Befragung

Erhebungen, die allein auf telefonischen Befragungen basieren, sind angesichts der komplexen Materie im Fall der Mietspiegelerstellung grundsätzlich nicht zu empfehlen. Sinnvoll können jedoch sog. Telefonscreenings sein. Bei diesen kann durch telefonische Befragungen beispielsweise die Bruttostichprobe (vgl. 2. Teil, Kapitel II.2.c) um diejenigen nicht mietspiegelrelevanten Wohnungen bereinigt werden, die nicht schon vor Ziehung der Stichprobe ausgesondert werden konnten. Dies senkt den Befragungsaufwand.

Schriftliche Befragung

Schriftliche Befragungen eignen sich insbesondere für Befragungen von Vermietern. Ihr Vorteil sind der vergleichsweise geringe Bearbeitungsaufwand und die relativ geringen Kosten. Ihr Nachteil ist die mangelnde direkte Kontrolle der Richtigkeit der Angaben, etwa wenn zur Beantwortung eine genaue Durchsicht einzelner Unterlagen erforderlich ist. Zur Qualitätssicherung der Angaben sind umfangreiche Plausibilitätsprüfungen notwendig. Ebenfalls problematisch ist der teilweise geringe Rücklauf. Um den Rücklauf zu erhöhen, sollte der Befragung in jedem Fall ein Begleitschreiben der Gemeinde und ggf. auch der Interessenverbände beigelegt werden, in dem auf die Bedeutung der Mietspiegelerhebung hingewiesen und an die Bereitschaft zur Mitarbeit appelliert wird. Zudem sollte eine schriftliche Befragung von einer intensiven Nachfassaktion begleitet werden, z.B. durch eine schriftliche oder telefonische Erinnerung oder die erneute Versendung von Fragebögen.

Persönliche Befragung

Persönliche Befragungen durch geschulte Interviewer eignen sich insbesondere für Befragungen der Mieter. Die Interviewer können den Mieterhaushalten auch komplexere Sachverhalte (z.B. die Erfassung umgelegter und nicht umgelegter Betriebskosten) erläutern und hierdurch im Allgemeinen eine hohe Datenqualität erzielen. Allerdings sind auch hier Plausibilitätskontrollen vorzusehen, da den Interviewern nicht immer Einsicht in die privaten Unterlagen gewährt wird. Aufgrund des großen personellen Aufwands ist die persönliche Befragung allerdings mit vergleichsweise hohen Kosten verbunden.

Bei der Auswahl der Interviewer sollte die Gemeinde ggf. prüfen, inwieweit zur Senkung des Aufwandes auf Mitarbeiter der öffentlichen Verwaltung zurückgegriffen werden kann. Vor Beginn der Befragung ist eine Schulung der Interviewer durchzuführen. Insbesondere beim Einsatz nicht professioneller Interviewer ist eine intensive Interviewerschulung von großer Bedeutung. In dieser Schulung sind das Vorgehen während der Befragung sowie die inhaltliche Bedeutung der einzelnen Fragen zu erörtern. Bewährt hat sich in diesem Zusammenhang die Zusammenstellung eines Interviewerhandbuches, in dem die einzelnen Fragen im Hinblick auf deren Bedeutung und mögliche Unklarheiten bei der Beantwortung dargestellt werden.

Wichtig ist auch die Sensibilisierung der Interviewer für Datenschutzaspekte.

Nutzung von Datenbanken

Datenbankgestützte Befragungen gewinnen zunehmend an Bedeutung. So kann in Gemeinden, in denen die Mietwohnungsbestände in der Hand weniger

Wohnungsunternehmen liegen und diese über differenzierte Datenbanken verfügen, eine Struktur der Bestandsmieten erarbeitet werden, die einen großen Teil des örtlichen Mietwohnungsmarktes erfasst.

Der große Vorteil bei der Übernahme von Angaben aus Datenbanken ist die Zuverlässigkeit der ermittelten Daten sowie die kostengünstige Durchführung. Eine wichtige Voraussetzung bei diesem Verfahren ist allerdings, dass alle für die Erstellung des Mietspiegels relevanten Daten vorliegen. Problematisch an der Nutzung vorhandener Datenbanken ist jedoch, dass meist nur für ausgewählte Teilbestände der mietspiegelrelevanten Wohnungen Datenbanken vorliegen. Eine vollständige Erfassung des Wohnungsmarktes mit Hilfe vorhandener Datenbestände ist nur selten möglich. Wenn eine repräsentative Mietübersicht angestrebt wird, sollte daher die Nutzung vorhandener Datenbanken durch Datenerhebungen ergänzt werden.

Kontrollverfahren und Plausibilitätsprüfung

Entscheidend für die Zuverlässigkeit der im Mietspiegel ausgewiesenen Werte ist die Qualität der erhobenen Daten. Deshalb sind Kontrollen der Befragungsergebnisse unerlässlich. Bewährt hat sich ein stichprobenartiges Nachfragen auf telefonischem oder postalischem Wege bezüglich der Angaben des Befragten bzw. Interviewten.

Darüber hinaus muss im Anschluss an jede Befragung eine umfassende Plausibilitätsprüfung vorgenommen werden, denn unabhängig von der Wahl des Verfahrens ergeben sich eine Reihe potenzieller Fehlerquellen: fehlerhafte Haushalts- oder Gebäudedatei, Fehler beim Ausfüllen des Fragebogens, fehlerhafte Interviewereinträge, Fehler bei der Eingabe der Daten.

Plausibilitätsprüfungen werden anhand der bei der Befragung ermittelten Angaben durchgeführt. Generell sollten alle Fragebögen bzw. Interviews einer Plausibilitätsprüfung unterzogen werden, um zum einen ein Maß für die Qualität der Erhebung zu erhalten und um zum anderen Interviews mit unplausiblen Angaben von der Auswertung ausschließen zu können. Die Plausibilitätsprüfung ist ein entscheidendes Instrument zur Erstellung zuverlässiger Mietspiegel.

- Vollständigkeitsprüfung: Damit wird das Vorhandensein aller zur Auswertung notwendigen Angaben überprüft.
- Konsistenzprüfungen: Sie umfassen u. a. die Prüfung der Konsistenz der Angaben eines Interviews. Mit ihrer Hilfe können unplausible Angaben zu Wohnungs- und Gebäudemerkmalen identifiziert werden. Schon bei der Erstellung des Fragenkataloges für die Befragung sollten durch die Einführung von Kontrollfragen möglichst gute Voraussetzungen für eine effektive Plausibilitätsprüfung geschaffen werden.

Im Rahmen der Dokumentation qualifizierter Mietspiegel müssen die verschiedenen Kontrollverfahren und Plausibilitätsprüfungen umfassend dokumentiert werden. Auch bei einfachen Mietspiegeln empfiehlt sich eine entsprechende Dokumentation.

b) Stichprobenarten

Ungeschichtete Zufallsstrichproben

Die Ziehung ungeschichteter Zufallsstichproben gehört zum Standardrepertoire der die mietspiegelrelevanten Auswahlgrundlagen verwaltenden Institutionen. Dies gilt insbesondere bei einer Stichprobenziehung aus der Einwohnermeldedatei der Gemeinde. Empfehlenswert ist eine EDV-gestützte Ziehung, z. B. in Zusammenarbeit mit den datenverwaltenden Rechenzentren.

Ein weiteres Verfahren zur zufälligen Ermittlung von Haushaltsadressen ist das sog. Random-Route-Verfahren, das besonders dann zum Einsatz kommen kann, wenn keine geeignete Auswahlgrundlage vorhanden ist und umfangreiche Vorbereinigungen der Stichprobe notwendig sind. In diesem Verfahren wird lediglich festgelegt, nach welchem System Wohnungen für die Erhebung von Daten zur Mietspiegelerstellung ausgesucht werden. Bei diesem Verfahren bekommt der Mitarbeiter, der die Adressen erhebt, z. B. folgende Anweisung: „Von der festgelegten Startadresse ausgehend soll jeder 10. Haushalt erhoben werden. Es werden die Hausnummern aufwärts und in den Häusern die Wohnungen vom unteren zum oberen Stockwerk gezählt."

Dieses Verfahren setzt geschulte Interviewer voraus und sollte nur dann angewendet werden, wenn keine Haushalts- oder Wohnungsadressen verfügbar sind. Darüber hinaus muss bei der Anwendung dieses Verfahrens besonders darauf geachtet werden, dass der relevante Mietwohnungsbestand innerhalb des Gemeindegebietes repräsentativ erfasst wird.

Disproportional geschichtete Zufallsstichproben

In diesem Verfahren wird nicht – wie bei der ungeschichteten Zufallsstichprobe – eine Stichprobe aus allen Haushaltsadressen gezogen, sondern die Stichprobe wird zunächst in verschiedene Teilstichproben, die Schichten, aufgeteilt. Eine Schichtungsanweisung kann beispielsweise sein, die Haushaltsadressen nach verschiedenen Baualtersgruppen zu gruppieren.

Durch diese Schichtung kann die Anzahl der pro Mietspiegelkategorie durchzuführenden Interviews optimiert werden. Dies wird dadurch erreicht, dass Wohnungstypen, die im gesamten mietspiegelrelevanten Bestand (der sog. Grundgesamtheit) häufiger auftreten, in der Stichprobe mit ebenso vielen Repräsentanten vertreten sind wie Wohnungstypen, die nur einen kleinen Teil der Grundgesamtheit ausmachen. Aus diesem Grund spricht man auch von einer disproportional geschichteten Stichprobe.

Um eine Schichtung der Stichprobe durchzuführen, muss die Datei mit den Haushaltsadressen, soweit möglich, noch um die Gebäude bzw. Wohnungsmerkmale ergänzt werden, die bei der Schichtung berücksichtigt werden sollen. Solche Merkmale können sein:

- Gebäudedaten;
- Wohnungsanzahl;
- Wohnlage;
- Baualter/Beschaffenheit;
- Wohnungsdaten;
- Wohnungsgröße;
- Ausstattung.

Diese Daten können aus folgenden Quellen ermittelt werden:

- Wohnlagenkataster: Wohnlagen werden in den meisten Mietspiegeln als Unterscheidungsmerkmal verwendet. Hierzu sollten Dateien über die Wohnlageneinordnung der jeweiligen Adressen vorliegen bzw. im Rahmen der Vorbereitung des Mietspiegels erhoben werden. Die Wohnlageninformation erlaubt die Schichtung der Stichprobe nach dem Merkmal „Wohnlage".
- Baualter: In manchen Gemeinden liegen Gebäudedateien vor, die das Baualter ausweisen. Wenn die Beschaffenheit über das Baualter erfasst wird, kann diese Information zur Schichtung der Stichprobe genutzt werden.

- Wohnungsdaten: Wohnungsdaten wie Wohnungsgröße und Ausstattung sind in den Gebäudedateien der Gemeinden meist nicht enthalten. Wohnungsdaten liegen jedoch dann vor, wenn auf eine bereits durchgeführte Befragung zurückgegriffen werden kann (sog. Fortschreibung).

5. Checkliste einfacher/qualifizierter Mietspiegel

	einfacher Mietspiegel	qualifizierter Mietspiegel
Wer kann einen Miet- spiegel erstellen?	<ul><li>Gemeinden;</li><li>Interessenvertreter der Vermieter und Mieter gemeinsam;</li><li>Dritte, wenn der Mietspiegel von der Gemeinde oder von Interessenvertretern der Vermieter und Mieter anerkannt wird.</li></ul>	
Welcher Wohnungs- bestand ist bei der Erstellung zugrunde zu legen?	<ul><li>Die Wohnungen sollten in dem Gebiet liegen, für das der Mietspiegel erstellt wird.</li><li>Die Miete muss in den letzten vier Jahren vor dem Stichtag der Datenerhebung neu vereinbart oder geändert worden sein.</li><li>Die Miethöhe darf nicht durch Gesetz oder im Zusammenhang mit einer Forderzusage festgelegt worden sein.</li><li>Es darf sich nicht um vom Eigentümer selbst genutzte, leer stehende, gewerblich genutzte oder zwischenvermietete Wohnungen oder um Wohnungen im Sinne von § 549 Abs. 2 BGB handeln.</li><li>Möblierter oder teilmöblierter Wohnraum, der nicht Teil der vom Vermieter bewohnten Wohnung ist, sowie Untermietverhältnisse und Wohnraum in Heimen sollte bei der Mietspiegelerstellung nicht herangezogen werden.</li></ul>Über die Einbeziehung von besonderen Wohnungstypen, besonderen Nutzungsarten, untervermietetem Wohnraum sowie Dienst- oder Werkwohnungen sollte im Einzelfall entschieden werden.	
Welcher Miet- begriff ist dem Mietspiegel zugrunde zu legen?	Dem Mietspiegel sollte die Nettokaltmiete als einheitlicher Mietbegriff zugrunde gelegt werden. Ggf. müssen bei der Erstellung und bei der Anwendung des Mietspiegels Bereinigungen erfolgen, z. B. hinsichtlich Betriebskosten oder Schönheitsreparaturen.	
Welche miet- preisbildenden Faktoren sind zu berück- sichtigen?	<ul><li>Art der Wohnung;</li><li>Größe der Wohnung;</li><li>Ausstattung der Wohnung;</li><li>Beschaffenheit der Wohnung;</li><li>Lage der Wohnung.</li></ul>	
Welche Daten werden bei der Erstellung des Mietspiegels benötigt?	Das Gesetz enthält hierzu keine Vorgaben. Der Rückgriff auf vorhandene Datenbestände ist möglich, ebenso die Erhebung von Mieten oder die Kombination beider Wege.	Die Daten müssen repräsentativ sein; der hierfür notwendige Stichprobenumfang ist sicherzustellen.

	einfacher Mietspiegel	qualifizierter Mietspiegel
Welche datenschutzrechtlichen Vorgaben sind zu beachten?	• Bei der Erhebung, Verarbeitung oder Nutzung personenbezogener Daten ist die Einwilligung der Betroffenen erforderlich. • Zur Klärung der rechtlichen Situation sollte der Landesdatenschutzbeauftragte bzw. die örtlich zuständige Aufsichtsbehörde für den Datenschutz beteiligt werden. • Weitere Anforderungen können sich aus den Landesstatistikgesetzen ergeben.	Es sind die gleichen Vorgaben wie beim einfachen Mietspiegel zu beachten. Ob sich aus dem Erfordernis der Dokumentation der Mietspiegelerstellung weitergehende Pflichten ergeben, ist mit dem Landesdatenschutzbeauftragten bzw. der örtlich zuständigen Aufsichtsbehörde für den Datenschutz zu klären.
Wie aktuell müssen die dem Mietspiegel zugrunde gelegten Daten sein?	Die Daten sollten so aktuell wie möglich sein. Zwischen der Erhebung der Daten und der Veröffentlichung des Mietspiegels sollte ein möglichst kurzer Zeitraum liegen.	
Wie sind die Daten auszuzuwerten?	Das Gesetz schreibt keine bestimmte Auswertungsmethode vor.	Die Daten müssen nach wissenschaftlich anerkannten Methoden ausgewertet werden. Als solche sind die Tabellen- und die Regressionsmethode anerkannt.
Welche Informationen muss der Mietspiegel enthalten?	• In einem Textteil müssen die zur Anwendung und zum Verständnis des Mietspiegels erforderlichen Informationen enthalten sein. • In einem Zahlenteil sollte das Mietniveau als Spanne ausgewiesen werden.	
Wie muss die Erstellung des Mietspiegels dokumentiert werden?	Die Dokumentation der Mietspiegelerstellung wird vom Gesetz nicht vorgeschrieben, ist aber dringend zu empfehlen.	Die Erstellung des Mietspiegels muss im Einzelnen dokumentiert werden; insbesondere müssen die angewandten Methoden ausführlich und verständlich dargestellt werden.
In welchen Fällen, durch wen und wie muss ein Mietspiegel anerkannt werden?	• Beim einfachen Mietspiegel ist grundsätzlich keine besondere Anerkennung erforderlich. • Eine von nur einer Interessenvertreterseite erstellte Mietenübersicht wird erst	Die Anerkennung des Mietspiegels durch die Gemeinde oder durch Interessenvertreter der Vermieter und Mieter ist erforderlich.

	einfacher Mietspiegel	qualifizierter Mietspiegel
	dann zu einem Mietspiegel im Sinne des Gesetzes, wenn sie von der Gemeinde oder der anderen Interessenvertreterseite anerkannt wird. • Eine von Dritten erstellte Mietenübersicht wird erst dann zu einem Mietspiegel im Sinne des Gesetzes, wenn sie von der Gemeinde oder von den Interessenvertretern der Vermieter und Mieter anerkannt wird.	
Muss der Mietspiegel veröffentlicht werden?	• Mietspiegel und ihre Änderungen sollen veröffentlicht werden. • Eine bestimmte Art der Veröffentlichung ist nicht vorgeschrieben.	
Wann und wie müssen Mietspiegel angepasst werden?	• Im Abstand von zwei Jahren **sollen** einfache Mietspiegel an die Marktentwicklung angepasst werden. • Das Gesetz enthält keine Vorgabe dazu, wie die Anpassung zu erfolgen hat.	• Qualifizierte Mietspiegel **müssen** spätestens im Abstand von zwei Jahren der Marktentwicklung angepasst und nach vier Jahren neu erstellt werden. Maßgeblich ist der festgelegte Geltungsbeginn bzw. die Veröffentlichung des Mietspiegels. • Die Anpassung muss mittels einer Stichprobe oder mittels der Entwicklung des vom Statistischen Bundesamt ermittelten Preisindexes für die Lebenshaltung aller privaten Haushalte in Deutschland erfolgen

6. Weiterführende Hinweise, Literaturquellen

Im Folgenden ist eine Auswahl von Literaturquellen aufgeführt, die weiterführende Hinweise zur Erstellung von Mietspiegeln enthalten.

a) Allgemeine Literatur

Blank, Hubert/Börstinghaus, Ulf: Miete – Kommentar zum BGB-Mietrecht und MHG, München, 2000.
Blank, Hubert/Börstinghaus, Ulf: Neues Mietrecht – Kommentar, Zusatzband zu Blank/Börstinghaus: Miete, München, 2001.

Börstinghaus, Ulf: 25 Jahre ortsübliche Vergleichsmiete – Ein ungeliebtes Kind wird erwachsen, in: Neue Juristische Wochenschrift (NJW) 1997, S. 977–980.

Börstinghaus, Ulf: Der qualifizierte Mietspiegel, in: Neue Zeitschrift für Miet- und Wohnungsrecht (NZM) 2000, S. 1087–1092.

Börstinghaus, Ulf: Mietspiegel und Beweislast, in: Neue Zeitschrift für Miet- und Wohnungsrecht (NZM) 2002, S. 273.

Börstinghaus, Ulf/Clar, Michael: Mietspiegel – Probleme der Erstellung und Anwendung von Mietspiegeln aus juristischer Sicht, München, 1997.

Clar, Michael: Mietspiegel in Deutschland 1995 – Eine aktuelle Übersicht zur Verbreitung von Mietspiegeln und ihrer Methodik, in: Wohnungswirtschaft und Mietrecht (WM) 1995, S. 252–255.

Grundmann, Birgit: Die Mietrechtsreform, in: Neue Juristische Wochenschrift (NJW) 2001, S. 2497–2505.

Haase, Karsten: Der Mietspiegel einer vergleichbaren Nachbargemeinde als Begründungsform eines Mieterhöhungsverlangens nach § 2 Abs. 2 Satz 2 MHG, in: Wohnungswirtschaft und Mietrecht (WM) 1993, S. 441–444.

Isenmann, Wolfgang: Baujahreseinteilung bei Mietspiegeln in den neuen Ländern, in: Deutsche Wohnungswirtschaft (DWW) 1993, S. 291–293.

Isenmann, Wolfgang: Die Mietfläche von Wohnräumen als Bestimmungsfaktor bei der Bestimmung der ortsüblichen Vergleichsmiete, in: Deutsche Wohnungswirtschaft (DWW) 1992, S. 235–238.

Knissel, Jens et.al.: Investitionsumlagen für Energieeinsparmaßnahmen, in: Bundesbaublatt 2002, S. 20–25.

Langenberg, Hans: Das neue Mietrecht, in: Wohnungswirtschaft und Mietrecht (WM) 2001, S. 523–532.

Leutner, Bernd: Unplausible Mietspiegel – falsche Methoden?, in: Der langfristige Kredit 1993, S. 621–624.

Leutner, Bernd: Wem nützen Mietspiegel?, in: Wohnungswirtschaft und Mietrecht (WM) 1992, S. 658–662.

Ronning, Gerd: Wie berechnet man die Durchschnittsmiete?, in: Jahrbücher für Nationalökonomie und Statistik 1998, S. 72–81.

Schlittgen, Rainer/Uhlig, Steffen: Repräsentativität von Mietspiegeln, in: Wohnungswirtschaft und Mietrecht (WM) 1997, S. 314–316.

Schmidt, Bernhard/Emmert, Thomas: Mietspiegel im Entwurf des Mietrechtsreformgesetzes – Neuerungen bei rechtlicher Stellung und räumlichen Anwendungsbereich, in: Wohnungswirtschaft und Mietrecht (WM) 2000, S. 285–291.

Voelskow, Rudi: Zum Mittelwert (Durchschnittswert) in Mietspiegeln, in: Deutsche Wohnungswirtschaft (DWW) 1996, S. 11.

Wullkopf, Uwe: Bedeutung des Mietspiegels, in: Wohnungswirtschaft und Mietrecht (WM) 1996, S. 455–458.

b) Regressionsmethode und Tabellenmethode

Aigner, Konrad/Oberhofer, Walter/Schmidt, Bernhard: Regressionsmethode versus Tabellenmethode bei der Erstellung von Mietspiegeln – Theoretische und empirische Ergebnisse, in: Wohnungswirtschaft und Mietrecht (WM) 1993, S. 10–16.

Aigner, Konrad/Oberhofer, Walter/Schmidt, Bernhard: Eine neue Methode zur Erstellung eines Mietspiegels am Beispiel der Stadt Regensburg, in: Wohnungswirtschaft und Mietrecht (WM) 1993, S. 16–21.

Alles, Roland: Die Ermittlung ortsüblicher Vergleichsmieten – Neue Ansätze und Methoden, in: Wohnungswirtschaft und Mietrecht (WM) 1988, S. 241.

Blinkert, Baldo/Höfflin, Peter: Die Qualität von Mietspiegeln als Modelle des Wohnungsmarktes – Tabelle oder Regression? Ein empirischer Beitrag zur Methodendebatte, in: Wohnungswirtschaft und Mietrecht (WM) 1994, S. 589–595.

Clar, Michael: Tabellen- versus Regressionsmethode bei der Mietspiegelerstellung – Andante?, in: Wohnungswirtschaft und Mietrecht (WM) 1992, S. 662–666.

Gaede, Karl-Walter/Kredler, Christian: Regression bei der Erstellung von Mietspiegeln, in: Wohnungswirtschaft und Mietrecht (WM) 1992, S. 577–582.

Klein, Thomas/Martin, Frank: Tabellenmethode versus Regressionsmethode bei der Erstellung von Mietspiegeln – Ein empirischer Vergleich, in: Wohnungswirtschaft und Mietrecht (WM) 1994, S. 513–518.

Krämer, Walter: Pro und Contra die Erstellung von Mietspiegeln mittels Regressionsanalyse, in: Wohnungswirtschaft und Mietrecht (WM) 1992, S. 172–175.

Oberhofer, Walter/Schmidt, Bernhard: Das Mietspiegelproblem – eine unendliche Geschichte, in: Wohnungswirtschaft und Mietrecht (WM) 1993, S. 585–588.

Oberhofer, Walter/Schmidt, Bernhard: Mietspiegel auf dem Prüfstand, in: Wohnungswirtschaft und Mietrecht (WM) 1995, S. 137–140.

Schießl, Richard: Mietspiegel auf dem Prüfstand – Ein Beitrag zur aktuellen Methodendiskussion, in: Wohnungswirtschaft und Mietrecht (WM) 1995, S. 18–21.

Voelskow, Rudi: Mietspiegel – Aktuelle Bemerkungen zur Aufstellung und zur Verwertung im Prozess, in: Zeitschrift für Miet- und Raumrecht (ZMR) 1992, S. 326–331.

Voelskow, Rudi: Zur Erstellung von Mietspiegeln, in: Wohnungswirtschaft und Mietrecht (WM) 1993, S. 21–23.

c) Mietdatenbanken

Stöver, Bernd: Mietdatenbanken nach neuem Recht, in: Wohnungswirtschaft und Mietrecht (WM) 2002, S. 65–70.

Szameitat, Renate: Sackgasse Mietdatenbank?, in: Wohnungswirtschaft und Mietrecht (WM) 2002, S. 63–65.

Stichwortverzeichnis

Die halbfett gedruckten Zahlen bezeichnen die Paragrafen,
die mageren Zahlen die Randnummern.

437

Stichwortverzeichnis

Stichwortverzeichnis